Bert Hellinger: Ordnungen der Liebe

Carl-Auer-Systeme Verlag

Bert Hellinger

Ordnungen der Liebe

Ein Kursbuch

Siebte, korrigierte Auflage, 2001

Carl-Auer-Systeme im Internet: **www.carl-auer.de**
Bitte fordern Sie unseren Gesamtprospekt an!

Satz: Monika Hendlmeier und Hans-Joachim Reinecke, Regensburg
Diagramme: Bert Hellinger, erstellt mit FAMDraw von
Reinecke Expertensysteme GmbH, Regensburg, www.reinecke.de
Umschlaggestaltung: Dipl. Grafik-Designerin Melonie Drißner
Umschlag nach einer Idee von Dr. Norbert Linz
Druck und Bindung: Kösel, Kempten, www.KoeselBuch.de
Printed in Germany
ISBN 3-89670-215-7

Siebte, korrigierte Auflage, 2001

Die Deutsche Bibliothek – CIP-Einheitsaufnahme

Ein Titeldatensatz für diese Publikation ist bei
Der Deutschen Bibliothek erhältlich.

Inhalt

2. Tag

3. Tag

Ordnungen der Zugehörigkeit
Aus einem Kurs für Familienberater

Einführung

Ordnungen der Liebe hat in den letzten Jahren den Charakter eines Grundlagenwerks gewonnen, das weit über die Psychotherapie hinaus vielen Menschen im Alltag eine Hilfe ist. So wurde es nach der fünften Auflage Zeit, das Buch so zu überarbeiten, daß es dem erweiterten Leserkreis Rechnung trägt. Es wurde gestrafft und in einigen Teilen auch erweitert, zum Beispiel durch ein Kapitel über den Erkenntnisweg. Es zeigt, wie wir die lösende und heilende Einsicht aus dem unbefangenen Schauen auf die Wirklichkeit gewinnen.

Es geht in diesem Buch um die Ordnungen, die der Liebe in menschlichen Beziehungen vorgegeben sind. Daher gelingt uns diese Liebe nur, wenn wir um ihre Ordnungen wissen. Die blinde, nichtwissende Liebe kennt diese Ordnungen nicht und führt uns oft in die Irre. Wenn die Liebe aber um diese Ordnungen weiß und sie beachtet, bewirkt sie, was wir ersehnen. Sie hat dann sowohl für uns als auch für unsere Umgebung eine wohltuende und heilende Wirkung.

In diesem Buch werden drei therapeutische Kurse im Wortlaut, wenn auch gekürzt, wiedergegeben.

Der erste Kurs über „Verstrickungen und ihre Lösung“ war ein Selbsterfahrungs- und Fortbildungskurs und wird hier fast vollständig wiedergegeben.

Er führt in das Familien-Stellen ein und bringt mit seiner Hilfe ans Licht, was uns in Familie und Sippe in die Schicksale anderer Mitglieder verstrickt und was die Verstrickung bewirkt. Vor allem aber bringt er ans Licht, wann und wie und nach welchen Gesetzen die Lösung aus einer Verstrickung gelingt.

Dabei wird deutlich, dass in den Familien und Sippen ein allen gemeinsames Bedürfnis nach Bindung und Ausgleich keinen Ausschluss von Mitgliedern duldet. Sonst wird deren Schicksal von denen, die nach ihnen kommen, übernommen und weitergeführt, ohne dass sie sich dessen bewusst sind. Das ist hier mit Verstrickung gemeint.

Werden aber die Ausgeschlossenen von den Verbliebenen als zugehörig gewürdigt, dann gleichen Liebe und Achtung das an ihnen begangene Unrecht aus, ohne dass ihre Schicksale wiederholt werden müssen. Das ist hier mit Lösung gemeint.

Die Verstrickung gehorcht einer Ordnung, nach der das Schlimme durch Schlimmes gesühnt werden muss und unschuldige „Kleine" für schuldige „Große" bürgen und büßen. Die Lösung dagegen folgt einer Ordnung, die das Bedürfnis nach Bindung und Ausgleich auf heilende Weise erfüllt. Beide Ordnungen sind, die erste auf eine unheilvolle und die zweite auf eine heilende Weise, „Ordnungen der Liebe".

Der zweite Kurs war ein Kurs für Familienberater. Aus ihm wurden jene Abschnitte gewählt, die zeigen, wohin Kinder gehören, die nur einen ihrer Eltern oder keine mehr haben, und die zeigen, welche Folgen es hat, wenn Eltern ihr Kind anderen zur Adoption überlassen oder wenn Fremde ein Kind ohne Not adoptieren.

Der dritte war ein Kurs für Kranke, Therapeuten und Ärzte. In ihm konnten Kranke vor mehreren hundert teilnehmenden Beobachtern ihre Herkunfts- oder Gegenwartsfamilie aufstellen. Dabei wurde sowohl für die Betroffenen als auch für die Mitwirkenden und die Zuschauer sichtbar, was in der Schicksalsgemeinschaft von Familie und Sippe zu schweren Krankheiten führt oder zu Unfällen und Selbstmord und was solche Schicksale wendet.

Dies ist ein Kurs-Buch in mehrfachem Sinn:

- Zum einen werden ausgewählte therapeutische Kurse wortgetreu wiedergegeben. So kann der Leser am Ringen um Lösungen teilnehmen, als wäre er selbst mit dabei, und vielleicht auch für sich Wege aus Krisen und Heilung bei seelisch bedingten Krankheiten finden.
- Zum anderen werden wichtige therapeutische Vorgehensweisen dargestellt und erläutert. Dies gilt in erster Linie für das Familien-Stellen, das auf einfache Weise Verstrickungen ans Licht bringt und Lösungen zeigt. Es gilt aber auch für die nachgeholte Hinbewegung zur Mutter oder zum Vater. Durch sie werden Ängste

und Schäden, wie sie durch frühe Trennung oder Verlust entstehen, geheilt oder gemildert.

- Drittens kann, wer darüber hinaus nach dem Erkenntnisweg fragt, der zum Erfassen der hier beschriebenen Ordnungen führt, beim Lesen an sich selbst erfahren, dass die lösende und heilende Einsicht rein aus dem gesammelten Schauen wie ein Blitz aus dem Dunkel plötzlich blendet und trifft (phänomenologische Psychotherapie).

Die Namen der Teilnehmer und Teilnehmerinnen wurden geändert und Ortsangaben getilgt.

Die Familienaufstellungen werden in all ihren Phasen graphisch dokumentiert. Zwischenkapitel erläutern die Vorgehensweisen und beschreiben wiederkehrende Muster; sie erzählen manchmal eine Geschichte und fassen Verstreutes zusammen. Das Interview am Schluss des Buches („Nachfragen an einen Freund") dient dem besseren Verständnis des hier beschriebenen Tuns. In ihm werden Stationen meiner therapeutischen Entwicklung aufgezeigt und die Einsichten und Absichten hinter wichtigen Vorgehensweisen verdeutlicht, die sonst für einige vielleicht nur schwer nachvollziehbar sind.

Nun wünsche ich Ihnen beim Lesen Freude, Einsicht in die Ordnungen der Liebe und die Zuversicht, dass Ihnen im Wissen um die Ordnungen diese Liebe gelingt.

Bert Hellinger

Danksagung

Danken möchte ich vielen Freunden für Hinweise und Hilfen.

Dr. Gunthard Weber und Dr. Norbert Linz haben mich durch alle Phasen des Schreibens dieses Buches begleitet und nicht lockergelassen, bis ich die Fülle der Daten übersichtlich geordnet und dargestellt hatte.

Bei der Sammlung der Daten haben mir geholfen: Prof. Dr. Michael Angermaier und Heinrich Breuer. Sie haben den ersten in diesem Buch beschriebenen Kurs vorbereitet und mit Videokameras aufgenommen. Den zweiten Kurs hat Mag. Friedrich Fehlinger aufgezeichnet, den dritten Verena Nitschke.

Korrektur gelesen und den Text durch zahlreiche Vorschläge ergänzt und verbessert haben: Prof. Dr. Michael Angermaier, Felizitas Betz, Heinrich Breuer, Dr. Otto Brink, Dr. Marianne Krüll, Jakob Schneider und Dr. Gunthard Weber.

Die Endredaktion besorgte Dr. Norbert Linz. Er führte auch das Schlussinterview „Nach-Fragen an einen Freund".

Ihnen allen gilt mein herzlicher Dank.

Besonders danken möchte ich meiner Frau Herta. Sie hat mir den Raum gelassen, den diese Arbeit verlangte, und sie geduldig und wissend begleitet.

Bert Hellinger

Einsicht durch Verzicht

Zu Beginn eine Geschichte:

Die Erkenntnis

Jemand will es endlich wissen. Er schwingt sich auf sein Fahrrad, fährt in die offene Landschaft und findet, abseits vom Gewohnten, einen anderen Pfad.

Hier gibt es keine Schilder, und so verlässt er sich auf das, was er mit seinen Augen vor sich sieht und was sein Schritt durchmessen kann. Ihn treibt so etwas wie Entdeckerfreude, und was ihm vorher eher Ahnung war, wird jetzt Gewissheit.

Doch dann endet dieser Pfad an einem breiten Strom, und er steigt ab. Er weiß, wenn er noch weiter will, dann muss er alles, was er bei sich hat, am Ufer lassen. Dann wird er seinen festen Grund verlieren und wird von einer Kraft getragen und getrieben werden, die mehr vermag als er, so dass er sich ihr anvertrauen muss. Und daher zögert er und weicht zurück.

Als er dann wieder heimwärts fährt, da wird ihm klar, dass er nur wenig weiß, was hilft, und dass er es den anderen nur schwer vermitteln kann. Zu oft schon war es ihm wie jenem Mann ergangen, der einem anderen auf dem Fahrrad hinterherfährt, weil dessen Schutzblech klappert. Er ruft ihm zu: „He, du, dein Schutzblech klappert!" – „Was?" – „Dein Schutzblech klappert!" – „Ich kann dich nicht verstehen", ruft der andere zurück, „mein Schutzblech klappert!"

„Irgend etwas ist hier schiefgelaufen", denkt er. Dann tritt er auf die Bremse und kehrt um.

Ein wenig später trifft er einen alten Lehrer. Er fragt: „Wie machst denn du das, wenn du anderen hilfst? Oft kommen zu dir Leute und fragen dich um Rat in Dingen, von denen du nur wenig weißt. Doch nachher geht es ihnen besser."

Der Lehrer gab zur Antwort: „Nicht am Wissen liegt es, wenn einer auf dem Wege stehen bleibt und nicht mehr weiter will. Denn er sucht Sicherheit, wo Mut verlangt wird, und Freiheit, wo das Richtige ihm keine Wahl mehr lässt. Und so dreht er sich im Kreis.

Der Lehrer aber widersteht dem Vorwand und dem Schein. Er sucht die Mitte, und dort gesammelt wartet er – wie einer, der die Segel ausspannt vor den Wind –, ob ihn vielleicht ein Wort erreicht, das wirkt. Wenn dann der andere zu ihm kommt, findet der ihn dort, wohin er selber muss, und die Antwort ist für beide. Beide sind Hörer."

Und er fügte hinzu: „Die Mitte fühlt sich leicht an."

Der wissenschaftliche und der phänomenologische Erkenntnisweg

Zwei Bewegungen führen zur Einsicht. Die eine greift aus und will ein bisher Unbekanntes erfassen, bis sie seiner habhaft und es ihr verfügbar wird. Von dieser Art ist das wissenschaftliche Bemühen, und wir wissen, wie sehr es unsere Welt und unser Leben verwandelt, gesichert und bereichert hat.

Die zweite Bewegung entsteht, wenn wir während des ausgreifenden Bemühens innehalten und den Blick nicht mehr auf ein bestimmtes Fassbares, sondern auf ein Ganzes richten. Der Blick ist also bereit, das Viele vor ihm gleichzeitig aufzunehmen. Wenn wir uns auf diese Bewegung einlassen, zum Beispiel im Angesicht einer Landschaft oder einer Aufgabe oder eines Problems, merken wir, wie unser Blick zugleich füllig wird und leer. Denn sich der Fülle aussetzen und sie aushalten kann man nur, wenn man zunächst vom Einzelnen absieht. Dabei halten wir in der ausgreifenden Bewegung inne und ziehen uns etwas zurück, bis wir jene Leere erreichen, die der Fülle und Vielfalt standhalten kann.

Diese zuerst innehaltende und dann sich zurücknehmende Bewegung nenne ich phänomenologisch. Sie führt zu anderen Einsichten als die ausgreifende Erkenntnisbewegung. Dennoch ergänzen sich beide. Denn auch bei der ausgreifenden, wissenschaftlichen Erkenntnisbewegung müssen wir zuweilen innehalten und unseren Blick vom Engen auf das Weite richten und vom Nahen auf das

Ferne. Und auch die phänomenologisch gewonnene Einsicht bedarf der Überprüfung am Einzelnen und Nächsten.

Der Vorgang

Auf dem phänomenologischen Erkenntnisweg setzt man sich innerhalb eines Horizontes der Vielfalt von Erscheinungen aus, ohne zwischen ihnen zu wählen oder zu werten. Dieser Erkenntnisweg erfordert also ein Leerwerden sowohl in Bezug auf bisherige Vorstellungen als auch in Bezug auf die inneren Bewegungen, seien diese nun gefühlsmäßiger, willentlicher oder urteilender Art. Die Aufmerksamkeit ist dabei zugleich gerichtet und ungerichtet, gesammelt und leer.

Die phänomenologische Haltung erfordert gespannte Handlungsbereitschaft, doch ohne Vollzug. Durch diese Spannung werden wir in höchstem Maße wahrnehmungsfähig und wahrnehmungsbereit. Wer die Spannung aushält, erfährt nach einer Weile, wie sich das Viele innerhalb des Horizontes um eine Mitte fügt, und er erkennt plötzlich einen Zusammenhang, vielleicht eine Ordnung, eine Wahrheit oder den weiterführenden Schritt. Diese Einsicht kommt gleichsam von außen, wird als Geschenk erfahren und ist, in der Regel, begrenzt.

Der Verzicht

Die erste Voraussetzung für die so erfahrene Einsicht ist die Absichtslosigkeit. Wer Absichten hat, trägt Eigenes an die Wirklichkeit heran, will sie vielleicht nach einem vorgefassten Bild verändern, will vielleicht andere nach diesem Bild beeinflussen und überzeugen. Doch damit verhält er sich, als sei er der Wirklichkeit gegenüber in einer überlegenen Position, als sei sie das Objekt für sein Subjekt und nicht umgekehrt er das Objekt der Wirklichkeit. Hier wird deutlich, welchen Verzicht es uns abverlangt, wenn wir auf unsere Absichten verzichten, selbst auf die guten Absichten. Ganz abgesehen davon, dass auch die Klugheit diesen Verzicht verlangt, denn, wie uns die Erfahrung zeigt, geht das, was wir in guter Absicht oder gar in bester Absicht tun, oft schief. Absicht ist kein Ersatz für Einsicht.

Der Mut

Die zweite Voraussetzung für solche Einsicht ist die Furchtlosigkeit. Wer Angst hat vor dem, was die Wirklichkeit ans Licht bringt, legt Scheuklappen an. Und wer Angst hat vor dem, was andere Leute denken und tun, wenn er sagt, was er wahrnimmt, der verschließt sich weiterer Einsicht. Und wer als Therapeut Angst hat, sich der Wirklichkeit eines Klienten zu stellen, zum Beispiel der Wirklichkeit, dass ihm nur wenig Zeit bleibt, vor dem bekommt der andere Angst, weil er sieht, dass der Therapeut dieser Wirklichkeit nicht gewachsen ist.

Der Einklang

Absichtslosigkeit und Furchtlosigkeit ermöglichen den Einklang mit der Wirklichkeit, wie sie ist, auch mit ihrer Angst machenden, überwältigenden und furchtbaren Seite. Daher ist der Therapeut im Einklang mit Glück und Unglück, Unschuld und Schuld, Gesundheit und Krankheit, Leben und Tod. Doch gerade aus diesem Einklang gewinnt er die Einsicht und Kraft, sich auch dem Schlimmen zu stellen und es manchmal im Einklang mit dieser Wirklichkeit auch zu wenden. Auch dazu erzähle ich eine Geschichte:

Ein Jünger wandte sich an einen Meister: „Sage mir, was Freiheit ist!"

„Welche Freiheit?" fragte ihn der Meister.

„Die erste Freiheit ist die Torheit. Sie gleicht dem Ross, das seinen Reiter wiehernd abwirft. Doch um so fester spürt es nachher seinen Griff.

Die zweite Freiheit ist die Reue. Sie gleicht dem Steuermann, der nach dem Schiffbruch auf dem Wrack zurückbleibt, statt dass er in ein Rettungsboot steigt.

Die dritte Freiheit ist die Einsicht. Sie kommt nach der Torheit und der Reue. Sie gleicht dem Halm, der sich im Winde wiegt und, weil er, wo er schwach ist, nachgibt, steht."

Der Jünger fragte: „Ist das alles?"

Darauf der Meister: „Manche meinen, sie selber suchten nach der Wahrheit ihrer Seele. Doch die große Seele denkt und sucht durch sie. Wie die Natur kann sie sich sehr viel Irrtum leisten, denn falsche Spieler ersetzt sie laufend mühelos durch neue. Dem aber, der sie denken lässt, gewährt sie manchmal etwas Spielraum, und wie ein Fluss den Schwimmer, der sich treiben lässt, trägt sie ihn mit vereinter Kraft ans Ufer."

Philosophische Phänomenologie

Ich möchte nun etwas sagen über die philosophische und die psychotherapeutische Phänomenologie. Bei der philosophischen Phänomenologie geht es darum, aus der Fülle der Phänomene das Wesentliche wahrzunehmen, indem ich mich ihnen vollständig, gleichsam mit meiner größten Fläche, aussetze. Dieses Wesentliche taucht aus dem Verborgenen plötzlich auf wie ein Blitz, und immer geht es weit über das hinaus, was ich mir ausdenken oder, ausgehend von Prämissen oder Begriffen, logisch erschließen kann. Dennoch ist es nie vollständig. Es bleibt von Verborgenem umhüllt, so wie jedes Sein vom Nicht. Auf diese Weise habe ich die wesentlichen Aspekte des Gewissens erfasst, zum Beispiel, dass es wie ein systemisches Gleichgewichtsorgan wirkt, mit dessen Hilfe ich sofort wahrnehmen kann, ob ich mich im Einklang mit dem System befinde oder nicht. Ob das, was ich tue, mir die Zugehörigkeit bewahrt und sichert oder ob es meine Zugehörigkeit gefährdet und aufhebt. Daher bedeutet gutes Gewissen in diesem Zusammenhang nur: Ich darf mir sicher sein, dass ich noch dazugehöre. Und schlechtes Gewissen bedeutet: Ich muss befürchten, dass ich nicht mehr dazugehören darf. Daher hat das Gewissen wenig mit allgemeingültigen Gesetzen und Wahrheiten zu tun, sondern es ist relativ und ändert sich von Gruppe zu Gruppe.

Auf gleiche Weise habe ich auch erkannt, dass das Gewissen völlig anders reagiert, wenn es nicht, wie gerade beschrieben, um das

Recht auf Zugehörigkeit geht, sondern um den Ausgleich von Geben und Nehmen, und dass es nochmals anders reagiert, wenn es über die Ordnungen des Zusammenlebens wacht. Jede dieser unterschiedlichen Funktionen des Gewissens wird von ihm durch unterschiedliche Gefühle von Unschuld und Schuld gesteuert und durchgesetzt.

Der wichtigste Unterschied aber, der sich dabei gezeigt hat, war der von gefühltem und verborgenem Gewissen. Es zeigt sich nämlich, dass wir gerade dadurch, dass wir dem gefühlten Gewissen folgen, gegen das verborgene Gewissen verstoßen und, obwohl wir uns nach dem gefühlten Gewissen unschuldig fühlen, ahndet das verborgene Gewissen diese Tat wie Schuld. Der Gegensatz zwischen diesen Gewissen ist die Grundlage jeder Tragödie, und das heißt im Grunde nichts anderes, als jeder Familientragödie. Er führt zu den tragischen Verstrickungen, die in Familien zu schweren Krankheiten führen und zu Unfällen und Selbstmord. Dieser Gegensatz ist auch verantwortlich für viele Beziehungstragödien, wenn eine Beziehung zwischen Mann und Frau trotz großer gegenseitiger Liebe zerbricht.

Psychotherapeutische Phänomenologie

Diese Einsichten waren aber nicht allein über die philosophische Wahrnehmung und die philosophische Anwendung des phänomenologischen Erkenntnisweges zu gewinnen. Dazu brauchte es noch einen anderen Zugang, den ich Wissen durch Teilhabe nenne. Dieser Zugang eröffnet sich über das Familien-Stellen, wenn es auf phänomenologische Weise geschieht.

Beim Familien-Stellen wählt ein Klient aus den Teilnehmern einer Gruppe willkürlich Stellvertreter für sich und die anderen bedeutsamen Mitglieder seiner Familie, zum Beispiel für Vater, Mutter und die Geschwister. Dann stellt er sie gesammelt räumlich in Beziehung zueinander. Durch diesen Vorgang kommt plötzlich etwas ans Licht, was ihn überrascht. Das heißt, dass er im Vorgang des Aufstellens mit einem Wissen in Berührung kam, das ihm vorher verschlossen war. Zum Beispiel hat mir ein Kollege vor kurzem erzählt, dass bei einer Aufstellung deutlich wurde, dass die Klientin eine frühere Freundin ihres Vaters vertreten muss. Sie fragte beim Vater nach und bei Verwandten, aber alle versicherten ihr, dass sie damit falsch liege. Einige Monate danach erhielt ihr Vater einen Brief aus Weißrussland. Eine Frau, die während des Krieges seine große Liebe war, hatte lange nach seiner Adresse geforscht und sie jetzt erst ausfindig gemacht.

Das ist aber nur die eine Seite, die Seite des Klienten. Eine andere ist, dass die Stellvertreter, sobald sie aufgestellt sind, wie die Personen fühlen, die sie vertreten. Sie bekommen manchmal auch deren Körpersymptome. Ich habe sogar erlebt, dass sie den Namen dieser Person innerlich hören. All dies wird erlebt, ohne dass die Stellvertreter von der Familie mehr wissen, als wen sie vertreten. Es zeigt sich also beim Familien-Stellen, dass zwischen dem Klienten und den Mitgliedern seines Systems ein wissendes Kraftfeld wirkt, das Wissen ohne äußere Vermittlung allein durch Teilhabe ermöglicht, und, was noch überraschender ist, dass auch die Stellvertreter, die ja mit dieser Familie sonst nichts zu tun haben und von ihr auch nichts wissen können, an dieses Wissen und an die Wirklichkeit dieser Familie angeschlossen sein können.

Das Gleiche gilt natürlich auch und in besonderem Maße für den Therapeuten. Voraussetzung ist allerdings, dass sowohl der Therapeut als auch der Klient und die Stellvertreter bereit sind, sich ohne Absicht und ohne Furcht, ohne Rückgriff auf eine frühere Theorie oder Erfahrung sich der hier ans Licht drängenden Wirklichkeit zu stellen, und ihr zustimmen so, wie sie ist. Das aber ist die auf die Psychotherapie angewandte phänomenologische Haltung. Auch hier wird die Einsicht durch Verzicht gewonnen, durch die Zurücknahme von Absicht und Furcht und durch die Zustimmung zur Wirklichkeit, wie sie sich zeigt. Ohne diese phänomenologische Haltung, also ohne die Zustimmung zu dem, was sich zeigt, ohne es übertreiben oder abschwächen oder deuten zu wollen, bleibt das Familien-Stellen vordergründig, geht leicht in die Irre und hat wenig Kraft.

Die Seele

Erstaunlicher noch als dieses durch Teilhabe vermittelte Wissen ist, dass dieses wissende Feld oder, wie ich es lieber nenne, diese den Einzelnen übersteigende und ihn steuernde wissende Seele, Lösungen sucht und findet, die weit über das hinaus reichen, was wir uns ausdenken können, und die eine viel weiter reichende Wirkung haben, als dies unserem planenden Handeln möglich ist. Das wird am deutlichsten in solchen Aufstellungen, bei denen der Therapeut die äußerste Zurückhaltung übt, indem er zum Beispiel wichtige Personen aufstellt und diese dann ohne irgend eine Vorgabe dem überlässt, was sie wie eine unwiderstehliche Macht von außen ergreift, und die dann zu Einsichten und Erfahrungen führt, die anderweitig unmöglich erscheinen.

Zum Beispiel habe ich vor kurzem in der Schweiz, als ein Mann nach der Aufstellung seiner Gegenwartsfamilie sagte, er habe noch nachzutragen, dass er Jude sei, sieben Stellvertreter für Opfer des Holocaust nebeneinander gestellt. Danach habe ich sieben Stellvertreter für die Mörder hinter sie gestellt und die Opfer sich zu ihnen umdrehen lassen. Danach lief etwa eine Viertelstunde lang wortlos ein unglaublicher Prozess zwischen ihnen ab. Dieser machte deutlich, dass es so etwas wie ein unvollendetes und ein vollendetes Sterben gibt und dass für Opfer und Täter das Sterben erst vollendet ist, wenn sie im Tod zueinander finden und beide sich als von einer über ihnen wirkenden Macht gleichermaßen bestimmt und gesteuert und am Ende in ihr aufgehoben erfahren.

Religiöse Phänomenologie

Hier wird die Ebene der Philosophie und der Psychotherapie von einer anderen, umfassenderen abgelöst, auf der wir uns einem größeren Ganzen ausgeliefert erfahren, das wir als ein übergreifendes Letztes anerkennen müssen. Man könnte sie die religiöse oder die spirituelle Ebene nennen. Doch auch hier bleibe ich bei der phänomenologischen Haltung, ohne Absicht, ohne Furcht, ohne Vorgaben, rein bei dem, was sich zeigt. Was das für die religiöse Einsicht und den religiösen Vollzug bedeutet, beschreibe ich in einer dritten Geschichte.

Die Umkehr

Jemand wird hineingeboren in seine Familie, seine Heimat und Kultur, und schon als Kind hört er, wer einst ihr Vorbild war, ihr Lehrer und ihr Meister, und er spürt die tiefe Sehnsucht, so zu werden und zu sein wie dieser.

Er schließt sich Gleichgesinnten an, übt sich in jahrelanger Zucht und folgt dem großen Vorbild nach, bis er ihm gleich geworden ist und denkt und spricht und fühlt und will wie er.

Doch eines, meint er, fehle noch. So macht er sich auf einen weiten Weg, um in der fernsten Einsamkeit auch eine letzte Grenze vielleicht zu überschreiten. Er kommt vorbei an alten Gärten, die längst verlassen sind. Nur wilde Rosen blühen noch, und hohe Bäume tragen jährlich Frucht, die aber achtlos auf den Boden fällt, weil keiner da ist, der sie will. Danach beginnt die Wüste.

Schon bald umgibt ihn eine unbekannte Leere. Ihm ist, als sei hier jede Richtung gleich, und auch die Bilder, die er manchmal vor sich sieht, erkennt er bald als leer. Er wandert, wie es ihn nach vorne treibt, und als er seinen Sinnen längst nicht mehr vertraut, sieht er vor sich die Quelle. Sie sprudelt aus der Erde und versickert schnell. Dort aber, wo ihr Wasser hinreicht, verwandelt sich die Wüste in ein Paradies.

Als er dann um sich schaut, sieht er zwei Fremde kommen. Sie hatten es genau wie er gemacht. Sie waren ihrem Vorbild nachgefolgt, bis sie ihm gleich geworden waren. Sie hatten sich, wie er, auf einen weiten Weg gemacht, um in der Einsamkeit der Wüste auch eine letzte Grenze vielleicht zu überschreiten. Und sie fanden, so wie er, die Quelle. Zusammen beugen sie sich nieder, trinken von dem gleichen Wasser und glauben sich schon fast am Ziel. Dann nennen sie sich ihre Namen: „Ich heiße Gautama, der Buddha." – „Ich heiße Jesus, der Christus." – „Ich heiße Mohammed, der Prophet."

Dann aber kommt die Nacht, und über ihnen strahlen, wie eh und je, unnahbar fern und still die Sterne. Sie werden alle stumm, und einer von den dreien weiß sich dem großen Vorbild nah, wie nie zuvor. Ihm ist, als könne er, für einen Augenblick, erahnen, wie es ihm ergangen war, als er es wusste: die Ohnmacht, die Vergeblichkeit, die Demut. Und wie es ihm ergehen müsste, wüsste er auch um die Schuld.

Am nächsten Morgen kehrt er um, und er entkommt der Wüste. Noch einmal führt sein Weg vorbei an den verlassenen Gärten, bis er an einem Garten endet, der ihm selbst gehört. Vor seinem Eingang steht ein alter Mann, als hätte er auf ihn gewartet. Er sagt: „Wer von so weit zurückgefunden hat wie du, der liebt die feuchte Erde. Er weiß, dass alles, wenn es wächst, auch stirbt, und, wenn es aufhört, nährt." – „Ja", gibt der andere zur Antwort, „ich stimme dem Gesetz der Erde zu." Und er beginnt, sie zu bebauen.

Verstrickungen und ihre Lösung

Aus einem Selbsterfahrungs- und Fortbildungskurs

Der Einstieg

HELLINGER Willkommen zu diesem Kurs. Wir beginnen, indem jeder kurz sagt:

- wie er heißt,
- was er beruflich macht,
- was sein Familienstand ist
- und welches Anliegen er hat.

Die Suche nach Lösungen beginnt, sobald sich die Gelegenheit bietet. Dabei werden die einzelnen Schritte durch Vollzug oder Teilnahme erfahrbar und an der Wirkung erprobt. Wenn es Fragen zum Vorgehen und zum Ergebnis oder zu den Grundlagen gibt, werde ich antworten, so gut ich das kann.

Die Adoption ist gefährlich

KARL Ich heiße Karl und lebe mit meiner Frau und unserem kleinen Adoptivsohn zusammen. Wir haben vier eigene Söhne und Töchter, die sind mittlerweile zwischen sechsundzwanzig und zweiunddreißig und aus dem Haus. Wir hatten damals auch noch drei Pflegetöchter im gleichen Alter dabei, und der Adoptivsohn, der jetzt bei uns lebt, ist das Kind einer dieser Pflegetöchter. Von Beruf bin ich Pfarrer, ich arbeite mit behinderten Kindern und Jugendlichen und deren Familien. Voriges Jahr bin ich durch die Begegnung mit dir darauf aufmerksam geworden, dass mein bisheriges Arbeiten kurzatmig war – so will ich es mal nennen, weil ich den Jugendlichen entweder als behinderten Menschen oder, wenn es jemand ist, der in Beziehungsstörungen lebt, immer nur als Einzelmenschen gesehen habe. Ich merke jetzt, dass es fast sinnlos ist, einem Kind helfen zu wollen, wenn ich nicht auch mit der Familie arbeiten kann und die Familie nicht das gleiche Problembewusstsein hat.

HELLINGER Du musst die Adoption rückgängig machen.
KARL Die Adoption rückgängig machen?
HELLINGER Musst du.
KARL Das kann ich mir gar nicht vorstellen.
HELLINGER Du hast kein Recht dazu. Die Adoption ist ein gefährliches Geschäft, und wer das macht, ohne zwingenden Grund, der bezahlt teuer dafür, entweder mit einem eigenen Kind oder mit seinem Partner. Die opfert er dann zum Ausgleich. – Wer wollte die Adoption?
KARL Die Adoption wollten wir beide, meine Frau und ich.
HELLINGER Wieso ist das Kind nicht bei seiner Mutter?
KARL Die Mutter ist mit dem vier Monate alten Kind zu uns gekommen und hat es uns, weil sie mit Freunden zusammenleben wollte, damals als Pflegekind überlassen.
HELLINGER Als Pflegekind, das ist okay, aber die Adoption geht viel zu weit. Sie geht über das hinaus, was das Kind braucht. Damit wird es aus seinen Bezügen gerissen.
KARL Ich verstehe das im Moment noch nicht genau, weil die Beziehung zur leiblichen Mutter in der gleichen Weise weiterbesteht wie vorher auch.
HELLINGER Die Beziehung des Kindes zu seiner leiblichen Mutter ist jetzt nicht mehr die gleiche wie vorher; das ist das Schlimme dabei. Du hast der Mutter ihre Rechte und ihre Verantwortung genommen und dem Vater auch. Was ist denn mit dem?
KARL Der Vater ist Türke und jetzt in zweiter Ehe mit einer türkischen Frau verheiratet. Er hat andere Kinder mit ihr und hat die Beziehung zu diesem Kind aufgegeben.
HELLINGER Wieso kann das Kind nicht zu seinem Vater? Hast du Angst, dass er Mohammedaner wird? – Müsste er werden!
KARL Könnte er auch werden.
HELLINGER Dort ist sein bester Platz. Ist es ein Junge?
KARL Ja.
HELLINGER Dann muss er zum Vater, das ist ganz klar.
KARL Ich muss darüber nachdenken.
HELLINGER Weißt du, wie das ist mit dem Darübernachdenken? Das ist wie mit einem Pfarrer, der nach Exerzitien sagte: „Verdammt noch mal, nach den Exerzitien brauche ich immer sechs Wochen, bis ich wieder im alten Geleise bin."

Sich als Gegenüber stellen

BRIGITTE Ich heiße Brigitte. Ich bin Psychologin und habe eine eigene Praxis. Ich habe vier Töchter aus erster Ehe, bin dann geschieden worden, und mein erster Mann ist später gestorben. Dann habe ich noch mal geheiratet und habe aus dieser Ehe zwei Stieftöchter. Ich lebe sehr auf Abstand zu meinem Mann, um meine Kräfte zu sammeln, und ich bin hier, um etwas zu lernen, ohne mich anzustrengen.

HELLINGER Das schließt sich hier aus. Also was willst du?

BRIGITTE Ich möchte nur so weit einsteigen, wie ich es im Moment innerlich vertragen kann.

HELLINGER Mir ist es zu riskant, hier jemanden dabeisein zu lassen, der nicht bereit ist, sich mit persönlichem Risiko als Gegenüber zu stellen, denn er hemmt das Intime. Ich möchte dich also warnen. Was wir hier machen, ist nicht nur zum Zuschauen.

BRIGITTE So möchte ich das auch nicht verstanden wissen. Aber weil ich die Ausbilderin von einigen Teilnehmern hier bin und die Gruppe so groß ist, möchte ich mich etwas zurückhalten. Ich will jedoch tun, was gefordert ist, damit ich teilnehmen kann.

HELLINGER Ich habe dir die Regeln genannt, und sie sind bei dir angekommen. Damit ist es in Ordnung für mich. Ich erzähle dir aber noch eine Geschichte.

Mehr oder weniger

In Amerika rief ein Professor für Psychologie einen Studenten zu sich, gab ihm einen Eindollarschein und einen Hundertdollarschein und sagte: „Geh in das Wartezimmer, dort sitzen zwei Männer, und gib dem einen den Eindollarschein und dem anderen den Hundertdollarschein. Der Student dachte: „Der spinnt wohl wieder!" Dann nahm er das Geld, ging in das Wartezimmer und gab dem einen den einen Dollar und dem anderen die hundert. Er wusste aber nicht, dass vorher der Professor dem einen Mann heimlich gesagt hatte: „Nachher bekommst du einen Dollar", und dem anderen: „Nachher bekommst du hundert Dollar." Der Student gab nun durch Zufall den einen Dollar dem, der auf den einen Dollar wartete, und dem anderen, der auf die hundert Dollar wartete, gab er die hundert.

HELLINGER *schmunzelt* Merkwürdig, jetzt frage ich mich, was diese Geschichte hier soll.

Die doppelte Verschiebung

CLAUDIA Ich heiße Claudia. Ich bin Psychologin und arbeite nicht nur als Psychotherapeutin, sondern auch als Gerichtsgutachterin für Familienrechtssachen, und ich führe Kurse durch für Leute, denen man den Führerschein abgenommen hat und die jetzt eine psychologische Schulung machen müssen. Mein Familienstand: Ich bin geschieden. Das ist etwas peinlich für mich, weil ich nur ein halbes Jahr verheiratet war, und ich überlege, ob man das überhaupt als verheiratet oder geschieden nehmen kann.

HELLINGER Du bist verheiratet gewesen, und das ist nicht mehr rückgängig zu machen. Hast du Kinder?

CLAUDIA Nein, keine Kinder.

HELLINGER Wieso habt ihr euch getrennt?

CLAUDIA Weil es furchtbar war. Also wir kannten uns nicht lange vorher, haben uns relativ schnell entschlossen, und dann fand ich alles furchtbar.

HELLINGER Du fandest es furchtbar, er auch?

CLAUDIA Ich habe mich bemüht, es auch für ihn furchtbar zu machen.

HELLINGER Und welche böse Frau hast du nachgeahmt aus deinem System?

CLAUDIA Die Mutter auf jeden Fall.

HELLINGER Suchen wir noch eine andere. Die Frage ist: Welche Frau aus deinem Herkunftssystem war mit Recht böse auf einen Mann? Wenn etwas passiert, wie du es beschreibst, dann liegt dem häufig die Dynamik der doppelten Verschiebung zugrunde. Weißt du, was das ist?

CLAUDIA Nein.

HELLINGER Ich gebe dir ein Beispiel. In einem Kurs von Jirina Prekop, in dem sie ihre Festhaltetherapie demonstriert hat, forderte sie ein Ehepaar auf, sich gegenseitig festzuhalten. Auf einmal hat sich das Gesicht der Frau verändert, und sie wurde böse auf ihren Mann. Sie hatte aber gar keinen Grund dazu. Dann habe ich zu Jirina gesagt: „Schau, wie sich ihr Gesicht verändert. Daran kannst du erkennen, mit wem sie identifiziert ist." Sie hatte plötzlich ein Gesicht wie eine achtzigjährige Frau. Sie selber war nur etwa fünfunddreißig. Dann habe ich der Frau gesagt: „Achte auf dein Gesicht! Wer hatte so ein Gesicht?" Sie sagte: „Meine Oma." Ich fragte sie: „Was war mit der Oma?" Sie sagte: „Die Oma war eine Wirtin, und der Opa hat sie manchmal vor allen Gästen an den Haaren durch die Wirtsstube gezogen. Und sie hat es geduldet."

Kannst du dir vorstellen, was die Oma wirklich gefühlt hat? Sie war böse auf ihren Mann, hat es aber nicht zum Ausdruck gebracht. Diese unterdrückte Wut hat nun die Enkelin von ihr übernommen. Das ist die Verschiebung im Subjekt, von der Oma zur Enkelin. Doch nicht ihr Opa kriegt diese Wut ab, sondern ihr Mann. Das ist die Verschiebung im Objekt, vom Opa auf den Mann. Für die Frau ist das weniger riskant, denn der Mann lässt es sich von ihr gefallen, weil er sie liebt. Das also ist die Dynamik der doppelten Verschiebung. Sie ist aber keinem bewusst.

Die Frage ist nun, war so etwas bei dir?

CLAUDIA Es ist mir nicht bekannt.

HELLINGER Wenn so etwas wäre, würdest du deinem Mann noch eine Menge schulden.

CLAUDIA Hm.

HELLINGER Genau. *Sie lacht.*

Habe ich dich erwischt?

CLAUDIA Nein. Doch ich habe gerade daran gedacht, dass ich froh bin, dass es ihm gutgeht.

HELLINGER Das kommt davon, wenn man sich schuldig fühlt. Ob es aber stimmt, was ich gesagt habe, können wir erst nachprüfen, wenn wir weiterarbeiten. Vorläufig ist es nur eine Hypothese.

Die erste Frau

GERTRUD Ich heiße Gertrud. Ich bin Ärztin und habe eine Allgemeinpraxis. Ich bin ledig und habe einen Sohn, der wird jetzt neunzehn.

HELLINGER Was ist mit seinem Vater?

GERTRUD Den hat er seit ungefähr fünf Jahren nicht mehr gesehen.

HELLINGER Was ist mit dem?

GERTRUD Der ist verheiratet und hat drei Kinder in dieser Ehe. Ungefähr seit fünf Jahren hat er mit einer anderen Frau noch ein Mädchen. Das ist aber sein Problem, ich habe ihn ja seit fünf Jahren nicht mehr gesprochen.

HELLINGER War er schon verheiratet, als du ihn kennengelernt hast?

GERTRUD Der ist jetzt mittlerweile dreimal verheiratet. Damals war er auch verheiratet, ich glaube zum zweitenmal. Die waren gerade dabei, sich zu scheiden. Ich kenne ihn noch aus der Schulzeit, wir waren zusammen in der Schule. Dann sind wir auseinandergegangen. Er war in einer anderen Stadt, und dort hat er geheiratet. Und einmal hat er geheiratet aus Gefälligkeit, damit jemand aus Ungarn herauskommen konnte. Dann hat er sich scheiden lassen und noch mal geheiratet.

HELLINGER Das kann man nicht machen. Aus Gefälligkeit kann man nicht heiraten. Hattest du mit ihm früher schon eine intime Beziehung, bevor er erstmals geheiratet hat?

GERTRUD Ja.

HELLINGER Dann bist du seine erste Frau. Dann hast du Vorrang vor allen seinen Frauen. Gutes Gefühl, oder?

GERTRUD Ja, ja, aber das ist schwierig.

HELLINGER Was ist denn daran so schwierig?

GERTRUD Also ich habe jetzt nicht unbedingt das Bedürfnis, dieses Gefühl zu haben. Jetzt nicht mehr.

HELLINGER Der Vorrang hängt nicht vom Gefühl ab.

GERTRUD Ach so?

HELLINGER Das sind Wirklichkeiten, die bestehen unabhängig vom Gefühl.

Das Glück macht Angst

HELLINGER Ich sage dir etwas über das Glück. Das Glück wird als gefährlich erlebt, weil es einsam macht. Das gleiche gilt für die Lösung. Sie wird als gefährlich erlebt, weil sie einsam macht. Beim Problem und beim Unglück dagegen ist man in Gesellschaft.

Das Problem und das Unglück verbinden sich mit einem Gefühl von Unschuld und von Treue. Die Lösung und das Glück dagegen verbinden sich mit einem Gefühl von Verrat und Schuld. Daher sind

Glück und Lösung nur möglich, wenn man sich dieser Schuld stellt. Nicht, dass die Schuld vernünftig ist, dennoch wird sie als solche erlebt. Deswegen ist der Übergang vom Problem zur Lösung auch so schwierig. Du müsstest dich ja völlig umstellen, wenn, was ich dir gesagt habe, wahr wäre und du es so nehmen würdest.

Aufstellung: Sohn vertritt Bruder der Mutter

HARTMUT Ich muss mich erst einschwingen in die Konzentration auf Familienbeziehungen. Ich heiße Hartmut, bin Unternehmensberater und arbeite wissenschaftlich auf meinem Studiengebiet, das ist Religionsphilosophie. Ich habe zwei Töchter aus der ersten Ehe. Dann habe ich nochmals geheiratet. Mit dieser Frau bin ich noch verheiratet, lebe aber seit sieben Jahren von ihr getrennt. Die Töchter aus der ersten Ehe sind dreißig und siebenundzwanzig.
HELLINGER Und was willst du hier machen?
HARTMUT Ich möchte Klarheit gewinnen, wie weit ich mich in menschliche Beziehungen jeder Art hineinstellen soll. Ich bin stark zum Einsiedler geworden und habe das Gefühl, dass ich dabei verliere. Ich habe einen großen Überschuss an Liebe, weiß aber nicht, wohin damit.
HELLINGER Wir stellen jetzt deine Herkunftsfamilie auf. Hast du schon einmal eine Familienaufstellung gemacht, und weißt du, wie das geht?
HARTMUT Nach irgendwelchen Schemen noch nicht, aber ich habe mir im Kopf ein Gerüst gemacht.
HELLINGER Dieses Gerüst ist sicherlich falsch. Das dient nur der Abwehr. Was sich einer vorher zurechtlegt, dient der Abwehr. Was einer dem Therapeuten von seinen Problemen erzählt, dient ebenfalls der Abwehr. Ernst wird es erst, wenn einer handelt. Okay, wer könnte deinen Vater darstellen?
HARTMUT Robert könnte ihn darstellen, weil …
HELLINGER Du brauchst es nicht begründen. Wie viele Geschwister hast du?
HARTMUT Ich habe zwei und eine Halbschwester. Deswegen habe ich gezögert. Aber mit dieser Halbschwester bin ich nicht aufgewachsen.
HELLINGER Von wem kommt die Halbschwester?

HARTMUT Von meinem Vater.

HELLINGER War der vorher verheiratet?

HARTMUT Nein, nachher. Nach der Scheidung hat er noch einmal geheiratet, und dann ist noch eine Halbschwester gekommen. Meine Mutter hat nicht mehr geheiratet.

HELLINGER Wer ist das erste Kind deiner Eltern?

HARTMUT Ich selbst.

HELLINGER War jemand von deinen Eltern vorher verheiratet, oder verlobt, oder in fester Beziehung?

HARTMUT Nein. Doch meine Mutter hatte einen anderen Wunschkandidaten, der dann mein Patenonkel wurde.

HELLINGER Den brauchen wir. Sonst noch jemand, der wichtig wäre?

HARTMUT Extrem wichtig ist der Bruder meiner Mutter.

HELLINGER Was ist mit dem?

HARTMUT Mit dem wollte meine Mutter immer zusammenleben, nach dem wollte sie mich auch modellieren.

HELLINGER Ist der Pfarrer oder was?

HARTMUT Nein, er ist ein berühmter Schauspieler gewesen.

HELLINGER Sie wollte mit ihm zusammenleben?

HARTMUT Sie hat ihn meinem Vater eigentlich vorgezogen.

HELLINGER Den nehmen wir später. Wir stellen jetzt zuerst den Vater auf, die Mutter, die Geschwister, die zweite Frau des Vaters, die Halbschwester und den Freund der Mutter. Suche dir für jeden von ihnen jemanden aus der Gruppe, der ihn vertreten soll: Männer für Männer oder Jungen und Frauen für Frauen oder Mädchen. Dann stelle sie in Beziehung zueinander, und zwar ganz nach dem augenblicklichen Gefühl. Wie weit steht die Mutter weg vom Vater zum Beispiel, und in welche Richtung schauen sie. Stelle jeden an seinen Platz, ohne etwas zu sagen oder zu erklären. Und mache es gesammelt und ernst, sonst geht es nicht.

Anmerkung

In den folgenden Grafiken werden die männlichen Personen mit einem Viereck gekennzeichnet und die weiblichen mit einem Kreis, z. B.:

Die Symbole für die Personen, die aufstellen oder für die aufgestellt wird, werden durch Fettdruck hervorgehoben. Die Kerbe zeigt die Blickrichtung an. Die anschließenden Fragen werden, wenn nicht anders vermerkt, an die Stellvertreter der dargestellten Personen gerichtet. Daher äußern sich diese immer in der Rolle der von ihnen dargestellten Personen.

Hartmut stellt seine Herkunftsfamilie auf.

HELLINGER Jetzt gehe noch einmal außen herum und korrigiere, wenn nötig. Dann setze dich so, dass du es gut sehen kannst.

Bild 1

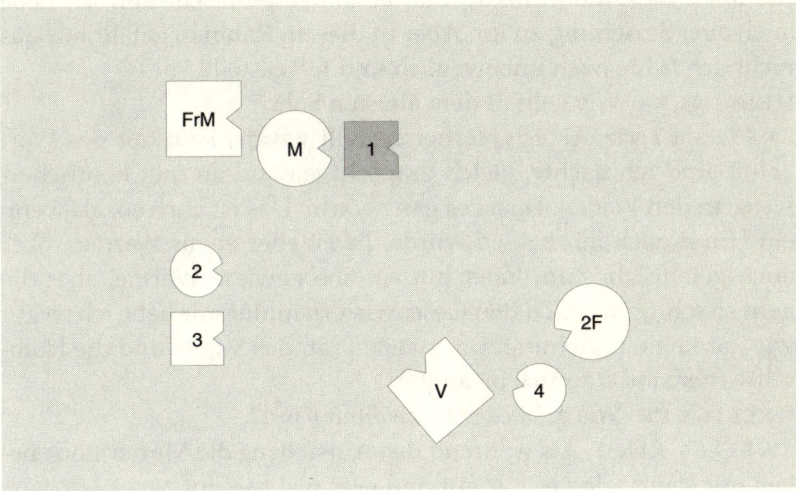

V	Vater
M	Mutter
1	**Erstes Kind, Sohn (= Hartmut)**
2	Zweites Kind, Tochter
3	Drittes Kind, Sohn
2F	Zweite Frau des Vaters
4	Viertes Kind, von der zweiten Frau
FrM	Freund der Mutter

HELLINGER Wie geht es dem Vater?
VATER Ich fühle mich hier sehr isoliert. Meine frühere Familie ist weit weg, und da ist etwas in meinem Rücken, das sehe ich gar nicht.
HELLINGER Wie geht es der Mutter?
MUTTER Ich habe Kontakt mit meinem früheren Mann. Vorher war ich in mir erstarrt.
HELLINGER Wie ist das Gefühl dabei?
MUTTER Ohnmächtig. Nicht handlungsfähig.

HELLINGER Und wie ist das Gefühl zum Liebhaber, Hartmuts Patenonkel?

MUTTER Er steht hinter mir, aber er sitzt mir gleichzeitig auch im Nacken. Mein Gefühl ist eher zwiespältig.

HELLINGER Wie geht es dem Liebhaber, dem Freund?

FREUND DER MUTTER Zwiespältig, das könnte ich auch sagen. Ich finde die Frau attraktiv und auch sympathisch, und ich habe auch eine Beziehung zu ihr. Aber in diesem Rahmen gefällt mir das nicht. Ich fühle mich unbeweglich und festgestellt.

HELLINGER Wie geht es dem ältesten Sohn?

ERSTES KIND Als ich hierher gestellt wurde, kam mir das Wort „Hu!" und ich dachte, gleich grapscht jemand an mir, komischerweise in den Waden. Da ist es ganz warm. Das ist auch so, als wenn ein Hund nach mir beißen würde. Es ist eher etwas Warmes, aber auch gefährlich. Zum Vater hin ist eine gewisse Wärme, aber die geht so schräg weg. Zu den Geschwistern hinter mir habe ich so gut wie gar keine Beziehung. Die zweite Frau des Vaters und die Halbschwester sind für mich belanglos.

HELLINGER Wie geht es dem zweiten Kind?

ZWEITES KIND Als während des Aufstellens die Mutter noch neben mir stand, ging es mir gut und jetzt nicht so gut.

HELLINGER Wie geht es dem dritten Kind?

DRITTES KIND Ich habe meine Eltern im Blickfeld, aber ich kann mich nicht entscheiden. Ich fühle mich zum Vater hinübergezogen, kann aber hier nicht weg.

HELLINGER Wie geht es der zweiten Frau?

ZWEITE FRAU Ich frage mich, warum kann sich mein Mann nicht zu mir herumdrehen?

HELLINGER Wie geht es der Halbschwester?

VIERTES KIND Ich fühlte mich zunächst draußen und fand den Vater auch bedrohlich. Seit die Mutter hinter mir steht, geht es mir besser. Aber der Vater steht mir im Weg.

ERSTES KIND Während ich hier so stehe, wird es mir hier vorne ganz warm, als ob ich aufgeladen bin, und ich möchte was grapschen.

HELLINGER *zu Hartmut* Jetzt stelle den Bruder der Mutter dazu!

Bild 2

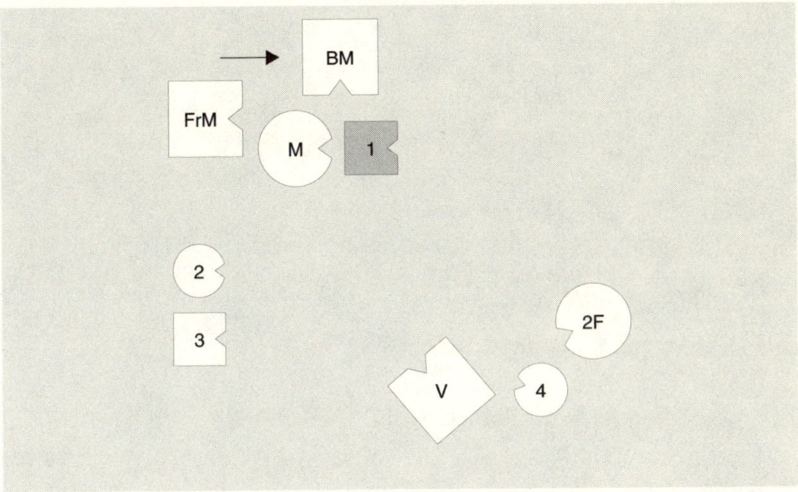

BM Bruder der Mutter

HELLINGER Was ist beim ältesten Sohn verändert?
ERSTES KIND Links zieht es so rüber, und ich frage mich, was soll denn der da? Was macht der denn da?
HELLINGER Ist es besser oder schlechter?
ERSTES KIND Die Kraft, die ich vorher hatte, geht jetzt nach links weg. Es zerreißt mich da. Das geht nicht. Etwas Kraft geht noch zum Vater. Hinten ist alles geladen, und nach links geht etwas weg.
HELLINGER Wie geht es dem Bruder der Mutter?
BRUDER DER MUTTER Ich weiß nicht recht, was ich hier soll.
HELLINGER Wie geht es jetzt der Mutter?
MUTTER Eng fühle ich mich.
HELLINGER Und wie!!!
MUTTER Ja. *Sie lacht.*
HELLINGER *zu Hartmut* War der verheiratet, der Schauspieler?
HARTMUT Nein, der ist auch schon lange tot.

Hellinger stellt nun das Bild um.

Bild 3

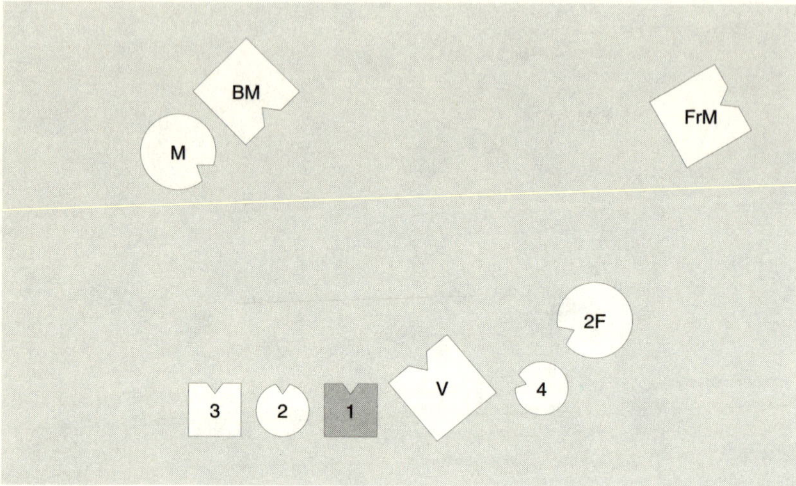

HELLINGER Was ist jetzt bei der zweiten Frau?

ZWEITE FRAU Ich merke, dass ich das angenehm finde, dass die da alle stehen. Ich habe das Gefühl, das stimmt so.

HELLINGER Was ist beim ältesten Sohn? Ist es besser oder schlechter?

ERSTES KIND Es ist klar auf einmal hier. Das ist ein guter Platz.

HELLINGER Was ist beim Vater?

VATER Ich kann mich jetzt auch meiner jetzigen Familie zuwenden.

Hellinger stellt das Bild um. Der Freund der Mutter kann sich setzen, da er offenbar keine Rolle mehr spielt.

Bild 4

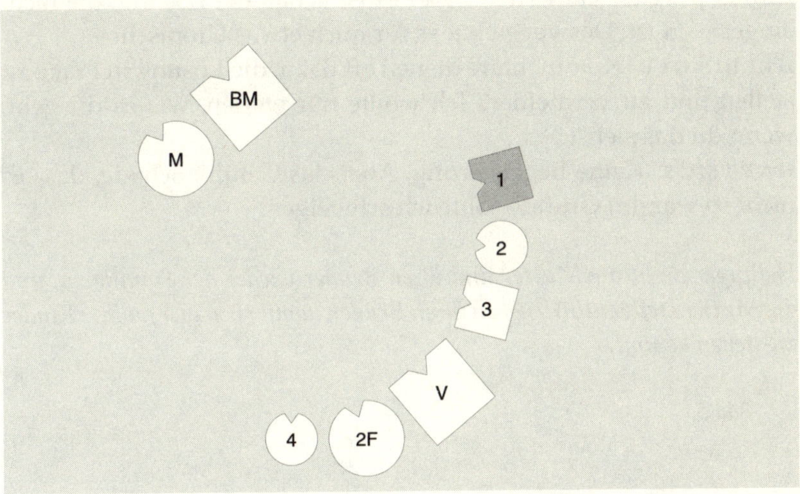

HELLINGER Wie ist das für den Vater?

VATER Mir geht es so sehr gut. Ich kann gut zu meiner ersten Frau hinschauen. Das mit ihr war ein misslungener Versuch. Die neue Verbindung ist für mich stimmig, und meine Kinder so nahe dabei, das finde ich gut.

HELLINGER Wie geht es dem dritten Kind?

DRITTES KIND Ich hätte gerne noch mehr Kontakt zu meiner Mutter.

HELLINGER Wie geht es der Tochter?

ZWEITES KIND Hier in dem Kreis, das ist okay.

HELLINGER Wie geht es dem ältesten Sohn?

ERSTES KIND Ja, schön. Auf einmal gehören meine Halbschwester und ihre Mutter auch mit dazu. Dass meine Mutter weggeht, ist für mich in Ordnung.

HELLINGER Und wie geht es jetzt der Mutter?

MUTTER Ich würde gerne zu meinen Kindern hinblicken.

HELLINGER Wie geht es ihrem Bruder?

BRUDER DER MUTTER Ich fühle mich ganz wohl hier. Ich möchte spontan etwas unternehmen.

HELLINGER *zu Hartmut* Was sagst du zu dieser Aufstellung?
HARTMUT Also die faktische Situation kann ich darin natürlich nicht mehr wiedererkennen. Das ist wohl auch nicht der Zweck. Das wäre eine Lösung gewesen, die funktioniert hätte, wenn da auch die Kinder mitgemacht hätten. Aber es ist genau die Lösung, die nicht eingetreten ist. Deswegen hat es für mich etwas Utopisches.
HELLINGER Kommentare dienen oft dazu, die Lösung in Frage zu stellen und zu vermeiden. Ich wollte nur wissen, wie es dir geht, wenn du das siehst.
HARTMUT Keine Begeisterung. Aber das Gefühl: Schade, dass es nicht so war. Im Grunde sollte ich schweigen.

Hellinger dreht die Mutter und ihren Bruder wieder der Familie zu, und die Mutter stellt er links neben ihren Bruder, damit sie näher an ihre Kinder zu stehen kommt.

Bild 5

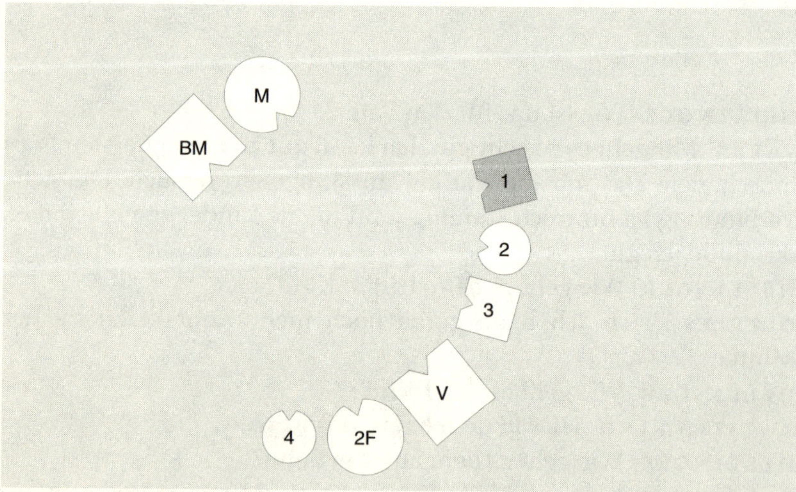

HELLINGER *zu den Stellvertretern* Ist das besser oder schlechter?
ERSTES KIND Wärmer.
ZWEITES KIND Schlechter.
HELLINGER Für die Mutter?
MUTTER Besser für mich.
BRUDER DER MUTTER Für mich auch.

HELLINGER *zur Gruppe* Diese Frau hat ihren Mann reingelegt.

Die Stellvertreterin der Mutter lacht.

Diese Frau hat den Mann reingelegt, denn sie hat ihn nicht gewollt. Deswegen müsste sie sich eigentlich umdrehen. Sie hat das Recht, dorthin zu schauen, verspielt.

Hellinger dreht beide, den Bruder der Mutter und die Mutter, wieder um und stellt die Mutter hinter den Bruder.

Bild 6

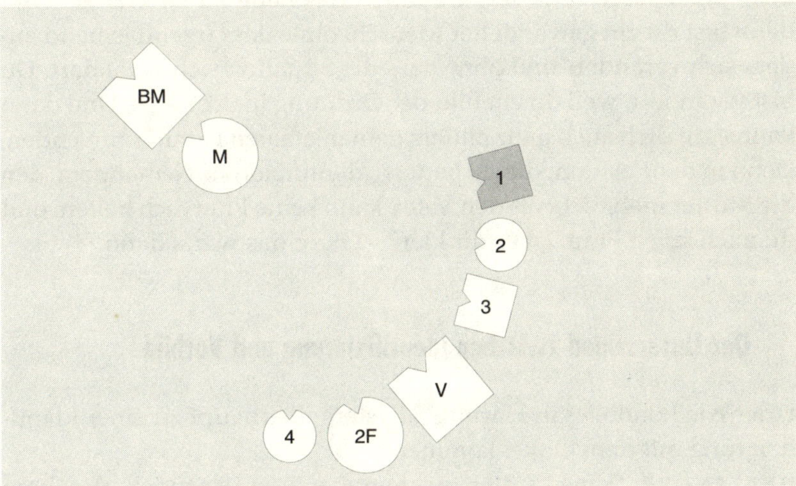

HELLINGER *zu den Stellvertretern* Wie ist das?
MUTTER Es stimmt so.
HELLINGER Genau. Jetzt könnt ihr sehen, mit wem Hartmut identifiziert ist. Die Mutter steht jetzt zu ihrem Bruder in genau der gleichen Beziehung wie vorhin zu ihrem ältesten Sohn. Mit diesem Bruder ist Hartmut identifiziert.
ERSTES KIND Mir läuft es kalt den Rücken runter, und mir kommt der Satz: „Die arme Mutter!"
HELLINGER *zur Gruppe* In dieser Familie spielt sich ein Drama ab, auf das der Mann keinen Einfluss hat und auf das die Kinder keinen Einfluss haben. Wir wissen auch nicht, wieso das so abläuft. Wir

können da nicht eingreifen. Wir müssen das gehen lassen. Für Hartmut ist die einzige Lösung das Stehen beim Vater.
HELLINGER *zu Hartmut* Willst du dich selber mal hinstellen?
HARTMUT Ja.

Hartmut stellt sich im Familienbild an seinen Platz.

HELLINGER Das ist jetzt die Ordnung. Jetzt will ich dir noch sagen, wie man damit umgeht. Du hattest in dir ein Bild der Familie, das war verrückt, in diesem wörtlichen Sinn. So verrückt hast du es vorhin auch aufgestellt. Ich habe jetzt die Ordnung aufgestellt, und du hast die Chance, wenn du es nehmen willst, dieses neue Bild in dich einzulassen und das alte durch das neue zu entkräften. Und dann bist du ein gewandelter Mensch, ohne dass irgend jemand anders sich verändert und ohne dass die Situation sich verändert. Du bist verändert, weil du ein Bild der Ordnung in dir trägst. Und dann kannst du dich auch ganz anders deiner jetzigen Familie zuwenden. Denn in der Position, die du hattest, identifiziert mit jemandem, den die Mutter mehr liebt als den Vater, kann keine Frau dich halten, und du auch keine Frau. Ist es dir klar? – Okay, das war's dann.

Der Unterschied zwischen Identifizierung und Vorbild

IDA Wie konnte es in Hartmuts System überhaupt zu einer Identifizierung mit dem Onkel kommen?
HELLINGER Seine Mutter suchte unbewusst jemanden, der ihren Bruder, den sie in ihrem Ursprungssystem aufgegeben hatte, für sie im Gegenwartssystem repräsentierte. Daher übernahm der älteste Sohn für sie die Rolle des Bruders, aber ohne dass es er oder seine Mutter oder sonst jemand bemerkte.
HARTMUT Aber es ist doch ein Unterschied, ob meine Mutter mich aufbaut in der Rolle ihres früh verlorenen Bruders, den ich noch kannte, oder ob ich mir ihn zum Vorbild nehme, was ich nicht getan habe. Das sind doch zwei verschiedene Identifikationen?
HELLINGER Nein. Ein Vorbild ist keine Identifizierung. Ein Vorbild habe ich vor mir. Deswegen bin ich vom Vorbild getrennt. Ich kann ihm nachfolgen oder nicht und bin frei. Doch wenn ich identifiziert bin, bin ich nicht frei. Ich weiß es oft gar nicht, dass ich identifiziert bin. Deswegen fühle ich mich, wenn ich identifiziert bin,

auch von mir selbst entfremdet. Wenn ich einem Vorbild nachfolge, fühle ich mich nicht entfremdet.

HARTMUT Das ist goldrichtig. Also das Wort Identifizierung gebrauchst du als die objektive Beschreibung eines Vorgangs, den keiner bewusst eingeleitet hat.

HELLINGER Ja. Es ist auch keiner schuldig. Die Mutter hat dich nicht ausgewählt für die Identifizierung. Man kann ihr keinen Vorwurf machen. Das ist eine Dynamik, die sich aus der Konstellation ergibt, ohne dass einer es bewusst will und ohne dass sich ein Kind dagegen wehren kann.

HARTMUT Es gibt also nur Opfer.

HELLINGER Ja. Es gibt nur Verstrickte, jeder in anderer Weise. Deswegen ist die Frage nach der Schuld oder nach dem Täter in diesem Zusammenhang müßig.

Mut haben zum Minimum

DAGMAR Das heißt, ich brauche jetzt nicht auch noch die Familie der mütterlichen Seite aufzustellen, um herauszufinden, was dort war?

HELLINGER Um Gottes willen, wo kommst du dann hin. Hartmut braucht das nicht; denn für ihn ist jetzt die Lösung völlig klar. Was da sonst noch war, ist nicht mehr zu rekonstruieren. Wenn man das versucht, begibt man sich auf die Ebene der Phantasie. Deswegen sind die großen Familienrekonstruktionen zum Schluss so verwirrend und bringen wenig Lösung. Alles, was er zum Handeln braucht, das hat er, und wenn das gefunden ist, breche ich auch ab. Nur nicht mehr tun, als der einzelne zur Lösung braucht! Für Leute, die nicht da sind, suche ich keine Lösung. Ich handle also nach dem Prinzip des Minimalismus, das heißt, ich beschränke mich auf die Lösung für die Person, um die es hier geht, und damit ist dann auch Schluss. Dann gehe ich sofort weiter zum nächsten. Ich will auch keine langen Nachbetrachtungen machen. Diese hier sind eine Ausnahme, sie dienen der Information in einem Fortbildungskurs. Aber sonst darf man das nicht machen. Auch keine Erfolgskontrollen oder so was. Das nimmt nur Kraft weg.

Durch die Individuation nimmt die Innigkeit in Beziehungen ab

IDA Haben die Kinder in dem System, so wie es hier aufgestellt wurde, nicht doch auch Wichtiges bekommen, weil es dieses System gibt?

HELLINGER Natürlich, sie haben durch diese Konstellation, auch wenn sie belastend ist, das Leben bekommen. Aber durch eine solche Konstellation wird ihre Entfaltung auch gehemmt. Hier zum Beispiel hat der erste Sohn etwas übernommen, was ihn in seiner Entwicklung behindert hat. Jetzt hat er die Chance, darüber hinauszuwachsen.

Die Entwicklung in der Ursprungsfamilie und in unseren gegenwärtigen Beziehungen geht auf Individuation hin. Das heißt, dass der einzelne sich fortschreitend aus seinen Bindungen löst. Diese Lösung zielt zugleich auf die Einbindung in einen viel größeren Zusammenhang. Dort ist man eingebunden und bleibt dennoch gelöst.

Es ist ähnlich, wie wenn jemand im Gebirge aus dem Dorf, in dem alles eng ist und nah beieinander, auf einen Berg hinaufgeht, immer höher, und fortschreitend einen immer größeren Überblick gewinnt. Aber je höher er steigt, desto einsamer wird er auch. Trotzdem erlebt er sich in einem größeren Zusammenhang als zuvor. Also die Lösung vom Nahen bringt uns in Verbindung mit etwas Größerem, ist aber erkauft um den Preis größerer Einsamkeit. Deswegen ist für viele der Schritt von der engen Bindung hin zum Neuen und Weiten so schwer. Doch jede enge Bindung drängt danach, sich fortzuentwickeln auf Größeres und Weiteres hin. Deswegen nimmt eine Paarbeziehung, wenn sie ihren Höhepunkt erreicht hat – der Höhepunkt ist die Geburt des ersten Kindes –, an Innigkeit ab und entwickelt sich auf Weite hin. Die Beziehung wird dadurch reicher, aber die Innigkeit nimmt ab – muss abnehmen.

Manche meinen, wenn sie in eine Beziehung gehen, dass sie immer eng zusammenbleiben werden. Aber die Beziehung ist auch ein Sterbeprozess. Jede Krise in der Beziehung wird erlebt wie Sterben und ist ein Teil unseres Sterbens. Da geht etwas weg von der Innigkeit, und auf einer anderen Ebene gibt es eine neue Qualität der Beziehung. Die ist anders als vorher, gelassener, mehr gelöst, und sie ist weiter.

IDA Es ist also nicht die Liebe, die da verlorengeht?

HELLINGER Nein, nein, die Liebe kann größer sein, viel größer, aber sie hat dann eine andere Qualität.

Liebe und Ordnung

HELLINGER Viele Probleme entstehen dadurch, dass einer meint, er könnte mit inneren Überlegungen oder mit Anstrengungen oder mit Liebe – wie sie zum Beispiel die Bergpredigt fordert – die Ordnung überwinden. Doch die Ordnung ist uns vorgegeben und lässt sich nicht durch die Liebe ersetzen. Das ist illusorisch. Man muss zurück zur Ordnung, zum Punkt der Wahrheit. Dort erst finden wir die Lösung.

HARTMUT Du hast vorhin einen grausamen Satz als Nebensatz gebracht, dass Liebe da nicht hilft und nichts löst; man kann ein solches Problem also nicht mit Liebe lösen. Das habe ich in der Tat versucht, in vielen Varianten, und es ist misslungen. Aber es ist eine schreckliche Einsicht.

HELLINGER Die Liebe ist ein Teil der Ordnung. Die Ordnung geht der Liebe voraus, und die Liebe kann sich nur im Rahmen der Ordnung entwickeln. Die Ordnung ist vorgegeben. Wenn ich dieses Verhältnis umkehre und mit der Liebe die Ordnung verwandeln will, dann muss ich scheitern. Das geht nicht. Die Liebe fügt sich einer Ordnung ein, und dann kann sie gedeihen. So wie der Samen sich einfügt in den Grund und dort wächst und gedeiht.

HARTMUT Dann bin ich tatsächlich verrückt oder habe mich so gegeben.

HELLINGER Ja, doch jetzt hast du die Chance, es in Ordnung zu bringen. Manche können in kurzer Zeit eine Menge nachholen, wenn sie handeln. Schuldbekenntnisse und Jammern aber sind nur Ersatz für das Handeln. Sie vereiteln das Handeln und machen schwach.

Die Ursprungsordnung

DAGMAR Du hast Hartmuts System in einer Rangordnung aufgestellt. Was war das für eine Ordnung?

HELLINGER Es gibt eine Rangordnung gemäß dem Anfang der Zugehörigkeit zu einem System. Das ist die Ursprungsordnung. Sie richtet sich nach der zeitlichen Aufeinanderfolge der Zugehörigkeit. Deswegen hatte in Hartmuts System die erste Frau Vorrang vor der zweiten Frau und der älteste Sohn Vorrang vor seinen jüngeren Geschwistern. Wenn man eine Familie gemäß dieser Ordnung aufstellt, zum Beispiel im Kreis, dann stehen Personen von niedrigerem Rang im Uhrzeigersinn links von Personen mit höherem Rang.

Das Sein wird durch die Zeit definiert und bekommt seinen Rang durch die Zeit. Es wird strukturiert durch die Zeit. Wer zuerst in einem System da war, hat Vorrang vor dem, der später kommt. Oder auch was in einem System zuerst da war, hat Vorrang vor dem, was später kommt. Daher hat der Erstgeborene Vorrang vor dem Zweitgeborenen, und die Paarbeziehung hat Vorrang vor dem Elternsein. Das gilt innerhalb eines Familiensystems.

Doch auch die Systeme haben unter sich eine Rangfolge, und da ist sie umgekehrt. Das neue System hat Vorrang vor dem alten. Zum Beispiel hat die Gegenwartsfamilie Vorrang vor der Ursprungsfamilie. Wo das umgekehrt wird, geht es schief. Zum Beispiel hatte für die Mutter von Hartmut das Ursprungssystem Vorrang vor dem Gegenwartssystem. Darum ging es schief.

DAGMAR Also du sagst, es gibt einen zeitlichen Vorrang, und dann gibt es den Vorrang des Gegenwärtigen. Verstehe ich das richtig?

HELLINGER Innerhalb eines Systems gibt es einen Vorrang gemäß dem Anfang der Zugehörigkeit zu dem System. Aber in der Abfolge der Systeme hat die neue Familie Vorrang vor der alten.

Der Vorrang der ersten Bindung

FRANK Es müsste ja auch in der Qualität von Systemen noch einen Vorrang geben, nämlich zwischen einem System, das natürlich wäre oder gesund, und einem System, das nicht natürlich wäre oder krankmachend.

HELLINGER Nein, diese Art von Unterscheidung geht nicht. Die erste Bindung, die einer eingeht, hat Vorrang vor der zweiten, unabhängig davon, welche Qualität die erste hatte. Das heißt, die zweite Beziehung bindet weniger als die erste. Die Tiefe der Bindung nimmt also von Beziehung zu Beziehung ab. Bindung heißt aber nicht Liebe. Es kann sein, dass in einer zweiten Beziehung die Liebe größer ist, aber die Bindung geringer. Die Tiefe einer Bindung kann man daran ablesen, wie groß die Schuld ist, die einer empfindet, wenn er sich löst. Wenn jemand sich von einer zweiten Bindung löst, fühlt er die Schuld geringer als bei der ersten. Dennoch hat das zweite System Vorrang vor dem ersten.

HARTMUT Ich fühle mich sehr erfrischt, auch energetisch aufgeladen; so nach dem Motto: „Die Wahrheit wird euch frei machen", wie am Beginn einer Befreiung.

Rangordnungen

HELLINGER Ich möchte etwas sagen zu Rangordnungen, vor allem über die Ursprungsordnung. Jede Gruppe hat eine Rangordnung, die sich aus dem Zeitpunkt des Anfangs der Zugehörigkeit ergibt. Das gilt in den Familien, und das gilt in Organisationen.

Die Rangfolge in der Familie

Wo immer es in Familien einen tragischen Verlauf gibt, hat ein Nachgeordneter gegen die Ursprungsordnung verstoßen. Das heißt, er hat sich etwas angemaßt, was Vorgeordneten vorbehalten bleiben muss. Die Anmaßung ist oft nur objektiv, nicht subjektiv.

Wenn zum Beispiel das Kind versucht, für seine Eltern zu sühnen oder die Folgen einer Schuld der Eltern an deren Stelle zu tragen, dann ist das eine Anmaßung. Doch das Kind merkt die Anmaßung nicht, weil es aus Liebe handelt. Es hört im Gewissen keine Stimme, die es davor warnt. Deswegen sind die tragischen Helden alle blind. Sie meinen, sie tun etwas Gutes und Großes. Dennoch schützt sie diese Überzeugung nicht vor dem Untergang. Die Berufung auf die gute Absicht oder das gute Gewissen, wenn sie – meist nachträglich – ins Spiel gebracht wird, ändert nichts am Ergebnis und an den Folgen.

Das Kind kann sich gegen die Anmaßung nicht wehren, denn es wird durch seine Liebe in bester Absicht in die Anmaßung getrieben. Erst im Erwachsenenalter, wenn es zur Einsicht kommt, kann es sich aus den Fesseln der Anmaßung befreien und auf den Platz zurücktreten, der ihm zukommt. Dieses Sichherausnehmen aus der angemaßten Position fällt dem Kind aber schwer, weil es dann plötzlich auf nichts anderem mehr stehen kann als auf den eigenen Füßen. Es muss dann ganz unten anfangen und nur auf das Eigene bauen. Doch auf diesem Platz bleibt es gesammelt bei sich. Auf dem angemaßten Platz gerät es außer sich und ist von sich selber entfremdet.

In der Familientherapie achtet man daher vor allem darauf, ob sich jemand etwas anmaßt, was ihm nicht zusteht. Das, in erster Linie, bringt man in Ordnung.

Der Rang des Intimen

Ein Kind darf niemals wissen, was zur Paarbeziehung der Eltern gehört. Das geht das Kind nichts an. Was in eine Paarbeziehung gehört, geht auch andere niemals etwas an. Wenn jemand aus seiner intimen Beziehung anderen etwas offenbart, ist das ein Vertrauensbruch mit schlimmen Folgen. Es bricht die Beziehung. Das darf nur denen gehören, die diese Beziehung eingegangen sind. Das Intime muss für Außenstehende immer ein Geheimnis bleiben. Zum Beispiel darf ein Mann einer zweiten Frau nichts erzählen von seiner ersten Frau, was die intime Beziehung betrifft. Alles, was zur Paarbeziehung gehört, bleibt zwischen Mann und Frau ein gehütetes Geheimnis. Wenn Eltern den Kindern etwas davon sagen, ist das für die Kinder ganz schlimm. Wenn es zum Beispiel eine Abtreibung gab, geht das die Kinder nichts an. Das gehört zur intimen Beziehung der Eltern. Auch einem Therapeuten gegenüber darf man nur so darüber reden, dass der Partner geschützt bleibt. Sonst bricht die Beziehung.

Der Vorrang bei der Scheidung

TEILNEHMERIN Wie ist das, wenn die Eltern sich trennen und die Kinder fragen: Warum habt ihr euch getrennt?

HELLINGER Dann sagt man ihnen, das geht euch nichts an. Wir trennen uns, doch jeder von uns bleibt für euch Vater oder Mutter. Die Elternbeziehung wird ja nicht geschieden. Aber oft werden bei einer Scheidung dem einen die Kinder zugesprochen und dem anderen genommen. Doch man kann Eltern die Kinder nicht nehmen. Die Eltern behalten voll die Rechte und voll die Pflichten, auch nach der Scheidung. Nur die Partnerbeziehung wird getrennt. Man darf die Kinder auch nicht fragen, zu wem sie wollen. Sonst werden die Kinder in die Position gebracht, dass sie sich zwischen ihren Eltern entscheiden müssen, für den einen und gegen den anderen. Das darf man von ihnen nicht verlangen. Die Eltern besprechen unter sich, wohin die Kinder kommen, und dann sagen sie ihnen, wie es gemacht wird. Auch wenn die Kinder protestieren, sind sie innerlich frei und froh, dass sie sich nicht entscheiden müssen zwischen den Eltern.

TEILNEHMERIN Suchen sich nicht viele Eltern den Kindern gegenüber zu entlasten, indem sie ihnen erzählen, was zwischen ihnen als Paar nicht gut war?

HELLINGER Ihr müsst davon ausgehen, dass Trennungen geschehen ohne Schuld. Sie sind unausweichlich, in der Regel sind sie unausweichlich. Wer nach einem Schuldigen sucht und nach einer Schuld, entweder bei sich oder beim anderen, der weigert sich, sich dem Unausweichlichen zu stellen. Dann tut man so, als hätte es eine andere Lösung gegeben, wenn … Und das stimmt nicht. Die Trennungen sind Folgen von Verstrickungen. Jeder der Partner ist auf eine besondere Weise verstrickt. Deswegen suche ich als Therapeut nie, wer oder was daran schuld sein könnte. Ich sage ihnen, es ist vorbei, und jetzt stellt euch dem Schmerz, dass es vorbei ist, obwohl ihr es am Anfang gut gemeint habt. Wenn sie sich dem Schmerz stellen, können sie friedlich auseinandergehen und können, was zu regeln ist, gut miteinander regeln. Anschließend ist jeder frei für seine Zukunft. So gehe ich vor. Das ist dann für alle entlastend.

TEILNEHMERIN Ich habe mitgemacht bei einer Studie über die Scheidungsfolgen bei Kindern, und mich würde interessieren, was du dazu sagst. Wenn Paare den Kindern mitgeteilt haben, dass sie sich scheiden wollen, war der erste Impuls der Kinder immer, dass sie gemeint haben, sie hätten etwas falsch gemacht, und dass die Eltern sich deswegen scheiden lassen wollen.

HELLINGER Wenn etwas schiefgeht zwischen den Eltern, suchen die Kinder bei sich die Schuld. Lieber wollen sie schuld sein, als dass sie den Eltern die Schuld dafür geben. Dann ist es sehr entlastend für die Kinder, wenn die Eltern ihnen sagen: Wir als Paar haben uns entschieden, dass wir uns trennen. Doch wir bleiben euere Eltern, und ihr bleibt unsere lieben Kinder.

TEILNEHMERIN Ich kann das annehmen. Nur habe ich oft gesehen, wie das von den Kindern hinterfragt wird, weil die Eltern so enttäuscht sind. Was mache ich dann?

HELLINGER Ich habe dir die Lösung bereits gegeben. Da ist aber noch etwas wichtig bei der Scheidung. Die Kinder müssen nach der Scheidung zu dem Elternteil, der in den Kindern den anderen Partner am meisten achtet. Das ist in der Regel der Mann. Der Mann achtet eher in den Kindern die Frau als umgekehrt die Frau in den Kindern den Mann. Wieso, weiß ich nicht, aber man kann es sehen. Wenn man ein Paar berät, das sich scheiden lassen will, dann sagt man ihnen, dass es für das Wohl der Kinder das beste ist, wenn jeder in den Kindern die ursprüngliche Liebe zum Partner fortsetzt, so wie sie angefangen hat, was immer auch später daraus geworden ist. Man geht zurück an den Anfang. Das war ja eine selige Zeit für die meisten Paare, eine Zeit der Innigkeit. In Erinnerung an diese Innigkeit schauen sie auch nach der Scheidung auf ihre Kinder.

Die Rangfolge in Organisationen

HELLINGER In Organisationen gibt es neben der Ursprungsordnung auch eine Rangordnung nach der Funktion und nach der Leistung. Zum Beispiel hat die Verwaltung Vorrang vor anderen Abteilungen; sie sichert nach außen. Deswegen hat sie Vorrang, ähnlich wie in der Familie der Mann vor der Frau.

In einer Klinik zum Beispiel steht der Verwalter neben dem Chef. Er ist seine rechte Hand. Die Funktion des Chefs und der Verwaltung bildet die Grundlage für alles andere in der Organisation. Danach erst kommen die Ärzte, obwohl sie vom Ziel der Klinik her als die wichtigste Gruppe erscheinen, ähnlich wie vom Ziel der Familie her die Frau wichtiger erscheint als der Mann. Die Ärzte also sind die nächst wichtige Gruppe. Dann folgen die Krankenschwestern, wieder als eine eigene Gruppe, dann das Hilfspersonal, zum Beispiel die Küche, auch als eigene Gruppe. Unter diesen Gruppen gibt es also eine Rangordnung nach ihrer Funktion.

Innerhalb dieser Gruppen gilt dann unter den Teilnehmern neben der Rangordnung nach ihrer Funktion die Rangfolge gemäß der Ursprungsordnung. Wer also unter den Ärzten zeitlich früher in die Gruppe kam, hat Vorrang vor den später Hinzugekommenen. Danach, wer als zweiter kam usw. Diese Rangordnung hat nichts zu tun mit seiner Funktion. Sie richtet sich nur nach der Dauer der Zugehörigkeit.

Wenn in so einer Gruppe ein neuer Chef den anderen vorgesetzt wird, einer, der vorher nicht in dieser Gruppe war, dann hat er von der Ursprungsordnung her den letzten Rang in der Gruppe, obwohl er jetzt der Chef ist. Er muss also diese Gruppe führen, als sei er von diesem Rang her der letzte; er kann das aber leicht, wenn er seine Funktion als Dienstleistung für die Gruppe versteht. Die Führung aus der letzten Position heraus ist besonders effektiv, vorausgesetzt, ein solcher Chef weiß, wie das geht. Wer aus der Position des Letzten führt, gewinnt alle für sich, weil er die Rangordnung achtet. Er muss also so vorne stehen und führen, als sei er der letzte.

Manchmal gibt es eine Rangfolge gemäß der Ursprungsordnung auch zwischen den Abteilungen und Gruppen. Wenn in einer Klinik zum Beispiel eine neue Abteilung hinzukommt, kommt sie im Rang nach den früheren, außer sie gewinnt eine Bedeutung, die frühere Abteilungen von ihr abhängig macht.

TEILNEHMERIN Kann aber ein solcher Chef jemanden entlassen, der im Rang höher steht, weil er früher da war?

HELLINGER Wenn der Chef ihn zu Unrecht entlässt, ist die Gruppe verunsichert und löst sich nach einiger Zeit auf. Wenn er aber entlässt, weil der sich etwas hat zuschulden kommen lassen, dann ist das in Ordnung. Wenn der andere seine Pflicht verletzt hat oder wenn er inkompetent ist, kann er auch in seiner Funktion zurückgestuft werden. Er verliert aber dadurch nicht seinen Rang gemäß der Ursprungsordnung. Das sind zwei verschiedene Bereiche. Also die Funktion ist der eine Bereich, und die Ursprungsordnung ist der andere.

Eine Organisation wird gesprengt, wenn sich eine nachgeordnete Gruppe etwas anmaßt, was einer vorgeordneten zukommt, zum Beispiel wenn die Verwaltung den Chef beherrschen will, statt ihm zu dienen. Oder wenn innerhalb einer Untergruppe ein Nachgeordneter sich etwas anmaßt, was einem Vorgeordneten zukommt. Es gibt natürlich unter den Mitgliedern der Gruppen das Gerangel um die höhere Position, um die Führungsposition. Das macht nichts, wenn sich der Anspruch auf Kompetenz und Leistung für die Gruppe gründet, gleichzeitig aber die andere Rangordnung geachtet wird. Das ist dann zu vergleichen mit dem Kampf der Hirsche um die Kühe. Allerdings bleiben, wenn der Platzhirsch geht, die

Kühe. Das sieht man auch in Organisationen. Auch wenn der Platzhirsch geht und ihn ein anderer verdrängt, die Kühe bleiben. Ich will das hier nicht näher erläutern, aber wenn jemand hinschaut, kann er es sehen.

Der Einwand

GERTRUD Diese Rangordnung beschäftigt mich natürlich, und sofort kam ein Gefühl – aber ich kann es nicht mehr rekonstruieren – ob er mich damals nicht doch geheiratet hätte. Es hat mich getroffen, und ich fand es auch gut. Aber das mache ich mir sofort kaputt.
HELLINGER Da war mal einer, der war hungrig, und dann durfte er sich an einen reich gedeckten Tisch setzen. Doch er sagte: „Das kann doch nicht wahr sein!", und hat weiter gehungert.

Die Entscheidung gegen ein eigenes Kind

SOPHIE Ich heiße Sophie. Ich bin siebenunddreißig Jahre alt. Ich bin Psychologin und habe seit einem halben Jahr eine eigene Praxis. Privat bin ich seit zehn Jahren verheiratet.
HELLINGER Habt ihr Kinder?
SOPHIE Nein, das wollte ich gerade sagen. Das ist jetzt aktuell geworden, weil wir altersmäßig soweit sind, dass sich das entscheiden muss.
HELLINGER Das ist schon entschieden.
SOPHIE Das ist schon entschieden? Wir kriegen keine, oder wie?
HELLINGER Ja.
SOPHIE Hm. Und wie kommst du darauf?
HELLINGER Das sieht man.
SOPHIE Ja, das habe ich mich auch schon eine Zeitlang gefragt.
HELLINGER Ihr habt euch so entschieden, und jetzt steht dazu. Punkt! – Sonst bleibt ihr da hängen.

Das Sein und das Nicht

HELLINGER Ich möchte etwas Grundsätzliches dazu sagen.

Wenn sich jemand für etwas entscheidet, muss er in der Regel etwas anderes lassen. Das, für das er sich entscheidet, ist das, was ist, das, was verwirklicht wird. Das andere, das er lässt, verhält sich zu dem, was ist und was verwirklicht wird, wie ein Nicht.

Also jedes Sein, das ist und das verwirklicht wird, ist umgeben von einem Nicht. Es ist nicht vorstellbar ohne ein Nicht, das dazugehört. Das Nicht wirkt aber. Es ist kein Nichts, es ist nur ein Nicht. Wenn ich nun das verachte, was zu meinem Sein das Nicht ist, dann nimmt das Nicht von dem, was ist, etwas weg. Wenn sich zum Beispiel eine Frau für die Karriere und gegen Familie und Kinder entscheidet, aber so, dass sie Familie und Kinder und Mann verachtet oder herabsetzt, dann nimmt dieses Nicht dem, was sie gewählt hat, etwas weg. Es wird dadurch weniger. Umgekehrt, wenn sie das Nicht, das sie um ihrer Karriere willen lässt, dennoch als etwas Großes achtet, fügt dieses Nicht dem, was sie erwählt hat, etwas hinzu. Es wird dadurch größer und mehr. Ist dir das nachvollziehbar?

SOPHIE Ja.

HELLINGER Das kannst du jetzt anwenden auf deine Situation, wenn du möchtest.

(Siehe dazu auch die Geschichte „Das Nicht", S. 377)

Die Folgen für die Beziehung

SOPHIE Ich meine, dass ich mich nicht für die Karriere entschieden habe, sondern für die Beziehung, weil ich offenbar die Vorstellung habe, dass die Beziehung zerbricht, wenn ein Kind da ist. Und als du sagtest, dass wir uns gegen ein Kind entschieden hätten, da war mir auf einmal klar, dass *ich* mich dagegen entschieden habe, dass ich aber glaube, dass ich das meinem Mann nicht nehmen darf, ein Kind.

HELLINGER Wenn dein Mann ein Kind will, du aber nicht, heißt das, dass die Beziehung zu Ende geht. Du musst das als die Konsequenz deines Entschlusses in Betracht ziehen, sonst täuschst du dich. Wenn dein Mann sich dennoch entscheiden würde, bei dir zu bleiben, musst du es eigens würdigen.

Auf Kriegsfuß

IDA Ich heiße Ida, und ich bin hier mit Wilhelm, meinem Mann. Wir haben im Geschäft sehr viel Arbeit. Ich arbeite dort mit als Prokuristin, bin Mutter und Hausfrau, und ich würde auch gern in meinem gelernten Beruf als Psychologin arbeiten, aber es scheint noch nicht soweit zu sein. Ich habe noch ein Anliegen. Als ich das letzte Mal bei dir war, merkte ich, dass ich auf dem Kriegsfuß mit dir war.
HELLINGER Das warst du ja schon immer ein bisschen.
IDA Ein bisschen. Aber im Moment vermisse ich etwas dabei. Ich hatte dich irgendwie in mir verinnerlicht, und wenn ich vor einem drängenden Problem stand, sagte ich mir immer wieder: „Ach, ich schreibe dem Bert", und fing an, den Brief zu formulieren, korrigierte hin und her, und irgendwann, nachts oder am Tag, fand ich schon die Lösung, ohne dich zu belästigen. Aber seit zwei Jahren ist das weg.
HELLINGER Da ist etwas ungelöst. Du hast ein Anliegen an mich: Das meinst du mit Kriegsfuß.
IDA Ich möchte das wiedergewinnen, denn es war eine gute Sache für mich.
HELLINGER Wenn etwas nicht mehr geht, muss man es durch etwas Besseres ersetzen.
IDA Ach du! Ich finde es nicht.
HELLINGER Wir können gemeinsam suchen, ob wir etwas Besseres finden oder noch einen Besseren *(siehe S. 309)*.
IDA Also ich bedauere es sehr für mich persönlich, dass …
HELLINGER Ich habe dir ein Angebot gemacht. Einverstanden?
IDA Ja. Noch etwas. Ich habe gestern die Schere genommen und meinen Pony gekürzt.
HELLINGER Aber nicht kurz genug.

Gelächter. Früher war mal beobachtet worden, dass Frauen, die ihre Haare in die Augen hängen lassen, verwirrt sind, und zwar je tiefer desto mehr.

HELLINGER Noch was?
IDA Ja, trotz des ganzen Trubels ringsherum geht es mir gut.

Schlechte Noten der Kinder

WOLFGANG Ich heiße Wolfgang. Ich arbeite an der Universität und mache auch Psychotherapie in beschränktem Umfang. So ganz klar war mir nicht, dass es hier so viel Gelegenheit gibt, auch an persönlichen Dingen zu arbeiten. Ich bin verheiratet und habe zwei Kinder. Was mir schon lange zu schaffen macht, ist, dass es mich unglaublich tief trifft, wenn die Kinder schlechte Schulleistungen bringen. Im Augenblick ist das so bei meinem Sohn.
HELLINGER Wie war denn das bei dir gewesen, als du klein warst? Hast du gute Leistungen erbracht in der Schule?
WOLFGANG Ich war extrem gut in der Grundschule, habe dann auf die Realschule gewechselt und da einen Einbruch erlitten, von dem ich mich nie wieder richtig erholt habe.
HELLINGER Du musst den Kindern sagen, wenn sie schlechte Noten bringen: „Bei mir war das genauso; ich habe da einen Einbruch erlebt, von dem habe ich mich nie mehr richtig erholt."
WOLFGANG Darüber muss ich nachdenken.
HELLINGER Du musst es ihnen sagen, nicht denken. Einfach so sagen.
zur Gruppe Wird er ihnen das sagen? – Er wird es ihnen nicht sagen. Er vermeidet die Lösung.
zu Wolfgang Mir hat mal eine Frau erzählt, sie habe große Sorgen mit ihrer Tochter. Die war verliebt in einen gewissen Michael Jackson. Dem hatte sie einen Altar gebaut, betete jeden Morgen vor dem Altar, und wenn Michael Jackson Husten hatte, hustete sie auch. Was sie machen soll? Ich sagte: „Sag ihr: ‚Ich war auch so'."

Weißt du, was das Dilemma ist bei einer guten Medizin? Man kann sie schlucken, und dann wirkt sie. Doch wer sie vorher auseinandernimmt, der kann sie nicht mehr so gut schlucken.

Verschobene Trauer

ROBERT Ich heiße Robert, und ich arbeite als Unternehmensberater. Ich habe drei erwachsene Kinder und lebe mit dem jüngsten Sohn zusammen.
HELLINGER Bist du geschieden?
ROBERT Getrennt.

HELLINGER Seit wann?

Robert beginnt zu schluchzen.

HELLINGER Lass die Augen auf! Dieses Gefühl macht dich schwach. Das bringt nichts. Schau mich mal an! Siehst du mich überhaupt? Meine Augenfarbe, siehst du sie?
zur Gruppe Man muss versuchen, seine Aufmerksamkeit auf etwas anderes zu richten, dann kommt er von diesem Gefühl weg.
zu Robert Wie lange bist du getrennt?
ROBERT Seit einem halben Jahr.
HELLINGER Wer ist gegangen?
ROBERT Sie.
HELLINGER Und was ist passiert?
ROBERT Sie wollte nicht mehr.
HELLINGER Achte auf das Gefühl, das du gerade hast. Wie alt ist das?
ROBERT Ich glaube, sehr alt.
HELLINGER Wie alt ist das Kind, das dieses Gefühl hat?
zur Gruppe Ihr könnt es beobachten, wenn ihr ihn anschaut.
zu Robert Wie alt ist das Kind, schätzungsweise?
ROBERT Drei Jahre.
HELLINGER Genau. Was war mit drei?
ROBERT Da starb meine jüngste Schwester.
HELLINGER Deine Schwester. Das ist es.
zur Gruppe Hier liegt die Verschiebung einer alten Situation und eines alten Gefühls auf die Gegenwart vor. Mit diesen Gefühlen darf man nicht in der Gegenwart arbeiten. Sie müssen dort bleiben, wo sie hingehören, und dort auch bearbeitet werden.
zu Robert Wir stellen jetzt deine Gegenwartsfamilie auf.
ROBERT Nein, nicht jetzt. *Er schluchzt.*
HELLINGER Ich gebe dir eine letzte Chance.

Robert stellt seine Gegenwartsfamilie auf.

Aufstellung:
Tochter vertritt die verstorbene Schwester des Vaters

HELLINGER *zu Robert* War jemand vorher verheiratet oder verlobt, du oder deine Frau?
ROBERT Nein.

Bild 1

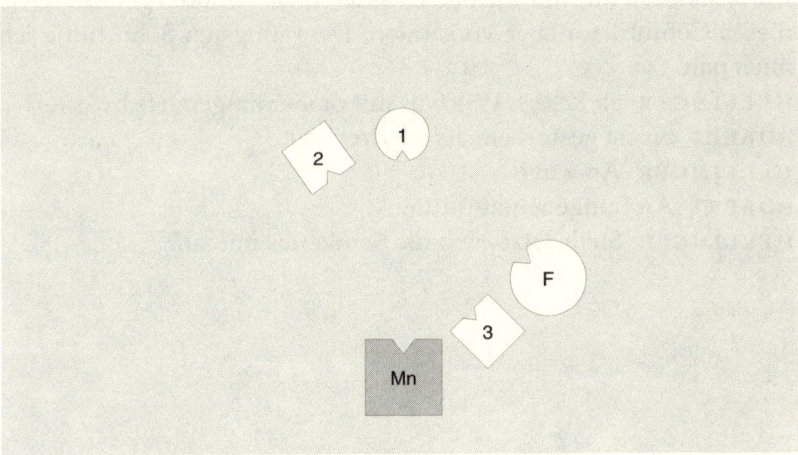

Mn	**Mann (= Robert)**
F	Frau
1	Erstes Kind, Tochter
2	Zweites Kind, Sohn
3	Drittes Kind, Sohn

HELLINGER Wie geht es dem Mann?
MANN Ich fühle mich verloren, obwohl ich in der Reihe stehe.
HELLINGER Wie geht es der Frau?
FRAU Ich fühle mich verdreht. Ich schaue auf meinen ältesten Sohn und möchte mich umdrehen.
HELLINGER Und wie geht es dir gefühlsmäßig?
FRAU Nicht gut.
HELLINGER Wie geht es der Tochter?
ERSTES KIND Ich stehe gut, aber ich sehe eigentlich nur den Vater.
HELLINGER Wie geht es dem älteren Sohn?

ZWEITES KIND Insofern gut, weil ich alle sehe, aber mir fehlt so ein bisschen der Kontakt.
HELLINGER Wie geht es dem jüngeren Sohn?
DRITTES KIND Ich bin in sehr starker Konfrontation hier mit meinem älteren Bruder, und mir geht es so überhaupt nicht gut. Auf der anderen Seite ist es für mich ein schönes Gefühl, dass ich zwischen den Eltern so eingegrenzt bin, scheinbar.
MANN Ich möchte noch ergänzen, ich nehme meine Frau nicht wahr, sondern nur die Tochter. Dass ich mich verloren gefühlt habe, dieses Gefühl kam eher von unten. Dem jüngsten Sohn fühle ich mich nah.
HELLINGER *zu Robert* Was war mit deiner jüngeren Schwester?
ROBERT Sie ist gestorben, als ich drei war.
HELLINGER An was?
ROBERT An Lungenentzündung.
HELLINGER Stelle jetzt auch die Schwester mit auf.

Bild 2

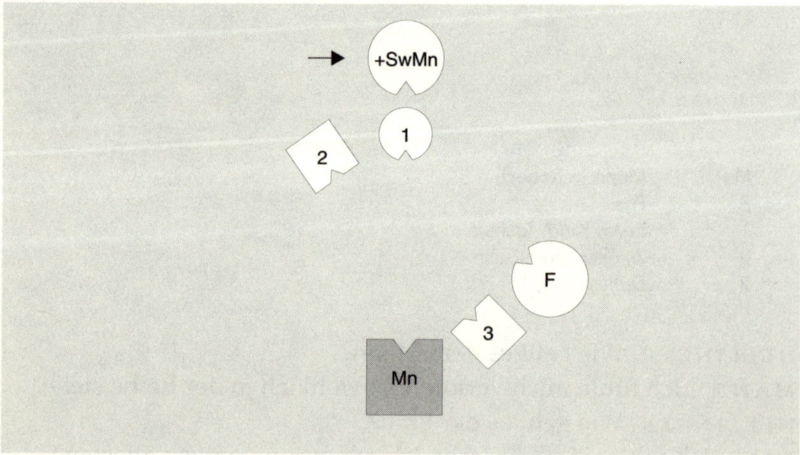

+SwMn Schwester des Mannes, früh verstorben

HELLINGER *zur Gruppe* Man sieht, die Tochter ist mit seiner jüngeren Schwester identifiziert. Sie vertritt für ihren Vater seine verstorbene Schwester.

Was ist beim Mann verändert?

MANN Da war ein Schauder überall.
HELLINGER Wie geht es der Tochter jetzt, besser oder schlechter?
ERSTES KIND Aufgeregter.
HELLINGER Wie geht es der Frau jetzt?
FRAU Mir ist irgendwas klar. Ich habe das Gefühl, ich müsste jetzt da rein. Es geht mir dadurch anders, aber eigentlich besser.
HELLINGER *zur Gruppe* Die Schwester ist hier die wichtigste Person. Ein System ist gestört, wenn eine wichtige Person fehlt, aus was für Gründen auch immer. Oft ist es ein früh verstorbenes Geschwister von Vater oder Mutter. Sobald diese Person dazukommt, gibt es in dem System neue Energie. Erst danach kann sich etwas verändern.
HELLINGER Wie geht es der verstorbenen Schwester?
SCHWESTER DES MANNES † Ich kann das gar nicht so sagen.

Hellinger stellt die verstorbene Schwester neben ihren Bruder, den Mann.

Bild 3

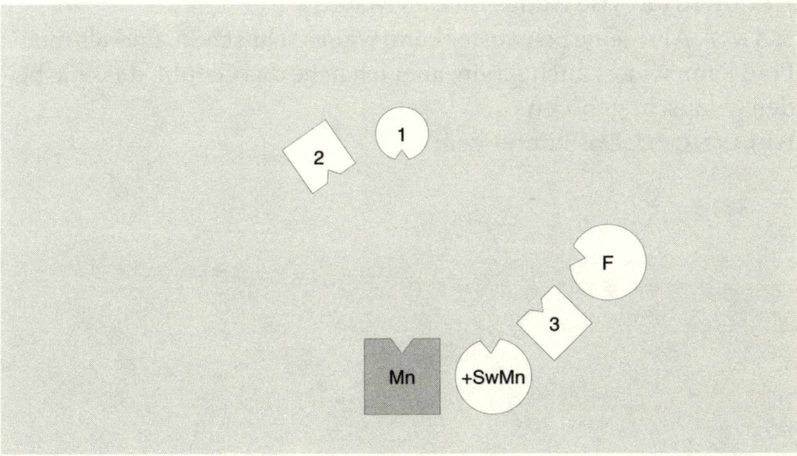

HELLINGER Wie geht es der Frau jetzt?
FRAU Es ist verrückt, aber jetzt kann ich mich zu meinem Mann hinwenden.

Hellinger stellt das Bild um.

Bild 4

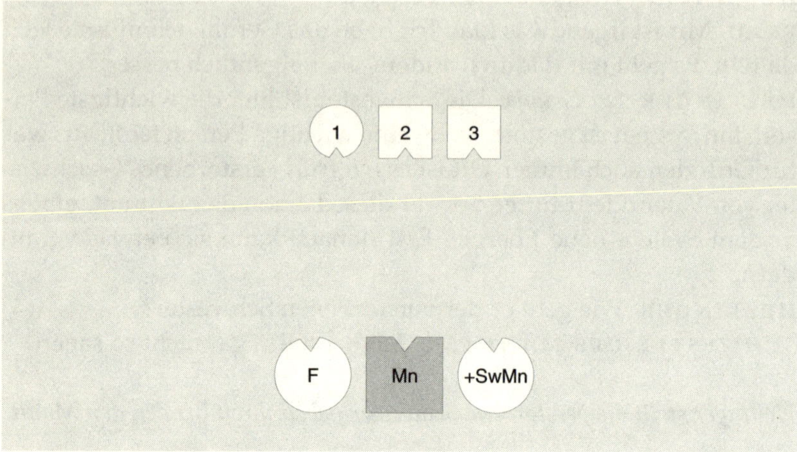

HELLINGER Wie ist das für den Mann?
MANN Als meine Schwester kam, war es sehr schön, und als meine Frau kam, war es auch schön, aber ich habe das Gefühl, dass die beiden getauscht gehören.
HELLINGER Das könnte sein.

Bild 5

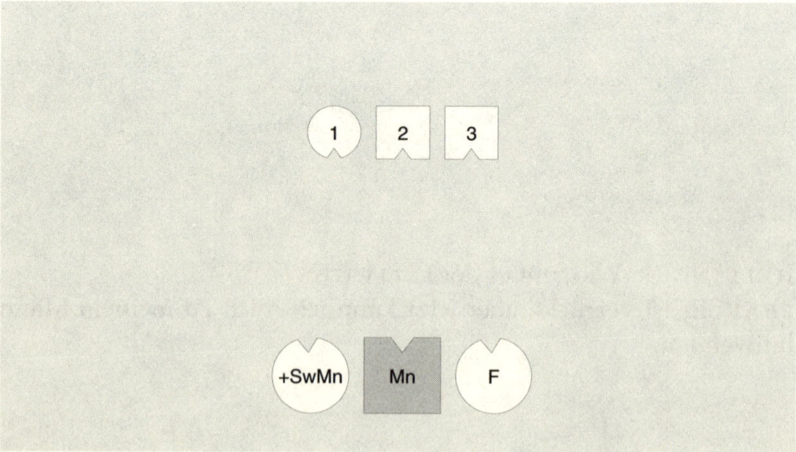

MANN So ist es gut.
FRAU Es ist jetzt anders und besser.
HELLINGER Wie geht es der verstorbenen Schwester?
SCHWESTER DES MANNES † Gut.
HELLINGER Wie geht es den Kindern?
Alle: Gut.
HELLINGER *zur Frau* Wie ist das für dich, wenn dir die Kinder so gegenüber stehen?
FRAU Ja, gut.
HELLINGER *zu Robert* Jetzt stelle dich selber dorthin.
ROBERT *als er sich in das Bild stellt* Ich verstehe das nicht.
HELLINGER Du brauchst es nicht zu verstehen, du brauchst dich nur hinzustellen.

Robert schüttelt den Kopf.

HELLINGER *zur Gruppe* Seht ihr, wie schwer die Lösung ist? Wie er sich sträubt gegen die Lösung? So ist das halt. – Okay, das war's dann.

Der Ausgleich durch Schlimmes

HELLINGER Die Frage ist, was kann er jetzt machen, damit die Schwester ihren Platz bekommt, und was ist zu beachten?

Das erste ist: Weil er lebt, fühlt er sich schuldig gegenüber der kleinen Schwester, die tot ist. Er hat den Vorteil, die Schwester hat den Nachteil. Das ist seine Vorstellung. Wenn es so ein Gefälle gibt, dann nimmt der, der den Vorteil hat, nicht das, was er haben könnte, um auszugleichen. Er nimmt also sein Leben nicht und nimmt auch seine Frau nicht, weil er mit seiner kleinen Schwester den Ausgleich will. Das ist eine blinde Reaktion. Sie wirkt wie ein Zwang, dem keiner widerstehen kann. Dahinter wirkt auch der magische Glaube, dass es seiner Schwester besser geht, wenn es ihm schlecht geht, und dass sie lebt, wenn er stirbt.

HELLINGER Es gibt aber eine Lösung auf einer höheren Ebene. Wir können den blinden Zwang zum Ausgleich überwinden durch eine höhere Ordnung, und das ist eine Ordnung der Liebe. Nicht allein durch die Liebe, denn auch der Zwang zum Ausgleich ist Liebe, sondern auf einer höheren Ebene durch eine höhere Ordnung der Liebe, in der wir sowohl das eigene Schicksal als auch das Schicksal der anderen geliebten Person als voneinander unabhängig anerkennen und uns beiden demütig fügen.

Was wäre nun für ihn der lösende Vollzug? Er muss ernst nehmen, dass er sich schuldig fühlt, und dann seiner Schwester einen lösenden Satz sagen. Der lösende Satz wäre … Wie heißt sie mit Vornamen?

ROBERT Adelheid.

HELLINGER „Liebe Adelheid." Sag es mir nach. Sag es: „Liebe Adelheid." Sag es!

Robert schluchzt.

HELLINGER Was du jetzt machst, ist für deine Schwester schlimm. *zur Gruppe* Wenn er sich so verhält, ist der Tod für seine Schwester doppelt schlimm; denn er verhält sich so, als wäre nicht nur sie gestorben, sondern als müsste jetzt auch er noch dafür sterben. Er macht also durch seine Trauer ihr Schicksal noch schlimmer; denn so wie er seine Schwester liebt, liebt seine Schwester auch ihn.

Ich sage die Lösung trotzdem, obwohl er sie nicht in Anspruch nimmt. Der Satz wäre: „Liebe Adelheid, du bist tot, ich lebe noch ein bisschen, dann sterbe ich auch." Das ist der lösende Satz. Da ist Ausgleich drin und trotzdem Freiheit. Und da ist Demut drin. Die Überheblichkeit hört auf. Er ist solidarisch mit den Toten – und lebt.

Als zweites schlage ich eine Übung vor, die sowohl für ihn hilfreich ist als auch für seine Schwester: Er zeigt ihr ein Jahr lang die Welt; er stellt sich vor, er nimmt die kleine Schwester bei der Hand und zeigt ihr die schönen Dinge der Welt, ein Jahr lang. Zum Beispiel kann er ihr seine Frau zeigen und seine Kinder. Das wäre eine Möglichkeit. Dann holt er etwas für sie nach.

zu Robert Wenn du etwas Schweres zu tun hast, dann mache es mit ihr an der Seite. Nimm aus ihrem Schicksal die Kraft, etwas zu tun, was du sonst nicht tun würdest: etwas Schweres gut zu bestehen.

Dann hat ihr früher Tod, obwohl sie nicht mehr da ist, eine gute Wirkung in die Gegenwart hinein. Dann lebt sie durch dich weiter, im guten. Und das versöhnt. Das wäre noch einmal ein Ausgleich.

Der Ausgleich durch Würdigen

IDA Ich habe die ganze Zeit, in der ich an mir arbeite, eine Person vergessen zu würdigen. Das ist meine Schwester.
HELLINGER Was ist mit ihr?
IDA Sie ist die Älteste. Sie hat mir den Weg zur Mutter versperrt, und ich habe die ganze Zeit nur das Negative gesehen. Natürlich war auch Negatives da, aber sie hat mir sehr viel gegeben, und ich verdanke ihr sehr viel.
HELLINGER So etwas kann man sogar öffentlich sagen.
IDA Ich hatte immer das Verlangen, ihr was Gutes zu tun, aber das hat nicht hingehauen.
HELLINGER Das geht auch so nicht. Das einzige, was man in einer solchen Situation tun kann und muss, ist das Würdigen. Das ist zuerst ein innerer Vorgang, und dann kann man es auch sagen, zum Beispiel im Sinne von: „Ich weiß, was du mir gegeben hast, ich achte es, und es begleitet mich." Das ist das höchste, was man tun kann. Das ist viel mehr, als wenn man auszugleichen versucht durch Geben.

Aufstellung: Nehmen, auch wenn viele hergeben mussten

KLARA Ich heiße Klara. Ich bin Sozialpädagogin und studiere inzwischen Psychologie. Was ich machen möchte? Ich würde gerne etwas lösen, was meine Familie betrifft.
HELLINGER Und was?
KLARA Die Situation mit meinen Geschwistern. Ich habe zwei ältere Halbschwestern. Die erste, Barbara, ist das Kind meiner Mutter, die zweite, Franziska, ist das Kind meines Vaters, wobei ich sie aber nicht kenne.
HELLINGER Wo kommt dieses Kind her? Von welcher Frau?
KLARA Mein Vater war noch verheiratet, als er ihre Mutter kennengelernt hat, und er hat kurz danach meine Mutter kennengelernt.

Das heißt, er hatte mit der Mutter von Franziska keine längere Beziehung.

HELLINGER Dein Vater war vorher verheiratet?

KLARA Ja.

HELLINGER Was war mit dieser Frau? Wieso hat er sie verlassen?

KLARA Da war der Krieg dazwischen. Er hat mir gesagt, sie hätten sich auseinandergelebt.

HELLINGER Gab es Kinder aus dieser Ehe?

KLARA Nein.

HELLINGER Und dann hat er die zweite Frau kennengelernt?

KLARA Ja.

HELLINGER Und mit der hat er die Tochter?

KLARA Ja.

HELLINGER Wieso hat er sie nicht geheiratet?

KLARA Ich denke, weil er kurz danach meine Mutter kennengelernt hat.

HELLINGER Deine Mutter war auch schon verheiratet?

KLARA Nein.

HELLINGER Sie hatte aber ein Kind?

KLARA Ja.

HELLINGER Was ist mit dem Vater von diesem Kind?

KLARA Sie hat mir gesagt, erst wollte er sie nicht heiraten, und zum Schluss wollte sie ihn nicht heiraten.

HELLINGER *zur Gruppe* Man muss sich jetzt einmal vorstellen, was das, was sie gerade erzählt hat, systemisch bedeutet. Sie hat ihr Leben auf Kosten von vielen, die für sie Platz gemacht haben. Von wie vielen? Von der ersten Frau ihres Vaters, von seiner ersten Tochter und von deren Mutter, vom ersten Mann ihrer Mutter und von deren gemeinsamer Tochter. Das sind wie viele? Fünf. In solch einer Situation sucht das Kind, um die alle zu würdigen, den Ausgleich von Gewinn und Verlust, indem es selber verliert. Etwas kompliziert der Fall. Wahrscheinlich kann man nichts machen. Die Wucht ist zu groß. Das Leben trotzdem voll zu nehmen, wenn man es auf Kosten von so vielen anderen hat, schafft kaum einer.

zu Klara Hast du schon einmal einen Selbstmordversuch gemacht?

KLARA Nein.

HELLINGER Daran gedacht?

KLARA Nein.

HELLINGER Gott sei Dank.

(Klara hatte einen schweren Verkehrsunfall und ist seither gehbehindert.)

Partner und Kinder in Klaras Herkunftsfamilie

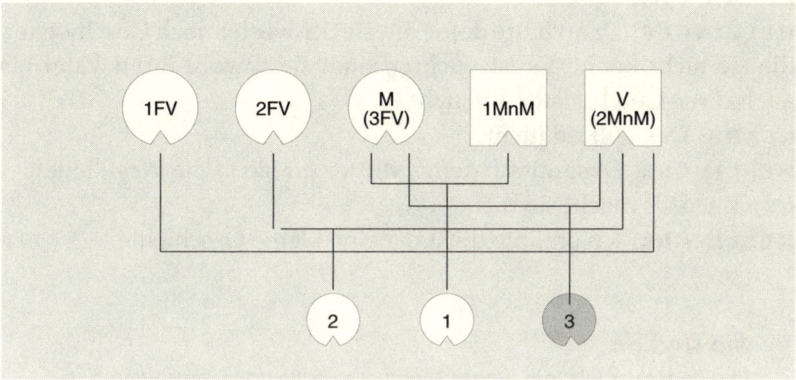

V	Vater, zweiter Mann der Mutter (2MnM)
M	Mutter, dritte Frau des Vaters (3FV)
1MnM	Erster Mann der Mutter, Vater von 1
1	Kind der Mutter mit dem ersten Mann, Tochter
1FV	Erste Frau des Vaters,
2FV	Zweite Frau des Vaters, Mutter von 2
2	Kind des Vaters mit der zweiten Frau, Tochter
3	**Gemeinsames Kind von Vater und Mutter, Tochter (= Klara)**

HELLINGER *zu Klara* Wir stellen jetzt deine Herkunftsfamilie auf. Wer gehört dazu?

KLARA Mein Vater, meine Mutter, ich, die erste Frau meines Vaters, seine zweite Frau, mit der er eine Tochter hat, die ich nicht kenne. Mit dieser Frau war er aber nicht verheiratet. Dann der Mann, mit dem meine Mutter vor der Ehe eine Tochter hatte, und die Tochter.

HELLINGER Wie ist die Reihenfolge unter den Geschwistern?

KLARA Zuerst kommt das erste Kind meiner Mutter, dann das erste Kind meines Vaters und als jüngste ich. Als das erste Kind meines Vaters geboren wurde, war er noch mit seiner ersten Frau verheiratet.

HELLINGER Wieso hat deine Mutter den Vater dieses Kindes nicht geheiratet?

KLARA Er war schon verlobt, als er meine Mutter kennenlernte, und er ist nach der Geburt des Kindes gleich wieder zurückgegangen in die DDR.

HELLINGER Ist er dort verheiratet?
KLARA Ich glaube, ja.
HELLINGER Hat er andere Kinder?
KLARA Ich glaube, ja.
HELLINGER Dann hätte deine älteste Schwester noch Geschwister, die sie nicht kennt. Es ist wichtig, dass sie sowohl ihren Vater als auch diese Geschwister aufsucht.
KLARA Das will sie nicht.
HELLINGER Das müsste deine Mutter für sie in die Wege leiten.
KLARA Das macht sie nicht.
HELLINGER Ich erzähle dir dazu eine kleine Geschichte:

Sie sind da

In einem Kurs war ein junger Mann, der hatte noch nie seinen Vater gesehen. Seine Mutter hatte als junge Frau in Paris einen Franzosen kennengelernt und wurde von ihm schwanger. Daraufhin hat die Familie des Mannes ihn sofort mit einer anderen Frau verheiratet, weil in Frankreich ein verheirateter Mann keine Alimente zahlen musste. Er hat dann alle Brücken hinter sich abgebrochen, so dass die Frau nicht mehr wusste, wo er war. Es gab keine Adresse oder sonst einen Hinweis auf ihn.

Als dann der Junge zwanzig Jahre alt war, hat ihn seine Mutter ins Auto gesetzt und ist mit ihm nach Frankreich gefahren. Doch sie hatte sich innerlich mit dem Großvater des Jungen, dem Vater seines Vaters, verbündet und ihm die Führung überlassen.

Eines Tages fuhren sie durch ein Dorf, sahen auf einem Türschild den Familiennamen dieses Mannes, gingen hinein und fragten eine Frau, ob sie einen gewissen Soundso kenne. Sie rief: „Moment mal!" ging ans Telefon, rief an und sagte: „Sie sind da."

zu Klara Okay, jetzt stell mal auf.
TEILNEHMER *zu Klara* Was ist mit der ersten Frau deines Vaters? Hat sie Familie, und lebt sie noch?
HELLINGER Das ist hier nicht wichtig. Nur nicht zu viele Informationen, sonst kann man nicht mehr richtig fühlen!

HELLINGER *zu Klara, als sie ihre Stellvertreterin zwischen Vater und Mutter stellt* Sind deine Eltern geschieden?
KLARA Nein.

Bild 1

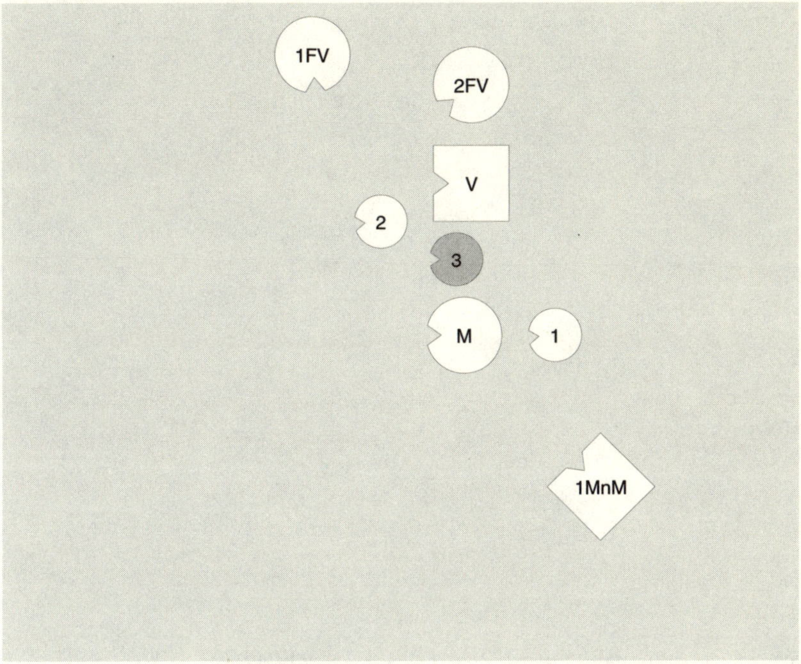

V	Vater, zweiter Mann der Mutter
M	Mutter, dritte Frau des Vaters
1FV	Erste Frau des Vaters
2FV	Zweite Frau des Vaters, Mutter von 2
1MnM	Erster Mann der Mutter, Vater von 1
1	Kind der Mutter mit dem ersten Mann, Tochter
2	Kind des Vaters mit der zweiten Frau, Tochter
3	**Gemeinsames Kind von Vater und Mutter, Tochter (= Klara)**

HELLINGER Ich stelle gleich die Ordnung auf.

Bild 2

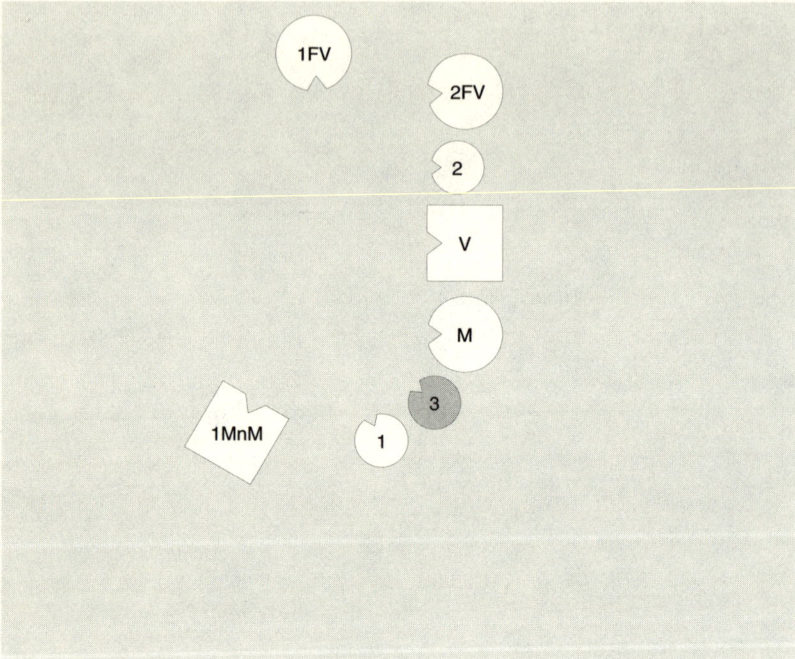

HELLINGER Wie ist das für das zweite Kind?
ZWEITES KIND Besser.

HELLINGER Wechsle mal mit deiner Mutter!

Bild 3

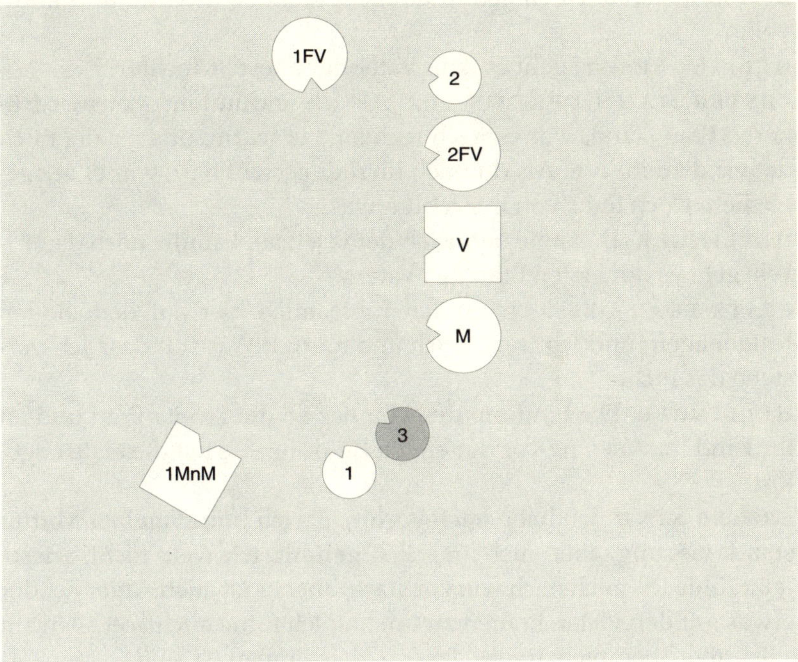

ZWEITES KIND So ist es noch besser.
HELLINGER Wie geht es der zweiten Frau des Vaters?
ZWEITE FRAU DES VATERS Gut so.
MUTTER Mir auch.
HELLINGER *zur Stellvertreterin von Klara* Wie geht es der jüngsten Tochter?
DRITTES KIND Vorhin war es etwas komisch gewesen neben dem Vater. Da war ja die Mutter links von mir. Ich merkte, wie ich mich von ihr abgewendet und dem Vater zugewendet habe und sie gar nicht sah. Und als die Schwester noch vor mir stand, dachte ich: Das ist ein Schutz, dann sieht keiner, was ich mit dem Vater vorhabe. Jetzt ist noch ein bisschen Spannung zur Mutter hin, aber sonst ist es okay.
HELLINGER Wie geht es der ältesten Tochter?

ERSTES KIND Ich habe mich, als ich noch hinter der Mutter stand, sehr mächtig gefühlt. Ich hatte Einfluss auf meine Mutter und auf meine Geschwister, fühlte mich aber auch fremd, nicht dazugehörig. Jetzt fühle ich mich eingeordnet, nicht mehr so mächtig und kraftvoll.

HELLINGER Wie geht es dem Vater der ältesten Tochter?

ERSTER MANN DER MUTTER Als ich vorhin hinter meiner früheren Frau stand, war es nach rechts ganz warm, und es zog mich dauernd zu ihr hin. Als du mich hierher gestellt hast, war es ausgeglichen. Doch links von mir fehlt etwas.

HELLINGER Da käme natürlich deine jetzige Familie noch dazu. – Wie geht es der ersten Frau des Vaters?

ERSTE FRAU DES VATERS Ich fühle mich hier auf dem Boden festgenagelt, und ich frage mich andauernd: Was soll das? Ich verstehe das nicht.

HELLINGER Die Bindung des Mannes an die zweite Frau und an ihr Kind hat Vorrang vor der ersten Bindung. Sie hat die erste abgelöst.

ERSTES KIND Ich habe mich vorhin, als ich hinter meiner Mutter stand, mächtig, aber auch ärgerlich gefühlt. Ich weiß nicht, wieso. Jetzt fühle ich mich nach wie vor stark, aber es ist auch Ärger da, der etwas mit den vielen Frauen zu tun hat. Ich fühle mich von allen am stärksten, aber mich ärgert, dass so viele Frauen da sind.

HELLINGER Ich will noch etwas anderes ausprobieren und stelle die Verlobte deines Vaters dazu.

Bild 4

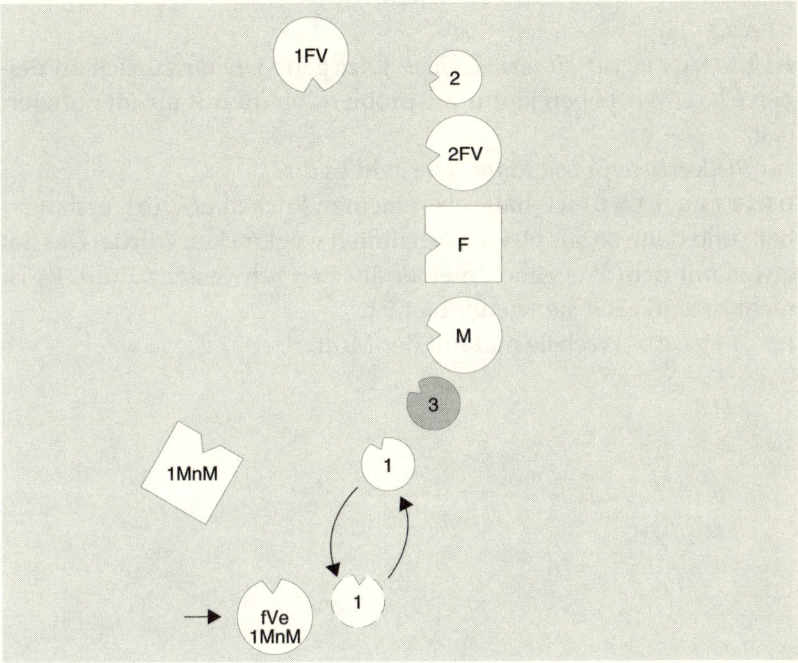

fVe1MnM Frühere Verlobte des ersten Mannes der Mutter

HELLINGER Wie geht es der Verlobten?
FRÜHERE VERLOBTE DES ERSTEN MANNES DER MUTTER Links vom Mann habe ich mich schwindlig gefühlt, und rechts von ihm stockte mir der Atem. Hier, weiter hinten, geht es mir besser.
HELLINGER *zur ältesten Tochter* Gibt es irgendeinen Bezug zu dieser Frau bei dir?
ERSTES KIND Im Moment habe ich die Tendenz rauszugehen, also nach hinten zu gehen.
HELLINGER Stelle dich neben die frühere Verlobte. Wie ist das?
ERSTES KIND Besser.
HELLINGER Mit ihr bist du identifiziert.
ERSTES KIND Es geht mir hier einfach besser.

HELLINGER Das bewirkt die Identifizierung. Du hast ihre Gefühle. Sie ist ja durch die Beziehung zwischen deinem Vater und deiner Mutter betrogen worden. Jetzt fühlst du in dieser Gruppe ihren Ärger. Das sind ihre Gefühle. Für dich sind sie fremd.

zu Klara Ist dir das nachvollziehbar?

KLARA Ja.

HELLINGER *zur ältesten Tochter* Jetzt gehe wieder zurück an deinen Platz. Wir haben ja nur ausprobiert, ob du mit ihr identifiziert bist.

zur Stellvertreterin von Klara Wie geht es dir?

DRITTES KIND Ich habe eben meinen Rücken gespürt, erst oberhalb und dann so, als ob ich nach hinten wegknicken würde. Das hat etwas mit dem Weggehen meiner ältesten Schwester zu tun. Es ist nicht so stark, seit sie wieder hier ist.

HELLINGER Wechsle mal mit der Mutter!

Bild 5

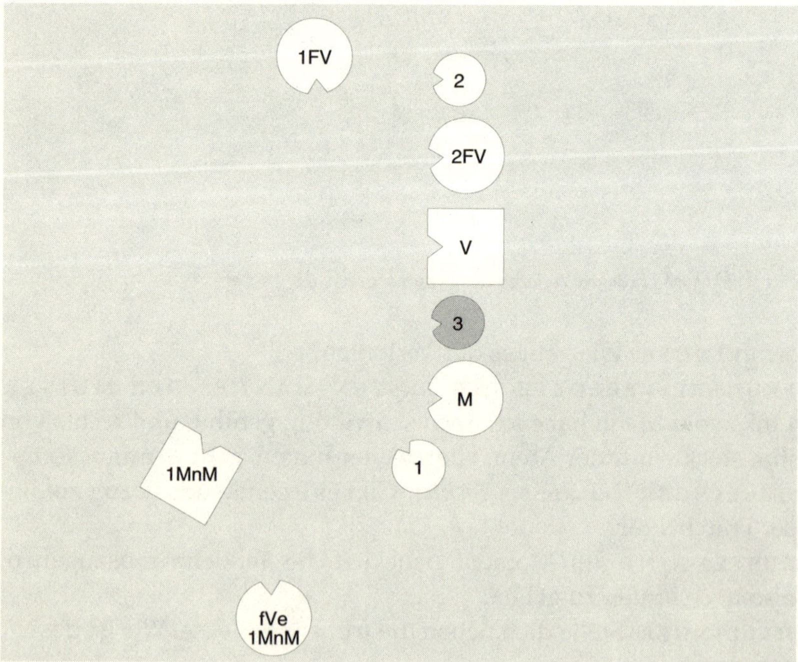

DRITTES KIND Hier fühle ich mich besser.

VATER Auf mich wirkt es so, als ob hier eine Waage wäre, die in der Balance bleibt, und links hier bei der Tochter ist die Achse. Als sie auf der anderen Seite ihrer Mutter stand, war die Achse bei mir. Ich habe auch körperlich nach rechts und links geschwankt.

HELLINGER Wie ist das bei der Mutter?

MUTTER Für mich ist das ganz komisch. Mich interessiert das Ganze nicht. Ich habe da kein Gefühl. Doch hier neben meiner ältesten Tochter geht es mir besser.

ERSTES KIND Ich fühle mich für die Mutter verantwortlich, will das aber nicht.

HELLINGER Die Mutter gehört mehr in das System ihres ersten Mannes. Als dritte Frau traut sie sich nicht, den zweiten Mann zu nehmen.

zur ältesten Tochter Stelle dich neben deine jüngste Schwester!

Bild 6

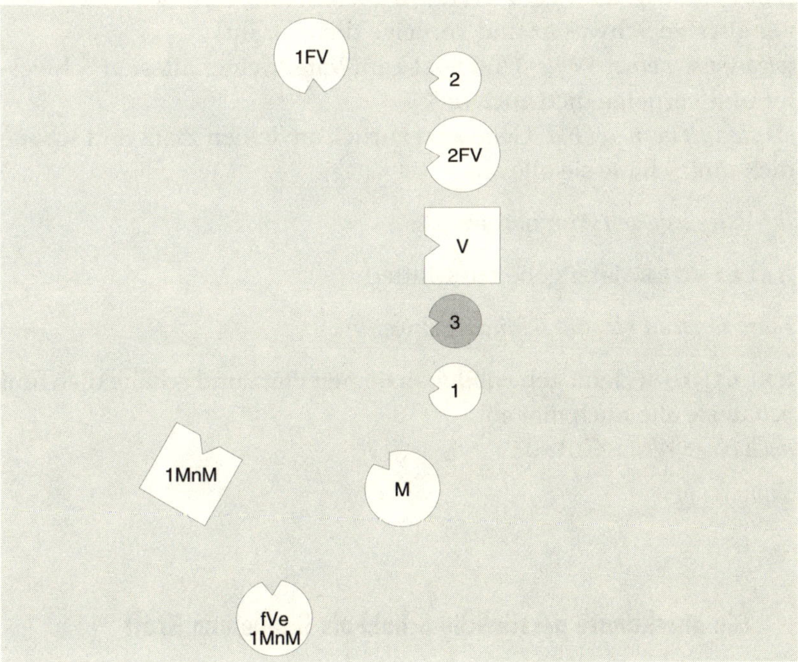

ERSTES KIND Hier kriege ich keine Luft. Ich fühle mich hier unheimlich wohl, aber ich kriege keine Luft.

HELLINGER *zu Klara* Stell dich mal selbst auf deinen Platz!
KLARA *als sie an ihrem Platz steht* Ich spüre eine starke Verbindung zu meiner ältesten Schwester.
HELLINGER Genau, denn auf euere Eltern könnt ihr euch nicht richtig verlassen.

Klara beginnt heftig zu weinen.

HELLINGER Jetzt mache ich mit dir eine Übung: Gehe zur ersten Frau des Vaters und verneige dich! Eine leichte Verneigung, aber mit Respekt.
nach einer Weile Jetzt gehe zu seiner zweiten Frau und mache auch vor ihr eine leichte Verneigung!
nach einer Weile Jetzt geh zu deiner zweiten Schwester und umarme sie!

Klara umarmt sie und schluchzt heftig und lange.

HELLINGER Jetzt gehe zu der früheren Verlobten des Vaters deiner ältesten Schwester und verneige dich vor ihr!
wieder nach einer Weile Und jetzt zum Vater deiner ältesten Schwester und verneige dich auch da!
als sie sich verneigt hat Gehe jetzt zurück an deinen Platz und schaue dich um! Schaue sie alle an!

Ihr Vater legt den Arm um sie.

HELLINGER Jetzt gehe zur Mutter!

Klara umarmt sie und schluchzt lange.

HELLINGER Jetzt geh wieder an deinen Platz und schaue dich um! Schau sie alle noch mal an!
nach einer Weile Gut so?

Klara nickt.

Die anerkannte persönliche Schuld als Quelle von Kraft

HARTMUT Mich hat im Anschluss an Roberts Aufstellung und seiner Trauer für seine früh verstorbene Schwester das Problem der Schuldübernahme beschäftigt. Mir ist dann gekommen, dass ich mich mein Leben lang so programmiere, dass ich Schuld abtrage und auch einen christlichen Überbau dafür gefunden habe.

HELLINGER Wer den christlichen Überbau hat, der muss Schuld abtragen, oder er meint, er müsste. Und was noch schlimmer ist, er meint auch, er könnte das.

Wenn jemand eine persönliche Schuld hat, dann ist die Schuld eine Quelle der Kraft, wenn er dazu steht. Sobald einer zu seiner Schuld steht, hat er auch keine Schuldgefühle. Schuldgefühle stellen sich ein, wenn einer eine Schuld verdrängt oder nicht wahrhaben will. Wer zu seiner Schuld steht, hat Kraft. Sie zeigt sich als Kraft. Wer seine Schuld verleugnet und sich vor ihren Folgen drückt, der hat Schuldgefühle und ist schwach. Die Schuld, die einer hat, macht ihn fähig, gute Dinge zu tun, zu denen er vorher nicht die Kraft gehabt hätte; aber nur, wenn er zu der Schuld steht.

Wenn aber einer für einen anderen die Schuld und die Folgen der Schuld übernimmt, macht ihn das schwach. Er ist dann nicht fähig, mit dieser Schuld etwas Gutes zu tun. Im Gegenteil, er richtet Schlimmes damit an. Er macht auch den anderen schwach, denn wenn er für einen anderen die Schuld übernimmt, dann nimmt er ihm auch die Kraft, mit dieser Schuld etwas Gutes zu tun.

Die stellvertretende Schuldübernahme hat also in jeder Hinsicht eine schlimme Wirkung. Daher müsstest du deiner Mutter sagen: „Was immer die Schuld war zwischen dir und dem Vater, ich achte euch als meine Eltern. Ich nehme, was ihr mir gegeben habt, und jetzt lasse ich euch in Frieden." Dann lässt du die Schuld und ihre Folgen bei deinen Eltern. In dem Augenblick wirkt es auf deine Eltern zurück, selbst wenn du es nicht aussprichst. Sie müssen sich der Schuld und ihren Folgen stellen, und du bist frei, dich deiner Schuld zu stellen. Habe ich das verdeutlicht?

HARTMUT Es ist klar.

HELLINGER Irgendwelche Fragen dazu?

CLAUDIA Ich habe das noch nicht ganz begriffen. Wenn einer für einen anderen die Schuld übernimmt, dann macht er sich schwach.

HELLINGER Dann macht er den anderen schwach und sich selbst.

CLAUDIA Den anderen schwach zu machen, das habe ich begriffen, und sich selbst?

HELLINGER Auch. Die übernommene Schuld macht immer schwach. Wer anderen das Kreuz trägt, der hat keine Kraft zum Guten. Wenn einer aber sein eigenes Kreuz trägt und seine Schuld und sein Schicksal, dann macht es ihn stark. Er trägt es erhobenen Hauptes, und er hat die Kraft, damit etwas Großes zu tun.

Das Gesicht für den Vater wahren

HELLINGER Ich bringe dazu noch ein Beispiel.

Eine Frau hatte die Vorstellung, sie müsste ihr Gesicht wahren, und die Angst, sie könnte ihr Gesicht verlieren. Sie hat es äußerlich zu wahren versucht, zum Beispiel durch unterschiedliche Frisuren. Ihr Vater war, so vermutete sie, ein Kriegsverbrecher gewesen. Er also müsste die Angst haben, sein Gesicht zu verlieren, und er müsste es zu wahren suchen. Ich habe ihr dann als Lösung vorgeschlagen, sie solle sich vorstellen, als Kind neben ihrem Vater zu gehen und zu ihm hochzuschauen und zu sagen: „Lieber Vater, ich wahre es für dich." Das ist nämlich genau das, was sie macht. Aber sie hat es nicht gewagt, nicht einmal als Übung. Es wäre aber die Lösung gewesen, denn dann wäre der Vater in Bedrängnis gekommen. Dann wären Schuld und Angst wieder dort, wo sie sein müssten, und sie wäre frei. Aber es wäre ein demütiger Vollzug. Sie hätte keine Größe mehr außer der eigenen und hätte nur noch ihr eigenes Gewicht. Doch bei solchen Schicksalen hat das Kind selten den Mut und die Kraft zu diesem Vollzug. Dann muss man als Außenstehender dem Schicksal seinen Lauf lassen. Denn wenn da jemand eingreifen wollte, würde er sich ja genauso verhalten wie dieses Kind. Er würde etwas auf sich nehmen, was er nicht kann und nicht darf.

Leiden ist leichter als lösen

UTE Ich heiße Ute. Ich habe vor eineinhalb Jahren ganz plötzlich einen Bandscheibenvorfall bekommen und seitdem durchgehend Rückenschmerzen. Ich kann mich trotz meiner therapeutischen Arbeit schlecht abgrenzen, und ich denke, dass ich nach wie vor von einem meiner Eltern nicht geliebt bin. Das mache ich auch daran fest, dass ich seit fünfzehn Jahren teilweise sehr intensive, aber nicht anhaltende Beziehungen habe.

HELLINGER Rückenschmerzen haben, psychologisch gesehen, immer die gleiche Ursache, und sie werden ganz einfach geheilt: durch eine tiefe Verneigung. Vor wem muss sie sein?
UTE Verneigung?
HELLINGER Ja, eine Verneigung. Schau, wie du dasitzt. Das ist genau das Gegenteil von einer Verneigung. Die Verneigung geht so, bis auf den Boden. Wahrscheinlich ist sie fällig vor der Mutter. Umgesetzt in einen inneren Satz, sagst du durch eine solche Verneigung: „Ich gebe dir die Ehre." Das ist ein merkwürdiger Satz: Er löst gleichzeitig.
UTE Es gibt einen Teil in mir, der sich verneigen könnte, aber ich glaube, nicht tief genug.
HELLINGER Wenn, dann bis auf den Boden. Doch die Rückenschmerzen sind einfacher als diese Verneigung. Leiden ist für dich leichter als handeln. Deswegen braucht man dich auch nicht zu bedauern.
UTE Also ich würde es gerne, aber ich merke, ich habe noch Groll.
HELLINGER *zur Gruppe* Es ist ein grober Irrtum zu meinen, dass Klienten ihre Probleme loswerden wollen. Oft wollen sie ihre Probleme nur bestätigt haben, und das war ein anschauliches Beispiel dafür.

Die demütige Lösung tut weh

LEO Ich bin Leo. Ich arbeite seit sechzehn Jahren als Psychiater und Psychotherapeut. Mit meiner Arbeit bin ich voll zufrieden. Mit meiner Herkunftsfamilie überhaupt nicht. In meiner Beziehung lebe ich sehr glücklich mit zwei Kindern, die sechs und neun Jahre alt sind, aber mit meinen Eltern habe ich das berechtigte Gefühl, dass ich da noch zwei Kinder dazu habe. Mein Vater hat so etwas wie einen frühzeitigen Abbau.
HELLINGER Ganz schön hochmütig, wie du redest.
LEO Bin ich auch.
HELLINGER Man sieht es sofort.
LEO Wobei ich manchmal nicht weiß, inwieweit ich da auch von meiner Familie dazu gebracht werde. Also, meine Eltern sind zerstritten, seit ich sie wahrnehme, wobei sie das Wort „zerstritten" schon gar nicht zulassen würden. Sie haben sich irgendwann ge-

mocht, aber seit ich sie wahrnehme, bin ich Vermittler zwischen ihnen gewesen.

HELLINGER Du willst mich jetzt dazu verführen, dass ich auf deine Deutung eingehe und deine Sicht übernehme. Wenn deine Deutung richtig wäre, wäre das Problem gelöst. Dass es noch nicht gelöst ist, zeigt, dass deine Deutung falsch ist. Je weiter sich so eine Deutung von der Wirklichkeit entfernt, desto öfter muss man sie sich vorsagen. Sonst würde sie durch die Wahrnehmung erschüttert. Also was willst du jetzt machen? Willst du die Lösung?

zur Gruppe Habt ihr seinen Gesichtsausdruck gesehen? Er will die Lösung nicht. Daher gehe ich jetzt auch nicht darauf ein.

Die Lösung tut weh. Auch die gute Lösung tut weh; denn die gute Lösung ist demütig. Das ist das Hindernis. Bist du mir jetzt böse?

LEO In meiner Familie ist man dann beleidigt, aber ich weiß, dass es das auch nicht bringen würde. Das mit meinen Eltern ist mir ein Anliegen, weil sich das sehr zugespitzt hat. Ich bin auch zäh und gebe da nicht auf.

HELLINGER Sehr gut. Einverstanden.

Die unterbrochene Hinbewegung

JOHANN Ich heiße Johann. Ich habe eine abgeschlossene Ausbildung als Lehrer, arbeite aber seit drei Jahren als Umweltpädagoge und als Gartenberater, lege also auch Gärten an. Ich möchte an Körpersymptomen arbeiten, die mich dauernd begleiten. Ich habe Verspannungen in den Schultern, teilweise auch Kopfschmerzen und im Bauchbereich ein Druckgefühl.

HELLINGER Das im Kopf könnte die Folge von angestauter Liebe sein, angestaut, weil eine frühe Hinbewegung unterbrochen wurde. Sie geht in der Regel zur Mutter. So einen Eindruck machst du auch, wenn ich dein Gesicht ansehe: wie jemand, bei dem eine frühe Hinbewegung unterbrochen wurde. Warst du im Krankenhaus als Kind?

JOHANN Ich war zweimal im Krankenhaus. Einmal wegen einer Operation – das war schon relativ früh – und dann später wegen Mumps.

HELLINGER Das würde so etwas erklären. Hier wurde eine Hinbewegung unterbrochen, und an dem Punkt gibt es dann Gefühle von Verzweiflung, von Trauer, sehr häufig von Wut, und die resignierte Einsicht: „Es hilft doch nichts." Damit das wieder gut werden kann, muss man zurück in diese Situation und die unterbrochene Hinbewegung nachträglich ans Ziel bringen. Man kann das über Hypnotherapie machen oder über die Festhaltetherapie. Ist das für dich ein Begriff, Festhaltetherapie?

JOHANN Ich habe den Namen gehört.

HELLINGER Das kann man auch mit Erwachsenen machen, aber so, dass du zurückgehst in die Kindheit, wieder fühlst wie das Kind von damals, und dass auch der Therapeut oder die Therapeutin wird wie die Mutter von damals. Beide gehen zurück in diese Situation, und dann wird die Unterbrechung durch Festhalten nachträglich ans Ziel gebracht.

JOHANN Das heißt, der Fluss meines eigenen Gebens und Sichhinbewegens ist unterbrochen worden?

HELLINGER Genau. Die Hinbewegung zur Mutter wurde unterbrochen. Wenn nun jemand, bei dem eine frühe Hinbewegung so unterbrochen wurde, später auf einen anderen zugeht, zum Beispiel auf einen Partner, kommt die Erinnerung an die Unterbrechung wieder hoch, und sei es unbewusst im Körper. An der gleichen Stelle, an der er damals die Hinbewegung unterbrach, unterbricht er sie wieder. Statt dass er die Hinbewegung ans Ziel bringt, weicht er aus und beginnt eine Kreisbewegung, weg vom Punkt, an dem er die Bewegung unterbrach, und dorthin wieder zurück. Damit habe ich dir eine Beschreibung der Neurose gegeben. Die Neurose entsteht an dem Punkt, an dem eine Hinbewegung unterbrochen wurde, und neurotisches Verhalten ist nichts anderes als eine solche Kreisbewegung.

Mit der Beschreibung des Problems habe ich dir auch die Lösung gezeigt: Denn eine gute Beschreibung enthält schon die Lösung. Doch die Lösung macht Angst. Wenn jemand die unterbrochene Hinbewegung ans Ziel bringt, tut dies sehr weh. Es ist das schmerzlichste Erleben überhaupt, weil es verbunden ist mit einem Gefühl von Ohnmacht, von ganz tiefer Ohnmacht.

JOHANN Meine Schwester hat mir erzählt, dass meine Eltern mich im Krankenhaus besuchen wollten, aber sie durften nicht zu mir hin.

Sie durften nur von weitem schauen und müssen unheimlich geweint haben. Aber ich habe keine konkreten Bilder davon.
HELLINGER Ein konkretes Bild haben wir jetzt. Wenn wir dich anschauen, sehen wir genau dein Alter und wie schlecht es dir gegangen ist. Nimm deinen Stuhl, und setze dich vor mich hin, ganz nah!

Johann nimmt seinen Stuhl und setzt sich vor Hellinger. Dieser zieht ihm den Kopf, der in den Nacken geworfen war, sachte nach vorne zu einer Verneigung.

HELLINGER *zur Gruppe* Hier im Nacken war der Energiefluss unterbrochen, und jetzt kann er fließen.
zu Johann Mache die Augen zu, atme tief, und gehe zurück, weit zurück in die Kindheit. – Tief atmen. Widerstehe der Schwäche, und geh in die Kraft. – Weiter so, kraftvoll atmen. – Jetzt sag mal: „Bitte!"
JOHANN Bitte!
HELLINGER Laut.
JOHANN Bitte!
HELLINGER Lauter.
JOHANN Bitte!
HELLINGER Ja, weiter so, noch lauter.
JOHANN Bitte!
HELLINGER Gut. Weiter so.
JOHANN Bitte! Bitte!
HELLINGER Strecke die Arme dabei aus! Du kannst mich ruhig umfassen. „Bitte!"
JOHANN Bitte!
HELLINGER Wie hast du deine Mutter angeredet?
JOHANN Mutti.
HELLINGER Sag: „Mutti, bitte!"
JOHANN Mutti, bitte!
HELLINGER „Bitte Mutti!"
JOHANN Bitte, Mutti!
HELLINGER „Bitte."
JOHANN Bitte!
HELLINGER Sage es drängend.
JOHANN Bitte, Mutti!
HELLINGER Laut.
JOHANN Bitte!
HELLINGER Mit voller Kraft.

JOHANN Bitte! Bitte!
HELLINGER Und jetzt sag es ganz ruhig: „Bitte, Mutti."
JOHANN Bitte, Mutti.

Johann öffnet die Augen.

HELLINGER Hallo, wie geht es dir jetzt?
JOHANN Gut.
HELLINGER Siehst du, wie schlimm es dem Kind gegangen ist? Das war verzweifelt. Aber man kann das Verlorene nachholen. Bei dieser Übung ist das Einatmen In-sich-Hineinnehmen, und das Ausatmen ist Hinbewegung. Auch die Verneigung ist eine Hinbewegung. – Okay, das war's.

Schulterschmerzen

GERTRUD Ich möchte auch auf meine Schulterschmerzen zu sprechen kommen. Ich habe mit rechtsseitigen Verkrampfungen zu tun. Das macht mir schon lange zu schaffen. Ich werde jede Nacht wach und habe kein Gefühl in der rechten Hand. Ich kriege es nicht weg. Ich mache Gymnastik und alles, aber es geht nicht weg.
HELLINGER Wenn es wieder weh tut, dann stelle dir vor, dass du mit dieser Hand die rechte Wange deines Mannes streichelst.
GERTRUD Ich habe keinen Mann.
HELLINGER Streichle den von damals. Einverstanden?

Der Floh im Ohr

KARL Der Satz „Du musst die Adoption lösen" sitzt ganz tief und arbeitet ständig. Also ich muss mich sehr konzentrieren auf die Situation hier, um nicht dauernd mit dem Satz beschäftigt zu sein.
HELLINGER Du könntest ihn ganz einfach loswerden. Weißt du wie?
KARL Indem ich es mache. *Er lacht.* Ich bin in dieser Frage noch zwischen den Polen „Ja" und „Nein". Auf der Ja-Seite ist mir sehr nahegegangen, wie du im Zusammenhang mit den Schulterschmerzen und den Kopfschmerzen von dem Wieder-in-Fluss-Bringen gesprochen hast und welche Wirkung dieses Sichhinabbeugen und

dieses Würdigen hat. Da fiel mir der Vater des adoptierten Jungen ein. Ich denke, der Weg zum Ja hin beginnt mit der Würdigung dieses Mannes.

HELLINGER Sehr gut. Du hast schnell gelernt. Da fängt es an.

Aufstellung: Mutter drohte, sich mit den Kindern umzubringen

THEA Ich heiße Thea, bin verheiratet, habe vier erwachsene Söhne, die alle aus dem Haus sind. Ich bin von Beruf ursprünglich Religionspädagogin und habe später eine Ausbildung als Familientherapeutin gemacht. Was ich einbringen will: Je länger, desto mehr geht mir mein Bruder nicht aus dem Kopf. Zuerst habe ich mir gedacht, das kann ja nicht so wichtig sein, aber ich merke, das ist es.

HELLINGER Was ist mit ihm?

THEA Er hat sich vor dreiundzwanzig Jahren das Leben genommen.

HELLINGER Wie alt war er?

THEA Neunundzwanzig.

HELLINGER Wie hat er sich umgebracht?

THEA Erhängt.

HELLINGER Und was ist so schlimm daran?

THEA Ich merke, dass sich das durch mein ganzes Leben zieht, von Kindheit an schon, dass ich immer das Gefühl habe, ich würde auf seine Kosten leben. Es geht mir heute noch so, dass ich denke, warum lebe ich und er musste sterben.

HELLINGER Musste er?

THEA Ich denke, für ihn sah es so aus.

HELLINGER Gab es einen Anlass für den Selbstmord?

THEA Es gab schon einen Anlass, aber ich denke, der kann allein nicht die Erklärung sein.

HELLINGER Was ist der angenommene Anlass?

THEA Er hat promoviert und war nebenbei schon wissenschaftlicher Assistent, und da gab es einen anderen Assistenten, der erklärt hat, er würde ihm alle Prügel zwischen die Beine werfen, die er nur finden würde – dem hat sich mein Bruder entzogen.

HELLINGER Das kann der Grund nicht sein.

THEA Nein, das sag' ich ja auch. Also, das war der unmittelbare Anlass, dass er das Gefühl hatte, es will mich einer fertigmachen, und dann hat er sich selber fertiggemacht.

HELLINGER Beim Selbstmord ist es so, dass die Angehörigen das oft wie eine Beleidigung erleben und sich verhalten, als hätten sie ein Recht, beleidigt zu sein, wenn einer sich so entschieden hat. Dann ist der erste Schritt zur Lösung für dich, dass du ihm sagst: „Ich achte deine Entscheidung, und du bleibst für mich mein Bruder."

THEA Das habe ich vollzogen vor ungefähr zehn Jahren. Aber ich komme trotzdem nicht zur Ruhe. Ich merke, da ist immer noch etwas.

HELLINGER Du hast es nicht vollzogen, sonst wärst du in Ruhe.

THEA Ich bin für mich soweit, dass ich glaube, sagen zu können: Ich akzeptiere, dass du über dein Leben selbst entschieden hast.

HELLINGER Nein, nein, nein. Das ist etwas völlig anderes, was du sagst und was ich gesagt habe. Akzeptieren ist gnädig und von oben herab. Wenn du aber sagst: „Ich achte", dann ist der andere groß. Und was ist mit deinen Söhnen? Ahmt ihn einer nach?

THEA Der zweite.

HELLINGER Ein Zeichen, dass es nicht gelöst ist. Hat er schon einen Selbstmordversuch gemacht?

THEA Nein.

HELLINGER Davon geredet?

THEA Nein.

HELLINGER Was macht er, das dir Sorgen macht?

THEA Nein, so ist das nicht. Ich mache mir keine Sorgen. Aber er ist ihm am ähnlichsten, auch äußerlich und in seinen Idealen.

HELLINGER Du programmierst ihn.

THEA Hm, ich fürchte.

HELLINGER Du programmierst ihn durch deine Beobachtungen, deine so genannten. Wem musst du ihn übergeben, damit er sicher ist?

THEA Seinem Vater.

HELLINGER Genau.

THEA Das möchte ich schon dauernd, aber es funktionierte bisher nicht.

HELLINGER Dann stellen wir deine Gegenwartsfamilie auf. Wer gehört alles dazu?

THEA Mein Mann, ich und unsere vier Söhne.

HELLINGER War jemand vorher verheiratet oder verlobt oder in fester Bindung, du oder dein Mann?

THEA Nein.

HELLINGER Fehlt sonst noch jemand?

THEA Meine Mutter lebt bei uns im Haushalt. Ich weiß aber nicht, was sie für eine Rolle spielt.

HELLINGER Wie lange lebt sie schon bei euch?

THEA Sie lebt bei uns, seit der zweite Sohn ausgezogen ist, seit ungefähr sechs Jahren.

HELLINGER Ist dein Vater gestorben?

THEA Er ist gefallen, als ich knapp vier Jahre alt war.

HELLINGER Du musst für die Mutter sorgen, das ist ganz klar.

THEA Ja, das ist auch nicht das Problem.

HELLINGER Dein Vater ist gefallen, als du …?

THEA Da war ich knapp vier. Ich habe ihn das letzte Mal gesehen, als ich drei war.

HELLINGER Wie ist er gefallen?

THEA In Russland, bei Stalingrad.

HELLINGER Das ist der Hintergrund für den Selbstmord deines Bruders. Er ist ihm nachgefolgt. Wie alt war dein Vater, als er fiel?

THEA Dreißig. Mein Bruder war fast dreißig, ein paar Tage vor seinem dreißigsten Geburtstag.

HELLINGER Das ist der Hintergrund.

THEA Das verstehe ich nicht.

HELLINGER So ist es halt. Kinder machen das so. Wie hat deine Mutter auf den Tod deines Vaters reagiert?

THEA Mit Selbstmordgedanken, die sie uns Kindern gegenüber auch geäußert hat.

HELLINGER Jetzt verstärkt es sich noch einmal. Hat sie ihn geliebt?

THEA Ja.

HELLINGER Da bin ich mir nicht sicher.

THEA Ich denke schon.

HELLINGER Ich bin mir nicht sicher. Wer liebt, reagiert nicht mit Selbstmordgedanken.

THEA Also, sie hat erst mit Verzweiflung reagiert, und dann hat sie uns gesagt: „Wenn wir den Krieg verlieren" – da war aber mein Vater schon tot –, „dann springen wir in den Fluss, dann bringen wir

die Familie um." Ich weiß nicht, ob die Selbstmorddrohungen direkt mit dem Vater zusammenhängen.
HELLINGER Das sind ja Morddrohungen.
THEA Morddrohungen, ja.
HELLINGER Also, es wird immer unheimlicher. Okay, stellen wir die Familie jetzt auf.

Bild 1

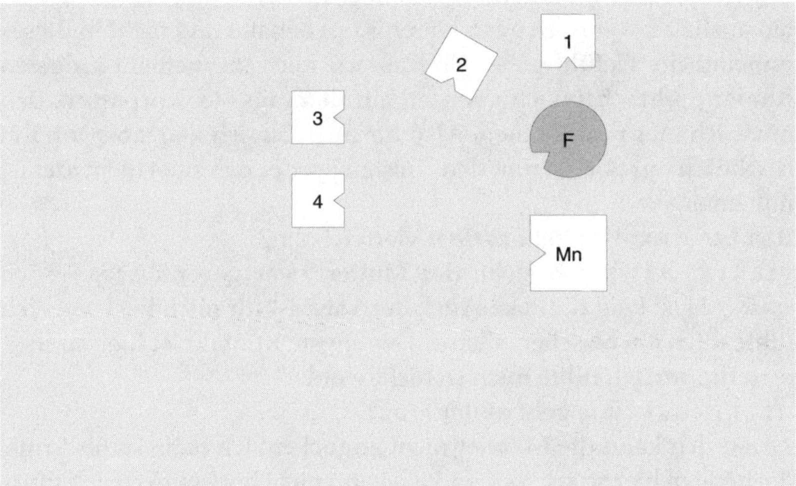

Mn	Mann
F	**Frau (= Thea)**
1	Erstes Kind, Sohn
2	Zweites Kind, Sohn
3	Drittes Kind, Sohn
4	Viertes Kind, Sohn

HELLINGER Wie geht es dem Mann?
MANN Sehr befremdlich. Die Frau ist mir nicht nahe, und die Söhne sind mir noch weiter weg. Der Kontakt geht über meine Frau, aber es gibt kein Anzeichen, dass dieser Kontakt auch stattfinden soll, und die Söhne mir gegenüber sind zu weit weg, um mit ihnen im Dialog zu sein.
HELLINGER Wie geht es dem ältesten Sohn?
ERSTES KIND Also ich bin außer mir. Ich bin empört, und als meine Mutter hier noch zwischen den Vater und mich gekommen

ist, hat sich das noch verstärkt. Ich gehöre da nicht dazu, und ich bin böse.

HELLINGER Wie geht es dem zweiten Sohn?

ZWEITES KIND Ich will von der Mutter weg, jedenfalls noch mehr als jetzt.

HELLINGER Wie geht es dem dritten Sohn?

DRITTES KIND Das erste Gefühl war, das ist mir unheimlich, dieser Laden hier. Die beiden älteren Brüder sind ganz weit weg. Die Mutter ist für mich abgedreht. Ich habe gemerkt, dass ich es am besten aushalte, wenn ich ganz klaren Kopf behalte und nicht in dieses unheimliche Gefühl gehe. Und als ich mich zu meinem jüngeren Bruder drehte, habe ich gedacht, auf den muss ich aufpassen, den muss ich hier rausnehmen. Also für mich bin ich klar, aber um ihn mache ich mir Sorgen; um den ältesten Bruder dahinten nicht, der ist nur sauer.

HELLINGER Wie geht es dem vierten Sohn?

VIERTES KIND Ich stehe der Mutter zwar gegenüber, aber ich spüre, da ist kein Kontakt. Auch der Vater ist für mich weit weg. Ich fühle mich ein bisschen alleine. Der engste Kontakt ist hier zu meinem Bruder. Ich fühle mich so nicht wohl.

HELLINGER Wie geht es der Frau?

FRAU Ich kann die Männer nicht angucken. Ich habe keine Arme, die hängen hier so schwer, und ich kann nicht hochgucken. Ich muss immer auf den Boden gucken.

Hellinger stellt das Bild um, so dass die Frau nach außen blickt und die Söhne dem Vater gegenüberstehen in der Reihenfolge der Ursprungsordnung.

Bild 2

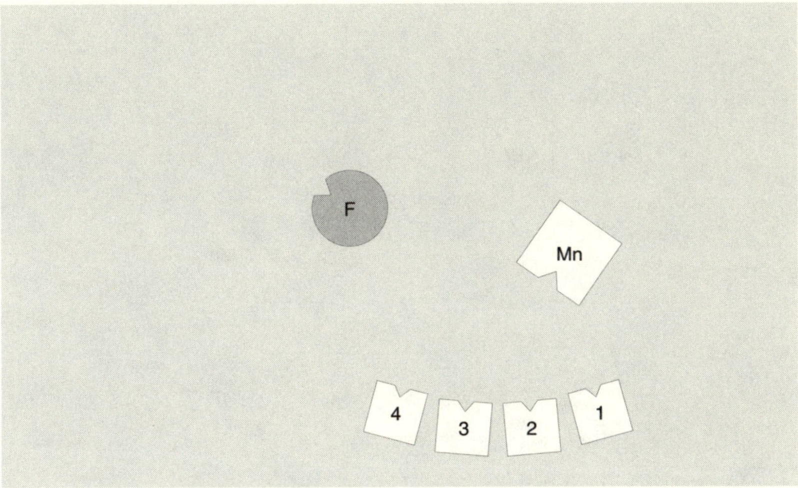

HELLINGER Was ist jetzt beim Mann?

MANN Ich vermisse die Frau eigentlich nicht. Ich freue mich, dass die Söhne hier so wie Orgelpfeifen stehen.

HELLINGER Was ist jetzt beim ältesten Sohn?

ERSTES KIND Also hier finde ich für mich alles ganz in Ordnung. Ich vermisse die Mutter nicht.

HELLINGER Wie geht es dem zweiten Sohn?

ZWEITES KIND Gut. Ich hätte von mir aus auch gerne Kontakt zur Mutter. Aber sonst ist es für mich in Ordnung.

DRITTES KIND Ich mache mir keine Sorgen mehr um meinen jüngsten Bruder.

HELLINGER Wie geht es dem Jüngsten?

VIERTES KIND Ich fühle mich wesentlich wohler so in dem Kreis. Da geht sehr viel Kraft davon aus für mich, und ich fühle mich geborgen. Nur finde ich es schade, dass die Mutter nicht da ist.

HELLINGER Wie geht es der Frau?

FRAU Mir geht es besser. Es ist für mich in Ordnung.

HELLINGER *zu Thea* Das ist natürlich keine gute Lösung, was wir jetzt haben, aber das ist die Situation. Jetzt stelle ich noch deinen Vater und deinen Bruder dazu.

Bild 3

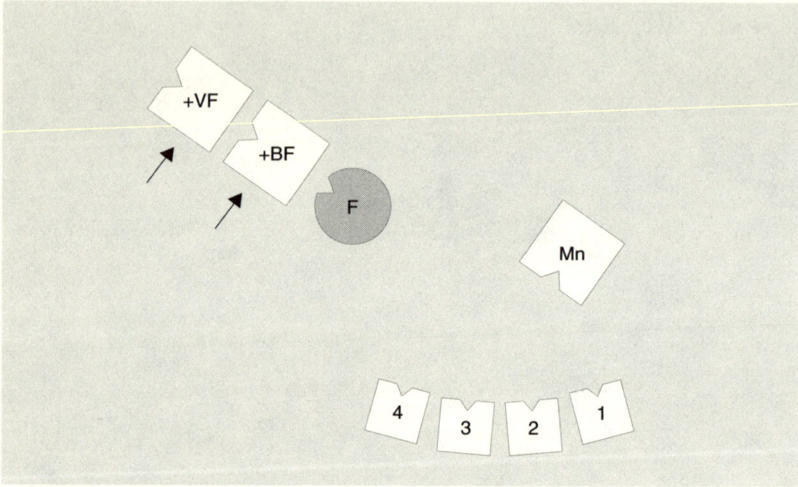

+VF Vater der Frau, im Krieg gefallen
+BF Bruder der Frau, hat sich umgebracht

HELLINGER Wie ist das für die Frau?
FRAU Das ist gut für mich, so hinter dem Vater und dem Bruder.
HELLINGER Das ist die Treue. Sie folgt dem Vater und dem Bruder. Das eigene Leben spielt bei der Treue keine Rolle.
HELLINGER Wie geht es dem Mann dabei?
MANN Das ist in Ordnung.
HELLINGER Und ihrem Bruder?
BRUDER DER FRAU † Ich fühle das auch so.

HELLINGER *zur Gruppe* Jetzt versuche ich noch eine mildere Lösung. Man muss zuerst das Äußerste ins Auge fassen, bevor man auch das Mildere in Betracht ziehen kann. Oft aber bleibt das Mildere nur ein frommer Wunsch, und es ist das Äußerste, das sich letztlich durchsetzt und wirkt.

Bild 4

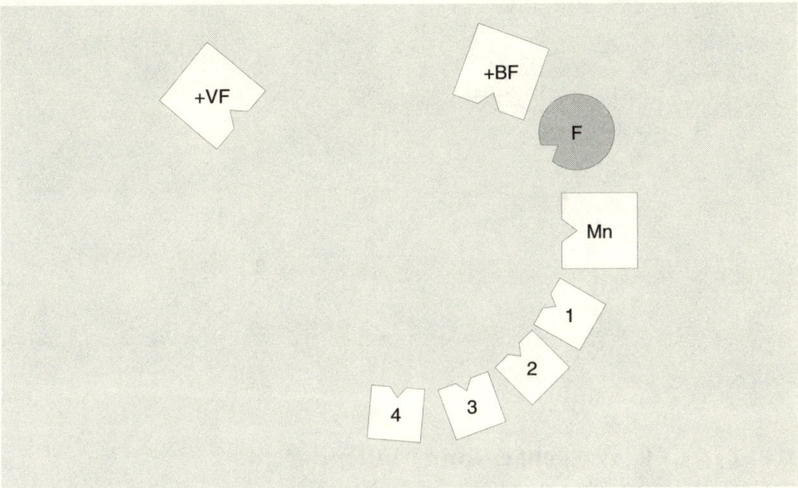

HELLINGER Wie geht es dem Mann dabei?
MANN Schade, dass die Söhne jetzt nicht mehr vor mir stehen.
HELLINGER Wie geht es der Frau?
FRAU Ich bin an meine Herkunftsfamilie gebunden. Ich möchte mich an meinen Mann etwas anlehnen, aber ich möchte nicht gucken und nichts sehen.
HELLINGER *zu Thea* Jetzt brauchen wir noch deine Mutter.

Hellinger stellt die Mutter der Frau dazu, doch so, dass sie sich von der Familie abwendet.

Bild 5

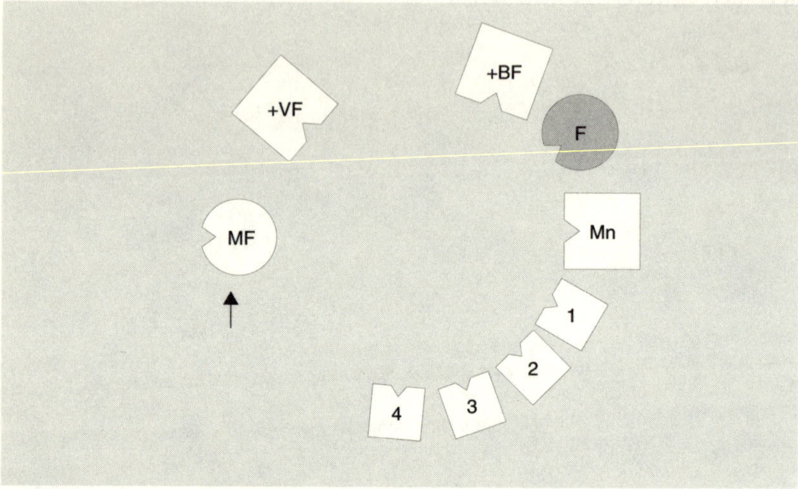

HELLINGER Wie geht es ihrer Mutter da?
MUTTER DER FRAU Nicht schlecht.
HELLINGER Was ist bei der Frau verändert?
FRAU Es ist gut, dass sie da ist. Dann kann ich jetzt auch die Runde ein bisschen anschauen.
HELLINGER *zur Gruppe* Es ist ihre Mutter, die gehen muss. Sie hat ihr Recht auf Zugehörigkeit verspielt.
zum Vater Wie geht es dem Vater der Frau?
VATER DER FRAU † Seit meine Frau da ist, ist es rund und vollständig.
HELLINGER *zu Thea* Stelle dich jetzt selbst an deinen Platz.
THEA *als sie an ihrem Platz steht* Mit den Söhnen geht es mir gut. Und hier zum Mann?
HELLINGER Einen freundlicheren Blick könntest du ihm schon gönnen.
MANN Sie hat jede Tuchfühlung vermieden.
HELLINGER Sie muss sich erst dran gewöhnen.

Da war mal ein Eskimo, der fuhr zur Sommerfrische in die Karibik. Nach vierzehn Tagen hatte er sich daran gewöhnt.

THEA Noch etwas anderes beschäftigt mich, dass ich zwischen meinem Mann und meinem Bruder stehe.
HELLINGER Rück doch mal näher zu deinem Mann, auf Tuchfühlung.
MANN Da fehlen immer noch drei Zentimeter.
HELLINGER *zur Gruppe* Das wäre ein ganz schweres Verbrechen, wenn sie glücklich wird mit ihrem Mann; denn dann würde sie von ihrer Mutter abfallen und sich anmaßen, ein größeres Glück zu haben als sie. Da seht ihr, was solches Glück für einen Mut braucht.

Die Folgen von Morddrohung und von schweren Verbrechen in der Familie

HELLINGER Wenn jemand im System einen umbringt oder umbringen will, hat er sein Recht auf Zugehörigkeit verspielt.
ULLA Durch die Morddrohung?
HELLINGER Ja. Durch die Morddrohung hat ihre Mutter ihr Recht auf Zugehörigkeit und auch ihr Recht auf Muttersein verspielt.
FRANK Auch wenn sie es nicht macht?
HELLINGER Auch wenn sie es nicht macht. Das war hier ganz deutlich. Auch bei schweren Verbrechen, die an anderen außerhalb des Systems begangen werden, verliert jemand das Recht auf Zugehörigkeit in seinem System. Zu diesen schweren Verbrechen gehört immer Mord.

Ein Mann hat mal in einem Kurs erzählt, sein Vater habe sich als Bürgermeister einer Stadt geweigert, am Ende des Krieges die Stadt zu übergeben. Dadurch sind noch viele Leute umgekommen. Nach dem Krieg wurde er zum Tode verurteilt, fühlte sich aber unschuldig, und sein Sohn hielt ihn für einen Helden. Doch als wir das System aufgestellt haben, wurde klar, der hatte sein Recht auf Zugehörigkeit verspielt. Wir haben ihn dann vor die Tür gestellt, und das ganze System war in Frieden. Solche Situationen gibt es. Dass es innerhalb einer Familie so war wie hier, habe ich noch nicht gesehen.
zu Thea Es ist ganz klar: Deine Mutter hat ihr Recht auf Zugehörigkeit verspielt. Das hat jedoch keine Konsequenzen, was deine Pflichten ihr gegenüber angeht. Aber du musst wissen, dass dieses System durch den Mord oder die Morddrohung vergiftet ist, und das hatte

schlimme Folgen, für deinen Bruder zum Beispiel. Deswegen müssen auch deine Söhne aus dem Bannkreis deines belasteten Systems hinüberwechseln in den gesunden Teil des Systems, also alle hin zum Vater; da sind sie sicher.

ROBERT Wie ist das mit einer Abtreibung? Ist das auch ein Mord im System?

HELLINGER Nein. Es hat nicht diese Konsequenzen. Die hat es nur unter besonderen Umständen.

THEA Ich möchte noch etwas fragen. Meine Mutter hat es – so habe ich bisher damit leben können – dadurch wiedergutgemacht, dass sie gegen Ende des Krieges, als wir in Oberschlesien zwischen die Fronten geraten sind, sich mit dem Körper vor uns geworfen hat, wenn Granaten einschlugen. Sie hat uns also das Leben später ganz oft zu retten versucht. Das war für mich ein Wiedergutmachen.

HELLINGER Das kann es nicht aufheben. Es ist gut, was sie gemacht hat, und du musst es würdigen. Es kann aber das andere nicht aufheben, wie du ja am Schicksal deines Bruders gesehen hast. Oft haben wir die Vorstellung, man könnte etwas wieder ungeschehen machen, etwa durch Sühne. Das geht aber nicht. Dann muss man zu der Schuld stehen. So ist es. Die Schuld ist nicht mehr aufhebbar und nicht mehr gutzumachen. Aber aus der Kraft dieser Schuld kann man etwas Gutes oder Großes tun. Das wirkt versöhnend. Dennoch hebt es die Schuld nicht auf. Wenn einer so zu seiner Schuld steht, hat das viel mehr Größe, als wenn man sagt, das ist verziehen oder gutgemacht. Wie könnte auch und dürfte jemand so etwas verzeihen? Die Schuld bleibt bestehen und wirkt als eine Macht.

KARL Ich bin erschrocken, als du vorhin gesagt hast, der Selbstmord ihres Bruders ist so etwas wie eine Wiederholung des Todes des Vaters. Das habe ich nicht verstanden.

HELLINGER Ich deute es jetzt anders. Umbringen musste sich eigentlich die Mutter, und der Sohn hat es für sie gemacht. Das ist die eigentliche Dynamik.

zu Thea Ist das für dich einfühlbar?

THEA Ja.

CLAUDIA Also, der Selbstmord des Sohnes hat nichts mit dem Tod des Vaters zu tun, sondern mit den Morddrohungen der Mutter?

HELLINGER Ja. Obwohl es die andere Dynamik auch gibt, dass einer dem Vater in den Tod nachfolgt aus Treue, ist hier das andere viel stärker. Wenn etwas Stärkeres in den Vordergrund tritt, verliert das weniger Starke seine Bedeutung. Was in anderen Systemen wichtig wäre, ist hier nicht mehr wichtig, weil dieses Wuchtige alles überschattet. Dann löst man dieses eine und lässt das andere – so wie hier. Die Morddrohung der Mutter überschattet alles andere.

Wer seine Zugehörigkeit verwirkt hat, muss gehen

GEORG Du hast gesagt, dass Theas Mutter ihr Recht auf Zugehörigkeit verwirkt hat. Mich würde interessieren, wann das gilt und wie man damit umgehen muss?

HELLINGER Wann das gilt, kannst du oft nur am konkreten Fall entscheiden. Das Recht auf Zugehörigkeit wird immer verwirkt, wenn jemand innerhalb der Familie einen anderen umgebracht hat oder umbringen will und wenn einer schwere Verbrechen an anderen begangen hat, besonders an vielen anderen. Der muss dann gehen oder ausgeschlossen werden, sonst schließt sich an seiner Stelle ein Unschuldiger aus.

In einem Kurs war mal ein Ire, dessen Großvater hatte seinen eigenen Bruder im Freiheitskampf erschossen. Doch statt dass der ausgeschlossen wurde, galt er als Held. Statt seiner lebte nun ein Enkel fern der Heimat wie einer, der nicht mehr dazugehörte, und er lag im Streit mit seinem Bruder. Bei der Aufstellung seiner Familie haben wir den Großvater zur Tür hinausgeschickt, und sofort war Friede zwischen den Brüdern und im System.

In einem anderen Kurs hatte ich eine Großnichte von Hermann Göring, der im Dritten Reich für die Konzentrationslager verantwortlich war. Als ihre Familie aufgestellt wurde, geisterte der noch in dieser Familie herum. Sie verwahrten noch ein kostbares Silbergeschirr mit seinem eingravierten Namen. Auch hier war erst dann Ruhe und Frieden im System, als er hinausgeschickt und ausgeschlossen wurde. Ich riet ihr auch, das Silbergeschirr verschwinden zu lassen, und zwar vollständig; es dürfe weder verkauft noch verschenkt noch sonstwie verwertet werden. Das hat sie dann nach einem Jahr auch gemacht.

GEORG Und wie ist das, wenn eine Frau den Mann oder ein Mann die Frau reingelegt hat, verlieren die dann auch ihr Recht auf Zugehörigkeit?

HELLINGER Sie verlieren es manchmal in der Gegenwartsfamilie, doch nicht in der Herkunftsfamilie; dorthin können sie zurück.

Vertrauen auf das innere Bild

FRANK Ich frage mich, ob man im vorliegenden Fall nicht auch davon ausgehen kann, dass in der Mutter von Thea selbst eine mörderische Wut da war?

HELLINGER Was du jetzt machst ...

FRANK Ich bin noch nicht fertig.

HELLINGER Aber es genügt, um zu zeigen, welche Wirkung solche Fragen haben; denn das Richtige lässt sich nicht ungestraft in Frage stellen. Ich erlebe das so: Jemand sagt etwas, und bei mir formt sich innerlich ein Bild des Systems. Auf einmal sehe ich, wo die Wucht ist. Wenn ich dann zweifle und eine hypothetische Frage stelle, verschwindet das Bild. Jede Frage, die du an das Bild stellst, bringt das Bild zum Verschwinden und nimmt dir und dem anderen die Kraft zum Handeln. Ist dir das nachvollziehbar?

FRANK Also das kenne ich, dass es so etwas gibt, aber in diesem Fall hatte ich einfach noch eine Frage. Ich arbeite selbst mit solchen Sachen, und es interessiert mich, ob man es eventuell auch so sehen könnte.

HELLINGER Das kann man nicht vergleichen, denn das hier kann man sehen. Wenn ich eine allgemeine Frage stelle, stelle ich mir die Situation nur vor. Dem fehlt dann die Wucht des Faktischen. Wenn du einen konkreten Fall hättest und du würdest ihn bringen, könnten wir ihn auch konkret behandeln, und das hätte dann Kraft. So aber bleibt die Frage hypothetisch und hat keine Kraft. Die Frage, wie ein Berg aussehen könnte, erübrigt sich, wenn man ihn anschaut.

DAGMAR Ich habe noch eine andere Frage. Es ging eben darum, dass Theas Mutter in ihrem Haushalt lebt und ihr Vater gestorben ist. Wie soll sie sich jetzt ihrer Mutter gegenüber verhalten?

HELLINGER Wenn ich die Frage beantworte, nimmt es Thea Kraft weg. Denn es ist ja eine Frage, die Thea angeht, und Thea hat bereits verstanden, worauf es ankommt. Wenn du nun diese Frage stellst, obwohl es ihre ist, lenkst du die Aufmerksamkeit auf dich, statt dass sie bei Thea bleibt; und auf das Wissen statt auf das Handeln.

DAGMAR Es gehört aber auch zu meiner Fragestellung.
HELLINGER Nein. Du hast dir eine fremde Frage angeeignet, und das darfst du nicht. Wenn du eine Frage hast, die dir gehört, weil sie dein Handeln betrifft, beantworte ich sie. Es muss aber eine konkrete Frage sein.

Die Verantwortung des Therapeuten bei Familienaufstellungen

HELLINGER Es gibt Therapeuten, die bei einer Familienaufstellung den Teilnehmern sagen, sie sollen von sich aus, nach ihrem Gefühl, die Lösung suchen. So finden sie diese aber nicht. Die Lösung braucht den Mut, der Wirklichkeit ins Auge zu sehen. Den hat in der Regel nur der Therapeut, vorausgesetzt er bleibt unabhängig, weiß um die Ordnungen, die in Systemen wirken, und stimmt ihnen zu. Wenn man die Teilnehmer sich selbst überlässt, verhalten sie sich so, als hätten sie sich insgeheim verschworen, das Problem aufrechtzuerhalten. Der Therapeut darf nicht so tun, als würde er nicht sehen, was er sieht, oder sein Wissen hinter Konjunktiven verstecken, sonst führt er die Teilnehmer hinters Licht und nimmt an der Verschwörung teil. Wer die Ordnungen verstanden hat, der sieht die Lösung. Er muss ein bisschen ausprobieren, bis er sie genau genug gefunden hat, aber das Wesentliche ist in der Regel sofort klar.

Der Therapeut geht bei Familienaufstellungen rein phänomenologisch vor. Das heißt, er setzt sich einem dunklen Zusammenhang aus, bis ihm plötzlich Klarheit kommt. Wenn er dagegen nur einen Begriff hat und aus dem Begriff oder aus einer Assoziation die Lösung finden will, findet er sie nie. Aus Ableitungen findet er die Lösung nie. Sie muss jedesmal neu gefunden werden. Deswegen ist jede Lösung einzigartig und nicht wiederholbar. Wenn ich mir aus der Erfahrung früherer Aufstellungen sage, das wird wahrscheinlich so oder so sein, bin ich nicht mehr im Kontakt mit der Wirklichkeit unmittelbar vor mir. Das ist es also, worauf es hier ankommt: auf das Umdenken in einen völlig anderen Vollzug und auf ein völlig anderes Wahrnehmen und Schauen. Dies gelingt mir aber nur, wenn ich alle Beteiligten im Auge habe und wenn ich sie alle achte, vor allem den, der die Last trägt. Wenn ich ihn im Auge habe, finde ich die Lösung, denn dann habe ich das Wesentliche im Blick.

Zur Vorgehensweise beim Aufstellen von Theas Familie

KARL Mich beschäftigt noch die Arbeit an Theas Aufstellung vorhin. Ich kenne Theas Familie ziemlich gut und habe festgestellt, dass diejenigen, die bei der Aufstellung mitgewirkt haben, sich zum Teil völlig anders geäußert haben, als die Familienmitglieder sich selber über ihre Beziehungen in der Familie äußern würden. Mich hat dann beeindruckt, dass das Bild, das du als den härteren Vorschlag vorgestellt hast, sehr deutlich meiner Familienwahrnehmung entspricht, obwohl sich die Leute hier gefühlsmäßig anders geäußert haben. Also das, was du da als Bild aufgestellt hast, hat aus meiner Sicht für diese Familie gestimmt. Mich beschäftigt seitdem, wieso du nicht in deiner Phantasie und deiner Arbeit abhängig warst von den Gefühlsäußerungen der Personen.

HELLINGER Das bin ich nicht. Ich merke, ob einer mit seiner Gefühlsäußerung gesammelt und bei der Sache ist oder ob ihn etwas ablenkt.

KARL Das habe ich sehr gut gesehen.

ROBERT Ich hatte immer die Idee, dass es darum geht, möglichst sofort das Endbild zu finden. Jetzt sehe ich, dass auch die Zwischenbilder ihre Bedeutung für das Endbild haben.

HELLINGER Das Endbild sucht man in mehreren Schritten. Oft zeigt man zuerst die Extreme, auf die das System zusteuert, und dann sucht man in mehreren Schritten die bessere Lösung. Daraus ergibt sich dann ein Gesamtbild. Man muss aber schon zügig auf das Ziel zugehen. Wenn man zu lange sucht, geht die Energie weg. Manchmal weiß man auch sofort, was richtig ist. Dann braucht es vielleicht nur einen einzigen Schritt, und schon ist alles erledigt.

Übernommene Verwirrung und übernommene Gefühle

JONAS Als ich in der Aufstellung von Thea als ihr dritter Sohn stand, war ich sehr verwirrt, und ich habe in der Pause versucht, herauszufinden, was das Verwirrende war. Ich meine, da ist auch etliches aus meiner Familie mit drin. Die Verwirrung war, dass ich am Anfang zweimal genau hingehört habe, wer welche Rolle spielt, dennoch hatte ich die Vorstellung, dass mein Vater in der Rolle nicht mein Vater war, sondern der Vater meiner Mutter. Ich frage mich jetzt, was das mit meiner Familie zu tun hat, da meine Mutter ihren Vater auch ganz früh verloren hat.

HELLINGER Ich würde es so deuten, dass du gefühlt hast, was in dieser Familie vor sich ging. Schiebe es daher nicht auf deine Familie, sondern bearbeite das separat. Doch es ist gut, dass du es mitgeteilt hast. Vielleicht gibt es eine solche Verwirrung in Theas Verhältnis zu ihrem Mann, und du hast ihr eine wichtige Rückmeldung gegeben.

LEO Ich bin auch noch nicht ganz raus aus dieser Selbstmörderrolle des Bruders in der Aufstellung von Thea, obwohl ich spüre, dass es nichts mit mir als heutigem Menschen zu tun hat.

HELLINGER Man muss sich da bewusst herausnehmen. Wenn man bei so einer Aufstellung mitmacht, kann man erfahren, wie schnell man in ein fremdes System verstrickt wird. Um wieviel mehr wird das ein Kind, das tagtäglich in einem solchen System lebt. Wie schnell wird es in die Dynamik und in die Gefühle, die dort gelten, verstrickt. Wir erfahren dabei auch, wie wandelbar unsere Gefühle sind und wie wenig verlässlich, wenn sie sich zum Beispiel in so einer Aufstellung schon mit einem Schritt total verändern.

zur Gruppe Können wir das Thema abschließen?

HARTMUT Nein.

Selbstmorddrohung der Mutter

HARTMUT Ich habe mein Leben lang, grob gesagt, unter den Selbstmorddrohungen der Damenwelt gestanden. Ich sage es mal ironisch. Meine Mutter hat mir nach dem Scheitern ihrer Ehe als dem Ältesten immer gesagt: „Dann und dann bringe ich mich um." Sie hat es nie getan, doch sie hat mich dadurch entsetzlich belastet. Ich kann mich daran erinnern. Es war ganz fürchterlich. Es fing an, als ich dreizehn war.

HELLINGER Was wäre die Lösung gewesen? Lebt deine Mutter noch?

HARTMUT Ja.

HELLINGER Sagt sie es heute auch noch?

HARTMUT Nein, nein. Jetzt versucht sie ihr eigenes und das Leben anderer Leute zu verlängern.

HELLINGER Was wäre damals die richtige Antwort gewesen, die lösende Antwort? – Ich gebe sie dir. Dafür bin ich da. Willst du sie hören?

HARTMUT Sicher.

HELLINGER Sie wäre gewesen: „Liebe Mama, du brauchst dir keine Sorgen zu machen; ich mache das schon zur rechten Zeit für dich."

zur Gruppe Merkt ihr die Wirkung? Welche Chancen hätte die Mutter anschließend noch, sich umzubringen? Und er wäre auch frei. So seltsam das klingt, aber die Wirkung ist gut. Wir arbeiten hier auch mit Tricks, wenn sie gut sind.

HARTMUT Bei meiner ersten Frau, also der Mutter meiner Kinder, hat sich das wiederholt.

HELLINGER Ich will das jetzt nicht wissen.

zur Gruppe Was macht er jetzt?

WILHELM Problemfortsetzung.

HELLINGER Er weiß ja die Lösung. Er könnte es ja mit seiner Frau genauso machen wie mit seiner Mutter. Er bleibt aber beim Problem.

JOHANN Der Satz wirkt doch nur, wenn er ihn wirklich als Trick plant und nicht glaubt, dass er es am Ende auch machen muss?

HELLINGER Wenn er ihn so sagt, kann er ihn nur doppelbödig sagen, und dazu braucht es große Kraft. Es ernst sagen kann jeder, aber doppelbödig, so dass der andere in Zweifel kommt, das ist eine Kunst. Es ist zwar ein Trick, aber es kostet Kraft. Stelle dir vor, er geht hin zu seiner Mutter und sagt das. Da zittern ihm die Knie.

JOHANN Was ich meine, ist, wenn er das sagt, kann es ja sein, dass er denkt, dass er das selber machen muss. Er empfindet das ja nicht als doppelbödig.

HELLINGER Mein Verdacht ist, dass er selber ernsthaft daran gedacht hat, dass er das machen muss. Der Spruch aber würde auch ihn retten.

GERTRUD Ich habe den Spruch nicht verstanden, rein akustisch. Kannst du ihn mir noch mal sagen?

HELLINGER Nein, so etwas wiederhole ich nicht.

HARTMUT Ich fühle mich jetzt abgewürgt, denn ich wollte noch sagen, dass die zweite …

HELLINGER Ich will das jetzt nicht wissen, das empfindest du völlig richtig. Und du kannst mich nicht dazu zwingen. Wenn, dann musst du mich gewinnen.

HELLINGER *zur Gruppe* Zum Thema Selbstmord erzähle ich euch eine Geschichte. Sie gehört zu den Geschichten, die uns rühren. Wenn wir sie hören, mag es scheinen, als seien Tod und Trennung außer Kraft gesetzt, und so bringt sie einigen Entlastung wie ein Glas Wein am Abend: Sie schlafen danach besser. Am nächsten Morgen aber stehen sie wieder auf und gehen an die Arbeit.

Andere aber, wenn sie den Wein getrunken haben, bleiben liegen, und es bräuchte einen, der sie wieder aufzuwecken weiß. Ihnen erzählt er die Geschichte etwas anders, macht aus dem süßen Gift ein Gegengift, und so wachen sie noch einmal auf und sind dem Zauberbann vielleicht entrückt.

Das Ende

Harold, ein junger Mann von zwanzig Jahren, der öfters tat, als sei er mit dem Tod auf du und du, und andere damit schockierte, erzählte einem Freund von seiner großen Liebe, der nun schon achtzigjährigen Maude: wie er mit ihr Geburtstag und Verlobung feiern wollte und wie sie mitten in der Fröhlichkeit gestand, sie habe Gift genommen und um Mitternacht sei es mit ihr vorbei. Der Freund besann sich eine Weile, und dann erzählte er ihm eine Geschichte.

„Auf einem winzigen Planeten lebte einst ein kleiner Mensch, und weil er dort der einzige war, nannte er sich Prinz, das heißt der Erste und der Beste. Doch außer ihm gab es noch eine Rose dort. Sie hatte früher wunderbar geduftet, jetzt aber schien sie dauernd am Verwelken, und der kleine Prinz – er war ja noch ein Kind – hatte alle Hände voll zu tun, um sie am Leben zu erhalten. Tagsüber musste er sie gießen und in der Nacht vor Kälte schützen. Doch wenn er selber etwas von ihr haben wollte – so wie es früher manchmal möglich war, zeigte sie ihm ihre Dornen. Kein Wunder, dass er es im Lauf der Jahre satt war, und so entschloss er sich zu gehen.

Zunächst besuchte er Planeten in der Nachbarschaft. Sie waren winzig wie sein eigener, und ihre Prinzen waren fast so wunderlich wie er. Dort hielt ihn nichts.

Dann aber kam er auf die schöne Erde und fand den Weg in einen Rosengarten. Es müssen Tausende gewesen sein – eine schöner als die andere, und die Luft war süß und schwer von ihrem Duft. Nie hätte er sich träumen lassen, dass es so viele Rosen gab – denn bisher kannte er nur eine, und er war hingerissen von ihrer Fülle und von ihrer Pracht.

Doch unter diesen Rosen entdeckte ihn ein schlauer Fuchs. Er stellte sich, als sei er scheu, und als er sah, dass er den fremden kleinen Mann beschwatzen konnte, sagte er: ‚Du hältst die vielen Rosen hier vielleicht für schön. Doch sie sind nichts Besonderes. Sie wachsen wie von selbst und brauchen wenig Pflege. Aber deine ferne Rose dort ist einzigartig, denn sie ist anspruchsvoll. Geh wieder heim zu ihr!'

Da wurde der kleine Prinz verwirrt und traurig und nahm den Weg, der in die Wüste führt. Dort traf er einen Flieger, der notgelandet war, und hoffte, dass er bei ihm bleiben dürfe. Der aber war ein Luftikus und wollte sich nur unterhalten, und so erzählte ihm der kleine Prinz, er gehe heim zu seiner Rose.

Sobald es aber Nacht geworden war, schlich er sich fort zu einer Schlange. Er tat, als wolle er sie treten: Da biss sie zu. Er zuckte noch, dann war er still. So starb er.

Am nächsten Morgen fand der Flieger seine Leiche. ‚Schlauberger!' dachte er, und dann verscharrte er den Rest im Sand."

Harold – so war später zu vernehmen – soll Maudes Begräbnis ferngeblieben sein. Statt dessen habe er, zum ersten Mal seit Jahren, Rosen auf seines Vaters Grab gelegt.

Vielleicht ist dem hinzuzufügen, dass viele, die de Saint-Exupérys Geschichte vom Kleinen Prinzen in ihr Herz geschlossen haben, gern in Gedanken mit dem Selbstmord spielen und es auch manchmal tun. Hier finden sie den Heiligenschein, der eine solche Tat verharmlost und verklärt, als sei es nur ein Kinderspiel, das einen Kindertraum erfüllt. So träumen sie, dass ihre Sehnsucht und ihr Hoffen stärker seien als der Tod, dass er vielleicht die Trennung aufhebt, statt dass er sie besiegelt. Und sie vergessen: Unsterblich nennen wir, was wir bereits verloren wissen und vorbei.

Auf Leben und Tod

LEO Mich beschäftigt noch, dass ich aus einer Familie komme, in der man sagt, ab dem dreißigsten Lebensjahr mache das Leben an sich keinen Spaß mehr. Das hat mir meine Mutter letzthin am Telefon so gesagt.

HELLINGER In christlichen Familien ist das manchmal so. Dort stirbt man mit Jesus.

LEO Aber es ist trotzdem nicht einfach, die Eltern so sterben zu lassen. Was ich heute morgen noch sagen wollte, war, dass mein Vater es kürzlich noch mal versucht hat mit dem Autofahren. Er ist sehr dickköpfig, hat aber einen frühzeitigen Abbau und findet teilweise die Armaturen nicht mehr richtig; zum Beispiel verfehlt er den Lichtschalter. Dann habe ich zu meiner Mutter gesagt – vielleicht war das auch doppelbödig: „Okay, dann können wir ihn zwischen Gießen und Fulda begraben, wenn wir die Strecke wieder fahren." Es schwingt aber auch Ernst darin mit. Die Lage ist für mich wirklich neu. Da weiß ich manchmal wirklich nicht, mache ich dazu noch einen Witz, oder ziehe ich mich zurück und überlasse die beiden Eltern sich selbst.

HELLINGER Wo der Tod nichts Schreckliches hat und auch nichts Ernstes, geht man so damit um. Das war auch heute morgen so. Darum habe ich dich sofort unterbrochen. Es war etwas unglaublich Destruktives in der Art, wie du über deine Eltern gesprochen hast. Leute, die so reden, halte ich grundsätzlich für selbstmordgefährdet. Die sind so ganz munter, auch lieb oft, doch man merkt, die laufen ganz woanders hin. Da drunter läuft eine ganz andere Dynamik. Die Art, wie da geredet wird, zeigt, dass da etwas in diesem System läuft, das furchtbar ist, und das verstärkt sich noch durch das, was du jetzt gesagt hast.

Jetzt bist du ernsthaft. Siehst du den Unterschied zu heute morgen, wie ernst du jetzt bist? Wie gesammelt?

zur Gruppe Es ist wichtig, dass der Therapeut das nicht duldet, dieses Abdriften in das Flapsige bei ernsten Sachen. Er führt die Gruppe sofort auf den Ernst zurück. Es geht ja um Leben und Tod.

LEO Ich habe das aber heute morgen nicht flapsig gemeint. *Er lacht dabei.*

HELLINGER *zur Gruppe* Seht ihr, da ist es wieder. Er hat es noch mal demonstriert, damit wir es sehen können. Seht ihr das? Das ist

es, und das ist sehr gefährlich. Solche Leute halte ich sofort für gefährdet im Sinne von: Die führen was im Schilde, und es kann sein, dass es ihnen gar nicht bewusst ist, was es ist. Die sind wie von einer fremden Kraft getrieben.
zu Leo Du kannst dem Lachen auch nicht widerstehen. Das treibt dich. Dann geht man an die Wurzel. – War etwas Besonderes in der Familie deiner Eltern?
LEO Der Vater meiner Mutter war Bergmann und ist sehr früh an einer Staublunge gestorben.
HELLINGER Wenn ein solches Kind das Alter seines früh verstorbenen Vaters erreicht, meint es oft, dass es nicht länger leben darf, oder es will dem Vater sogar nachfolgen in den Tod. Wenn bei deiner Mutter von ihren Kindern so etwas wahrgenommen oder vermutet wird, dann möchte es eines der Kinder an ihrer Stelle tun. Ein solches Kind lacht beim Gedanken an Sterben und Tod.

Das Grab

UTE Ich bin sehr bei dem, was du in der letzten halben Stunde gesagt hast. Ich bin aufgewühlt. Das hat irgend etwas mit Schuld zu tun und mit Selbstmord, aber ich kann es nicht genau sagen. Es hat auch etwas zu tun mit dieser tiefen Verneigung vor meiner Mutter, wovon mich etwas abhält; aber ich weiß nicht, was mich davon abhält.
HELLINGER Die Verneigung brächte dich aus dem Grab. – Noch was?
UTE Ich kann es nicht sagen. Es macht mich traurig, dass du mir so einen Satz sagst. Ich weiß nicht, wo er stimmt. Ich kann dazu nichts sagen, außer dass er mich traurig macht. Sicherlich, weil es etwas mit dem Tod zu tun hat. *Sie weint.*
HELLINGER Ich lasse es erst mal so.

FRANK Ich bin Frank, und ich kenne Bert schon ziemlich lange. Ich bin geschieden und habe zwei Kinder, einundzwanzig und vierzehn Jahre alt, zu denen ich zum Glück ein sehr gutes Verhältnis habe. Ich wohne mit der Dagmar zusammen in einem eigenen Haus, und nach stürmischen Jahren haben wir jetzt eine viel friedlichere Beziehung gefunden. Ich arbeite als Psychotherapeut sehr viel systemisch und merke, wenn ich mit Leuten arbeite, dass mich manche Dinge emotional derartig stark packen, dass ich fürchte, da ist noch etwas zu tun. Auch hier haben mich einige Dinge sehr stark berührt. Das war erstens das Schicksal von Roberts Schwester, die nicht dabei sein durfte, und dann die Sache mit dem vermutlichen Kriegsverbrecher. Vorhin habe ich derartig vibriert, dass ich nicht mehr schreiben konnte, und ich muss unbedingt herauskriegen, was das für eine Dynamik ist.

HELLINGER Dann stelle es auf. Wenn soviel Dynamik da ist, muss man sofort drangehen.

FRANK Also ich meine damit die Familie, aus der ich komme.

HELLINGER Genau. Wer gehört dazu?

FRANK Mein Vater, meine Mutter, meine Schwester, ich, als der zweite, mein jüngerer Bruder und noch eine Schwester.

HELLINGER War jemand von den Eltern vorher verheiratet oder verlobt oder in fester Bindung?

FRANK Nein.

HELLINGER Fehlt vielleicht sonst noch jemand?

FRANK Na ja, es gibt in der Familie Leute, die ausgestoßen waren.

HELLINGER Wir fangen mit der Kernfamilie an. Später suchen wir, ob noch jemand fehlt, und nehmen sie dann rein.

Bild 1

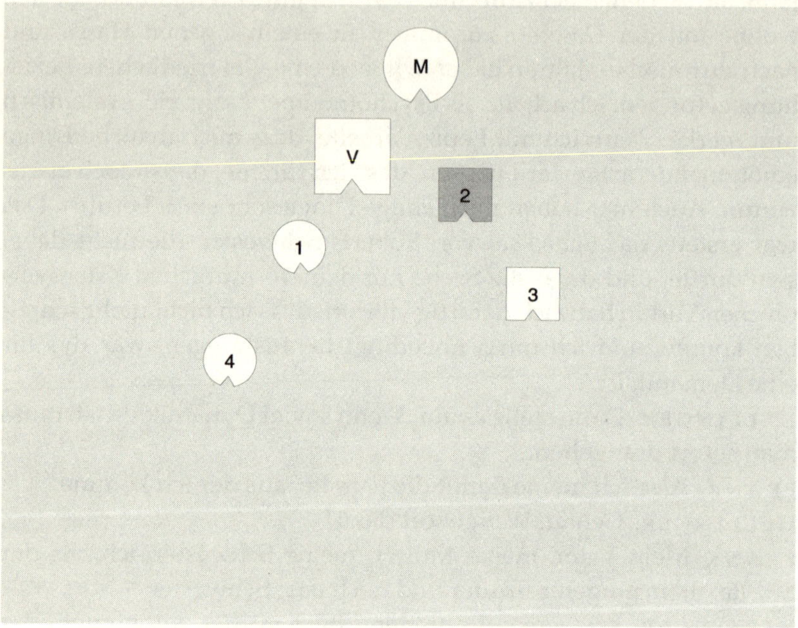

V	Vater
M	Mutter
1	Erstes Kind, Tochter
2	**Zweites Kind, Sohn (= Frank)**
3	Drittes Kind, Sohn
4	Viertes Kind, Tochter

HELLINGER Wenn bei einer Aufstellung alle in eine Richtung schauen so wie hier, dann fehlen da vorne einige Leute. Auf wen schauen die hin? Wer müsste da vorne stehen? War etwas Besonderes in der Familie deiner Mutter?

FRANK Also der Großvater ist im Ersten Weltkrieg gefallen, da war meine Mutter zwölf gewesen. Und dann ist wichtig, dass ihr Bruder das schwarze Schaf war.

HELLINGER Was heißt das: schwarzes Schaf?

FRANK Erstens war er homosexuell – Das war schlimm. Und dann galt er als sehr untüchtig – das war in der Familie auch schlimm.
HELLINGER Den stellen wir dazu. Was ist in der Familie der Mutter noch passiert?
FRANK Zwei Onkel von ihr wurden nach Amerika geschickt wegen Versagens. Der eine hat getrunken und galt als Versager, und der andere war so ein Windhund.
HELLINGER Das sind die beiden, die fehlen. Der Bruder der Mutter ist nur der Vertreter von ihnen. Die müssen wir dort vor die Familie hinstellen. Die Bedeutung der beiden Onkel der Mutter für dieses System ergibt sich nicht aus ihrem Verhalten, sondern aus ihrem Schicksal. Dass sie weggeschickt wurden nach Amerika, das ist hier das Entscheidende.
FRANK Mein Bruder ist übrigens auch nach Amerika gegangen.

Hellinger stellt die Ausgeschlossenen dazu.

Bild 2

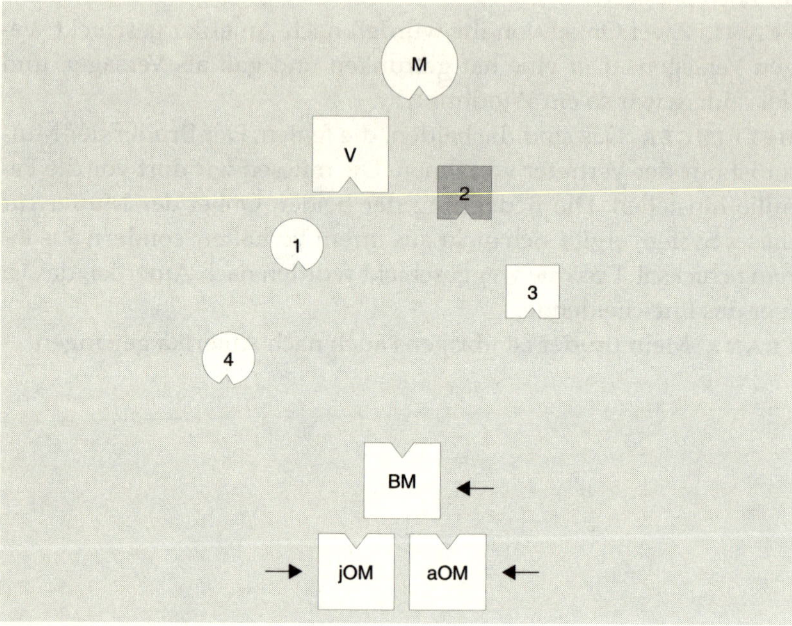

BM	Bruder der Mutter
aOM	Älterer Onkel der Mutter
jOM	Jüngerer Onkel der Mutter

HELLINGER Was ist beim Vater verändert?
VATER Ich schaute vorhin so ins Leere und bin so dahingedriftet. Jetzt ist da Ruhe, so eine Stabilität, und ich kann jetzt hierbleiben.
HELLINGER Wie geht es der Mutter?
MUTTER Ich sehe die drei nur mit einem Auge, aber ich möchte richtig hingucken.
HELLINGER Stelle dich so, dass du sie siehst.
MUTTER Jetzt ist es gut.
HELLINGER Wie ist es für das älteste Kind?
ERSTES KIND Also, es ist viel besser geworden. Vorher war es hier so offen, dass eine Gefahr kommen konnte, und ich fühlte mich so vorgeschickt von der Meute. Ich musste in der ersten Reihe stehen.

Jetzt gilt meine Sympathie den Onkeln da vorne; mit ihnen geht es mir gut.

HELLINGER *zum Stellvertreter von Frank* Wie ist das für das zweite Kind?

ZWEITES KIND Ich weiß noch nicht, was ich davon halten soll, ob es etwas Anziehendes hat oder etwas Abschreckendes.

HELLINGER Wie ist das Gefühl? Was hat sich verändert?

ZWEITES KIND Es zentriert mich mehr.

HELLINGER Wie ist das Gefühl? Ist es besser oder schlechter?

ZWEITES KIND Besser.

HELLINGER Wie geht es dem jüngeren Bruder, der nach Amerika wollte?

DRITTES KIND Also mir ging es vorhin ganz gut. Ich habe von denen da hinten nichts mitgekriegt. Ich fühlte mich nicht gebunden.

HELLINGER Dich schicken wir gleich nach Amerika.

DRITTES KIND Ich mache das sofort. Als die da standen, war für mich klar, ich muss dahin.

FRANK Mein Bruder besucht übrigens ständig Verwandte und will mich da auch hinschleppen.

Hellinger stellt den jüngeren Bruder zur Gruppe der Ausgeschlossenen.

Bild 3

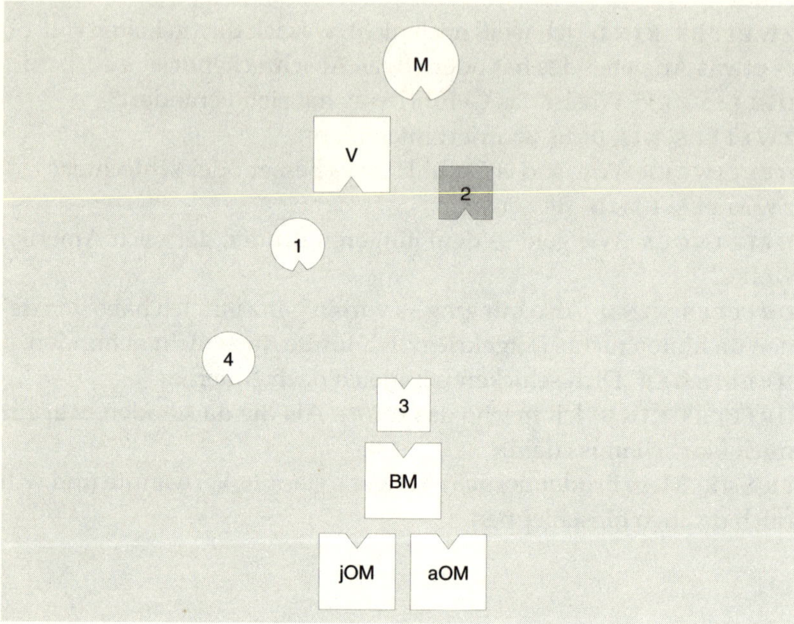

HELLINGER Wie geht es der jüngsten Schwester?
VIERTES KIND Also ich bin froh, dass da vorne überhaupt jemand steht. Ich fand das eben ganz furchtbar, weil ich zu der Familie nach hinten überhaupt keinen Kontakt hatte. Ich fühlte mich ziemlich verloren. Ich bin froh, dass da vorne jetzt ein paar Leute stehen. Ich fühle mich ein bisschen dazwischen, aber es geht so.
HELLINGER Das ist jetzt nur die Ausgangsbasis, und von da gehen wir weiter.
zu Frank Gibt es in der Familie des Vaters etwas Besonderes?
FRANK Mein Vater war Nationalsozialist, und ich habe nie genau gewusst, was er eigentlich gemacht hat. Er muss aber ein höheres Tier gewesen sein; denn sie haben ihn nicht eingezogen.
HELLINGER Ist er nach dem Krieg interniert worden?
FRANK Er ist interniert worden und hat jahrelang geschäumt und gewütet über das Unrecht, das man ihm und Deutschland angetan hat.

HELLINGER Ich stelle jetzt die Ordnung auf, so, dass die Ausgeschlossenen für die Mutter sichtbar bleiben, doch für die Kinder aus dem Blick kommen.

Bild 4

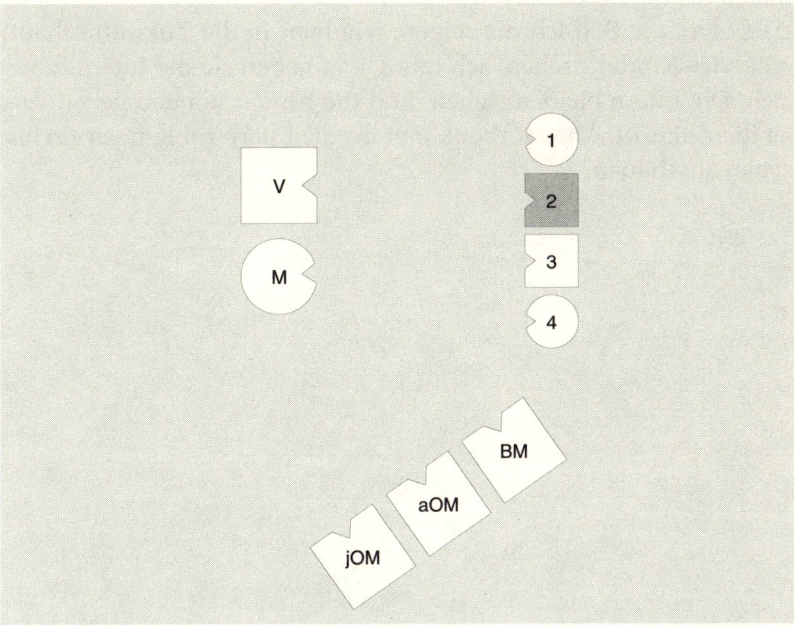

HELLINGER Wie geht es der Mutter?
MUTTER Hier neben meinem Mann geht es mir gut.
HELLINGER Wie geht es dem Vater?
VATER Auch sehr viel besser als vorhin.
HELLINGER Wie geht es den Kindern?
ALLE Gut.
HELLINGER *zu Frank* Willst du dich jetzt selber mal an deinen Platz stellen? – Wie geht es dir da?
FRANK Es ist ein gutes Gefühl so.
HELLINGER Das ist jetzt die Ordnung. Und die Ausgestoßenen sind gewürdigt, obwohl sie nicht in den Blick kommen.
FRANK Was mir gar nicht gefällt, ist, dass mein homosexueller Onkel bei den anderen Ausgeschlossenen steht und die drei zusammen sind.

HELLINGER Homosexuell wird einer unter anderem, wenn er ausgeschlossene Böse repräsentieren muss. Und das ist ganz typisch hier. Das ist ein schweres Schicksal, und du kannst da nicht eingreifen.

FRANK Ja. Vielleicht wäre es auch gut, wir würden den Blick offen haben für die Zukunft.

HELLINGER Soll ich dir zeigen, wie man in die Zukunft schaut? Alle vier Kinder drehen sich um. Dann haben sie die Eltern hinter sich. Die Eltern bleiben stehen, und die Kinder können gehen. Das ist die Zukunft. Aber vorher könnt ihr die Eltern ruhig noch ein bisschen anschauen.

Bild 5

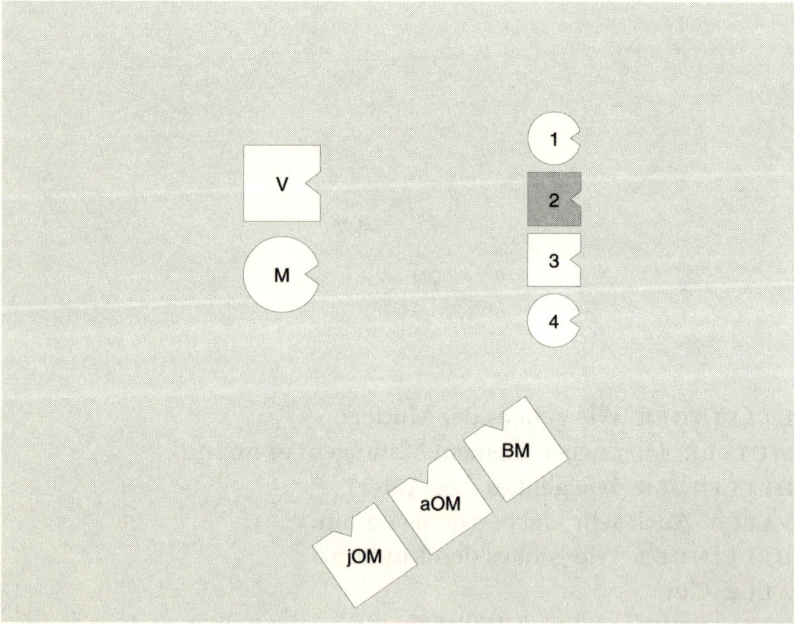

HELLINGER Gut. Das war's dann. Doch schreibe dir die Konstellation auf. Das ist manchmal hilfreich.

Wer gehört zum Familiensystem?

HELLINGER Welche Personen gehören nun zum Familiensystem? Nach wem muss man fragen, wenn man eine Familie aufstellt?

System meint hier eine Schicksalsgemeinschaft von Menschen über mehrere Generationen hinweg, deren Mitglieder unbewusst in das Schicksal anderer Mitglieder verstrickt werden können. Man erkennt die Reichweite dieses Systems an der Reichweite der Schicksale, die zu Verstrickungen führen. Zu dieser Schicksalsgemeinschaft gehören in der Regel folgende Personen:

- Das Kind und seine Geschwister oder Halbgeschwister, auch die verstorbenen und die totgeborenen. Das ist die untere Ebene.
- Dann, auf der nächsthöheren Ebene, kommen die Eltern und ihre Geschwister oder Halbgeschwister, einschließlich der früh verstorbenen und der totgeborenen.
- Danach, nochmals eine Ebene höher, kommen die Großeltern und manchmal noch das eine oder andere ihrer Geschwister oder Halbgeschwister. Das ist aber selten.
- Manchmal gehören noch der eine oder andere der Urgroßeltern dazu. Auch das ist selten.
- Von den bisher Genannten sind jene besonders wichtig, die ein schlimmes Schicksal hatten oder denen von Mitgliedern des Systems unrecht getan wurde, zum Beispiel beim Erbe, oder die ausgeschlossen wurden oder weggegeben, verachtet oder vergessen.
- Dann folgen – und das sind oft die wichtigsten Personen – alle, die für andere in diesem System Platz gemacht haben, auch wenn sie nicht verwandt sind. Zum Beispiel ein früherer Mann oder eine frühere Frau von Eltern und Großeltern oder frühere Verlobte, auch wenn sie gestorben sind. Und es gehören der Vater oder die Mutter von Halbgeschwistern dazu. Ferner alle, aus deren Nachteil oder Verlust jemand im System einen Vorteil zog. Zum Beispiel wenn jemand etwas geerbt hat, weil ein anderer früh verstarb oder enterbt wurde.
- Und es gehören dazu alle, die für jemanden im System zu seinem Vorteil mitgewirkt haben und denen dann Unrecht geschah, zum Beispiel Angestellten. Es muss sich dabei aber um großen Nachteil und großes Unrecht handeln.

Nicht zum System in diesem Sinn gehören angeheiratete Onkel und Tanten oder Vettern und Cousinen.

Manche meinen, Personen seien besonders wichtig für das System, wenn sie in der Familie mitgelebt haben, zum Beispiel eine Großmutter oder Tante. Bei Verstrickungen aber spielt die räumliche Nähe keine Rolle. Im Gegenteil, jemand wird oft in das Schicksal von jemandem verstrickt, von dem er nicht einmal weiß.

Nachtrag

Die Schicksalsgemeinschaft von Überlebenden und Toten und von Tätern und Opfern

Im Laufe der Jahre hat sich bei Aufstellungen immer deutlicher gezeigt, dass es zwischen Überlebenden und Toten und zwischen Tätern und Opfern zu einer tiefen Bindung kommt, die sich über die Betroffenen hinaus auch auf ihre Nachkommen auswirkt. Zum Beispiel fühlen sich heimgekehrte Soldaten auf besondere Weise ihren toten Kameraden verbunden und auf die gleiche Weise auch den von ihnen getöteten Feinden. Das wirkt sich so aus, dass Nachkommen der überlebenden Soldaten sich den toten Kameraden und Feinden ihrer Väter und Großväter zuwenden, sich zu ihnen stellen oder zu ihnen legen wollen und eine vordergründig erstaunliche Sehnsucht verspüren, zu sterben oder – manchmal – auch sich umzubringen. Sie übernehmen aber nur die unbewusste oder abgewehrte Sehnsucht ihrer Väter und Großväter, bei ihren toten Kameraden und Feinden zu sein.

Die Lösung besteht darin, dass sie ihre Väter und Großväter, die ja selbst meistens schon tot sind, sich zu ihren toten Kameraden oder Feinden legen lassen. Oft entsteht dann bei einer Aufstellung eine bewegende Verbrüderung wie zwischen Menschen, die sich beide im Dienste oder als Opfer von Mächten fühlen, die größer sind, als es uns unsere vordergründigen Vorstellungen oder Urteile erlauben. Beide begreifen sich dann als Ausgelieferte, fügen sich gemeinsam einem Höheren, das sie nicht durchschauen, und begegnen einander nun als Vollendete mit tiefer Liebe und Achtung. Als Tote lassen sie das Vergangene hinter sich und ergeben sich im Frieden dem, was sie nun in jeder Hinsicht eint.

Ähnliches gilt auch für die Täter und Opfer, zum Beispiel überzeugte Nationalsozialisten und die, die sie verachtet, verfolgt und umgebracht haben. Im Tod erfahren sich beide als Finger an der gleichen übermenschlichen Hand, die unabhängig von unseren Vorstellungen von Recht und Unrecht die Geschichte nach Gesetzen lenkt, die unsere Hoffnungen und Wünsche übersteigt und unsere Unterscheidungen von Gut und Böse als vordergründig entlarvt.

Hinweis zum Nachtrag

Die Erfahrungen, die diesen Ausführungen zugrunde liegen, habe ich ausführlich dokumentiert in folgenden Büchern und Videos, alle erschienen und erhältlich bei:
Carl-Auer-Systeme Verlag, Weberstr. 2, 69120 Heidelberg

Der Abschied. *Nachkommen von Tätern und Opfern stellen ihre Familie*
2., erweiterte Auflage, 2000
386 Seiten, ISBN 3-89670-092-8

Das Überleben überleben. *Nachkommen von Überlebenden des Holocaust stellen ihre Familie, 1998*
VHS-Cassette (2 ¼ Stunden). ISBN 3-89670-074-X

Die Toten. *Was Opfer und Täter versöhnt, 1999*
VHS-Cassette (60 Minuten). ISBN 3-89670-163-0

Wo Ohnmacht Frieden stiftet. *Familien-Stellen mit Opfern von Trauma und Schicksal, 2000*
3 VHS-Cassetten (6 Stunden). ISBN 3-89670-082-0

Wo Ohnmacht Frieden stiftet. *Familien-Stellen mit Opfern von Trauma und Schicksal, 2000*
270 Seiten. ISBN 3-89670-111-8.
(Buch zum Video)

Wirken, ohne zu handeln, nur durch das richtige innere Bild

ROBERT Bei mir taucht die nächste Frage auf, nämlich was ich jetzt mit meiner Frau tun soll in dieser Situation. Ich möchte handeln und etwas tun, weil es im Moment so ein Wartestatus ist. Das treibt mich jetzt. Oder soll ich noch bei der anderen Sache bleiben und mich mehr mit meiner verstorbenen Schwester beschäftigen? Dem Problem mit meiner Frau Zeit lassen und Raum, das fällt mir schwer.

HELLINGER Veränderungen in Systemen geschehen durch das richtige innere Bild. Ich bringe dazu ein Beispiel aus einem anderen Kurs.

Als ich davon geredet habe, dass das innere Bild wirkt, erzählte eine Teilnehmerin folgendes: Ich war vor zwei Jahren in Wien in einem Kurs über Familienskript und habe dort meine jetzige Familie aufgestellt. Im ersten Bild, das ich aufgestellt habe, stand mein jüngster Sohn, ein Nachzügler nach zwei älteren Brüdern, zwischen mir und meinem Mann. Es ist tatsächlich so, dass er oft noch bei uns geschlafen hat und nicht aus dem Schlafzimmer hinauszubringen war, also nur mit Ach und Krach und mit Türzusperren. Wie ich heimgekommen bin …

Ich unterbrach sie und fragte: Was wurde in der Familienaufstellung gemacht?

Die Teilnehmerin: Der Kleine wurde zu den zwei Großen gestellt. Wie ich heimgekommen bin, habe ich gedacht, was tue ich jetzt? Doch seither hat er überhaupt nie mehr gesagt, dass er zu uns ins Schlafzimmer will. Ich habe nichts gesagt, und er kommt nicht mehr, er geht in sein eigenes Zimmer. – Das kam mir in den Sinn, als du gesagt hast, das innere Bild wirkt.

Es verlangt eine besondere innere Disziplin, auf das richtige innere Bild zu vertrauen und seine Wirkung nicht durch vorschnelles Reden und Handeln zu stören. Dann kannst du wirken, ohne zu handeln.

Selbstmorddrohung der Ehefrau

HARTMUT Meine erste Frau hat oft mit Selbstmord gedroht und auch den Wunsch nach einem gemeinsamen Selbstmord geäußert.

Ich bin noch immer sehr aufgebracht, weil das Selbstmorddrohungsthema und dann die Steigerung mit dem gemeinsamen Selbstmordvorschlag mich damals auch ungeheuer zu Konzessionen veranlasst hat, die mein ganzes Leben verschachtelt haben. Davon bin ich noch nicht los, von dieser Empörung über die Erpressung.

HELLINGER In der Familientherapie gibt es einen Grundsatz. Mit Bezug auf Gut und Böse ist es umgekehrt wie dargestellt. Du bist aufgebracht, weil deine Frau gesagt hat, dass sie sich umbringen will. Die Frage ist: Wer hätte sich eigentlich umbringen müssen in deiner Familie? Bist du es oder die Frau? Was ist, wenn du es bist? Wenn so ein heftiger Affekt dabei ist, liegt der Verdacht nahe, dass es genau umgekehrt ist. Sonst bräuchte der Affekt nicht so heftig zu sein. – Ich lass' dir jetzt erst etwas Zeit zum Nachsinnen.

Aufstellung: Tochter vertritt für den Vater dessen frühere Verlobte

ULLA Ich heiße Ulla. Ich bin verheiratet, und mein Thema für hier ist mein unerfüllter Kinderwunsch. Ich bin jetzt bei der früheren Verlobten meines Vaters gelandet, die er hatte, ehe er meine Mutter geheiratet hat. Er hat die Verlobung nicht eingehalten. Sie hat auf ihn gewartet und ist unverheiratet geblieben. Sie wohnt in der Nähe der Schwester meines Vaters, also meiner Tante, in der ehemaligen DDR, und jetzt, in den nächsten Tagen, werde ich sie zum erstenmal dort besuchen.

HELLINGER Also diese Verlobte ist dein Skriptvorbild.

ULLA Ich weiß nicht.

HELLINGER Was habe ich gesagt?

ULLA Diese Verlobte ist mein Vorbild.

HELLINGER Genau.

ULLA Nein.

HELLINGER Ändert dein Nein etwas daran?

ULLA Aber ja.

HELLINGER Okay, stelle es auf, dann kannst du es nachprüfen.

Bild 1

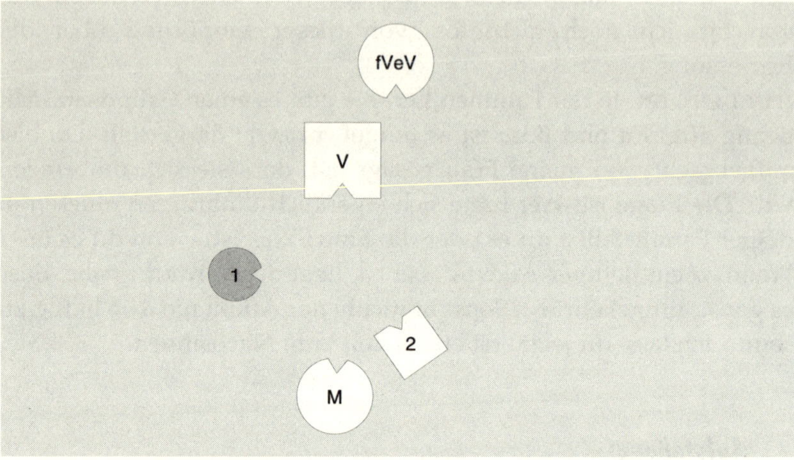

V	Vater
M	Mutter
1	**Erstes Kind, Tochter (= Ulla)**
2	Zweites Kind, Sohn
fVeV	Frühere Verlobte des Vaters

HELLINGER *zu Ulla* War deine Mutter vorher mit jemand verlobt oder verheiratet?
ULLA Nein. Sie hatte aber zwei Fehlgeburten vor meiner Geburt. Dann dachte sie, sie könnte keine Kinder mehr kriegen. Sie hat dann ein Mittel genommen und ist seitdem depressiv.
HELLINGER Aber sie hat doch dich gekriegt?
ULLA Ja, gleich danach hat sie mich gekriegt. Dann hat sie nochmals ein Mittel genommen, und danach kam mein Bruder.
HELLINGER *zur Gruppe* Wenn Mann und Frau sich bei einer Aufstellung gegenüberstehen so wie hier, dann heißt das: Die eheliche Beziehung ist zu Ende.

Wie geht es dem Vater?
VATER Fürchterlich. Ich habe nach vorne keine Beziehung und nach rechts und links keine Beziehung. Von hinten werde ich durch-

bohrt und darf mich nicht umdrehen, also fürchterlich. Wie zerrissen, ungeliebt, kaltgestellt.
HELLINGER Mit Recht.
zur Gruppe Er hat keine Chance mehr. Wenn er so mit der Verlobten umgeht, hat er keine Chance mehr. Das ist verspielt.
HELLINGER Wie geht es der Mutter?
MUTTER Ich fühle mich ausgestoßen, von meinem Mann ausgestoßen. Ich bin froh, dass hier der Sohn ist.
HELLINGER Wie geht es dem Sohn?
ZWEITES KIND Mir geht es gar nicht so schlecht. Ich wundere mich, aber ich fühle mich hier gut als Sohn.
HELLINGER *zur Stellvertreterin von Ulla* Wie geht es der Tochter?
ERSTES KIND Absolut merkwürdig. Ich will mit denen allen nichts zu tun haben.
HELLINGER *zur Gruppe* Das könnte genauso gut das Gefühl der Verlobten sein.
HELLINGER Wie geht es der früheren Verlobten?
FRÜHERE VERLOBTE DES VATERS Als du mich hierher gestellt hast, habe ich gedacht, ich habe gewonnen.

Hellinger stellt die Tochter neben die frühere Verlobte.

Bild 2

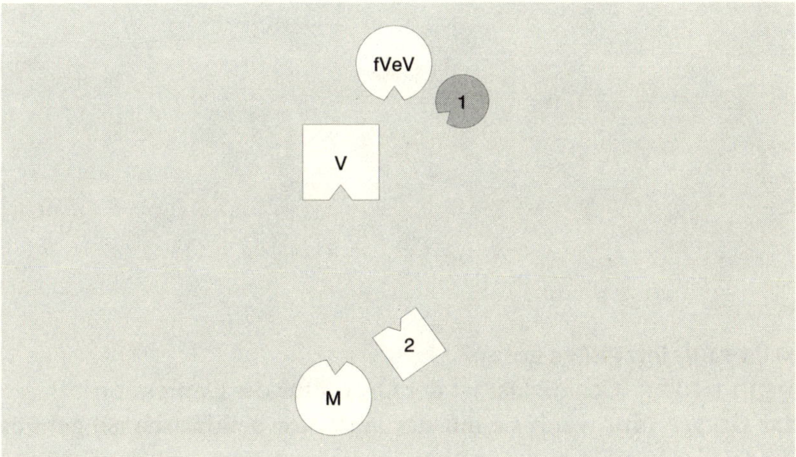

HELLINGER *zur Stellvertreterin von Ulla* Wie ist das?
ERSTES KIND Als die Verlobte gefragt wurde, war es das erste, was mich wirklich interessierte. Dann habe ich hingeguckt. Aber das jetzt ist sehr unangenehm.
HELLINGER Gehe doch näher ran.
ERSTES KIND Also ich probiere es jetzt. Es ist sehr merkwürdig. Das ist, als wenn sie sich an mich lehnt und ich muss sie halten. Das ist verwirrend. Das geht nicht.
HELLINGER Wie geht es der Mutter jetzt?
MUTTER Besser. Das Aggressive ist nicht mehr da.
HELLINGER Wer müsste wirklich bei der Verlobten stehen?
MUTTER Ich weiß es nicht.
HELLINGER Du müsstest dort stehen. Geh du mal hin.

Die Mutter stellt sich neben die frühere Verlobte, die Tochter geht an ihren Platz zurück.

Bild 3

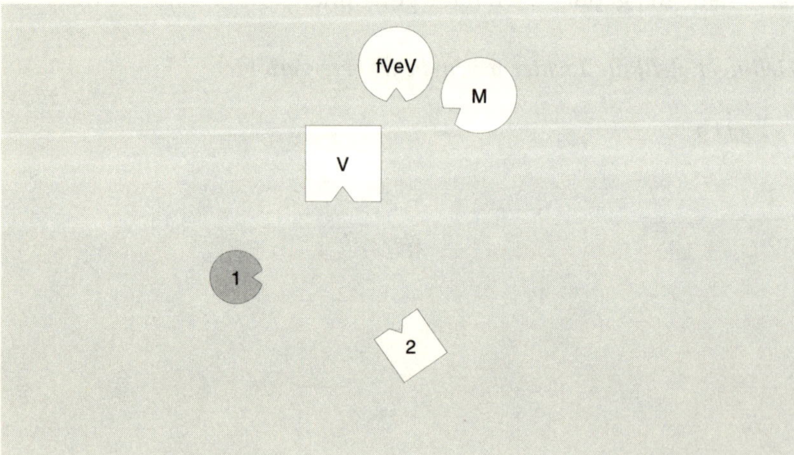

MUTTER Jetzt ist es gut so.
HELLINGER Genau. Das ist der Grund für die Depression.
zur Gruppe Nur wenn sie mit der Verlobten solidarisch ist, geht es ihr wieder gut. Sie muss dorthin.
HELLINGER Wie geht es jetzt der früheren Verlobten?

FRÜHERE VERLOBTE DES VATERS Gut.

Hellinger stellt das Bild um.

Bild 4

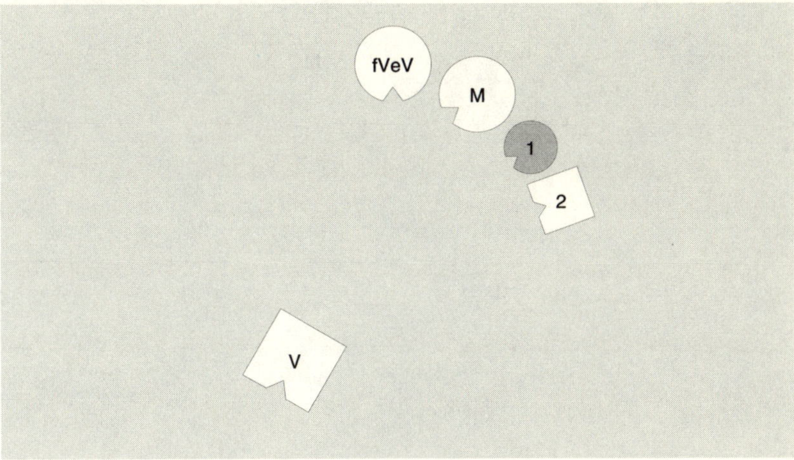

HELLINGER Wie geht es dem Vater?
VATER Ausgeschaltet, aber offene Zukunft.
HELLINGER Geht es dir besser oder schlechter?
VATER Ganz ambivalent.
HELLINGER Wie ist das für die frühere Verlobte?
FRÜHERE VERLOBTE DES VATERS Nach links fühle ich mich gut. Es ist schön so. Aber zu meinem früheren Verlobten hin fühle ich immer noch ein Bedauern.
HELLINGER Der ist nicht mehr zu haben.
FRÜHERE VERLOBTE DES VATERS Ich schaue auch viel mehr zu denen hier links als zu ihm.
HELLINGER Wir können ja mal ausprobieren, wie das wäre, wenn …

Hellinger stellt den Vater und seine frühere Verlobte als Paar der Familie gegenüber.

Bild 5

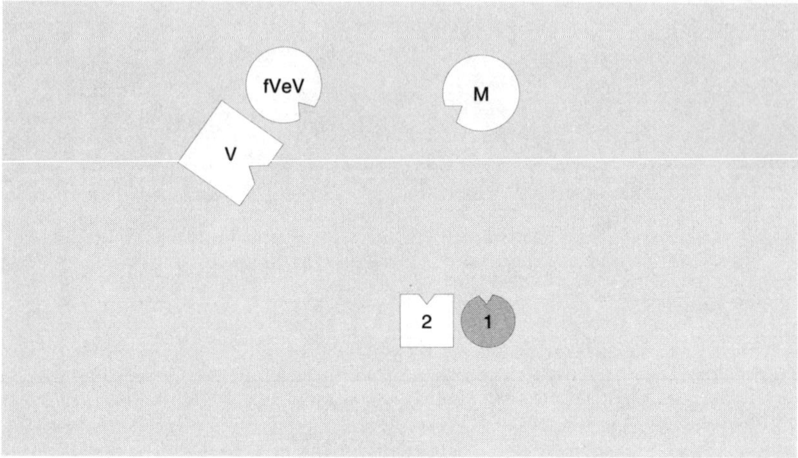

HELLINGER Wie ist das für den Vater?
VATER Zum erstenmal erträglich.
HELLINGER Wie ist das für die Mutter?
MUTTER Viel besser.
HELLINGER Wie ist das für die Verlobte?
FRÜHERE VERLOBTE DES VATERS Gut.
ERSTES KIND Das ist bis jetzt für mich die beste Konstellation. Aber für mich wird es höchste Zeit, zu gehen und auf eigenen Füßen zu stehen.
HELLINGER *zu Ulla* Stelle dich mal an deinen Platz.
ULLA *als sie an ihrem Platz steht* Das ist gut.

Der gute Platz für die Kinder

JAN Wenn bei einer Familienaufstellung die Kinder frontal vor den Eltern stehen, erlebe ich das wie eine Konfrontation.
HELLINGER Das ist ein Gefühl, das du aus dem Bild ableitest, denn von den Teilnehmern wird es ja nicht als Konfrontation erlebt.

Die Eltern sind eine Gruppe, und die Kinder sind eine Gruppe, und sie stehen genau in der Rangfolge der Ursprungsordnung. Die Rangfolge geht immer im Kreis, im Uhrzeigersinn. Sie wird auch gewahrt, wenn die Eltern auf der einen Seite stehen und die Kinder auf der anderen. So konntest du es auch hier bei der Aufstellung von Ulla sehen. Erst kam der Mann, dann die Verlobte, dann kam die Frau und das erste Kind und schließlich das zweite. Doch wohin man sie innerhalb der Reihenfolge stellt, kommt auf die Umstände an. Wenn die Kinder in den Bannkreis des Vaters treten müssen, stehen sie näher beim Vater. Wenn sie in den Bannkreis der Mutter müssen, stehen sie näher bei der Mutter. Hier mussten sie näher zur Mutter und standen ihr daher auch nicht direkt gegenüber. Wenn es aber keine solche Notwendigkeit gibt, stehen die Kinder den Eltern gegenüber.

JAN Ich hatte vorher als Idealbild von der Familie, dass die Kinder zwar im Uhrzeigersinn stehen, aber nicht so frontal, sondern eher im Halbkreis.

HELLINGER Nein, nein. Auch wenn die Eltern auf der einen Seite stehen und die Kinder auf der anderen, ist der Kreis geschlossen. Anders ist es, wenn Personen fehlen. Die treten dann im Kreis manchmal zwischen die Eltern und Kinder, zum Beispiel eine verstorbene Zwillingsschwester der Mutter.

JAN Wenn das System so geschlossen ist, wie können sich die Kinder dann lösen? Oder geschieht das, wenn sie sich umdrehen?

HELLINGER Genau so. Wenn die Zeit für die Lösung gekommen ist, drehen sich die Kinder um und gehen weg von den Eltern nach vorne. Die Eltern aber bleiben stehen und schauen den Kindern wohlwollend nach. Das ist für alle die gute Lösung.

Übrigens ist es auch eine gute Tischordnung, wenn die Eltern auf der einen Seite sitzen und die Kinder ihnen gegenüber gemäß ihrer Rangfolge, also das erste rechts, das zweite links davon usw. Das ist eine Tischordnung, die Frieden stiftet.

Die unbewusste Identifizierung mit einem früheren Partner der Eltern

UTE Wie ist es möglich, dass sich eine Tochter mit einer früheren Frau des Vaters identifiziert, die sie selber nicht kennt?

HELLINGER Man braucht die Personen nicht zu kennen, mit denen man identifiziert ist. Denn der Druck, der zur Identifizierung führt, kommt aus dem System, und er wirkt, ohne dass man etwas von den Personen, die man vertreten muss, weiß. Wenn es also eine frühere intensive Beziehung des Vaters zu einer anderen Frau gab, kann man davon ausgehen, dass eine Tochter diese Frau nachahmen wird und dass sie diese Frau, ohne dass sie es merkt, in der Familie vertritt. Und wenn es eine frühere intensive Beziehung der Mutter zu einem anderen Mann gab, kann man davon ausgehen, dass ein Sohn diesen Mann nachahmen wird und er ihn, ohne dass er es merkt, in der Familie vertritt. So wird die Tochter, ohne dass sie und die Mutter wissen wieso, zur Rivalin der Mutter, und so wird der Sohn, ohne dass er und der Vater wissen wieso, zum Rivalen des Vaters.

Der Druck auf die Tochter, eine frühere Frau oder Geliebte des Vaters über Identifikation zu vertreten, lässt nach, wenn ihre Mutter die frühere Frau als die frühere würdigt und sich dennoch bewusst zwischen sie und den Mann stellt und ihn voll als ihren Mann nimmt. Wie immer sich aber die Mutter zur früheren Frau oder Freundin ihres Mannes verhält, die Tochter kann sich unabhängig davon aus der Identifizierung befreien, sobald sie ihr bewusst ist, wenn sie der Mutter, und sei es nur innerlich, sagt: „Du bist meine Mutter, und ich bin deine Tochter. Nur du bist die Richtige für mich. Mit der anderen habe ich nichts zu tun." Und wenn sie dem Vater, und sei es nur innerlich, sagt: „Das ist meine Mutter, und ich bin ihre Tochter. Nur sie ist die Richtige für mich. Mit der anderen habe ich nichts zu tun."

Dann kann die Tochter ihre Mutter lieben als ihre Mutter, und die Mutter kann ihre Tochter lieben als ihre Tochter, ohne in ihr eine Rivalin zu fürchten. Dann kann sich die Tochter auch dem Vater zuwenden und ihn lieben als ihren Vater, und der Vater kann sich der Tochter zuwenden, und sie, ohne in ihr auch eine frühere Frau oder Geliebte zu suchen, lieben als seine Tochter.

Das gleiche gilt für den Sohn. Der Druck auf ihn, einen früheren Mann oder Geliebten der Mutter über Identifikation zu vertreten, lässt nach, wenn sein Vater den früheren Mann als den früheren würdigt und sich dennoch bewusst zwischen ihn und die Frau stellt und sie voll als seine Frau nimmt. Wie immer sich aber der Vater zum früheren Mann oder Geliebten seiner Frau auch verhält, der

Sohn kann sich unabhängig davon aus der Identifizierung befreien, sobald sie ihm bewusst ist, indem er dem Vater, und sei es nur innerlich, sagt: „Du bist mein Vater, und ich bin dein Sohn. Nur du bist der Richtige für mich. Mit dem anderen habe ich nichts zu tun." Und wenn er der Mutter, und sei es nur innerlich, sagt: „Er ist mein Vater, und ich bin sein Sohn. Nur er ist der Richtige für mich. Mit dem anderen habe ich nichts zu tun."

Dann kann sich der Sohn dem Vater zuwenden und ihn lieben als seinen Vater, und der Vater kann sich dem Sohn zuwenden und ihn lieben als seinen Sohn, ohne in ihm einen Rivalen zu fürchten. Dann kann der Sohn sich auch der Mutter zuwenden und sie lieben als seine Mutter, und die Mutter kann sich dem Sohn zuwenden und ihn, ohne in ihm auch einen früheren Mann oder Geliebten zu suchen, lieben als ihren Sohn.

Die unbewusste Identifizierung mit einem früheren Partner der Eltern führt manchmal in eine Psychose, insbesondere, wenn ein Sohn eine frühere Frau des Vaters vertreten muss, weil dafür kein Mädchen zur Verfügung stand, oder wenn eine Tochter einen früheren Mann der Mutter vertreten muss, weil kein Junge zur Verfügung stand.

Die Sorge um Gott

RUTH Ich heiße Ruth. Von Beruf bin ich Pfarrerin, doch hat sich in den letzten Jahren viel geändert, weil ich mehr Verantwortung übernommen habe und vor kurzem auch in ein Leitungsgremium gewählt worden bin. Ich merke, dass ich meinen Platz in diesem Team noch finden muss, und das beschäftigt mich bis in die Träume.

HELLINGER Als die zuletzt Dazugewählte musst du erst eine Position gewinnen, bevor du Einfluss nehmen kannst. Lass daher noch für längere Zeit die anderen das Notwendige überlegen, und stimme ihren Entscheidungen zu.

RUTH Während des Geschehens hier in der Gruppe und während du sprichst, sitze ich ständig mit dem Gremium Kirchenleitung zusammen und höre alles vor diesem Hintergrund.

HELLINGER Ich will dir etwas sagen über Kirchenleitungen. Sie zeichnen sich dadurch aus, dass sie kein Vertrauen auf Gott haben, sondern so viel ihrer eigenen Planung anheimstellen. Wenn es Gott gibt, brauchen sich die Kirchenleitungen nicht so große Sorgen zu machen.

Da war mal ein gewisser Petrus. Über den gibt es einen Bericht in der Apostelgeschichte. Als er in Jerusalem vor Gericht stand, sagte ein gewisser Gamaliel, das war irgend so ein Hoher Priester, ein weises Wort. Kannst du dich an das erinnern?

RUTH Ich weiß jetzt, was du meinst.

HELLINGER „Wenn die Sache von Gott ist, kann sie niemand aufhalten. Und wenn sie nicht von Gott ist, zerbricht sie von selbst, und ihr braucht nichts dazu zu tun."

RUTH Ich bin noch nicht fertig.

HELLINGER Ich sehe es. Doch wenn jemand zu dieser Sicht durchdringt, dann sitzt er in einem solchen Gremium, als sei er nicht drin, und in dem Augenblick kann er wirken, ohne zu handeln.

RUTH Das ist gut. Doch ich merke, es kommt mir etwas dazwischen, und ich möchte verstehen, was da läuft.

HELLINGER Du willst die Wege Gottes verstehen. Es kann ja sein, dass gerade, indem etwas schiefgeht, Gottes Wille sich erfüllt. Wer weiß das?

RUTH Es bewegt mich, aber ich verstehe es nicht. Warum?

HELLINGER Da gibt es noch eine andere Überlegung: Wie kann jemand Gott dazwischenfunken? Welcher Böse, wenn wir theologisch sprechen oder philosophisch, kann gegen Gott etwas tun oder ihn hindern? Und welcher Gute kann das?

RUTH Ich verstehe nicht, warum mir jetzt zum Heulen ist.

HELLINGER Das kann ich dir sagen. Ich erinnere mich an unsere letzte Primärsitzung.

RUTH Die ist mir ständig nahe.

HELLINGER Du musst Abschied nehmen vom Traum des kleinen Mädchens, das davon träumt, dass es durch seine Liebe bewirken kann, dass der Vater aus dem Krieg zurückkommt, das heißt Abschied nehmen von dem Traum, dass das in deiner Macht steht. So erinnere ich das. Und das ist hier fällig: der Abschied von einem sehr schönen Traum. Ist dir jetzt der Zusammenhang klar?

RUTH Nein, noch nicht ganz. Doch da ist noch etwas. Seitdem du das mit den inneren Bildern gesagt hast, treibt es mich hin und her zwischen verschiedenen Gefühlen.

HELLINGER Ich war früher auch auf Kirchenkonferenzen und habe manchmal so nebenbei einen Satz fallenlassen über etwas, das ich als richtig wahrgenommen hatte. Dann haben die mit dem Kopf geschüttelt, doch nach einem Jahr hat einer von ihnen den gleichen Satz gesagt und hat wie selbstverständlich Zustimmung gefunden. Mitanzusehen, wie ein Satz über ein Jahr still wirkt, macht heimlich Vergnügen. So kann man unauffällig in Gremien wirken. Doch es muss der richtige Satz sein!

Zu wem muss das Kind einer geschiedenen süchtigen Mutter?

CLAUDIA Ich suche nach dem richtigen Satz in einem Gutachten, das ich im Augenblick schreibe. Es handelt sich um ein viereinhalbjähriges Mädchen mit einer süchtigen Mutter.
HELLINGER Was ist mit dem Vater?
CLAUDIA Die beiden leben in Trennung. Der Vater hat sich, als die Mutter so oft in der Klinik war, um das Kind gekümmert, und als die Mutter sich von ihm getrennt hat, hat er sich mit einer neuen Frau zusammengetan. Das läuft so halb an. Sie hat ebenfalls zwei Kinder.
HELLINGER Um was geht es bei dem Gutachten?
CLAUDIA Wo das Kind hin soll.
HELLINGER Es muss zum Vater.
CLAUDIA Wenn nun der Vater das Kind hauptsächlich bei seinen Eltern unterbringt, ist das okay?
HELLINGER Nein, er muss es zu sich in die Familie nehmen. Die andere Frau hat zwei Kinder in die Beziehung mitgebracht. Wenn er auch eines mitbringt, sind sie eher ausgeglichen, und das kommt ihrer Beziehung zugute. Schon daher ist es angebracht, ganz abgesehen davon, dass es gut ist für das Kind.
CLAUDIA Das Kind muss also von der süchtigen Mutter weg?
HELLINGER Ja, weg von der süchtigen Mutter.
CLAUDIA Und hast du eine Empfehlung, wenn die Mutter wieder gesund wird, in ein oder zwei Jahren?
HELLINGER Das Kind muss beim Vater bleiben.
CLAUDIA Auch wenn es ein Mädchen ist?
HELLINGER Es muss trotzdem zum Vater.
CLAUDIA Wie ist das dann mit dem Besuchsrecht, inwieweit soll die Mutter ihr Kind besuchen dürfen?

HELLINGER Sie hat das volle Recht dazu als Mutter. Das muss gewahrt werden. Doch solange sie süchtig ist, besteht für das Kind eine gewisse Gefahr. Daher muss man abwägen, was vernünftig ist. Nur wenn sie von der Sucht wegkommt, steht dem nichts entgegen.
CLAUDIA Und wie soll ich umgehen mit dem Unverständnis der Familie des Mannes für ihre Krankheit? Ich sehe die Sucht der Mutter als Krankheit. Sie wird aber von der Familie ihres Mannes eher abgewertet, also als Taugenichts oder als nicht zuverlässig behandelt.

Was zur Sucht führt

HELLINGER Jemand wird süchtig, wenn ihm die Mutter gesagt hat: „Was vom Vater kommt, taugt nichts. Nimm nur von mir." Dann rächt sich das Kind an der Mutter und nimmt so viel von ihr, dass es ihm schadet. Die Sucht ist also die Rache des Kindes an seiner Mutter, weil sie es hindert, vom Vater zu nehmen. – Ist das reingegangen bei dir?
CLAUDIA Ja, obwohl das nicht meine Frage war. Aber es ist sehr wichtig für mich. Meine ursprüngliche Frage war, was kann ich für das Kind tun oder für die Mutter, wenn sie in der Familie, in der das Kind groß wird, sehr wenig angesehen ist? Wie kann ich da intervenieren?
HELLINGER Du könntest dem Mann erklären, wie die Sucht entsteht. Dann bekommt er einen anderen Blick. Und du könntest dem Mann sagen, dass es dem Kind gutgeht, wenn er in ihm die Mutter des Kindes achtet und liebt.

Ich bringe dir ein Beispiel dazu. Eine Frau hat ihren Mann zur Psychotherapie geschleppt, damit er endlich etwas für sich tue. Sie selbst hatte schon viele Gruppen besucht, Primärtherapie gemacht und was noch. Der Mann kam also in eine Gruppe, und als ich ihn sah, habe ich ihm gesagt: „Was machst denn du hier? Wenn man dich anschaut, sieht man, dass es dir gutgeht. Du brauchst hier nicht zu sein." Da war der ganz glücklich. Er war ein Handwerker, ein einfacher Mann. Dann, nach ein paar Tagen, sagte er, er verstehe nicht, wieso es ihm so gutgeht, er habe nämlich seinen Vater nie kennengelernt. Sein Vater war fünf Wochen vor seiner Geburt im Krieg gefallen. Ich sagte ihm: „Es kann sein, dass du ihn nicht vermisst hast, weil deine Mutter deinen Vater sehr geliebt und geachtet hat." „Ja", sagte er, „das hat sie gemacht." Später haben wir dann seine Familie aufgestellt, und ich stelle sie für euch noch einmal nach.

Bild 1

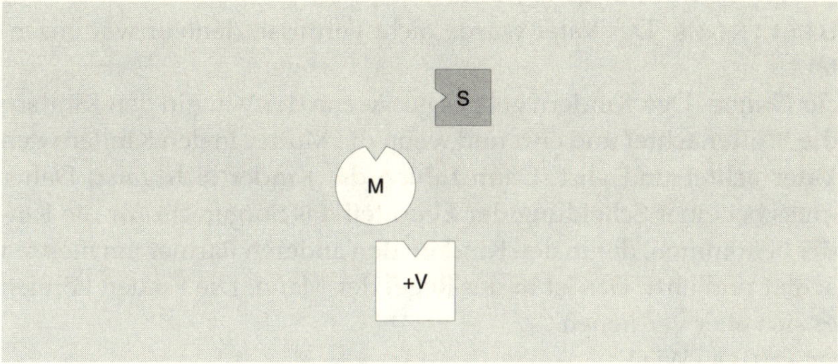

+V Vater, im Krieg gefallen
M Mutter
S Sohn (= Klient)

HELLINGER So war die Aufstellung. Die Frau sagte: „Ich fühle mich halb wie der Mann." Dann habe ich den Mann ganz hinter sie gestellt:

Bild 2

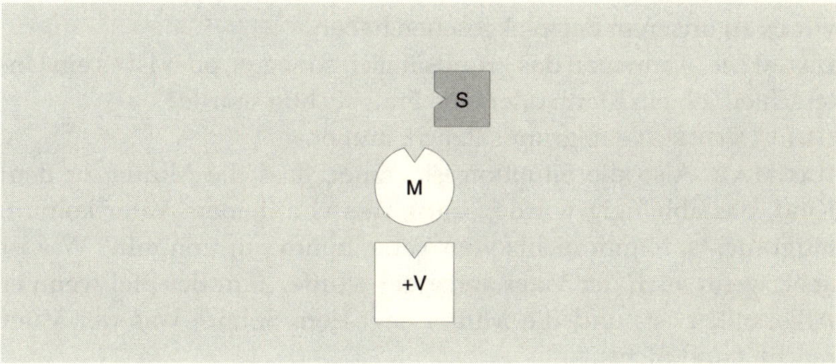

HELLINGER Sie sagte: „Jetzt sind er und ich eins." Dem Sohn ist es sehr gut dabei gegangen. So ist es, wenn der eine den anderen ehrt. Dann kann er beide repräsentieren.

MUTTER Das spüre ich auch.

HELLINGER *zum Sohn* Wie geht es dir?

SOHN Es war mir ganz warm.

HELLINGER Der Vater wurde nicht vermisst, denn er war geachtet.

zur Gruppe Den Kindern geht es gut, wenn der Vater in den Kindern die Mutter achtet und ehrt und wenn die Mutter in den Kindern den Vater achtet und ehrt. Dann fühlen die Kinder sich ganz. Daher muss bei einer Scheidung der Elternteil das Sorgerecht für die Kinder bekommen, der in den Kindern den anderen Partner am meisten achtet und ehrt. Das ist in der Regel der Mann. Die Frauen können es sich aber verdienen.

CLAUDIA Wie?

HELLINGER Wenn sie es auch machen.

THEA Ich habe noch eine Frage zur Sucht. Du hast gesagt, die Sucht ist Treue zum Vater. Weil die Mutter sagt, vom Vater kommt nichts Gutes, wird ein Kind süchtig. Du hast aber noch etwas gesagt, etwas ganz Wichtiges, das ist mir jetzt entgangen: was bei der Sucht geschieht.

HELLINGER Das Kind nimmt von der Mutter so viel, dass es ihm schadet. Das ist die Sucht. Deswegen dürfen nur Männer Süchtige behandeln. Frauen sind dazu nicht fähig, es sei denn, dass sie den Vater des Süchtigen achten. Dann können sie ihn vertreten, so wie wir es an unserem Beispiel gesehen haben.

DAGMAR Kann man das grundsätzlich so sagen, oder ist es ein Unterschied, ob ein Mann oder eine Frau süchtig wurde?

HELLINGER Nein, grundsätzlich, immer.

DAGMAR Also die Situation ist immer, dass die Mutter zu dem Kind, das abhängig wurde, sagt: „Was von deinem Vater kommt, taugt nichts. Nimm nichts vom Vater, nimm nur von mir." Was ist aber, wenn auch der Vater abhängig wurde, zum Beispiel wenn er Alkoholiker ist, und die Mutter sagt dem Sohn: „Was der Vater macht, taugt nichts."

HELLINGER Dann muss die Mutter dem Sohn sagen: „Ich liebe in dir deinen Vater, und es ist mir recht, wenn du so wirst wie er." Die Wirkung ist seltsam. Denn wenn der Vater im Sohn geachtet wird, braucht der Sohn nicht auch Alkoholiker zu werden. Die Vorgangsweise ist also genau umgekehrt wie oft in der Praxis.

THOMAS Das würde ja bedeuten, dass die massenhafte Zunahme von Suchtproblemen in der ganzen westlichen Welt damit zusammenhängt.

HELLINGER Ja. Die Männer sind im Rückzug. Sie werden immer mehr von den Frauen verachtet, und damit nehmen die Süchte zu. Das ist ein ganz normaler Vorgang. Die Frauen können die Männer nicht einfach ausschalten.

Sucht als Sühne

GERTRUD Ich habe bis zum Stichwort Sucht geglaubt, dass ich nichts Aktuelles habe, aber mein Vater war Alkoholiker, und meine Mutter hat mir immer gesagt, ich sei wie der Vater. Aber das war mehr aus Angst davor. Ich habe eine Zeitlang auch ziemlich große Probleme mit dem Alkohol gehabt, und was jetzt noch an Süchten da ist, das ist Nikotin.

HELLINGER Da war mal eine Frau bei mir mit einer starken Ausstrahlung, doch später ging es ihr sehr schlecht. Sie hatte einen psychotischen Schub und begann zu trinken. Daraufhin wollte sie bei mir noch ein paar Sitzungen haben. Ich habe sie genommen, und das erste, was herauskam, war: Sie sah ihre Mutter betrunken am Boden liegen, den Vater hilflos daneben stehen, und sie selbst war böse auf die Mutter. Ich habe ihr gesagt: „Stelle dir vor, die Mutter liegt da auf dem Boden, und jetzt lege dich neben sie, neben die betrunkene Mutter, und schaue sie an mit Liebe." Das hat sie gemacht. Auf einmal floss die Liebe zur Mutter, und damit war sie vom Zwang zur Sühne frei. So etwas kannst du machen mit deinem Vater. Wenn du dir vorstellst, wie er da betrunken ist, und du stellst dich oder setzt dich oder legst dich neben ihn, im Angesicht der Mutter, und schaust ihn lieb an.

GERTRUD Also die Mutter soll dabei sein.

HELLINGER Ja, in dem Bild. Das ist ja ein Bild.

GERTRUD Ja, ja. Der Vater war immer sehr aggressiv.

HELLINGER Nein, nein. Das will ich nicht wissen. Du hast die Lösung. Das genügt völlig. Wenn wir die Lösung haben, brauchen wir kein Problem mehr.

Die Intuition ist an die Liebe gebunden

HELLINGER *zu Gertrud* Die Intuition funktioniert nur, wenn ich ausgerichtet bin auf die Lösung, denn dann bin ich auch ausgerichtet auf Liebe und Achtung. Dann brauche ich keine Geschichten über irgend jemanden mehr. Sobald ich aber neugierig werde und mich dem Problem zuwende und mehr über das Problem wissen will, versagt die Intuition. Sie ist an die Achtung gebunden und an die Liebe.

Sucht als Selbstmordversuch

Lebensgefährliche Sucht, zum Beispiel wenn jemand harte Drogen nimmt wie Heroin, ist manchmal ein verdeckter Selbstmordversuch. Oft folgt er der Dynamik: „Ich folge dir nach" oder „Lieber ich als du", manchmal auch die Dynamik: „Ich sterbe mit dir." Ich bringe dazu ein Beispiel:

Eine heroinsüchtige junge Frau sagt: „Meine Mutter hat Krebs und liegt im Sterben." Dann haben wir sie und ihre Mutter aufgestellt, so dass sie sich in einiger Entfernung gegenüberstanden. Es war eindrücklich, mit welch großer Liebe die Tochter auf ihre Mutter schaute. Sie streckte ihr die Arme entgegen und sagte: „Ich komme mit." Es war deutlich, dass sie mit ihr sterben wollte.

Die heilende Hinbewegung zur Mutter

UTE Ich war die ganze Zeit durch deinen Satz, die Verneigung brächte mich aus dem Grab, so aufgewühlt. Im Moment fühle ich mich etwas besser, aber sehr geschwächt. Und dann habe ich Schmerzen gehabt im ganzen Beckenbereich und im Brustkorb. Die sind im Moment aber etwas weniger geworden. Meine Phantasie war zum erstenmal, als ich an meine Mutter dachte – und damit beschäftige ich mich die ganze Zeit –, die ich als sehr …

HELLINGER Ich will keine Beschreibung der Eltern, denn das bringt überhaupt nichts. Nur was passiert ist, das ist wichtig.

UTE Ich hatte zum erstenmal den Gedanken, dass meine Mutter sich unter Umständen umgebracht hätte, zumindest Gedanken daran gehabt hat. Und das ist neu für mich.
HELLINGER Jetzt sind wir an der Sache.

Ute schluchzt.

UTE Zumal ich es immer anders erlebt habe.
HELLINGER Siehst du, wie du sie liebst?
zur Gruppe Das ist jetzt das schmerzliche Gefühl, wenn jemand an die Liebe kommt.
UTE Das braucht unheimlich viel Kraft.
HELLINGER Nein, nichts sagen. Das ist ein gutes Gefühl, und es wirkt durch sich selbst. Ich lass' dich dabei.

Ute steht auf und will aus der Tür.

HELLINGER Nein, bleib da. Das ist viel besser, wenn du hier bleibst. Du bist viel besser aufgehoben bei uns. Setze dich neben mich. Lehn dich an mich.

Sie schluchzt.

HELLINGER Tief atmen, und lass den Mund dabei auf. Lege die Arme um mich, beide Arme. Genau so. Das ist besser. Kraftvoll atmen und den Mund dabei auf, und tief ausatmen. Wie hast du deine Mutter angeredet als Kind? „Mama"? „Mutti"?
UTE „Mama".
HELLINGER Sag: „Mama."
UTE Mama! Mama!
HELLINGER „Liebe Mama!"
UTE Liebe Mama!

Hellinger hält sie fest, bis das Schluchzen nachlässt.

HELLINGER Wie geht es dir jetzt?
UTE Ich fühle mich dankbar.
HELLINGER *zur Gruppe* Hier ist jetzt eine unterbrochene Hinbewegung ans Ziel gekommen. Merkt ihr, wie schmerzhaft das ist? Wie tief? Und wie jemand das in sich verbirgt und schützt, und wie er sich scheut, noch einmal da hinzugehen?

Die Lösung bei einer unterbrochenen Hinbewegung

Durch die Eltern

Eine früh unterbrochene Hinbewegung des Kindes doch noch ans Ziel bringen, kann am besten die Mutter. Denn die unterbrochene Hinbewegung des Kindes geht in der Regel zu ihr. Bei kleinen Kindern gelingt das der Mutter noch leicht. Sie schließt das Kind in die Arme, drückt es mit Liebe an sich und hält es so lange, bis die Liebe, die durch die Unterbrechung in Wut und Trauer umgeschlagen war, wieder offen als Liebe und Sehnsucht zur Mutter hin fließt und das Kind sich in ihren Armen entspannt.

Auch einem erwachsenen Kind kann die Mutter helfen, eine unterbrochene Hinbewegung ans Ziel zu bringen und die Folgen der Unterbrechung wieder rückgängig zu machen, wenn sie es hält. Doch dazu muss der Vorgang in die Zeit der Unterbrechung zurückverlegt werden. Dort, wo die Hinbewegung unterbrochen wurde, dort muss sie auch wieder aufgenommen und an das Ziel von damals gebracht werden. Denn es ist das Kind von damals, das zur Mutter will, und es will auch jetzt noch zur Mutter von damals. Daher müssen während des Haltens sowohl das Kind als auch seine Mutter wie das Kind und die Mutter von damals werden und fühlen. Die Frage ist nur, wie kann es sich fügen, was die lange Getrennten wieder vereint?

Dazu ein Beispiel: Eine Mutter machte sich Sorgen um ihre erwachsene Tochter. Doch die Tochter mied ihre Mutter und kam nur selten nach Hause. Ich habe der Mutter gesagt, sie müsse die Tochter noch einmal halten wie eine Mutter ihr trauriges Kind; doch sie solle nichts unternehmen, sondern nur dieses gute Bild in ihrer Seele wirken lassen, bis der Vollzug sich fügt wie von selbst. Nach einem Jahr, so erzählte sie, sei ihre Tochter nach Hause gekommen, habe sich still und innig an sie geschmiegt, und sie habe sie lange innig gehalten. Dann stand die Tochter auf und ging. Weder sie noch die Mutter hatte etwas gesagt.

Durch Stellvertreter der Eltern

Wenn Mutter oder Vater nicht verfügbar sind, können Helfer sie vertreten. Beim kleinen Kind sind es Verwandte oder Erzieher, beim erwachsenen Kind vielleicht ein kundiger Psychotherapeut. Der Helfer oder Therapeut wartet aber auf die rechte Zeit. Er verbündet sich innerlich mit der Mutter oder dem Vater des Kindes und handelt nur als deren Stellvertreter und wie in ihrem Auftrag. Er liebt an Stelle der Eltern und leitet die Liebe des Kindes, die vordergründig ihm entgegengebracht wird, an sich vorbei hin zu den Eltern. Sobald das Kind bei seinen Eltern angekommen ist, zieht er sich still zurück. So wahrt er bei aller Intimität die Distanz und bleibt innerlich frei.

Die tiefe Verneigung

Beim erwachsenen Kind steht der Hinbewegung manchmal entgegen, dass es seine Eltern verachtet oder ihnen Vorwürfe macht, weil es sich besser vorkommt und besser sein will als sie oder weil es von ihnen anderes will, als sie ihm geben. Dann muss eine tiefe Verneigung der Hinbewegung vorausgehen.

Diese tiefe Verneigung ist in erster Linie ein innerer Vollzug. Doch sie gewinnt an Tiefe und Kraft, wenn sie sichtbar und hörbar gemacht wird; wenn zum Beispiel in einer verständigen Gruppe die Herkunftsfamilie des Kindes aufgestellt wird und das „Kind" sich vor die Stellvertreter seiner Eltern kniet, sich bis auf den Boden vor ihnen verneigt, ihnen die Arme mit nach oben geöffneten Händen entgegenhält und in dieser Haltung so lange verharrt, bis es bereit ist, einem von ihnen oder beiden zu sagen: „Ich gebe dir – ich gebe euch – die Ehre." Manchmal fügt es hinzu: „Es tut mir leid" oder „Ich habe es nicht gewusst" oder „Bitte seid mir nicht böse" oder „Ihr habt mir sehr gefehlt" oder einfach nur „Bitte!" Dann erst kann das Kind sich erheben, sich zu ihnen mit Liebe hinbewegen, sie innig umarmen und sagen: „Liebe Mama", „liebe Mutti", „lieber Papa", „lieber Vati" oder einfach „Mama", „Mutti", „Papa", „Vati", oder wie immer es als Kind die Eltern angeredet hat.

Wichtig ist, dass diese Stellvertreter während des gesamten Vorgangs nichts sagen, vor allem aber, dass sie dem Kind, wenn es sich vor ihnen verneigt, nicht entgegenkommen, sondern die Ehrerbietung an Stelle der Eltern entgegennehmen, bis der Achtung Genüge getan wurde und das Trennende schmilzt. Erst bei der Umarmung kommen sie ihm auch mit ihrer Umarmung entgegen.

Der Gruppenleiter führt den Prozess. Er entscheidet, ob die Hinbewegung angebracht ist und ob ihr eine tiefe Verneigung vorausgehen muss. Er sagt dem „Kind" die Worte vor, die es während der Verneigung oder der Umarmung sagen soll. Auch achtet er auf die Signale von Widerstand und hilft, sie zu überwinden, zum Beispiel indem er das „Kind" auffordert, tief zu atmen, den Mund leicht zu öffnen und den Kopf nach vorne sinken zu lassen. Zu den Widerständen gehören alle Gefühle, die schwächen, wie zum Beispiel das Jammern oder unklare Laute beim Atmen. Er fordert auf, der Schwäche zu widerstehen und in die Kraft zu gehen und zu atmen ohne Ton. Alles, was schwach macht, wiederholt nur die Unterbrechung, statt sie zu heilen. Manchmal legt der Gruppenleiter seine Hand zwischen die Schulterblätter des „Kindes", damit er ihm Sicherheit gibt und die Bewegungen sanft unterstützt. Manchmal unterbricht er den Vorgang, wenn die volle Bereitschaft zur Würdigung fehlt. Oder er unterbricht nach der Verneigung und lässt ihr nichts Weiteres folgen; zum Beispiel wenn ein „Kind" seinen Eltern Schlimmes angetan hat und ihnen Wiedergutmachung schuldet.

Wenn während einer Familienaufstellung die Verneigung und die Hinbewegung dem Betroffenen nicht zugemutet werden kann, dann darf sein Stellvertreter in der Familienaufstellung ihn auch hier vertreten und für ihn sagen und tun, was fällig wäre. Das kann manchmal sogar wirksamer sein, als wenn er selbst es vollzieht.

Die Hinbewegung über die Eltern hinaus

Die Hinbewegung zu unseren Eltern und die Verneigung vor ihnen gelingt, wenn sie zugleich über die Eltern hinausgeht. Wir erfahren sie, wenn sie gelingt, als Wollen der eigenen Herkunft und ihrer Folgen und als unseres Schicksals tiefsten Vollzug. Wem die Hinbewegung und die Verneigung in diesem vollen Sinne gelingt, der kann auch als Kind aufrecht und mit Würde neben seinen Eltern stehen, gleichsam auf gleicher Höhe mit ihnen, weder zu hoch noch zu niedrig.

Die Opferrolle als Rache

HARTMUT Du hast gestern in einem deiner Nebensätze gesagt: „Die Treue stört das Leben."

HELLINGER Ich kann mich nicht daran erinnern. Damit aber ein Satz, der hier fällt, nicht vorschnell verallgemeinert wird, sage ich dir noch einen anderen Satz: „Die Praxis stört die Theorie." *Lachen in der Gruppe*

HARTMUT Mir ist gar nicht spaßig zumute, denn für mich endete ja der Tag damit, nachdem ich von dieser Erpressbarkeit oder Erpressung durch die Selbstmorddrohung meiner ersten Frau gesprochen hatte, dass du hinterher gesagt hast: In unserer Arbeit ist es so, dass es mit „gut" und „böse" oft umgekehrt ist wie angenommen und dass ich vielleicht derjenige bin, der sich hätte umbringen sollen. Dieser Gedanke war erst unannehmbar neu, und ich habe darüber nachgedacht. Ich bin da zu keinem Schluss gekommen. Ich habe auch nie bewusst mit Selbstmord gespielt. Im Gegenteil, es hat mich immer schockiert bei anderen.

HELLINGER Das ist übrigens das gleiche, wenn es dich schockiert.

HARTMUT Das leuchtet mir ein. Ich habe aber festgestellt, dass ich nach der Scheidung von der ersten Frau ungefähr drei Jahre lang furchtbare Selbstmordträume gehabt habe, also dass ich mich auf alle möglichen Weisen umgebracht habe, aber alles im Traum und niemals richtig akzeptiert. In den Träumen tauchte immer meine zweite Tochter auf, mit der ich ein ganz inniges Verhältnis habe.

HELLINGER Jedenfalls bist du damit in Kontakt gekommen. Jetzt kannst du es sehenden Auges anschauen. Aus deiner Familienaufstellung war klar, dass du zum Opfer auserwählt bist. Die Theologie studieren bei den Katholiken – bist du katholisch oder evangelisch …?

HARTMUT Letzteres, aber mit Einschränkungen.

HELLINGER Bei den Katholiken ist das ausgeprägter als bei den Evangelischen. Also, die Theologie studieren, sind meistens zum Opfer auserwählt, vor allem wenn sie dann auch in den Dienst gehen. Das sind Nachklänge an das biblische Kinderopfer zum Wohl der Familie.

HARTMUT Das Opfer des Erstgeborenen. Ich habe gestern ganz deutlich gemerkt, dass ich eine Opfereinstellung eingenommen habe, die sehr schwer auflösbar ist. Ich habe jedenfalls gemerkt, dass ich die Ereignisse in meinem Leben aus der Opferrolle heraus interpretiert habe.

HELLINGER Ich will dir was sagen: Die Opferrolle ist die raffinierteste Form der Rache.

Hartmut lacht.

HELLINGER Genau. Im Machtkampf siegen die Opfer. Noch etwas, Hartmut?

HARTMUT Jetzt kann ich jedenfalls wieder weiterschmoren.

Die Zusicherung

SOPHIE Ich möchte noch sagen, dass ich gestern abend mit meinem Mann gesprochen habe und dass ich ihm erzählt habe, was ich hier gestern alles erlebt und gefühlt habe, und dass das ein sehr schönes Gespräch war, und er gesagt hat, ich soll daran denken, dass er mein Mann ist.

Der Ausgleich

BRIGITTE Gestern abend war ich ungefähr so kaputt wie nach sieben Tagen eigenen Workshops.

HELLINGER Das kommt davon, wenn man nur zuschauen will.

BRIGITTE Ich muss immer an meine älteste Tochter denken, die aus Protest in eine andere Stadt gezogen ist, aus Protest gegen mich, und aus Protest erst mal kein Studium begann, und aus Protest fünf Kinder wollte, und ich habe vier, und die dann doch Psychologie studiert hat, aber jetzt keinen Beruf annimmt. Sie ist die einzige, mit der ich nicht auskomme von meinen Töchtern, mit der ich nicht zurechtkomme.

HELLINGER Da du ja hier nichts arbeiten willst, können wir nichts machen. – Jetzt habe ich mich gerächt.

BRIGITTE Ja, fies. Natürlich arbeite ich dran.
HELLINGER Ach so? Hier?
BRIGITTE Ja.
HELLINGER Das mache ich, aber später.

Überraschende Linderung

GERTRUD Seit längerer Zeit ist mir heute nacht meine Hand nicht eingeschlafen. Aber ich konnte trotzdem an den Mann liebevoll denken. Ich war heute morgen echt überrascht, dass ich nicht wach geworden bin.

Friedfertig

ROBERT Mir geht es gut, sehr gut, und ich spüre auch die kleine Adelheid neben mir. Das ist ein tolles Gefühl. Ich merke, dass ich auch meiner Frau gegenüber friedfertiger werde. Es kommt mir so verrückt vor, diese Verbindung zwischen der toten kleinen Adelheid und den Gefühlen meiner Frau gegenüber.
HELLINGER Die Logik geht nach anderen Gesetzen als die Seele oder die Wirklichkeit. Du siehst, was wahr ist, an der Wirkung.
ROBERT Diese Wirkung oder Auswirkung ist überraschend, doch ich finde es gut.
HELLINGER Ich erzähle dir aber noch eine warnende Geschichte.

In Köln gab es mal eine schöne Zeit. Weißt du das? Da konnten die Leute sich abends ins Bett legen, und morgens war die Arbeit getan. Das ging so lange, bis jemand wissen wollte, wieso …

Der doppelten Verschiebung auf der Spur

CLAUDIA Bei mir haben so ein bisschen innere Verhandlungen angefangen. Während ich gestern noch so locker sagen konnte, ich habe meinem Mann das Leben schwer gemacht, so gut es ging, fing jetzt bei mir der Vorwurf gegen ihn an: Aber der hat doch auch usw. Und so kamen die Hickhacks wieder hoch.
HELLINGER Das nennt man eine Verlängerung des Prozesses.

CLAUDIA Ich bin da gestern nicht drangekommen. Ja, und jetzt auf der Autofahrt ist da ein Stau gewesen, was mich auch so ärgerlich gemacht hat, und dann fiel mir dabei ein, dass es bei meinem Vater eine ganze Reihe von Tanten gab, also ältere Schwestern, die eine Sauwut auf meinen Opa hatten, weil der durch seine Misswirtschaft verhindert hat, dass die heiraten konnten. Die mussten dann auf dem Hof weiterarbeiten und durften nicht heiraten. Der hat die Familie von einer sehr reichen in eine sehr arme Familie verwandelt.

HELLINGER Das sind die Frauen, deren Recht du in deinem Kampf gegen den eigenen Mann wahren möchtest, obwohl der völlig unschuldig ist.

Aufstellung:
Eine doppelte Verschiebung wird in Ordnung gebracht

LAURA Ich bin wahnsinnig aufgebracht und weiß nicht warum.
HELLINGER Aufgebracht? So richtig wütend?
LAURA Ja so. Du lachst?
HELLINGER Soll ich heulen? – Okay, dann stellen wir mal deine Familie auf.

Bild 1

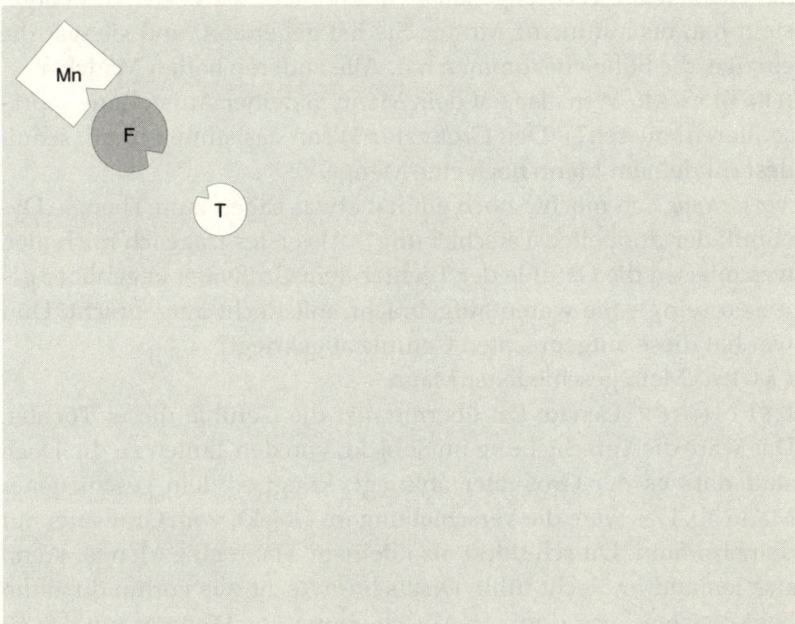

Mn	Mann
F	**Frau (= Laura)**
T	Tochter

HELLINGER Diese Aufstellung weist darauf hin, dass es eine systemische Verstrickung gibt. Denn selbst in den wildesten Vorstellungen kann man sich nicht ausmalen, dass es zwischen Mann und Frau eine solche Beziehung gibt.
zu Laura Fällt dir was ein?

LAURA Ich habe oft das Gefühl gehabt, dass irgend jemand etwas verbirgt. Ich bin einem Geheimnis auf der Spur, doch jede Frage, die ich stelle, wird mit größtem Missfallen quittiert. Ich habe aber den verdammten Verdacht, dass meine Mutter etwas verbirgt.

HELLINGER Dann kommt die Verstrickung aus ihrer Familie.

LAURA Der Großvater mütterlicherseits hatte sieben Kinder, lauter Töchter. Das hat ihm wohl nicht ganz gepasst. Er wollte einen Sohn, und er hat größten Wert darauf gelegt, dass alle seine Töchter Kinder hatten, ohne zu heiraten. Er hatte gehofft, dass eine von ihnen einen Sohn zur Welt bringt, der dann seinen Namen weiterträgt. Es haben auch alle Töchter genauso funktioniert, wie er sich das vorgestellt hat, bis auf meine Mutter. Sie hat geheiratet, und sie war die einzige, die Söhne bekommen hat. Alle anderen hatten Mädchen.

HELLINGER Wen also hat dein Mann in deiner Aufstellung repräsentieren müssen? – Den Großvater. Wenn das stimmt, dann schuldest du deinem Mann noch eine Menge.

zur Gruppe Ich möchte noch einmal etwas sagen zum Thema „Dynamik der doppelten Verschiebung“. Als erstes frage ich mich hier, was müssen die Gefühle der Töchter dem Großvater gegenüber gewesen sein? – Sie waren aufgebracht, mit Recht aufgebracht. Und wer hat diese aufgebrachten Gefühle abgekriegt?

LAURA Mein geschiedener Mann.

HELLINGER Genau. Du übernimmst die Gefühle dieser Töchter. Das wäre die Verschiebung im Subjekt, von den Tanten zu dir. Doch statt dass es der Großvater abkriegt, kriegt es dein geschiedener Mann ab. Das wäre die Verschiebung im Objekt, vom Großvater auf deinen Mann. Du schuldest also deinem Mann eine Menge. Wenn sich jemand im Recht fühlt, wirklich im Recht wie vorhin du, dann liegt meistens eine doppelte Verschiebung vor. Wenn es um das eigene Recht geht, ist man nicht so engagiert, wie wenn es um das Recht von anderen geht.

HELLINGER Ich mache jetzt eine Übung mit dir. Stelle alle diese Tanten auf, und stelle dich dazu.

Bild 2

Ta 1 Tante 1 usw.

HELLINGER *zu Laura* Jetzt schaue jede Tante freundlich an und sage ihr: „Liebe Tante", so wie ein kleines Mädchen zu Tanten redet, die es liebt.
LAURA Ich bin ihnen aber gar nicht so wohl gesonnen.
HELLINGER Dann sage es so oft, bis es gelingt.

Laura sagt es, bis es ihr besser gelingt.

HELLINGER Jetzt knie dich vor die Tanten hin, verneige dich bis auf den Boden, lege die Arme mit nach oben geöffneten Händen vor dich, und sage zu ihnen: „Ich gebe euch die Ehre."

Bild 3

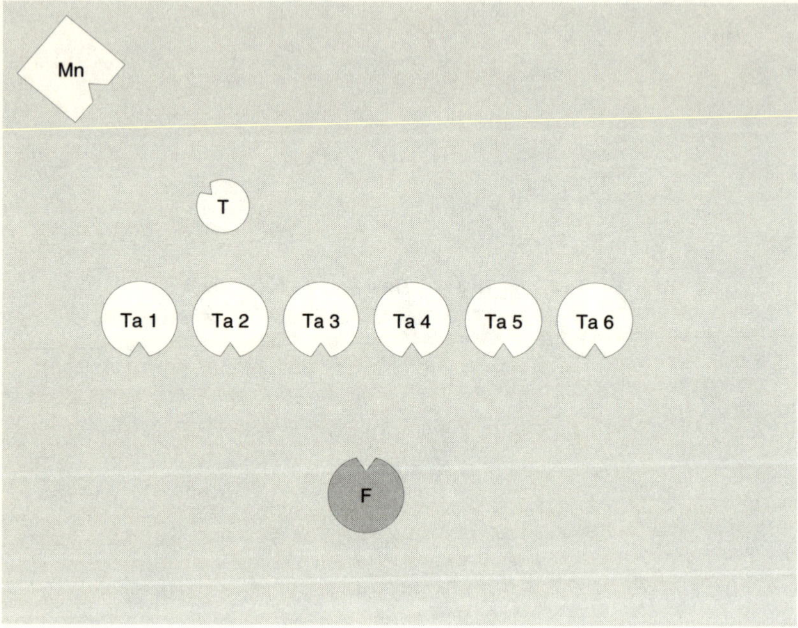

LAURA Ich gebe euch die Ehre.
HELLINGER „Liebe Tanten, ich gebe euch die Ehre."
LAURA Liebe Tanten, ich gebe euch die Ehre.
HELLINGER *nach einer Weile* Jetzt steh wieder auf, stelle dich neben die Tanten und sage zu jeder von ihnen: „Liebe Tante."
LAURA Liebe Tante, liebe Tante …

Laura ist sehr bewegt. Jetzt erst fließt ihre Liebe und ihr Schmerz und ihr Mitgefühl. Dann rückt Hellinger auch den Mann wieder in ihr Blickfeld.

Bild 4

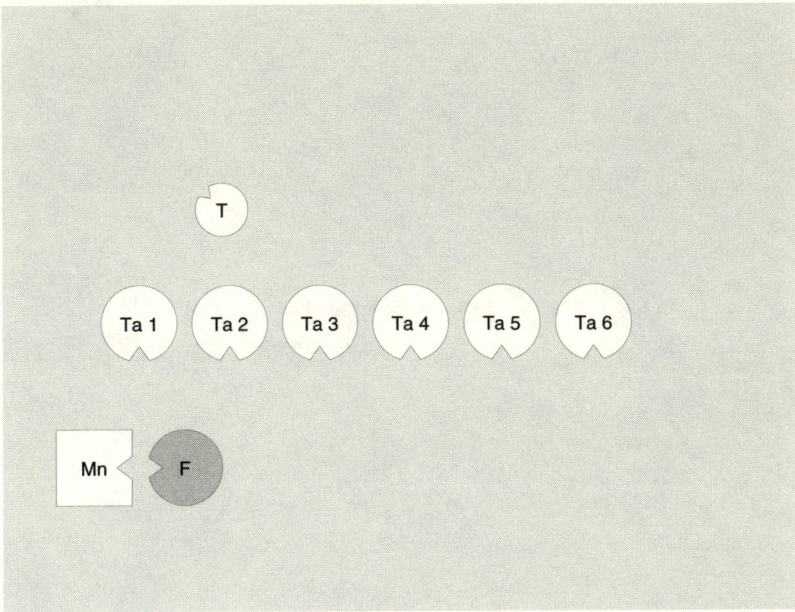

Laura geht auf ihren Mann zu, fällt ihm um den Hals und sagt unter Schluchzen: „Verzeih mir bitte!"

HELLINGER Sag nur: „Es tut mir leid." Mehr nicht. „Es tut mir leid."
LAURA Es tut mir leid.
HELLINGER Sag ihm: „Ich hab' es nicht gewusst."
LAURA Ich hab' es nicht gewusst.

HELLINGER *als Laura zur Ruhe kommt* Jetzt stelle dich neben ihn, und ich stelle euere Tochter dazu.

Bild 5

HELLINGER Wie geht es euch jetzt?

Allen geht es gut.

HELLINGER Okay, das war's.

zur Gruppe Ich will den Vorgang näher erläutern. Bei einer doppelten Verschiebung kann man beobachten, dass jemand nicht mehr er selbst ist: Er ist mit einer anderen Person identifiziert. Identifiziert sein heißt, er ist von sich entfremdet und wie diese Person. Sie ist kein Gegenüber mehr für ihn. Er fühlt wie sie. Daher war es zunächst notwendig, die Tanten als Gegenüber ins Spiel zu bringen. Die Identifizierung mit ihnen konnte dann nicht mehr aufrechterhalten werden, vor allem, als sie ihnen sagte: „Ich gebe euch die Ehre." Die Tanten waren wieder ihre Tanten, und sie war nur noch sie selbst, sonst niemand. Die Tanten waren wieder groß und waren selbst für ihre Würde und für ihre Rechte verantwortlich, und sie war wieder klein und konnte die Tanten lieben wie damals als Kind.

STELLVERTRETERIN EINER TANTE Mir war als Tante wichtig zu spüren, wie gut das tut, die Ehre zu bekommen.

HELLINGER Man hat gesehen, wie schön das war, als die Tanten da standen in ihrer Würde. Ohne das wäre es nicht gegangen. Ohne die Würdigung, die der Liebe vorausgeht, wäre das nicht gegangen. Auch wenn ein Kind zurückfindet zu den Eltern, muss es ihnen oft erst die Ehre geben, zum Beispiel wenn es ihnen unrecht getan hat oder sie verachtet hat. Erst wenn das vorausgeht, kann auch Begegnung sein. Sonst wird etwas überspielt, und die Begegnung bleibt ohne Kraft.

Die meisten schwerwiegenden Schwierigkeiten zwischen Ehepartnern beruhen auf doppelter Verschiebung. Alle Anstrengungen, dem beizukommen, helfen nicht, wenn man nicht die Identifizierung erkennt und auflöst. Erst dann gibt es wieder eine neue gute Beziehung. In der Identifizierung lebt einer in einer fremden Welt und ist auch nicht ansprechbar. Er ist ja auch nicht die eigene Person, er ist eine fremde Person. Und er sieht auch nicht den Partner, sondern sieht eine fremde Person in dem Partner. Alles ist dann verdreht.

LAURA Ich bin total platt. Ich spüre zum erstenmal in meinem Leben, dass mir im Kreuz warm ist, ohne dass jemand mir die Hand hinhält. Das habe ich noch nie gespürt.

STELLVERTRETER DES MANNES Mich hat das betroffen gemacht, als sie gesagt hat: „Es tut mir leid, ich habe es nicht gewusst."

Das schlimme Verzeihen

HELLINGER *zu Laura* Ich habe dich gehindert, zu sagen: „Bitte verzeih mir!" Das ist nämlich schlimm. Man darf nicht um Verzeihung bitten. Ein Mensch hat nicht das Recht, zu verzeihen. Kein Mensch hat ein Recht zu verzeihen. Wenn einer mich um Verzeihung bittet, dann schiebt er mir die Verantwortung für seine Schuld zu. Genauso ist es, wenn einer beichtet. Dann schiebt er dem anderen die Folgen seines Verhaltens zu. Manche beichten dem Psychotherapeuten. Wenn er das gestattet, nimmt er es auf sich und hat es dann. Er kann sich aber davor schützen, wenn er sagt: „Ich will es nicht wissen." Beim Verzeihen gibt es immer ein Gefälle von oben nach unten, was eine ebenbürtige Beziehung verhindert. Doch wenn du sagst: „Es tut mir leid", bist du im Gegenüber. Dann bist du in deiner Würde, und dann kann der andere viel eher auf dich zugehen, als wenn du ihn um Verzeihung bittest.

LAURA Das konnte ich spüren. Es war ein Riesenunterschied. Das war das Richtige zu sagen.

HELLINGER Dein Schmerz ehrt deinen Mann, und das genügt.

Die Folgen für das Kind

LAURA *am nächsten Tag* Ich wollte heute eigentlich ganz begeistert sagen, wie gut es mir geht. Das hat zehn Minuten lang auch gestimmt. Aber jetzt stehe ich vor etwas, da brauche ich deinen Rat. Ich bin meinem Mann nicht in seine Familie nachgefolgt. Er hat bei uns eingeheiratet. Nach der Scheidung habe ich meinen Mädchennamen wieder angenommen und ihn auch meiner Tochter gegeben. In unsere Scheidung haben sich seine Eltern vehement eingemischt. Wir haben gestritten bis aufs Blut. Daraufhin habe ich meiner Tochter den Umgang mit seinen Eltern verweigert, und jetzt habe ich das verdammte Gefühl, dass das ein Riesenblödsinn war.

HELLINGER Ja, das war einer. Aber der kann noch mal gutgemacht werden.

LAURA Ich muss dazu noch etwas sagen. Im letzten halben Jahr hat meine Tochter auch keinen Kontakt mehr mit meinem Mann, weil eine Missbrauchsituation vorgelegen hat, und ich bringe immer noch nicht das Vertrauen auf, sie zu ihm zu lassen. Doch jetzt habe ich das Gefühl, sie muss zu ihren Großeltern, und sie soll mit ihm zu seinen Eltern gehen. Noch gestern hätte ich darüber gelacht, wenn mir einer gesagt hätte, das soll ich tun. Aber mir fehlt das Vertrauen zu ihm. Ich hatte sowieso schon das Gefühl: Ich habe mein Kind geopfert. Ich weiß, wie das ist – das war in unserer Familie ein beliebtes Spiel über Generationen –, und ich wollte das nicht tun. Doch dieses sichere Gefühl, ich hätte meine Tochter rechtzeitig beschützt, das habe ich jetzt nicht mehr. Und ich bringe nicht das Vertrauen auf, zu sagen: Nimm deine Tochter, und geh mit ihr zu deinen Eltern, sie gehört da auch hin.

HELLINGER Also hinsichtlich des Missbrauchs musst du deiner Tochter sagen: „Du hast etwas getan für mich."
LAURA Bedarf das des Aussprechens ihr gegenüber?
HELLINGER Ja. Du musst ihr sagen: „Du hast etwas getan für mich, und jetzt darf es in Ordnung kommen." Und du kannst ihr sagen: „Kinder sind immer unschuldig." Dann übernimmst du die Verantwortung gemeinsam mit deinem Mann dafür. Und das Kind ist frei, ganz plötzlich. *(Wahrscheinlich wirkt hier auch eine Identifizierung mit der Großmutter, die ihre Töchter dem Großvater und seinen Plänen schutzlos überließ.)*

Aufstellung: Behinderter Bruder und verheimlichter Halbbruder, beide als Kinder gestorben

UTE Seitdem du zu mir vom Grab gesprochen hast, wird mir klar: Meine Verbindungen mit dem Tod sind sehr vielfältig und groß …
HELLINGER Ich will das nicht wissen.
UTE Da wollte ich auch nicht weiter drüber reden. Mir ist nur eine Idee gekommen, die ich bislang nie hatte und die sich gestern eingestellt hat. Ich habe einen Halbbruder gehabt, ein uneheliches Kind meines Vaters, neben meinem älteren Bruder. Mein älterer Bruder ist ein halbes Jahr nach meiner Geburt gestorben. Er war schwer hirngeschädigt. Aber an dieses uneheliche Kind meines Vaters, der auch ein Junge war und früh gestorben ist, habe ich nie gedacht. Und nachdem du auch andere Personen aufgegriffen hast, ist der mir zum erstenmal nahegekommen.
HELLINGER Ist dieser Halbbruder das älteste Kind?
UTE Nein, der liegt dazwischen. Mein Bruder ist der Älteste, dann ist der Halbbruder dazwischen, und dann komme ich. Ich bin die Jüngste.
HELLINGER Und was ist mit der Mutter des Halbbruders?
UTE Von der weiß ich überhaupt nichts. Die hat dann nachher geheiratet. Sie war die Sekretärin meines Vaters. Ich weiß nur, dass es ihr nachher gutging. Ich habe das erst nach dem Tode meines Vaters erfahren.
HELLINGER Bei so einer Situation ist die systemische Ordnung, dass der Mann sich von der ersten Frau trennen und die Frau, mit der er ein Kind hat, heiraten muss. Das wäre die Ordnung gewesen.

Dadurch, dass deine Mutter den Vorrang gewahrt hat und der Mann bei ihr geblieben ist, geschieht dieser zweiten Frau Unrecht.
UTE Meine Mutter wollte das Kind übernehmen.
HELLINGER Nein, nein, das geht nicht! Sie hat doch kein Recht auf das Kind.
UTE Nein, ein Recht hat sie nicht gehabt.
HELLINGER Stelle jetzt deine Herkunftsfamilie auf. Wir schauen es mal an.

Ute beginnt, ihre Herkunftsfamilie aufzustellen.

HELLINGER War jemand von den Eltern vorher verheiratet oder verlobt?
UTE Ja doch, mein Vater. Mein Vater hatte eine erste Frau. Ich habe das alles nach seinem Tod erfahren.
HELLINGER Gab es Kinder in der Ehe?
UTE Nein. Auch meine Mutter hatte irgendeine ältere ganz wichtige Beziehung vor meinem Vater. Der war 25 Jahre älter, der Mann.
HELLINGER Die beiden brauchen wir auch.

Hat jemand der Eltern sich oder dem anderen Vorwürfe gemacht wegen der Schädigung des Kindes?
UTE Ich glaube, meine Mutter. Sie hat Tabletten bei der Geburt bekommen, von der Hebamme; ich glaube, weil sie Ruhe haben wollte. Ich glaube, sie hat sich schuldig gefühlt wegen der Tabletten.
HELLINGER Was sagen die Mediziner dazu? Ist das möglich, dass es durch diese Tabletten eine Hirnschädigung geben kann?
ARZT Wenn die Geburt verzögert wurde, dann ja.

UTE Er ist steckengeblieben, total steckengeblieben, und sie hat das später verleugnet.

Bild 1

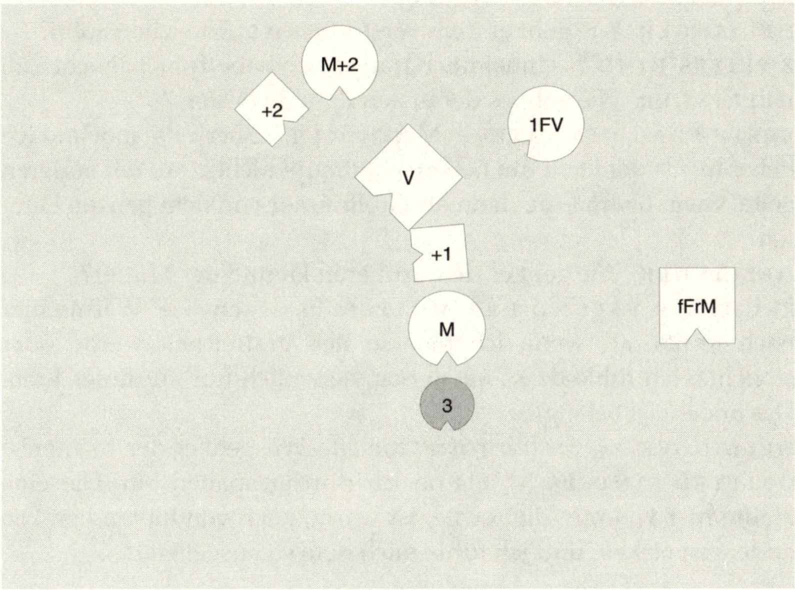

V	Vater
M	Mutter
+1	Erstes Kind, früh verstorbener behinderter Sohn
+2	Zweites Kind des Vaters, früh verstorbener unehelicher Sohn
3	**Drittes Kind, Tochter (= Ute)**
M+2	Mutter des verstorbenen unehelichen Sohnes
1FV	Erste Frau des Vaters
fFrM	Früherer Freund der Mutter

UTE Es sind plötzlich so viele Menschen da, und ich war immer so alleine.
HELLINGER Wie geht es dem Vater?
VATER Ich fühle mich überhaupt nicht wohl. Ich bin ärgerlich, aber es ist auch eine verfahrene Situation. Ich habe das Gefühl: Ich kann weder vor noch rückwärts.
HELLINGER Wie geht es der Mutter?
MUTTER Schrecklich. Ganz schrecklich. Ganz schrecklich.
HELLINGER Wie geht es dem verstorbenen ältesten Sohn?

ERSTES KIND † Gut. Ich fühle mich breit und schwer und warm zwischen den beiden. Keine weiteren Bedürfnisse.

HELLINGER Wie geht es der Mutter des unehelichen Sohnes?

MUTTER DES ZWEITEN KINDES Mit meinem Kind ein Stück allein gelassen. Viel Verantwortung.

HELLINGER Wie geht es dem verstorbenen unehelichen Sohn?

ZWEITES KIND † Unheimlich traurig. Ich habe Tränen. Nicht gut.

HELLINGER Wie geht es der ersten Frau des Vaters?

ERSTE FRAU DES VATERS Merkwürdig. Einerseits möchte ich lieber nichts damit zu tun haben, überhaupt nichts. Auf der anderen Seite, wenn überhaupt, dann als Großmutter von dem ganzen Haufen.

HELLINGER Wie geht es dem früheren Freund der Mutter?

FRÜHERER FREUND DER MUTTER Es ist sehr viel Wärme hier nach rechts, als wenn ich hier so lieb gestreichelt werde oder streichle. Ich fühle da so einen Sog, eigentlich nur zu dieser Frau. Das andere ist belanglos.

HELLINGER *zur Stellvertreterin von Ute* Wie geht es der Tochter?

DRITTES KIND Es ist, als ob ich durchgespalten bin. Die eine Hälfte hier von mir, die rechte, ist warm, auch von hinten her. Die andere ist eiskalt, und ich fühle mich dem so ausgeliefert.

Hellinger stellt die erste Frau des Vaters den anderen gegenüber.

Bild 2

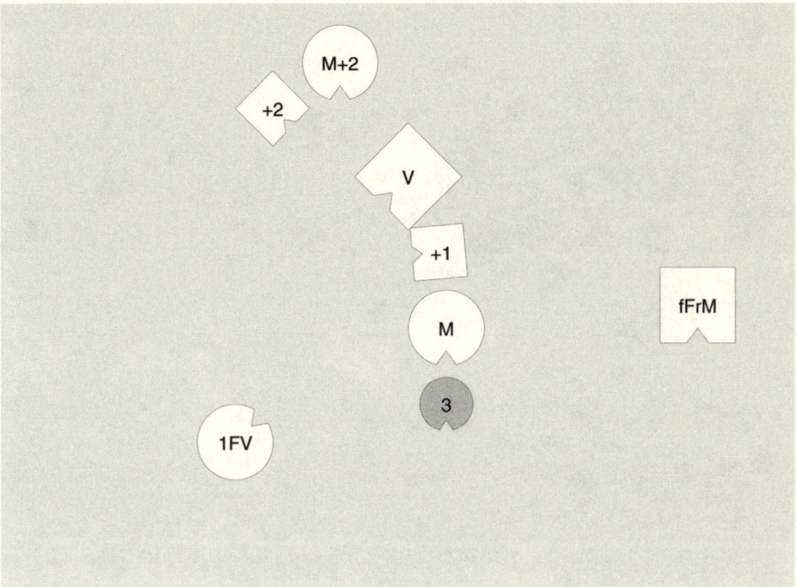

HELLINGER Wie geht es dem Vater jetzt?
VATER Ich finde es besser, dass ich sie jetzt im Blickfeld habe. Das hinter mir, das war gar nicht gut.
MUTTER Es ist zwar noch schlecht hier, aber sehr viel besser.
DRITTES KIND Ich bin froh, dass ich meinen Blick auf jemand richten kann.
HELLINGER Wie geht es der ersten Frau?
ERSTE FRAU DES VATERS Ich habe dahinten gefroren, und jetzt ist es augenblicklich warm geworden. Jetzt fange ich an, mich zu interessieren. Da ist jetzt Verbindung.

Hellinger stellt die Mutter neben die erste Frau des Vaters.

Bild 3

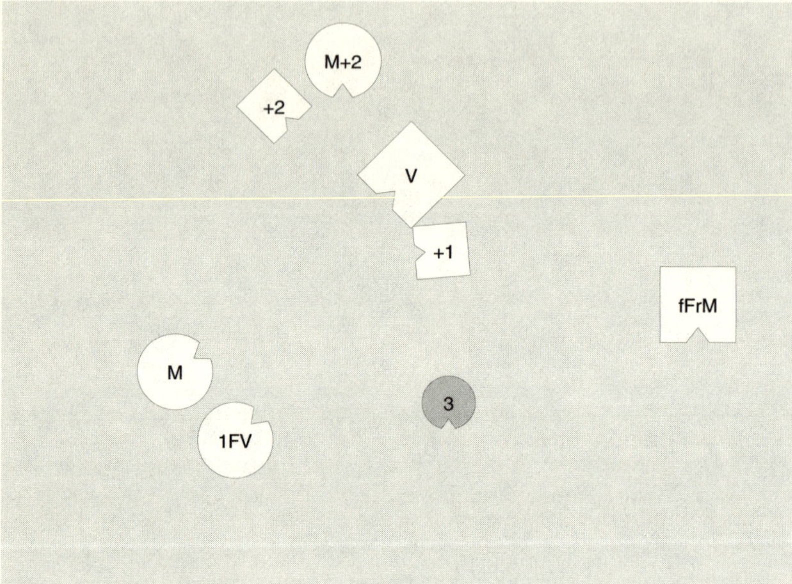

VATER Das ist besser. Also jetzt wird meine Frau zum erstenmal überhaupt für mich sichtbar. Vorher dachte ich, was will die überhaupt. Also ich habe nichts gegen sie, aber auch nichts für sie.
DRITTES KIND Ich kriege mehr Luft.
ERSTES KIND † Es ist mir egal.

Hellinger stellt das Bild um und setzt den verstorbenen ältesten Sohn vor seine Eltern auf den Boden, mit dem Rücken an sie angelehnt.

Bild 4

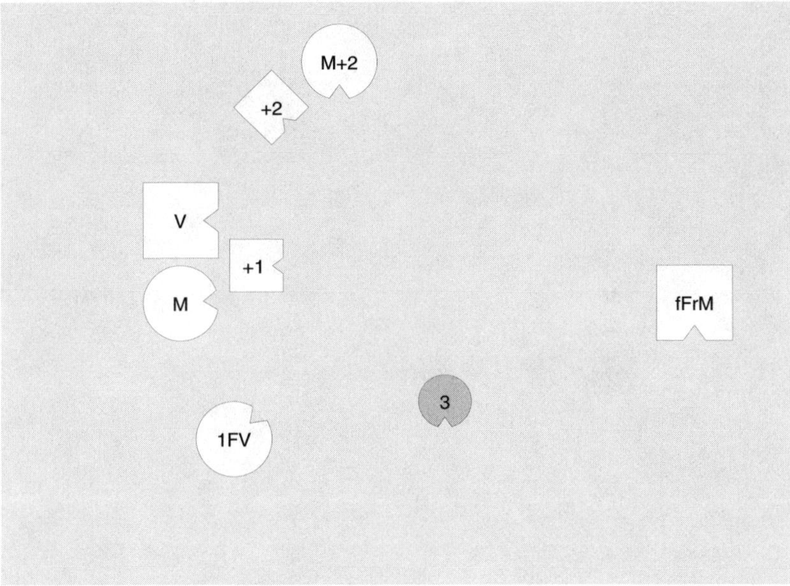

HELLINGER Wie ist das für den ältesten Sohn?
ERSTES KIND † Angemessen.
HELLINGER Wie ist das für die Mutter?
MUTTER Ich werde traurig.

Hellinger stellt den verstorbenen unehelichen Sohn neben den Vater und die Tochter neben ihre Mutter.

Bild 5

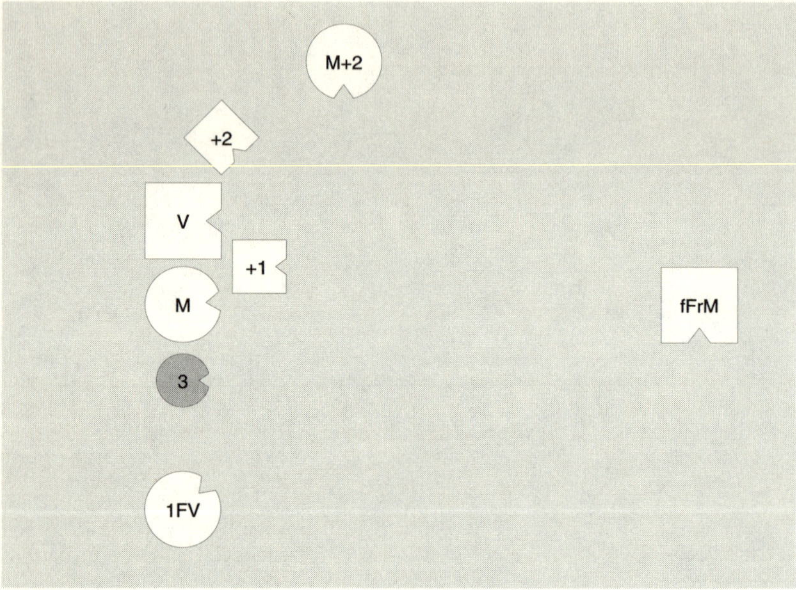

HELLINGER Wie geht es dem Vater jetzt?
VATER Merkwürdig. Dass der uneheliche Sohn hier neben mir steht, ist eher bedrückend für mich. Da unten der Sohn, das ist völlig in Ordnung. Mit der Frau besteht die Verbindung hauptsächlich zu dem Zweck, sich um den Sohn zu kümmern. Es ist eine Sympathie zu ihr da, doch ich habe das Gefühl, irgendwas stimmt nicht mit der Partnerschaft. Ich weiß aber nicht was.
HELLINGER Systemisch gesehen, ist das vorbei.
zur Stellvertreterin von Ute Wie geht es der Tochter?
DRITTES KIND Nicht gut.

Hellinger stellt das Lösungsbild auf.

Bild 6

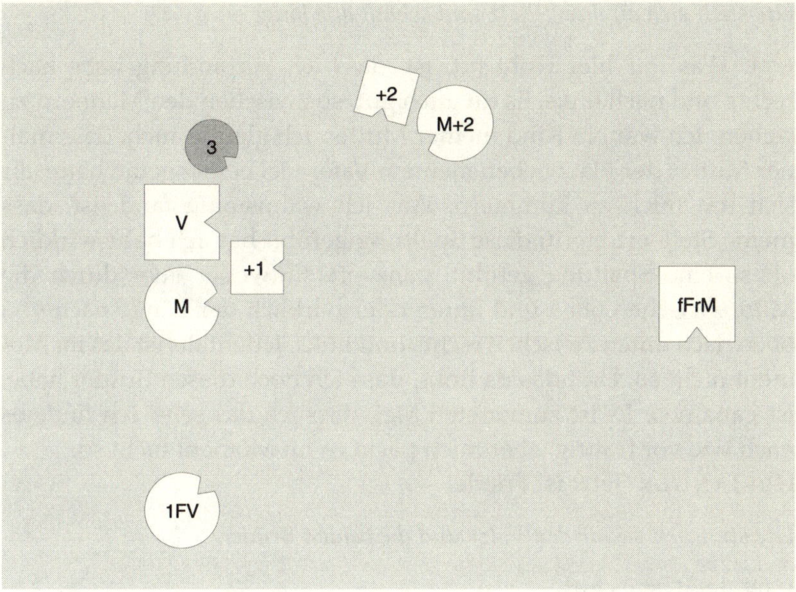

HELLINGER Wie geht es der Tochter hier?
DRITTES KIND Besser.
MUTTER Auch besser.
HELLINGER Wie geht es dem verstorbenen unehelichen Sohn?
ZWEITES KIND † Ich bin froh, dass ich wieder hier neben der Mutter sein darf. Da, neben dem Vater, war ich sehr allein.
DRITTES KIND Bei mir ist das Gefühl der Durchteilung weg.
HELLINGER Wie geht es der Mutter des unehelichen Kindes?
MUTTER DES ZWEITEN KINDES Ganz gut. Eben war ich traurig, dass mein Sohn so weit weg war. Aber jetzt ist es besser. Es ist ganz gut.
MUTTER Mich macht es traurig.
HELLINGER Wie geht es der ersten Frau des Vaters?
ERSTE FRAU DES VATERS Ich habe nichts mehr damit zu tun.
HELLINGER Die späteren Ereignisse haben hier eine solche Wucht, dass die frühere Beziehung jetzt keine Rolle mehr spielt.
zum früheren Freund der Mutter Spielt das noch eine Rolle für dich?

FRÜHERER FREUND DER MUTTER Ich habe es warm, und ich gucke da mal hin, aber es ist vorbei.
HELLINGER *zu Ute* Willst du dich da mal selber hinstellen?

Ute stellt sich an ihren Platz und schaut alle lange an.

UTE Was mir hier wohl tut, ist, dass ich Verbindung habe nach rechts und nach links. Es tut auch gut, so zwischen den Männern zu stehen. Ich war ein Kind meiner Mutter. Ich glaube auch, dass meiner Mutter der Platz neben meinem Vater viel besser getan hätte, als sich um mich zu kümmern. Was ich wahnsinnig fand, ist, dass meine Stellvertreterin diese Spaltung gefühlt hat. Ich habe wirklich oft so eine Spaltung gefühlt, ganz oft. Entweder quer durch die Mitte zwischen oben und unten oder wirklich der Länge nach von oben nach unten zwischen rechts und links. Jedenfalls ist das im Moment nicht so. Und das da links, dass ich noch diesen Bruder habe, ist ganz neu. Es ist zum ersten Mal, dass ich das sehe. Ich finde es nach wie vor traurig, aber mich packt es im Moment nicht so.
HELLINGER Jetzt ist Friede.

Ute streichelt sachte den Vater und die beiden Brüder.

UTE Jetzt ist es gut.
HELLINGER *zur Gruppe* Ich erzähle euch noch eine Geschichte. Sie heißt:

Die Fülle

Ein Junger fragte einen Alten:
„Was unterscheidet dich,
der fast schon war,
von mir,
der ich noch werde?"

Der Alte sagte:
„Ich bin mehr gewesen.

Zwar scheint der junge Tag,
der kommt,
mehr als der alte,
weil der alte vor ihm schon gewesen.
Doch kann auch er,

obwohl er kommt,
nur sein, was er schon war,
und er wird mehr,
je mehr auch er gewesen.

Wie einst der alte,
steigt auch er am Anfang
steil zum Mittag auf,
erreicht noch vor der vollen Hitze den Zenit
und bleibt, so scheint es,
eine Zeitlang auf der Höhe –
bis er,
je später desto mehr,
als ziehe ihn sein wachsendes Gewicht,
sich tief zum Abend neigt,
und er wird ganz,
wenn er,
so wie der alte,
ganz gewesen.

Doch was schon war,
ist nicht vorbei.
Es bleibt,
weil es gewesen,
wirkt,
obwohl es war,
und wird durch Neues nach ihm
mehr.
Denn wie ein runder Tropfen
aus einer Wolke, die vorüberzog,
taucht, was schon gewesen,
in ein Meer, das bleibt.

Nur was nie etwas werden konnte,
weil wir es nur erträumt,
doch nicht erfahren,
gedacht,
doch nicht getan,
und nur verworfen,
aber nicht als Preis für das, was wir gewählt, bezahlt,
das ist vorbei:
von ihm bleibt nichts.

Der Gott der rechten Zeit
erscheint uns daher wie ein Jüngling,
der vorne eine Locke
und hinten eine Glatze hat.
Von vorne können wir ihn bei der Locke fassen.
Von hinten greifen wir ins Leere."

Der Junge fragte:
„Was muss ich tun,
damit aus mir,
was du schon warst,
noch wird?"

Der Alte sagte:
„Sei!"

HELLINGER Gut, Ute?
UTE Mir hat die Geschichte etwas Wichtiges gesagt.

Vergeblicher Kampf

ULLA Es geht mir gut. Ich bin wacher geworden nach der Aufstellung meiner Herkunftsfamilie. Doch ich habe etwas noch nicht verstanden, was du vorher dazu gesagt hast. Bevor ich das aufgestellt habe, hast du gesagt, es nützt nichts, dass ich mich dagegen wehre, dass diese Verlobte meines Vaters mein Vorbild ist. Das habe ich nicht verstanden; aber das Bild habe ich verstanden.
HELLINGER Das genügt. Manche meinen, wenn sie es verneinen, dann sei es aus der Welt geschafft. Das war damit gemeint.
ULLA Es fühlt sich gut an, seitdem die Verlobte im Blickfeld ist und ihren Platz hat.
HELLINGER Es gibt eine biblische Geschichte von einem gewissen Jakob. Der hat mit einem Engel gerungen an einem Fluss, die ganze Nacht.
ULLA Nicht der Engel Gabriel?
HELLINGER Nicht der Engel Gabriel. Der Name ist nicht bekannt. Genaugenommen ist hier der Engel ein Bild Gottes.

Der Engel sagte zu Jakob: „Lass mich!", und der gab zur Antwort: „Ich lasse dich nicht, bis du mich segnest." Dann erst konnten sie auseinandergehen. Okay?

Übernommene Trauer macht schwach

ULLA Seit einiger Zeit bin ich in einer Umbruchphase, und die ist mit Traurigkeit verbunden. Nach dieser Wachheit hatte ich heute viel mehr Energie und bin mit viel Kraft hierher gekommen. Doch bei der Familienaufstellung von Ute, in der ich ihre Mutter gespielt habe, wurde ich sehr traurig – das war ja eine traurige Situation –, und dann habe ich das gleich zur Arbeit an meiner Traurigkeit benutzt. Doch dabei ging mir diese Energie weg. Jetzt habe ich sie wieder.

HELLINGER Das ist wie mit der fremden Schuld. Die eigene Traurigkeit, die begründet ist, macht stark. Die ist immer kraftvoll. Die fremde Traurigkeit bringt nichts. Wenn also einer weint und die anderen weinen mit, dann werden die, die mitweinen, schwach. Nur der, der wirklich weint, wird dadurch stark.

Lösen durch Lassen

FRANK Als ich in der Familienaufstellung von Ute den Vater darstellen musste, wurde mir schwindelig, und das war sehr unangenehm. Ich kenne dieses Gefühl.

HELLINGER Lasse es ganz bei der Person, die du dargestellt hast. Das ist sehr wichtig. Zu den Grundsätzen dieser Arbeit gehört, dass man nichts von dem, was man als Stellvertreter in einer Aufstellung erlebt, auf sich bezieht. Selbst wenn es eine Verbindung gäbe, verbietet die Sorge für die eigene Seele, dass man sich darauf einlässt. Nur wenn das Gefühl von alleine kommt, dann greife es auf, nicht aber in diesem Zusammenhang. Du musst dich da völlig heraushalten, sonst sind der Phantasie und der Verwirrung Tür und Tor geöffnet. Dies ist eine wichtige Warnung.

FRANK Also du würdest sagen, ich darf es mir auch nicht anziehen, wenn ich es wie eine Resonanz erlebe?

HELLINGER Nein. Zwar findet alles bedeutsam Menschliche in jedem eine Resonanz, und was hier abläuft, ist immer menschlich bedeutsam. Wenn du es aber jetzt noch auf eine besondere Weise dir anziehst, verhältst du dich, als hättest du eine Schwammbegabung.
FRANK *lacht* Vielen Dank.
HELLINGER Ich will dir das nicht unterstellen. Ich sage es nur als ein Beispiel zur Warnung. Man darf es sich nicht anziehen. Die Abgrenzung ist wichtig.
FRANK Mich bewegt in diesem Zusammenhang aber doch, dass es mir in den letzten Jahren öfters passiert ist, dass ich, wenn ich irgendwo gehe, plötzlich einen Schwindelanfall kriege, blitzartig, so dass ich das Gefühl habe, ich muss mich setzen. Das beunruhigt mich, denn es ist bestimmt nicht organisch. Ich möchte wissen, was das ist.
HELLINGER Wenn du meinen Vorschlag haben möchtest: Ich würde es ziehen lassen. Zu „Lassen" ist mir ein Satz eingefallen. Das ist ein hilfreicher Satz, weil er in die Seele dringt, und vielleicht hilft er auch hier: „Lassen heißt gewandelt gehen."

Überlastung durch das Glück

FRANK Ich war innerlich dauernd beschäftigt mit der Aufstellung meiner Herkunftsfamilie gestern. Aber ich habe mich nicht sehr bewusst damit beschäftigt, weil es mir etwas zuviel war. Dann ist mir in dem Zusammenhang aufgefallen, dass es mir eigentlich häufig zuviel ist und ich dann zum Beispiel fluchtartig lese.
HELLINGER Das kann auch eine Überlastung durch das Glück sein.
FRANK *lacht* Das ist natürlich auch möglich. Was ich weiß, ist, wenn ich in so einem Kreis sitze – heute morgen hier allerdings nicht –, dass ich unaufhörlich zähle, wie viele Leute da sind.
HELLINGER Das ist gut. Das ist eine gute Ablenkung vom Glück. Ich erzähle dir dazu eine kleine Geschichte.

Da hat einer geträumt, der Nasrudin. Hast du schon von dem gehört? Der war ein Mullah oder so was Ähnliches. Der hat geträumt, dass ihm einer zehn Goldstücke in die Hand zählte. Doch beim neunten hörte er auf. Dann hat er laut geschrien: „Ich will sie alle zehn!", ist aufgewacht, hat die Augen wieder zugemacht und gesagt: „Neun genügen auch."

Noch was, Frank?

Scheidung und Schuld

FRANK Ja. Als ich in der Aufstellung von Ute ihren Vater vertrat, kam mir, dass ich nicht genau weiß, wie es meinen Kindern mit der Scheidung und der Trennung geht. Ich finde es schwer, mit ihnen darüber zu reden.
HELLINGER Das geht die Kinder gar nichts an.
FRANK Aber wie es ihnen geht, das würde ich gerne herausfinden.
HELLINGER Das kannst du schon fragen, aber nicht, wie es ihnen geht mit der Scheidung. Darüber brauchst du nicht mit ihnen zu reden. Die Scheidung ist Eltern-Angelegenheit. Die Eltern brauchen sich daher wegen der Scheidung auch nicht vor den Kindern zu rechtfertigen.

Doch da ist schon noch ein Element wichtig. Bei jeder Scheidung ist auch Schuld mit drin, sie kann gar nicht anders erlebt werden denn als Schuld. Wenn du die Kinder fragst, ob es ihnen gutgeht, und du innerlich erwartest, dass sie das bejahen, dann suchst du Entlastung für etwas, für das die Kinder nicht zuständig sind. Dann werden sie überfordert. Das geht nicht.
FRANK Das ist auch nicht meine Absicht. Aber etwas beunruhigt mich da noch, ich weiß nicht genau was.

Eine leichtfertige Trennung wird von den Kindern gesühnt

HELLINGER Bei Trennungen ist noch etwas zu beachten. Wenn sich ein Partner leichtfertig trennt, im Sinne von: „Ich mache das jetzt zu meiner Selbstverwirklichung, und was mit euch ist, das ist euere Sache, das geht mich nichts an", dann bringt sich häufig ein Kind um. Die leichtfertige Trennung wird erlebt wie ein Kapitalverbrechen, für das dann einer sühnen muss.
FRANK Für die Leichtfertigkeit.
HELLINGER Für die Leichtfertigkeit. Darauf muss man achten. Man kann dann das Kind entlasten, indem man sich dem Partner

zuwendet und das Unerledigte auf eine gute Weise mit ihm löst. Zur guten Weise gehört, dass jeder zu seiner Verantwortung für das steht, was schiefging, und dass die Kinder wissen, dass die Eltern dazu stehen. Dann braucht nichts gesühnt zu werden.

FRANK Ich muss noch über Sühne nachdenken und was sie bedeutet.

Der triebhafte Ausgleich durch Sühne

HELLINGER Die Sühne ist eine Form des Ausgleichs, und zwar ein blinder Ausgleich. Es gibt ein Naturgesetz, dass das Gefälle sich immer auszugleichen sucht. Dieses Gesetz wirkt auch in der Psyche, es wird auch hier immer ein Ausgleich gesucht. Die Sühne ist so ein Versuch, etwas auszugleichen, aber es ist ein triebhafter Versuch. Oft läuft er ab, ohne dass der einzelne es steuern kann. Es gibt aber auch ein Sichlösen aus dem triebhaften Zusammenhang und den Ausgleich gemäß einer höheren Ordnung. Ich nenne sie die Ordnung der Liebe. Sie liegt auf einer höheren Ebene. Sie führt zu einem Ausgleich, der die Sühne überflüssig macht. Wenn daher die Eltern dazu stehen, dass es schiefgegangen ist, und jeder zu den Folgen steht und zu seiner eigenen „Schuld" – Schuld steht hier in Anführungszeichen und ist nicht nur moralisch gemeint –, dann entfällt für die Kinder der Drang zur Sühne.

Schuld als Verleugnung von Wirklichkeit

Schuld entsteht in diesem Zusammenhang als Verleugnung von Wirklichkeit, in dem Sinn, dass einer nicht wahrhaben will und sich verhält, als sei er nicht gebunden. Wenn einer sich frei verhält, obwohl er gebunden ist, dann ist das eine Verleugnung von Wirklichkeit. Die Bindung ist nämlich etwas Reales.

FRANK Also das war früher bei mir so. Da weiß ich, dass ich wütend geleugnet habe, ich sei gebunden.

HELLINGER Und das ist vielleicht noch nachzuholen, als innerer Prozess: anzuerkennen, dass eine Bindung an den geschiedenen Partner besteht und dass es nur in Anerkennung dieser Bindung eine zweite Bindung geben kann, die aber eine andere Qualität hat.

GERTRUD Spielt das Alter der Kinder eine Rolle bei einer Scheidung?
HELLINGER Sicherlich. Wenn die Kinder aus dem Haus sind, sind die Eltern freier, als wenn die Kinder noch da sind oder wenn sie noch klein sind. Das ist ganz klar.
THOMAS Wer entscheidet über die Leichtfertigkeit?
HELLINGER Darüber kann keiner entscheiden, denn das wird erlebt. Wo das geschieht, weiß jeder sofort, ob es leichtfertig ist oder nicht. Bei dir ist Leichtfertigkeit mit im Spiel.
THOMAS Nein.

Lange Pause

HELLINGER Okay, es ist nicht meine Aufgabe, das zu entscheiden. Es ist mein Bild. Von Hölderlin gibt es ein kleines Gedicht über die Liebenden. Es ist eigentlich nur ein Spruch:

„Trennen wollten wir uns? Wähnten es gut und klug?
Da wir's taten, warum schröckt uns wie Mord die Tat?
Ach! Wir kennen uns wenig,
denn es waltet ein Gott in uns."

Wie immer man den Spruch nehmen will, er enthält die Erfahrung, die ich meine.

Bindung durch den Vollzug der Liebe

Durch den Vollzug der Liebe gibt es eine reale Bindung zwischen Mann und Frau, und die ist in der Wirkung noch stärker als die reale Bindung von Kindern zu Eltern. Es ist die stärkste Bindung überhaupt. Die Trennung von den Eltern bringt nicht soviel Schmerz und nicht soviel Schuld wie die Trennung von einem Partner, an den man gebunden war. Man sieht es an der Wirkung, dass es so ist.

Viele gehen in eine Bindung hinein, als gingen sie in einen Gesangverein, in den man nach Belieben rein- und rausgehen kann. Aber das geht nicht. Wer da drin ist, ist gebunden, und er kann nicht mehr raus ohne Schmerz, und er kann nicht mehr raus ohne Schuld. An der Größe des Schmerzes und an der empfundenen Schuld sieht man, wie stark die Bindung war oder noch ist.

Im Bann der Mutter

IDA Mir geht die Sache hier sehr nah, und die Arbeit mit den früh verstorbenen Geschwistern hat einiges in mir in Gang gesetzt. Ich bin dabei, ein paar Sachen, die verwirrend für mich sind, zu klären. Meine Mutter hat immer für uns gesorgt. Sie hat das Geld erarbeitet für die Familie. Von ihr haben wir gelebt. Ich habe daher nicht so klare Bilder von der Rolle der Frau und der Rolle des Mannes.

HELLINGER Was war mit deinem Vater?

IDA Mein Vater war ganz an seine Familie gebunden. Der war entweder immer im Gefängnis oder ist immer noch im Gefängnis.

HELLINGER Weswegen?

IDA Wegen seiner politischen Einstellung, aber das ist nicht der wirkliche Grund.

HELLINGER Was ist der Grund?

IDA Der Grund ist, dass meine Großmutter, also seine Mutter, ein Kind vom Mann ihrer Schwester bekommen hat, und dieses Kind wurde umgebracht.

HELLINGER Von wem?

IDA Wahrscheinlich von seiner Mutter. Meine Großmutter hat das Kind geboren und dann – die einen sagen, es sei gestorben, und es gibt die Aussage, es sei umgebracht worden. Und da ist mein Vater verstrickt.

HELLINGER Er sühnt. Das hat aber nichts zu tun mit deiner Frage nach der Rolle von Mann und Frau. Für dich ist die Lösung: Du musst deinen Vater ziehen lassen in seine Familie, und dann stellst du dich neben deine Mutter. Das ist für dich der sichere Ort. Das genügt.

IDA Ja. Gestern hatte ich klare Bilder, auch mit dieser Karrierefrau. Mir wird nachgesagt, dass ich zu ehrgeizig bin.

HELLINGER Das ist gut. Du ahmst deine Mutter nach.

IDA Genau. Das ist richtig. Das ist nicht von meinem Vater.

HELLINGER Manche wären froh, sie hätten so ein Vorbild.

IDA Ja. Das war meine Verwirrung. Ich dachte, ich bin noch im Bann meines Vaters und an ihn gebunden. Aber das ist es nicht. Das ist meine Mutter.

HELLINGER Das ist ein guter Bann.

Verschiedene Weisen des Gebens und Nehmens in der Familie

IDA Ich habe noch eine Frage. Die Kinder nehmen von den Eltern. Wie ist das, wenn ich etwas von meiner Schwester bekomme, als sei sie für mich meine Mutter? Von den Eltern das anzunehmen ist für mich selbstverständlich. Aber wie ist das bei meiner Schwester?

HELLINGER Die Eltern geben den Kindern, was sie selber sind, und dem können die Eltern weder etwas hinzufügen noch etwas wegnehmen. Daher können die Kinder die Eltern nur nehmen, wie sie sind, und sie können dem, was sie von den Eltern bekommen haben, weder etwas hinzufügen noch etwas wegnehmen. Das ist einfach so, und das hat eine ganz andere Qualität, als wenn ich jemandem schenke, was ich habe. Das ist das erste. Auf diese Weise muss jeder seine Eltern nehmen, und wenn er dem zustimmt, dann hat er seine Eltern, und er ist in sich selber ganz.

Jetzt geben die Eltern aber den Kindern zusätzlich zum Leben noch anderes: Sie sorgen für sie über viele Jahre in vielerlei Weise. Das nehmen die Kinder auch. Alles zusammen ergibt ein solches Gefälle von den Eltern zu den Kindern hin, dass die Kinder das niemals ausgleichen und wiedergutmachen können. Unter dem Druck des Gefälles lösen sie sich dann von den Eltern. Sie halten das nicht aus. Deswegen führt das Gefälle auch zur Loslösung der Kinder von den Eltern. Sie geben dann das, was sie von den Eltern erhalten haben, weiter: an die eigenen Kinder oder an andere durch soziales Engagement. Das ist dann der Ausgleich.

Die Eltern haben aber auch etwas, das gehört ihnen nur persönlich und ist nicht auf die Kinder bezogen. Zum Beispiel eine persönliche Schuld oder eine persönliche Verstrickung, wie zum Beispiel bei deinem Vater, oder ein persönliches Verdienst. Das kann und darf das Kind nicht von den Eltern nehmen, weil es ihm nicht zusteht. Es darf weder die Schuld nehmen noch die Folgen der Schuld; aber auch nicht die Verdienste der Eltern, die darf es auch nicht nehmen. Das Kind hat natürlich gewisse Vorteile von den Verdiensten der Eltern, und die gehören in den Bereich dessen, was die Eltern den Kindern sonst noch geben. Das Kind kann aber nicht sagen: „Ich bin ein großer Maler“, weil sein Vater ein großer Maler war, wenn es nicht selber gut malt; oder ein großer Politiker, wenn es der Vater war, oder was immer es ist. Da muss das Kind sich abgrenzen. Das ist auch eine Art der Achtung den Eltern gegenüber. Doch das Kind macht mit dem, was es von den Eltern hat, etwas Neues, und das ist dann sein Verdienst. Oder es wird schuldig, und das ist dann seine Schuld.

Dann gibt es zwischen den Kindern und Eltern etwas Gemeinsames, weil nämlich die Familie auch ein Unternehmen ist, an dem jeder mitbeteiligt ist und in dem jeder auch seine Pflichten hat. Deswegen müssen auch die Kinder in der Familie geben entsprechend der Notwendigkeit, die sich da ergibt. Die Eltern können also fordern, dass die Kinder zum Gelingen des Ganzen beitragen. In diesem Sinn hat deine Schwester in der Familie die Aufgabe übernommen, für dich zu sorgen, wenn die Mutter nicht da war, und du hast es so von ihr auch nehmen dürfen und nehmen müssen.

Wenn nun aber die Eltern Ansprüche an die Kinder haben, die darüber hinausgehen – wenn sie zum Beispiel verlangen, dass ihre Kinder sie trösten –, dann werden die Kinder für die Eltern zu Eltern und die Eltern für die Kinder zu Kindern. Das ist eine Perversion des Verhältnisses von Eltern und Kindern. Die Kinder können sich gegen ein solches Ansinnen der Eltern nicht wehren. Sie werden in etwas verstrickt und müssen sich etwas anmaßen, für das sie sich später bestrafen, indem sie es sich zum Beispiel schlecht gehen lassen, oder durch Scheitern und Untergang. Erst wenn das Kind erwachsen und einsichtig wird, kann es das rückgängig machen, zum Beispiel in einer Psychotherapie. Ist es dir klar?

IDA Ja.

Geliebte Last

WILHELM Ich heiße Wilhelm. Ich bin mit Ida verheiratet, und wir haben eine kleine Tochter. Von Beruf bin ich Ingenieur. Wir haben zusammen ein Unternehmen, das Messgeräte für Computer herstellt. Im Moment arbeite ich zwischen 12 und 14 Stunden am Tag, und eigentlich will ich das gar nicht, aber ich bin in einer Situation, dass ich denke, ich muss das so machen. Ich kann das nicht einfach liegenlassen, obwohl ich mein eigener Herr bin.

HELLINGER So einfach geht das nicht. Es gibt eine innere Orientierung am Richtigen, und du kannst nicht davon abweichen, ohne dass du dir schadest, wenn es das Richtige ist. Dem Richtigen gegen-

über ist niemand frei. Wenn du Verantwortung hast in einer Firma, auch wenn es deine eigene ist, bist du nicht frei.
WILHELM Aber das war meine Absicht, als ich mich selbständig gemacht habe, meine Arbeit selbständig zu gestalten.
HELLINGER Das ist ein Irrtum gewesen. Selbständige sind nicht freier. Du bist verpflichtet in der Firma, du bist verpflichtet in deiner Familie, und du bist verpflichtet dir selbst gegenüber. Die Frage ist, wie kannst du abwägen zwischen wichtigen Bereichen? Das ist das Schwierige …
WILHELM Abgesehen davon, dass ich seit längerem sehr viel zu tun habe, denke ich, ich könnte das ja auch zerlegen in Kleinigkeiten …
HELLINGER Du hast mich jetzt an der Lösung gehindert. Ich wollte dir gerade die Lösung sagen, und du hast gleich das Problem noch einmal gebracht. Ich sehe, du bist glücklich mit dem Problem. Ein solches Glück darf ich nicht stören.

Stellvertretendes Opfer

WILHELM Ich bin etwas aufgeregt.

Er seufzt und ist dem Weinen nahe.

HELLINGER Schau doch mal freundlich her.
zur Gruppe Er ist weggetreten, merkt ihr das? Wenn einer in einem solchen Gefühl nicht herschauen kann, fühlt er etwas, das nichts mit der Gegenwart zu tun hat.
WILHELM So ist das.
HELLINGER Genau. Wenn du mich anschauen würdest, hättest du sofort ein anderes Gefühl.
zur Gruppe Er schaut nicht her, merkt ihr das? Und wenn er herschaut, sieht er mich nicht. Er kann das Gefühl nicht aufrechterhalten, wenn er herschaut.
WILHELM Ich sehe dich jetzt.
HELLINGER Nein, immer noch nicht.
WILHELM Doch, doch! *Er macht eine Handbewegung, als wollte er einen Nebel vor seinen Augen verscheuchen.*
HELLINGER *zur Gruppe* Er sieht mich immer noch nicht. Seht ihr, dass er mich nicht sieht? Er ist immer noch in seinem Bild drin.

HELLINGER *zu Wilhelm* Ida neben dir, die sieht mich, das sieht man, aber du siehst mich nicht.
WILHELM Eigentlich kam ich heute ganz guter Dinge hierher. Aber was heute morgen in der Runde passiert ist, die Geschichte da bei Hartmut – gestern hat mich das noch nicht so berührt, aber heute das Wort „Opfer", das hat eingeschlagen.

Lange Pause

HELLINGER Bist du ein Opfer?
WILHELM Ja.
HELLINGER Für wen oder für was?
WILHELM Ich glaube, ich habe die Technik drauf, die Dinge so zu arrangieren, dass ich das Opfer bin.
HELLINGER Das Opfer sühnt. Die Frage ist, für wen ist die Sühne, für einen anderen im System oder ist es für eigene Schuld. Bist du mal selber schuldig geworden? Ist jemand durch dich umgekommen, zum Beispiel bei einem Verkehrsunfall?
WILHELM Nein. Aber mein Vater ist unehelich, und mein Großvater war tabu. Den habe ich auch nie kennengelernt. Ich habe vor kurzem erfahren, dass er auch eine Familie hatte und dass ein Onkel von mir, ein Sohn von ihm, sich umgebracht hat.
HELLINGER Da ist was im Busch in deinem System. Das schauen wir uns an.

Aufstellung: Der Vater unehelich, der Vater des Vaters ausgeklammert

WILHELM Wen soll ich nehmen?
HELLINGER Vater, Mutter, Kinder. War jemand vorher verheiratet oder verlobt, oder ist ein Kind gestorben?
WILHELM Nein.
HELLINGER Fehlt sonst jemand?
WILHELM Wie gesagt, mein Großvater väterlicherseits war die Tabufigur.
HELLINGER Da warten wir noch ab. Wir stellen erst einmal die Kernfamilie auf.

Als Wilhelm mit der Familienaufstellung beginnt, stellt er seinen Stellvertreter erst dem Vater gegenüber und dann abseits.

Bild 1

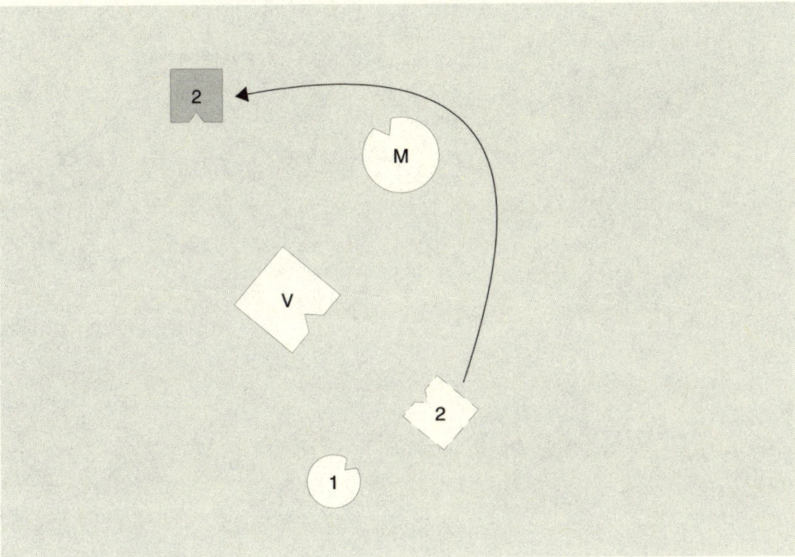

V	Vater
M	Mutter
1	Erstes Kind, Tochter
2	**Zweites Kind, Sohn (= Wilhelm)**

HELLINGER Sind deine Eltern geschieden?
WILHELM Nein, nicht geschieden.
HELLINGER Was ist in der Familie der Mutter passiert? War da irgendwas Besonderes? War jemand gestorben?
WILHELM Die erste Frau des Großvaters ist bei der Geburt des ersten Kindes gestorben, eines Sohnes, und dann hat der Großvater irgendwann wieder geheiratet und hat mit der zweiten Frau noch drei Kinder gehabt, meine Mutter und noch zwei Tanten.

HELLINGER Die erste Frau des Großvaters, das ist die wichtigste Person. Die stellen wir sofort mit dazu.

Bild 2

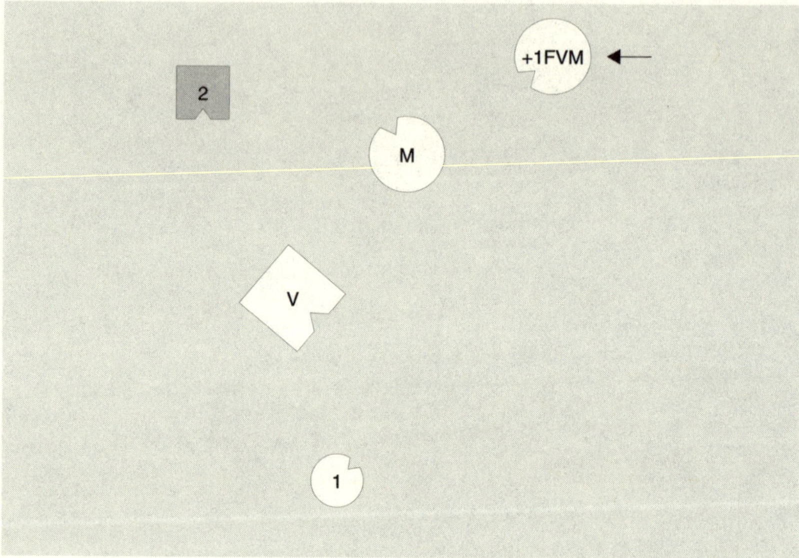

+1FVM Erste Frau des Vaters der Mutter, im Kindbett gestorben

HELLINGER Wie geht es dem Vater?
VATER Etwas verloren hier.
HELLINGER *zur Gruppe* Wenn man eine Familie möglichst auseinander strebend aufstellen wollte, könnte man es nicht besser erfinden.

Wie geht es der Mutter?
MUTTER Am Anfang habe ich mich wie tot gefühlt.
HELLINGER Das ist die Identifizierung mit der ersten Frau des Großvaters.
MUTTER Ein bisschen habe ich noch einen Draht nach hier zum Mann, und als der Sohn vor mich hingestellt wurde, war wenigstens ein Stück Beziehung da.
HELLINGER Wie geht es der Tochter?
ERSTES KIND Nicht gut und nicht schlecht.
HELLINGER *zum Stellvertreter von Wilhelm* Wie geht es dem Sohn?

ZWEITES KIND Bis die erste Frau des Großvaters auftauchte, habe ich mich sehr wenig lebendig gefühlt, so weit, dass ich gar nicht wusste, ob ich überhaupt lebe. Ich habe überhaupt keine Beziehung zu irgend jemand gespürt. Seit sie da ist, ist eine leichte warme Achse dahin.
ERSTE FRAU DES VATERS DER MUTTER † Ich habe das Gefühl, ich bin böse und ich grapsche mich an der Frau fest. Ich bin wichtig.
VATER Am Anfang, als ich hier stand und das System sich bildete, hatte ich ganz warme Lippen und wollte zu meiner Frau. Das verlor sich mehr und mehr, und jetzt ist nichts mehr.
HELLINGER *zu Wilhelm* Jetzt stelle ich noch den Vater des Vaters auf.

Hellinger stellt das Bild um und den Vater des Vaters dazu.

Bild 3

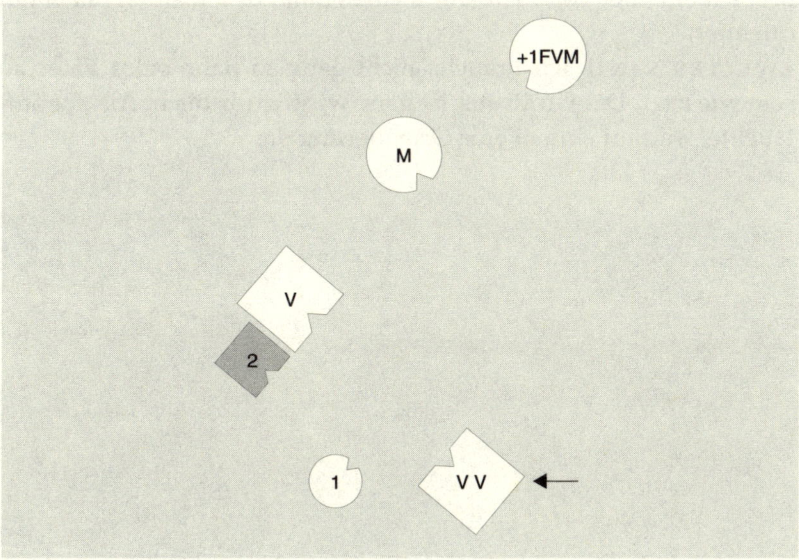

VV Vater des Vaters

VATER Jetzt wird es besser. Jetzt ist da was Rundes.
HELLINGER Genau.
zur Tochter Ist bei dir etwas verändert?

ERSTES KIND Ja, es ist schöner geworden.
HELLINGER Wie geht es der Mutter?
MUTTER Von den Toten auferstanden.
HELLINGER *zum Stellvertreter von Wilhelm* Wie geht es dir?
ZWEITES KIND Gut.
ERSTE FRAU DES VATERS DER MUTTER † Ich habe gedacht, das mach' ich noch mit, dass die Frau sich umdreht, aber mehr lasse ich mir nicht bieten. *Sie lacht.* Mir geht es gut. Diese Frau ist für mich wichtig, der Rest ist nicht so wichtig.
HELLINGER Wie geht es der Mutter jetzt?
MUTTER Wesentlich besser als vorher, aber immer noch weit weg und allein.
VATER Der Abstand zu meiner Frau ist gut. Dass sie jetzt die richtige Richtung hat, das ist wichtig.
VATER DES VATERS Ich mag die zwei da vorne, meinen Sohn und meinen Enkel, und das links von mir, die Enkelin, das ist was Schönes. Ich bin aber vor allem auf meinen Sohn und meinen Enkel hin orientiert.
ZWEITES KIND Ich brauche nicht ganz so nahe beim Vater zu sein wie jetzt. Der Großvater ist ganz wichtig für mich. Als der auftauchte, war auf einmal eine Orientierung da.

HELLINGER *zu Wilhelm* Der ist das gute Vorbild.
IDA *(Wilhelms Frau)* Der war Geschäftsmann.
HELLINGER War der Geschäftsmann? Also das auch noch.

Lachen in der Gruppe

Bild 4

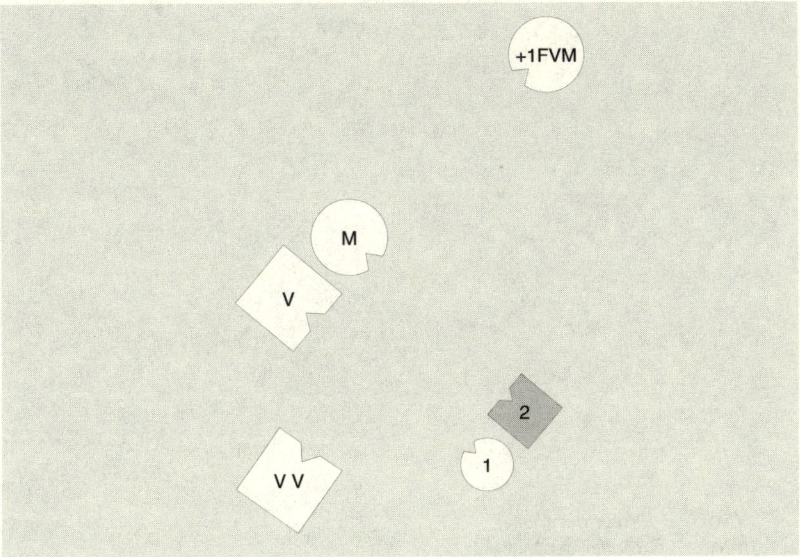

VATER Vorher war es wärmer. Jetzt habe ich meinen Sohn gegenüber, aber ich muss dem zustimmen. Ich habe auch etwas verloren.
ZWEITES KIND Ich habe wieder so einen Schauer gekriegt und habe das Gefühl, das ist gut so. Das ist viel besser als neben dem Vater.
HELLINGER *zu Wilhelm* Du bist parentifiziert. Also für deinen Vater vertrittst du seinen Vater. Deswegen waren eure Positionen austauschbar.
zur Mutter Ist bei dir jetzt etwas verändert?
MUTTER Ich finde es schön, dass ich die Kinder jetzt anschauen kann.

VATER Ich bin es nicht gewohnt, dass meine Frau so nahe ist. Aber ich kann es so nehmen.

Bild 5

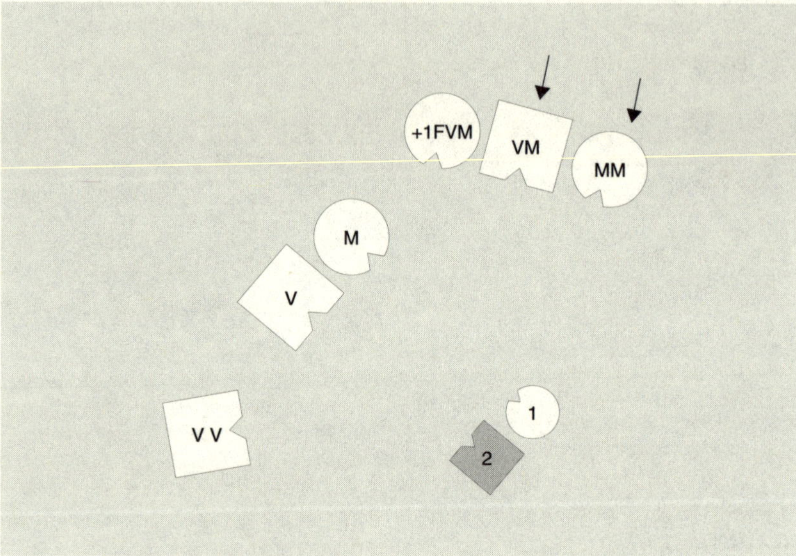

VM Vater der Mutter
MM Mutter der Mutter

HELLINGER *zu den Stellvertretern* Wie geht es euch jetzt?
MUTTER Gut.
VATER Gut. Vollständig. Jetzt ist es ausbalanciert. Jetzt kann ich auch die Frau gut neben mir haben. Vorher war eine Störung da.
ZWEITES KIND Sehr merkwürdig, die beiden Eltern so nah beisammen zu sehen. Es ist mir nicht ganz geheuer.
VATER DES VATERS Für mich ist es gut, dass diese Achse zu den Enkelkindern klar ist und dass ich meinen Sohn hier spüre und ganz deutlich wahrnehme. Das auf der weiblichen Seite geht mich eigentlich nichts an. Als ich zu dieser Seite hinschaute, habe ich Angst gekriegt.
HELLINGER *zu Wilhelm* Willst du dich mal hinstellen?
WILHELM Gerne.

HELLINGER *zur Gruppe* Ich möchte etwas zu der Dynamik hier sagen. Wenn eine Frau im Kindbett stirbt, wird das im System wie ein Mord erlebt, der Sühne verlangt. Für gewöhnlich muss dann einer der nachgeborenen Söhne dafür sterben. Das wäre er. Das ist der Grund für sein Opfergefühl. Er wäre in Gefahr, wenn diese Frau nicht gewürdigt wird.
zu Wilhelm Für dich ist es viel sicherer, wenn du, statt dass du auf der mütterlichen Seite stehst, auf die väterliche rückst. Der Großvater väterlicherseits zieht dich aus dieser unheilvollen Verstrickung heraus und gibt dir Sicherheit.

Gut, das war's dann.

Parentifizierung: Wenn ein Kind Eltern der Eltern vertritt

IDA Was meinst du mit Parentifizierung? Habe ich das Wort richtig verstanden?
HELLINGER Also, Wilhelms Vater vermisst seinen Vater. Dann rückt der Sohn für den Vater an die Stelle seines eigenen Vaters und nimmt für ihn, statt dass er Sohn ist, eine Elternrolle ein. Das nennt man Parentifizierung. Das ist häufig so, wenn die Beziehung zu einem der Eltern nicht möglich war, so wie bei seinem Vater.

Sühne für den Tod im Kindbett

FRANK Das Kind, das geboren wurde, als seine Mutter starb, hat das keine Bedeutung für ihn?
HELLINGER Nein, hier nicht. Das andere ist zu wuchtig, die tote Frau.
GEORG Außer wenn das Kind stirbt.
HELLINGER Außer wenn es stirbt. Doch selbst dann tritt es im Vergleich zu seiner toten Mutter in den Hintergrund.
zu Wilhelm Ist das Kind gestorben?
WILHELM Nein. Das ist mein ältester Onkel mütterlicherseits.
FRANK *zu Wilhelm* Und wie geht's dem?
WILHELM Dem geht es gut.
FRANK Für mich ist erstaunlich, dass nicht der sich schlecht fühlt, sondern jemand anderer.

WILHELM Ja, der hat verrückte Sachen gemacht, aber dem geht's trotzdem gut. Er ist bei guter Gesundheit.

HELLINGER *zur Gruppe* Verrückte Sachen machen heißt natürlich, dass er sich in Lebensgefahr bringt. Das machen die dann. Wilhelm hat es uns verraten.

In einem solchen System entsteht der Sog, dass die Männer und die Söhne für den Tod der Frau sühnen. Dahinter wirkt eine verrückte Phantasie, und es ist eine frauenfeindliche und eine die Frauen entwertende Phantasie. Es mutet seltsam an, dass sie in unserer Kultur so weit verbreitet ist. Vielleicht hängt es damit zusammen, dass bei uns der Zeugungsakt fast wie etwas Unanständiges im Bewusstsein steht, obwohl es der größtmögliche menschliche Vollzug überhaupt ist. Es gibt keinen größeren und menschlicheren Vollzug als diesen; und es gibt keinen risikoreicheren. Eltern wissen das. Sie sind sich des Risikos bewusst, und der Vollzug geschieht im Angesicht des Risikos. Beide Eltern haben das Risiko vor Augen, und das macht den Vollzug so groß. Auch die Frau hat das Risiko vor Augen und stimmt ihm zu. Wenn dann der schlimme Fall eintritt, ist es für die Frau schlimmer als für den Mann, denn sie verliert das Leben dabei. Aber wenn das nun gedeutet wird, als habe der Mann, weil er triebhaft war, die Frau umgebracht, habe sie seinen Trieben geopfert, dann ist das ein Unrecht an der Frau und ein Vergehen an ihrer Würde; ganz abgesehen vom Vergehen an der Würde des Mannes. In so einem Fall ist die weitverbreitete Phantasie, die Frau sei vom Mann ermordet worden. Bei den Familienaufstellungen wird aber immer klar, dass die toten Frauen sich ihrer Würde voll bewusst sind. Sie haben keine Anklage gegen den Mann. Sie haben aber eine Anklage gegen die, die sie nicht würdigen, weil ihnen der Tod der Frau angst macht. Diese Angst wirkt über viele Generationen und wird über viele Generationen gesühnt, oft auf ganz merkwürdige Weise.

Da hat zum Beispiel mal einer in einem Kurs seine Herkunftsfamilie aufgestellt: Vater, Mutter und drei Brüder. Die drei Brüder waren sehr unruhig, so richtig aufgeregt. Dann haben wir gesucht und gesucht und fanden heraus, dass die erste Frau des Urgroßvaters im Kindbett gestorben war. Die habe ich dann hinter die drei Brüder gestellt, und auf einmal waren alle völlig ruhig. Alle drei waren homosexuell, und einer von ihnen hatte sich umgebracht. Das zeigt auch eine der Dynamiken, die homosexuelle Schicksale bewirken: Wenn kein Mädchen für eine Identifizierung zur Verfügung steht, kommt es zu einer Gegengeschlechtlichen-Identifizierung. Das heißt, ein Junge muss sich mit einer Frau identifizieren und sie repräsentieren. Der wird dann homosexuell. Oft bringen sich auch zur Sühne für den Tod einer Frau im Kindbett andere im System um, manchmal noch Enkel und Urenkel.

zu Wilhelm Du musst daher aus dem Bannkreis der Mutter und ihrer Familie in den Bannkreis des Vaters und des Großvaters, des Geschäftsmannes, treten. Dort entkommst du der Verstrickung in die Familie der Mutter und dem Gefühl, ein Opfer zu sein oder für etwas sühnen zu müssen.

WILHELM Ich habe das aber erst später herausgefunden, dass der Großvater ein Geschäft hatte.

HELLINGER Ich weiß nur, dass eine Verstrickung nicht auf verbale Vermittlung zurückgeht, sondern dass es ein unmittelbares Wissen über ihre Ursachen gibt. Sonst könnten wir das gar nicht darstellen, wenn es kein unmittelbares Wissen gäbe.

FRANK Ich habe noch eine Frage zur vermeintlichen Schuld. Also der Nachfahre würde sich einerseits mit der Frau, die gestorben ist, identifizieren und mit der angeblichen Schuld dieses Vorfahren. Das sind ja zwei Personen.

HELLINGER Ich will es nicht an einer oder zweien festmachen. Ich sehe das als eine Einheit. Die Phantasie im System ist: Eigentlich müsste sich der Großvater umbringen, aber weil der es nicht macht, macht es ein anderer. Aber der Mann, dessen Frau im Kindbett stirbt, hat diese Phantasie nicht – er weiß es ja besser. Die Nachfahren haben diese Phantasie.

Dahinter wirkt aber noch eine andere Vorstellung: Einer geht verloren, und dafür muss ein anderer auch verlorengehen zum Ausgleich. Das ist eine primitive, uralte Vorstellung von Ausgleich, die tief in der Seele wirkt. Dieses archaische Bedürfnis nach Ausgleich kann man ersetzen und überwinden durch den Ausgleich gemäß einer Ordnung der Liebe. Wenn die Personen, die Platz gemacht haben, bewusst geachtet und gewürdigt werden, braucht man nicht noch etwas Zusätzliches tun. Sobald man noch zusätzlich etwas tut, zur Sühne zum Beispiel, macht das die Achtung zunichte. Es ist nur die Achtung, auf die es ankommt. Alles andere ist überflüssig. Deswegen kann es auch jeder sofort für sich vollziehen.

FRANK Es geht also nur um die Anerkennung?

HELLINGER Richtig.
KARL Das ist die Frage, die ich vorher schon hatte. Wenn der, der das Opfergefühl hat, diese Achtung vollzieht, ist das genug. Er muss nicht jemand anderen auch dazu bringen, diese Achtung zu vollziehen.
HELLINGER Es genügt für ihn, wenn er das macht. Er muss also anerkennen, dass diese erste Frau Platz gemacht hat für die Mutter seiner Mutter und dadurch auch für seine Mutter.
ANNE Spielt es dabei eine Rolle, auf welcher Seite das Unglück geschieht, auf der mütterlichen oder der väterlichen?
HELLINGER Nein, das spielt keine Rolle. Da gibt es keinen Unterschied.

zur Gruppe Ich erzähle euch dazu ein Märchen, eines, das sowohl verschlüsselt als entlarvt. Es gaukelt uns ein Trugbild vor, als würde Wünschen helfen, und so verleitet es vielleicht zu Taten, die uns anstatt ins Glück, das wir uns wünschen, ins Unglück, das wir fürchten, führen.

Wo solche Bilder wirksam sind, hilft es, das Märchen nüchtern zu erzählen, so dass auch hier die Wünsche ihre Grenzen haben und angemaßte Taten scheitern. Dann fallen wir vom Himmel auf die Erde und wissen unser Maß.

Die Täuschung

Ein alter König kam zum Sterben, und da er sich noch Sorgen um die Zukunft seines Reiches machte, rief er seinen treuesten Diener, mit Namen Johannes, weihte ihn in ein Geheimnis ein und bat ihn: „Nimm dich meines Sohnes an, denn er ist noch unerfahren, und diene ihm so treu wie mir!"

Der treue Johannes kam sich wichtig vor – er war ja nur ein Diener – und ohne dass er Schlimmes ahnte, hob er seine Hand zum Schwur und sagte: „Ich werde dein Geheimnis hüten und deinem Sohne treu sein, so wie dir, und wenn es mich mein Leben kostet."

Dann starb der König, und als man ihn betrauert hatte, führte der treue Johannes den jungen König durch das Schloss, öffnete ihm alle Räume und zeigte ihm die Schätze des Reiches. Doch an einer Tür ging er nur vorbei, und als der König, ungeduldig, auch sie geöffnet haben wollte, warnte ihn Johannes erst, das habe sein Vater verboten, und als der König, trotzig, sie notfalls eigenhändig aufzubrechen drohte, gab er ihm schweren Herzens nach. Er öffnete auch diese Tür, lief aber schnell voraus und stellte sich noch vor ein Bild, damit der König es nicht sähe. Doch es half ihm nichts. Der König drückte ihn zur Seite, sah das Bild und fiel in Ohnmacht. Denn es war ein Bild der Königstochter vom Goldenen Dach.

Als er wieder zu sich kam, war er immer noch von Sinnen, denn er dachte nur noch, wie er sie zur Frau gewinne. Doch offen um sie anzuhalten war ihm zu gewagt, denn ihr Vater hatte, wie er hörte, bisher jeden Werber abgewiesen: Und so ersannen der treue Johannes und er eine List.

Weil, wie sie erkundet hatten, das Herz der Königstochter vom Goldenen Dach an allem, was von Gold war, hing, nahmen sie aus dem königlichen Schatz das goldene Geschmeide und das goldene Geschirr, packten alles auf ein Schiff und fuhren übers Meer bis vor die Stadt, in der die Königstochter wohnte. Dort nahm der treue Johannes etwas von dem Gold und bot es heimlich vor dem Schloss zum Kaufe an. Als die Königstochter davon hörte, kam sie, um sich alles anzuschauen, und als er ihr erzählte, sie hätten noch viel mehr davon auf ihrem Schiff, überredete er sie, mit ihm auch auf das Schiff zu kommen. Dort empfing sie der König, als Handelsmann verkleidet, und er fand sie noch viel schöner, als er sie auf dem Bild gesehen hatte. Er führte sie ins Innere und zeigte ihr die goldenen Schätze.

Inzwischen wurden die Anker gelichtet und die Segel gesetzt, und das Schiff stach wieder in See. Die Königstochter merkte es und war verwirrt. Doch dann begriff sie, was im Gange war und wie es Wünschen, die sie selber insgeheim gehegt, entgegenkam, und spielte mit.

Als sie sich alles angesehen hatte, blickte sie nach draußen, sah das Schiff schon weit vom Land und schien erschrocken. Der König aber nahm sie bei der Hand und sagte: „Du brauchst keine Angst zu haben! Ich bin kein Handelsmann, ich bin ein König, und ich habe dich so lieb, dass ich dich bitte, meine Frau zu werden." Sie sah ihn an und fand ihn freundlich, griff nach dem Gold und sagte ja.

Der treue Johannes aber saß am Steuer, und als er noch vergnügt ein Liedchen pfiff, weil seine List so gut gelungen war, flogen drei Raben herbei, setzten sich auf einen Mast und begannen miteinander zu reden.

Der erste Rabe sagte: „Der König hat die Königstochter noch lange nicht. Denn wenn sie an Land kommen, springt ihm ein feuerrotes Ross entgegen, und er wird sich hinaufschwingen, um mit ihm ins Schloss zu reiten. Doch es sprengt mit ihm davon, und er wird nie mehr gesehen werden." Der zweite Rabe sagte: „Es sei denn, es kommt ihm einer zuvor, schwingt sich auf das Ross, nimmt das Gewehr, das in seinem Halfter steckt, und schießt es damit tot." Und der dritte Rabe sagte: „Wenn es aber einer weiß und verrät, wird er zu Stein, von der Zehe bis zum Knie."

Der zweite Rabe sagte: „Auch wenn das erste gutgeht, hat der König die Königstochter noch immer nicht. Denn wenn er in sein Schloss kommt, liegt dort ein Festgewand, und er wird hingehen, um es anzuziehen. Doch es wird ihn wie Pech und Schwefel bis auf die Knochen verbrennen." Der dritte Rabe sagte: „Es sei denn, es kommt ihm einer zuvor, nimmt es mit Handschuhen und wirft es ins Feuer." Und der erste Rabe sagte: „Wenn es aber einer weiß und verrät, wird er zu Stein, vom Knie bis zum Herzen."

Der dritte Rabe sagte: „Auch wenn das zweite gutgeht, hat der König sie immer noch nicht. Denn wenn der Hochzeitstanz beginnt, wird die Königin erbleichen und wie tot zu Boden sinken. Und wenn nicht gleich einer hingeht und ihr das Mieder öffnet, ihre rechte Brust herausnimmt und drei Blutstropfen aus ihrer rechten Brust saugt und wieder ausspuckt, wird sie sterben." Und der zweite Rabe sagte: „Wenn es aber einer weiß und verrät, wird er zu Stein, vom Herzen bis zum Scheitel."

Da wusste der treue Johannes, jetzt wird es ernst. Doch getreu seinem Eid nahm er sich vor, alles zu tun, um den König und die Königin zu retten, auch wenn es ihn sein Leben koste.

Als sie an Land kamen, geschah es genau so, wie es die Raben vorausgesagt hatten. Ein feuerrotes Ross sprengte daher, und bevor noch der König sich hinaufschwingen konnte, schwang sich der treue Johannes hinauf, nahm das Gewehr und schoss es tot. Da sagten die anderen Diener: „Was der sich herausnimmt! Jetzt wollte der König auf dem schönen Ross ins Schloss reiten, doch er schießt es ihm tot. Man darf ihm das nicht durchgehen lassen!" Der König aber sagte: „Er ist mein treuer Johannes. Wer weiß, wofür es gut war."

Als sie das Schloss betraten, lag dort das Festgewand, und bevor der König noch hingehen und es anziehen konnte, nahm es der treue Johannes mit Handschuhen und warf es ins Feuer. Da sagten die anderen Diener: „Was der sich herausnimmt! Jetzt wollte der König das schöne Gewand zur Hochzeit anziehen, doch er wirft es vor seinen Augen ins Feuer. Man darf ihm das nicht durchgehen lassen!" Der König aber sagte: „Er ist mein treuer Johannes. Wer weiß, wofür es gut war."

Dann wurde die Hochzeit gefeiert, und als der Hochzeitstanz begann, wurde die Königin bleich und sank wie tot zu Boden. Der treue Johannes aber war sofort an ihrer Seite, und ehe noch der König sich etwas zu tun getraute – denn er war ja unerfahren, öffnete er ihr das Mieder, nahm ihre rechte Brust heraus, sog drei Blutstropfen aus ihrer rechten Brust und spuckte sie aus. Da öffnete sie ihre Augen und war wieder gesund.

Der König aber schämte sich, und als er seine Diener lästern hörte, das gehe nun wirklich zu weit, und wenn er ihm auch das noch durchgehen lasse, habe er sein Ansehen verspielt, rief er das Gericht zusammen und verurteilte den treuen Johannes zum Tod. Der treue Johannes aber, als man ihn zum Richtplatz führte, überlegte noch, ob er, was ihm die Raben anvertraut, verraten solle; denn sterben müsse er in jedem Fall: Wenn er es nicht verriet, musste er am Galgen sterben, und wenn er es verriet, würde er zu Stein.

Doch dann entschloss er sich, es lieber zu verraten, denn er sagte sich: „Vielleicht macht die Wahrheit sie frei."

Als er vor seinem Henker stand und, wie andere Verbrecher auch, noch ein paar Worte sagen durfte, erzählte er vor allem Volk, warum er, was so schlimm erschien, getan, und als er damit fertig war, fiel er um und war ein Stein. So starb er.

Das ganze Volk schrie auf vor Schmerz, und der König und die Königin zogen sich zurück aufs Schloss und in ihre Kammer. Dort blickte die Königin den König an und sagte: „Ich habe die Raben auch gehört, aber nichts gesagt, aus Angst, ich würde zu Stein." Der

König aber legte ihr den Finger auf den Mund und flüsterte ihr zu: „Ich hörte sie auch!"

Das ist noch nicht das Ende der Geschichte; denn der König getraute sich nicht, den zu Stein gewordenen Johannes zu begraben, und so stellte er ihn als ein Denkmal vor sein Schloss. Wenn er daran vorüberging, seufzte er und sagte: „Ach, mein treuer Johannes!" Doch bald hatte er andere Gedanken im Kopf, denn die Königin wurde schwanger, und nach einem Jahr gebar sie ihm Zwillinge, zwei herzige Knaben.

Als die beiden Knaben drei Jahre alt waren, ließ es dem König keine Ruhe, und er sprach zu seiner Frau: „Wir müssen etwas tun, um den treuen Johannes zum Leben zu erwecken, und es wird uns auch gelingen, wenn wir das Liebste opfern, was wir haben." Da erschrak die Königin und sagte: „Unser Liebstes, das sind doch unsere Kinder!" – „Ja", sagte der König.

Am nächsten Morgen nahm er ein Schwert, hieb seinen Söhnen die Köpfe ab und vergoss ihr Blut über dem Denkmal des treuen Johannes, in der Hoffnung, er würde wieder lebendig. Doch er blieb ein Stein.

Da schrie die Königin auf und sagte: „Das ist das Ende!" Sie zog sich zurück in ihre Kammer, packte ihre Sachen und fuhr heim in ihr Land. Der König aber ging ans Grab seiner Mutter und weinte dort lange.

Wer jetzt versucht sein sollte, das Märchen, wie es überliefert wurde, nachzulesen, der findet dort, wenn er es achtsam liest, das gleiche, was er hier gehört. Doch wird er dort zugleich das eigentliche Märchen finden, das ihm, wenn er den unverhüllten Anblick seiner Wahrheit scheut, das Schreckliche durch etwas Schönes gerade noch erträglich macht und seine Angst, als sei der Himmel leer, durch eine trügerische Hoffnung bannt.

Vater und Sohn

WOLFGANG Ich habe deine Anregung aufgegriffen und mit meinem Sohn gleich gestern abend geredet. Das war gar nicht schwierig. Er hat nur gesagt: „Als Psychologe hättest du das selber wissen können."

Dann habe ich gesagt: „Manchmal brauche ich auch einen Anschub." Wir haben abends nochmals ein bisschen geredet, und dann hat er überlegt: „Vielleicht studiere ich doch Psychologie." Meine Frau sagte: „Dann brauchst du aber ein gutes Zeugnis", und ich habe gesagt: „Wenn er das Interesse hat, dann wird er auch ein gutes Zeugnis bringen."

HELLINGER Das war psychologisch gut. Ich will dir dazu noch ein Beispiel erzählen. Während einer Tagung hatte ich eine Gruppe, in der erzählte ein Mann: „Mein Sohn achtet mich nicht." Ich sagte ihm: „Das kannst du ganz einfach lösen. Wenn er sich wieder so verhält, dann haust du mit der Faust auf den Tisch und sagst: ‚Hör mein Sohn: Ich bin dein Vater, und du bist mein Sohn.' Er musste an dem Abend nach Hause fahren – er wohnte ganz in der Nähe –, kam am nächsten Tag in die Gruppe zurück und sagte: „Ich habe ein Gespräch gehabt mit meinem Sohn wie noch nie. Ich brauchte nicht auf den Tisch zu schlagen." Aber er hatte sich innerlich verändert, und dadurch konnte etwas zwischen ihnen fließen.

Unbekannter Großvater

WOLFGANG Etwas anderes beschäftigt mich noch, was ich nicht greifen kann. Meine Mutter ist ein uneheliches Kind, und ich habe sie mal gefragt, was aus ihrem Vater geworden ist. Sie wollte mir nichts darüber erzählen. Dann hat sie doch mühsam gesagt: „Er ist früh gestorben." Wenn ich daran denke, fällt mir in dem Zusammenhang ein, dass meine Mutter gesagt hat, ihr Vater habe dann geheiratet, und der jüngste Sohn aus dieser Ehe sei mit achtzehn Jahren im Krieg gefallen.

HELLINGER Wichtig für dich ist der Großvater. Ihm musst du in deinem Herzen Raum geben.

WOLFGANG Ich habe den nur nicht greifbar.

HELLINGER Das hast du. Da gab es mal einen gewissen Konrad Lorenz *(Der Verhaltensforscher Konrad Lorenz)*. Hast du von dem gehört? Der hatte einen Hund, der hatte den ominösen Namen Stasi. Aber damals hat der Name noch nichts bedeutet. Der Hund ist gestorben, und er hat es bedauert, dass er keinen Nachkommen von ihm hatte. Er hat sich aber gesagt: „Das nächste Mal passiert mir das nicht mehr.“ Danach hatte er wieder einen Hund, der hieß Tito. Von dem hat er sich gleich einen Nachkommen besorgt, und von dem Nachkommen hatte er schon wieder einen Nachkommen. Eines Tages spielte dieser junge Hund vor ihm, und er dachte bei sich: „Ganz wie der Tito.“ Doch dann schoss es ihm durch den Kopf: „Das stimmt ja gar nicht. Das *ist* der Tito.“

WOLFGANG Das kommt mir ziemlich dick.

HELLINGER Ist das so schwer? Ein Kind kennt immer seine Eltern, auch wenn es sie nie gesehen hat. Es *ist* seine Eltern, und seine Großeltern.

Würdigen der Mutter

WOLFGANG Ich glaube, ich kriege ein Gespür dafür, wie wichtig für mich das Würdigen ist. Im Hinblick auf meinen Vater kann ich das relativ gut; ich fange an, das zu können. Aber ich merke, dass ich das im Hinblick auf meine Mutter nicht kann und dass ich mit ihr unwürdig umgehe.

HELLINGER *zur Gruppe* Jetzt hat er sich das erschwert, indem er es beschrieben hat. Er hätte ja sofort anfangen können, es zu tun, statt dass er beschreibt, wie schwer es ist.

zu Wolfgang Ich habe ja den Zaubersatz schon ein paarmal gesagt, der fällig ist, der dazu verhilft. Weißt du ihn noch, den Zaubersatz?

Wolfgang schüttelt den Kopf.

HELLINGER Für dich wiederhole ich ihn noch einmal. Er heißt: Ich gebe dir die Ehre. Nichts hindert dich, einzuschwingen in diesen Satz, bis er gelingt.

Verschobener Eifer

DAGMAR Ich heiße Dagmar. Ich bin Psychotherapeutin und arbeite in freier Praxis. Seit zehn Jahren bin ich mit Frank zusammen. Was ich hier für mich will, ist beruflich und persönlich. Beruflich ist es so, dass ich begeistert Familienrekonstruktionen mache. Aber diese Methode ist sehr anstrengend und dauert mehrere Stunden. Ich finde, dass es gut wäre, eine Methode zu lernen, bei der man sich gut abgrenzen kann und es kurz und knapp macht; und da hoffe ich von dir zu profitieren. Für mich persönlich habe ich gemerkt, ich kann es einfach nicht ertragen, wenn man mich übergeht.

HELLINGER Das ist ein Fremdgefühl. Die Frage ist: Von wem und für wen hast du dieses Gefühl übernommen?

DAGMAR Ich habe mich gestern noch in meinen Stammbaum reingekniet, den ich mal für die Familientherapieausbildung über fünf Generationen unheimlich liebevoll gemalt habe, und habe mich darin verfangen. Ich habe an der einen oder anderen Stelle aufgemerkt und dann gleichzeitig wieder deine Stimme gehört: „Das ist es nicht." Das klang dann unglaublich streng und wegwerfend für den Moment. Ich hänge bei meiner Oma mütterlicherseits, die sich erst nach fünfzehn Jahren entschieden hat, zu heiraten und aus einer guten gesicherten Lebenssituation zu ihrem Mann auf einen Bauernhof zu gehen, auf dem alles ärmlich war. Ihr Mann ist bald gestorben, und sie hat den Bauernhof alleine bewirtschaftet.

HELLINGER War die Oma vorher verheiratet?

DAGMAR Nein, die Oma ging mit fünfzehn in einen Haushalt als Hausmädchen, und ihr späterer Mann war als Kutscher da beschäftigt. Sie sind fünfzehn Jahre lang miteinander gegangen, bis sie geheiratet haben.

HELLINGER Wer hat die Heirat verhindert?

DAGMAR Das weiß ich nicht.

HELLINGER Was ist dein Bild?

DAGMAR Das erste Bild, das mir jetzt kam, war, dass bei dem Mann, also meinem Opa, irgend etwas nicht gestimmt hat, also dass der noch irgend etwas anderes gesucht hat.

HELLINGER Ich habe ein anderes Bild. Ich schaue zu der Herrschaft.

DAGMAR Also da weiß ich, dass die meine Oma nicht gehen lassen wollten.

HELLINGER Genau.

DAGMAR Die waren total begeistert von der.

HELLINGER Auf wen ist die Oma böse?

DAGMAR Also ich weiß, dass sie böse war auf ihren Mann. Aber du meinst, in Wirklichkeit sei sie auf ihre Herrschaft böse gewesen?

HELLINGER Genau.

DAGMAR Sie hat immer sehr begeistert davon erzählt. Sie hat sich da sehr anerkannt gefühlt, also wirklich erwünscht.
HELLINGER Vielleicht wollte sie den Mann gar nicht heiraten. Dann hat sie ihn reingelegt.

Aufstellung: Tochter ist mit der Verlobten des Vaters identifiziert und übernimmt deren Gefühle

DAGMAR Ich würde gerne meine Familie aufstellen, um zu sehen, ob ich da eine Rolle habe, in der ich mir etwas anmaße. Ich suche eine Entlastung.
HELLINGER Dann stelle sie auf.
DAGMAR Vater, Mutter, Großeltern?
HELLINGER Nein, Vater, Mutter, Kinder, das reicht. Oder war vorher jemand verheiratet oder verlobt?
DAGMAR Mein Vater war verlobt und hatte anschließend noch mal eine Beziehung zu einer Frau.
HELLINGER Gab es Kinder aus der Beziehung?
DAGMAR Nein.
HELLINGER Wieso ist die Verlobung auseinandergegangen?
DAGMAR Die Frau, mit der er verlobt war, die mochte er nicht mehr.
HELLINGER Mit der bist du natürlich identifiziert. Alle anderen können wir vergessen.
DAGMAR Das wundert mich.

HELLINGER Die Verlobte stellen wir mit auf.

Bild 1

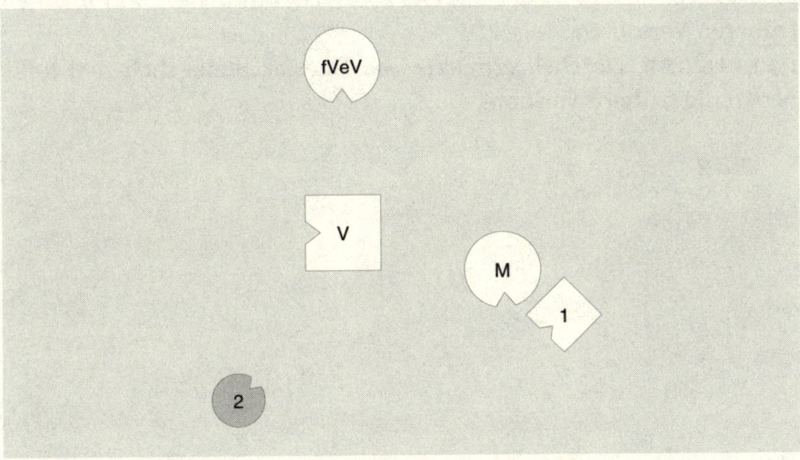

V	Vater
M	Mutter
1	erstes Kind, Sohn
2	**Zweites Kind, Tochter (= Dagmar)**
fVeV	Frühere Verlobte des Vaters

HELLINGER Wie geht es dem Vater?
VATER Gar nicht gut. Wie versetzt. Ich hatte das Gefühl, Dagmar drehte mich etwas mehr, als ich wollte, in die Richtung zu meiner früheren Verlobten. Ich musste richtig dagegenhalten. Ich sehe ganz schwach aus den Augenwinkeln rechts und links zwei Personen, und ich habe irgend etwas Unliebes im Rücken.
HELLINGER Wie geht es der Mutter?
MUTTER Ich fühle mich nicht unwohl, aber mit dem Mann habe ich nichts am Hut. Ich sehe nur meinen Sohn und habe die Tochter nur so ein bisschen im Blickwinkel. Aber konzentriert bin ich hauptsächlich auf meinen Sohn hier. Im Rücken spüre ich nichts.
HELLINGER Wie geht es dem Sohn?
ERSTES KIND Ich stehe kurz vor der Flucht. *Mutter und Sohn lachen.*
HELLINGER *zur Stellvertreterin von Dagmar* Wie geht es der Tochter?

ZWEITES KIND Ich komme mir ziemlich losgelöst vor; ein bisschen beobachtet.

HELLINGER Wie geht es der früheren Verlobten?

FRÜHERE VERLOBTE DES VATERS Ich bin fixiert auf meinen früheren Verlobten.

HELLINGER *zur Stellvertreterin von Dagmar* Stelle dich mal links neben die frühere Verlobte.

Bild 2

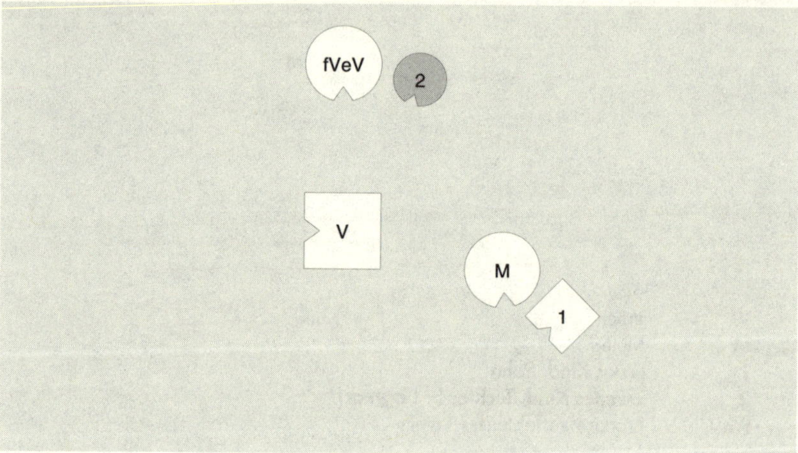

HELLINGER *zur Stellvertreterin von Dagmar* Wie geht es dir jetzt?

ZWEITES KIND Es ist mehr Zugehörigkeit.

HELLINGER *zu Dagmar* Das ist die Identifizierung. Jetzt stelle dir mal vor, was die für Gefühle gehabt hat, so wie dein Vater über sie geredet hat. Diese Gefühle hast du von ihr übernommen.

DAGMAR Mein Vater hat ganz wenig über sie geredet.

HELLINGER Du hast vorhin gesagt, er habe sie nicht mehr gemocht.

DAGMAR Ach so. Ja! Das stimmt.

HELLINGER Wie musste sie sich da fühlen?

DAGMAR Sie war auf ihn sauer.

HELLINGER Genau. Wenn du wieder solche Gefühle hast, dass du übergangen wirst, siehst du, wo sie herkommen: Es sind ihre. Daher war der jahrelange Streit mit Frank ganz umsonst. *Sie lacht.* Es hat den Falschen getroffen.

VATER Ich fühle mich zu meiner Verlobten hingezogen. Es stimmt nicht, dass ich sie nicht mehr gemocht habe oder nicht mehr mag.
HELLINGER *zur Mutter* Wie geht es dir, wenn die Tochter bei der früheren Verlobten steht? Besser oder schlechter?
MUTTER Schlechter. Ich vermisse sie.
HELLINGER Du hast doch ein Mutterherz.

Hellinger stellt das Bild um.

Bild 3

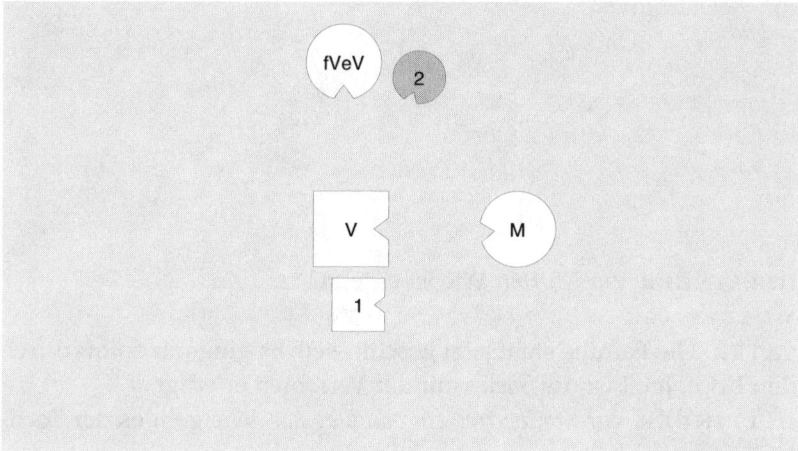

HELLINGER Wie ist das jetzt?
MUTTER Besser.
VATER Mir tut das gut.
ERSTES KIND Mir tut die Mutter leid, wenn sie so allein ist.
HELLINGER *zur früheren Verlobten* Hat sich bei dir inzwischen etwas verändert?
FRÜHERE VERLOBTE DES VATERS Ja. Der Mann hat Gesicht bekommen für mich. Den kann ich jetzt angucken.
ZWEITES KIND Ich fühle mich ein bisschen weit weg, aber ich merke, dass ich sehr stark an der Verlobten neben mir hänge.

Hellinger stellt das Lösungsbild auf.

Bild 4

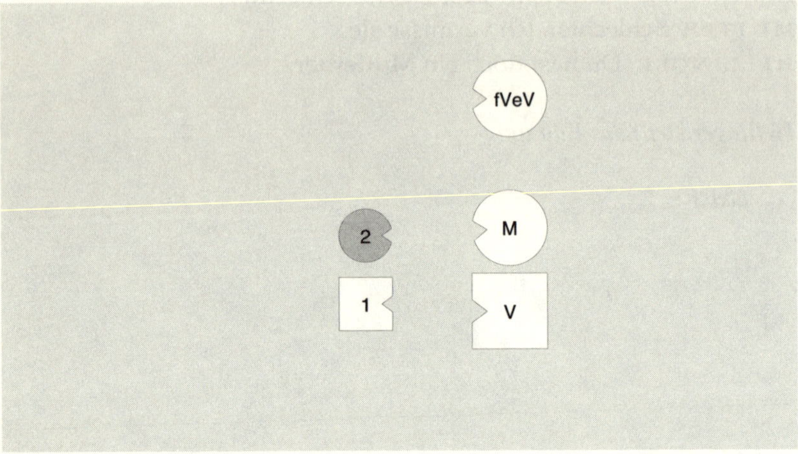

HELLINGER *zur Mutter* Wie ist es jetzt?
MUTTER Gut.
VATER Die Familie steht jetzt geschlossen. Es ging mir sofort durch den Kopf: Jetzt ist die Sache mit der Verlobten erledigt.
HELLINGER *zur Stellvertreterin von Dagmar* Wie geht es der Tochter?
ZWEITES KIND *schaut auf den Boden* Ich fühle mich nicht richtig zugehörig hier. Ich bin jetzt zwar hier dabei, aber irgendwie fremd.
HELLINGER Wie geht es der früheren Verlobten?
FRÜHERE VERLOBTE DES VATERS Mir geht es gut. Ich bin frei.
HELLINGER *zur Stellvertreterin von Dagmar* Jetzt mache ich mit dir eine Übung. Dir fällt sie nicht so schwer, weil es dich ja nicht betrifft und du nur die Dagmar vertrittst. Knie dich vor die Mutter, verneige dich tief bis auf den Boden, die Arme nach vorne mit nach oben geöffneten Händen.

Sie verneigt sich vor der Mutter.

HELLINGER *nach einer Weile, als sie sich wieder aufrichten will* Es ist noch zu früh. Bleib noch ein bisschen.
HELLINGER *zur Mutter* Was ist bei dir? Was bewirkt es?

MUTTER So ein bisschen das Gefühl: Ich habe es nicht verdient, dass sie sich verneigt. Ich bin es nicht würdig.
HELLINGER *zur Stellvertreterin von Dagmar* Richte dich wieder auf. Wie geht es dir jetzt?
ZWEITES KIND Besser.

Sie lacht die Mutter an, und die Mutter lacht zurück.

HELLINGER *zu Dagmar* Das ist für dich der nächstfällige Schritt: dich hinwenden zur Mutter, was immer sie auch fühlt. Das löst die Identifizierung mit der Verlobten. Die Mutter fühlt sich nicht würdig, weil sie dazwischen steht, zwischen ihrem Mann und seiner früheren Verlobten. Dennoch ist es für das Kind richtig, sich vor ihr zu verneigen. Es sagt damit: „Ich gebe dir die Ehre."
FRÜHERE VERLOBTE DES VATERS Für mich war das auch wichtig.
HELLINGER Das macht dich noch freier.
zu Dagmar Willst du dich selber mal dahin stellen?

Dagmar stellt sich an ihren Platz und schaut auf den Boden.

DAGMAR Also das mit der Verneigung hat mich schon sehr berührt. Aber sie nimmt es nicht.
HELLINGER Das hat sie nicht gesagt.
DAGMAR Sie hat gesagt, sie fühlt sich nicht würdig.
HELLINGER Sie hat ein Recht, das zu sagen.

zur Gruppe Die Wirkung der Verneigung ist nicht abhängig von dem, was der andere sagt. Bei der Familientherapie hängt die Lösung niemals vom anderen ab. Es braucht kein anderer anders zu sein, als er war. Die Eltern brauchen nicht anders zu werden, und es braucht sich niemand zu entschuldigen. Jeder kann selber und von sich aus tun, was fällig ist, zum Beispiel sich vor den Eltern verneigen, wie immer sie sich verhalten. Im eigenen Vollzug liegt die Lösung. Gut, das war's dann.

Objektive und subjektive Anmaßung

HELLINGER *zu Dagmar* Ich sage noch etwas zu deiner Entlastung. Die Anmaßung des Kindes, wenn es eine andere Person vertritt und, so wie du, in eine Anklägerrolle den Eltern gegenüber kommt, ist objektiv, nicht subjektiv. Sie ergibt sich aus einer Dynamik, der das Kind nicht widerstehen kann. Das Kind nimmt sich das nicht heraus. Es ist eine objektive Anmaßung. Sie hat zwar die gleiche Wirkung wie die subjektive, doch es ist da keine persönliche Schuld mit drin. Es ist eine Verstrickung. Nur wenn du nachher, nach diesem Kurs, so weitermachst wie bisher, dann wirst du schuldig.

Heimweh nach dem Vater

GERTRUD Mir geht es gar nicht gut. Ich habe ein flaues Gefühl im Magen, und die Symptome, die ich vorhin in der Aufstellung als stellvertretende Mutter erlebt habe: Ich kann mich nicht daran erinnern, jemals so etwas erlebt zu haben, so eine Schwäche.
HELLINGER Das hat aber nichts mit dir zu tun.
GERTRUD Ja, aber es wirkt nach. Irgendwas fehlt mir. Ich wollte dich etwas fragen – damit habe ich mich in der Mittagspause beschäftigt – über meinen unehelichen Sohn. *Sie seufzt und ist dem Weinen nahe.* Habe ich mich schuldig gemacht?
HELLINGER Nimm mal deinen Stuhl und bringe ihn hierher. Setze dich vor mich, etwas näher, die Augen zu; den Mund leicht öffnen. Atme und überlasse dich dem, was ist.

Er neigt ihr den Kopf nach vorne.

HELLINGER Schneller atmen. Mit der Bewegung gehen.

Gertrud schluchzt.

HELLINGER Stelle dir vor: Du hältst etwas fest.
nach einiger Zeit Sollen wir es hier lassen?

Gertrud nickt.

HELLINGER Okay, wie geht es dir?
GERTRUD Besser, doch ich verstehe das nicht.
HELLINGER Macht nichts.
als das Gefühl sie wieder berührt Gib dem nach, was gerade war. Geh mit der Bewegung.

Gertrud weint.

HELLINGER *flüstert* Hast du Heimweh?
GERTRUD Ich denke an meinen Vater.
HELLINGER Mach die Augen zu. Stelle dir vor, du findest heim zu ihm.

Sie schluchzt.

HELLINGER Weiter atmen. Abfließen lassen.

Gertrud atmet leichter.

HELLINGER Kennst du das Lied von den zwei Königskindern?
GERTRUD Nein.
HELLINGER Nein? Es heißt: „Sie konnten zusammen nicht kommen, das Wasser war viel zu tief."
GERTRUD *lacht* Ich bin ihm nahegekommen.
HELLINGER Okay, da lasse ich es jetzt.

Wann hat der Mann und wann hat die Frau in einer Familie den Vorrang?

GEORG Wann steht in einer Familienaufstellung der Mann rechts von der Frau, und wann steht er links?
HELLINGER Das ist verschieden. Die Eltern sind eigentlich ebenbürtig. Sie haben die erste Stelle gemeinsam. Danach kommen die Kinder, das erste, das zweite, das dritte, das vierte usw. Zwischen den Eltern gibt es keine Rangfolge nach der Ursprungsordnung; sie fangen ja gleichzeitig an. Es gibt aber eine Rangfolge nach ihrer Funktion. Derjenige, der für die Sicherheit verantwortlich ist, hat in der Regel den ersten Rang, und das ist meistens der Mann. Er steht dann rechts von der Frau. Es gibt aber Familien, zum Beispiel die Familie von Ida, in der hat nach dem, was sie vorhin erzählt hat, ganz klar die Mutter den ersten Rang. Daher stünde dort die Frau rechts vom Mann.

Es gibt aber auch andere Situationen, in denen die Frau den Vorrang hat. Wenn in der Familie der Frau wichtige Personen ausgeklammert wurden, etwa der Vater, weil er die Mutter nicht geheiratet hat, oder die Mutter, weil sie ein schlimmes Schicksal hatte, ändert sich die Rangfolge. Dann kommen von rechts nach links zuerst diese ausgeklammerten Personen, danach die Frau und dann erst der Mann. Das hat mit der Wucht der Schicksale zu tun. Thea zum Beispiel hatte in ihrer Gegenwartsfamilie den ersten Rang, weil die Wucht der Schicksale in ihrer Herkunftsfamilie ihr das Übergewicht gab. Du musst es also von Fall zu Fall ausprobieren.

Wenn jemand vorher verlobt war, muss sich der zweite Partner in der Regel zwischen den jetzigen und den früheren stellen. In Dagmars Herkunftsfamilie zum Beispiel musste sich ihre Mutter zwischen den Mann und seine frühere Verlobte stellen und stand dann in der Reihenfolge vor ihm. So zeigt sie ihrem Mann und seiner früheren Verlobten, dass sie ihn als ihren Mann nimmt und beansprucht. Damit wird die Verlobte von ihm nicht nur getrennt, sondern auch frei. Allerdings gibt es auch viele Fälle, in denen der zweite Partner sich nicht dazwischen stellen darf. Oft darf sich eine zweite Frau nicht zwischen den Mann und seine erste Frau stellen, wenn diese gestorben ist, oder nicht zwischen ihn und seine frühere Verlobte, wenn ihr großes Unrecht geschah.

Die Frau folgt dem Mann, und der Mann muss dem Weiblichen dienen

HELLINGER Die Paarbeziehung gelingt, wenn die Frau dem Mann folgt. Das heißt, dass sie ihm folgt in sein Land, in seine Sprache, in seine Kultur, in seine Familie, und dass sie den Kindern erlaubt, dem Vater zu folgen: in sein Land, in seine Sprache, in seine Familie, in seine Kultur. Wenn der Mann der Frau folgt, gibt es Spannungen. Zum Beispiel wenn der Mann einheiratet, dann folgt er der Frau, und das geht schief: Es gibt keine erfüllte Beziehung. Die gibt es nur, wenn die Frau dem Mann folgt. Das ist eine Beschreibung dessen, was ich gesehen habe. Wenn jemand Gegenbeispiele hat, lasse ich mich gern belehren. Ich habe bisher noch keine gesehen.

Andererseits gelingt die Beziehung nur, wenn der Mann dem Weiblichen dient. Das ist der Ausgleich. Was ich hier sage, folgt nicht einer Theorie. Es beschreibt, was ich beobachtet habe.

JONAS Das ist das Patriarchat.

HELLINGER Eben nicht. Es ist nicht davon abgeleitet.

JONAS Ein Freund von mir, ein Amerikaner, wohnt mit seiner indischen Frau zusammen bei deren Familie in Indien. Er ist inzwischen sechzig Jahre alt, und es geht ihm prima. Es ist eine der schönsten Beziehungen, die ich kenne; aber auch eine große Ausnahme.

HELLINGER Gut, dann ziehe ich meine Aussage zurück. *Lachen in der Gruppe*

ANNE Ich bin mit diesem Rückzieher nicht einverstanden; denn was du sagst, bewirkt etwas bei mir. Ich möchte gern, dass du noch ein bisschen mehr dazu sagst.

HELLINGER Das ist okay. So schnell ändere ich mich nicht, und was ich sage, ist nicht immer auch das, was ich weiß.

zu Jonas Es gibt natürlich – wie bei all diesen Ordnungen – Dynamiken, die in die andere Richtung weisen. Das gibt es immer. Es kann also sein, dass dein Freund genau das Richtige macht.

Ich will aber noch etwas zu den Kindern aus solchen Beziehungen sagen. Wenn die Eltern aus zwei verschiedenen Ländern stammen, dann dürfen die Kinder nicht zwischen den Ländern wählen, als müssten sie sich für das eine und gegen das andere entscheiden: Sie gehören zu beiden, aber das vom Vater hat in der Regel den Vorrang.

GERTRUD Warum heißt es dann Muttersprache? Das widerspricht dem ja förmlich.

HELLINGER Die Muttersprache folgt anderen Gesetzen. Das Kind lernt die Sprache schon im Schoß der Mutter. Es nimmt sie dort bereits auf. Ich will dies aber nicht in einen Gegensatz zu dem anderen bringen.

THOMAS Ich glaube, das hat auch ein Stück mit meiner Geschichte zu tun. Es geht da um Einheirat und dass der Mann der Frau folgen musste.

HELLINGER Einheirat belastet die Beziehung und schränkt sie ein. Folgen heißt aber nicht Gehorsam. Es heißt, ich folge dir in deine Familie.

Vergebliche Liebe

JOHANN Mich beschäftigt, dass die Frau dem Mann folgt. Ich habe seit zwei Jahren eine Freundin, die in der Schweiz lebt, und es hat bisher noch nicht geklappt, dass wir zusammenkommen. Das macht mich sehr traurig. Einmal wäre ich fast hingegangen, doch dann habe ich gemerkt, das stimmt so nicht, und habe gespürt, dass sie kommen muss. Es ist ein ganz starker Wunsch, ich komme nur nicht dahinter, warum das nicht funktioniert. Vielleicht hängt es auch mit mir zusammen.

HELLINGER Ich will dir was sagen. Es funktioniert zwischen Mann und Frau in der ersten Viertelstunde. Wenn es da nicht funktioniert, kann man es vergessen.

WILHELM In der ersten Viertelstunde?

HELLINGER Ja, da werden alle Regeln festgelegt. In der ersten Viertelstunde. Darüber geht später nichts mehr hinaus.

JOHANN Das hört sich sehr hoffnungslos an.

HELLINGER Nimm dir etwas Besseres. Manche winken dem alten Zug noch nach, wenn der neue schon auf dem Gleis steht. Doch die hoffnungslose Liebe hält länger.

JOHANN Ich habe den Eindruck, dass ich die Frau liebe, was immer das sei.

HELLINGER Liebt sie dich?

JOHANN Ich glaube ja. Nur was ich merke, ist: Es fällt ihr sehr schwer, und sie hat große Angst, das auch auszudrücken oder zu leben. Die Frage, vor der ich immer stehe …

HELLINGER Nein, nein, das kannst du vergessen.

JOHANN Was?

HELLINGER Da war mal einer, der hat mir gesagt, er habe drei Freundinnen, und mich gefragt, welche er nehmen soll? Ich bat ihn, er solle mir von jeder etwas erzählen, und dann sagte ich: „Die dritte ist es." Er fragte: „Wieso hast du das gemerkt?" Ich sagte: „Da hat dein Gesicht geleuchtet."

BRIGITTE Wenn man drei hat, ist das einfacher.

HELLINGER *zu Johann* Da war kein Leuchten in deinem Gesicht.

JOHANN Aber ich merke, dass es häufig da ist.

HELLINGER Manche meinen, sie könnten die Hindernisse mit der Liebe überwinden, sie könnten das zwingen. Wenn sie nur genug liebten, dann würde es besser. Es wird nicht besser!

JOHANN Es ist sehr viel Enttäuschung da über das, was passiert ist, aber ich habe auch Kontakt zu dem Leuchten.

HELLINGER Ich habe nichts gesehen davon. Ich hätte es gesehen, wenn es da gewesen wäre.

Was hab' ich dir nur angetan, dass ich so wütend auf dich bin?

JAN Ich bin sehr aufgewühlt und bedrückt. Ich möchte etwas erzählen, was ich schon die ganze Zeit einbringen möchte. Ich hatte vor vier Jahren eine Beziehung, die vor zweieinhalb Jahren auseinander ging. Das ist nie richtig zum Abschluss gekommen. Ich denke seit dieser Zeit täglich, wer weiß wie oft, an diese Frau. Das behindert mich auch sehr in meiner jetzigen Beziehung. Ich klebe fest und weiß nicht, was es ist.
HELLINGER Du schuldest ihr noch etwas.

Lange Pause

HELLINGER Was schuldest du ihr noch?
JAN Ich weiß nicht, ich bin einfach noch unheimlich wütend auf sie.
HELLINGER Weißt du, wie diese Wut entsteht? Da gibt es einen schönen Satz, einen witzigen. Der heißt: „Was hab' ich dir nur angetan, dass ich so wütend auf dich bin." Hier dient die Wut der Abwehr von Schuld.

Lange Pause

HELLINGER Was ist jetzt?
JAN Vielleicht schulde ich ihr Respekt.
HELLINGER Das ist hier zu wenig. Ich gebe dir aber noch einen Hinweis. Der Mann, der neben seinem Vater steht, wirkt auf Frauen attraktiv. Mit dem, der neben seiner Mutter steht, haben sie Mitleid.

Wut als Abwehr von Schmerz

ROBERT Ich bin mit der Wut beschäftigt, die du eben zitiert hast. Ich schlage eine Verbindung zu meiner Trennung.
HELLINGER Bei einer Trennung ist die Wut sehr häufig Ersatz für den Schmerz der Trauer. Wenn sich beide Partner der Trauer überlassen über das, was schiefgegangen ist, dann können sie nachher gut miteinander reden. Bei einer Scheidung ist es sehr wichtig, dass beide geweint haben und diesen tiefen Schmerz gefühlt haben. Viele suchen nach einer Schuld, weil sie diesem Schmerz entrinnen wollen. Doch wer ihn erlitten hat, der ist auch frei.

Beherrschte Wut

HARTMUT Ich plage mich mit dem Problem von Wut und Zorn und Aggression. Ich kann mich nicht erinnern, dass ich jemals Wut, Zorn oder Aggression zugelassen habe.

HELLINGER Sehr gut! Das nennt man Affektkontinenz. Man findet sie nur bei Alpha-Tieren.

HARTMUT *lacht* Jetzt ist die Frage, ob ich das noch nachholen muss oder ob ich die Lösung so finde, dass ich doch friedlich bleiben oder werden kann.

HELLINGER Ich habe dir die Antwort gegeben.

HARTMUT Da müssen meine Ohren nicht in Ordnung sein.

Verschiedene Arten der Wut

HELLINGER Erstens: Jemand greift mich an oder tut mir unrecht, und ich reagiere dementsprechend mit Zorn und Wut. Diese Wut macht es möglich, dass ich mich kraftvoll verteidige oder durchsetze. Sie befähigt mich, zu handeln, ist positiv und macht mich stark. Diese Wut ist zur Sache und daher gemäß. Sie erlischt, sobald sie am Ziel ist.

Zweitens: Ich werde wütend und böse, weil ich bemerke, dass ich nicht genommen habe, was ich hätte nehmen können oder müssen, oder dass ich nicht gefordert habe, was ich hätte fordern können oder müssen, oder dass ich nicht erbeten habe, was ich hätte erbitten können oder müssen. Statt dass ich mich durchsetze und mir nehme oder hole, was mir fehlt, werde ich auf die Personen wütend und böse, von denen ich nicht genommen oder gefordert oder erbeten habe, von denen ich es aber hätte nehmen, fordern und erbitten können oder müssen. Diese Wut ist Ersatz für Handeln und Folge unterlassenen Tuns. Sie lähmt, macht unfähig und schwach und dauert oft lange.

Ähnlich wirkt die Wut als Abwehr von Liebe. Statt meine Liebe zu äußern, werde ich auf die, die ich liebe, noch wütend. Diese Wut reicht zurück in die Kindheit, wenn sie als Folge einer unterbrochenen Hinbewegung entsteht. In ähnlichen späteren Situationen wiederholt sie das frühe Erleben und zieht aus ihm ihre Kraft.

Drittens: Ich bin einer Person böse, weil ich ihr etwas angetan habe, es aber nicht zugeben will. Mit dieser Wut wehre ich mich gegen die Folgen einer Schuld, schiebe sie dem anderen zu. Auch diese Wut ist Ersatz für eigenes Handeln. Sie erlaubt mir, untätig zu bleiben, lähmt und macht schwach.

Viertens: Jemand gibt mir so viel Gutes und Großes, dass ich es ihm nicht zurückgeben kann. Das ist nur schwer zu ertragen. Dann wehre ich mich gegen den Geber und seine Gaben, indem ich böse auf ihn werde. Diese Wut äußert sich als Vorwurf, zum Beispiel der Kinder gegen die Eltern. Sie wird zum Ersatz für das Nehmen und Danken und für eigenes Tun, lähmt und läßt leer. Oder sie äußert sich als Depression, die andere Seite des Vorwurfs. Auch sie dient als Ersatz für das Nehmen und Danken und Geben, lähmt und läßt leer. Sie äußert sich auch als lang andauernde Trauer nach einer Trennung, wenn ich den Toten oder Getrennten das Nehmen und Danken oder, wie bei der dritten Art der Wut, das Stehen zur eigenen Schuld und ihrer Folgen noch schulde.

Fünftens: Manche haben eine Wut, die sie von anderen und für andere übernehmen. Wenn zum Beispiel in einer Gruppe ein Teilnehmer seine eigene Wut unterdrückt, wird nach einiger Zeit ein anderes Gruppenmitglied wütend, meistens das schwächste, das überhaupt keinen Grund dazu hatte. In den Familien ist dieses schwächste Mitglied ein Kind. Wenn zum Beispiel die Mutter dem Vater böse ist, aber ihre Wut unterdrückt, wird ein Kind auf ihn böse.

Der Schwächste wird oft nicht nur zum Träger, sondern auch zur Zielscheibe der Wut. Wenn zum Beispiel ein Untergebener wütend wird auf seinen Vorgesetzten, die Wut aber ihm gegenüber zurückhält, lässt er sie oft an einem Schwächeren aus, oder wenn ein Mann wütend wird auf seine Frau, die Wut aber ihr gegenüber zurückhält, büßt es an ihrer Stelle ein Kind.

Oft wird die Wut nicht nur vom einen Träger auf einen anderen verschoben, zum Beispiel von der Mutter zum Kind, sondern sie wird auch in der Richtung verschoben, von einem Starken zu einem Schwachen. Dann richtet eine Tochter die von der Mutter übernommene Wut auf den Vater nicht etwa auf ihn, sondern auf jemand, dem sie sich eher gewachsen fühlt, zum Beispiel auf den eigenen Mann. In Gruppen richtet sich dann die übernommene Wut nicht gegen die ursprünglich gemeinte, starke Person, zum Beispiel den

Leiter der Gruppe, sondern auf ein schwaches Mitglied, das damit für den Starken zum Sündenbock wird.

Bei der übernommenen Wut sind die Täter außer sich und fühlen sich stolz und im Recht; sie handeln aber aus fremder Kraft und fremdem Recht und bleiben erfolglos und schwach. Auch die Opfer übernommener Wut fühlen sich stark und im Recht, denn sie wissen, dass sie ungerecht leiden. Doch auch sie bleiben schwach und ihr Leiden erfolglos.

Sechstens: Es gibt eine Wut, die ist Tugend und Tüchtigkeit: wache, gesammelte Durchsetzungskraft auf Not-Wendendes hin, die sich wagend und wissend auch dem Schweren und Mächtigen stellt. Doch sie ist ohne Emotion. Wenn es notwendig ist, tut sie dem anderen auch Schlimmes an, ohne Furcht und ohne ihm böse zu sein: Aggression als reine Energie. Sie ist die Frucht langer Disziplin und Übung; doch wer sie hat, der hat sie ohne Mühe. Sie äußert sich als strategisches Handeln.

Vorsicht und Mut

JONAS Ich heiße Jonas. Ich bin Arzt, arbeite aber nicht im Bereich der somatischen Medizin, sondern als Familientherapeut. Ich bin ledig, lebe in sogenannter wilder Ehe seit siebzehn Jahren und habe keine Kinder. Was mich im Moment bewegt, ist die Unklarheit, die ich in bezug auf meine Herkunftsfamilie habe. Als ich mit achtzehn Jahren dreihundert Kilometer von den Eltern wegzog, wurde meine Mutter krebskrank. Ich sah da einen Zusammenhang, habe aber überhaupt nicht reagiert. Obwohl sie als hoffnungsloser Fall aufgegeben war, wurde sie nach drei Jahren wieder gesund. Jetzt, dieses Jahr, war der erste Anruf von zu Hause über dreihundert Kilometer hinweg, um mir mitzuteilen, dass mein Bruder wohl verrückt geworden ist. Der ist zehn Jahre jünger. Ich fühle mich in diesem Kurs immer noch in der Annäherungsphase und bin vorsichtig mit deinen „Wahrheiten".

HELLINGER Ich will dir was sagen: Mut und Vorsicht streben auseinander wie die Enden eines Bogens. Und doch wird der Bogen zusammengehalten durch die Sehne. Die Sehne bringt die Enden, die auseinander streben, zusammen, und damit gibt es die Spannung, die den Pfeil ans Ziel bringt. Doch mit der Vorsicht allein gibt es keine Spannung.

JONAS Meine Unklarheit ist, inwieweit darf ich mich einmischen, auch wenn ich die Angst habe, dass ich damit das System nur stabilisiere. Ich würde der Angst gerne ins Auge sehen und meine Familie aufstellen.

Aufstellung: Sohn vertritt den Verlobten der Mutter

HELLINGER *zu Jonas* Wer gehört zu deiner Familie?

JONAS Mein Vater, meine Mutter, mein jüngerer Bruder und ich.

HELLINGER Fehlt noch jemand in der Kernfamilie?

JONAS Ja, da war noch eine totgeborene Schwester.

HELLINGER Sie ist wichtig. Wo gehört sie hin?

JONAS Zwischen mich und meinen Bruder.

HELLINGER War jemand von deinen Eltern vorher verheiratet oder verlobt?

JONAS Ja, die Mutter war vorher verlobt. Ihr Verlobter ist Krieg gefallen.

HELLINGER Den stellen wir mit auf.

Bild 1

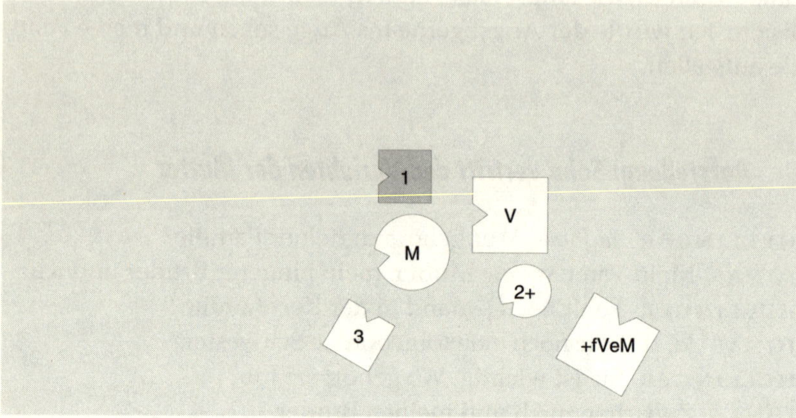

V	Vater
M	Mutter
1	**Erstes Kind, Sohn (= Jonas)**
+2	Zweites Kind, Tochter, totgeboren
3	Drittes Kind, Sohn
+fVeM	Früherer Verlobter der Mutter, im Krieg gefallen

HELLINGER *zu Jonas, als er den früheren Verlobten der Mutter aufstellt* Man kann schon jetzt deine Identifizierung sehen.
JONAS Meine Identifizierung mit dem Verlobten?
HELLINGER Ja.

HELLINGER Ich stelle gleich die Lösung auf, weil sie hier ganz einfach ist.

Bild 2

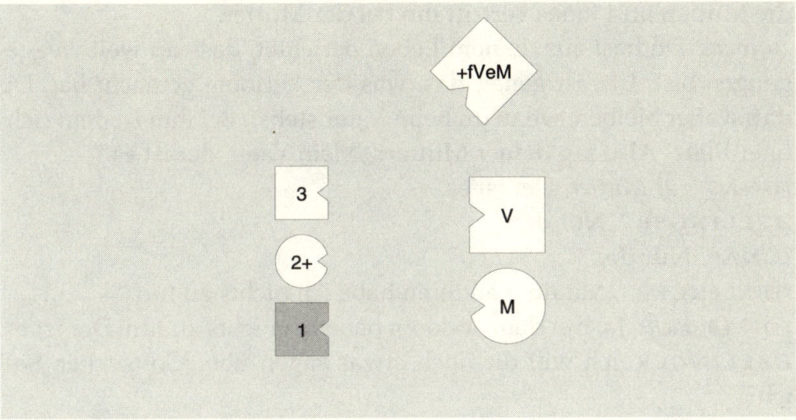

HELLINGER Wie geht es dem Vater?
VATER Mir passt es, aber der Verlobte stört noch ein bisschen.
HELLINGER Der muss gewürdigt werden.
Wie geht es der Mutter?
MUTTER Ich möchte mich gerne ein bisschen drehen, um den Verlobten zu sehen. *Sie lacht.*
HELLINGER Ja, das ist richtig. Der gehört dazu. Aber der Mann muss sich dazwischen stellen, sonst geht es schief.
zum Stellvertreter von Jonas Wie geht es dem ältesten Sohn?
ERSTES KIND Mir geht es ganz gut.
HELLINGER Wie geht es dem jüngsten Sohn?
DRITTES KIND Ich bin ganz aufgeregt, aber ich weiß nicht, wieso.
HELLINGER Wie geht es der toten Schwester?
ZWEITES KIND † Gut.
FRAU DES VATERS DER MUTTER Ich würde ganz gerne näher heran, aber ich weiß, es wäre nicht gut.
HELLINGER *zu Jonas* Willst du dich mal hinstellen an deinen Platz?
zu Jonas, als er an seinem Platz steht Jetzt kannst du deiner Mutter einen Satz sagen, einen ganz einfachen Satz. Schau deinen Vater an, und sag ihr: „Mein Vater, der ist es."

Jonas lacht und schaut zum Verlobten.

HELLINGER Nein, nein.
zur Gruppe Der kommt automatisch in Konkurrenz mit dem Vater, weil er ja den früheren Verlobten vertritt. Der Verlobte ist wichtig für die Mutter, und Jonas vertritt ihn bei der Mutter.
zu Jonas Du hast aus deinem Leben berichtet, dass du weit weggegangen bist. Das ist genau das, was der Verlobte gemacht hat. Du darfst aber bleiben, wenn du beim Vater stehst. Bei ihm ist dein richtiger Platz. Also sag deiner Mutter: „Mein Vater, der ist es."
JONAS *zur Mutter* Der ist es.
HELLINGER „Nur der."
JONAS Nur der.
HELLINGER „Mit dem anderen habe ich nichts zu tun."
JONAS *lacht* Ja, mit dem anderen habe ich nichts zu tun. Der ist es.
HELLINGER Ich will dir noch etwas sagen über Gottsucher. Soll ich?
JONAS Ja.
HELLINGER Die suchen ihren Vater, und wenn sie den gefunden haben, hört die Gottsuche auf. Oder sie wird anders. – Okay, das war's dann.
zur Gruppe Noch irgendwelche Fragen?
FRANK Manchmal stellst du ja die Leute, die identifiziert sind, erst mal daneben. In diesem Fall hast du es nicht gemacht.
HELLINGER Nein, das war hier so offensichtlich, dass es nicht notwendig war. Je weiter der Kurs fortschreitet, desto weniger Schritte braucht es zur Lösung, weil ja vieles schon klar ist.

Der systemische Gleichgewichtssinn

Uns bindet an Menschen und Gruppen ein wissender Sinn. Er hält uns, ständig treibend und steuernd, in Beziehung zu ihnen, gleich wie ein anderer wissender Sinn, der uns entgegen der Schwerkraft ständig treibend und steuernd im Gleichgewicht hält. Zwar können wir nach vorne oder hinten fallen, wenn wir wollen, und nach rechts oder links. Doch ein Reflex erzwingt den Ausgleich vor der Katastrophe, und so pendeln wir zur rechten Zeit zurück ins Lot.

Auch über unsere Beziehungen wacht ein unserer Willkür überlegener Sinn. Er wirkt wie ein Reflex auf Korrektur und Ausgleich hin, wenn wir von den Bedingungen für das Gelingen der Beziehung abgewichen sind und unsere Zugehörigkeit gefährden. Wie unser Sinn für Gleichgewicht, so nimmt auch der Beziehungssinn den einzelnen zusammen mit dem Umfeld wahr, erkennt den Freiraum und die Grenze und steuert ihn durch Unlust und durch Lust. Diese Unlust fühlen wir als Schuld und diese Lust als Unschuld.

Schuld und Unschuld werden also in Beziehungen erfahren, und sie haben mit Beziehungen zu tun. Denn jedes Handeln, das auf andere wirkt, wird auch von einem wissenden Gefühl der Unschuld und der Schuld begleitet, und wie das Auge, wenn es sieht, das Helle und das Dunkle dauernd unterscheidet, so unterscheidet dieses wissende Gefühl in jedem Augenblick, ob unser Handeln der Beziehung schadet oder dient. Was der Beziehung schadet, fühlen wir als Schuld, und was ihr dient, als Unschuld.

Schuld und Unschuld dienen dennoch *einem* Herrn. Denn wie ein Kutscher seine Pferde, zwingt sie der gleiche Sinn vor *einen* Wagen, lenkt sie in *eine* Richtung, und so ziehen sie als *ein* Gespann an *einem* Strick. Sie bringen die Beziehung weiter und halten sie durch ihre Wechselwirkung in der Spur. Zwar möchten wir die Zügel manchmal selber nehmen, doch der Kutscher lässt sie nicht aus seiner Hand. Wir fahren auf dem Wagen als Gefangene und Gäste. Des Kutschers Name aber heißt Gewissen.

Die verschiedenen Gewissen

Menschen, die aus unterschiedlichen Familien oder Gruppen kommen, haben unterschiedliche Gewissen. Denn das Gewissen gebietet jedem, was ihn an seine Gruppe bindet und ihr dient, und es verbietet ihm, was ihn von seiner Gruppe trennt und was ihr schadet.

Doch auch der einzelne folgt dem Gewissen in jeder Gruppe anders, denn was der einen Gruppe dient, das kann der anderen schaden, und was ihm in der einen Gruppe Unschuld bringt, stürzt ihn in einer anderen in Schuld: zum Beispiel in Beruf und Familie.

Doch auch im einzelnen selbst und innerhalb der gleichen Gruppe dient das Gewissen Zielen, die sich sowohl ergänzen als auch widersprechen, zum Beispiel der Liebe und der Gerechtigkeit, der Freiheit und der Ordnung. Dabei bedient sich das Gewissen für unterschiedliche Ziele unterschiedlicher Gefühle der Unschuld und der Schuld. Wir fühlen daher die Schuld und Unschuld anders, wenn sie der Liebe und der Bindung und anders, wenn sie dem gerechten Ausgleich dienen; anders, wenn sie den Ordnungen und Regeln und wieder anders, wenn sie der Erneuerung und Freiheit dienen. Doch was der Liebe dient, schadet der Gerechtigkeit, und was für den Gerechten Unschuld ist, wird für den Liebenden vielleicht zur Schuld.

Wir erleben das Gewissen manchmal einfach und gebündelt, zum Beispiel wenn wir einem Kind in Not zu Hilfe eilen. Meistens aber wirkt es mehrfach und verschieden, und entsprechend mehrfach und verschieden fühlen wir die Unschuld und die Schuld. Wir erleben also das Gewissen manchmal, als sei es nur ein einzelnes. Meist aber gleicht es eher einer Gruppe, in der unterschiedliche Vertreter ihre unterschiedlichen Ziele mit Hilfe unterschiedlicher Gefühle der Schuld und Unschuld unterschiedlich durchzusetzen suchen. Sie unterstützen sich gelegentlich dabei und halten sich zum Wohl des Ganzen gegenseitig auch in Schach. Dennoch dienen sie, auch wenn sie sich entgegenstehen, einer höheren Ordnung, die gleich einem Feldherrn an verschiedenen Fronten mit verschiedenen Truppen auf verschiedenem Gelände mit unterschiedlichen Mitteln und mit unterschiedlicher Taktik unterschiedliche Erfolge sucht und es am Ende, um des größeren Ganzen willen, an allen Fronten doch nur zu Teilerfolgen kommen lässt.

Ich erzähle euch dazu eine kleine Geschichte:

Die Unschuld

Jemand will, was ihn bedrängte, lassen, und so wagt er sich auf einen neuen Weg. Am Abend hält er Rast und sieht vor sich in einiger Entfernung den Eingang einer Höhle. „Merkwürdig", denkt er sich. Er will sogleich hinein, doch er findet sie versiegelt mit einer eisernen Tür. „Merkwürdig", denkt er sich, „vielleicht passiert etwas." Er setzt sich gegenüber, schaut immer wieder hin und wieder weg und wieder hin und wieder weg, und nach drei Tagen, als er gerade wieder weg und wieder hin geschaut hat, sieht er die Türe offen. Er stürzt hinein und stürzt voran und steht plötzlich wieder im Freien.

„Merkwürdig", denkt er sich, reibt sich die Augen, setzt sich hin und sieht vor sich in einiger Entfernung einen kleinen weißen Kreis – schneeweiß –, und in dem kleinen weißen Kreis sieht er sich selbst eingeschlossen, eng zusammengekauert, gekrümmt und strahlend weiß. Und rings um diesen kleinen weißen Kreis züngelt eine riesengroße, schwarze Schattenflamme, als wolle sie mit Macht hinein.

„Merkwürdig", denkt er sich, „vielleicht passiert etwas." Er setzt sich gegenüber, schaut immer wieder hin und wieder weg und wieder hin und wieder weg, und nach drei Tagen, als er gerade wieder weg und wieder hin geschaut hat, sieht er, wie der kleine weiße Kreis sich öffnet, die schwarze Schattenflamme schlägt hinein, der Kreis wird groß, und er kann sich endlich in ihm strecken. Doch jetzt ist der Kreis grau.

Gewissen und Ausgleich

IDA Ich fühle mich, seit Wilhelm seine Familie aufgestellt hat, freier und beweglicher. Was mich aber noch bewegt, ist die Frage: Bleibt etwas zu tun, wenn sich etwas zum Guten gefügt hat?

HELLINGER Wenn es in einer Beziehung oder in einer Gruppe zwischen dem Vorteil des einen und dem Nachteil des anderen ein Gefälle gibt, haben alle Beteiligten ein Bedürfnis nach Ausgleich. Sie spüren es als Anspruch des Gewissens, und wenn sie ihm nicht wissend folgen, folgen sie ihm triebhaft. Wir erleben also das Gewissen auch auf diese besondere Weise als Gleichgewichts- und Ausgleichssinn. Dieses Bedürfnis nach Ausgleich spüren wir auch gegenüber dem Schicksal, wenn wir ohne unser Zutun einen Vorteil hatten oder Glück.

Wenn mir jemand etwas gibt oder ich mir etwas nehme, habe ich, so schön das Genommene sein mag, ein Unlustgefühl. Ich fühle es als Druck, bis auch ich etwas Gleichwertiges gebe oder bezahle. Diese Schuld erlebe ich als Verpflichtung zu geben. Wir sagen dann zum Beispiel: Ich fühle mich in seiner oder ihrer Schuld. Wenn ich nun unter dem Druck dieser Schuld Gleichwertiges gebe oder bezahle, fühle ich mich vom Druck der Verpflichtung befreit. Dieses Gefühl, ohne Verpflichtung zu sein, erleben wir als Leichtigkeit und Freiheit. Auch wenn ich mich weigere zu nehmen, um nicht verpflichtet zu sein, erlebe ich das als Leichtigkeit und Freiheit. Aussteiger pflegen diese Unschuld, ebenso Helfer, die geben, ohne zu nehmen. Doch diese Freiheit macht einsam und arm.

Der gute und der schlimme Ausgleich

Wenn in einer Paarbeziehung die Frau dem Mann etwas gibt und ihm damit ihre Liebe zeigt, kommt der Mann unter Druck, bis auch er ihr etwas gibt. Doch weil auch er sie liebt, gibt er ihr ein bisschen mehr, als sie ihm gab. Jetzt kommt sie unter Druck und gibt ihm auch, weil sie ihn liebt, ein bisschen mehr. So wächst ihr Umsatz von gutem Geben und Nehmen, und mit ihm wächst ihr Glück und festigt sich ihre Bindung. Wenn der Mann der Frau aber nur gleichviel zurückgibt, hört der Druck zum Ausgleich und zum Austausch auf.

DAGMAR Und wenn er weniger zurückgibt?

HELLINGER Wenn ein Partner weniger gibt, als er nimmt, gefährdet er die Beziehung. Ich gebe dir dazu ein Bild. Den Wechsel von Geben und Nehmen und seine Steigerung kann man mit dem Vorwärtsgehen vergleichen. Wenn ich vorankommen will, muss ich im dauernden Wechsel sowohl aus dem Gleichgewicht fallen als auch es wiedergewinnen. Wenn ich aus dem Gleichgewicht komme, ohne es sofort wieder auszugleichen, falle ich und bleibe liegen. So ist es auch in einer Partnerbeziehung, wenn der eine gibt und der andere sich weigert, zu nehmen und es auszugleichen. Wenn wir das Gleichgewicht nur halten, wenn wir zum Beispiel in einer Paarbeziehung nur soviel geben, wie wir nehmen, ohne das Geben zu steigern, bleiben wir stehen. Wenn in einer Beziehung der eine weniger gibt, als er nimmt, wird auch der andere ihm weniger geben. Dann nimmt der Austausch ab, und statt vorwärts zu gehen, gehen sie rückwärts, und ihr Glück und ihre Bindung nehmen ab.

BRIGITTE Wie ist das, wenn mir jemand etwas Schlimmes antut? Muss ich da auch ausgleichen?

HELLINGER Den Druck zum Ausgleich fühlen wir sowohl im Positiven wie im Negativen. Wenn mir jemand etwas Schlimmes antut, habe ich das Bedürfnis, mich dafür zu rächen. Wenn ich dem anderen nicht auch etwas Schlimmes antue, ihm vielleicht lieber verzeihe oder von ihm nicht etwas verlange, was auch ihm weh tut, nehme ich ihn nicht ernst, und er wird sich von mir trennen. Wenn ich mich angemessen räche oder schadlos halte, bleibe ich mit ihm in Beziehung. Manche machen es aber mit dem Negativen so wie mit dem Positiven. Sie tun dem anderen etwas mehr des Schlimmen an, als er ihnen angetan hat. Dann fühlt sich der andere im Recht, ihm wieder etwas Schlimmes anzutun. So steigert sich auch im Schlimmen der Austausch und mit ihm das Leiden und das Unglück.

Die Frage ist nun: Was kann ein Paar tun, um den schlimmen Austausch zu beenden und den guten wiederaufzunehmen? Wie sie beim guten Geben, dem anderen zur Vorsicht etwas mehr des Guten geben, so machen sie es um der Liebe willen beim schlimmen Geben umgekehrt: Sie geben ihm zur Vorsicht etwas weniger davon zurück. Dann hört der schlimme Austausch auf, und der gute kann wieder beginnen.

Die Grenzen des Ausgleichs

Was innerhalb von Gruppen gültig ist, wird oft auf Gott und das Schicksal übertragen. Wenn zum Beispiel jemand aus Gefahr errettet wird, wo andere umgekommen sind, will er Gott und dem Schicksal dafür bezahlen, so als seien sie für ihn ein Gegenüber und er könne sie durch solchen Ausgleich gnädig stimmen. Dann schränkt er sich vielleicht ein, legt sich ein Symptom zu, opfert etwas, das ihm wertvoll war, oder jemand anders opfert sich für ihn, zum Beispiel ein Kind.

Oder ein Partner nimmt den anderen nicht, wenn der vorher schon gebunden war, auch wenn sein früherer Partner starb, weil er ihn wie auf Kosten des früheren hat.

Oder Kinder aus der zweiten Ehe ihrer Eltern nehmen ihre Eltern nicht oder schränken sich ein und bestrafen sich, weil andere für sie Platz gemacht haben.

Noch schlimmer ist es, wenn sie, weil das Schicksal ihnen gnädig war, sich für Auserwählte halten und sich ihres Glückes brüsten. Denn dann wendet sich ihr Glück, wie immer wir uns das erklären wollen, weil nicht nur sie, sondern auch andere das nicht ertragen.

Ausgleich durch Danken und Demut

Vom Schicksal nehmen, wie es gemäß ist, können wir nur, wenn wir das Gute, das uns unverdienterweise zufällt, nehmen als Geschenk. Das aber ist Danken. Danken ist Nehmen ohne Überheblichkeit: Es gleicht aus, ohne dass ich bezahle. Solches Danken ist etwas völlig anderes als danke sagen. Wenn ich jemandem etwas gebe und er sagt nur danke, ist es zu wenig. Wenn er aber strahlt und sagt: „Das ist ein schönes Geschenk“, dann hat er gedankt. Dann würdigt er mich und die Gabe. Danke sagen ist dagegen oft nur der Ersatz für dieses Danken. Manche machen das so auch mit Gott und dem Schicksal. Sie sagen danke, statt dass sie nehmen mit Liebe.

Wer ein solch unverdientes Geschenk vom Schicksal nimmt, kommt dennoch unter Druck. Er muss etwas tun. Aber statt dass er sich einschränkt, gibt er von dem, was er bekommen hat, weiter. Das entlastet ihn und bringt für andere Gutes.

Doch so wie ich das Gute nehmen muss, wenn es mir zufällt ohne mein Zutun, muss ich auch zustimmen, wenn mir etwas Schlimmes zustößt ohne mein Verschulden. Ich muss mich also dem Schicksal fügen sowohl im Guten wie im Schlimmen. Dann bin ich sowohl im Einklang wie frei. Dieses Sichfügen ist Demut.

Andauernde Klarheit

DAGMAR Was ich in meiner Familienaufstellung erlebt habe, war sehr stimmig. Ich hatte wirklich meine Mutter nicht gewürdigt. Ich fühlte eine kurze Traurigkeit und dann eine große, andauernde Klarheit für mich. Es gab dann einen Dominoeffekt: dass meine Mutter sich umgedreht hat und ihre Mutter gewürdigt hat und die ebenfalls sagte: „Ich bin dessen nicht würdig.“ Es ist jetzt gleichgültig für mich, wer wen reingelegt hat, ob mein Opa meine Oma oder umgekehrt. Ich kann mich da abgrenzen.

In der Familie selbst war sofort meine Beziehung zu den Männern verändert, zum Beispiel zu meinem Bruder. Das ist ungewohnt. Ich bin neugierig, was da weiter passiert. Ich bin innerlich auf die väterliche Seite gegangen und habe meine Sympathien neu verteilt. Durch die Anregungen hier habe ich noch eine Frage: Was ist, wenn etwas nicht gewürdigt worden ist? Meine Oma väterlicherseits hat zum Beispiel ihr Töchterchen mit einem halben Jahr verloren, und der Eindruck ist, dass die beiden Söhne, die danach gekommen sind, und auch ihr Mann von ihr nicht wirklich genommen oder gewürdigt wurden. Gibt es da für mich noch was zu tun?

HELLINGER Nein. Du musst sehen, dass die Oma in ihrem Schmerz für das Töchterchen gebunden blieb und nicht mehr frei war für die anderen.

In Ruhe lassen, was war

HELLINGER *zu Dagmar* Ich will dir dazu noch etwas sagen. Zur Ordnung in Familien und Sippen gehört, dass alles Vergangene nach einiger Zeit auch vergangen sein darf. Das ist ganz wichtig. Was in der Generation deiner Großmutter war zum Beispiel, das muss jetzt vorbei sein dürfen. Das gilt auch, so wie vorhin bei dir, Frank, für Symptome: Wenn sie vorbei sein dürfen, dann lassen sie dich vielleicht in Ruhe. Alles gehorcht dem Gesetz der Vergänglichkeit, und wir anerkennen und würdigen es, wenn wir etwas zur rechten Zeit auch vergänglich und vergangen sein lassen. Wenn man in die Vergangenheit zurückgeht, dann nur, um zu erledigen, was einen noch festhält, oder um Kraft zu schöpfen für die Zukunft. Deswegen darf man auch nicht zu weit zurückgehen, außer es wirkt etwas ganz Gravierendes nach. In die fünfte Generation zurückzugehen zum Beispiel, geht schon zu weit. In die vierte zu gehen ist das höchste. In Familien, die stolz auf ihre langen Stammbäume sind, wie zum Beispiel bei vielen Adeligen, können schlimme Dinge lange nicht zur Ruhe kommen.
DAGMAR Zur Ruhe kommen ist eine wunderschöne Erfahrung.
HELLINGER Wir kommen zur Ruhe, wenn wir in Ruhe lassen, zum Beispiel die Toten. Dann haben sie Frieden. Bei Rilke gibt es eine schöne Stelle in den *Duineser Elegien,* wo er von den früh Verstorbenen sagt: „Die Früheentrückten entwöhnen sich des Irdischen sanft." Sie brauchen eine gewisse Zeit, sich des Lebens zu entwöhnen, dann sind sie im anderen Bereich, und da muss man sie lassen. Im Gedicht *Orpheus. Eurydike. Hermes,* auch von Rilke, will Orpheus Eurydike zurückholen. Doch sie zögert, denn: „Sie war in sich. Und ihr Gestorbensein erfüllte sie wie Fülle."

Noch was, Dagmar? Du schaust auch ganz klar.

Vom Feuer die Asche

DAGMAR Ich fühle mich sehr, sehr, sehr gut. Es gibt aber noch etwas, was ich eigentlich nicht so gerne vorbringe.
HELLINGER Bringe es nicht. Du musst dir zuerst klar sein, ob es für dich richtig ist, ob es gemäß ist. Wenn jemand noch zweifelt, ist es nicht gemäß.
DAGMAR Es stimmt für mich. Ich habe also gemerkt …
HELLINGER Nein. Meine Wahrnehmung ist: Es ist nicht gemäß im Augenblick.
HELLINGER *zur Gruppe* Es ist wichtig, dass der Therapeut im Dienste der Geheimnisse steht und sie achtet. Was ans Licht gezerrt wird, ohne dass es von selbst leuchtet, erlischt sofort.
IDA Wenn ich mir anschaue, was hier passiert, dann verstehe ich es und verstehe es doch nicht. Beides ist da.
HELLINGER Was groß ist, berührt, doch es lässt sich nicht fassen. Es bleibt ein Geheimnis. Wer das analysieren wollte, um es genau zu wissen, dem bleibt vom Feuer die Asche.

Keine Rückenschmerzen mehr

UTE Mir geht es gut. Ich bin sehr müde gewesen. Jetzt aber kann ich wieder dabei sein. Es ist mir ein Bedürfnis, all denen zu danken, die für mich und mit mir etwas gegeben haben, um meine Familie aufzustellen. Ja, es geht mir einfach gut im Moment. Und ich habe keine Rückenschmerzen mehr. Das hatte ich vergessen zu sagen.

Aufstellung: Verletzte Ebenbürtigkeit und das Gesetz des Ausgleichs

BRIGITTE Da ich mich entschlossen habe, etwas zu machen, möchte ich jetzt gerne drankommen.
HELLINGER Bitte.
BRIGITTE Soll ich meine eigene Herkunftsfamilie aufstellen oder die von meiner Tochter? Also das Problem habe ich mit meiner Tochter.

HELLINGER Stelle deine jetzige Familie auf, alle Männer, Frauen und Kinder.

BRIGITTE Ich bin zum zweitenmal verheiratet. Mein erster Mann hat sich von uns getrennt und ist später gestorben.

HELLINGER Wieso habt ihr euch getrennt? Ist was passiert?

BRIGITTE Ich habe Psychologie studiert und war fertig. Ich brauchte ihn nicht mehr.

HELLINGER Hier wirkt das Gesetz des Ausgleichs. Wenn in einer Ehe der eine noch einen Beruf erlernt und der andere für ihn sorgt, dann verlässt der, für den gesorgt wurde, die Ehe, weil er nicht mehr ausgleichen kann. Die Ehe verträgt kein Gefälle beim Ausgleich. Es muss alles ausgeglichen sein. Auch wenn die Frau für den Mann während der Ehe ein Studium bezahlt, verlässt er sie, sobald er mit dem Studium fertig ist. – Du schuldest ihm noch was.

BRIGITTE Ich habe eine sehr selektive Erinnerung an seine Schwächen. Doch ich weiß, dass ich ihm noch etwas schulde.

HELLINGER Erinnerungen sind gezielt.

BRIGITTE Gestern und vorgestern habe ich nach Fotos von ihm gesucht, um sie in einen Altar von Bildern zu stellen, und meine Kinder haben …

HELLINGER Deine Kinder holen nach, was du versäumt hast.

BRIGITTE Die haben mir alle die Fotos geklaut. Ich habe keines gefunden. – Mein Mann hat wieder geheiratet und zwei Kinder mit der zweiten Frau.

HELLINGER Die brauchen wir auch.

BRIGITTE Mein zweiter Mann hat zwei Kinder mit in die Ehe gebracht. Seine erste Frau ist gestorben.

HELLINGER *als Brigitte beginnt, ihre Familie aufzustellen* Ich stelle gleich die Ordnung auf. Hier ist das ja ganz einfach.

Bild 1

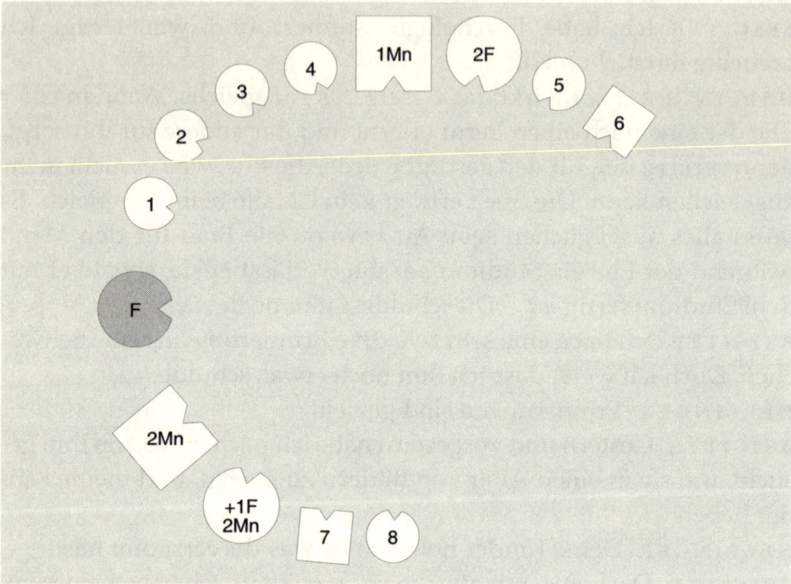

1Mn	Erster Mann, Vater von 1–4 und 5–6
F	**Frau, Mutter von 1–4 (= Brigitte)**
1	Erstes Kind, Tochter
2	Zweites Kind, Tochter
3	Drittes Kind, Tochter
4	Viertes Kind, Tochter
2F	Zweite Frau des Mannes, Mutter von 5–6
5	Fünftes Kind, Tochter
6	Sechstes Kind, Sohn
2Mn	Zweiter Mann, Vater von 7–8
+1F	Erste Frau des zweiten Mannes, verstorben, Mutter von 7–8
7	Siebtes Kind, Sohn
8	Achtes Kind, Tochter

HELLINGER Wie geht es den Töchtern?

ERSTES KIND *(das Problemkind)* Kraftvoll eingerahmt.

ZWEITES KIND Komplett.

DRITTES KIND Beeindruckt.

VIERTES KIND Ich fühle mich ganz wohl.

HELLINGER Wie geht es dem Vater?

ERSTER MANN Also seitdem ich gehört habe, dass die Töchter die Bilder geklaut haben, bin ich völlig gerührt. Vorher hatte ich keinen Bezug.

HELLINGER Die Kinder gehören zum Vater. Die Mutter hat hier kein Recht auf die Kinder. Sie gehören in seine Familie. – Wie geht es seiner zweiten Frau?

ZWEITE FRAU Okay.

FÜNFTES KIND Okay.

HELLINGER Das sind alles euere Geschwister.

SECHSTES KIND Ein bisschen viel Frauen.

HELLINGER Für dich schon. Wie geht es dem zweiten Mann?

ZWEITER MANN Ich glaube, die Kluft hier ist nicht zufällig. Aber es ist okay so.

HELLINGER Wie geht es seiner ersten Frau?

ERSTE FRAU † Okay.

HELLINGER Wie geht es seinen Kindern?

SIEBTES KIND Ein interessanter Verein.

ACHTES KIND Gut.

HELLINGER *zur Stellvertreterin von Brigitte* Wie geht es der Frau?

FRAU Mir geht es nicht gut. Ich habe das Gefühl, ich werde erstickt. Mir ist das alles zuviel. Ich wünsche mir einen kleineren Kreis.

ERSTES KIND Ich möchte mehr dorthin zum Vater.

HELLINGER Genau.

Hellinger stellt das Bild um.

Bild 2

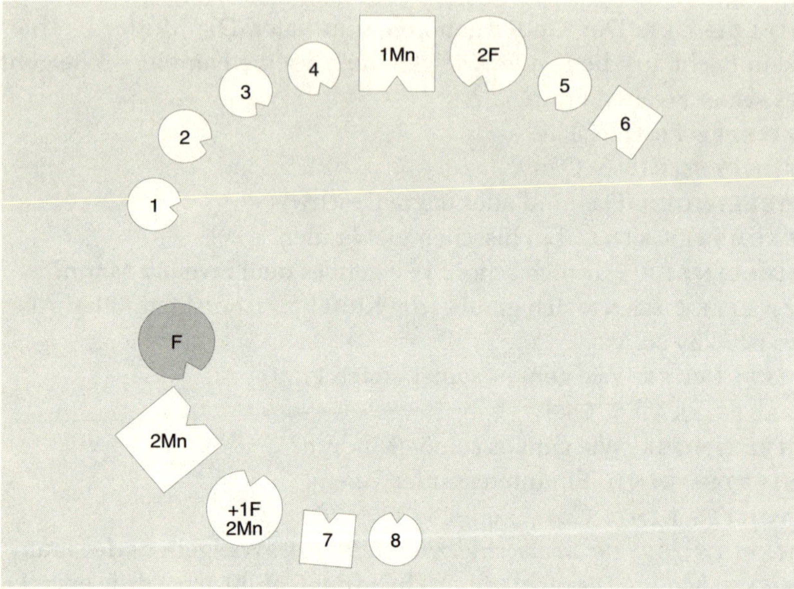

FRAU So ist es besser, viel besser. Ich bin nur ein bisschen traurig, die Töchter verloren zu haben. Ich habe ein starkes Gefühl zu ihnen hin.

HELLINGER Du hast sie verspielt. Sie gehören zum ersten Mann, in sein System. Du darfst sie ihm nicht wegnehmen. Du schuldest sie ihm.

BRIGITTE Ich bin dabei, mich von meinem zweiten Mann zu trennen.

HELLINGER Du hast auch in seinem System keinen Platz. Weder im ersten noch im zweiten.

Hellinger stellt das Lösungsbild auf.

Bild 3

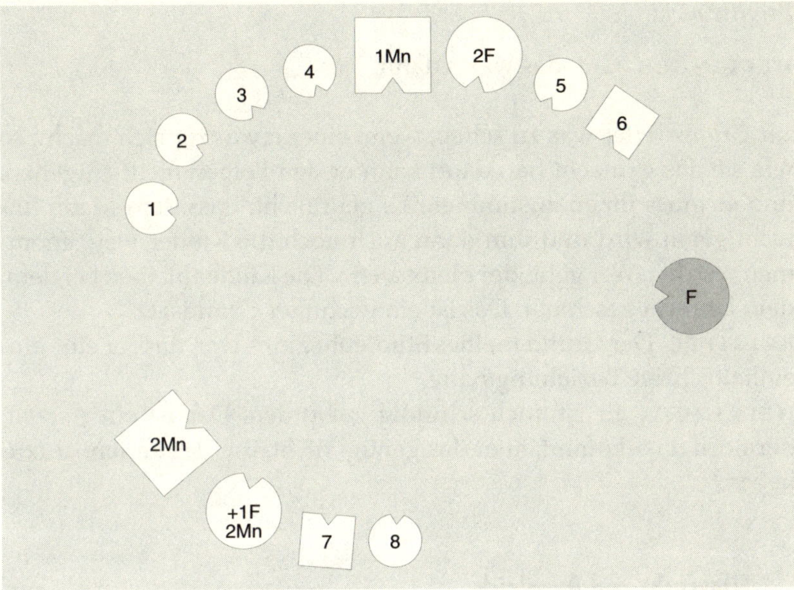

HELLINGER *zur Stellvertreterin von Brigitte* Wie ist es hier?
FRAU Auch gut.
HELLINGER Gemäß.
FRAU Auch in Ordnung. Ja, es ist besser. Es gibt Raum.
ZWEITES KIND Ich kriege zum erstenmal ein lebendiges Gefühl zu meiner Mutter hin.
ERSTES KIND Ich habe jetzt Kontakt zu ihr.
HELLINGER Hier sieht man die Folgen einer leichtfertigen Trennung. Damit verspielt man die Rechte.
zu Brigitte Willst du dich mal hinstellen?
zu Brigitte, als sie an ihrem Platz steht Du kannst auch noch etwas für dich ausprobieren, wenn du möchtest.
BRIGITTE Ja, ich bin die Betrogene.
HELLINGER Nein. Du trägst nur die Folgen für deine Entscheidung. Sonst tragen sie die Töchter.
BRIGITTE Ich habe die Folgen zu tragen. *Sie weint.*
HELLINGER Genau. Aber du hast nicht zugestimmt.

BRIGITTE Ja, das kann sein.
HELLINGER Genau. Doch dieser Schmerz ist heilend. Er versöhnt die Töchter mit der Mutter. – Gut so?

Brigitte nickt.

HELLINGER Gut, das war's dann.

zur Gruppe Hier war zu sehen, wenn einer etwas für sich macht, so wie sie das gemacht hat, dann kann er den Folgen nicht entgehen, und er muss ihnen zustimmen. Es geht nicht, dass dem Mann unrecht getan wird und ihm dann auch noch die Kinder weggenommen werden. Wer geht, der bleibt allein. Die Kinder bleiben bei dem, dem Unrecht geschieht. Das ist ein wichtiger Grundsatz.
BRIGITTE Der Grund meines Studienbeginns war, dass er eine eineinhalbjährige Beziehung hatte.
HELLINGER Er ist auch schuldig geworden. Das ist ein Aspekt, der noch dazukommt, aber das genügt nicht, um das andere aufzuheben.

Eifersucht und Ausgleich

CLAUDIA Ich habe da noch eine Frage. Sie hat ihr Studium angefangen und zu Ende gemacht. Danach kam die Trennung. Aber dann ist nicht sie, sondern er gegangen. So hatte ich das eben verstanden.
HELLINGER Das spielt hier keine Rolle, denn die Dynamik ist klar. Wie das dann im einzelnen arrangiert wird, spielt keine Rolle. Bei der Eifersucht zum Beispiel ist es so, dass der Eifersüchtige den anderen dazu bringen will, dass er geht, nicht dass er bleibt. Er tut aber so, als wolle er, dass der andere bleibt.

Die Eifersucht ist ein Mittel, um die Schuld von sich wegzuschieben und sie dem anderen zuzuschieben. Wer dann zuerst geht, das spielt für die Schuld und die Folgen keine zusätzliche Rolle. Das Gehen kann auch wie eine Gefälligkeit sein, dass es der eine für den anderen aus Gefälligkeit macht. Aber wenn der eine in der Ehe etwas macht, was mit der Ehe nichts zu tun hat, und das auf Kosten des anderen macht, so dass der andere dafür bezahlen muss, beendet er damit die Beziehung. Es ist anders, wenn er sein Studium selbst bezahlt.

zu Brigitte Hast du selbst dafür bezahlt?

Brigitte nickt.

HELLINGER Dann hat es nicht die gleiche Dynamik, als wenn der Mann dafür bezahlt. Wenn der Mann für seine Frau das Studium bezahlt, geht die Frau immer. Wenn die Frau für ihren Mann das Studium bezahlt, geht der Mann immer. Weil es keine Ebenbürtigkeit mehr gibt. Wenn die Frau studiert und es bezahlen ihre Eltern, macht es nichts. Wenn der Mann studiert und es bezahlen seine Eltern, macht es nichts.

Doch bei dir läuft noch eine andere Dynamik. Bei dir war das Studium ein Streben aus der Beziehung hinaus. Es war die Rache für die Beziehung, die er hatte. Auch da gilt der Ausgleich. Die Frage ist: Wer hat dem anderen mehr weh getan? Er dir oder du ihm? Wo war die größere Rache? Darauf hat sich ja vorhin deine Frage über den negativen Ausgleich bezogen. Das musst du mitbedenken, wie immer du das jetzt für dich noch ordnest.

Unschuld und Rache

Der Unschuldige ist der Gefährlichste. Der Unschuldige hat die größere Wut, und er handelt am destruktivsten in einer Beziehung. Weil er sich im Recht fühlt. Er verliert das Maß. Der Schuldige ist viel eher bereit, nachzugeben und wiedergutzumachen. Die Versöhnung scheitert in der Regel nicht am Schuldigen, sondern am Unschuldigen. Können wir das so lassen?

Untreue und Treue

THEA Mich beschäftigt noch, dass sie Psychologie studiert hat, nachdem ihr Mann eineinhalb Jahre lang eine Freundin gehabt hat. Trotzdem kommt bei der Aufstellung heraus, dass sie ihr Recht auf die Töchter verwirkt hat. Das trifft mich als Frau, weil ich es als ungerecht empfinde.

HELLINGER Ist es ungerecht? Was du übersiehst, ist die Schuld der Unschuldigen. Denn böse sind nicht die Schuldigen. Das sind die Unschuldigen. Der Schuldige ist dem anderen in der Regel nicht böse, er hat oft kein böses Gefühl; aber der Unschuldige, denn er fühlt sich im Recht, wenn er böse ist. Seine Schuld ist besonders schlimm, weil sie im Kleid der Unschuld kommt und des Rechts.

Was ist denn so schlimm, wenn jemand mal eine andere Beziehung hat? Was wird eigentlich verletzt dabei? Der Unschuldige verhält sich, als hätte er ein Recht, den anderen immer für sich zu behalten. Das ist eine Anmaßung. Statt dass er versucht, den anderen für sich zu gewinnen durch Liebe, verfolgt er ihn. Und dann soll der andere noch mal zurückkommen? Das kann er dann nicht mehr. Wenn sich der Unschuldige über die Maßen gerächt hat, kann der Schuldige nicht mehr zu ihm zurück. Also ich plädiere für das Menschlichere und für das Maß.

Ich habe einen hohen Respekt vor der Treue, aber nicht vor einer solchen. Sie muss sich aus der Liebe ergeben. Oft wird der Anspruch erhoben: Ich bin der einzige Mensch, der für dich bedeutsam sein kann. Doch oft kommt einer in eine Situation, dass er auch anderen wichtigen Menschen begegnet. Ihn dann zu verfolgen, hat der andere kein Recht. Er muss es achten, wie es ist, dann gibt es vielleicht eine gute Lösung für alle. Die gibt es aber nur über die Liebe. Habe ich das verdeutlicht?

Ich gebe aber noch etwas zu bedenken. Der Kampf des einen Partners um den anderen bezieht seine Energie oft aus der Angst des Kindes, die Mutter zu verlieren. Die Forderung nach Treue richtet sich dann nicht so sehr an den Partner als an die Mutter. Auch die Treue eines Partners, besonders wenn sie aufopfernd ist, ist die Übertragung der Treue des Kindes zu seiner Mutter auf den Mann oder die Frau. Sie hat dann etwas Unwirkliches an sich.

Dazu ein Beispiel. Ein Mann schrieb mir, er sei verlobt, doch seine Verlobte habe ihm gesagt, ihre Liebe sei nur eine Übertragung und sie wolle unabhängig von ihm sein und auch andere Beziehungen haben. Er aber meinte, er müsse ihr die Treue halten und warten, bis sie wieder zu ihm finde. Ich schrieb ihm etwa den folgenden Brief:

Du zeigst deiner Partnerin gegenüber eine Treue, wie sie Kinder ihrer Mutter gegenüber haben. Deswegen täuscht dich auch dein Gefühl. – Sie verdient dich nicht.

Er schrieb mir zurück, er fühlte sich schlagartig befreit. Er hat sofort seinen Verlobungsring abgezogen und war bereit für Neues.

Übernommene Rache

UTE Ich bin einerseits noch mit Brigittes System beschäftigt, vor allem damit, mit welcher Härte solche Ordnungsprinzipien ablaufen und offensichtlich stimmen, auch wenn sie nur von dir hingestellt erscheinen. Also das bewegt mich noch.

Die andere Seite hat etwas mit mir zu tun und mit meiner Mutter. Also, ich bin in meiner Ehe – ich war nur ganz kurz verheiratet – auch betrogen worden und bin gegangen. Ich habe mich völlig unschuldig gefühlt, und das bringt mich wieder auf die Identifizierung mit meiner Mutter. Denn da ist etwas Ähnliches passiert. Mein Vater hat es gut gemeint, als er sie und meinen kranken Bruder zur Erholung in ihre Familie geschickt hat. In der Zwischenzeit war dann das Verhältnis mit seiner Sekretärin, aus der das andere Kind stammt. Ich denke, ich habe etwas von der Rache meiner Mutter an meinem Vater mitbekommen und übernommen. Da ist jetzt etwas Neues, das glüht, aber das ich auch gut lassen kann.

Nachdenken über die Unschuld

KARL Ich habe eben auf die Uhr geschaut und gemerkt, dass der Arbeitstag zu Ende geht, und festgestellt, wie frisch ich mich fühle.

Es hat sich bei mir vorhin der Satz festgesetzt, dass die Unschuldigen die Gefährlichen sind. Der ist einfach ganz stark da und arbeitet in mir.

Geschenke für die Mutter

CLAUDIA Ich bin aufgeregt und bin vom Thema her bei meiner Mutter. Wolfgang ist vorhin gegangen, weil seine Mutter morgen Geburtstag hat, und er da hinfährt. Meine Mutter hat morgen auch Geburtstag, und ich werde einen Teufel tun, da hinzufahren. Das fing eigentlich gestern an, als du … *Sie beginnt zu weinen.*

HELLINGER Pass auf! Du kannst dir vorstellen, welche Geschenke du ihr mitbringst aus diesem Kurs. Das wäre eine schöne Gelegenheit. Du musst es aber vorher ankündigen, dass sie weiß, dass du Geschenke bringst. Dann kannst du morgen getrost hierbleiben. Einverstanden?
CLAUDIA *lacht* Ich habe so etwas noch nicht versucht, aber irgendwie finde ich das gut.

Krisen werden am leichtesten an der äußersten Grenze entschieden

ROBERT Ich bin etwas unruhig, weil in der nächsten Zeit Entscheidungen anstehen, ob ich mit meinem Sohn zusammenbleibe und das Haus abgebe.
HELLINGER Das ist alles viel zu früh. Eine Krise wird an der äußersten Grenze bewältigt.

Ich war mal Rektor einer großen Schule. Da gab es manchmal Krisen. Doch ich habe zugeschaut, tagelang, wie es gärte, bis die Krisen auf dem Höhepunkt angelangt waren. Dort waren sie schnell gelöst. Auf dem Höhepunkt geht das ganz leicht.
ROBERT Eine Entscheidung ist fällig: wann ich wie wieder auf meine Frau zugehe. Sie hat mir das angeboten, also sie möchte Kontakt. Aber ich habe seit drei Monaten keinen Kontakt, weil ich nicht wollte.
HELLINGER Jetzt warte, bis du es kannst. Du bist am Zug. Aber nimm auf jeden Fall Kontakt auf!
ROBERT Das ist mir schon klar. Es geht nur um das Wann und das Wie.
HELLINGER Das merkst du sofort, wenn es soweit ist. Selbst wenn man die richtige Entscheidung schon weiß, muss man die Kraft zur Ausführung sich erst noch sammeln lassen.
ROBERT Es fällt mir sehr schwer, abzuwarten.
HELLINGER Du bist eben kein Krieger. Die machen das. Wenn im Krieg ein Angriff war, musste man warten, bis der Feind auf fünfzig Meter herangekommen war. Das ist sehr schwer. Genau. Es ist leichter zu ballern, wenn er noch einen Kilometer weit weg ist. Aber was bringt das?

Aufstellung: Das andere Bild

FRANK Mir ist noch eine Frage gekommen zu meiner Trennung. Mir ist nämlich aufgefallen, wenn ich in einer Familienaufstellung einen Vater vertreten muss, so wie jetzt bei Brigitte, gehörten die Kinder immer zum Vater. Hat das vielleicht eine Bedeutung für mich?
HELLINGER Nein, für die Beziehung zu deinen Kindern hat das keine Bedeutung. Es hat sich nur um die Beziehung gehandelt, die aufgestellt wurde. Was bei dir ist, wissen wir nicht. Doch wenn du nachforschen willst, kannst du deine Familie aufstellen.
FRANK Ich möchte das gerne.
HELLINGER Dann mache es gleich. Wir haben noch etwas Zeit.
FRANK Also es gehören dazu meine geschiedene Frau, ich, zwei Kinder und Dagmar, meine jetzige Partnerin, die hier mit dabei ist.
HELLINGER War jemand vorher verheiratet?
FRANK Dagmar war vorher verheiratet.
HELLINGER Den Mann brauchen wir auch.

Bild 1

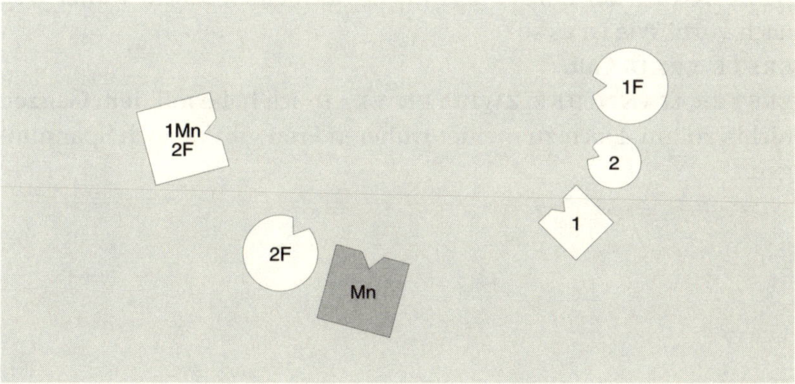

Mn	**Mann (= Frank)**
1F	Erste Frau, Mutter von 1–2
1	Erstes Kind, Sohn
2	Zweites Kind, Tochter
2F	Zweite Frau, nicht mit ihm verheiratet (= Dagmar)
1Mn2F	Erster Mann der zweiten Frau

HELLINGER Wie geht es dem Mann?
MANN Als meine jetzige Partnerin hier neben mich gekommen ist, hat mir das Wärme gegeben. Ich vermisse etwas meine Kinder.
HELLINGER Wie geht es der ersten Frau?
ERSTE FRAU Ich kann es nicht sagen.
ERSTES KIND So wie ich jetzt stehe, habe ich keinen Kontakt zum Vater. Ich habe auch das Gefühl, dass ich den Kontakt zu meiner Mutter verliere, wenn ich mich zu ihm hinbewege.
HELLINGER Gehe mal näher zu ihm, damit du siehst, wie das ist.

Der Sohn stellt sich neben den Vater.

ERSTES KIND So finde ich es besser. Dann habe ich auch mehr Kontakt zu meiner Mutter.
ZWEITES KIND Hier geht es mir gut. Ich möchte aber lieber etwas Eigenständiges machen.
ERSTE FRAU Ich traue meinen Augen nicht.
HELLINGER *zur Tochter* Stelle dich neben den Bruder!
zur ersten Frau Dreh dich weg nach außen! Wie ist das?
ERSTE FRAU Gut.
MANN Das ist auch für mich sehr gut.
HELLINGER *zur ersten Frau* Mache noch einen Schritt weiter weg nach vorn! Wie ist es so?
ERSTE FRAU Gut.
ERSTER MANN DER ZWEITEN FRAU Ich habe mit dem Ganzen nichts zu tun. Doch zu meiner früheren Frau gibt es noch Spannungen.

Die zweite Frau lacht. Hellinger stellt das Bild um.

Bild 2

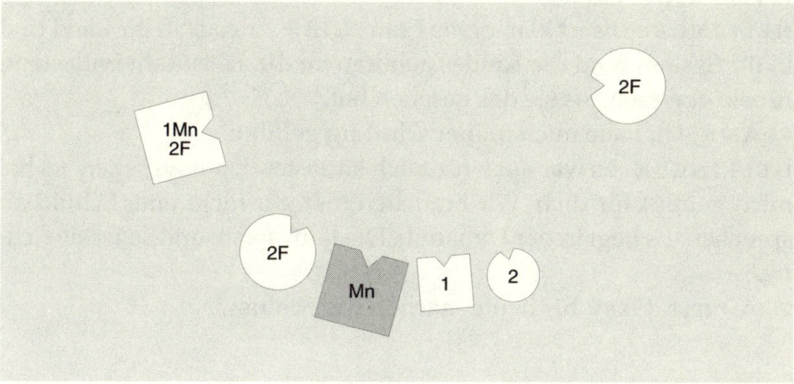

HELLINGER *zu Frank und Dagmar* Jetzt stellt euch selber an euere Plätze.
zur Tochter Geht es dir da gut?
ZWEITES KIND Mir geht es gut, obwohl ich denke, zu der anderen Frau hier gibt es ein bisschen Ärger.
HELLINGER Ja klar! Du wirst natürlich deine Mutter ihr gegenüber vertreten.
ERSTES KIND Ich vermisse sie auch.
ERSTE FRAU Ich war auch neugierig zu sehen, was jetzt ist. *Sie hat sich wieder zur Familie gedreht.*
HELLINGER Wie ist es, die Familie so aus der Ferne zu sehen?
ERSTE FRAU Totaler.
FRANK Ich bin fassungslos.
HELLINGER Das ist eine einfache, klare Lösung. – Okay, das war's.
FRANK *nachdem er sich wieder gesetzt hat* Ich kriege das noch nicht zusammen. Also mir sind blitzartig ein paar Punkte gekommen.
HELLINGER Freue dich einfach daran! Wenn du dich daran freust, genügt es völlig.
FRANK Ich bin sehr unsicher damit.
HELLINGER Freue dich unsicher. – Manchen schmeckt die Suppe nicht, bevor sie nicht das Haar gefunden haben. Man kann es umgehen und dennoch die ganze Suppe auslöffeln.

Okay, es ist immer der gleiche Vorgang bei dir. Das Glück macht Angst. Und das Glück bringt Verantwortung.

FRANK Ich denke, bevor ich die Verantwortung übernehme, muss ich das auch klären.

HELLINGER Es ist klar, deine Frau zieht es zurück in ihr Land und in ihr System, und die Kinder gehören zu dir. Es ist sehr entlastend für sie gewesen, als sie das gesehen hat.

FRANK Ich habe mich immer schuldig gefühlt.

HELLINGER Es war auch für mich entlastend, das zu sehen. Es hat mich gefreut für dich. Wir brauchen hier gar nicht über Schuld zu sprechen. Es liegt in der Dynamik. Die läuft so ab, und so ist sie richtig.

zur Gruppe Okay, für heute machen wir Schluss.

3. TAG

Die Runde

Runde bedeutet, dass die Teilnehmer reihum zu Wort kommen, um zu sagen, was die bisherige Arbeit bei ihnen bewirkt hat, ferner um Fragen zu stellen und um sofort zu erledigen, was gerade bei ihnen ansteht. Die anderen Teilnehmer sind gesammelt dabei, ohne selbst einzugreifen oder etwas zu sagen. Daher braucht der einzelne auf Bemerkungen oder Einwände anderer keine Rücksicht zu nehmen. Dennoch sind sie ihm ein Gegenüber, das sammelnd wirkt, denn sobald jemand abschweift in etwas, das eher der Rechtfertigung oder der Anklage dient als dem eigenen Fortschritt, wird die Gruppe unruhig. Dann unterbricht der Gruppenleiter den Prozess und geht weiter zum nächsten. Solange jemand aber an etwas für ihn Bedeutsamem arbeitet, bleiben alle aufmerksam und gesammelt, selbst wenn es längere Zeit in Anspruch nimmt.

Das für den einzelnen Bedeutsame berührt alle, und wenn der eine etwas Wesentliches für sich erkennt oder löst, lernen die anderen mit, wie am Modell, ohne dass sie selber eigens in der Gruppe daran arbeiten müssen.

Am Anfang sind die Runden oft recht kurz. Gegen Ende eines Kurses werden sie länger, weil es für viele die letzte Gelegenheit ist, Ungelöstes, das sie bedrängt, noch zu lösen. Die Kapitel bis Seite 252 beschreiben, etwas gekürzt, solch eine Runde.

Übernommene Symptome

ANNE Mir geht es gut. Ich spüre, dass für mich sehr viel in Fluss gekommen ist und einige Dinge klarer geworden sind. Mir ist klar geworden, dass ich mit einer Person identifiziert bin, wahrscheinlich sogar mit mehreren …

HELLINGER Nein, es gibt in der Regel nur eine. Wenn es mehrere gibt, wird man verrückt.

ANNE Also eine Identifikation, die ich vermute oder die mir deutlicher geworden ist, ist die mit meiner Großmutter, und zwar habe ich das körperlich gespürt. Ich neige dazu, zwischendurch schlecht zu atmen, nur im oberen Bereich zu atmen, nicht durchzuatmen. Ich kenne das von mir, dass ich die Luft anhalte, zum Beispiel wenn ich Angst habe und in Konfliktsituationen, und dass ich mich dann auch körperlich eher klein mache. Es ist mir eine Erinnerung hochgekommen an diese Großmutter, dass sie sehr viele Verfolgungsängste hatte und ich als Kind immer für sie nachschauen musste, ob irgendwo jemand versteckt war. Ich glaube, dass ich ein Stück weit diese Angst übernommen habe und als Kind schon oft die Luft angehalten habe in solchen Situationen.

HELLINGER Was macht man dann in solchen Situationen?

ANNE Ich denke, atmen.

HELLINGER Man schaut die Oma an mit Liebe und sagt ihr: Ich halte sie an für dich. Ja? Ist das drin?

ANNE Ich probiere es.

HELLINGER Spürst du die Liebe? Die macht dich frei, wenn sie hochkommen darf. Noch was, Anne?

Jüdische Herkunft

ANNE Ja. Ich konnte heute morgen das erste Mal zulassen, dass ich bei meinen Großeltern väterlicherseits nicht die Formulierung gebraucht habe, sie sind gestorben oder umgekommen, sondern sie sind ermordet worden.

HELLINGER Von wem?

ANNE In der Nazizeit. Ich stamme aus einer jüdischen Familie.

HELLINGER Das ist immer sehr, sehr bedeutsam. – Eine jüdische Frau kann keinen Deutschen heiraten.

ANNE Ich habe einen Deutschen geheiratet.

HELLINGER Das geht nicht. Eine jüdische Frau kann keinen Deutschen heiraten.

ANNE Kannst du mir sagen, warum?

HELLINGER Das geht schief. Ich habe noch nicht gesehen, dass es gutgegangen ist. Umgekehrt schon, ein jüdischer Mann kann eine deutsche Frau heiraten, aber nicht andersherum. Das geht nicht.

JOHANN Kann man so was erklären, oder geht es einfach schief.

HELLINGER Ich erkläre es nicht. Es ist so.

zu Anne Hast du andere Beispiele gesehen?

ANNE Ja.
HELLINGER Hast du?
ANNE Habe ich.
HELLINGER Okay, vielleicht muss ich dann doch die Aussage revidieren.
ANNE Aber das Problem ist mir bewusst.
HELLINGER Wenn eine jüdische Frau einen Nichtjuden heiratet – bei Deutschen ist es natürlich noch schwerer –, dann geht das nur, wenn sie vom Judentum abfällt. Ein Jude kann das aber nicht. Das geht nicht. Die Schicksalsbindung unter den Juden ist so viel stärker als bei anderen, dass so etwas in der Regel nicht geht.
ANNE Warum meinst du, dass das bei einem jüdischen Mann anders ist?
HELLINGER Es hat etwas mit dem zu tun, was ich gestern gesagt habe, dass die Frau dem Mann folgen muss. Eine jüdische Frau kann das nicht, ohne dass sie vom Glauben abfällt. Eine nichtjüdische Frau kann dem jüdischen Mann folgen, aber umgekehrt geht das nicht.
GEORG Ist es nicht auch so, dass die Frauen das Judentum weitergeben? Damit gehen die Kinder automatisch von der Familie des Vaters weg.
HELLINGER Das hängt vor allem damit zusammen, dass die jüdische Frau einen Nichtjuden nicht heiraten kann, ohne abzufallen, während die nichtjüdische Frau dem jüdischen Mann folgen kann, ohne dass sie abfällt. Da gilt das nicht. Die Bindung an das Wertesystem, das ihr vorgegeben ist, verhindert das bei der jüdischen Frau. Aber das ist nur ein Grund. Da läuft also vieles zusammen. In der Regel geht das nicht, und man soll sich da nichts vormachen.
ANNE Ich habe mir aber diesen Mann ausgesucht. Was die Sache jedoch kompliziert macht, ist, dass mein Mann Priesteramtskandidat war. Er ist also auch katholischer Theologe. Er war von seiner Mutter nicht dafür bestimmt, dass er heiraten sollte.
HELLINGER Okay, das lässt sich eher lösen. Das wäre kein Grund, ihn fallenzulassen. Die Schwierigkeit liegt eher bei dir und deinen Eltern und deinem Schicksal. *(Anne lebt von ihrem Mann getrennt.)*
ROBERT Vielleicht spielt dabei auch eine Rolle, wie hoch der Anteil des Jüdischen ist. Vielleicht nur die Hälfte oder ein Viertel?

HELLINGER Ich will jetzt nicht ins Kasuistische gehen. Es geht hier darum, dass man spürt, welche Kräfte wirken. Was dann im einzelnen ist, muss man nachprüfen.
zu Anne Das ist eine wichtige Information, die du gegeben hast. Jetzt wird es leichter sein, deine Familie aufzustellen.

Das rechte Maß

IDA Ich habe ein bisschen Herzklopfen, und die Frage, die ich habe, ist: Wie findet man das richtige Maß für die Dinge?
HELLINGER Das richtige Maß?
IDA Ja, das richtige Maß.
HELLINGER Es gibt eine innere Orientierung. Wenn einer darauf achtet und er sich sammelt in seiner Mitte, spürt er, wann das Maß voll ist oder was das richtige Maß ist. Wir setzen das Maß manchmal mit unserem Verstand, und das ist oft das falsche Maß. Wenn jemand zum Beispiel in ein starkes Gefühl kommt und wenn es ein ursprüngliches Gefühl ist, so wie bei der Ute zu ihrer Mutter hin gestern oder vorgestern, und er sich diesem Gefühl überlässt, dem zeigt das Gefühl das Maß. Der kann niemals über das Maß hinausgehen.

Es ist etwas anderes, wenn er sich ein Gefühl vorstellt, so wie Wilhelm mit dem Gefühl, ein Opfer zu sein. Das war ein falsches Gefühl. Dann geht er über das Maß hinaus. Dann ist er nämlich nicht gesammelt. Aber bei dem Gefühl, das unmittelbar aus einer Situation kommt, ist das Maß mit dabei, auch wenn man sich vorstellt, das sei maßlos. Auf einmal spürt man genau: Jetzt ist es gut. So kann man das Maß auch in anderen Situationen finden.

Manche meinen, das kleine Maß sei sicherer als das große. Nein, nur das richtige Maß ist sicher.
IDA Also das heißt, dass man auch beim Ausgleich erst einmal abwarten muss, um ein Maß für das Geben und Nehmen zu finden, das jedem gemäß ist.
HELLINGER Das Maß ergibt sich aus der Interaktion mit einer Sache oder einer Aufgabe oder einem Menschen. Man kann es sich nicht vorher überlegen.

Entlastet

WILHELM Ich habe sehr gut geschlafen und habe erstaunlich viel Zeit auf einmal.
HELLINGER Sehr gut.
WILHELM Und sonst geht es mir gut.

Der Preis

HELLINGER Wie geht es dir, Klara?
KLARA Gut. Ich bin ziemlich geschafft.
HELLINGER Ja klar.
KLARA Ich würde dich gerne etwas fragen. Seit gestern, als das Thema Ausgleich kam, dachte ich direkt an meinen Unfall. Ich habe vor neun Jahren einen schweren Verkehrsunfall gehabt und habe, bezogen auf den Unfall, das Thema Ausgleich immer gesehen in bezug auf die Beziehung zum damaligen Zeitpunkt. Ich habe den Unfall mit einem Mann zusammen gehabt. Jedenfalls kam mir gestern in den Sinn, ob der Unfall nicht auch ganz konkret etwas mit der Familie zu tun hat.
HELLINGER Es kann schon sein, dass es so ist.
KLARA Mit der Familie?
HELLINGER Ja. – Und was machst du jetzt damit?
KLARA Ich weiß es nicht.
HELLINGER Also, die Folgen des Unfalls sind nicht mehr änderbar. Du musst sie jetzt tragen. Aber du kannst sie mildern, indem sie dich an das erinnern, was gestern war, dass du alle, die zu dir gehören, hereinnimmst und es so gut ist. Das andere nimmst du als dein Schicksal.
zur Gruppe Ich möchte hier etwas über Traumata sagen und über Unfälle oder schlimmes Schicksal. Viele, die ein schlimmes Schicksal hatten, zum Beispiel solche, die gefoltert wurden oder die Konzentrationslagern entronnen sind, die übersehen oft das Allerwichtigste. – Was ist das Wichtigste?
KLARA Dass sie überlebt haben.
HELLINGER Dass es gut ausgegangen ist. Und dies zu nehmen ist das Allerschwerste.

Da hat mich mal einer angerufen. Der war mit einer Reisegruppe nach Rhodos gefahren, und dort sind sie durch einen schmalen antiken Wassertunnel gegangen. Mittendrin bekam er einen Panikanfall. Er hat sich dann herausgezwängt und ging zurück ins Hotel. Dort bekam er wieder einen Panikanfall. Er ist dann sofort abgereist, und zu Hause bekam er in der Nacht wieder so einen Anfall.

Als er mir das so beschrieben hat, habe ich gesagt: „Das ist eine Erinnerung an deine Geburt, und wenn ich Platz habe in einem Kurs, nehme ich dich mit herein; dann können wir das bereinigen."

Als ich einen freien Platz hatte, kam er und hat seine Geburt wiedererlebt. Aber es hat ihm nicht geholfen. Ich habe ihn gefragt: Was war denn bei deiner Geburt? Er sagte: Meine Mutter wäre fast verblutet. Ich antwortete: Okay, knie dich mal hin, blicke zur Wand, stelle dir deine Mutter vor, schaue sie an, und sage ihr: „Ich nehme es zum Preis, den es dich gekostet hat." Und das konnte er nicht. Es war ihm zu groß. Nach drei Tagen konnte er es endlich sagen, und dann war es gut. So ist das.

zu Klara Das war bei deiner Aufstellung der Sinn der Verneigung: Du hast es von jedem genommen zu dem Preis, den er gezahlt hat. Und sie waren alle freundlich zu dir, ja? Es ist auch so: Wenn jemand schon den Preis bezahlt, dann möchte er sehen, dass es nicht umsonst war.

KLARA Du meinst, der Unfall war der Preis?

HELLINGER Nein, die anderen haben den Preis bezahlt für dein Leben, und die möchten sehen, dass ihr Preis nicht umsonst war. Wenn du also dein Leben nimmst zu dem Preis, den die anderen gezahlt haben, und du machst was daraus, dann sind sie versöhnt mit dem Preis. Wenn du es dir aber schlecht gehen lässt, dann war der Preis umsonst. Verstanden?

KLARA Ja.

HELLINGER Gut. Noch was?

KLARA Danke.

Das Grundgefühl, und was es ins Heitere hebt

SOPHIE Ich habe heute nacht auch gut geschlafen, in zwei Teilen. Also nach einer Phase von wirklich tiefem Schlaf bin ich wach geworden und war erst ganz ruhig. Aber dann kam doch so manches hoch, was mich angestoßen hat. Fragen mit der Familie habe ich nicht direkt, aber ich habe plötzlich stark gespürt, dass ich es, wenn es mir heute so gutgeht, meiner sicheren Position beim Vater verdanke zum Zeitpunkt, als die Mutter starb.

HELLINGER Wann ist deine Mutter gestorben?

SOPHIE Ich war gerade sieben. Meinen Geschwistern ging es nicht so gut.

HELLINGER Wenn man Leute anschaut, kann man sofort den Pegel ihres Grundgefühls ermessen. Das ist das Gefühl, auf das sich einer zurückzieht, wenn er den wenigsten Stress haben will. Wenn er glücklicher wird, hat er einen größeren Stress, und wenn er unglücklicher wird, hat er auch einen größeren Stress. Wenn man sich eine Skala des Grundgefühls vorstellt, die von minus hundert, das ist ganz unten, über Null zu plus hundert geht, kann man die Leute nach ihrem Grundgefühl einteilen. Du bist ungefähr bei minus fünfzig in deinem Grundgefühl.

Wer im Minusbereich ist mit seinem Grundgefühl, dem fehlt einer der Eltern. Anne zum Beispiel ist in ihrem Grundgefühl im Plusbereich. Wilhelm ist im Minusbereich. Klara kommt eher nach oben, seltsamerweise. Das Grundgefühl kann man nicht ändern, sagt man. – Ich habe aber herausgefunden, wie man es ändert.

SOPHIE *lachend* Ich hoffe, du sagst mir was dazu.

HELLINGER Sonst hätte ich mir diese lange Einleitung erspart. Also, wenn es gelingt, den fehlenden oder ausgeklammerten Elternteil hereinzunehmen, steigt das Grundgefühl um fünfundsiebzig Punkte.

Lachen in der Gruppe

HELLINGER *zu Sophie* Wenn du deine Mutter mit sieben verloren hast, dann fehlt sie dir. Das ist ganz klar. Doch du kannst es nachholen, dass sie ihren Platz bekommt. Du musst wissen, dass ein Kind, das einen der Eltern früh verliert, den Schmerz der Trauer nicht ertragen kann, weil es zu schwach ist. Das Kind reagiert statt dessen mit Wut. Das ist seine Form der Trauer. Später, wenn es an die Trauer will, kommt es nicht an die Trauer; es kommt statt dessen an die Wut. Dann schämt es sich. Aber es ist die kindgemäße Form der Trauer. Eltern wissen, dass das die kindgemäße Form der Trauer ist. Deine Mutter würde das verstehen. – An was ist deine Mutter gestorben?

SOPHIE An den Folgen einer Operation. Die Wahrheit ist, sie war psychisch krank. Sie war immer krank, und sie ist einfach nicht mehr gesund geworden

HELLINGER Ich möchte eine einfache Übung mit dir machen, nichts Dramatisches, so dass du in Kontakt kommst mit deiner Mutter und mit deiner Liebe zu ihr. Aber nur, wenn du willst.

SOPHIE Es macht mir ein wenig Angst.

HELLINGER Das macht es immer, wenn man an etwas Wesentliches geht. Aber es ist etwas Wohltuendes und etwas ganz Einfaches.

SOPHIE Okay.

Frieden durch Liebe

HELLINGER *zu Klara* Darf ich dich für die Übung zu Hilfe nehmen?

KLARA Ja.

HELLINGER Dann lege dich mit dem Rücken auf den Boden, mache die Augen zu und bleibe einfach so liegen.

zu Sophie Jetzt lege du dich daneben, auch auf den Rücken, mit einem kleinen Abstand und so, dass dein Kopf ungefähr auf der gleichen Höhe mit ihrem ist. – Jetzt stelle dir vor, du liegst als Kind neben deiner kranken Mutter und schaust zu ihr hinüber mit Liebe. Schau hinüber! Tief atmen, den Mund auflassen! Du siehst sie in ihrer Krankheit. Schaue sie an mit Liebe!

Sophie atmet heftig, spürt ihre Trauer und weint mit offenen Augen.

HELLINGER Mit Liebe! – Wie hast du deine Mutter angeredet als Kind?

SOPHIE „Mutti".

HELLINGER Sag: „Liebe Mutti!"

SOPHIE Liebe Mutti!

HELLINGER „Liebe Mutti." – Mit der ganzen Liebe! – Sag es mit der ganzen Liebe: „Liebe Mutti!"

SOPHIE Liebe Mutti!

HELLINGER Sag es ganz ruhig!

SOPHIE Liebe Mutti!

HELLINGER Und sag ihr: „Liebe Mutti, segne mich!"

SOPHIE Liebe Mutti, segne mich!

HELLINGER *nach einer Weile, als die Trauer abklingt* Das war's dann.
zur Gruppe Seht ihr, wie sie strahlt? Schön! – So ist das in der Psychotherapie. Die Grundmethode heißt: Lösung durch Liebe. Wenn man bei der Liebe ist, kann man weitermachen.

Das heimliche Glück

HARTMUT *zu Hellinger* Wie schätzt du meinen Grundpegel ein?

Lachen in der Gruppe

HELLINGER Merkwürdigerweise eher auf der Plusseite.
HARTMUT Es erstaunt mich, aber freut mich.
HELLINGER Jeder weiß selber sofort, wo sein Grundpegel ist. Er kann es ablesen an seinem Gefühl.
HARTMUT Ich sehe mich als sehr melancholischen Menschen, und ich dachte mir, die Melancholie würde einen auf die Minusseite bringen.
HELLINGER Die Melancholie schützt das heimliche Glück.
HARTMUT *lacht* Gut. – Ich habe sehr viel gelernt und habe ein Gefühl der Dankbarkeit. Ich empfinde auch die Klimaschwingung hier als heilsam. Ich bin das erstemal in so einem Kurs und möchte etwas sagen, was für mich absolut neu und sofort hilfreich war.
HELLINGER Okay.

Das andere Wissen

HARTMUT Es war für mich neu, dass es ein direktes Wissen oder eine direkte spontane Erkenntnis gibt, was in uns ist und nicht mit Worten tradiert wurde. Es war für mich neu, dass es überhaupt ein solches Wissen geben sollte. Es hat mir sofort eingeleuchtet, sonst wäre mir alles, was du gesagt und aufgestellt hast, das der äußeren Familienwirklichkeit so stark widerspricht, ganz paradox oder zumindest hypothetisch vorgekommen. Das war Punkt eins.

Punkt zwei. Ich habe Jahrzehnte wie ein irrsinniger Bote, der dann kurz vor dem Überbringen der Botschaft zusammenbricht, zwischen Familienmitgliedern zu vermitteln versucht und darüber meine eigenen Belange vernachlässigt. Ich habe immer Versöhnungsversuche mit ungeheurer Energie gestiftet, um Ordnungen wiederherzustellen, die, wie ich jetzt erkannte, gar nicht so existiert haben oder nicht fundamental waren. Ich habe zum erstenmal durch dich und durch die Arbeit hier gelernt, dass ich mich meinem Vater ohne persönliche Konfrontation zuwenden kann. Ich grollte meinem Vater ungeheuerlich, dass er der Konfrontation mit mir immer ausgewichen ist. Es hat in meinem ganzen Leben von ihm keinen Satz der Orientierung gegeben, ich konnte ihn provozieren, wie ich wollte. Er hatte eine Seele mit einem Regenmantel drum, und so habe ich ihm gegrollt. Jetzt sehe ich zum erstenmal eine Möglichkeit, mich mit ihm zu arrangieren, obwohl er vor fünf Jahren gestorben ist. Das ist ein erlösendes Wissen, dass ich nicht auf ewig auf ihn verzichten muss, denn ich bin sicher der Mensch, der sich um ihn am meisten bemüht hat und dem er sich auch am meisten entzogen hat.

Das dritte ist – da bin ich noch nicht ganz am Ende –, dass ich mich damit versöhne, dass ich die Aggression, die Wut, all diese äußeren Dinge, in meinem Leben nicht angewendet habe und ich vieles verspielt habe, weil ich nicht darum gekämpft habe. Ich dachte, ich müsste das noch nachholen, irgendwie aggressiv werden, kämpfen, und jetzt sehe ich, wenn auch noch nicht ganz genau, eine innere Art, doch die Kraft zu gewinnen und die Energie, die bei mir durch diese Unterdrückungsarbeit gebunden ist.

Geben ohne zu nehmen

HELLINGER Die Wut ist häufig ein Weg der Annäherung ohne Liebe und daher die billige Weise der Annäherung. Die Annäherung mit Liebe, wenn sie ans Ziel kommt, ist sehr viel herausfordernder als die wütende.

HARTMUT Aktuell ist es so, dass mir viele mir nahestehende Menschen sagen: Du erdrückst uns, du bist eindringlich mit deiner Liebe; du gibst uns gar nicht Gelegenheit, auf deine Liebe zu warten, sie zu fordern …

HELLINGER Vor allem, du nimmst nicht. Wer gibt, ohne zu nehmen, der sagt dem anderen: „Lieber sollst du dich schuldig fühlen als ich.“ Dann wird der andere ihm böse, mit Recht. Ein gewisser Vincent de Paul, hast du mal von dem gehört?

HARTMUT Nur gehört, nicht studiert.
HELLINGER Das war ein Heiliger in Paris, ein Fachmann für Nächstenliebe im guten Sinn. Der hat einem Freund ein Geheimnis verraten aus seiner langen Lebenserfahrung. Er hat ihm gesagt: „Wenn sie dir helfen wollen, pass auf!"
HARTMUT Dieses Misstrauen erlebe ich und leide darunter.
HELLINGER Mit Recht. Ich will dir etwas sagen, einen kleinen Aphorismus: Mancher Helfer gleicht einem Skarabäus, der meint, mit seinen Hinterfüßchen drehe er die Welt.

Lachen in der Gruppe

CLAUDIA Was heißt Skarabäus?
HARTMUT Auf deutsch Mistkäfer.
HELLINGER Das ist der Pillendreher, genau.

Die neue Perspektive

ROBERT Mir tat es gestern gut, dass du sagtest, das wäre noch zu früh mit all den Entscheidungen. Das hat mich wieder ruhiger gemacht. Und ich merke, der Ärger und die Wut gegen meine Frau sind weg seit vorgestern. Selbst wenn ich sie suche, sie sind nicht mehr da. *Er lacht.*
HELLINGER Schrecklich!
ROBERT Ja, eine völlig neue Perspektive. Ich weiß noch nicht, was daraus wird. Ich warte erst einmal ab. Doch so geht es mir gut.

Vergebliches Beziehungsideal

JOHANN Ich bin innerlich unruhig, etwas aufgeregt, und meine Hände werden feucht. Ich war gestern die ganze Zeit wie geistig umnachtet, so halb weg bis zum Abend. Irgendwie hat mich vieles sehr irritiert. Ich merke, ich bin noch ein bisschen orientierungslos. Es kommt soviel ins Wanken. Auch diese ganzen Familienskriptgeschichten, die Aufstellungen: Ich merke, ich verstehe das einfach nicht. Und meine Idealvorstellungen von Partnerschaft und Beziehungen brechen auseinander.

HELLINGER Mit Recht. – Ein Freund von mir, der Psychotherapeut Hans Jellouschek, hat gerade ein Buch geschrieben, in dem er sehr schön die Wirkung dieser Idealvorstellungen behandelt. Das Buch heißt: „Die Kunst, als Paar zu leben".
JOHANN Da sind verschiedene Sachen, die mich ansprechen, auch was Hartmut gerade sagte. Ich habe mich auch so erlebt, dass ich sehr viel Liebe gebe und große Schwierigkeiten habe, etwas anzunehmen. Ich will auf die grüne Wiese und habe auch Angst davor.

Geben und Nehmen in der Partnerschaft

HELLINGER Wer nimmt, ist demütig. Er muss sich zurücknehmen und lässt etwas Kraft los. Dann kann der andere ihm geben, vorher nicht. Aber er bekommt auch Kraft, und aus der gibt er wieder zurück. Das ist bescheiden auf der einen Seite, doch man bleibt immer auf der gleichen Ebene.

In der Partnerbeziehung hat der Mann etwas, was der Frau fehlt, und die Frau hat etwas, was dem Mann fehlt. Sie sind sich ebenbürtig sowohl in ihrem Vermögen zu geben wie in ihrer Bedürftigkeit zu bekommen. Auf dieser Ebene sind sie völlig ebenbürtig. So wie auf dieser Ebene die Ebenbürtigkeit ganz genau festgelegt ist, muss sie auch auf anderen Ebenen laufen.

Sobald in einer Beziehung der eine mehr gibt als der andere und der eine mehr nimmt als der andere, geht es schief. Bei der Paartherapie ist daher die erste Maßnahme, herauszufinden, wer gibt mehr oder wer nimmt mehr, und dann das Geben und Nehmen wieder auszugleichen. Dabei weiß jeder sofort, ob er mehr gibt oder mehr nimmt.
JOHANN Ich habe die Vorstellung, dass ich dann dem anderen völlig ausgesetzt bin.
HELLINGER Das ist die Angst. Du musst dem anderen nämlich vertrauen. Daraus ergibt sich auch, dass ich dem anderen nur soviel geben darf, als er zurückgeben kann oder will. Wenn ich ihn überschütte, muss er gehen. Ich darf ihm nicht mehr geben, als er zurückgeben will oder kann. Dadurch wird von vornherein ein Maß gesetzt, wie weit das Geben gehen kann.

Jede Beziehung fängt damit an, dass man auf etwas verzichten muss, weil das Maß des Gebens und Nehmens begrenzt ist. Es ist in

jeder Beziehung begrenzt. Manche suchen nach einer Beziehung, in der das unbegrenzt ist. Die gibt es nicht. Wer Abschied nimmt von dieser Illusion, stellt sich auf eine bescheidene Beziehung ein, aber die wird dann auch, weil sie bescheiden ist, glücklich.
JOHANN Was du mir gesagt hast, das hat mir meine Freundin auch so gesagt.
HELLINGER Siehst du!
JOHANN Ich kann das nachvollziehen.
HELLINGER Weißt du den besten Weg, wie man mit Nehmen und Geben in einer Paarbeziehung umgeht? Man bittet den anderen um etwas Konkretes. Also nicht: „Bitte, liebe mich mehr", das ist nicht konkret, sondern: „Bitte, bleib mal eine halbe Stunde bei mir und unterhalte dich mit mir." Dann weiß er nämlich nach einer halben Stunde, dass er die Bitte erfüllt hat. Wenn du aber sagst: „Bleib immer bei mir", dann weiß er nie, wann er die Bitte erfüllt hat, und fühlt sich überfordert. Das sind einfache, bescheidene Ratschläge.
JOHANN Mir ist das im Kopf klar.
HELLINGER Es rutscht von oben nach unten.

Den Druck abfließen lassen

MARTHA Ich habe einen totalen Druck im Kopf. Ich habe das Gefühl, das sind Tränen oder Angst, ich weiß nicht, was.
HELLINGER Bringe deinen Stuhl hierher!

Martha nimmt ihren Stuhl und setzt sich Hellinger nahe gegenüber.

HELLINGER Mache es dir gemütlich hier.

Martha entspannt sich und lacht.

HELLINGER Mache die Augen zu. *Er zieht ihren Kopf sachte nach vorn.* Atmen! *Er legt ihr die Hand in den Nacken und wiegt ihren Kopf sachte seitlich hin und her.* Nimm mich!

Martha legt die Arme um Hellinger und wiegt sich sachte nach rechts und links.

HELLINGER Überlasse dich der Bewegung, wie sie will. – Stelle dir vor, dass die Liebe fließt und wohin sie fließt. – Kraftvoll!

Martha atmet heftig.

HELLINGER Kraftvoll ausatmen! – Schneller! – Kraftvoll ausatmen! – Noch schneller!

Der Schmerz bricht durch, und Martha weint laut.

HELLINGER *als der Schmerz nachläßt* Jetzt ohne Ton atmen!

Martha atmet ruhiger.

HELLINGER Wie geht es dir jetzt?
MARTHA Gut. Ja, jetzt ist es frei.

Die religiöse Frage

ROLF Mit Bezug auf meine Klienten habe ich eine Unsicherheit, und zwar, wenn sie klarer sind, dann kommen sie an die religiöse Frage. Ich habe noch keinen gesehen, bei dem das nicht so läuft. Ich habe mich immer sehr zurückgehalten, doch ich merke, eigentlich müsste ich mehr sagen.
HELLINGER Wir kommen nicht an die religiöse Frage.
ROLF Doch wohin sollen die mit ihrer Energie? Wohin mit ihrer Kreativität, die sie haben, mit der Hingabe?
HELLINGER Über die religiöse Frage wissen wir nichts. Deine Klienten stoßen an Geheimnisse. Das ist etwas anderes. Doch manche drücken sich vor dem Geheimnis, indem sie es wissen wollen. So nehmen sie ihm seine Kraft. In Wahrheit aber zieht sich das Geheimnis vor ihnen zurück.

Trauer über umgekommene Tanten

CLAUDIA Bei mir laufen zwei Sachen gleichzeitig, die nicht immer gleich wichtig sind. Einmal kommt die eine, ein andermal die andere. Die eine betrifft die Familie meines Vaters. Ich weiß nicht, ob das noch eine Rolle spielt: Es fiel mir eben ein, dass zwei Schwestern von ihm im Konzentrationslager gestorben sind. *Sie beginnt zu weinen.*

HELLINGER Das ist wichtig, und wie! – Wieso kamen die in ein Konzentrationslager?
CLAUDIA Die kamen nach dem verlorenen Krieg in ein polnisches Konzentrationslager. *Sie weint.*
HELLINGER Schaue sie an mit Achtung. Mit Achtung vor ihrem Schicksal. Okay? – Ich komme darauf zurück, wenn wir das aufstellen. Die müssen bestimmt mit hinein in deine Aufstellung. Dann siehst du die Kraft, die von ihnen auf dich zukommt.

Den Eltern behinderter Kinder helfen – mit Achtung

KARL Ich bin heute sehr bei den Menschen, mit denen ich arbeite, und dem Verzicht, den Menschen leisten, denen ein behindertes Kind geboren wird. Als du vorhin von den Helfern gesprochen hast, spürte ich zunehmend auch meine Hilflosigkeit.
HELLINGER Ich habe vor dir und vor deiner Arbeit den größten Respekt. Viele haben die Illusion, als sei das glückliche Leben das große. Aber das stimmt nicht. In dieser Herausforderung und diesem sich der Pflege behinderter Kinder Stellen ist eine Größe drin und ein Reichtum, den das sogenannte glückliche Leben niemals erreichen kann. Für die Eltern behinderter Kinder ist das ein ihnen vorgegebener Weg, dem sie sich nicht entziehen können. Wenn du vor ihnen diese Achtung hast und du ihr Schicksal nicht bedauerst – das ist wichtig –, sondern wenn du siehst: Die sind zu etwas herausgefordert, und du hilfst ihnen, dass sie es bestehen, dann hast du deinen Dienst gut getan.
ROLF Ich denke an eine schwierige Klientin und merke jetzt ein Mitgefühl zu ihr hin.
HELLINGER Zu Mitleid sage ich dir einen Spruch: Mitleid braucht den Mut, sich dem ganzen Leid zu stellen.

Die Anmaßung und ihre Folgen

UTE Mir geht es körperlich und innerlich gut. Ich habe auch keine Angst mehr. Doch bei bestimmten Themen legt sich ein Druck auf meine Brust. Es sind keine Herzschmerzen mehr, aber es drückt. Das ist so mit dem Thema, das gestern dran war, mit der Schuld des Unschuldigen. Das betrifft in erster Linie meine Mutter, aber mich auch. Was den Vertrauensbruch meines Vaters anbetrifft mit der Folge des unehelichen Kindes, hat sie mir sehr stark vermittelt, dass sie in einer äußerst schwierigen Situation war mit dem kranken Kind. Sie sagte, dass mein Vater sie betrogen und im Stich gelassen hat und dass sie, wenn sie die Möglichkeit gehabt hätte, mit den beiden Kindern gegangen wäre. Ich frage mich, ob dieser Gedanke mich jetzt nicht behindert, weil ich mich eigentlich tief verneigen möchte.

HELLINGER Das Kind darf sich nicht in das einmischen, was Sache der Eltern ist. Was immer dort das Glück ist oder das Unglück, das darf das Kind nicht wissen. Die Eltern dürfen es dem Kind auch nicht sagen. Wenn deine Mutter dir das gesagt hat, dann mußt du es vergessen. Und man kann es vergessen.

UTE Ach ja?

HELLINGER Das ist eine spirituelle Disziplin. Das Vergessen kann man üben, indem man sich innerlich zurückzieht. Auf einmal ist es weg. Dann läßt du die Eltern in diesem Konflikt, schaust lieb auf beide und nimmst von beiden, was sie dir gegeben haben.

UTE Na ja, gut.

HELLINGER Ich will dir noch etwas sagen: Milde kennen nur Sünder.

UTE Milde?

HELLINGER Milde, ja. Die Unschuldigen sind hart.

UTE Hm, jetzt verstehe ich.

HELLINGER Unschuld und Schuld sind nicht das gleiche wie Gut und Böse. Oft ist es eher umgekehrt.

UTE Ich merke, dass ich viele Jahre meines Lebens hart gewesen bin, vor allem hart in Bewertungen und hart in der Beurteilung, was recht und unrecht ist.

HELLINGER Nicht soviel beschreiben, sonst wirst du es wieder!

UTE Okay, ja, das war das eine. Das zweite Thema, das durch Klara angeklungen ist: Ich habe drei Monate nach dem Tode meines Vaters einen sehr schweren Autounfall gehabt. Ich hatte unter anderem einen Schädelbasisbruch und drei oder vier Wirbel gebrochen, habe seitdem …

HELLINGER Das genügt mir. – Was ist die Dynamik?

UTE Ich bin in Verbindung zu dem Unfall und zu dem Hinweis auf das Grab gekommen, weil ich danach noch mehrere Unfälle hatte und noch immer nicht davon befreit bin, zu verunfallen.
HELLINGER Weißt du den Zusammenhang?
UTE Bei mir ist es so angekommen, als wollte ich mit meinem Vater Solidarität herstellen und mich ihm loyal erklären.
HELLINGER Auf der einen Seite. Auf der anderen Seite kommt so etwas vor als Sühne für Anmaßung, für die Anmaßung, dass du weißt, was zwischen den Eltern war.

Wenn jemand gegen die Ursprungsordnung verstößt, wenn also ein Kind sich anmaßt, wissen zu wollen, was zwischen den Eltern ist, und das zu beurteilen, dann stellt es sich über die Eltern. Wo immer es tragische Verläufe in Systemen gibt, schwere Unfälle, Selbstmord und ähnliches, ist es die Folge einer Übertretung dieser Ordnung. Jemand, der nachgeordnet ist, hat sich dann an die Stelle von Vorgeordneten gestellt. Er reagiert dann, ohne dass er sich dessen bewußt ist, mit einem Bedürfnis nach Scheitern, Unglück und Untergang.

Die Lösung ist, dass du dich herausnimmst und dankst, dass es soweit noch gut ausgegangen ist, dass du daraus lernen und es dann in Ordnung bringen kannst.
UTE Ich merke, ich möchte das gerne aufnehmen, aber ich bin wie in einem Nebel. Ich sehe dich gar nicht.
HELLINGER Das macht nichts. Wenn du es nicht verstehst, kannst du auch nicht dagegen sein. Dann sinkt es ungehindert in die Tiefe.
UTE Wenn ich an die Unfälle denke, kommt ein Gefühl hoch, das ich nicht beschreiben kann. Es ist wirklich nebelig. Und es ist heiß. Ich mußte daran denken, dass der Bruder meines Vater aus Erschöpfung heraus mit 54 Jahren tödlich verunglückt ist. Ich bin auch sehr oft erschöpft. Ich habe keine Gefühle dazu, aber ich spüre, wie von unten so eine Art Hitze hochkommt, die unangenehm ist.
HELLINGER Ich habe schon mal die Geschichte von dem Eskimo erzählt. Kannst du dich an die erinnern? Der ging in die Karibik zur Sommerfrische und hat sich nach vierzehn Tagen daran gewöhnt. An was hat er sich gewöhnt?
UTE An die Hitze. – Okay, verstanden.

Der halbe Weg

FRANK Ich bin immer noch beschäftigt mit der Aufstellung gestern abend. Mit meiner Rolle ist da etwas, das ich noch nicht ganz verstehe.

HELLINGER Das kann man nicht ganz verstehen. Du kannst nur die Wirkung sehen und siehst eine Lösung. Wenn du weitersuchst und schließlich glaubst, die ganzen Ursachen gefunden zu haben, meinst du nur, dass du etwas hast, denn alle diese Ursachen verlieren sich zum Schluß im Dunkel. Was du zur Lösung brauchst, hast du alles gesehen. Wenn du weiterforschst, verlierst du wieder die Lösung.

Das gute Wissen ist ausgerichtet auf einen Vollzug. Sobald ich mehr wissen will, als ich zum Vollzug brauche, wirkt das Wissen destruktiv und wird Ersatz für Handeln.

FRANK Eigentlich ist die Grundfrage, die mir gekommen ist: Wenn diese Aufstellung stimmt, wäre es dann richtig, die Kinder kämen zu mir?

HELLINGER Natürlich ist es richtig.

FRANK Das widerspricht dem, was ich im Moment sehe, denn die scheinen bei der Mutter glücklich zu sein.

HELLINGER Natürlich. Deine Frau ist ja eine gute Mutter. Du brauchst daher jetzt überhaupt nichts zu entscheiden. Du mußt jetzt nur das Bild in dir tragen, dass es richtig ist, und dann läßt du das Bild für dich arbeiten.

FRANK Also, so ist es gut.

HELLINGER Das Bild macht es für dich. Du wartest, bis das Bild seine Wirkung entfaltet. Okay?

FRANK Halbwegs.

HELLINGER Das ist der halbe Weg zum Glück, meinst du?

FRANK Die Hälfte des Weges.

Ja und Nein zum eigenen Kind

DAGMAR Der Abschluß gestern abend in der Aufstellung von Frank war für mich besonders wichtig. Es fällt mir schwer, es so auszudrücken, aber es war, was ich mir immer schon gewünscht habe. Doch meine erste Reaktion war: Es geht nicht, dass die Kinder bei

Frank stehen, ohne dass ich ein Kind mit ihm habe. Das ist ein Punkt, mit dem ich mich schon seit Jahren beschäftige und der sicherlich auch etwas mit einer Abtreibung zu tun hat und mit einem kürzlichen frühen Abgang. Ich bin also sehr ambivalent, ob ich ein Kind mit Frank haben will oder ob wir gemeinsam etwas anderes in der Zukunft gestalten.

Die zweite Frau

HELLINGER Ich will dir noch was sagen zu Franks Aufstellung von gestern abend. Wenn sich das Bild verwirklichen würde, so wie es da stand, gilt für dich der Grundsatz: Du hast in Bezug auf Franks Kinder weder Rechte noch Pflichten. Das ist ganz die Sache von Frank und seiner ersten Frau.

DAGMAR Völlig einverstanden.

HELLINGER Du bist nur Franks Frau, mehr nicht. Das kannst du seinen Kindern auch sagen: „Ich bin nur Franks Frau; alles andere regelt er, und das regelt eure Mutter." Wenn du dann freundlich zu ihnen bist, ist er dir etwas schuldig, weil du etwas machst, wozu du nicht verpflichtet bist.

DAGMAR Also ich bin freundlich zu den Kindern.

HELLINGER Freundlich ist man ja auch zu anderen Menschen. Darum geht es hier nicht. Es geht hier darum, dass du etwas Besonderes für sie tust, zum Beispiel dass du für sie kochst, wenn sie da sind. Das verdient dann besondere Würdigung. Frank muß dann anerkennen, dass du etwas Besonderes machst. Es ist natürlich auch Liebe zu ihm mit dabei. Aber es ist etwas Besonderes, und er muß es würdigen.

DAGMAR Ich habe Geschenke gemacht, bin freundlich gewesen, wenn Nikolaus war …

HELLINGER Das ist zuviel. Dann trittst du an die Stelle der Mutter. Das darfst du nicht. Du darfst nur so nebenbei freundlich sein, für die zweite Frau ist die größte Zurückhaltung angebracht. Frank macht, was für die Kinder zu tun ist. Du unterstützt ihn dabei, bleibst aber im Hintergrund. Das gilt es zu beachten.

Noch etwas anderes muß man in einer zweiten Beziehung beachten. Auch hier gilt die Ursprungsordnung. In einer ersten Partnerschaft kommt an erster Stelle immer die Beziehung zwischen

Mann und Frau. Sie hat den Vorrang vor allem. Wenn das Paar Kinder bekommt, ist es häufig so, dass die Sorge für die Kinder Vorrang bekommt vor der Liebe der Partner. Doch das ist eine Störung der Ordnung. Die Kinder erleben das als bedrückend. Dann muß die Ordnung wiederhergestellt werden. Die Beziehung zwischen Mann und Frau hat Vorrang vor der Sorge um die Kinder. Wenn sich die Eltern für die Kinder opfern, ist das schlimm. Das muß allen klar sein.

Wenn aber, so wie bei euch, der Mann schon Kinder aus einer ersten Partnerschaft hat, dann ist er in erster Linie Vater seiner Kinder und erst in zweiter Linie dein Mann. Also hier hat die Sorge für die Kinder und die Liebe zu den Kindern Vorrang vor der Liebe zu dir. Du mußt das anerkennen. Wenn es hier zu einem Konflikt käme, wenn du also sagen würdest: „Ich komme zuerst, und dann kommen deine Kinder", wäre das gegen die Ordnung mit schlimmen Folgen für eure Beziehung.

DAGMAR Das ist ein guter Hinweis für mich.

HELLINGER Noch was?

Ja und Nein zum Rauchen

DAGMAR Das hat jetzt keine Verbindung zu dem Vorhergehenden für mich, aber mich beschäftigt, dass ich mit dem Rauchen aufhören will; dass ich aufhören will, dieses selbstschädigende Verhalten fortzusetzen. Da bitte ich dich um Unterstützung, denn du machst es ja ziemlich kurz.

HELLINGER *nach einer Pause* Ich mache dir einen Vorschlag. Wenn du zur Zigarette greifst, wiege das abgetriebene Kind im Arm.

Was Kopfschmerzen lindert

ULLA Es geht mir schlecht. Ich hatte sehr starke Kopfschmerzen, so dass ich nicht eher kommen konnte heute morgen.

HELLINGER Was für Kopfschmerzen?

ULLA Im Hinterkopf und im Nacken. – Ich hatte nicht das Gefühl, dass es mit einer Erkältung zu tun hat.

HELLINGER Weißt du, was Kopfschmerzen bedeuten? Angestaute Liebe. – Wo muß sie denn hin, die Liebe?

Ulla seufzt tief.

HELLINGER Ausatmen! Dann hast du schon einen Weg, sie abfließen zu lassen. Und freundlich gucken ist auch ein Weg. Ja, schau doch mal freundlich her! Guten Morgen!
ULLA Guten Morgen!
HELLINGER Ein anderer Weg ist über die Hände. Öffne die Hände nach oben! Genau so! Auch so fließt sie ab. Über Ausatmen, freundlich schauen und über die Hände fließt sie ab.
ULLA Ich habe oft das Gefühl, ich würde meinen Mann nicht gut genug lieben.
HELLINGER Ja, das tust du auch nicht.
ULLA Dieses Gefühl geht weg, wenn ich mich bewußt neben ihn stelle.
HELLINGER Genau.
ULLA Es fließt aber nicht von alleine, sondern ich muß es immer wieder bewußt tun.
HELLINGER Das schadet nichts. Hauptsache es hilft. – Und neben wen mußt du dich noch bewusst stellen? – Du kannst dir nachher in der Pause von Sophie erzählen lassen, wer es ist und wie man es macht! Sie kann es dir sagen *(siehe S. 238)*. Noch etwas?
ULLA Später.

Den Vater ehren – und hinter ihm Gott

HELLINGER Ist noch etwas nachzutragen?
HARTMUT Ja, ich war wie elektrisiert, als Ute die Geschichte über die Eltern brachte, und als du dann sagtest, diese Einmischung und diese Anmaßung gleicht man aus durch einen Wunsch, vernichtet zu werden. Das erklärt mir schlagartig vieles. Meine Mutter hat mich im dreizehnten Jahre während meiner Pubertät nächtelang in wirklich gemeiner Weise und ohne dass ich mich entziehen konnte, negativ über meinen Vater aufgeklärt. Das hat sicherlich meine Beziehung zu ihm gestört. Die einzige Beziehung zu meinem Vater war nachher das homerische Lachen. Das ist mir jetzt eingefallen. Mit meinem Vater war ich nur einig, wenn wir bei irgendeinem blö-

den Witz gleichzeitig homerisch gelacht haben. So habe ich nie wieder mit einem Menschen gelacht.

HELLINGER Was ist eigentlich ein homerisches Lachen?

HARTMUT Das ist irgendein … – Ich habe es auch nie herausgefunden. *Lachen in der Gruppe* Also jedenfalls ein Lachen wie sonst mit keinem. *(Das homerische Lachen ist ein schallendes Lachen und bezieht sich auf das „unauslöschliche Gelächter der seligen Götter".)* Vielleicht hängt mit diesem Wissen um die Geheimnisse der Eltern zusammen, dass ich oft ein hohes Risiko eingegangen bin. Zum Beispiel habe ich enorm viel an Vermögen riskiert …

HELLINGER Nein, nein, nein. Jede Beschreibung verstärkt das Problem. Man muß sofort aufhören, wenn das Wesentliche gesagt ist.

HARTMUT Gut.

HELLINGER Und was ist jetzt die Lösung?

HARTMUT Diese spirituelle Übung des Vergessens.

HELLINGER Bei dir ist die Übung die tiefe Verneigung vor dem Vater. – Und sieh hinter ihm Gott!

Verweigerte Entlastung

JAN Ich möchte etwas fragen. Wenn in einer Beziehung der eine den anderen schwer gekränkt hat und der andere den Ausgleich im Gespräch verweigert und sagt, „Nein, ich möchte mit dir nichts mehr zu tun haben": Was kann der andere denn dann machen?

HELLINGER Nichts. Was soll er da machen? Er muß die Folgen seines Verhaltens tragen. Dann ist er wieder frei. Sonst ist es so: Erst tue ich dem anderen etwas an, und dann soll der auch noch dafür sorgen, dass es mir wieder gutgeht? Das geht nicht.

Hier endet die Runde.

Aufstellung: Jüngste Tochter ist mit der Mutter der Mutter identifiziert

RUTH Ich fühlte mich ertappt bei dem Satz von der Melancholie, die ein Schutz ist für das heimliche Glück. Doch ich bin das jetzt leid. Ich möchte meine Herkunftsfamilie aufstellen und dort meinen Platz einnehmen. Ich habe den Eindruck, dass ich …

HELLINGER Du brauchst es nicht zu erklären. Du willst es, und dann machen wir es auch. Wer gehört zu deiner Herkunftsfamilie?

RUTH Vater, Mutter, die älteren Zwillingsschwestern und ich. Die älteste Zwillingsschwester ist vier Wochen nach der Geburt gestorben.

HELLINGER Was ist passiert?

RUTH Sie waren Frühgeburten. Sie haben noch längere Zeit in der Klinik gelegen. Dann hat die Mutter das jüngere Kind mit nach Hause nehmen können. Das ältere ist in der Klinik geblieben und dort gestorben.

HELLINGER Gibt es noch jemand, der dazugehört?

RUTH Die Schwester meines Vaters ist im Kindbett gestorben, und etwas später hat sich ein Bruder des Vaters erhängt.

HELLINGER War etwas Besonderes bei den Eltern des Vaters?

RUTH Nach dem Selbstmord des Sohnes soll es wohl gegenseitige heftige Vorwürfe gegeben haben.

HELLINGER Das dient der Abwehr von Trauer und Schmerz. – Okay, jetzt stelle die Familie auf!

Bild 1

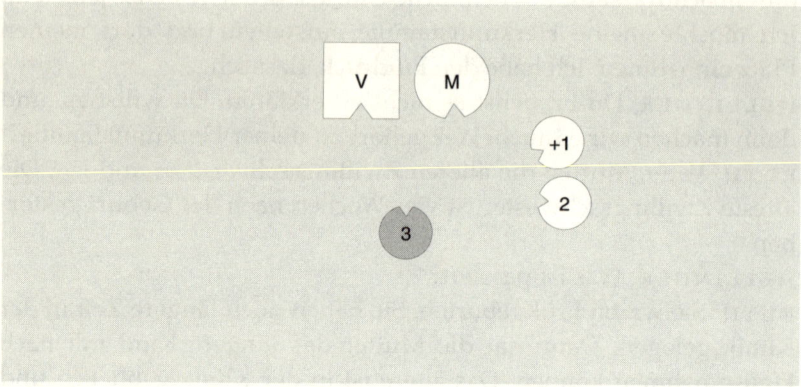

V	Vater
M	Mutter
+1	Erstes Kind, ältere Zwillingsschwester, nach der Geburt gestorben
2	Zweites Kind, jüngere Zwillingsschwester
3	**Drittes Kind, Tochter (= Ruth)**

HELLINGER Gibt es Vorwürfe zwischen den Eltern, weil das kleine Kind gestorben ist?
RUTH Ja. Es gibt Vorwürfe gegen die Klinik und Vorwürfe, die sich die Mutter selber gemacht hat. Sie hat sich erzählen lassen, es wäre leichter, wenn sie erst mal nur ein Kind mit nach Hause nimmt und sich daran gewöhnt, ein Kind zu Hause zu haben. Und es gibt Vorwürfe gegen den Vater, die auch ich ihm mache. Ich denke, wenn er zu Hause ein Machtwort gesprochen hätte, dann hätte die Mutter das andere Kind auch mit nach Hause genommen.
HELLINGER Wie geht es dem Vater?
VATER Zunächst ging es mir mit meiner Frau sehr gut. Ich hatte einen guten Kontakt. Als dann die Kinder daneben gestellt wurden, löste sich der Kontakt. Jetzt spüre ich eine Distanz. Rechts von mir merke ich eine Leere. Da fehlt was. Die jüngste Tochter vor mir steht da wie so eine Lehrerin, die mir Vorwürfe macht und mich korrigieren will.

MUTTER Ich fühle mich vor meiner jüngsten Tochter wie auf der Anklagebank. Sie schaut ganz streng und böse, anklagend.
ERSTES KIND † Mir tut die linke Schulter sehr weh. Das ist das einzige, was ich spüre, dass die Schulter weh tut und der linke Arm schwer und lang ist.
ZWEITES KIND Ich habe so einen richtigen Schauer gekriegt, als die jüngste Schwester sich mir gegenübergestellt hat, richtig Wut. Ich fühlte mich angegriffen. Das ließ erst nach, als ich jemand anderen anschaute. Ich spüre, ich brauche meine ältere Zwillingsschwester als Stütze. Sie ist für mich ganz wichtig. Die Eltern sind sehr weit weg.
HELLINGER *zur Stellvertreterin von Ruth* Wie geht es der jüngsten Schwester?
DRITTES KIND Zuerst war es so, dass ich dachte, ich muß in der Familie die Stimmungsfahne hochhalten, und dann: Ich muß den Eltern beibringen, wie man miteinander gut ist *lacht.*
HELLINGER Also das ist eine Identifizierung. Sie übernimmt die Rolle einer Früheren. Die Frage ist, wer könnte das sein?
zu Ruth Was ist in der Familie deiner Mutter?
RUTH Mutters Mutter ist die jüngste von vier Kindern. Die drei Geschwister vor ihr sind innerhalb von vierzehn Tagen, als sie ganz klein waren, an einer Kinderkrankheit gestorben. Sie hat als einzige überlebt.
HELLINGER Mit ihr bist du identifiziert. Von ihr hast du Melancholie übernommen und das Gefühl, dass du dafür verantwortlich bist, dass es den Eltern gutgeht.
zur verstorbenen Zwillingsschwester Jetzt setze dich vor die Eltern und lehne dich mit dem Rücken an sie. – Wie ist das?
ERSTES KIND † Viel angenehmer. Die Schulterschmerzen lassen nach.

Hellinger stellt das Bild um.

Bild 2

HELLINGER Wie ist das für die Eltern?
VATER Es ist gut. Zu meiner Frau besteht ein guter Kontakt. Die Kinder sind da. Es ist ausgeglichen.
MUTTER Gut.
HELLINGER *zu den Eltern* Jeder von euch lege eine Hand auf den Kopf des toten Kindes, so als würdet ihr es mit Liebe segnen.

Was ist jetzt bei der jüngsten Schwester?
DRITTES KIND Es war unmittelbar entlastend, als ich mit der Schwester auf die gleiche Ebene gestellt wurde.
ZWEITES KIND Es war ganz schlimm, als du die Zwillingsschwester weggenommen hast. Sie fehlt mir. Aber ich kann mich hier dran gewöhnen. Je länger ich hier stehe, desto besser wird es.
ERSTES KIND † Es ist gut.

HELLINGER Wenn du genug von den Eltern genommen hast, kannst du dich neben deine Schwester stellen.

Bild 3

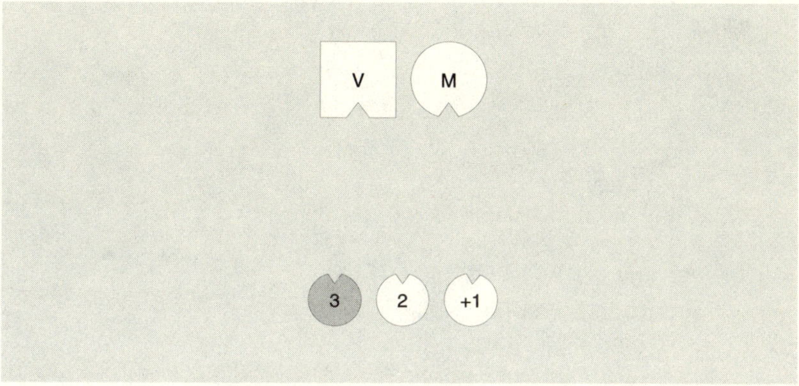

HELLINGER Wie ist es jetzt?
ERSTES KIND † Es ist in Ordnung.
DRITTES KIND Es ist gut. Ich verliere natürlich an Wichtigkeit dadurch. *Die drei Schwestern lachen.*
VATER Es ist gut.
MUTTER Ja, gut.
HELLINGER *zu Ruth* Willst du dich mal hinstellen an deinen Platz?

Ruth stellt sich an ihren Platz und schaut sich um. Dann stellt Hellinger die Mutter der Mutter auf der Mutterseite dazu und auf der Vaterseite seine im Kindbett verstorbene Schwester und seinen Bruder, der sich erhängt hat.

Bild 4

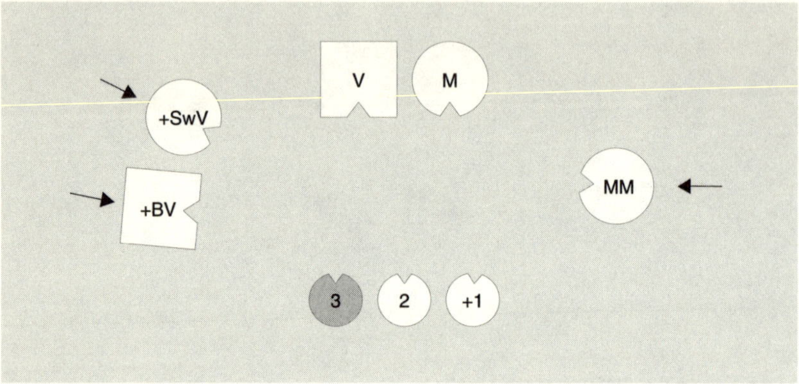

HELLINGER *zu Ruth* Wie ist das für dich, wenn die Großmutter dort steht? Du mußt ihre toten Geschwister noch daneben sehen, obwohl ich sie hier nicht aufgestellt habe – alle drei Geschwister.
RUTH Wenn sie an diesem Platz steht, ist es gut. Wenn sie näher steht, ist es zu traurig.
HELLINGER Wie geht es der Großmutter?
MUTTER DER MUTTER Gut.
HELLINGER Das ist ein ehrenvoller Platz. – Wie ist das für den Vater, wenn seine toten Geschwister dort stehen?
VATER Gut. Jetzt ist diese Leere gefüllt.
RUTH Für mich ist es gut so.
HELLINGER Okay, das war's dann.

Erben mit und ohne Preis

RUTH Ich habe einiges Silber von der verstorbenen Schwester des Vaters geerbt. Wir haben dasselbe Monogramm.
HELLINGER Du mußt es zurückgeben.
RUTH Und wie mache ich das?

HELLINGER Ich weiß nicht, wer in Frage kommt. Doch du mußt es zurückgeben. Ist dir das klar?

RUTH Ja.

HELLINGER Sonst nimmst du Vorteil von ihrem Unglück, und das darf hier nicht sein. Das wirkt sich schlimm aus.

Stellvertreterin der Mutter: Ich hatte, bevor du das mit dem Weggeben gesagt hast, einen Druck auf der Brust. Als sie dann zugestimmt hat, ging er weg.

RUTH Ich sehe die Silberlöffel vor mir. Merkwürdig, wie ich daran hänge! Die haben wirklich eine ganz besondere Bedeutung. *Sie lacht.*

HELLINGER Weiß du, wie man das nennt? – Liebe zum Unglück.

FRANK Zu dem Weggeben ist mir gerade eingefallen: Ich habe von meinem Patenonkel, dem homosexuellen Onkel, einen Rubinring.

HELLINGER Den würde ich behalten.

FRANK Ich habe ihn nie an. Er liegt nur in meiner Schreibtischschublade.

HELLINGER Okay, aber du hast ihn. Ich würde ihn achten, den Ring.

FRANK Einfach da lassen?

HELLINGER Genau. Es gibt keine festen Regeln, aber man kann sofort spüren, ob es richtig ist oder nicht. An diesen Dingen haftet etwas, das wirkt. Sie nehmen am Leben teil. Die sind nicht einfach leblos und tot. Das muß man wissen.

zu Ruth Die Silberlöffel gehören jemandem geschenkt, der näher dran ist.

RUTH Mir fällt noch keiner ein.

HELLINGER Okay, trage in dir das Bild.

WILHELM Ich habe noch eine Frage dazu. Du sagtest, dass sie das Erbe zurückgeben oder weggeben sollte. Wie ist das denn umgekehrt, besteht auch ein Anspruch auf ein Erbe, so dass man es antreten muß oder vielleicht sogar einfordern muß?

HELLINGER Manchmal besteht eine Verpflichtung, etwas zu übernehmen.

WILHELM Also wenn man es gegeben bekommt, es zu übernehmen?

HELLINGER Nein, nicht immer. Aber manchmal fordert die Loyalität, dass man zum Beispiel ein Geschäft übernimmt.

WILHELM Das elterliche Geschäft übernimmt?

HELLINGER Ja, und wer das zurückweist, diese Verantwortung, für den geht das, was er wählt, vielleicht schief. Es kommt auf die Umstände an.

WILHELM Ich habe noch eine konkretere Frage. Was ist, wenn die Eltern zweier Kinder dem einen sagen: Du kriegst nichts, und dem anderen: Du kriegst alles?

HELLINGER Dann nimmt das Kind, das alles kriegt, alles und gibt später dem anderen die Hälfte. Dann ist allen recht getan.

WILHELM Das beantwortet meine Frage vollständig.

DAGMAR Ich habe auch eine Frage dazu. Gesetzt den Fall die Mutter vererbt der Tochter etwas, das sie so angelegt hat, dass es der Tochter wahrscheinlich vor der Steuerbehörde enorme Schwierigkeiten macht und sie vielleicht mehr zurückzahlen muß, als sie bekommt – ist es dann notwendig, dass die Tochter das Erbe dennoch übernimmt?

HELLINGER Das Kind braucht die Schulden seiner Eltern nicht übernehmen. Das gehört zum Persönlichen der Eltern, das gehört nicht dem Kind.

DAGMAR Das heißt, sie kann sich schon vorher entscheiden, es nicht zu übernehmen.

HELLINGER Sie ist völlig frei, das zu machen. Es muß aber so sein, dass sie mit den Eltern in Frieden ist. Deswegen kann sie ruhig sagen, dass sie es macht, muß es dann nach dem Erbfall aber doch nicht tun. Auch wenn ein Erbe anderweitig belastet ist, zum Beispiel durch ein Unrecht, ist es besser, wenn das Kind sich heraushält. Sonst wird es in fremdes Schlimmes verstrickt.

Aufstellung: Weiterwirkendes Schicksal

CLAUDIA Ich möchte jetzt meine Herkunftsfamilie aufstellen.
HELLINGER Gut. Wer gehört dazu?
CLAUDIA Vater, Mutter, drei Töchter. Nach zwölf Jahren ist noch ein Bruder gekommen von einem anderen Mann. Dann haben sich die Eltern getrennt, und meine Mutter ist noch mal eine Ehe eingegangen. Inzwischen ist sie auch von diesem Mann geschieden.
HELLINGER Wieso haben sich die Eltern getrennt?
CLAUDIA Wir haben lange geglaubt, weil mein Vater Alkoholiker war. Er hat ziemlich viel getrunken. Aber eigentlich haben sie sich ziemlich früh auseinandergelebt.
HELLINGER Und wo kamen diese Tanten her, die da umgekommen sind?
CLAUDIA Das waren Halbschwestern des Vaters von der ersten Frau des Großvaters. Sie ist am sechsten oder siebten Kind gestorben.
als sie die Personen für die Aufstellung auswählt, zur Stellvertreterin ihrer jüngeren Schwester Du bist nach Kanada ausgewandert.

HELLINGER Dadurch, dass du ihr diese Information gegeben hast, kann sie nicht mehr ursprünglich fühlen. Angenommen, sie würde fühlen, dass sie weggehen will, dann kann sie nicht mehr unterscheiden, ob sie es ursprünglich fühlt oder nur, weil du es gesagt hast.

Bild 1

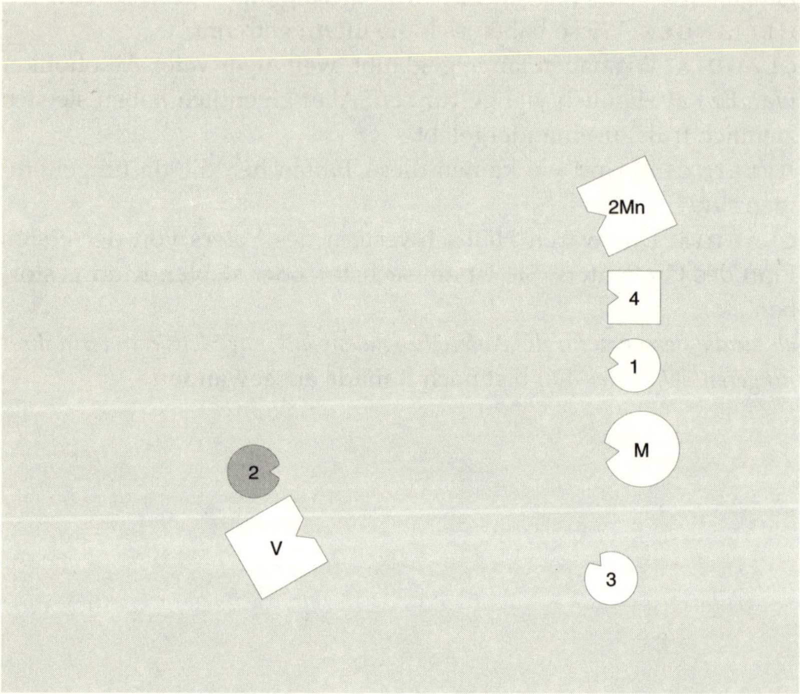

V	Vater
M	Mutter
1	Erstes Kind, Tochter
2	**Zweites Kind, Tochter (= Claudia)**
3	Drittes Kind, Tochter
2Mn	Zweiter Mann der Mutter, Vater von 4
4	Viertes Kind, Sohn

HELLINGER Wie geht es dem Vater?
VATER Ich muß mich beherrschen, meine Tochter nicht in den Arm zu nehmen. Ich spüre, dass einiges in Unordnung ist. Ich fühle mich so, als hätte ich etwas angerichtet. *Vater und Tochter lächeln sich zu.*

HELLINGER *zu Claudia* Wie fühlt sich der Vater? Mit wem ist er identifiziert?
CLAUDIA Mit seinem Vater.
HELLINGER Und wie sieht er die Tochter? – Wie die erste Frau. Die beiden spiegeln die Beziehung des Großvaters zu seiner ersten Frau. Deswegen stellen wir die beiden gleich mit auf.

Bild 2

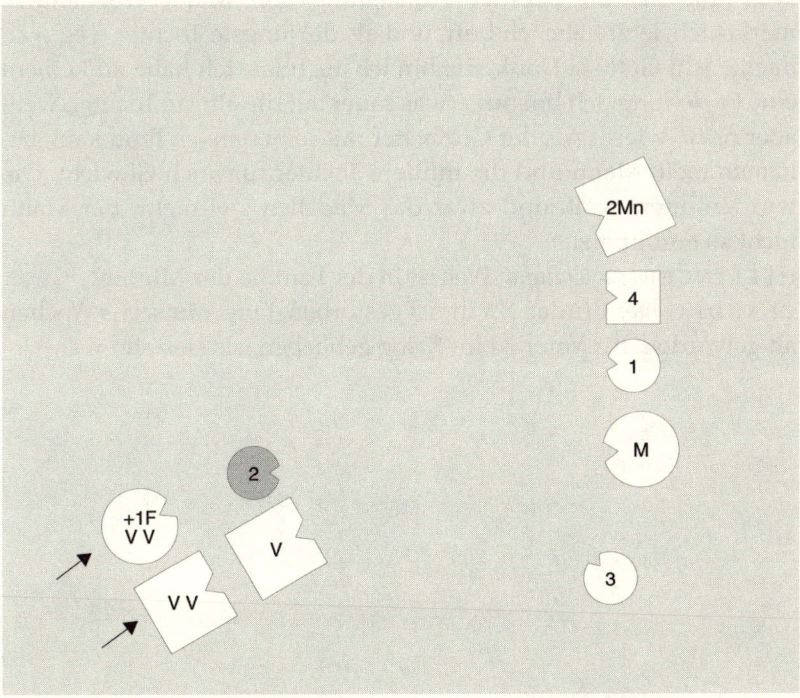

VV	Vater des Vaters
+1FVV	Erste Frau des Vaters des Vaters, im Kindbett gestorben

HELLINGER Wie geht es dem Vater jetzt?
VATER Ich merke, wo ich herkomme, aber nicht, wo ich hin will.
HELLINGER Ist es besser oder schlechter?
VATER Zwei Drittel besser.
HELLINGER Immerhin. Und im Verhältnis zur Tochter, hat sich da etwas geändert?

VATER Ganz wenig.

HELLINGER *zur Stellvertreterin von Claudia* Wie geht es der zweiten Tochter?

ZWEITES KIND Ich kann hier jetzt ein bißchen besser stehen als vorher. Vorher hat mich die andere Ecke überhaupt nicht interessiert. Aber ich wäre gerne weg von hier. Ich kann kaum zur Mutter hingucken.

HELLINGER Wie geht es der Mutter?

MUTTER Als du bei der Aufstellung den Mann wegnahmst, merkte ich, jetzt habe ich Luft, und als die jüngste Tochter weg war, dachte ich: Gott sei Dank, die bin ich auch los. Ich habe zu keinem eine Beziehung. Ich bin nur etwas sauer auf die älteste Tochter, weiß aber nicht, wieso. Als der Großvater mit seiner ersten Frau kam, bekamen mein Mann und die mittlere Tochter für mich Gewicht. Die wurden interessant, und zwar das Mädchen viel mehr; der Mann nicht so besonders.

HELLINGER *zu Claudia* Was ist in der Familie der Mutter?

CLAUDIA Der Bruder vor ihr ist gestorben. Er ist nur sechs Wochen alt geworden. Ihr Vater ist im Krieg geblieben, als sie zehn war.

Hellinger verändert das Bild und stellt die Mutter des Vaters und seine im Konzentrationslager umgekommenen Halbschwestern dazu.

Bild 3

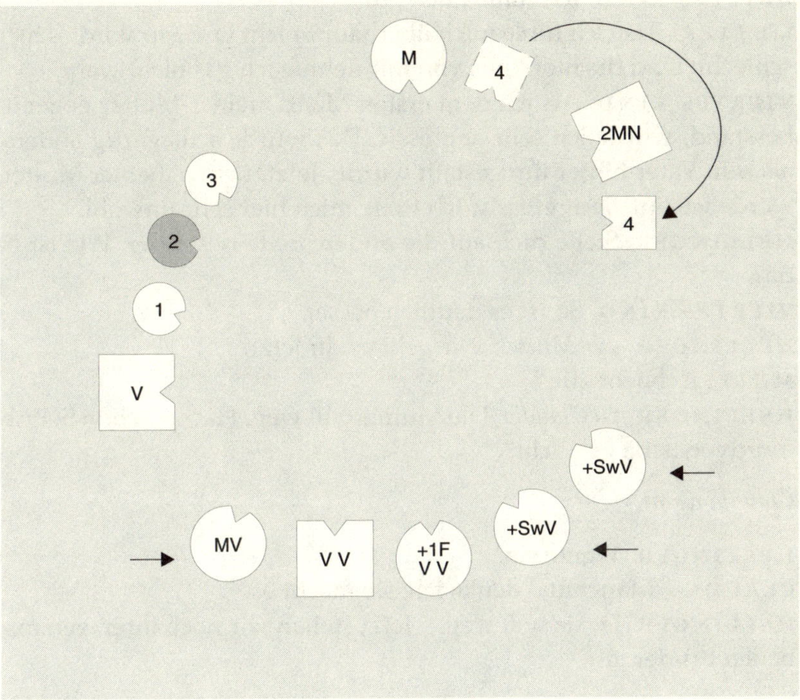

MV	Mutter des Vaters
+SwV	Schwester des Vaters, in einem polnischen Konzentrationslager umgekommen

HELLINGER Was ist jetzt beim Vater?

VATER Es ist sehr viel besser.

ERSTES KIND Seit ich neben dem Vater stehe, bin ich nicht mehr so auf ihn fixiert; weniger abhängig.

ZWEITES KIND Ich kann mich nicht entscheiden, ob ich zur Familie des Vaters hinschauen oder wegschauen soll. Ich habe es vorher wie einen Sog gespürt, wegzuschauen; doch jetzt kann ich dort hinschauen.

HELLINGER Wodurch wurde das ausgelöst?

ZWEITES KIND Als die erste Frau des Großvaters in meinen Blick kam.
ERSTE FRAU DES VATERS DES VATERS † Das habe ich gespürt.
HELLINGER Sie ist die bedeutsamste Figur von allen.
DRITTES KIND Ich fühle mich gut.
MUTTER Also ich fühle mich überhaupt nicht gut. Mir wird es hier schlecht. Und die hier links von mir nehme ich gar nicht wahr.
VIERTES KIND Als ich dem ersten Mann meiner Mutter gegenüberstand, wurde ich sehr aggressiv. Das wurde schlagartig anders, als sein Vater hinter ihn gestellt wurde. Jetzt, neben meiner Mutter, werde ich auf sie aggressiv. Ich fühle mich hier sehr unwohl.
HELLINGER Stelle dich auf die andere Seite des Vater. Wie ist es da?
VIERTES KIND So ist es deutlich besser.
HELLINGER *zur Mutter* Wie geht es dir jetzt?
MUTTER Nicht gut.
HELLINGER *zu Claudia* Die Mutter will weg. Hat sie schon Selbstmordversuche gemacht?

Claudia weint.

HELLINGER Wollte sie?
CLAUDIA Manchmal denke ich, sie macht es.
HELLINGER Ja, sie will weg. – Jetzt stellen wir noch ihren verstorbenen Bruder auf.

Hellinger stellt den verstorbenen Bruder der Mutter rechts neben sie.

Bild 4

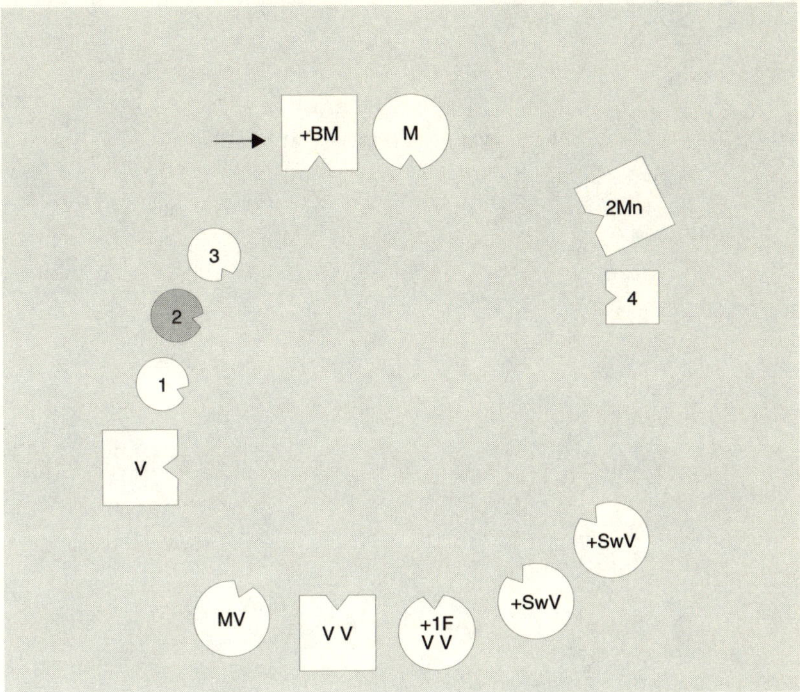

+BM Bruder der Mutter, als Kind gestorben

MUTTER Das ist besser.
VIERTES KIND Für mich auch.
HELLINGER Mit dem bist du vielleicht identifiziert.
zur Mutter Gut so? Ist es jetzt gut für dich?
MUTTER Also ich habe einen Schauer über den ganzen Kopf und den Rücken. Es ist zwar schön und gut, aber irgendwie auch ganz kalt.

Hellinger stellt noch den im Krieg gefallenen Vater der Mutter dazu.

Bild 5

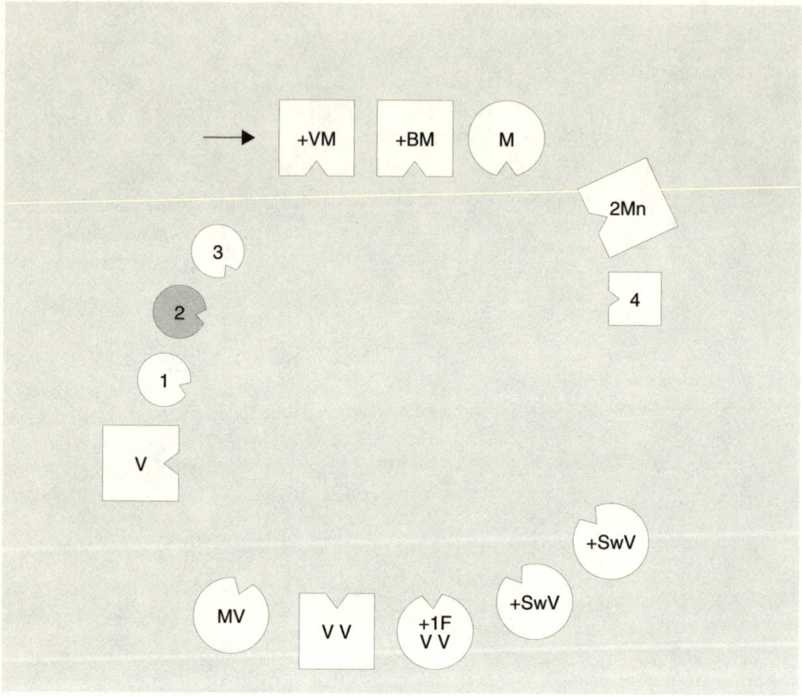

+VM Vater der Mutter, im Krieg gefallen

HELLINGER Was ist beim Bruder der Mutter?
BRUDER DER MUTTER † Entlastend, dass der Vater da ist.
MUTTER Ich fühle mich zugehörig.
HELLINGER *zur Gruppe* Mein Bild ist, wenn sie dort eine Zeitlang bliebe, könnte sie zurück in ihre jetzige Familie und dort ihren Platz einnehmen.

Hellinger stellt den Vater und den Bruder der Mutter etwas weiter zurück.

Bild 6

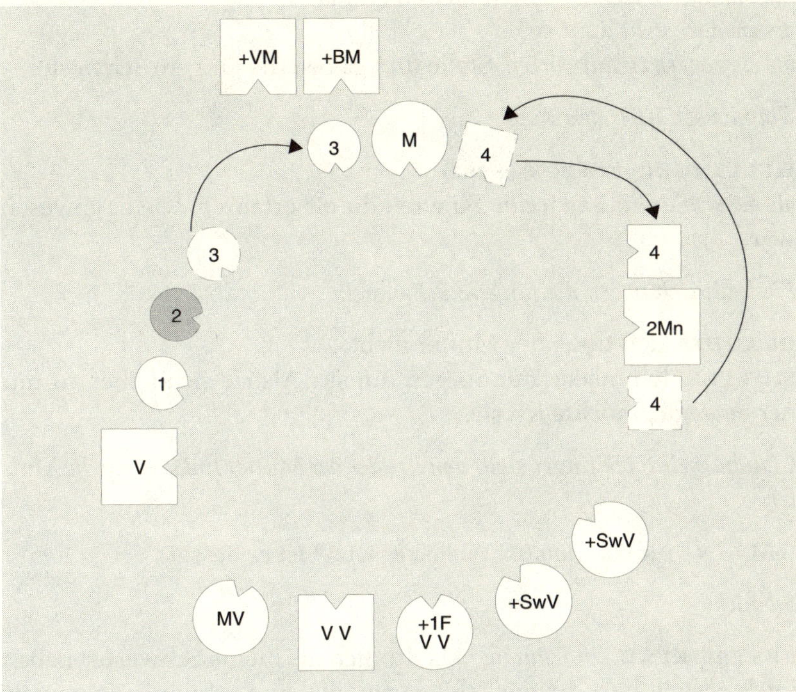

HELLINGER *zur Mutter* Wie geht es dir jetzt?
MUTTER Besser, weil der Bruder und der Vater da sind. Seit die da sind, ist das Unwohlgefühl weg. Ich kann jetzt schauen. Gleichzeitig fühle ich mich in der Isolation. Links von mir, zu meinem zweiten Mann und dem Sohn hin, ist es noch nicht in Ordnung.
ZWEITER MANN Ich denke, sie hat mich reingelegt. Es fehlt mir jemand an der Seite.

Hellinger stellt den Sohn neben die Mutter.

VIERTES KIND Hier kriege ich feuchte Hände. Ich würde gern zu ihm *(dem verstorbenen Bruder der Mutter)* schauen.

Hellinger stellt den Sohn rechts neben seinen Vater.

VIERTES KIND Hier ist es besser.

DRITTES KIND Also ich fühle mich nicht ganz so toll.
HELLINGER Stelle dich neben die Mutter!
zur Gruppe Diese Tochter sagt: „Lieber gehe ich als du, liebe Mama."
zu Claudia Jetzt stelle dich an deinen Platz!
als sie dort steht Gut so?
als sie zögert zu antworten Stelle dich neben die jüngere Schwester!

Claudia schüttelt den Kopf.

HELLINGER Probiere es mal!
als sie sich wehrt und weint So wirst du nie erfahren, wie es gewesen wäre.

Sie stellt sich neben die jüngere Schwester.

CLAUDIA Ich traue der Mutter nicht.
MUTTER Ich mache mir Sorgen um sie. Als sie sich näher zu mir her bewegte, mochte ich sie.

Claudia weint. Hellinger stellt den Bruder der Mutter links neben die Mutter.

HELLINGER *zu Claudia* Wie ist es jetzt? Ist es besser?

Sie nickt.

ERSTES KIND *zu Claudia* Als du dich als meine Schwester neben mich gestellt hast, ist mir schlagartig übel und schwindelig geworden.
HELLINGER *zum ersten Kind* Stelle auch du dich neben die Schwestern. Wie ist das?
ERSTES KIND Ja, so ist es besser.
VATER Langsam möchte ich wissen, was ich angestellt habe.
HELLINGER Das ist die Frage deines Vater. Und es ist sein Gefühl. Du hast es von ihm übernommen.

HELLINGER Stelle dich mal neben die Töchter.
VATER So komme ich zurecht.

Bild 7

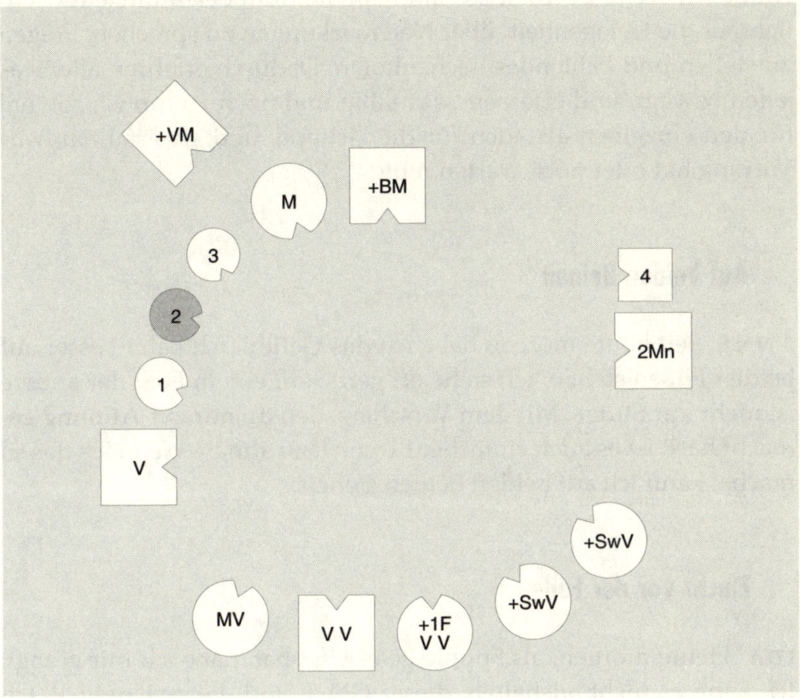

ZWEITER MANN Ich habe eine leichte Verspannung in den Schultern. Seitdem ihr Bruder neben ihr steht, möchte ich dahin zu meiner Frau.
HELLINGER Durch ihn siehst du sie in einem anderen Licht.
zu Claudia Ist es jetzt gut?

Claudia lacht und nickt.

HELLINGER Okay, das war's dann.

Kurze Runde

Es folgt nun eine kurze Runde. Sie wirkt wie eine Siesta nach reichlichem Mahl. Sie erlaubt es der Gruppe, zur Ruhe zu kommen und Kräfte für weitere Arbeit zu sammeln. Reihum bekommt jeder Teilnehmer die Gelegenheit, über Nachwirkungen zu sprechen, Fragen zu stellen und Fehlendes nachzuholen. Dadurch erfahren alle, was jeden bewegt, und erfassen, was fällig und noch zu tun ist, sowohl für den einzelnen als auch für die Gruppe, und sie erfahren, was Vorrang hat oder noch warten muß.

Auf beiden Beinen

ANNE Seit heute morgen habe ich das Gefühl, ich kann besser auf beiden Füßen stehen. Ich stehe oft gerne auf einem Fuß; der andere ist mehr zur Stütze. Mit dem Vorschlag, den du mir zur Atmung gemacht hast, ist es auch einfacher für mich zu atmen. Wenn ich das so mache, kann ich auf beiden Beinen stehen.

Flucht vor der Fülle

IDA Heute morgen, als Sophie gearbeitet hat, habe ich mir gesagt: Ich kann es nicht aushalten, dieses Glück und dieses Unglück. Ich hatte das dringende Bedürfnis, aus der Tür zu gehen, blieb aber doch hier.

HELLINGER Die Fülle von Glück und Unglück zusammen, das ist schwer zu ertragen.

IDA Ist schwer zu ertragen.

HELLINGER Deswegen ziehen sich einige davon zurück und werden lieber depressiv. Das ist dann bequemer. Die Depression ist das leichtere Leben. – Schaue dem Glück ins Auge wie einem Herausforderer.

Fülle und Vollkommenheit

WILHELM Mir geht es gut. Im Laufe des Vormittags kam mir eine eigenartige Vorstellung in den Sinn, nämlich dass ich eigentlich ziemlich komplett bin. Ich brauche gar nicht mehr soviel.

HELLINGER Genau. – Ich will dir etwas sagen über das Gefühl der Vollkommenheit und wie sich das einstellt. Das Gefühl der Vollkommenheit stellt sich ein, wenn jeder, der zu meinem System gehört, in meinem Herzen seinen Platz bekommen hat. Das ist der eigentliche Sinn von Vollkommenheit. Erst aus dieser Fülle heraus ist einer frei, sich zu entwickeln. Wenn auch nur einer von denen, die zu ihm gehören, fehlt, fühlt er sich noch unvollkommen.

zu Claudia Das muß ja bei dir auch so sein, dass du dich jetzt vollkommen fühlst, wo die alle dastanden. *Claudia nickt.*

HELLINGER Genau.

SOPHIE Mir geht es gut. Ich bin bei allem dabei, was hier geschieht, zwar etwas müde, aber okay.

HELLINGER So etwas darf ja auch müde machen. *Sophie lacht.*

KLARA Ich merke, seitdem ich dir heute morgen die Frage gestellt habe und du mir Antwort gegeben hast, fühle ich mich unheimlich entlastet.

HELLINGER Dieses Vollkommenwerden hast du ja während deiner Aufstellung wunderbar dargestellt.

zur Gruppe Über das Vollkommenwerden erzähle ich noch eine Geschichte. Wenn ihr euch der Geschichte anvertraut, wird sie vielleicht, noch während ihr sie hört, was sie erzählt, bewirken.

Das Fest

Jemand macht sich auf den Weg, und wie er so nach vorne schaut, sieht er in der Ferne das Haus, das ihm gehört. Er wandert darauf zu, und als er hinkommt, öffnet er die Tür und tritt in einen Raum, hergerichtet für ein Fest.

Zu diesem Fest kommen alle, die in seinem Leben wichtig waren, und jeder, der kommt, bringt etwas, bleibt ein wenig – und geht.

So kommen also zu dem Fest, jeder mit einem Geschenk, für das er schon den vollen Preis bezahlt hat, wie auch immer: die Mutter – der Vater – die Geschwister – der eine Großvater – die eine Großmutter

– der andere Großvater – die andere Großmutter – die Onkel und die Tanten – alle, die Platz gemacht haben für dich – alle, die dich gepflegt haben – Nachbarn vielleicht – Freunde – Lehrer – Partner – Kinder: alle, die wichtig waren in deinem Leben und die noch wichtig sind. Und jeder, der kommt, bringt etwas, bleibt ein wenig – und geht. So wie Gedanken kommen, etwas bringen, ein wenig bleiben – und gehen. Und so wie Wünsche kommen oder Leid. Sie bringen etwas, bleiben ein wenig – und gehen. Und so wie auch das Leben kommt, uns etwas bringt, ein wenig bleibt – und geht.

Nach dem Fest bleibt die Person zurück, reich beschenkt, und nur jene sind noch bei ihr, für die es richtig ist, noch eine Zeit zu bleiben. Sie tritt ans Fenster und schaut hinaus, sieht andere Häuser, weiß, eines Tages ist auch dort ein Fest, und sie wird hingehen, etwas bringen, ein wenig bleiben – und gehen.

Auch wir sind hier bei einem Fest, haben etwas gebracht und etwas genommen, bleiben noch etwas – und gehen.

Mögen und Achten

HARTMUT Ich spüre sehr viel Mitfreude, sehr viel mehr Mitfreude als Mitleid. Wenn ich so die Lösungen sehe, habe ich ein fast überwältigendes Gefühl der Mitfreude.

Als ich vorgestern abend ging, hatte ich die verstorbenen, mir nicht bekannten Verwandten nicht eingeordnet. Dazu gehören auch die beiden einzigen Geschwister meines Vaters. Sie waren Okkultisten und wurden vor mir verschwiegen. Das war ein echtes Tabu. Die eine Tante habe ich noch in ihrer spiritistischen Zeit erlebt als automatisches Schreibmedium mit allen möglichen Besessenheitserscheinungen. Den Onkel habe ich nie erlebt. Der wurde auch nie erwähnt, außer von dieser Tante, und der hat nach allen Zeugenberichten …

HELLINGER Wir brauchen nicht die Details. Es genügt, dass du weißt, sie gehören zu dir, und dass du ihnen einen ehrenvollen Platz gibst. Du hast sehr abfällig über sie geredet.

HARTMUT Klang das durch?

Lachen in der Gruppe

HELLINGER So etwas kann man nicht verstecken.
HARTMUT Ich habe überwiegend positive Gefühle. Ich habe die Tante gemocht.
HELLINGER Es ist nicht eine Sache des Mögens, sondern des Achtens. Das ist sehr viel mehr.

Gleiche unter Gleichen

THEA Ich habe einen sehr klaren Kopf, und das ist ein sehr gutes Gefühl.
HELLINGER Wenn die Unschuld weicht, kommt die Klarheit.
THEA *lacht* Das kann sein. Mir ist vieles durch den Kopf gegangen. Ganz wichtig wurde mir der Unterschied zwischen „etwas akzeptieren" oder „es achten". Bisher habe ich diesen Unterschied nicht gemacht, aber es ist mir jetzt ganz klar, dass es ein Unterschied ist und dass das Achten nach dem Akzeptieren der nächste Schritt ist. So empfinde ich das im Moment.
HELLINGER Akzeptieren hat hier keinen Platz. Wenn du etwas akzeptierst, verhältst du dich, als könntest du auch ablehnen, dass es so ist, wie es ist.
THEA Ich war erst einmal froh, dass ich soweit war.
HELLINGER Das reicht nicht, überhaupt nicht.
THEA Das habe ich auch gemerkt.
HELLINGER Das Eigentliche ist die Zustimmung ohne Bedauern und ohne Hintergedanken. Etwas achten heißt: Ich stimme ihm zu, wie es ist. Und einen Menschen achten heißt: Ich stimme ihm zu, wie er ist, ich stimme seinem Schicksal zu, wie es ist, und ich stimme seiner Verstrickung zu, wie sie ist. Das ist sehr demütig und hält die Distanz. Doch gerade in der Distanz ist Zuwendung da und verborgen wirkende Kraft. Nur wer mit dem Schicksal im Einklang ist, erhält von ihm manchmal die Kraft, es zu wenden.
THEA Ja, ich glaube, das ist ein wichtiger Punkt. Ich vermische so leicht mein eigenes Schicksal mit dem anderen …
HELLINGER Dein Sündenbekenntnis bringt nichts. Immer wenn sich einer herabsetzt, in einer Deutung oder in so einer Bemerkung, schadet es nur. Ich habe noch nie gesehen, dass es etwas Gutes bewirkt. Damit sagt einer: „Bitte akzeptiere mich, ich bin ja so klein." Doch das macht den anderen böse; denn du bringst ihn damit in eine

überlegene Position und nimmst ihm die Freiheit, Gleicher unter Gleichen zu sein.

Versöhnende Klarheit

ROBERT Ich bin sehr beeindruckt, wie die Wirkung sich allmählich einstellt von dem, was ich vorgestern bearbeitet habe. Ich sehe die Bilder vor Augen, die ich da aufgestellt habe: meine Tochter und meine kleine verstorbene Schwester dahinter. Ich habe offensichtlich wahnsinnig um sie getrauert und andere dadurch übersehen und ihnen unrecht getan, besonders meiner Frau.

Robert ist sehr bewegt.

HELLINGER Das mußt du ihr sagen. Das versöhnt.

Achtsam bleiben

CLAUDIA Ich bin noch bei meinem neuen Familienbild und fange jetzt erst an zu begreifen, was das alles beinhaltet.
HELLINGER Das darf lange nachwirken.
CLAUDIA Das mit dem möglichen Selbstmord von meiner Mutter habe ich gesagt, weil ich einmal dachte, das würde sie uns irgendwann antun. Jetzt verstehe ich das. Ich denke, ich lasse dieses Bild erst mal wirken.
HELLINGER Erzähle deiner Mutter davon. Zeige ihr das Bild, und sage, was es für alle bewirkt hat, als ihr Bruder neben ihr stand. Wolltest du ihr nicht ein Geschenk aus diesem Kurs zum Geburtstag mitbringen?
CLAUDIA *lacht* Gestern fand ich es am schönsten, dass ich da gar nicht hin muß.
HELLINGER Jetzt hast du es verdorben. Merkst du es?
CLAUDIA Ich habe versucht, es zu verderben.
HELLINGER Du hast es verdorben, und es ist nicht mehr rückgängig zu machen. Manche meinen, sie seien frei nach der Tat. Nach der Tat ist keiner mehr frei. Vorher ist er frei.

Sich zurückhalten: wach und mit Kraft

LEO Ich fühle mich etwas zugehöriger. Was mein Zuhause betrifft, bin ich gespannt, was ich machen werde.
HELLINGER Du mußt darauf gespannt sein und dich überraschen lassen von dem, was sich wie von selbst verändert, ohne dein Zutun und ohne deine Absicht. Das braucht große Kraft. Es braucht die Kraft der Zurückhaltung. Doch die Kraft, die es dich kostet, dich zurückzuhalten, die fließt den anderen zu.
FRANK Bei mir bewegt sich so einiges, und es ist ein gutes Bild für mich, wirklich einfach zu warten, bis von selbst was passiert; nicht es wegzudrücken, sondern es durchzuhalten.
HELLINGER ... im Angesicht warten.

Die Grenzen der Unschuld

JONAS Mich bewegt etwas, und ich möchte gerne von dir etwas dazu hören. Ich habe mich meinem Vater in den letzten zehn Jahren immer mehr angenähert und eine wunderschöne Liebe entdeckt. Aus diesem Vertrauen heraus hat er mir gesagt, dass er sich als Zwanzigjähriger drei Wochen lang als Wächter vor ein KZ hat stellen lassen. Daran zu denken ist für mich, wie auf eines Messers Schneide zu stehen, und ich will es wegtun.
HELLINGER Er hat sich nicht stellen lassen.
JONAS Er hat sich gestellt?
HELLINGER Er musste.
JONAS Ich kann ihn nicht annehmen an der Stelle.
HELLINGER Du hast kein Recht, das zu beurteilen.

Vor einiger Zeit habe ich im Fernsehen einen Bericht gesehen. Da hat eine jugoslawische Dichterin unbedingt ein Denkmal errichten wollen für einen deutschen Soldaten. Der war abkommandiert zu einem Erschießungskommando, um Partisanen zu erschießen. Doch er hat sich geweigert, sein Gewehr hochzuheben, ist dann rübergegangen zu den Partisanen und hat sich mit ihnen erschießen lassen.

Nun, was ist denn das für einer? Ist er gut, oder ist er böse? Was hat er denn gemacht? – Er hat sich vor seinem Schicksal gedrückt. Wenn er geschossen hätte, weil er sich sagt: „Ich bin verstrickt in meine Gruppe, und die sind verstrickt in ihre Gruppe, und das

Schicksal hat es so gefügt, dass ich sie erschießen muß statt sie mich, und ich stimme dem zu, was immer auch die Folgen sind", das ist Größe. Zu meinen, dass ich mich aus dem Schicksal herausziehen kann, indem ich das Sterben wähle, ist billig. Ist dir das klar?

Du mußt das achten, dass dein Vater in so einer Situation war, und es geht dich nichts an. Du darfst es weder gut finden noch schlecht: weder – noch.

JONAS Ich sehe mehr.

HELLINGER Da ist dann auch Größe für dich drin und Achtung vor den Mächten des Schicksals.

In der Gegenwart bleiben, erleichtert

ULLA Bei mir ist so eine Bewegung zwischen Kopf und Händen. Wenn ich mich ganz hier fühle, sind die Hände warm und voller Energie. Wenn ich daran denke, wie blöd, dass ich heute morgen nicht hier war, dann kriege ich Kopfweh.

HELLINGER Du mußt sagen: „Ich war blöde, und jetzt trage ich die Folgen." Dann geht es dir wieder gut.

Ulla lacht.

Achten auf den inneren Vollzug

DAGMAR Ich bin sehr angefüllt. Das Wichtigste für mich ist im Moment dieser innere Vollzug. Ich bin immer wieder dabei, meine Mutter zu würdigen und mein Herkunftssystem und meine Familie anzuerkennen. Das tut mir sehr gut.

Was ich mir noch wünsche, ist mehr beruflicher Art. Ich möchte mehr darüber wissen, wie man mit Klienten umgeht, die sexuell mißbraucht worden sind; wo es also zu sexuellen Grenzüberschreitungen kam.

Was hilft den Opfern von Inzest?

HELLINGER Der sexuelle Mißbrauch von Kindern beim Inzest ist häufig die Folge von unausgeglichenem Geben und Nehmen. Eine gängige Konstellation dabei ist, dass die Frau schon verheiratet war und ein Kind hat. Sie heiratet einen zweiten Mann, der noch kein Kind hat, und jetzt ist ein Gefälle da. Der Mann muß sich um das Kind kümmern, obwohl es nicht sein Kind ist; er muß also mehr geben, als er bekommt. Die Frau verlangt das vielleicht noch ausdrücklich, dass er das tun muß. Doch um so größer wird dadurch die Differenz von Geben und Nehmen, von Gewinn und Verlust. Jetzt herrscht in diesem System ein unwiderstehliches Bedürfnis nach Ausgleich, und der naheliegende Ausgleich ist, dass die Frau dem Mann das Kind, wenn es ein Mädchen ist, zuführt, zum Ausgleich. Das ist sehr häufig der familiendynamische Hintergrund bei Inzest. Nicht bei jedem, es gibt auch andere Dynamiken.

Hier, beim unausgeglichenen Geben und Nehmen ganz offensichtlich, aber auch bei anderen Formen sexuellen Mißbrauchs von Kindern, sind fast immer beide Eltern beteiligt, und zwar die Mutter im Hintergrund und der Vater im Vordergrund, und solange das nicht als Ganzes gesehen wird, gibt es keine Lösung.

Was wäre also die Lösung? Als erstes gehe ich hier davon aus, dass ich mit dem Opfer zu tun habe und dass mein Interesse sein muß, dem Opfer zu helfen. Mein Interesse als Therapeut kann nicht sein, die Täter zu verfolgen, weil das dem Opfer überhaupt nicht hilft. Wenn eine Frau, zum Beispiel in einer Gruppe, erzählt, dass sie vom Vater oder Stiefvater sexuell mißbraucht wurde, dann sage ich ihr, sie soll sich die Mutter vorstellen und ihr sagen: „Mama, für dich tue ich es gerne." Plötzlich ist ein anderer Zusammenhang da. Und sie soll sich den Vater vorstellen und ihm sagen: „Papa, für die Mama tue ich es gerne." Plötzlich ist die verborgene Dynamik am Licht, und keiner kann sich mehr verhalten wie vorher.

Wenn die Situation noch aktuell ist, wenn ich es also mit einem der Eltern zu tun habe, mit der Mutter zum Beispiel, dann sage ich der Mutter im Beisein des Kindes: „Das Kind tut es für die Mama", und ich lasse das Kind der Mutter sagen: „Für dich tue ich es gerne." Aus ist es dann mit dem Inzest. Er kann nicht mehr weitergehen. Wenn der Mann dabei ist, fordere ich das Kind auf, ihm zu sagen: „Ich tue es für die Mama, zum Ausgleich." Plötzlich sieht sich das

Kind als gut und weiß sich gut. Es braucht sich nicht mehr schuldig zu fühlen.

Das zweite ist, dass ich dem Kind helfe, dass es zu seiner Würde zurückfindet, weil es den Inzest – sagen wir es mal ganz kraß – auch als eine Schändung erlebt. Ich erzähle dann eine kleine Geschichte von einem gewissen Johann Wolfgang. Er hat das Gedicht geschrieben: „Sah ein Knab ein Röslein stehn", das damit endet, dass „der wilde Knabe brach 's Röslein auf der Heiden; Röslein wehrte sich und stach, half ihm doch kein Weh und Ach, mußt' es eben leiden. Röslein, Röslein, Röslein rot, Röslein auf der Heiden." Und dann verrate ich ein Geheimnis: Das Röslein duftet noch!

Drittens: Für viele Kinder ist das Erleben auch lustvoll. Sie dürfen aber dieser Wahrnehmung nicht trauen, dass es lustvoll ist oder war, weil ihnen im Gewissen, vor allem von der Mutter her, gesagt wird, es sei böse. Dann sind sie verwirrt. Das Kind muß zugeben dürfen, dass es lustvoll war, wenn es so war. Gleichzeitig braucht es dann die Zusicherung: Auch wenn es lustvoll war, ist das Kind immer unschuldig. Ein Kind verhält sich kindgemäß, wenn es neugierig ist und diese Erfahrung machen will, und es bleibt trotzdem unschuldig. Wenn die Lust dabei verteufelt wird, erscheint das Sexuelle in einem seltsamen Licht, so als wäre es etwas ganz Schreckliches. Dabei ist beim Inzest eine notwendige Erfahrung nur vorgezogen. Wenn man es mal frivol sagen will: Etwas, was in der menschlichen Entwicklung liegt, kommt für das Kind zu früh. Wenn ich das dem Kind so sage, entlastet es das Kind.

Viertens ist da die Vorstellung, das Kind wäre später in seiner Entwicklung gehemmt. Das ist es. Das Kind ist in seiner Entwicklung gehemmt, weil durch das Sexuelle – Vollzug kann man hier nicht sagen, das ginge zu weit, aber durch diese sexuelle Erfahrung – eine Bindung vom Mädchen zum Täter entsteht. Das Kind kann daher später keinen neuen Partner haben, ohne dass es den ersten würdigt. Wenn die Erfahrung verteufelt wird und der Täter verfolgt wird, fällt das dem Kind schwer. Wenn es aber zu dieser ersten Erfahrung und zu dieser ersten Bindung stehen kann, nimmt es sie mit in die neue hinein. Dann ist diese Erfahrung dort aufgehoben und gelöst. Die entrüstete Art und Weise, damit umzugehen, verhindert die Lösung und schadet dem Opfer.

CLAUDIA Wenn das aber nicht lustvoll und nicht schön war für das Kind, wie ist es dann mit der Bindung?

HELLINGER Die Bindung entsteht trotzdem. Aber das Kind hat in jedem Fall, ob nun die Erfahrung lustvoll oder leidvoll war, das Recht, auf den Täter böse zu sein, denn Unrecht geschieht ihm in jedem Fall. Es muß dem Täter sagen: „Du hast mir unrecht getan, und ich werde dir das nie verzeihen." In dem Augenblick schiebt es die Schuld auf den Täter, grenzt sich ab und zieht sich heraus. Es braucht ihm aber nicht böse zu sein im Affekt, indem es ihm Vorwürfe macht. Durch den Affekt würde es nur umso mehr an den Täter gebunden. Die klare Abgrenzung macht von ihm frei. Der Kampf und die Vorwürfe können die Lösung nicht bringen. Lösung ist ein doppeldeutiges Wort. Die Lösung ist immer ein Sich-Wegbegeben-von. Im Kampf gibt es keine Lösung, weil er verbindet.

Noch etwas ist ganz wichtig vom Systemischen her. Systemisch gesehen muß sich der Therapeut immer mit dem verbünden, der verteufelt wird. Du mußt also, sobald du damit arbeitest, dem Täter in deinem Herzen einen Platz geben.

DAGMAR In meinem?

HELLINGER In deinem Herzen. Sonst kannst du keine Lösung finden, auch nicht für das Opfer. Du mußt dem Täter vorgeben, dass er verstrickt ist. Wie, das weißt du nicht. Doch wenn du die Verstrickung sehen würdest, könntest du ihn verstehen. Dann hast du einen ganz anderen Zugang, um gut damit umzugehen. So ungefähr. Habe ich das so verdeutlicht?

JOHANN Mich erstaunt, dass das Kind oder das Opfer dem Täter nicht verzeiht. Trotzdem kann es sich lösen?

HELLINGER Verzeihen ist eine Anmaßung. Das steht dem Kind nicht zu. Wenn es verzeiht, ist es, als könnte es auch die Schuld auf sich nehmen. Kein Mensch darf verzeihen, außer bei gegenseitiger Schuld. Dann gestattet man sich durch das Verzeihen gegenseitig einen neuen Anfang. Das Kind muß aber sagen: „Es war schlimm, ich lasse die Folgen bei dir, und ich mache dennoch etwas Gutes aus meinem Leben." Wenn das Kind, obwohl es ein Opfer von sexuellem Mißbrauch war, später eine glückliche Partnerschaft eingeht, ist es auch für den Täter eine Entlastung. Wenn dagegen das Opfer es sich später schlecht gehen läßt, ist es zugleich eine Rache am Täter. Die Dinge sind Untergründe ganz anders als vordergründig.

CLAUDIA Wenn der Mißbrauch für das Kind sehr lustvoll war, findet man es häufig, dass das Kind in gleicher Weise auch an andere Erwachsene herantritt und dadurch wieder eins auf den Deckel kriegt, und eine ganze Lawine von ‚das darf nicht sein und das ist schlimm' ins Rollen bringt.

HELLINGER Wenn das Kind auf diese Weise an andere Erwachsene herantritt, sagt es damit den Eltern: Ich bin eine Hure und selber schuld am Missbrauch; ihr braucht kein schlechtes Gewissen zu haben. Es ist noch einmal die Liebe des Kindes, wenn es das macht. Wenn ich das dem Kind so sage, weiß es sich auch in diesem Zusammenhang gut. Man muß immer nach der Liebe suchen. Dort findet man dann auch die Lösung.

DAGMAR Also, wo ich die Liebe überhaupt nicht erlebe, ist, wenn es um Kinderpornographie geht.

HELLINGER Diese Art von Einwänden nimmt dir den Zugang.

DAGMAR Das verstehe ich jetzt nicht.

HELLINGER Man muß auf der ganzen Linie mit der Liebe als Vorgabe rechnen. Ich kann etwas als ganz schlimm erleben, ohne dass ich jemanden verurteile. Ich muß immer suchen, wie ich eine Verstrickung löse. Vor allem, wie ich sie für das Opfer löse. Wenn sich das Opfer aus all dem herausnimmt und den Tätern die Schuld und die Folgen ihres Tuns überläßt und wenn es etwas Gutes für sich daraus macht – was es dann kann –, dann ist das Vergangene für das Opfer vorbei und gelöst. Sobald aber irgendein Affekt dazukommt, im Sinne von: Den bösen Täter müssen wir jetzt ans Messer liefern, dann wird dem Opfer der Weg zur Lösung verbaut. Ein Therapeut, der sich auf einen solchen Affekt einläßt, schadet dem Klienten sehr.

Ich bringe ein Beispiel. Ich war mal in einer Gruppe für Psychiater, in der war eine Psychiaterin, die voller Entrüstung erzählte, sie habe eine Klientin, die sei vom eigenen Vater vergewaltigt worden. Ich habe ihr gesagt: „Stelle das System auf." Dann habe ich ihr gesagt, sie solle sich dazustellen, dort, wo für sie nach ihrer Meinung der rechte Platz sei. Daraufhin hat sie sich neben die Klientin gestellt. Alle in dem System wurden böse auf die Therapeutin, keiner hat ihr getraut. Dann habe ich sie neben den Vater gestellt. Alle im System wurden ruhig und hatten Vertrauen zu ihr, und die Klientin war sehr entlastet.

Bild dieser Aufstellung

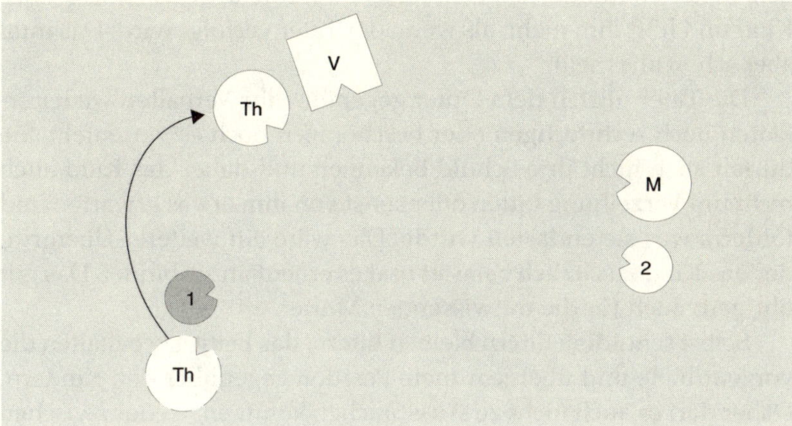

HELLINGER Man kann niemanden ausklammern aus einem System, außer bei sehr schweren Verbrechen, und der Inzest zählt nur selten dazu. Die Lösung liegt darin, dass man alle, die ausgeklammert wurden, wieder hereinnimmt. Das gelingt um so eher, wenn man nicht nur den Vater als den vordergründigen Täter im Auge hat, sondern auch die Mutter als heimliche Täterin, als die graue Eminenz des Inzests. Wenn sich der Therapeut nur mit dem Opfer verbündet und nicht mit dem System als Ganzem, dann arbeitet er in einer Weise, die alles nur noch schlimmer macht. Das ist die Konsequenz, und die geht sehr weit.

Was hilft den Tätern?

BRIGITTE Und was machst du, wenn du es mit den Tätern zu tun hast?

HELLINGER Ich würde nur einzeln und in einem geschützten Rahmen mit ihnen sprechen. Als erstes würde ich sie fragen, ob sie einen Weg sehen, der dem Opfer hilft, sich vom Täter und von der Tat zu befreien und das erlittene Leid und seine Folgen zum Guten zu wenden. In diesem Augenblick brauchen sie sich nicht zu verteidigen, und ich gewinne ihre Mitarbeit. Ein erster Schritt dazu wäre, dass es ihnen leid tut. Dieses Leiden ist in erster Linie ein innerer

Vorgang. Manchmal ist es jedoch richtig, es auch dem Kind zu sagen: „Was ich mit dir gemacht habe, tut mir leid." Das entlastet das Kind und hilft ihm mehr, als wenn der Täter verfolgt wird. Das muß aber schon alles sein.

Die Täter dürfen dem Opfer gegenüber ihr Verhalten weder erklären noch rechtfertigen oder beschönigen noch es verteufeln. Sie dürfen auch nicht ihre Schuld bekennen und daher das Kind auch nicht um Verzeihung bitten oder sonst von ihm etwas erwarten und fordern, was sie entlasten würde. Das wäre ein weiterer Übergriff, der das Kind zusätzlich belastet und es erneut an sie bindet. Das gilt übrigens auch für die mitwissenden Mütter.

Selbst schuldige Eltern bleiben Eltern, das heißt, sie behalten die vorgeordnete und übergeordnete Position gegenüber den Kindern. Daher darf es auch nicht zu Aussprachen kommen, weder zwischen den Eltern und Kindern unter sich noch vor Dritten, zum Beispiel Psychotherapeuten. Das demütigt die Eltern vor ihren Kindern und demütigt auch ihre Kinder, obwohl ihnen vordergründig genuggetan wird. Gedemütigte Eltern gehen den Kindern verloren.

Wenn es zu einer Strafverfolgung kommt, rate ich den Tätern, der Strafe zuzustimmen, ohne sie durch Winkelzüge oder Gutachten mindern zu wollen. Dann gewinnen sie am ehesten ihre Würde zurück.

Oft werden die Täter über die gerechtfertigte Strafe hinaus noch Ziel einer Kampagne. Oder es wird jemand unschuldig verdächtigt und kann sich nicht wehren, denn schon der bloße Verdacht fällt wie ein Funke auf Felder von feuerbereitem vertrocknetem Gras. Ihnen erzähle ich dann eine kleine Geschichte:

Die Stille

Auf einem psychotherapeutischen Kongreß hielt ein berühmter Psychologe einen Vortrag über das Weibliche und wurde in der Diskussion von jungen Frauen heftig angegriffen. Sie waren der Meinung, dass den Frauen noch immer großes Unrecht geschehe und dass es eine Anmaßung sei, dass er als Mann es wage, in der Gegenwart von Frauen über das Weibliche zu sprechen.

Der Psychologe, der offensichtlich in bester Absicht geredet hatte, sah sich nun ins Unrecht gesetzt und in die Enge getrieben, zumal es schien, als habe er den Argumenten dieser jungen Frauen nur wenig entgegenzusetzen.

Als es vorbei war, überlegte er, was er wohl falsch gemacht habe. Er besprach sich mit seinen Kollegen und ging zu einem weisen Mann, um ihn um Rat zu fragen.

Der Weise sagte: „Die jungen Frauen sind im Recht. Zwar haben sie selber keine Schwierigkeit, sich gegen Männer durchzusetzen, wie du ja gemerkt hast, und wahrscheinlich haben sie selbst auch kein schlimmes Unrecht erlebt. Doch sie nehmen das Unrecht, das andere Frauen erlitten haben, so in sich auf, als hätten sie es selbst erlebt, und so ziehen sie wie eine Mistel ihre Kraft aus einem fremden Stamm. Zwar haben sie dadurch kein großes eigenes Gewicht und bleiben in der Liebe auf ihresgleichen angewiesen. Sie helfen aber jenen, die nach ihnen kommen; denn der eine sät und der andere erntet."

„Das will ich alles gar nicht wissen", antwortete der Psychologe. „Ich möchte wissen, was ich tun muß, wenn ich wieder in so eine Lage komme?"

„Mache es wie jemand, der auf offenem Feld vom Gewitter überrascht wird. Er sucht sich einen Unterstand und wartet, bis es vorbei ist. Dann tritt er wieder ins Freie und freut sich an der frischen Luft."

Als der Psychologe wieder im Kreis seiner Kollegen war, fragten sie, was der Weise ihm geraten habe. „Ach", sagte er, „ich kann mich nicht genau erinnern, doch ich glaube, er war der Meinung, auch bei Gewittern sollte ich öfters an die frische Luft."

Die Entrüstung

HELLINGER Auch Helfer, die, anstatt zu verfolgen, zukunftssichernd sowohl den Opfern wie den Tätern Wege weisen, um das Leid und die Schuld zum Guten zu wenden, werden manchmal das Ziel von Entrüstung. Denn Entrüstete fühlen sich im Dienste eines zwingenden Gesetzes, sei es nun das Gesetz des Mose, das Gesetz Christi, das Gesetz des Himmels, das „natürliche Sittengesetz", das

Gesetz einer Gruppe oder auch nur, was ein blinder Zeitgeist ihnen vorgibt. Wie immer das Gesetz auch genannt wird, es gibt den Entrüsteten Macht über die Täter und über die Opfer und rechtfertigt das Schlimme, das sie anderen antun. Die Frage ist, wie können die Helfer solcher Entrüstung begegnen, ohne den Opfern oder den Tätern oder sich selbst und der gerechten Ordnung zu schaden. Dazu erzähle ich eine bekannte Geschichte.

Die Ehebrecherin

In Jerusalem ging einst ein Mann vom Ölberg in den Tempel. Als er eintrat, schleppten gelehrte Gerechte eine junge Frau herbei, umringten ihn, stellten sie vor ihn in die Mitte und sagten: „Diese Frau wurde auf frischer Tat beim Ehebruch ertappt. Im Gesetz hat uns nun Mose geboten, dass sie gesteinigt werden muß. Was sagst du dazu?"

Es ging ihnen aber weder um diese Frau noch um die Tat. Es ging ihnen darum, einem Helfer, der als milde bekannt war, eine Falle zu stellen. Sie waren über seine Milde entrüstet. Doch sie hielten sich berechtigt, im Namen dieses Gesetzes sowohl die Frau zu vernichten als auch diesen Mann – sollte er ihre Entrüstung nicht teilen, obwohl er mit ihrer Tat ja gar nichts zu tun hatte.

Wir sehen hier zwei Gruppen von Tätern vor uns. Zur einen Gruppe gehört die Frau: Sie war eine Ehebrecherin, und die Entrüsteten nannten sie eine Sünderin. Zur anderen Gruppe gehören die Entrüsteten: Sie waren der Gesinnung nach Mörder, nannten sich aber Gerechte.

Über beiden Gruppen lastete das gleiche harte Gesetz: nur mit dem Unterschied, dass es das eine schlimme Tun Unrecht nennt, und das andere, noch schlimmere, Recht.

Doch der Mann, dem sie die Falle stellen wollten, entzog sich ihnen allen: der Ehebrecherin, den Mördern, dem Gesetz, dem Richteramt und der Versuchung zur Größe. Er bückte sich und schrieb mit dem Finger in den Sand. Er beugte sich vor ihnen allen zur Erde. Als die Entrüsteten seinen Fingerzeig nicht verstanden und ihn weiter lauernd bedrängten, richtete er sich auf und sagte: „Wer ohne Sünde ist, der werfe als erster den Stein." Dann beugte er sich wieder zur Erde und schrieb in den Sand.

Auf einmal war alles verändert: Denn das Herz weiß mehr, als ihm das Gesetz erlaubt oder gebietet. Die Entrüsteten räumten den Schauplatz und gingen davon, einer nach dem anderen, die Ältesten voran.

Der Mann aber achtete ihre Beschämung und verharrte gebückt und schrieb in den Sand. Erst als sie gegangen waren, richtete er sich wieder auf und fragte die Frau: „Wo sind sie? Hat keiner dich verurteilt?" – „Nein, Herr", gab sie zur Antwort. Dann, als wäre er eines Sinnes mit den zuvor Entrüsteten, sagte er zu der Frau: „Auch ich verurteile dich nicht."

Hier endet die Geschichte. Im überlieferten Text ist noch hinzugefügt: „Sündige nicht mehr!" Dieser Satz ist, wie die Bibelwissenschaft nachweisen konnte, ein späterer Zusatz, wahrscheinlich von jemandem, der die Größe und Kraft dieser Geschichte nicht mehr ertrug.

Eines bleibt noch anzumerken. Über das eigentliche Opfer gingen die Entrüsteten und geht die Geschichte hinweg – den Mann der Frau. Hätten die Entrüsteten die Frau gesteinigt, wäre ihr Mann doppelt zum Opfer geworden. Doch jetzt, da kein Entrüsteter mehr zwischen sie tritt, haben beide die Möglichkeit, liebend den Ausgleich und die Versöhnung zu finden und neu zu beginnen. Dürften Entrüstete zwischen sie treten, wäre ihnen diese Lösung verwehrt, und nicht nur dem Täter, auch dem Opfer ginge es schlimmer.

So geht es manchmal auch mißbrauchten Kindern, wenn sie statt in die Hände von Liebenden in die Hände von Entrüsteten fallen. Um sie kümmern sich die Entrüsteten wenig. Denn die Maßnahmen, die sie aus dem Gefühl der Entrüstung vorschlagen und durchsetzen, machen es für die Opfer nur schwerer.

Das Kind, auch wenn es zum Opfer wurde, bleibt dem Täter verbunden und treu. Wenn daher sein Vater verfolgt und moralisch und physisch vernichtet wird, stirbt auch das Kind moralisch und physisch, oder es sühnt später eines seiner Kinder dafür. Das ist der Fluch der Entrüstung und der Fluch des Gesetzes, auf das sich die Entrüstung beruft.

Was also wäre für liebende Helfer zu tun? Sie entsagen der Dramatisierung und suchen einfache Wege, auf denen sowohl die Opfer als auch die Täter neu beginnen können, doch wissender und milder als vorher. Statt auf ein sogenanntes höheres Gesetz schauen sie nur auf die Menschen, seien sie Opfer, seien sie Täter, und reihen sich unter sie ein. Sie wissen: Nur das Gesetz erscheint ehern und ewig – auf der Erde ist alles vergänglich, und auf ein Ende folgt auch ein Anfang. Ihr Helfen ist demütig, und es hat Liebe für alle: für die Opfer, für die Täter, für die geheimen Anstifter dahinter und für die Rächer, die sie selber wohl auch schon mal waren. – Habe ich das so verdeutlicht?

TEILNEHMERIN Ja.

Aufstellung: Was Frauen, die wie Gott erscheinen, entmachtet

HELLINGER Wir beginnen jetzt mit der Schlussrunde. Das ist die letzte Gelegenheit, hier noch etwas zu lösen. Thomas?

THOMAS Ich möchte mein Herkunftssystem aufstellen und meine Großväter anschauen.

HELLINGER Wer gehört dazu?

THOMAS Vater, Mutter, ich als der älteste und noch vier Schwestern.

HELLINGER War jemand von den Eltern vorher verheiratet oder verlobt?

THOMAS Meine Mutter hatte vor der Ehe einen Freund, der verheiratet war, zu dem sie eine Seelenverwandtschaft spürte. Doch als sie meinen Vater traf, sagte sie: „Der Mann ist für mich bestimmt", und hat dann meinen Vater geheiratet. Als mein Vater tot war, hat sie die Beziehung zu jenem Mann wiederaufgenommen.

HELLINGER Hat der Vater vorher mit jemand eine Verbindung gehabt?

THOMAS Nein, er ist ein verhinderter Theologe gewesen.

HELLINGER Was heißt hier verhinderter Theologe?

THOMAS Er trat in einen Orden ein und wollte, so wie er mir gesagt hat, „etwas Hundertfünfzigprozentiges machen". Er hat sich besonders kasteit und war besonders streng zu sich. Doch dann erlitt er einen Nervenzusammenbruch und ist wieder ausgetreten.

HELLINGER Wofür hat dein Vater nicht gedankt? Für welche Gnade hat er nicht gedankt? – Für den Nervenzusammenbruch. Das war nämlich eine Gnade.
THOMAS Sein Weg war ganz von Scheitern gezeichnet.
HELLINGER Weil er für diese Gnade nicht gedankt hat. – Ich erzähle dir dazu eine kleine Geschichte:

Gnade geht vorbei

Als es nach langen Regenfällen eine große Überschwemmung gab, kletterte ein Rabbi auf das Dach seines Hauses und betete, dass Gott ihn rette. Schon kurz danach ruderte ein Mann mit einem Boot auf ihn zu, um ihn zu retten. Der Rabbi aber sagte: „Gott wird mich retten", und schickte ihn fort.

Dann kam ein Rettungshubschrauber, um ihn aufzunehmen, doch auch den schickte er fort. Schließlich ertrank er.

Als der Rabbi dann vor Gottes Thron im Himmel kam und sich beschwerte, dass er ihm nicht geholfen habe, sagte Gott: „Ich habe dir ein Boot geschickt, ich habe dir einen Hubschrauber geschickt."

HELLINGER *zu Thomas* Okay, jetzt stell mal auf!

Bild 1

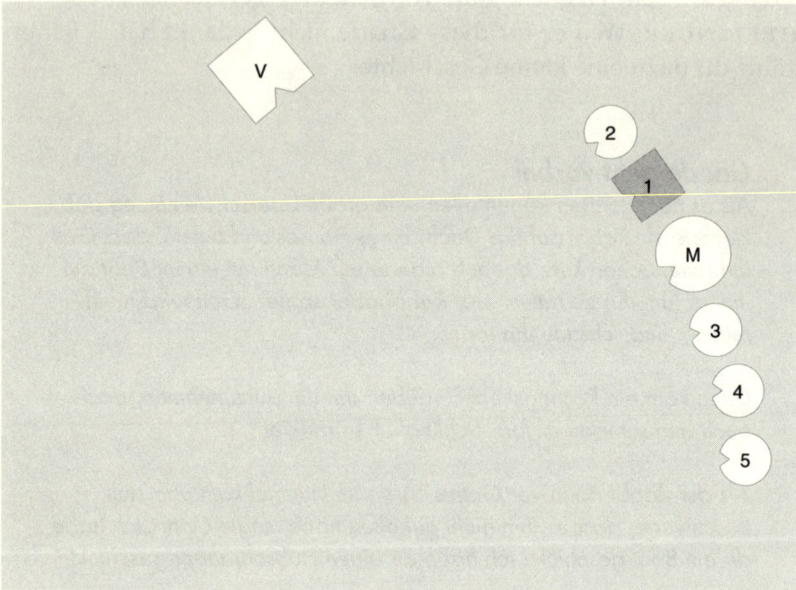

V	Vater
M	Mutter
1	**Erstes Kind, Sohn (= Thomas)**
2	Zweites Kind, Tochter
3	Drittes Kind, Tochter
4	Viertes Kind, Tochter
5	Fünftes Kind, Tochter

HELLINGER *zu den Stellvertretern der Familie* Auf wen seid ihr alle böse?

ZWEITES KIND Auf den Vater?

HELLINGER Nein.

zu Thomas Auf Gott. – Ist dieser Gott hier ein Mann oder eine Frau?

THOMAS Ich bin mir nicht sicher. Das ist nicht faßbar.

HELLINGER Wenn Gott in einem System erscheint, ist er in Wahrheit immer jemand aus dem System.

THOMAS Dann ist er ein Mann.

HELLINGER Ich bin mir nicht so sicher. Okay, wir fangen mal an. Wie geht es dem Vater?

VATER Beschissen. Ich starre in die Leere und habe mit denen nichts zu tun.

HELLINGER Genau, die Gnade hat nicht geholfen.

Wie geht es der Mutter?

MUTTER Mit einem Wort: unmöglich! Absolut unmöglich!

HELLINGER *zum Stellvertreter von Thomas* Wie geht es dem Sohn?

ERSTES KIND Nicht gut. Ich will hier weg.

ZWEITES KIND Ich fühle mich überlastet. Ich komme mir vor wie eine alleinerziehende Mutter.

DRITTES KIND Uh, ich habe das Gefühl, hier so in einer windstillen Ecke zu sein.

VIERTES KIND Mir geht es auch nur gut, weil ich nichts spüre. Mehr habe ich nicht zu sagen.

HELLINGER *zu Thomas* Erzähle mir etwas aus der Familie des Vaters.

THOMAS Mein Vater ist der älteste Sohn. Er hatte sieben Geschwister. Er hatte ein Kaufhaus, das eigentlich dem Vater meiner Mutter gehörte, in das er hineingeheiratet hat. Sie war und ist dort die Hauptperson.

HELLINGER Gab es einschneidende Ereignisse außer den vielen Kindern?

THOMAS Eine Schwester des Vaters ist an Tbc gestorben. Seine jüngsten Geschwister waren Zwillinge. Davon ist einer die Treppe heruntergefallen und gestorben. Sein Vater sollte Priester werden von seiner Mutter aus, doch der Vater seines Vaters hat es verhindert.

HELLINGER Der Vater von seinem Vater hat es verhindert?

THOMAS Der Vater von meinem Vater sollte Priester werden so wie er und ich auch, doch dessen Vater hat es verhindert. Die Priesterwünsche wurden offensichtlich über die Mütter weitergegeben, und die Väter oder dieser Vater haben es verhindert.

HELLINGER Okay. – Ist Gott nun ein Mann oder eine Frau? – Stellen wir ihn auf.

THOMAS Wen?

HELLINGER Diesen Gott. Wer kann es sein?

THOMAS Ich hätte jetzt eine Frau aufgestellt.

HELLINGER Ja, nimm für Gott eine Frau.
zur Gruppe Aber ihr braucht keine Angst zu haben. Es ist hier immer eine menschliche Rolle.

Bild 2

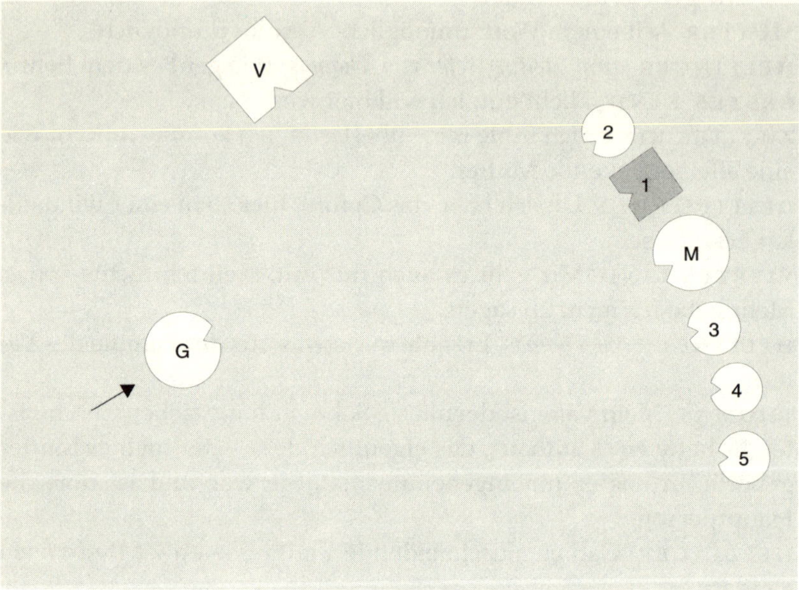

G Gott

HELLINGER Was ist verändert?
ERSTES KIND Ich bin etwas erleichtert.
DRITTES KIND Ich weiß nicht, was sie da soll, und außerdem guckt sie mich nicht an.
HELLINGER Aber der Energiepegel ist gestiegen. – Wie geht es dem Vater?
VATER Mit diesem Gott möchte ich nichts zu tun haben.
HELLINGER Ja, wenn er erscheint, wollen wenige mit ihm etwas zu tun haben.
VATER Das bedrückt mich. Das macht mich ganz unruhig. Ich möchte weg.
MUTTER Ich könnte ihr den Hals umdrehen.

STELLVERTRETERIN FÜR GOTT (THEA) Ich habe gewußt, dass Thomas mich dafür wählt, denn bedrohlich erscheinen, das ist ganz oft meine Rolle.

HELLINGER Du brauchst dich nicht zu entschuldigen. – Wie geht es dir in dieser Rolle?

STELLVERTRETERIN FÜR GOTT Nicht gut.

HELLINGER Wohin geht die Energie?

STELLVERTRETERIN FÜR GOTT Ins Leere, dorthin geradeaus.

HELLINGER *zu Thomas* Welche Frau ist das konkret, und wo schaut sie hin?

THOMAS Mir fällt jemand dazu ein: die andere Großmutter, die mit uns im Haus gewohnt hat.

HELLINGER Das ist die Mutter der Mutter? – Was war mit der?

THOMAS Sie hat ein Kind tot geboren, ist danach fast gestorben und hat dann meine Mutter bekommen.

HELLINGER Die stellen wir auch auf. Stelle sie neben die andere Frau. Gott nehmen wir jetzt als die Mutter des Vaters, was sie wahrscheinlich ist.

Bild 3

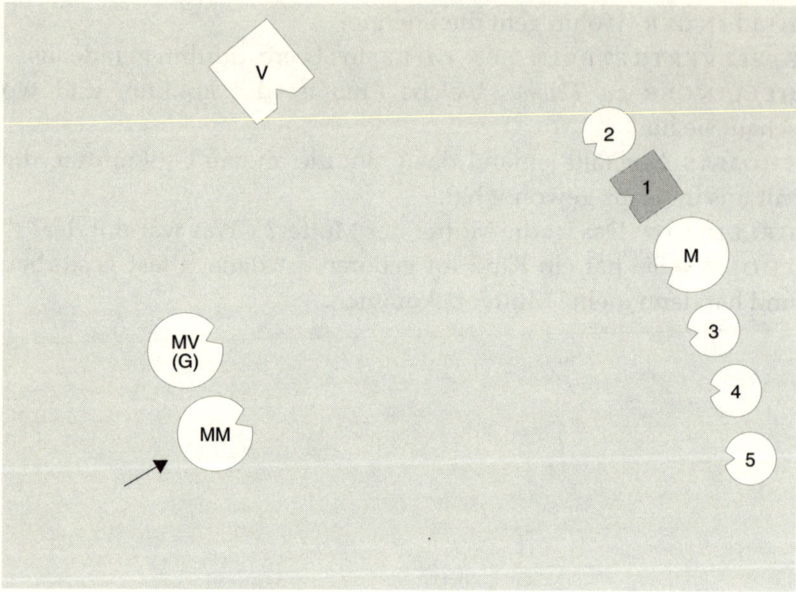

MV Mutter des Vaters
MM Mutter der Mutter

ZWEITES KIND Die Energie steigt unheimlich.
ERSTES KIND Ein klein bisschen fühle ich das auch, aber es ist nicht das Richtige.

HELLINGER *zu Thomas* Wie wird Gott entmachtet? – Durch die beiden Männer. Stellen wir noch die beiden Großväter auf? Stelle sie einfach daneben, jeden zu seiner Frau, die er entmachtet.

Bild 4

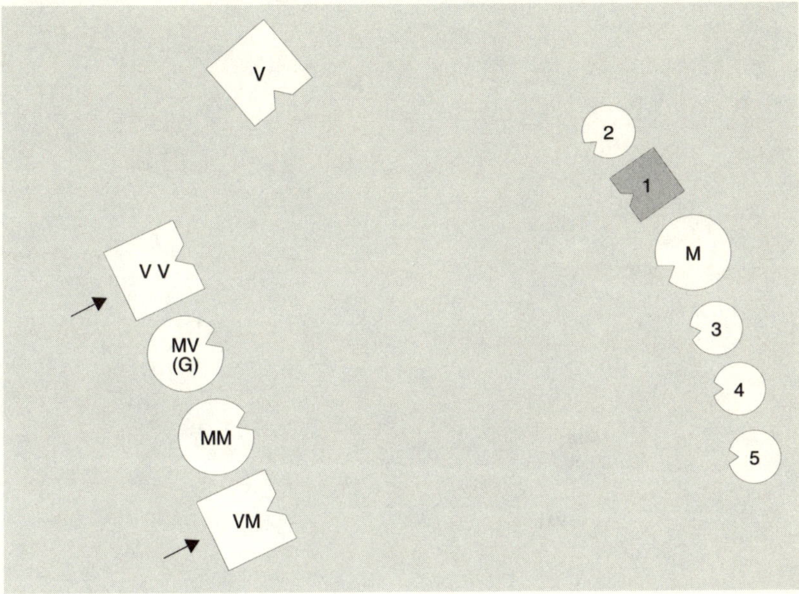

VV Vater des Vaters
VM Vater der Mutter

ERSTES KIND Es wird immer besser.
VATER Es ist viel leichter.
ZWEITES KIND Es ist viel ungefährlicher.
HELLINGER Ja, genau. Gefährlich sind nämlich die Frauen. Die Männer dagegen stehen für das Leben und für die Erde.
ZWEITES KIND Für die Erde?
HELLINGER Für die Erde, ganz seltsamerweise. Wenn Kinder gefährdet sind, zum Beispiel selbstmordgefährdet, sind sie fast immer sicherer beim Vater.
VATER Es ist eine große Erleichterung, seitdem die Großväter da sind.
HELLINGER Hole dir jetzt deine Frau!

Er klatscht in die Hände, geht zu seiner Frau, legt den Arm um sie und stellt sie neben sich. Sie geht lachend mit. Inzwischen stellt sich die ältere Schwester links neben ihren Bruder.

Bild 5

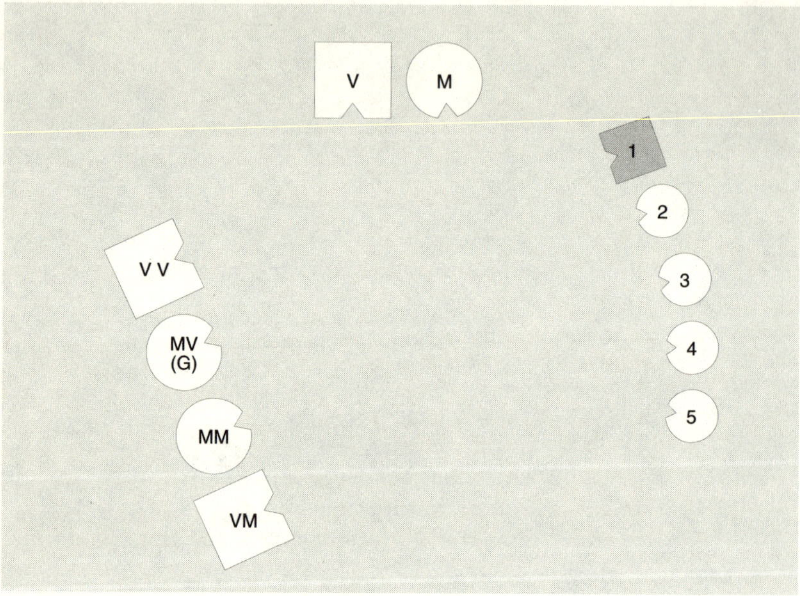

HELLINGER *zu den Eltern von Vater und Mutter* Wie geht es euch?
MUTTER DES VATERS Mir geht es inzwischen gut.
VATER DES VATERS Neutral, alles in Ordnung.
MUTTER DER MUTTER Jetzt fühle ich mich gut.
VATER DER MUTTER Sie haben meinen Segen.
MUTTER Als die Großväter auftauchten, ging das Zittern weg aus den Händen, und sie sind ganz warm.

HELLINGER Ich habe mal das System einer Frau aufgestellt, deren Vater Pfarrer war. In Familien von Pfarrern muß Gott immer mit aufgestellt werden. Sie hatte als Skriptgeschichte „Der Besuch der alten Dame“. Als sie die Personen hinstellte, stand auf der einen Seite die Frau mit den Kindern und den Kindermädchen, und der Vater stand alleine.

Beispiel: Bild 1

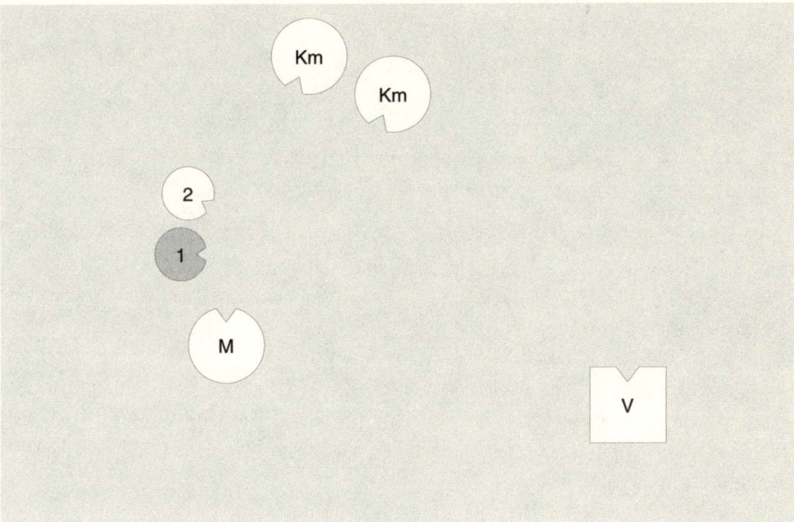

V	Vater
M	Mutter
1	**Erstes Kind, Tochter (=Klientin)**
2	Zweites Kind, Tochter
Km	Kindermädchen

HELLINGER Dann habe ich sie gefragt: Ist Gott in dieser Familie ein Mann oder eine Frau? Sie sagte: eine Frau. Wir haben sie dann dazugestellt, und das war der „Besuch der alten Dame“.

Beispiel: Bild 2

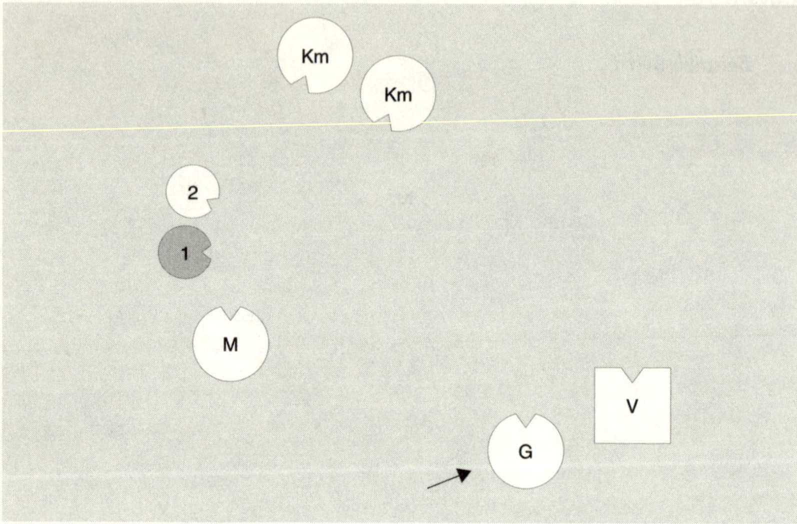

G Gott

HELLINGER Es ist immer furchtbar, wenn Gott erscheint in einer solchen Familie. Er ist Feind des Lebens in diesen Familien und fast immer eine Frau. Wenn er als Mann erscheint, ist er nicht ein Feind des Lebens.

MUTTER DES VATERS (GOTT) Als ich hier alleine stand, hatte ich auf einmal das Gefühl, alle Aggressionen und alles, was hier im Raum ist, sammelt sich auf mich.

HELLINGER Siehst du, wie gut, dass es Männer gibt!

zu Thomas Ich glaube, ich habe es klar genug gemacht. Willst du dich mal selber dahin stellen?

Thomas stellt sich an seinen Platz und schaut sich zustimmend um.

HELLINGER Ich habe mich bei dieser Aufstellung auf das Wichtigste beschränkt, denn das genügt hier völlig. Okay?

Thomas nickt.

HELLINGER Gut, das war's dann.

Frauen und Männer

HELLINGER *zur Gruppe* Noch irgendwelche Fragen dazu?
ANNE Ich habe noch eine Frage dazu, wieso die Erde etwas Männliches ist. Ich habe das immer anders gehört. Das möchte ich gerne wissen.
HELLINGER Es ist richtig, die Erde ist weiblich.
ANNE Die Erde ist weiblich, aber du hast gesagt, die Frau …? Ich habe das nicht verstanden.
HELLINGER Die Erde ist weiblich, aber der Mann bringt sie durch seine Arbeit zum Blühen. Sagen wir es mal so, die Bilder sind vielschichtig. Doch es ist so, dass die Frau zwischen sich und dem Kind nur schwer unterscheidet. Der Mann unterscheidet immer zwischen sich und dem Kind, außer wenn er sehr krank ist. Deswegen sind die Kinder in ihrer Individualität sicherer beim Vater.
ANNE Das kann ich verstehen.
HELLINGER Das ist so. Das ist nichts Böses, das liegt halt so in der Natur. Deswegen haben Männer – noch – eine bestimmte Rolle.
THOMAS Ich habe mir die Frage gestellt: Was ist mit meinem Destruktiven, mit der destruktiven Unruhe?
HELLINGER Du mußt zu den Männern. Das habe ich dir schon immer gesagt. Einer, der einen Bart hat, so wie du, der muss zu den Männern, vor allem zu den Vätern. Er muss aus dem Bannkreis der Mütter in den Bannkreis der Väter.
(*Männer, die einen Vollbart tragen, kommen aus Familien, in denen – sowohl in der eigenen Familie als auch in der väterlichen Linie über mehrere Generationen hinweg – die Männer von ihren Frauen geringgeschätzt und entmachtet wurden.*)

Der Abfall von Gott

HELLINGER *zu Thomas* Bist du fertig? Hast du alles, was du willst?

THOMAS Die Frage der Identifizierungen, die interessiert mich noch. Mit wem war ich identifiziert?
HELLINGER Ich glaube nicht, dass Identifizierung hier der richtige Ausdruck ist. Hier wird etwas weitergegeben an Verpflichtung und an Zwang, die Verpflichtung auch zu brechen. Beides.
THOMAS So erlebe ich es auch.
HELLINGER Beides gehört dazu. Die Nachahmung verlangt, dass du die Verpflichtung sowohl nimmst als auch nicht nimmst.
THOMAS Richtig. Genau das.
HELLINGER Und wo liegt die Lösung? – Im Abfall von Gott. Denn dieser Gott ist ein sehr kleiner. Verabschiede dich mit Würde von ihm – zu etwas Größerem hin. Dann bist du in der richtigen Reihe. Der größere Gott, hat deinem Vater den Nervenzusammenbruch geschickt; doch dein Vater hat ihn nicht erkannt.
THOMAS Die Frage ist, was kann ich dann von ihm erkennen?
HELLINGER Nichts. Bleibe bei der Liebe zur Erde. Der Gott, der in deiner Familie eine solche Rolle spielt, tritt auf als Feind der Erde. Doch die einzige Wirklichkeit, die wir kennen, ist die Erde. Sie ist das Größte, das wir kennen. Und sie birgt das größte Geheimnis, nicht der Himmel.
THOMAS Mich der Erde zuwenden, das tue ich mittlerweile.
HELLINGER Genau. Es kommt darauf an, dass auch das Kind in dir sich dorthin führen läßt, einfach indem du dich neben die Männer stellst; oder vor die Männer, so dass sie hinter dir stehen. Das ist alles. Okay?

Ich möchte aber noch etwas über Berufungen sagen, sogenannte göttliche Berufungen, wie immer. Sie kommen in der Regel nur von dem Gott, der in der Familie erscheint, und das ist meistens die Mutter.

Wenn jemand einer solchen Berufung, zum Beispiel Priester zu werden, nicht folgt und dem entgegen handelt, so wie das in deiner Familie der Fall war, gelingt es ihm nur durch eine religiöse Abkehr und Umkehr. Sonst lebt er am Ende vielleicht noch eingeschränkter, als wäre er dem Auftrag gefolgt. Jemand kann daher einer solchen Berufung nur entgehen, wenn er, um es drastisch zu sagen, diesem Gott flucht. Das kann nur einer, der großen Glauben hat und große Kraft. Wer das nicht schafft, der schafft auch nicht die Lösung.

Ich erzähle euch ein Beispiel dazu, eine kleine Geschichte. Sie könnte „Der Abfall“ heißen oder „Der Glaube“ oder „Die Liebe“. In dieser Geschichte ist das alles dasselbe.

Der größere Glaube

Einem Mann träumte in der Nacht, er habe die Stimme Gottes gehört, die ihm sagte: „Steh auf, nimm deinen Sohn, deinen einzigen geliebten, führe ihn auf den Berg, den ich dir zeigen werde, und bringe ihn mir dort zum Schlachtopfer dar!“

Am Morgen stand der Mann auf, schaute seinen Sohn an, seinen einzigen geliebten, schaute seine Frau an, die Mutter des Kindes, schaute seinen Gott an. Er nahm das Kind, führte es auf den Berg, baute einen Altar, band ihm die Hände, zog das Messer und wollte es schlachten. Doch dann hörte er noch eine andere Stimme, und er schlachtete statt seines Sohnes ein Schaf.

Wie schaut der Sohn den Vater an?
Wie der Vater den Sohn?
Wie die Frau den Mann?
Wie der Mann die Frau?
Wie schauen sie Gott an?
Und wie schaut Gott – wenn es ihn gibt – sie an?

Noch einem anderen Mann träumte in der Nacht, er habe die Stimme Gottes gehört, die ihm sagte: „Steh auf, nimm deinen Sohn, deinen einzigen geliebten, führe ihn auf den Berg, den ich dir zeigen werde, und bringe ihn mir dort zum Schlachtopfer dar!“

Am Morgen stand der Mann auf, schaute seinen Sohn an, seinen einzigen geliebten, schaute seine Frau an, die Mutter des Kindes, schaute seinen Gott an. Er gab zur Antwort, ihm ins Angesicht: „Ich tue das nicht!“

Wie schaut der Sohn den Vater an?
Wie der Vater den Sohn?
Wie die Frau den Mann?
Wie der Mann die Frau?
Wie schauen sie Gott an?
Und wie schaut Gott – wenn es ihn gibt – sie an?

Habe ich das verdeutlicht?

HARTMUT Zugespitzt.

HELLINGER Das heißt: Ich habe es verdeutlicht – verdeutlicht, was Abfall heißt und welche Kraft des Glaubens und der Liebe er fordert; und wie klein der Glaube von Gläubigen ist, die ihre Kinder schlachten und sich diesem Gott ans Messer liefern.

Aufstellung: Die Eltern des Vaters wurden im KZ ermordet, die Eltern der Mutter überlebten versteckt

ANNE Ich möchte meine Herkunftsfamilie aufstellen.

HELLINGER Bitte.

ANNE Es gehören dazu: mein Vater, meine Mutter, eine zwei Jahre ältere Schwester und ich.

HELLINGER Was ist mit den Eltern des Vaters und der Familie des Vaters?

ANNE Die sind beide schon sehr früh abgeholt und im Konzentrationslager ermordet worden. Mein Vater und seine Schwester wurden von ihnen getrennt und haben überlebt. Sie sind 1937 nach England gegangen.

HELLINGER Und was ist mit den Eltern der Mutter?

ANNE Meine Mutter hatte einen christlichen Vater, der jüdisch geworden ist, um meine Großmutter zu heiraten. Meine Großmutter, mein Großvater und meine Mutter wurden von einer Schwester meines Großvaters versteckt. So haben sie überlebt.

HELLINGER Der Großvater, der jüdisch geworden ist, ist sehr bedeutsam. In dem Fall könnte eine Ehe von dir mit einem Deutschen gelingen, als Ausgleich. – Ja, genau. Spürt ihr, dass das ein Ausgleich wäre? Ich bringe dazu ein Beispiel:

Jemand erzählte, sein Großvater kam als Junggeselle in einen kleinen Ort und hat dort die reichste Bauerntochter, einziges Kind ihrer Eltern, geheiratet. Sie war reformiert, er war katholisch. Doch am Hochzeitsmorgen haben, zum Entsetzen ihrer Eltern, nicht die Glocken der reformierten, sondern der katholischen Kirche geläutet. Ihre Eltern waren hinters Licht geführt worden. Seine Großeltern haben also katholisch geheiratet, und alle Kinder wurden katholisch.

Eines Tages nun fragte er seine Schwester: Wieso heißt deine Tochter Karin? „Ach“, sagte sie, „sie sollte Katharinchen heißen, doch wir haben die moderne Form genommen und nennen sie Karin." Da ging ihm ein Licht auf, und er sagte: „Katharina, das war doch unsere reformierte Großmutter." Seiner Schwester war der Zusammenhang überhaupt nicht aufgefallen. Sie selbst hatte einen reformierten Mann katholisch geheiratet, und ausgemacht war: Alle Kinder werden katholisch. Aber auf ganz mysteriöse Weise, die kein Mensch durchschaute – doch auf offensichtliches Betreiben seiner Schwester und ohne dass sie es selber gemerkt hat –, wurde diese Karin reformiert getauft. Das war der Ausgleich.

ANNE Mein Mann, von dem ich getrennt bin, ist katholisch, und meine Kinder sind auch getauft.

HELLINGER Das ist gemäß. Okay.

HELLINGER Jetzt stelle zuerst deine Eltern auf, dich und deine Schwester, danach auch gleich noch die wichtigen anderen Personen: also die Eltern deines Vaters und die Eltern deiner Mutter, zusammen mit der Schwester, die sie versteckt hat.

Bild 1

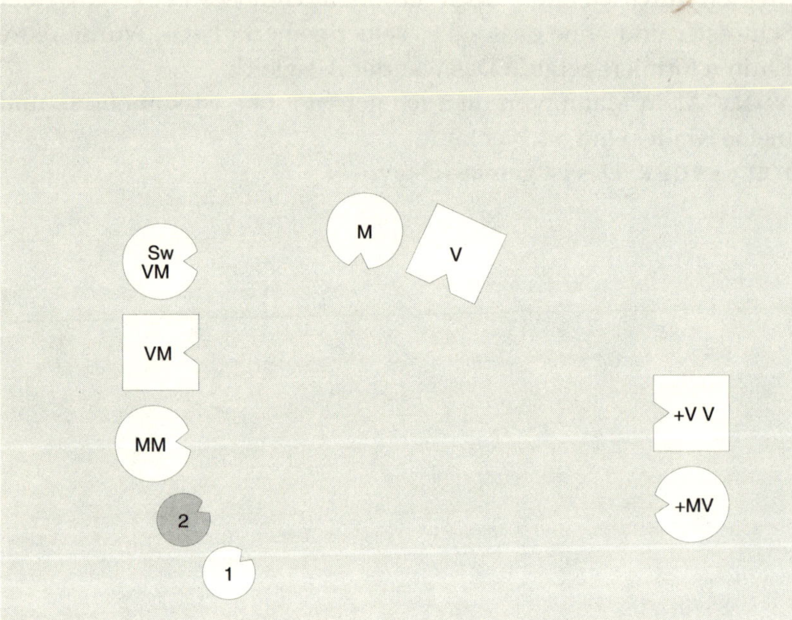

V	Vater
M	Mutter
1	Erstes Kind, Tochter
2	**Zweites Kind, Tochter (= Anne)**
+VV	Vater des Vaters, im KZ ermordet
+MM	Mutter der Mutter, im KZ ermordet
VM	Vater der Mutter, ist Jude geworden
MM	Mutter der Mutter, hat als Jüdin versteckt überlebt
SwVM	Schwester des Vaters der Mutter, hat VM und MM versteckt

HELLINGER Wie geht es der Mutter?
MUTTER Jetzt geht es mir gut. Vorhin während des Aufstellens, als ich die beiden Töchter aus dem Auge verloren hatte, habe ich richtig den Verlust gespürt.
HELLINGER Wie geht es dem Vater?

VATER Es ist viel Energie da, etwas drückend auch, und als ich vorhin hörte, die Eltern sind im KZ gestorben, dachte ich: Ich habe nicht aufgepaßt. Dabei war ich aber ziemlich sachlich. Ich habe gesehen, was ihnen jetzt passiert. Es ist schlimm, und zugleich denke ich: Ich habe nicht aufgepaßt. Ich konnte es dann so annehmen.
HELLINGER Wie geht es der älteren Schwester?
ERSTES KIND Als ich zuerst alleine hier stand, hatte ich ein warmes Gefühl den Eltern gegenüber. Dann bin ich etwas herumgeschoben worden, da wurde es kühler. Dann kamen die Großeltern dazu, die Eltern des Vaters. Das habe ich als Sog erlebt, und zwar bedrohlich. Mit meiner Schwester geht es mir recht gut. Die anderen Großeltern erlebe ich als Ausgleich. Also ich kann ganz gut hier stehen.
HELLINGER *zur Stellvertreterin von Anne* Wie geht es der jüngeren Schwester?
ZWEITES KIND Ich fühle mich ganz schrecklich. Ich könnte ausflippen vor Wut. Also ich finde die hier alle so lieb, so erdrückend lieb. Die einzige minimale Verbindung ist zur Schwester des Großvaters. Diese Frau finde ich toll. Aber alles andere ist mir viel zu freundlich. *Sie schüttelt sich.*
HELLINGER Das Ausflippen ist das Leichtere.
ZWEITES KIND Du meinst, statt sich dem zu stellen?
HELLINGER Genau.
ZWEITES KIND Ja, ich merke auch, dass das leichter ist.
VATER DES VATERS † Eigenartig. Ich wachse mit den Beinen in den Erdboden rein, und zugleich gehe ich nach oben in die Luft. Es fließt ein warmer Strom hinüber zu meinem Sohn und seiner Familie, und eine ganz freundliche Energie geht hinüber zu den anderen Großeltern und der Schwester, die allerdings nur als Gruppe erscheinen, nicht weiter differenziert. Das ist mit Wohlwollen gemischt.
MUTTER DES VATERS † Ich bin merkwürdig unbeteiligt, als ob mich das alles nicht interessiert.

Hellinger stellt das Bild um, so dass die Kinder den Eltern gegenüberstehen. Die ermordeten Eltern des Vaters rückt er mehr in den Hintergrund.

Bild 2

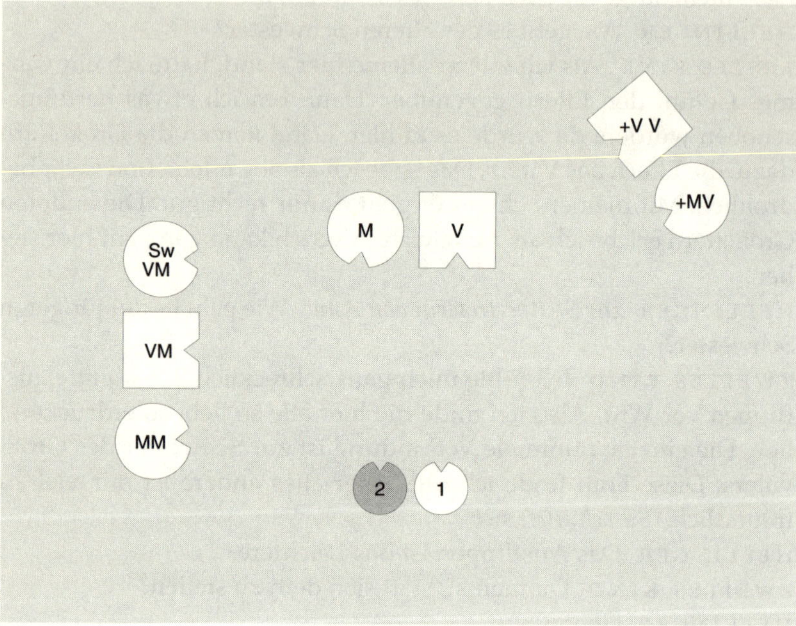

MUTTER DES VATERS † So ist es viel besser.
HELLINGER *zum Vater* Wie ist das für dich?
VATER Ich merke mehr Kraft.
HELLINGER Die Toten müssen auch Platz machen.
VATER DER MUTTER Jetzt geht es mir gut. Vorhin, als die beiden anderen Großeltern mir gegenüberstanden, war da ein starkes Kraftfeld zwischen uns, das mir auch gutgetan hat; da habe ich mich stark gefühlt. Als sie dann weggegangen sind, war das nicht mehr. Die beiden Enkelinnen waren mir vorhin zu weit weg. Jetzt, seit sie vor mir stehen, ist es gut.
MUTTER DER MUTTER Ich habe mich vorher als Mutter der Kompanie gefühlt. Jetzt kann ich mich mehr meinem Mann zuwenden.
SCHWESTER DES VATERS DER MUTTER Ich kriege sehr starkes Herzklopfen, doch ich weiß auch, das ist in Ordnung so.

Hellinger stellt nun auch die Eltern der Mutter und die Tante mehr in den Hintergrund.

Bild 3

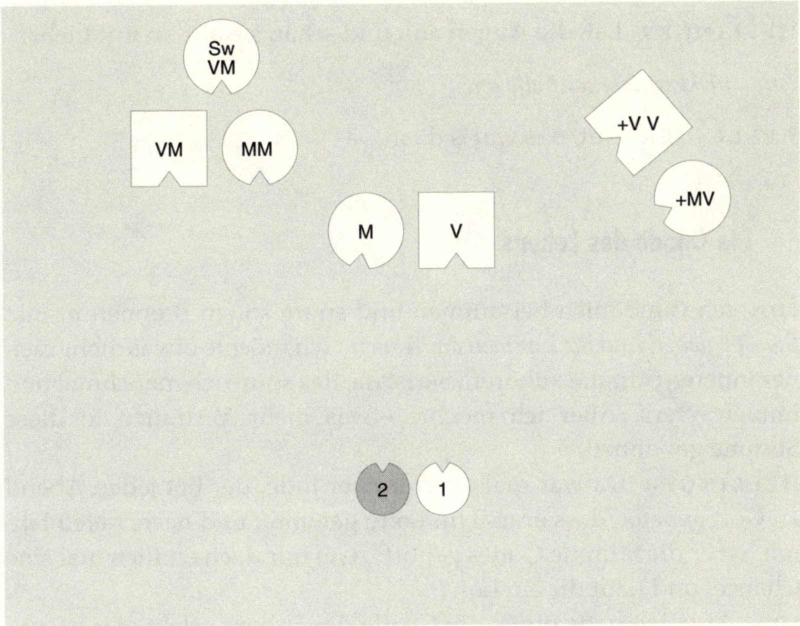

SCHWESTER DES VATERS DER MUTTER So ist es besser. Das ist der ruhigste Platz.
ZWEITES KIND Was die Eltern angeht, haben die jetzt etwas Bodenständiges, und ich kann mich mit ihnen auch auseinandersetzen. Ich sehe sie und kann mich ihnen gut zuwenden. Das mit den Großeltern ist sowieso gut. Nur sehe ich jetzt die Großtante nicht mehr so recht.
HELLINGER *zur Mutter* Wie ist das, wenn deine Eltern und die Tante mehr hinter dir stehen?
MUTTER Gut.
HELLINGER Es ist ein großer Unterschied, ob wir mit Leuten zu tun haben, die ausgeklammert sind, oder mit Leuten, die mächtig sind. Die Mächtigen treten eher in den Hintergrund, und die Ausgeklammerten müssen in den Vordergrund treten. Die hier sind ja alle

anerkannt. Sie sind gewürdigt, und bei den anderen geht das Leben weiter. So darf das Schlimme auch vorbei sein.
zu Anne Okay, stelle dich mal dahin.

Anne stellt sich an ihren Platz und beginnt zu weinen.

HELLINGER Laß die Augen auf, und schau sie alle an mit Liebe.

Anne nickt und schaut alle an.

HELLINGER Gut, das war's dann.

Die Gnade des Lebens

IDA Ich fühle mich beisammen und spüre so ein Brennen in mir. *Sie ist bewegt, und ihr kommen die Tränen.* Ich möchte etwas mehr meiner inneren Stimme zuhören. Sie ist da, das spüre ich manchmal und immer öfters. Aber ich möchte etwas mehr Vertrauen in diese Stimme gewinnen.
HELLINGER Da war mal ein frommer Jude, der hat jeden Abend zu Gott gebetet, dass er mal im Lotto gewinnt, und nach vielen Jahren hat er die Stimme Gottes gehört: „Gib mir doch endlich mal eine Chance, und kauf dir ein Los."
IDA Also, ich habe öfters die Gnade des Lebens erlebt. *Sie ist weiterhin sehr bewegt.*
HELLINGER Schau mal auf deinen Vater, und laß ihn dort in der Ferne. Schaue ihn liebevoll an – und seine Familie. Lasse sie einfach dort, wo sie sind, und schaue sie liebevoll an. Und nimm seinen Segen – und nimm das Geschwister des Vaters, das ermordet wurde, an dich. – Haben sie das aus der Welt geschafft?
IDA Nein. *Sie seufzt erleichtert.*
HELLINGER Das geht nämlich nicht. Irgendwo ist es gehalten. Lasse es dort, wo es gehalten ist. – Kannst du es dort lassen, wo es gehalten wird?

Ida nickt.

HELLINGER Wir haben ein schönes deutsches Wort für die Grabstätten: ein Friedhof. Das ist dort, wo der Friede sein soll und sein darf. Wenn sie tot sind, dann müssen die Toten auch ihren Frieden haben. Gut so?

Ida nickt.

HELLINGER Siehst du, jetzt haben wir den Besseren gefunden *(siehe S. 58).*

WILHELM Ich habe nicht mehr viel zu sagen. Ich fühle mich sehr bewegt.

SOPHIE Ich fühle mich auch gut. Ich bin ruhig. Mein Energiepegel ist wieder gestiegen, etwas höher als heute morgen und heute vormittag. Und ich habe kein Anliegen mehr.

HELLINGER Du bist jetzt in guten Händen bei deiner Mutter.

KLARA Mir geht es auch gut. Ich fühle mich sehr beschenkt.

Aufstellung: Den früh verstorbenen Vater finden und nehmen

JAN Ich möchte meine Familie aufstellen.

HELLINGER Gut.

JAN Mein Vater war vorher verheiratet, hat sich scheiden lassen und hatte aus dieser Ehe einen Sohn.

HELLINGER Bei wem ist der aufgewachsen?

JAN In den ersten zwei Jahren bis zum Tode meines Vaters bei uns, dann bei seiner Großmutter väterlicherseits, und nach weiteren vier Jahren hat die leibliche Mutter ihn nach Italien geholt. Er ist dann auch in Italien geblieben. Mein Vater war tablettensüchtig und ist an Nierenversagen gestorben.

HELLINGER Wieso ist die erste Ehe des Vaters auseinandergegangen? Weißt du das?

JAN Angeblich aufgrund der Sucht meines Vaters. Die haben sich nicht verstanden.

HELLINGER Gab es in der Familie des Vaters etwas Besonderes?
JAN Der Vater meines Vaters war Alkoholiker.

Bild 1

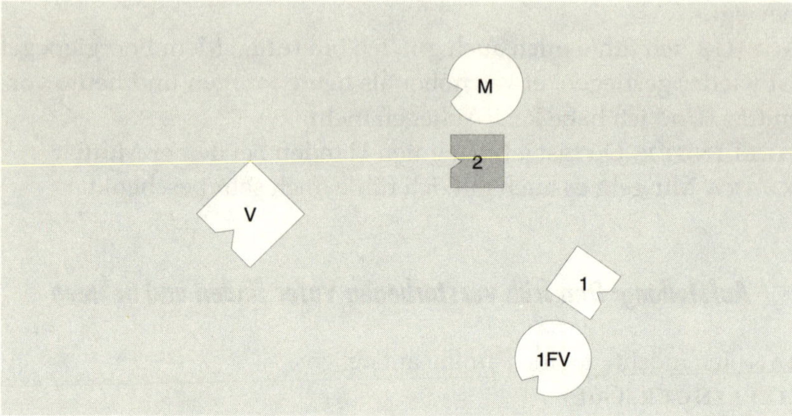

V	Vater
1FV	Erste Frau des Vater, Mutter von 1
1	Erstes Kind, Sohn
M	Mutter
2	**Zweites Kind, Sohn (= Jan)**

HELLINGER Wie geht es dem Vater?
VATER Ich bin sehr traurig.
HELLINGER Wie geht es der ersten Frau?
ERSTE FRAU DES VATERS Ich bin sehr unzufrieden mit meiner Position. Ich weiß, dass ich einen Sohn habe, aber dass ich überhaupt keine Beziehung zu jemand habe, das macht mich ärgerlich. Ich habe mit niemand Kontakt und will zu meinem Sohn. Das ist das mindeste.
HELLINGER Wie geht es ihrem Sohn?
ERSTES KIND Also, das ist so unwirklich, dass ich am liebsten philosophieren würde.
HELLINGER Ja, ist es auch.

Hellinger stellt den Vater des Vaters vor den Vater; beide lachen sich an, und dann tritt der Vater einen Schritt zurück. Der Sohn der ersten Frau wird zur Familie gedreht. Als die erste Frau neben ihn gestellt wird, atmet sie erleichtert auf.

Bild 2

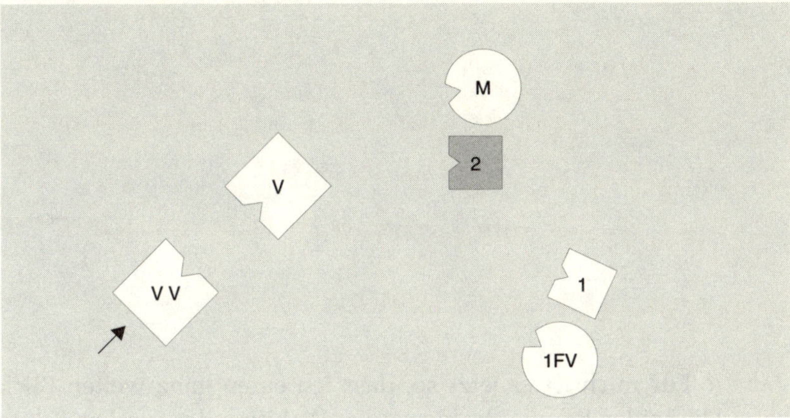

VV Vater des Vaters

HELLINGER *zum Vater* Wie ist das?
VATER Ganz toll.
HELLINGER Wie geht es der Mutter?
MUTTER Bevor der Vater meines Mannes dort stand, hatte ich den Gedanken: Ich will mich umdrehen und mit meinem Sohn weggehen. In dem Moment, als sein Vater dazukam, wurde er wieder interessant und attraktiv.
ZWEITES KIND Am Anfang, als der noch alleine da stand, dachte ich: Das muß ein interessanter Mann sein. Ich möchte ihm mehr ins Gesicht sehen. Die Mutter ist die Stütze. Ich bin froh, dass sie da ist. Als der Vater des Vaters auftauchte, merkte ich, dass es meinem Vater gutging, und das hat auch mir gutgetan. Es geht mir jetzt besser als vorher.

Hellinger stellt das Bild um.

Bild 3

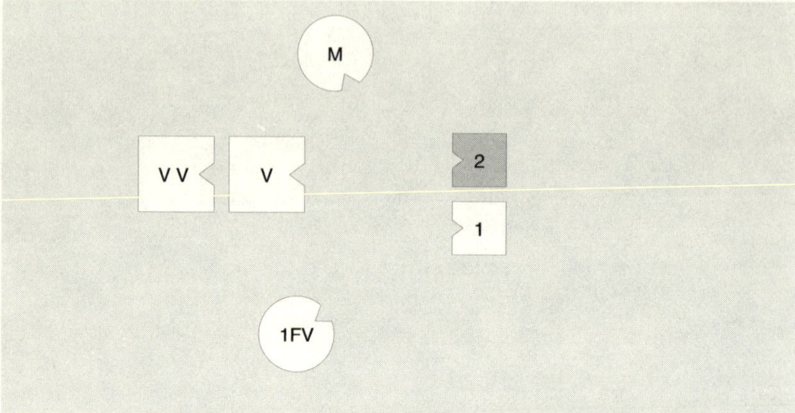

VATER Für mich ist es jetzt so, dass ich einen ganz weiten Blick habe. Die beiden Frauen strahlen etwas Wohltuendes aus. Die Söhne sind im Blick, und das Ganze ist stabil für mich.
ERSTES KIND Das sind so Wechselbäder. Ich finde das nett bei meinem Bruder, aber ich weiß schon, dass wir aus verschiedenen Ställen kommen.
ZWEITES KIND Ich merkte so einen kalten Luftzug an meiner linken Hand, und der ist jetzt weg, seitdem der Großvater da ist. Das ist gut.
HELLINGER *zu Jan* Gehe jetzt an deinen Platz.

Jan geht an seinen Platz, schaut sich um und nickt zustimmend.

HELLINGER Ich mache jetzt ein kleines Experiment mit dir, ja? Damit du weißt, was Männer sind.

Hellinger stellt ihn mit dem Rücken gegen seinen Vater.

Bild 4

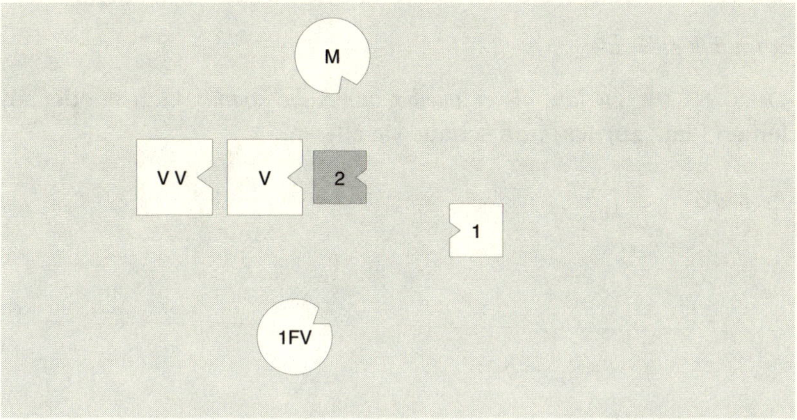

JAN *nach einiger Zeit* Das macht mir ein bißchen Angst.
HELLINGER Bleib erst einmal da.
nach einer langen Pause Gib dem Impuls nach. Dreh dich um, zum Vater.

Jan dreht sich um und fällt seinem Vater um den Hals. Sie umarmen sich, und Jan schluchzt laut.

Bild 5

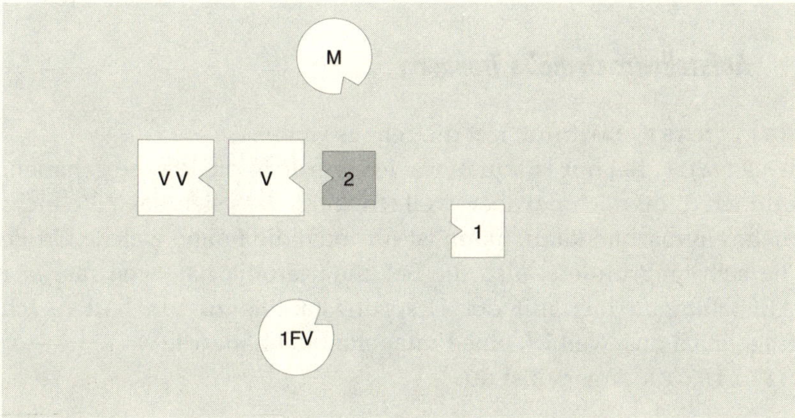

HELLINGER *zu Jan* Tief atmen, mit offenem Mund! Ohne Ton atmen, ein und aus! Tief einatmen und ausatmen! Kraftvoll! Bleib bei der Kraft! Nimm die Kraft!
zum Vater des Vaters Du kannst ruhig beide in die Arme nehmen.

Er umfaßt sie beide.

HELLINGER *zu Jan, als er wieder zur Ruhe kommt* Geh wieder an deinen Platz zurück, und schaue sie alle an.

Bild 6

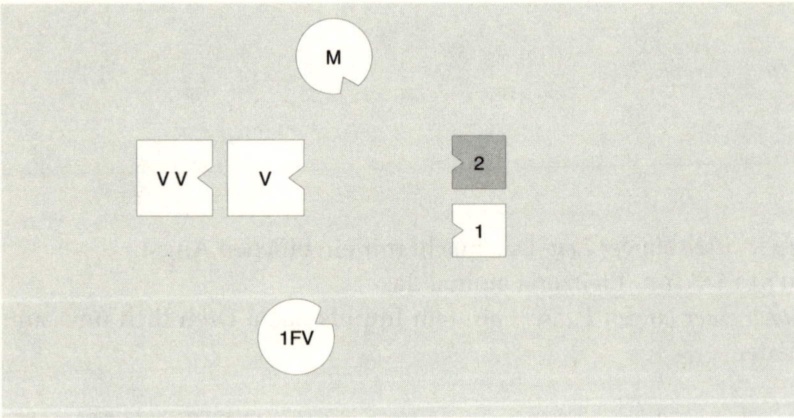

HELLINGER *zu Jan* Gut so?
JAN Es ist gut so.

Aufstellung: Gemäße Trennung

HELLINGER Hartmut, mit dir geht es weiter.
HARTMUT Bei mir ist nur eines: Ich wurde in die Pfanne gehauen, und ich freue mich darüber, weil ich weiß, dass sich das Alte nicht mehr einmischen kann. Offen ist für mich die Frage, welche Größe die selbstgegründete, also die Sekundärfamilie hat, weil fast alle Aufstellungen hier mit der Ursprungsfamilie zu tun hatten. Ich frage mich das, weil ich eine Frau geheiratet habe, die …
HELLINGER Was willst du?

HARTMUT Ich möchte mich von dieser von mir gegründeten Familie, die vor zwanzig Jahren geschieden wurde, innerlich lösen, weil ich bis jetzt …

HELLINGER Stellen wir sie auf, dann haben wir es gleich gemacht.

HARTMUT Ich glaube, dass das mit *einem* Wort geht.

HELLINGER Mach!

TEILNEHMERIN Mach!

HELLINGER Nein, nicht drängen!

HARTMUT Ich tue es gern, ich habe nur Respekt vor der wenigen Zeit, die noch bleibt; denn manchmal hast du gleich das lösende Wort.

HELLINGER Wer gehört zu deiner Familie?

HARTMUT Meine erste Frau, ich und zwei Töchter. Dann noch meine zweite Frau. Mit ihr habe ich keine Kinder.

HELLINGER Wieso bist du von deiner ersten Frau geschieden?

HARTMUT Sie wollte weg.

Bild 1

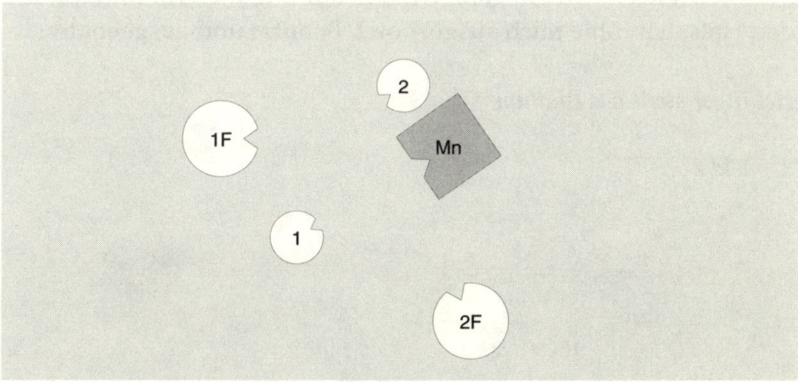

Mn	**Mann (= Hartmut)**
1F	Erste Frau, Mutter von 1 und 2
1	erstes Kind, Tochter
2	Zweites Kind, Tochter
2F	Zweite Frau

HELLINGER Wie geht es dem Mann?

MANN Mein erster Impuls war hochgradig sexuell – zu den Töchtern. Ich habe Hartmut gebeten, meine Stellung noch mal zu korrigieren, weil ich nicht sicher war und ich wissen wollte, ob es dann etwas weniger wird. Aber es ist noch da. Die anderen Familienmitglieder nehme ich nicht wahr.

HELLINGER Wie geht es der ersten Frau?

ERSTE FRAU Ich bin total wütend, besonders wenn mich meine jüngere Tochter auch noch anlacht. Ich habe das Gefühl, die steht dazwischen, die gehört da nicht hin.

Der Vater lacht die älteste Tochter an.

HELLINGER Wie geht es der ältesten Tochter?

ERSTES KIND Meine Hauptaufmerksamkeit geht zum Vater. Mit dem habe ich ein Hühnchen zu rupfen. Ich habe auch den Eindruck, dass ich die Mutter vertrete. Also dem muß ich den Kopf waschen.

ZWEITES KIND Ich fühle mich völlig fehl am Platz. Wenn der Vater noch einen Zentimeter näher kommt, dann schlage ich um mich, und ich weiß nicht, ob ich wütender bin auf die Mutter oder auf den Vater.

ERSTES KIND Ich dachte: Was sucht meine Schwester da?

ZWEITE FRAU Ich bin ganz wütend auf ihn, die Wut krampft mir den Hals. Ich fühle mich ausgebootet. Benutzt und ausgebootet.

Hellinger stellt das Bild um.

Bild 2

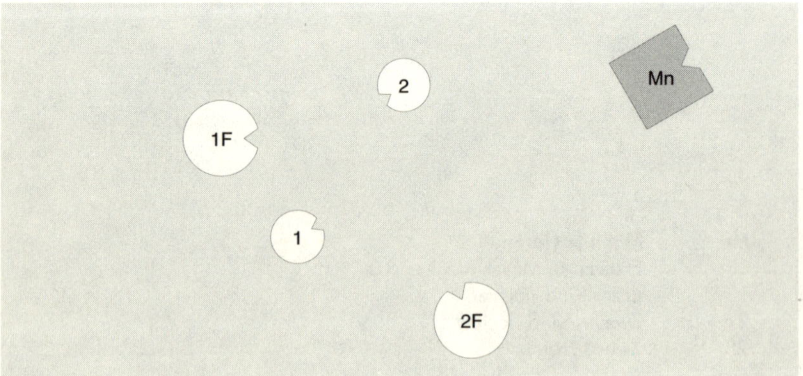

HELLINGER *zum Stellvertreter von Hartmut* Was ist jetzt?

MANN Ich sehe durch das Fenster das Münster.

HELLINGER Wie geht es dir dabei?
MANN Es zieht mich an. Ich meine es wirklich, das ist kein Quatsch. Das ist gut. Ich kann da hingehen. Die im Rücken spüre ich eigentlich überhaupt nicht mehr.
HELLINGER Wie geht es der ersten Frau?
ERSTE FRAU Also ich finde das gut. Ich habe das Gefühl, ich habe mit den Töchtern etwas zu klären.
ERSTES KIND Ich war hier ein bißchen sauer. Vorher war das noch so, ich habe mit ihm ein Hühnchen zu rupfen, und jetzt haut er einfach ab. Jetzt könnte ich ihn von hinten würgen.

Hellinger stellt das Bild noch einmal um.

Bild 3

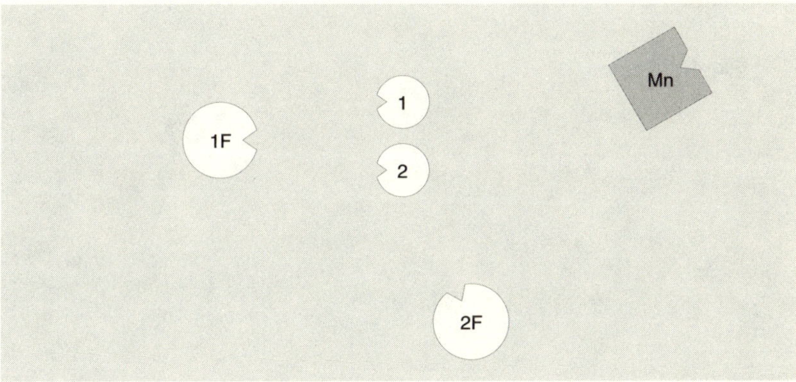

HELLINGER Wie ist das?

Mutter und Töchter lachen sich an.

ZWEITES KIND Es wurde vorhin schon heller, als der Vater ging, und noch mehr, als die Mutter sagte, sie habe mit uns etwas zu klären.
ZWEITE FRAU Ich fühle mich wieder frei und möchte gehen.
HELLINGER *zu Hartmut* Die Trennungen sind gemäß.
MANN Bei mir ist noch ein zweites Gefühl, das nach dem ersten kam: so etwas von Gelähmt- und Angewurzeltsein.
HELLINGER *zu Hartmut* Was war in deinem Ursprungssystem Besonderes gewesen?

HARTMUT Im Ursprungssystem war es so, dass die Mutter den Vater, ohne zu lieben, geheiratet hat und ich mit dem Onkel, in dessen Lebensbereich sie wollte, identifiziert bin. Meine erste Frau wollte nicht heiraten und keine Kinder haben. Ich habe sie zu beidem lange überredet.
HELLINGER Von deiner Verstrickung im Ursprungssystem her durftest du das nicht. Daher ist es gemäß, dass du gehst und deine Familie läßt.
HARTMUT Und was darf ich?
HELLINGER Ich stelle nur das auf, was hier sichtbar ist. Über anderes zu befinden steht mir nicht zu. Willst du dich mal an deinen Platz stellen?

Hartmut stellt sich an seinen Platz, und Hellinger stellt Hartmuts Vater neben ihn.

Bild 4

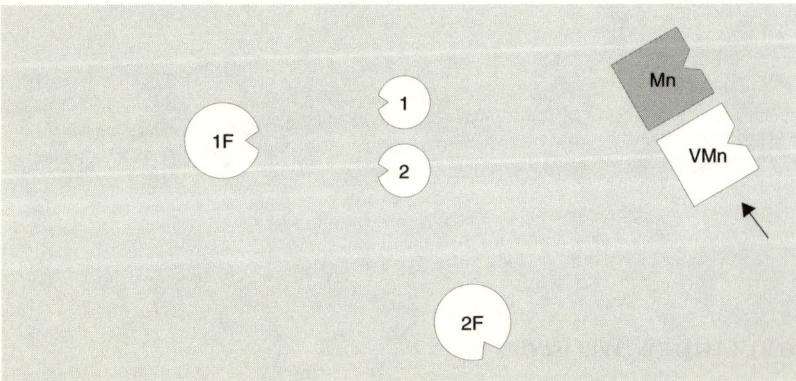

VMn Vater des Mannes

HARTMUT Ich fühle mich frei und auch wohl in der Nähe des Vaters. Ich habe mich mit meinem Vater versöhnt. Sein Schicksal war auch meines.
HELLINGER Okay, das war's.

Der Segen des Schweren

FRANK Ich merke, dass es immer wieder in mir rumort, wenn ich daran denke, auf welche Weise ich meine Ehe angefangen habe. Mir war vorher ganz klar: Wenn ich sie heirate, ist es falsch, weil ich sie nicht genug liebe – das war mein Eindruck –, und wenn ich sie nicht heirate, geht es so destruktiv weiter wie bisher.

Dann haben wir beide gesagt: Wir heiraten mal, und wenn es nicht geht, gehen wir wieder auseinander. Das war natürlich ein Irrtum. So ging es nicht. Aber ich wollte dann ständig raus, und ich wollte meine Freiheit haben. Aber so ging es auch nicht. Ich habe es laufend falsch gemacht, ohne dass es mir klar war. Ich habe gewütet und getobt und die unmöglichsten Sachen versucht, und es hat nichts gebracht. Deswegen hatte ich immer das Gefühl: Ich bin schuld.

HELLINGER Es gibt eine einfache Lösung. Da gab es mal einen gewissen Le Bon, der hat ein Buch geschrieben.

FRANK Die Psychologie der Massen.

HELLINGER Genau. Die Psychologie der Massen hat er geschrieben. Der gleiche Le Bon, habe ich mir sagen lassen, hat noch ein anderes Buch geschrieben: über die Elitepsychologie. Ich habe das nicht gelesen, aber ich habe in einer Rezension davon gelesen, dieser Le Bon habe herausgefunden, inwieweit sich die Eliten von den Massen unterscheiden, nämlich nur in einem Punkt.

FRANK Daß sie glauben, sie sind die Elite.

HELLINGER Nein, dass sie keine Schuldigen suchen, sondern die Folgen ihres Verhaltens sofort auf sich nehmen. Und damit sind sie dauernd handlungsfähig. Aber leider gehören nur wenige zur Elite.

Lachen in der Gruppe

FRANK Insbesondere wo du doch immer gesagt hast: Das Höchste, was man erreichen könnte, sei das Gewöhnliche.

HELLINGER Für dich also wäre die Lösung, dass du sagst: Ich habe es falsch gemacht und nehme die Folgen auf mich. Dann bist du sofort handlungsfähig. Ganz abgesehen von der Fülle der Erfahrungen, die du dadurch gesammelt hast. Das ist die andere Seite. Es gibt nichts Schweres, das nicht auch seinen Segen hat.

Der nächste Schritt

UTE Ich fühle mich ein bißchen hin- und hergerissen, weiß aber nicht genau, warum. Mein Anliegen ist, dass ich das, was ich von dir bekommen habe, wirken lassen möchte, aber ich bin nicht mehr so ruhig, wie ich war. Ich weiß nicht, wieso.
HELLINGER Weil der nächste Schritt schon wartet. Der wird dich ruhig machen.

Die Enge

UTE Mir ist aufgefallen, dass bei den meisten Aufstellungen, die ich gesehen habe, die einzelnen Familienmitglieder relativ entfernt voneinander standen. Ich weiß von mir, dass es mir unheimlich wichtig war, die Personen ganz dicht und eng zu stellen. Kann man daraus schließen, dass in diesen Familien zuviel Enge und Nähe herrschte?
HELLINGER Ja. Es braucht die Spielräume für jeden.
UTE Und dass die da nicht gegeben waren?
HELLINGER Ja. Das Enge ist eine Verweigerung von Entwicklung.

Mutter und Kind

JOHANN Mir kam der Gedanke, ich müßte jetzt mal zu meiner Mutter fahren und sie in den Arm nehmen.
HELLINGER Nein, nein. Das wäre überheblich. Laß deine alte Mutter in Ruhe. Aber du kannst sie bitten, dass sie dich segnet. Und du kannst ihr sagen, dass du verstehst, wie schwer es für sie war, als du im Krankenhaus warst. Sonst fängst du schon wieder an zu geben, statt auf der unteren Ebene zu bleiben und zu nehmen als Kind. Sage ihr, dass dir aufgegangen ist, was sie für dich getan hat, und dass du es würdigst; dass du es in Ehren hältst, und dass sie sich darüber freuen darf.

Für die alten Eltern das Richtige tun

LEO Ich bin eben schwach geworden und jetzt wieder daran, mich zurückzuhalten. Ich dachte: Was ist, wenn mein Vater sich wieder wie ein Kind verhält? Dann ist es ja doch wieder anders. Aber dann ist mir gekommen, dass endlich meine Mutter gefordert ist, ein Machtwort zu sprechen. Sie muß ihrem Mann zureden, dass er sich zumindest anständig behandeln läßt, wenn das nötig ist.

HELLINGER Es ist ihre Aufgabe, nicht deine. Wenn die Mutter ausfällt, dann kannst du für deinen Vater sorgen, wie es gemäß ist.

Die Schwierigkeit ist, dass ein Kind, wenn es seine Eltern sieht, sich schlagartig fühlt wie ein fünf- bis siebenjähriges Kind, und dass die Eltern, wenn sie ihre Kinder sehen, und seien diese noch so alt, sie sehen und behandeln, als seien sie noch fünf bis sieben Jahre alt. Deswegen ist für viele Kinder die Vorstellung, sie müßten für ihre alten Eltern sorgen, so schwer. Denn sie denken daran als das kleine Kind von damals.

Die Lösung ist, dass sie den Eltern sagen: Wenn ihr mich braucht, werde ich für euch sorgen – wie es richtig ist. Das ist der Schlüsselsatz. Dann begeben sie sich auf eine andere Ebene, auf die erwachsene Ebene. Auf dieser Ebene sind sie den Eltern gegenüber gefordert. Auf dieser Ebene können sie ihre Eltern achten als Kind und dennoch tun, was richtig ist.

Das erwachsene Kind ist nicht nur für die Eltern da. Daher können Kinder nicht immer tun, was die Eltern wollen, aber das, was richtig ist, das läßt sich meistens tun.

Das Gemäße wagen

ROLF Ich fühle mich gesammelt, und es sprudelt und strömt, ich weiß noch nicht, wohin. Ich suche meine Freude und sehe so vieles vor mir.

HELLINGER Das Gemäße wagen, das ist der nächste Schritt.

ROLF Ich wußte, dass noch was Gutes kommt.

MARTHA Mir geht es gut. Ich fühle mich auf dem Weg, doch damit der Prozeß, der hier in Gang kam, ans Ziel kommt, muß ich noch warten.
HELLINGER Hier wurde ein Anfang gesetzt und wurden Weichen gestellt. Danach braucht es meist noch ein Jahr oder zwei, bis der Keim sich entfaltet und der Zug sein Ziel erreicht.

THEA Was du soeben gesagt hast, dass, was hier geschieht, ein bis zwei Jahre braucht, bis es sich voll entfaltet, das habe ich an mir gemerkt, nachdem ich vor einem Jahr bei dir war. Das hat wirklich in dem ganzen Jahr nachgewirkt.

DAGMAR Ich fühle im Moment eine große Dankbarkeit. Ich bin sehr angefüllt. So viele Samen brauchen in der Tat Zeit, um aufzugehen. Ganz wichtig ist mir im Beruf diese Zurückhaltung, also nicht soviel reinzupulvern und auf den Ausgleich von Geben und Nehmen zu schauen. Das ist sehr schön, und da nehme ich viel mit. Ich habe noch ein Anliegen. Es klingt ein bißchen komisch, aber ich habe eine ganz tiefe Sehnsucht nach Gründlichkeit. Es ist so, dass ich begeistert und interessiert eine Sache anfange und sie dann wieder loslasse und was anderes mache.
HELLINGER Ich will dir dazu etwas sagen, bezogen auf die Psychotherapie. Die Gründlichkeit in der Psychotherapie besteht aus zwanzig Prozent. Was über zwanzig Prozent geht, ist zu gründlich und stiftet Unheil.

KARL Ich habe im Blick auf das Ziel, mit dem ich hierher gekommen bin, ein Gefühl der Freiheit. Im Moment denke ich am meisten über die Kraft der Zurückhaltung nach. Das nehme ich mit.

ULLA Ich bin noch voller Energie, und mir ist richtig heiß in den Händen. Es hat mir gut gefallen, als Leo erzählte, wie er erst innerlich diskutiert hat und sich nachher vor seiner Mutter verneigen konnte. Ich habe mir gedacht, das ist bei mir ähnlich, aber ich könnte das so nicht tun.
HELLINGER Du kannst es heimlich tun. Dann wirkt es am besten.

ULLA Ja? *Sie lacht.* Also, was ich glaube, ist, dass ich meine Mutter nicht richtig gewürdigt habe. Ich habe mich immer ein bißchen über sie gestellt. Ich möchte sie würdigen.

HELLINGER Ja, und wie macht man das? Am besten ist, ich erzähle dazu eine kleine Geschichte.

Der Lauf des Lebens

Eine Hummel flog zur Kirschblüte, trank den Nektar, war satt und zufrieden und flog davon.

Doch dann hatte sie Gewissensbisse. Sie kam sich vor wie jemand, der genommen hat, ohne selber zu geben. „Was mache ich nur?" dachte sie, doch sie konnte sich nicht entscheiden, und so vergingen Wochen und Monate.

Dann aber ließ es ihr keine Ruhe mehr. Sie sagte sich: „Ich muß zurück zur Kirschblüte und ihr von Herzen danken!" Sie machte sich auf den Flug, fand den Baum, den Ast, den Zweig, die genaue Stelle, wo die Kirschblüte war; aber sie war nicht mehr da. Sie fand nur eine dunkelrote reife Frucht.

Da wurde die Hummel traurig. Sie sagte sich: „Nie mehr werde ich der Kirschblüte danken können; für immer ist die gute Gelegenheit verpaßt. Aber, es soll mir eine Lehre sein!"

Noch während sie darüber nachdachte, stieg ein süßer Duft in ihre Nase, ein rosa Blütenkelch winkte, und mit Lust stürzte sie sich in ein neues Abenteuer.

Würdigen, was war

MARKUS Immer wenn ich einen Kurs bei dir gemacht habe, komme ich mit meinen Rollen nicht mehr so gut klar, wenigstens für eine Woche. Hast du nicht eine Geschichte für mich, die mir hilft?

HELLINGER Ich kann dir von mir eine Geschichte erzählen. Ich habe mal eine Ausbildung in Familientherapie gemacht und mir danach gedacht: „Das ist das Richtige; Familientherapie ist das einzig Wahre." Dann habe ich mir angeschaut, was ich bisher gemacht habe, und gesehen, es war gute Arbeit. Und so habe ich mich entschlossen, bei dem zu bleiben, was ich schon immer gemacht hatte. Nach einem Jahr war daraus Familientherapie geworden, doch von besonderer Art.

Ende des Kurses

Ordnungen der Zugehörigkeit

Aus einem Kurs für Familienberater

Die Lösung als religiöser Vollzug

RITA Ich fühle mich seit Jahren verstrickt. Ich bemühe mich, da herauszukommen, merke aber, wenn ich auf der einen Seite draußen bin, kommt ein Widerhaken von einer anderen Seite und holt mich wieder hinein.

HELLINGER Aus einer Verstrickung herauszukommen, das schaffen nur wenige. Ich sage das ganz ernst. Es gibt zwar Einsichten in Verstrickungen, doch wenn es ernst wird, sich zu entscheiden, wirkt der Sog zurück so stark, dass die meisten gefangen bleiben. Denn der Übergang von der Verstrickung zur Lösung ist auch ein existentieller Vollzug. Das heißt, ich begebe mich auf eine andere, eine höhere Ebene, und das ist verbunden mit einem tiefgreifendem Abschied von dem, was war. Dieser Vollzug macht einsam.

Wenn ich in einem engen Dorf wohne, zum Beispiel im Gebirge, bin ich mit allen eng verbunden. Wenn ich mich dann auf einen hohen Berg begebe, entferne ich mich, sehe vieles, was ich vorher nicht gesehen habe, kann mich mit sehr viel anderem und anderen verbunden fühlen, aber nie auf die gleiche enge und sichere Weise wie unten im Tal. Das Weite und das Große macht daher immer auch einsam. Ganz abgesehen davon, wird dieser Übergang vom Engen in das Weite für das Kind in uns auch wie Schuld erlebt, wie ein Hintersichlassen von sicherer Bindung und wie ein Hintersichlassen von Unschuld und von Angenommensein.

Der Übergang vom Problem zur Lösung gelingt uns daher nur, wenn wir uns, statt dem längst Bekannten, einem Unbekannten anvertrauen, das unberechenbar und dunkel bleibt. Das aber ist im Grunde ein religiöser Vollzug, wenn ihr es so nennen wollt. Man darf sich daher als Therapeut nicht der Illusion hingeben, als sei so etwas machbar oder manipulierbar. Man kann zwar auf dem Weg dorthin manches erleichtern, aber wo es diese ganz tiefen Verstrikkungen gibt, werden Lösung und Läuterung, wenn sie dennoch gelingen, wie ein Geschenk, wie Gnade erlebt, und zwar sowohl vom Therapeuten wie vom Klienten. Daher verlangen Lösung und Läuterung sowohl vom Therapeuten wie vom Klienten die gleiche Haltung und den gleichen Vollzug.

RITA Mich beschäftigt das Schwestern-Thema. *Sie beginnt zu weinen.*

HELLINGER Was ist mit Schwestern bei dir?

RITA Meine Schwester ist umgebracht worden. Ihr Freund hat sie erstochen, weil sie ihn verlassen hat, und jetzt trag' ich das alles.
HELLINGER Geht es deiner Schwester besser, wenn du das trägst?
RITA Nein. Mit dem Kopf weiß ich, dass es so ist.

Aufstellung: Frau kann keine Kinder bekommen und hat ein Kind adoptiert

HELLINGER *zu Rita, nach einer Sitzungspause* Ich stelle jetzt deine Herkunftsfamilie auf.
zur Gruppe Man arbeitet dort, wo gerade die größte Energie ist. Vorhin war bei ihr die größte Energie. Deswegen fange ich mit ihr an.
HELLINGER *zu Rita* Bist du verheiratet?
RITA Ja.
HELLINGER Hast du Kinder?
RITA Ein Adoptivkind.
HELLINGER Ein Adoptivkind? Wieso?
RITA Weil ich keine Kinder kriegen kann, und weil wir das beide wollten, sowohl mein Mann wie ich.
HELLINGER Wollte das Kind das auch?
RITA Ich glaube ja.
HELLINGER Wie alt war das Kind, als du es zu dir genommen hast?
RITA Als es zu uns in die Familie gekommen ist, war es fünf Tage.
HELLINGER Wieso ist es zu euch gekommen?
RITA Weil die Mutter das Kind zur Adoption freigegeben hat. Sie ist im Krankenhaus gewesen und hat dort auf mich gewartet.
HELLINGER Und der Vater von dem Kind?
RITA Er wurde von der Mutter nicht genannt und ist für die Papiere usw. nicht existent.
HELLINGER *zur Gruppe* Merkwürdig! Männer gelten nichts in unserer Gesellschaft. Von wegen Patriarchat!
zu Rita War das schon vor der Ehe bekannt, dass du keine Kinder bekommen kannst?
RITA Nein.
HELLINGER Es stellte sich also erst in der Ehe heraus?
RITA Ja.
HELLINGER Wie hat darauf dein Mann reagiert?

RITA Es war für ihn kein Problem, dass ich keine Kinder kriegen kann. Er hat deswegen nie die Beziehung zu mir in Frage gestellt.
HELLINGER *zur Gruppe* Wenn einer der Partner keine Kinder bekommen kann, hat er kein Recht, den anderen festzuhalten. Und wenn der andere sich entschließt, dennoch bei dem Partner zu bleiben, muss es eigens gewürdigt werden. Das ist wichtig. Dann ist es klar und in Ordnung.
RITA Ich bin ihm sehr dankbar dafür.
HELLINGER Dankbar ist ein zweischneidiges Wort.
RITA Ich erkenne das an, ja.
HELLINGER Würdigen ist das richtige Wort. Dann ist das in Ordnung. Du hast weniger Rechte dadurch als er. Das ist halt so.
ANDERE TEILNEHMERIN Wenn, wie du sonst sagst, die Paarbeziehung Vorrang vor dem Elternsein hat, dann ist mir das nicht klar. Es geht doch um die gemeinsame Liebesbeziehung.
HELLINGER Bringt dein Einwand etwas?
TEILNEHMERIN Ja, vielleicht bringt er was.
HELLINGER Nein, er nimmt nur etwas weg.
zur Gruppe Hat sie ihr geholfen? – Sie hat den Ernst weggenommen. Das kann man mit solchen Einwänden machen. Sie sind sehr riskant. Manche machen Therapie in der Form von Einwänden. Wenn jemand zu ihnen kommt mit einem Problem, machen sie nur einen Einwand, zum Beispiel: Das ist doch nicht so schlimm.
TEILNEHMERIN Ich habe keinen Einwand auf die Fragen oder auf die Sätze von Rita gemacht, sondern auf deine Interpretation der Sache.
HELLINGER Das war noch mal ein Einwand.

Sie lacht.

HELLINGER *zu Rita* Wir stellen zuerst deine Gegenwartsfamilie auf. War jemand von euch, du oder dein Mann, vorher verheiratet oder in fester Bindung?
RITA Mein Mann war verheiratet.
HELLINGER Hatte er Kinder in der Ehe?
RITA Nein.
HELLINGER Wieso hat er sich getrennt?
RITA Also die Aussage, die ich weiß, ist: Wir haben eigentlich nicht zusammengepasst. Die Heirat ist von der Seite meines Mannes – die kenne ich ja nur – aus Pflichtgefühl passiert.

HELLINGER So?
RITA Sagt er.
HELLINGER Ja, sagt er.

Lachen in der Gruppe

HELLINGER Wir brauchen also die erste Frau, deinen Mann, dich, das Adoptivkind und dessen beide Eltern. Das ist das System. Wie alt ist das Adoptivkind?
RITA Fünf.
HELLINGER Ist es ein Junge oder ein Mädchen?
RITA Ein Mädchen.

Rita beginnt die Familie aufzustellen.

HELLINGER *zur Gruppe* Prüft für euch nach, ob sie die Personen innerlich gesammelt aufgestellt hat oder ob sie nur einer vorher zurechtgelegten Vorstellung gefolgt ist. Man muss darauf achten, ob es jemand ernst macht oder nicht, sonst muss man es unterbrechen. Man kann sich hier nie auf etwas Halbes einlassen. Das ist eine sehr ernste Angelegenheit, und es geht nur, wenn es ernst gemacht wird. Man kann sofort sehen, wie es einer macht.

HELLINGER *zu Rita* Jetzt stelle es noch mal auf, doch mit gesammeltem Ernst.

Bild 1

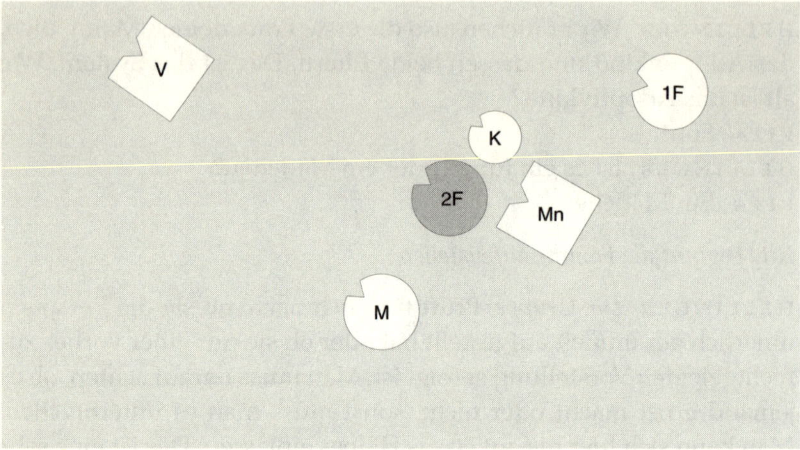

Mn	Mann
1F	Erste Frau
2F	**Zweite Frau (= Rita)**
K	Kind, ein Mädchen, adoptiert
V	Vater des Kindes
M	Mutter des Kindes

HELLINGER *zur Gruppe* Merkt ihr, wohin der Blick der aufgestellten Personen geht? Alle blicken sie zum ausgeklammerten Vater. Dort liegt der Schlüssel zur Lösung.

Wie geht es dem Mann?

MANN Dahin, zu meiner ersten Frau, ist eine Spannung. Ich habe das Gefühl, ich müsste sie hier vorne haben.

HELLINGER Du kannst dich auch neben sie stellen. Stelle dich mal neben sie.

Bild 2

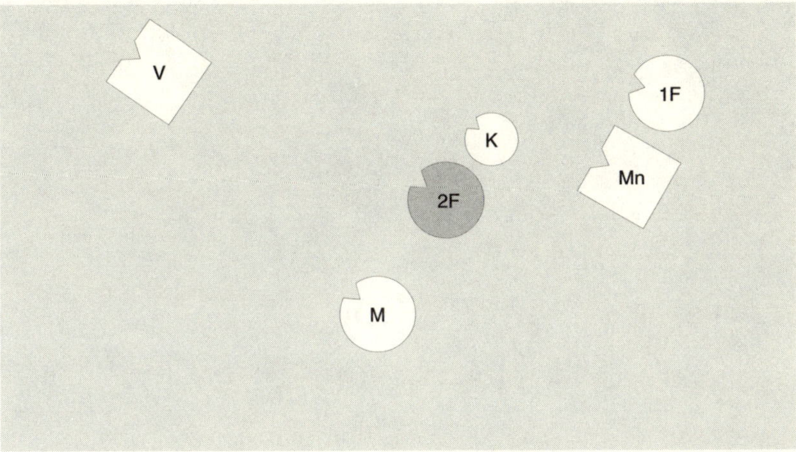

HELLINGER *zum Mann* Wie ist das?
MANN Besser. Das andere war mir zu nahe.
HELLINGER Wie geht es der ersten Frau?
ERSTE FRAU Mir geht es besser. Vorhin habe ich sehr viel Ärger gespürt über diese Familie.
HELLINGER *zur Stellvertreterin von Rita* Wie geht es der zweiten Frau?
ZWEITE FRAU Also ich bin ganz gebannt von der Person, die da drüben steht. *Sie deutet auf den Vater des Kindes.* Irgend etwas ist im Rücken, das ich nicht wahrnehme. Komischerweise ist es nicht unangenehm, dass mein Mann jetzt da hinten ist.
HELLINGER Wie geht es dem adoptierten Kind?
KIND Etwas dumpf. Energiearm.
HELLINGER Wie geht es der Mutter des Kindes?
MUTTER Ich habe den Impuls, mich zu entfernen, also weggehen zu wollen, aber ich bin nicht entlassen. Ich fühle mich gebunden.

Hellinger stellt das Bild um.

Bild 3

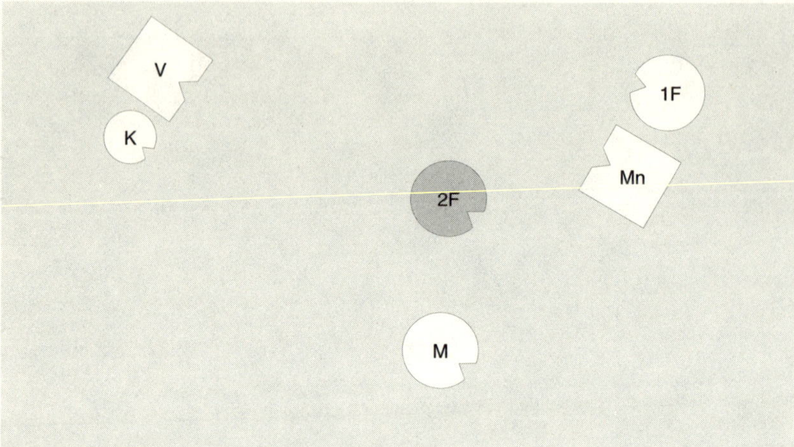

HELLINGER Das ist die Lösung.

Wie geht es dem Vater des Kindes?

VATER Gleich zu Anfang war das Gefühl, dass ich nicht dazugehöre. Dann, als der andere Mann nach rückwärts gegangen ist, entstand eine Verbindung zu der Frau, die das Kind adoptiert hat. Jetzt, als das Kind gekommen ist, habe ich erst richtig begriffen, dass es mein Kind ist.

HELLINGER Wie geht es jetzt der Mutter des Kindes?

MUTTER Mir geht es sehr viel besser, und ich würde gerne noch so ein Stück weggehen.

HELLINGER Geh ruhig.

Sie geht ein Stück nach vorne, weg von den anderen.

HELLINGER *zur Gruppe* Also diese Frau hat ihre Rechte verspielt. Die Mutter, die ein Kind freigibt zur Adoption, hat ihre Rechte verspielt. Rechte auf das Kind haben hier nur der Vater und seine Familie. Das Kind gehört ja nicht nur zum Vater, sondern auch zu seiner Familie: zu seinen Eltern, Brüdern, Schwestern. Da gehört das Kind hin. Nicht einfach zu ihm. Das muss man in Betracht ziehen. Man muss nicht nur den Vater des Kindes suchen. Man muss auch die Eltern seines Vaters und die Geschwister des Vaters suchen. Bei ihnen ist das Kind aufgehoben. Dann gehört es zu einem System und nicht nur zum Vater. Aber dieses System, *er zeigt auf die Mutter* das Muttersystem, hat alle Rechte verspielt.

Ihr seht auch, der Mann von Rita ist nicht frei. Das ist ganz klar: Der ist nicht frei. Der ist nicht getrennt von der ersten Frau.

ERSTE FRAU Als sich die zweite Frau weggedreht hat, habe ich das Gefühl gekriegt, ich gehöre nicht mehr hierher. Das ist nicht der richtige Platz für mich.

HELLINGER *zum Mann* Wie geht es dir dort?

MANN Das ist der beste Platz von den dreien für mich. Mir geht es sehr gut. Am ersten Platz habe ich mit meiner zweiten Frau am wenigsten Kontakt gehabt. Hier, neben meiner ersten Frau, war es schon bedeutend besser. Jetzt, als meine zweite Frau sich umgedreht hat, ist es so, dass ich direkt Kontakt mit ihr aufnehmen kann. Es geht mir gut so. Aber vor allem geht es mir gut mit dem Kind. Dass es so neben seinem Vater steht, das entlastet mich irrsinnig.

HELLINGER Da gehört es hin. Das ist klar. Jetzt stelle dich mal neben die zweite Frau.

Bild 4

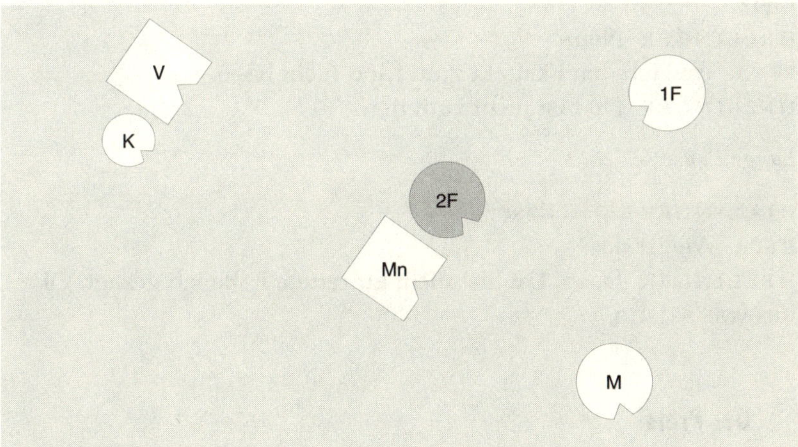

HELLINGER *zur Stellvertreterin von Rita* Wie geht es dir?

ZWEITE FRAU Viel besser, seit mein Mann da steht. Ich war furchtbar einsam. Nur die erste Frau irritiert mich da.

HELLINGER *zur ersten Frau* Als er zu seiner zweiten Frau trat, bist du weggerückt. Jetzt probiere aus, welcher Platz für dich richtig ist.

ERSTE FRAU Ich würde gerne weiter weg gehen.

HELLINGER *zur Gruppe* Wenn es eine zweite Beziehung gibt, wenn, wie hier, der Mann eine zweite Frau hat, dann muss die zweite Frau zwischen ihn und die erste Frau treten. Das braucht Mut. Nur wenn sie so dazwischentritt, lässt die andere los. Wenn der Mann aber zwischen den beiden Frauen steht, zieht es ihn hinüber zur ersten.

Wie geht es dem Kind jetzt?

KIND Gut. Ich wundere mich, dass mich das gar nicht stört, dass ich so weit weg bin. Es geht mir hier besser als vorher.

HELLINGER *zu Rita* Also: Das mit der Adoption war kein guter Versuch.

RITA Was heißt das?

HELLINGER Wir haben gesehen, was es heißt. Um es in Ordnung zu bringen, muss das gemacht werden, was du hier gesehen hast. Du kannst dich jetzt noch selber hinstellen an deinen Platz, wenn du möchtest.

RITA *nachdem sie sich hingestellt hat* Mir geht es nicht gut an dem Platz.

HELLINGER Nein?

RITA Weil ich den Kontakt zum Kind nicht habe.

HELLINGER Du bist nicht zu retten.

Lange Pause

HELLINGER So ist das.

RITA Wie ist das?

HELLINGER Ja, so! Du bist nicht zu retten, habe ich gesagt. Okay, das war's dann.

Der Preis

HELLINGER *zur Gruppe* Wenn so etwas passiert wie hier, eine Adoption auf diese leichtfertige Weise, bei der nicht einmal der Versuch unternommen wurde, den Vater herauszufinden, geschweige denn, ihm ein Recht zuzubilligen oder eine Verantwortung zuzubilligen, wird schwer dafür bezahlt. So wie sie das System aufgestellt hat, habt ihr sofort gesehen: Sie opfert für das Kind ihren Mann. Der war rausgeschoben. Das ist der Preis, den sie bezahlt. Der Mann hat in dieser Familie keine Chance. Er wird gehen. Es wird entweder mit einem Partner bezahlt, oder es wird mit einem eigenen Kind bezahlt. Das gibt es auch. Es gibt zum Beispiel die perverse Situation, dass ein Paar ein Kind leichtfertig adoptiert, und wenn die Frau schwanger wird, treibt sie das Kind ab. Das ist die Sühne für die Adoption. Oder ein eigenes Kind stirbt oder bringt sich um, zur Sühne.

Die Rangfolge der Zuständigkeit

HELLINGER Adoptionen sind nur dann zulässig, wenn das Kind es braucht, weil sonst niemand da ist. Aber wenn ein Kind da ist, hat es nicht nur Vater und Mutter. Hier wurde so getan, als hätte das Kind nur eine Mutter. Das Kind hat auch Großeltern und hat Onkel und Tanten, und die kommen zuerst in Frage. Nur wenn wirklich niemand sonst da ist, können andere einspringen. Dann ist eine Adoption richtig und groß, aber sonst nicht. Doch selbst dann ist es besser, wenn man es bei der Pflege belässt.

Die Adoption geht in der Regel viel zu weit. Sie ist auch gar nicht notwendig für das Kind. Was bringt dem Kind die Adoption, verglichen mit der Pflege? Bei der Pflege ist alles viel bescheidener, und was an Schwierigkeiten auftritt, kann viel bescheidener gelöst werden.

Einwände

HELLINGER Dieses Kind wird sich, wenn es groß ist, an seinen Adoptiveltern dafür rächen, dass sie es seinen Eltern und seiner Sippe weggenommen haben, und zwar mit Recht.
TEILNEHMERIN Also diese Prophezeiungen kann ich nicht anhören. Das sind ja Prophezeiungen, die du da von dir gibst, und die sind äußerst gefährlich.
HELLINGER Ich erzähle dir eine Geschichte:

Zwei sind in ein Zimmer gegangen. Da hing ein Bild schief. Da sagte der eine: „Das Bild hängt schief“, und der andere sagte: „Das

Bild hängt schief, weil du es gesagt hast.“ Dann sagte der erste: „Wenn es deswegen schief hängt, kannst du es ja gerade hängen.“

Das war eine etwas verwirrende Geschichte, aber es macht nichts.

TEILNEHMERIN Die Mutter hat das Recht auf dieses Kind verwirkt. Das habe ich verstanden. Warum hat nicht auch der Vater das Recht auf dieses Kind verwirkt, der nicht zu diesem Kind gestanden hat, der die Mutter allein lässt, der nicht einmal seinen Namen hinterlässt. Meiner Meinung nach hat in dem System auch der Vater sein Recht verwirkt. Das Kind war daher völlig allein. Dann kommt die Rita und nimmt das Kind auf.

HELLINGER *zur Gruppe* Sie bringt Informationen, die wir nicht bekommen haben. Wir haben andere Informationen von Rita bekommen. Deswegen gehe ich nicht darauf ein. Das ist völlig hypothetisch. Rita hat gesagt, die Mutter hat den Namen nicht preisgegeben. Das ist etwas völlig anderes. Ich kann natürlich so tun, als würde ich es nicht wissen. Dann lege ich sie rein. Das kann ich auch machen. Wenn jemand das haben will, mache ich das. Wenn ich einen wirklich reinlegen will, gebe ich seinen Einwänden nach.

ANDERE TEILNEHMERIN Es mag sein, dass die Ordnung durcheinandergeraten ist, aber das heißt ja nicht, dass es für alle Zeiten so bleiben muss. Welche Möglichkeiten gibt es, die Ordnung jetzt wiederherzustellen?

HELLINGER Das habe ich gezeigt. Das wäre die Möglichkeit.

TEILNEHMERIN Da muss es doch noch andere Möglichkeiten geben.

HELLINGER Nein. Die Ordnung lässt sich nicht manipulieren.

ANDERE TEILNEHMERIN Das mit dem Hereinlegen habe ich nicht verstanden. Wenn ich nachgebe …?

HELLINGER Wenn ich jemandem nachgebe, der so einen Einwand macht, dann lege ich ihn rein. So wie das tapfere Schneiderlein das Einhorn reingelegt hat, indem es zur Seite getreten ist.

TEILNEHMER Hältst du es für möglich, dass das Kind den Vater suchen wird, wenn es dazu in der Lage sein wird?

HELLINGER Es wird nicht in der Lage sein, wenn die Adoptiveltern dagegen sind.

TEILNEHMER Wenn es mal fünfzehn oder zwanzig ist?

HELLINGER Nein. Da wird dem Kind etwas zugeschoben, was nur die Erwachsenen machen können.
TEILNEHMER Du meinst also, dass es die Aufgabe der Adoptiveltern ist, den Vater zu suchen.
HELLINGER Ja, nicht nur, ihn zu suchen, sondern das Kind zu ihm und zu seiner Familie zu bringen.
TEILNEHMERIN Und wenn die das Kind nicht wollen?
HELLINGER Das wird man sehen. Dann kann man neu handeln.
ANDERE TEILNEHMERIN Das meinte ich ja damit, dass es auch jetzt noch eine Möglichkeit geben muss, die Ordnung herzustellen.
HELLINGER *zur Gruppe* Das jetzt zu sagen ist die Sorte Hypothese, die sie mir vorhin angekreidet hat. Das ist wirklich eine Hypothese. Man weiß zwar nichts, sagt aber: Was ist, wenn ... Aber dass der Vater ausgeklammert wurde, das weiß ich. Dass man den nicht haben will, das habe ich gesehen.

Das Recht des Kindes auf seine Eltern

TEILNEHMERIN Es spielt also für die Lösung nach den Daten, die wir haben, keine Rolle, aus welchem Grund die Mutter den Namen nicht preisgibt.
HELLINGER Das spielt überhaupt keine Rolle. Es gibt keinen Grund, der das rechtfertigen würde. Wenn es Grundrechte gibt, dann ist ein Grundrecht des Kindes das Recht auf seine Eltern und auf seine Sippe. In Deutschland ist das gesetzlich festgelegt: Das Kind muss wissen dürfen, wer sein Vater ist. Die Mutter muss dem Kind den Namen des Vaters preisgeben. Das Kind hat ein Recht dazu.

Was ist denn das für eine Rechtsordnung, wenn man sich herausnimmt, einem Kind die eigenen Eltern vorzuenthalten und sich an deren Stelle zu setzen? Oder wenn man einer Mutter in Nöten den „wohlmeinenden" Rat gibt, sie könne das Kind ja auch zur Adoption freigeben, oder wenn ein kinderloses Paar freudig darauf wartet, dass ein Kind zur Adoption freigegeben wird. Das ist doch pervers. Doch viele betrachten das als normal.

So wie auf seine beiden Eltern hat das Kind auch das Recht auf seine Sippe.

TEILNEHMERIN Aus meiner Perspektive war die Aufstellung von Rita ein erster Schritt, was immer dann herauskommt als nächstes. Die Information war, die Mutter wollte den Namen des Vaters nicht sagen, und ich denke mir, da steht ja was dahinter. Da gibt es ja seither auch eine Entwicklung und eine Dynamik, und wer weiß, was dieses Kind antrifft, wenn es zum Vater geht.
HELLINGER Ich möchte dich warnen. Die Gefahr ist, dass wir mit solchen Überlegungen die Erwachsenen schonen und dem Kind, das ja am schwächsten ist, die Last aufbürden, statt sie dort zu lassen und denen zuzumuten, die wirklich verantwortlich sind.

Wenn ich für die Mutter Entschuldigungen suche, kann ich sie nicht mit dem ganzen Ernst der Lage konfrontieren. Wenn ich so tue, als ob es für sie Entschuldigungen oder Entlastung gäbe, dann führe ich mit ihr vielleicht ein langes Gespräch, aber ohne jedes Ergebnis. Erst wenn sie voll mit ihrer Verantwortung konfrontiert ist, merkt sie, was fällig ist, und dann macht sie vielleicht was damit. Du selbst musst diesen Ernst in dir tragen, dann kannst du den Starken die Last der Verantwortung lassen, statt das Kind damit zu belasten, wie das auch viele Jugendämter oder Therapeuten tun.

Ich will noch auf deine Frage zu den Folgen von Ritas Aufstellung eingehen. Du darfst keinen Einwand gegen die Aufstellung machen. Sie hat die Wirklichkeit gezeigt. Nicht ich habe die Aufstellung gemacht. Rita hat sie gemacht. Ich habe nur die Lösung gesucht. Wenn du jetzt sagst, es könnte auch anders sein, da muss man doch auch noch was anderes machen, nimmst du dem die Wucht und nimmst dir heraus, es besser zu wissen als sie.

Nur wenn du die Wirklichkeit, so wie sie offenbar wurde, voll anerkennst, kann sie weiterwirken. Dann ergibt sich aus ihr der nächste Schritt. Aber wenn du sagst, es kann später auch noch was anderes kommen, nimmst du ihr den Ernst und die Kraft. Deswegen gehe ich, wenn ich eine Aufstellung mache, immer an die äußerste Grenze.

Ich habe Rita das Schlimme ihrer Verstrickung offen vor Augen geführt, damit sie diesen Ernst sieht. Dann erst kann man später noch etwas anderes machen. Das Schwere und der Ernst ist das Eigentliche, das wirkt. Wenn man es mildert, nimmt man ihm die Kraft. Mein Blick war immer auf das Kind gerichtet und auf den Vater. Mit ihnen war ich verbündet; denn sie tragen die Last, sie sind die Opfer. Wenn ich die beiden im Auge behalte, finde ich die Lösung. Wenn ich aber von denen weg auf die Mutter schaue und auf das Paar, das sich mit ihr gegen den Vater des Kindes verbündet, verfehle ich die Lösung. Dann rechtfertige ich das Problem und die Täter, statt den Opfern zu helfen.

Der nächste Schritt

RITA Als das Kind zu uns gekommen ist, wollte ich irgend etwas tun. *Sie weint.* Ich bin in die Kirche gegangen und habe dort einen Blumenstock aufgestellt und für die Mutter des Kindes gebetet. Ich habe nie das Gefühl gehabt, dass etwas zwischen uns steht. An den Vater habe ich überhaupt nicht gedacht. Aber dass ich etwas tun muss, das habe ich damals gewusst.
HELLINGER Eines der Hauptprobleme in der Psychotherapie ist, dass viele Frauen so tun, als hätten die Männer und die Väter keine Rechte. Sie werden nicht einmal in Betracht gezogen, als sei alles, was die Kinder betrifft, nur eine Sache der Frauen. Auffällig ist, dass auch viele männliche Therapeuten kaum ein Herz für die Männer haben. Sie verlassen sich auf das, was Frauen sagen, wenn diese die Männer verteufeln, und nehmen Partei für die Frauen. Doch dann gibt es keine Lösung mehr. Nur wenn der Therapeut dem, der ausgeklammert ist, einen Platz in seinem Herzen gibt, hat er Kraft. Ich habe Kraft für die Lösung, weil der Vater des Kindes einen Platz in meinem Herzen hat. Den hatte er sofort. Daher weiß ich auch und finde die Lösung.
zu Rita Es ist noch gutzumachen. Einverstanden?

Rita nickt.

HELLINGER Etwas hellt sich dein Gesicht jetzt auf.
RITA Es wird leichter.
TEILNEHMERIN Ich bin auf der einen Seite sehr beeindruckt von dem, was du sagst. Da sind so unglaubliche Weisheiten dabei, die mich anrühren und berühren, und ich spüre in mir diese Sehnsucht, die da erfüllt wird, die viele von uns sicher haben: Da ist endlich jemand, der sagt uns, wo es lang geht, der weiß, was richtig und was falsch ist. Gleichzeitig kommt ein ungeheueres Missbehagen in mir

hoch, weil ich das als gefährlich empfinde. Es gibt zwischendurch immer wieder Aussagen, die so verallgemeinernd sind, und gerade in dieser Vermischung mit Wahrheiten, die du sagst, empfinde ich es als destruktiv, zum Beispiel vorhin diese Prophezeiung, dass alles verwirrt ist, alles schlecht. Jetzt hast du das etwas zurückgenommen und Rita die Möglichkeit gegeben, dass sie eine Lösung findet.

HELLINGER Das war mein nächster Schritt.

TEILNEHMERIN Ja, ich wollte jetzt nur ausdrücken, dass ich mich verwirrt fühle.

HELLINGER Ohne den ersten Schritt geht der zweite nicht. Ich will dir aber sagen, wie man mit der Verwirrung und dem Unbehagen umgeht. Wenn du so betroffen bist und du diesen Widerstand dagegen spürst: Schau hin, statt dass du in deinen Gedanken bleibst. Schau auf die Sache, inwieweit es stimmt, was ich darüber sage, und inwieweit nicht. Wenn du es dann anders wahrnimmst und du sagst es mir, ist es für mich eine Korrektur. Dann weiß ich: Aha, da ist ein Aspekt, den ich nicht gesehen habe. Dann treten wir in einen Dialog. Du hast ja gesehen, wenn jemand mir ernsthaft aus seiner Wahrnehmung etwas gesagt hat, ist das sehr in mich reingegangen. Auch Rita hat jetzt aus ihrer Wahrnehmung etwas Wichtiges hinzugefügt. Aber wenn du nur von den Gedanken her Einwände hast, können wir nicht in einen Dialog treten. Hättest du vorhin die ganze Zeit Rita angeschaut, dann hättest du gesehen, was in Gang gesetzt wurde und was es bewirkt und was es verändert.

Wenn jemand einen berechtigten Einwand hat, ist es wichtig, dass er auf die Person schaut, um die es geht. Dann, im Angesicht dieser Person, kann er sich fragen, wie wird sein Einwand wirken, wenn er ihn ausspricht? Wird er die Person stärken oder wird er sie schwächen, wird er nähren oder wird er vergiften. Er hat dann sofort ein Korrektiv und weiß, ob der Einwand hilft oder hindert. – Okay?

TEILNEHMERIN Ja.

Die Lösung durch Lösung

TEILNEHMER Bei mir hat etwas zu wirken angefangen. Ich habe während der Aufstellung die Mutter des Kindes angeschaut, wie sie immer wieder in sich hineinlächelte, vor allem bei der Idee, noch weiter wegzugehen und sich zu verabschieden.

Was mich sehr beschäftigt, ist die Anbindung an die Sippe, von der du sprichst, dass also das Adoptivkind über die juristischen Grenzen hinweg dorthin gehört. Ich habe das bisher für eine sehr große Leistung angeschaut, wenn Eltern ein Kind aufnehmen. Ich habe das für einen humanen Akt gehalten, und erst bei der Suche nach meinem Vater, der seit der Scheidung meiner Eltern weit weg war, ist mir deutlich geworden, wie wichtig mir das ist, ihn zu suchen und zu finden, auch wenn meine Mutter sehr schlecht über ihn geredet hat. Ich kann mir schon vorstellen, dass so etwas für das Kind eine Erleichterung wäre. Doch kann ich mit all dem noch nicht sehr viel anfangen, weil ich glaube, dass das keine endgültige Lösung ist.

HELLINGER Das habe ich jetzt nicht verstanden.

TEILNEHMER Ich weiß nicht, was genau du unter der Lösung verstehst. Das hier kann doch nicht eine Lösung im Sinne von Ende sein.

HELLINGER Es ist eine Lösung im Sinne von Ende – genau!

TEILNEHMER Bitte?

HELLINGER Die Lösung ist hier endgültig.

TEILNEHMER Doch?

HELLINGER Lösung ist ein doppeldeutiges Wort. Die Lösung durch Lösung.

TEILNEHMER Im Sinn einer Auflösung?

HELLINGER Ich habe gesagt: Lösung durch Lösung.

zur Gruppe Er hat es schon wieder verniedlicht.

Lange Pause

HELLINGER Was ich hier gesagt habe, war genau so gemeint. Das war kein Spiel, nicht etwa nur eine paradoxe Intervention oder so.

Das Entsetzliche

RAIMUND Ich bin jetzt ruhiger. Vorhin war mir schlecht. Ich hatte das Gefühl, in meinem Bauch kleben sich ganz viele Sachen zusammen, und da ist auch nach wie vor so ein Schrecken, den ich bei dem Wort gekriegt habe: „Du bist nicht zu retten." Das war mir zu apodiktisch und auch wie: „Jetzt lasse ich dich los, ich will nichts mehr mit dir zu tun haben." Das hat sich dann im Laufe der Runde aufgelöst.

HELLINGER Der Schrecken kann einen nur überwältigen, wenn man wegschaut. Hättest du Rita und mich im Blick behalten, hättest du anderes wahrgenommen. Aber manche machen sofort die Augen zu, wenn sie so ein Wort hören, und fangen an, sich ihre eigenen Bilder zu machen. Die sind dann schrecklich.

RAIMUND Ich habe mir noch ein zweites Bild gemacht, das schrecklich war. Ich hatte mir vorgestellt …

HELLINGER Hast du gemerkt, wie du gerade weggeschaut hast?

RAIMUND Ja, das stimmt.

HELLINGER Probier mal aus, ob du sagen kannst, was du wolltest, wenn du mich im Blick behältst. Das ist sehr schwer. Siehst du es? „Große" Ideen kann man nur mit geschlossenen Augen haben.

Lachen in der Gruppe

HELLINGER *zur Gruppe* Jetzt ist er gerade wieder kurz mit dem Blick weggegangen.

zu Raimund Man konnte sofort sehen, ob du in Kontakt bist oder nicht. Dieses Im-Kontakt-Bleiben und Sich-auf-die-unmittelbare-Wahrnehmung-Beschränken, ist sehr schwer. Das ist ein ungeheurer Verzicht auf Freiheit – für Schreckliches.

RAIMUND Du bist einfach auch ganz schön stark.

HELLINGER Ja, bin ich. Weißt du wieso? Mir ist die Welt recht, wie sie ist, auch das Entsetzliche. Ich kann dem zustimmen, wie es ist. Dann kann ich so was auch sagen, weil ich dem zustimme. Alles Große zieht seine Kraft aus dem Entsetzlichen, und wer da wegschaut, der landet in Wolkenkuckucksheim.

RAIMUND Wenn ich mit dem Blick weggehe, dann, glaube ich, hole ich mir innerlich einen Impuls, noch etwas zu sagen.

HELLINGER Du wirst dadurch schwach, denn dann bist du für den anderen kein Gegenüber. Stark bist du nur als Gegenüber. Wie geht es dir jetzt?

RAIMUND Ich habe mehr Energie.

HELLINGER Ich sage dir noch ein Geheimnis. Der Therapeut ist ein Krieger. Er braucht den Mut des Kriegers. Der Krieger geht bis an die äußerste Grenze, denn die Entscheidung fällt erst an der äußersten Grenze. Die Chancen dort scheinen fifty-fifty, aber für den, der es wagt, bis an die äußerste Grenze zu gehen, sind sie in der Praxis neunundneunzig zu eins. Denn Wirklichkeit, die ernst genommen wird, ist freundlich. Sie lohnt es, wenn sie ernst genommen wird. Wenn sie nicht ernst genommen und verniedlicht wird, rächt sie sich.

Zur Wirklichkeit gehören die Folgen eigenen Tuns. Daher hilft der Therapeut Ratsuchenden, diese Folgen zu bestehen, auch wenn es von ihnen das Äußerste fordert – denn dann folgt ihnen Gutes. Er tut nicht so, als könnten sie ihnen leichten Sinnes entgehen, denn dann bewirken sie Schlimmes, vor allem für andere, die völlig unschuldig sind.

Mitleid und Vergessen

TEILNEHMERIN Mich hat das sehr beschäftigt, weil ich mir einerseits klargemacht habe, wie unbedacht bei der Vermittlung von Kindern damit umgegangen wird. Das war das eine. Das andere ist, dass ich auch die Reaktionen von Rita erlebt habe, und ich kann mir nicht vorstellen, dass die Lösung die ist, sich vom Kind zu lösen.

HELLINGER Ich erzähle dir eine Geschichte über das Mitleid.

Da war mal ein gewisser Hiob, der saß auf einem Misthaufen, hatte alles verloren und war mit Grind bedeckt. Als seine Freunde das hörten, kamen sie, um ihn zu trösten. Weißt du, was die gemacht haben? Sie haben sich in einiger Entfernung hingesetzt und acht Tage lang kein Wort gesagt. Das waren Freunde mit Kraft.

Therapeuten wären vielleicht hingegangen und hätten gesagt: Das ist ja nicht so schlimm, das wird schon wieder besser werden oder so. Das wird der Größe des Schmerzes nicht gerecht. Der Versuch, es wegzureden, wird der Größe des Schmerzes nicht gerecht. Und noch etwas ist hier wichtig zu wissen. Jeder hat die Kraft für sein Problem und für seine Lösung. Nur er, kein anderer. Alle Gedanken, die du dir um sie machst, machen sie schwächer.

Ich bringe dir ein Beispiel, wie man damit umgeht. Ich habe Rita vergessen – weitgehend. Erst wenn ich mit ihr wieder zu tun habe, denke ich wieder an sie. Sonst nicht.

Da war mal eine Frau in einer Gruppe, die ist am zweiten Tag hinausgestürmt, schwer selbstmordgefährdet, und viele haben gefürchtet, sie bringt sich jetzt um. Ich habe sie vergessen. Ich habe nicht mehr an sie gedacht. Ich habe sie einfach vergessen. Am letzten Tag des Kurses sagten einige, sie hätten gesehen, wie sie mit einer Decke in den Wald gegangen sei. Viele hatten wieder die Phantasie, jetzt bringt sie sich um. Ich aber habe sie vergessen. Sie ist mir nicht abgegangen in der Gruppe. Zehn Minuten vor Schluss des Kurses kam sie zur Tür herein und erledigte in zehn Minuten alles, was zu erledigen war. Sie hat die Kraft dazu gehabt, weil ich sie vergessen habe.

Jede Sorge, die ich mir gemacht hätte, hätte ihr Kraft weggenommen. Und doch war ich im Einklang mit ihr. Das war der größte Respekt für sie, dass ich sie vergessen habe. Denn indem ich sie vergesse, vertraue ich sie ihrer Seele an. Nichts ist besser. Doch das braucht große Kraft. Sich sorgen um andere ist leichter. Manchmal schwillt dabei die Brust – mit lauter Luft.

Hören und Sehen

ANDERE TEILNEHMERIN Ich war hin- und hergerissen zwischen Entsetzen und Erstaunen, und ich konnte das nicht in Zusammenhang bringen für mich. Ich glaube, jetzt ist es für mich ein bisschen deutlicher: Das Entsetzen betrifft die Worte, die ich gehört habe, und das Erstaunen betrifft das, was ich gesehen habe, und ich merke, dass ich dem, was ich sehe, mehr zu vertrauen habe als dem, was ich höre.
HELLINGER Die Worte setzen es in Gang. Die richtigen Worte.

Gleiche Schuld hat gleiche Wirkung

TEILNEHMERIN Du hast gesagt, wenn eine Frau ihre Kinder abgibt, dann hat sie ihr Recht auf die Kinder verloren. Das ist für mich d'accord. Doch wie ist es, wenn ein Mann das tut? Gibt es da einen Unterschied?
HELLINGER Das ist genau das gleiche. Da gibt es keinen Unterschied.

Die Lösung verlangt den Verzicht auf den Einwand

TEILNEHMER Ich habe noch immer das Bild, dass der Ausgang für Rita offen ist und dass die Aufstellung nur den nächsten Schritt gezeigt hat. Es könnte ja auch sein, dass der Vater das Kind genauso weggegeben hat wie die Mutter.

HELLINGER Ich will dir dazu etwas sagen. Als ich ihr gesagt habe, sie ist nicht zu retten, war es für mich völlig klar, es ist so. Ich habe keinen Einwand gemacht. Ich habe mich dem voll gestellt. Wenn es jetzt anders gekommen ist, dann deswegen, weil ich das ganz ernst genommen habe. Ich habe auf hypothetische Fragen und Einwände verzichtet, und wenn es anders gegangen wäre, wäre es mir auch recht gewesen. Das ist der Unterschied. Der Verzicht auf diese Art von Denken ist die eigentliche geistige Disziplin. Sie verlangt den Schritt ins Dunkel.

TEILNEHMER Das Bild ist mir trotzdem erschienen, und ich wollte es dir sagen.

HELLINGER Weil es dir erschienen ist, ist es deswegen noch nicht richtig. Manche meinen, wenn sie ein Bild haben, dann sei es richtig, oder wenn sie etwas fühlen, dann sei es richtig. Das ist aber nicht der Fall. Es gibt aber Bilder, die kommen aus dem gesammelten Schauen ins Dunkel, ohne Absicht, ohne Einwand, ohne Furcht. Plötzlich scheint dann ein Lösungsbild auf. Das hat eine andere Qualität als Bilder, die ich mir mache oder die mir einfach so kommen. Wenn ein solches Bild aufscheint und mitgeteilt wird, sitzt es.

Einsicht und Vollzug

RITA Ich habe eine Menge an Dingen dazugewonnen, von denen ich schon lange weiß, dass sie ein Thema für mich sind, und wenn ich darf, möchte ich es beschreiben. Also ich mache jetzt eine Einzeltherapie …

HELLINGER Ich möchte dich unterbrechen.

zur Gruppe Seht ihr, wieviel mehr Kraft sie hat als vorher? Seht ihr das? Wie gesammelt sie ist? Von wegen heulen oder so, das ist alles weg. Daran sieht man die Wirkung der Intervention. An der Wirkung sieht man die Güte der Intervention.

Rita lacht.

HELLINGER *zu Rita* Siehst du? Genau! Das ist die gute Kraft. Okay, rede weiter!

RITA Ja, ich weiß aus meiner Therapie, dass das Thema, das auf mich zukommt, das Ablösungsthema ist, und ich sehe, was du mir gesagt hast, eher symbolisch. In dem Moment, wo ich mich von dem Kind abwende und mich meinem Mann zuwende, gebe ich dem Kind die Möglichkeit, frei von mir zu werden, und ich glaube, das ist unser Konflikt, den wir miteinander haben, der mich auch sehr belastet. Was die Lösung ist, beschreibe ich einfach mit dem Begriff „co-authentisch".

HELLINGER Lass den Begriff. Was du geschildert hast, war völlig klar.

RITA Ich glaube, die Lösung ist, dem Kind zu gestatten, frei zu sein. Wenn mir das gelingt …

HELLINGER Nein, nein, das Kind ist nicht frei. Das Kind gehört seinen Eltern, und da, wo es hingehört, da wird es auch hingebracht. Und du musst ihm dabei helfen und es zu seinem Vater und zu seiner Familie bringen. Da kann es wachsen. Sobald du diese Schritte machst, wird sich das Kind dir mit Dankbarkeit zuwenden. Das ist die andere Seite. Denn dann ist es geachtet.

RITA Ich habe noch Schwierigkeiten mit der Umsetzung; ich stelle mir die Frage, wie das gehen könnte.

HELLINGER Du hast jetzt ein Bild, und dieses Bild wirkt für dich. Du darfst jetzt nicht gleich handeln. Du musst warten, bis das innere Bild dir die Kraft zufließen lässt. Auf einmal, wenn die rechte Zeit da ist, geht es ganz schnell und ganz einfach. Die Einsicht ist noch nicht der Vollzug. Die Einsicht und der Vollzug sind oft getrennt. Wenn einer gleich nach der Einsicht handelt, macht er oft das Gegenteil von dem, was die Einsicht von ihm fordert. Nach der Einsicht kann man und darf man oft noch nicht handeln, obwohl sie richtig ist. So auch hier. Du bleibst jetzt noch bei dem Bild, gehst mit dem Bild schwanger, bis die Kraft ans Licht kommt. Okay?

RITA Was mir Schwierigkeiten macht, ist dies: Deinen Worten, die da gelautet haben, das war eine leichtfertige Entscheidung oder eine leichtfertige Adoption, kann ich nicht folgen. Es tut mir leid, aber ich bin jahrelang mit diesen Fragen herumgegangen und habe gesucht und habe es mir nicht leicht gemacht, absolut nicht.

HELLINGER Nimm meine Worte als eine objektive Beschreibung. Also, subjektiv war es dein voller Ernst, aber wenn man die Situation von außen betrachtet, dann war es leichtfertig. Es stimmt natürlich, dass du von deinem Wissensstand her keine andere Möglichkeit gehabt hast. Deswegen brauchst du das auch nicht zu bedauern. Das bringt nichts. Auch wenn es falsch war, ja sogar weil es falsch war, fließt daraus eine Kraft, die vorher nicht da war. Der Umweg war kein Umweg. Es war ein Weg, auf dem du reiche Erfahrung gesammelt hast, die dir später zugute kommt. Er war also nicht umsonst, auch nicht für das Kind. Kannst du es so nehmen?
RITA Ja, nur kann ich den Sinn noch nicht entdecken, aber das wird schon.
HELLINGER Bei Carlos Castaneda, in seinen Büchern über den Schamanen Don Juan, gibt es eine wunderschöne Passage über die Feinde des Wissens. Der erste Feind des Wissens ist die Furcht. Wer dann die Furcht überwindet, gewinnt Klarheit, und die Klarheit wird sein nächster Feind. Wer auch die Klarheit überwindet, gewinnt Macht, und jetzt wird die Macht sein nächster Feind. Wer auch die Macht überwindet, ist fast am Ziel, und dann kommt der schwerste Feind, und das ist das Bedürfnis nach Ruhe. Dieser Feind lässt sich nie ganz überwinden. Aber am Ende gibt es einen kleinen Blick auf das Wissen, und für diesen Augenblick hat sich alles gelohnt. Einverstanden?
RITA Ja.

Vererbte Kinder

ALBERT Ich habe selber drei Kinder, bin zwanzig Jahre in einer Partnerbeziehung und habe jetzt über ein Testament von einer Familie, wo der Mann und die Frau gestorben sind, vier Kinder formal übertragen bekommen. Es geht jetzt darum, wie ich das löse.
HELLINGER Du darfst sie nicht nehmen. Das geht nicht. Dafür sind die Verwandten zuständig. Nur wenn niemand anders da wäre, könntest du einspringen, sonst aber nicht. Kinder kann man nicht vererben. Wo gibt es denn so was! Hast du wenigstens Geld von denen bekommen?
ALBERT Nein, nein.
HELLINGER Nur die Kinder? Die halten dich ja für einen Trottel.

ALBERT Das ist schon möglich.

HELLINGER Du darfst sie nicht nehmen. Das bist du deiner Würde schuldig.

ALBERT Da gibt es noch Fragen dazu, die mich beschäftigen. Bevor die Verwandten wussten, dass es dieses Testament gibt, haben sie die Kinder sofort unter sich aufgeteilt, und dabei gab es schon Dinge, wo ich Bedenken hatte.

HELLINGER Lass sie das machen, wie sie es wollen. Du musst deine Seele frei halten von jedem Gedanken an das, was da passiert. Nicht einmal wissen darfst du es. Noch was Albert?

ALBERT Ich kann es zweigeteilt nachvollziehen. Die eine Seite ist …

HELLINGER Nein, nein, nein.

zur Gruppe Jetzt teste ich eure Wahrnehmung. Kommt Segen aus dem, was ich gesagt habe, oder kommt Segen aus seinem Einwand? Ihr könnt es sofort wahrnehmen, wenn ihr ihn anschaut.

Wer das, was er wahrgenommen hat, mit einer Frage in Frage stellt, von dem zieht sich die Wahrnehmung und ihre Kraft sofort wieder zurück. Sie rächt sich für den Einwand.

Aufstellung: Mann hat der Adoption seiner unehelichen Tochter durch den zweiten Mann ihrer Mutter zugestimmt

RAIMUND Ich bin Psychologe, verheiratet, zwei Kinder. Aus einer früheren Beziehung habe ich eine uneheliche Tochter, die lebt jetzt auf einem anderen Kontinent.

HELLINGER Die ist aber weit weggegangen. Wie alt ist sie?

RAIMUND Sie wird jetzt sechzehn. Ihre Mutter ist mit einem Freund dorthin ausgewandert.

HELLINGER Wie ist deine Beziehung zu ihr?

RAIMUND Sie ist vor sechs Jahren noch mal für zwei Jahre nach Deutschland gekommen, und da haben wir eine ganz gute Beziehung gehabt. Die Beziehung ist jetzt altersentsprechend. Also ich kriege einen Bedanke-mich-Brief für die Weihnachtsgeschenke und einen zum Geburtstag. Ab und zu schicken wir mal ein Video. Ich würde jetzt gerne die Familie mal aufstellen.

HELLINGER Gut, dann stelle sie auf.

RAIMUND Ich fange mit meiner Exfreundin an.

HELLINGER Wie? Mit wem fängst du an?

RAIMUND Mit meiner Exfreundin.

HELLINGER Du fängst an mit deiner ersten Frau.

RAIMUND Wir waren nicht verheiratet.

HELLINGER Du fängst an mit deiner ersten Frau.

RAIMUND Okay, ich verstehe und verneige mich in Demut.

HELLINGER Ich habe die Verunglimpfte in Schutz genommen. Wer gehört sonst noch dazu?

RAIMUND Meine Tochter mit dieser ersten Frau. Dann meine zweite Frau, mit der ich zwei Kinder habe, eine Tochter und einen Sohn.

HELLINGER War jemand vorher verheiratet oder in fester Bindung?

RAIMUND Meine erste Frau. Ich war der Grund, warum sie sich trennte.

HELLINGER Gab es Kinder aus dieser Ehe?

RAIMUND Nein. Das war auch ein Grund, warum die Ehe auseinanderging. Der Mann konnte keine Kinder zeugen.

HELLINGER Das ist eine wichtige Information. Denn damit war keine feste Bindung da. Das Legale spielt da nur eine geringe Rolle.

RAIMUND Meine jetzige Frau war, bevor wir uns kennenlernten, zwei Jahre in einer Beziehung, die gerade zu Ende war und ziemlich chaotisch auseinanderging.

HELLINGER Wenn die zweite Frau auch verheiratet war, geht es besser, als wenn ein Gebrauchter einen Ungebrauchten nimmt.

RAIMUND Meine erste Frau hat einen neuen Mann.

HELLINGER Haben die Kinder?

RAIMUND Nein, aber der Mann hat meine Tochter adoptiert. Spielt das eine Rolle?

HELLINGER Das spielt eine Rolle. Sie wird sich schwer an ihm rächen dafür. Das darf man niemals machen. Und du hast nicht protestiert?

RAIMUND Nein, ich habe zugestimmt.

HELLINGER Zugestimmt? Um Gottes willen! Da wird dir die Tochter böse. Du musst ihr sagen, dass du das zurücknimmst und dass sie mit allen Rechten deine Tochter bleibt. Du kannst sie doch niemals einem anderen Mann übergeben!

Bild 1

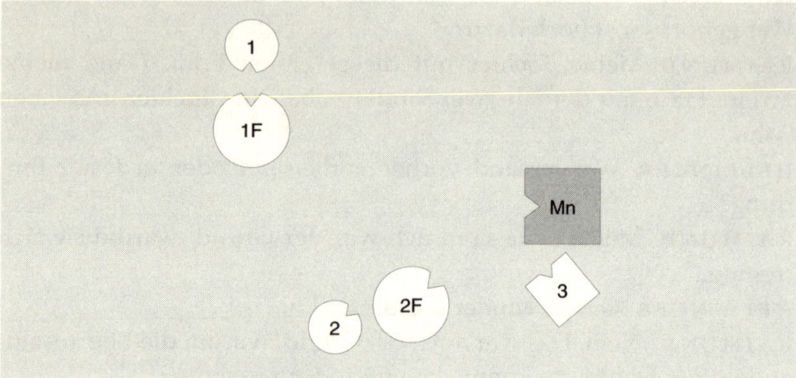

Mn	**Mann (= Raimund)**
1F	Erste Frau, Mutter von 1
1	Erstes Kind, Tochter
2F	Zweite Frau, Mutter von 2 und 3
2	Zweites Kind, Tochter
3	Drittes Kind, Sohn

HELLINGER *zu Raimund* Wie war dein Traum heute morgen?
RAIMUND Ich habe geträumt: Mein Sohn steht vor der Tür.
HELLINGER Das heißt natürlich: Du stehst vor der Tür. Hier kannst du es sehen. – Wie geht es der ersten Frau?
ERSTE FRAU Ich habe Kreuzweh. Da hinten ist ein ganz komisches Gefühl, so wie ein Zug. Gleichzeitig kann ich aber nicht in diese Richtung gehen. Sehr komisch.
HELLINGER Wie geht es der ersten Tochter?
ERSTES KIND Zu dem Zeitpunkt, wo ich mit der Mutter alleine dagestanden bin, ist es mir gutgegangen. Jetzt merke ich, dass ich so ein Magengrimmen kriege. Da rührt sich irgend etwas da drinnen wie Kribbeln. Unangenehm, aber nicht bedrohlich.
HELLINGER *zum Stellvertreter von Raimund* Wie geht es dem Mann?

MANN Mit meiner jetzigen Familie geht es mir ganz gut. Aber das dort außen mit der ersten Frau und dem ersten Kind, das ist unangenehm. Die beiden anderen Kinder schützen den Raum hier.
HELLINGER Wie geht es der zweiten Frau?
ZWEITE FRAU Nicht sehr gut. Also irgendwie ist der Mann für mich kein echtes Gegenüber. Es ist eher wie in Konfrontation.
HELLINGER Ist es auch.
ZWEITE FRAU Ja, und das mit den Kindern stimmt auch nicht. Ich habe das Gefühl, dass meine Tochter nicht so seitlich hinter mir stehen darf. Mit dem Sohn geht es eher, weil es da einen Blickkontakt gibt. Um mit der Tochter in Kontakt zu kommen, müsste ich mich verrenken.
HELLINGER *zur ersten Frau, als es ihr mit dem Kreuzweh zunehmend schlechter geht* Dreh dich um, damit es dir besser geht. Ich darf dich bei solchen Reaktionen da nicht drinnen lassen.

Hellinger stellt die erste Frau neben ihre Tochter.

Bild 2

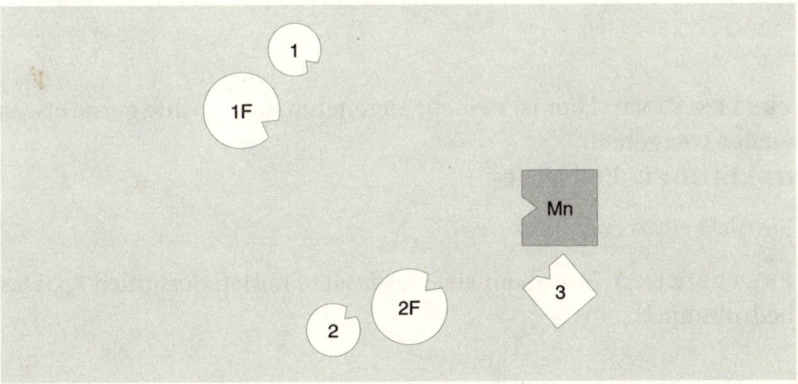

HELLINGER Wie geht es der zweiten Tochter?
ZWEITES KIND Mir geht es nicht gut. Ich fühle mich ausgeliefert, ungeborgen und ungeschützt.
HELLINGER *zu Raimund* Sie hat die Gefühle der ersten Tochter.
RAIMUND Erstaunlich. Die schreiben sich ganz viel.
HELLINGER Sie hat deren Gefühle.

Wie geht es dem Sohn?

DRITTES KIND Ich habe das Gefühl, ich muss den Vater stützen. Ich fühle mich benutzt.

HELLINGER *zu Raimund* Die beiden stehen vor der Tür, du und dein Sohn. Ihr beide.

Jetzt machen wir mal die erste wichtige Veränderung.

Hellinger stellt die erste Tochter neben ihren Vater.

Bild 3

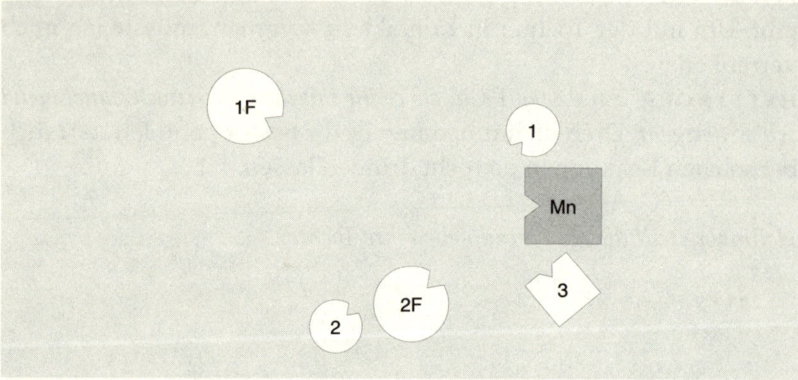

ERSTES KIND Hier ist es nicht angenehm. Ich möchte gerne etwas weiter weggehen.

HELLINGER Probiere es.

Sie rückt etwas vom Vater weg.

ERSTES KIND Vor allem sie *(die zweite Frau)* fixiert mich so. Das bedroht mich.

Hellinger stellt den zweiten Mann zur ersten Frau dazu.

Bild 4

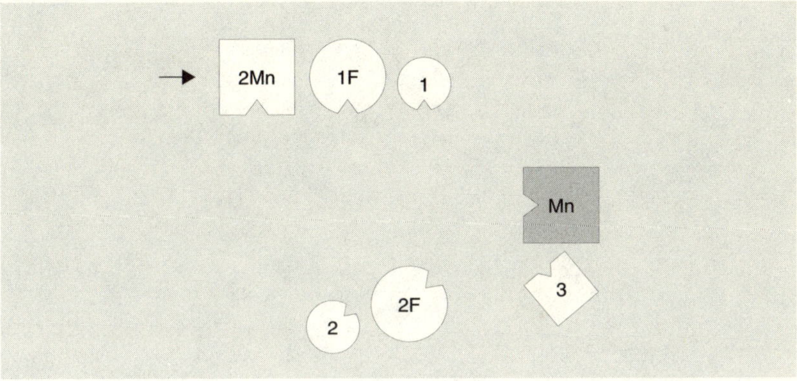

2Mn Zweiter Mann der ersten Frau

HELLINGER Wie ist es jetzt für die erste Tochter?
ERSTES KIND Es ist mir viel angenehmer, wenn die Mutter an meiner Seite ist.
HELLINGER *zum Stellvertreter von Raimund* Was ist jetzt beim Mann verändert?
MANN Das Kommen meiner ersten Tochter war mir angenehm. Aber dann ist mir meine Frau gefährlich vorgekommen. Es zieht mich zur ersten Tochter hin, aber ich möchte von meiner jetzigen Familie nicht weg – so hin- und hergerissen.
HELLINGER Was hat sich bei der zweiten Tochter verändert?
ZWEITES KIND Ich fühle mich dazwischen. Also dahin zum Vater ist nichts. Da fühle ich mich nach wie vor ungeborgen. Eher möchte ich mich der älteren Schwester zuwenden. Ich weiß nicht, wohin ich soll. Je weniger da ist *(beim Vater),* um so reizvoller wird mir die ältere Schwester.
HELLINGER *zu Raimund* Sie fühlt wie ihre ältere Schwester. Die fühlt sich auch dazwischen.

Hellinger stellt nun das Lösungsbild auf. Die beiden Kinder aus der Ehe stehen den Eltern erst gegenüber und dann näher bei der Mutter.

Bild 5

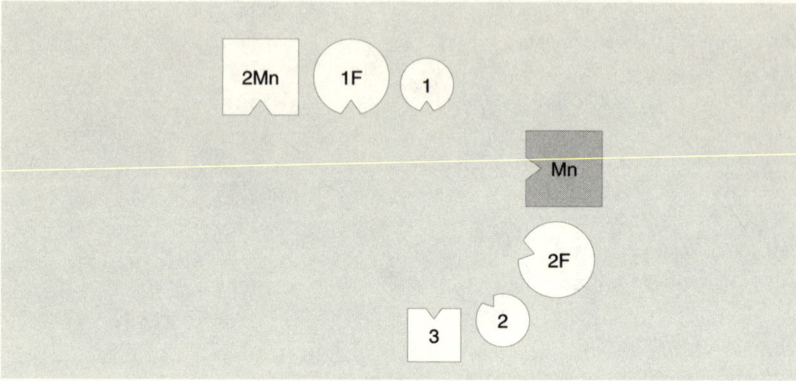

HELLINGER Wie geht es der zweiten Frau jetzt?
ZWEITE FRAU Dass die Kinder mir erst so gegenüberstanden, passte mir nicht. Jetzt, wo sie mehr an meiner Seite sind, fühle ich mich wohler.
HELLINGER Wie ist das für die zweite Tochter jetzt?
ZWEITES KIND Besser. Geborgener.
DRITTES KIND Für mich ist es auch gut.
HELLINGER *zu Raimund* Die Kinder trauen dir nicht. Die trauen eher der Mutter.
DRITTES KIND Als die erste Tochter gekommen ist, habe ich mich entlastet gefühlt. Bei mir ist plötzlich ein Druck weg gewesen. Jetzt ist es mir sehr angenehm.
HELLINGER *zur ersten Tochter* Jetzt probiere aus, wie nahe du dich zum Vater zu gehen traust.

Sie geht näher zum Vater und dann wieder zurück neben die Mutter.

ERSTES KIND Ich traue mich überhaupt nicht. Ich bleibe lieber bei der Mutter hier. Mir ist es angenehm, dass ich die beiden Geschwister sehe. Das Witzige: Wie die Schwester weiter weggerückt ist, war ich einerseits traurig, dass sie weggeht. Gleichzeitig war ich auch erheitert, den Bruder zu sehen. Der ist mir vollkommen neu. Mir geht es nicht schlecht. Neben dem Vater muss ich auch die beiden sehen. Das ist mir wichtig.

HELLINGER Wie geht es jetzt der ersten Frau?

ERSTE FRAU Wunderbar. Zum erstenmal hab' ich die andere Familie nicht im Blickfeld. Ich hatte seine zweite Tochter ganz stark im Blick, viel stärker als meine eigene.

HELLINGER Wie geht es ihrem zweiten Mann?

ZWEITER MANN So passt es hier.

HELLINGER *zu Raimund* Du hast die Rechte auf die Tochter verspielt, indem du sie zur Adoption freigegeben hast. Sie reagiert entsprechend.

RAIMUND Ja.

HELLINGER Das darf nie passieren, dass in einer zweiten Ehe die Kinder aus der ersten Ehe oder einer Verbindung des Partners adoptiert werden. Das ist für die Kinder ganz schlimm und zerstört die Ordnung.

RAIMUND Ich habe gedacht, das wäre besser für sie.

HELLINGER Das sind rationale Überlegungen. Du kannst das etwas wieder in Ordnung bringen, indem du ihr sagst, dass es dir leid tut und dass sie sich darauf verlassen kann, dass du ihr Vater bleibst, was immer ist. Dass du immer für sie da bist und dass sie die vollen Rechte bekommt wie deine anderen Kinder, zum Beispiel beim Erbe oder was immer es ist. Dann kann sich das entspannen. Willst du dich mal an deinen Platz stellen?

Raimund stellt sich an seinen Platz und schaut sich um.

RAIMUND Friedlich, es ist ganz friedlich.

HELLINGER Wenn die Ordnung da ist, ist es friedlich. Dann hat jeder seinen Platz. Geh doch mal ein bisschen näher zur deiner ältesten Tochter, und schau, wie das ist.

zur ältesten Tochter Bist du versöhnt, wenn er näher kommt?

ERSTES KIND O ja! Das kann ich mir gut vorstellen. *Sie lacht.*

HELLINGER *zu Raimund* Das wäre der nächste Schritt. *(Raimunds älteste Tochter wurde von Rita vertreten.)*

zur Gruppe Zum Thema Adoption erzähle ich euch noch eine Geschichte. Sie ist nur wenig verschlüsselt und heißt: „Die Heimkehr".

Die Heimkehr

Vor einem großen Wald lebte ein Holzhacker mit seiner Frau. Sie hatten ein einziges Kind, ein Mädchen von drei Jahren, waren aber so arm, dass sie oft nicht wussten, was sie ihm zu essen geben sollten. Eines Tages nun kam die Jungfrau Maria zu ihnen und sagte: „Ihr seid zu arm, um für das Mädchen zu sorgen. Bringt es zu mir. Ich will es mit mir in den Himmel nehmen, seine Mutter sein und für es sorgen." Da wurde ihnen das Herz schwer, doch sie sagten sich, was können wir schon ausrichten gegen die Jungfrau Maria. So gehorchten sie, holten das Mädchen und übergaben es der Jungfrau Maria.

Diese nahm es mit sich in den Himmel; dort aß es Zuckerbrot, trank süße Milch und durfte mit den Engeln spielen. Heimlich aber sehnte es sich nach seinen Eltern und nach der schönen Erde.

Als das Mädchen vierzehn Jahre alt geworden war, ging die Jungfrau Maria wieder mal auf Reisen, denn auch sie hatte öfters Sehnsucht nach der Erde. Sie rief das Mädchen zu sich und sprach: „Nimm du die Schlüssel zu den dreizehn Türen des Himmels in Verwahrung. Zwölf Türen darfst du aufschließen und die Herrlichkeiten darin betrachten, aber die dreizehnte, wozu dieser kleine Schlüssel gehört, die ist dir verboten. Hüte dich, dass du sie aufschließt, sonst gibt es ein Unglück!" Das Mädchen aber versprach: „Nie werde ich die dreizehnte Kammer betreten!"

Als die Jungfrau Maria weggegangen war, besah sich das Mädchen die Wohnungen des Himmels. Jeden Tag schloss es eine Tür auf, bis alle zwölf durch waren. Hinter jeder aber saß ein Mann, ein Apostel, und war von großem Glanz umgeben, und das Mädchen freute sich jedesmal über den schönen Anblick.

Nun war nur die verbotene Tür noch verschlossen, und das Mädchen empfand eine große Lust zu wissen, was dahinter verborgen war. Als es ganz alleine war, dachte es: „Nun bin ich ganz allein und könnte hinein; es weiß ja niemand, wenn ich's tue." Es nahm den kleinen Schlüssel, steckte ihn in das Schloss und drehte ihn um. Da sprang die Tür auf, und es wurde angezogen von einem golden glühenden Glanz. Das musste das innerste Heiligtum sein. Das Mädchen selbst erglühte, drang hinein, rührte mit dem Finger an das Gold und erschauerte vor Wonne, wie noch nie zuvor.

Plötzlich erinnerte es sich an das Verbot der Jungfrau Maria. Es zog den Finger zurück, rannte aus der Tür und schloss sie wieder zu. Doch sein Finger war jetzt wie von Gold. Es wollte das Gold abwaschen, aber was es auch versuchte, es war nicht wegzubringen. Und so wartete es voller Bangen auf die Rückkehr der Jungfrau Maria.

Diese aber ließ sich Zeit. Ihr gefiel es auf der Erde, und als sie wieder in den Himmel kam, war sie guter Dinge. Sie rief die Engel und das Mädchen zu sich und erzählte ihnen, was es Neues auf der Erde gab. Da hätten die Menschen seltsame Kästen. Sie brauchten nur auf einen Knopf zu drücken, und schon könnten sie sehen, was auf der Welt geschieht.

Eines Tages, so erzählte sie, habe sie auf diese Weise eine Frau gesehen, die es wagte, den Berggorillas nachzugehen. Das sei sehr gefährlich gewesen, denn die Berggorillas seien achtmal stärker als ein Mensch. Doch die Gorillas ließen sie an sich heran, und eines Tages kam ein Berggorilla-Bursche ihr so nahe, dass sie mit dem Finger über seinen Rücken streicheln konnte. Er war ganz sanft und ließ es sich von ihr gefallen.

Danach brachten Eingeborene ihr ein Gorillababy. Es hatte seine Eltern verloren und war schon ganz entkräftet. Sie nahm es auf wie eine Mutter, gab ihm süße Milch zu trinken und pflegte es so gut, dass es sich bald erholte. Doch sie sah, so sehr sie auch das fremde Baby liebte, dass ihm die anderen Gorillas fehlten. Als sie wieder einmal den Gorillas folgte, nahm sie das Baby mit, und als sie auf die Herde stieß, hielt sie es ihnen hin. Sobald der älteste Gorilla das Gorillababy sah, sprang er mit lautem Gebrüll auf die Frau zu, riss ihr das Baby aus der Hand, rannte mit ihm zur Herde zurück und übergab es einem Weibchen, das ihm sofort an seiner Brust zu trinken gab. Der Frau hatte er nichts zuleide getan. Diese aber sah, dass es dem Gorillakind bei seinesgleichen gutging.

Noch viele andere Geschichten erzählte die Jungfrau Maria, so dass sie ganz vergaß, nach den Schlüsseln zu fragen.

Am nächsten Morgen aber rief sie das Mädchen zu sich, damit es ihm die Schlüssel bringe. Sie fragte forschend: „Warst du auch wirklich nicht in der dreizehnten Kammer?" – „Nein", sagte das Mädchen, „das hast du doch verboten." – „Warum versteckst du dann die eine Hand hinter deinem Rücken?" Und sie befahl ihm: „Zeige mir auch deine andere Hand!" Das Mädchen schämte sich, doch da kein Leugnen half, zog es die andere Hand hinter seinem Rücken hervor und zeigte den goldenen Finger. Da seufzte die Jungfrau Maria und sagte: „Einmal muss es ja wohl sein." Sie zog ihre weißen Handschuhe aus, und siehe da, auch sie hatte einen goldenen Finger.

Dann sagte sie zu dem Mädchen: „Weil du das eine weißt, wirst du auch alles andere wissen. Geh wieder zurück auf die Erde, wo es Eltern und Geschwister gibt und Männer und Frauen und Kinder." Das Mädchen freute sich und dankte ihr. Die Jungfrau Maria aber half ihm, sein Bündel zu schnüren, und gab ihm beim Abschied, zum Schutz für den Beweis des Wissens, noch ein Paar weiße Handschuhe mit.

Hinweis

Die vielschichtige Dynamik, die bei Adoptionen wirkt, wurde von mir ausführlich dokumentiert in den folgenden Büchern und Videos. Sie sind alle erschienen und erhältlich bei:
Carl-Auer-Systeme Verlag, Weberstr. 2, 69120 Heidelberg

Haltet mich, dass ich am Leben bleibe. *Lösungen für Adoptierte, 1997*
2 VHS-Cassetten (7 Stunden). ISBN 3-89670-061-8

Haltet mich, dass ich am Leben bleibe. *Lösungen für Adoptierte, 1998*
240 Seiten. ISBN 3-89670-92-8
(Buch zum Video)

In der Seele an die Liebe rühren. *Familien-Stellen mit Eltern behinderter Kinder, Pflegefamilien und Adoptiveltern von behinderten Kindern, 1998*
1 VHS-Cassette (2 ½ Stunden). ISBN 3-89670-064-2

In der Seele an die Liebe rühren. *Familien-Stellen mit Eltern und Pflegeeltern von behinderten Kindern, 1998*
120 Seiten. ISBN 3-89670-093-6
(Buch zum Video)

Was in Familien krank macht und heilt

Aus einem Kurs für Kranke, Therapeuten und Ärzte während einer internationalen Fachkonferenz über „Medizin und Religion“

Himmel und Erde

Was hier über den Himmel gesagt wird, beschreibt, was in der Schicksalsgemeinschaft von Familie und Sippe zu schweren Krankheiten führt oder zu Unfällen und Selbstmord; und was über die Erde gesagt wird, das will beschreiben, was solche Schicksale manchmal noch wendet.

Zu schweren Krankheiten oder zu Unfällen und Selbstmord in der Familie und Sippe führen Vollzüge, die sich verbinden mit Bildern vom Himmel, von stellvertretendem Leid und stellvertretender Sühne, vom Wiedersehen nach dem Tod und von persönlicher Unsterblichkeit. Diese Bilder verführen zu magischem Denken und Wünschen und Handeln, so dass der Kranke oder der Sterbende meint, er könne durch freiwillig übernommenes Leiden andere von ihrem Leiden, auch wenn es sie schicksalhaft heimsucht, erlösen.

Die Schicksalsgemeinschaft

Zur Schicksalsgemeinschaft, in der dieses Denken unheilvoll wirkt, gehören: die Geschwister, die Eltern und ihre Geschwister, die Großeltern, manchmal noch der eine oder andere der Urgroßeltern und alle, die für einen von diesen Platz gemacht haben.

Zu denen, die Platz gemacht haben, gehören: frühere Ehepartner von Eltern und Großeltern oder eheähnliche Partner, zum Beispiel frühere Verlobte, und es gehören dazu alle, deren Weggang oder Unglück anderen den Zugang zu dieser Gruppe eröffnet oder ihnen sonst einen Vorteil verschafft hat.

Die Bindung und ihre Folgen

In dieser Schicksalsgemeinschaft sind alle an alle gebunden. Am stärksten wirkt die Schicksalsbindung von den Kindern zu ihren Eltern, zwischen den Geschwistern und zwischen Mann und Frau. Eine besondere Schicksalsbindung entsteht auch von den später Dazugekommenen zu denen, die für sie Platz gemacht haben, insbesondere wenn diese ein schweres Schicksal hatten: zum Beispiel zwischen den Kindern aus der zweiten Ehe eines Mannes gegenüber seiner ersten Frau, die im Kindbett starb. Sie wirkt weniger stark von den Eltern zu den Kindern und am wenigsten von denen, die Platz gemacht haben, zu denen, die ihnen auf diesen Platz folgten: zum Beispiel von einer früheren Verlobten des Mannes zu seiner späteren Frau.

Ähnlichkeit und Ausgleich

Die Bindung bewirkt, dass die Späteren und Schwächeren die Früheren und Stärkeren festhalten wollen, damit sie nicht gehen, oder wenn sie schon gingen, dass sie ihnen nachfolgen wollen.

Die Bindung bewirkt ferner, dass jene, die den Vorteil haben, denen, die im Nachteil sind, ähnlich werden wollen. So wollen die gesunden Kinder ihren kranken Eltern ähnlich werden und unschuldige Kleine den schuldigen Großen. Und die Bindung bewirkt, dass sich die Gesunden für die Kranken verantwortlich fühlen, die Unschuldigen für die Schuldigen, die Glücklichen für die Unglücklichen und die Lebenden für die Toten.

Daher sind jene, die den Vorteil haben, auch bereit, ihre Gesundheit und Unschuld und ihr Leben und Glück für die Gesundheit und die Unschuld und das Leben und Glück der anderen aufs Spiel zu setzen und preiszugeben. Denn sie hegen die Hoffnung, dass sie durch den Verzicht auf das eigene Leben und auf das eigene Glück das Leben und das Glück von anderen in dieser Schicksalsgemeinschaft sichern oder retten können. Und sie hoffen, dass sie das Leben und das Glück von anderen, auch wenn es schon verloren ist, wiedergewinnen und wiederherstellen können.

In der Schicksalsgemeinschaft von Familie und Sippe herrscht also aufgrund der Bindung und der Bindungsliebe ein unwiderstehliches Bedürfnis nach Ausgleich zwischen dem Vorteil der einen und dem Nachteil der anderen, zwischen der Unschuld und dem Glück der einen und der Schuld und dem Unglück der anderen, zwischen der Gesundheit der einen und der Krankheit der anderen und zwischen der einen Leben und der anderen Tod. Aus diesem Bedürfnis heraus will der eine, wenn ein anderer unglücklich wurde, auch unglücklich werden; wenn ein anderer krank wurde oder schuldig, wird ein Gesunder oder Unschuldiger auch krank oder schuldig, und wenn ein Nahestehender starb, will es ein ihm nahestehender Lebender auch.

Es kommt also innerhalb dieser engen Schicksalsgemeinschaft durch Bindung und Ausgleich zur Angleichung und zur Teilhabe an der anderen Schuld und Krankheit und der anderen Schicksal und Tod; und es kommt zum Versuch, für der anderen Heil mit eigenem Unheil, für der anderen Heilung mit eigener Krankheit, für der anderen Unschuld mit eigener Schuld oder Sühne und für der anderen Leben mit dem eigenen Tod zu bezahlen.

Die Krankheit folgt der Seele

Da also dieses Bedürfnis nach Gleichwerden und Ausgleich Krankheit und Tod gleichsam herbeiwünscht, folgt die Krankheit der Seele. Es braucht deshalb zur Heilung neben der ärztlichen Hilfe im engeren Sinn auch seelenkundige Hilfe, sei es, dass der Arzt selber beides verbindet, sei es dass ein anderer seelsorgend das ärztliche Tun unterstützt. Doch während der Arzt sich bemüht, die Krankheit behandelnd zu heilen, hält sich ein seelsorgender Helfer eher zurück, denn staunend steht er vor Kräften, mit denen sich messen zu wollen ihm anmaßend erscheint. Und so bemüht er sich, im Einklang mit ihnen das schlimme Schicksal zu wenden und mehr ihr Verbündeter denn ihr Gegner zu sein. Dazu ein Beispiel.

„Lieber ich als du"

Eine junge Frau mit multipler Sklerose sah während einer Hypnotherapie in einer Gruppe, wie sie als Kind vor dem Bett der gelähmten Mutter kniete und sich vornahm: „Liebe Mama, lieber ich als du." Für die Teilnehmer der Gruppe war es bewegend, Zeuge zu sein, wie sehr ein Kind seine Eltern liebt, und die junge Frau fühlte sich anschließend im Frieden mit sich und mit ihrem Schicksal. Eine Teilnehmerin aber konnte diese Liebe, die bereit war, für die Mutter Krankheit und Schmerzen und Tod zu übernehmen, nicht länger ertragen. Sie sagte dem Gruppenleiter: „Ich wünsche mir so sehr, dass du ihr helfen kannst." Der Gruppenleiter war bestürzt. Ihm war, als hätte sie alles wieder zunichte gemacht.

Denn wie dürfte jemand es wagen, die Liebe des Kindes zu behandeln als etwas, das schlimm ist. Würde er die Seele des Kindes nicht kränken und seine Leiden eher verschlimmern, statt sie zu lindern? Würde das Kind seine Liebe zur Mutter nicht um so heimlicher hüten und sich nicht um so fester an seine Hoffnung klammern und an den einmal gefassten Entschluss, durch eigenes Leid die geliebte Mutter zu retten?

Dazu noch ein anderes Beispiel. Eine junge Frau, ebenfalls an multipler Sklerose erkrankt, stellte in einer Gruppe mit Hilfe der Gruppenmitglieder ihre Herkunftsfamilie und das in ihr wirkende Beziehungsgeflecht dar. Es standen da also die Mutter und links von ihr der Vater. Ihnen gegenüber stand die Patientin als das älteste Kind, links neben ihr der jüngere Bruder, der mit vierzehn Jahren an Herzversagen verstarb, und links neben ihm noch das jüngste Kind, wieder ein Bruder.

Bild 1

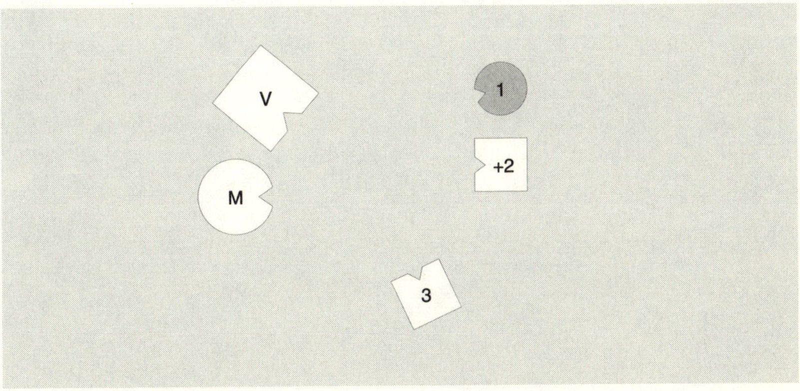

V	Vater
M	Mutter
1	**Erstes Kind, Tochter (= Patientin)**
+2	Zweites Kind, Sohn, starb mit 14 Jahren an Herzversagen
3	Drittes Kind, Sohn

Der Gruppenleiter schickte nun den Stellvertreter des verstorbenen Bruders zur Tür hinaus, was in einer solchen Aufstellung das Sterben bedeutet. Als er draußen war, hellte sich das Gesicht der Tochter schlagartig auf, und auch der Mutter ging es wesentlich besser. Dann schickte der Gruppenleiter den jüngsten Bruder hinaus und danach den Vater, denn er hatte bemerkt, dass auch sie es hinauszog. Als die Männer alle draußen waren – was heißt, dass sie alle tot waren –, richtete sich die Mutter triumphierend auf, und es wurde deutlich, dass sie es war, die sich dem Tod verfallen wusste – aus was für Gründen auch immer –, und wie sehr es sie erleichterte, dass andere bereit und willig waren, an ihrer Statt den Tod auf sich zu nehmen.

Bild 2

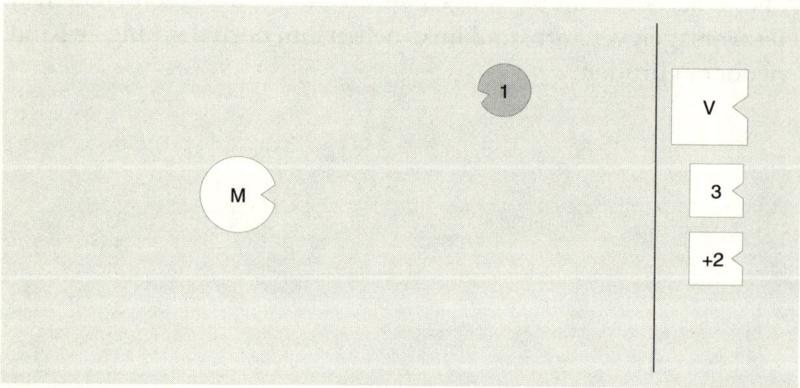

Danach rief der Gruppenleiter die Männer wieder zurück und schickte die Mutter hinaus. Plötzlich fühlten sich alle von der Verpflichtung zur Teilhabe am Schicksal der Mutter befreit, und es ging ihnen gut.

Bild 3

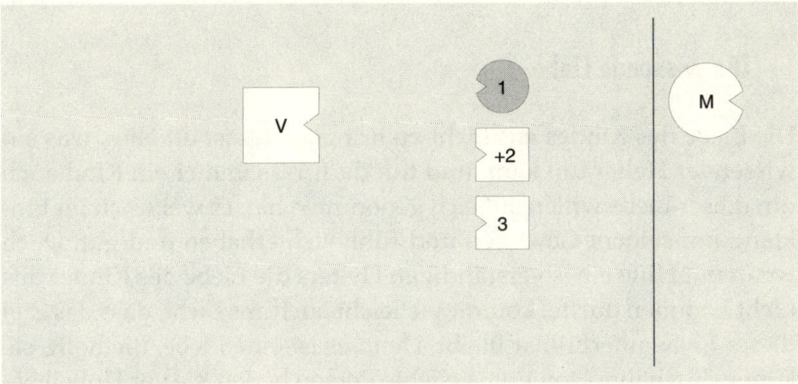

Der Gruppenleiter aber hegte den Verdacht, dass auch die multiple Sklerose der Tochter im Zusammenhang mit der Verpflichtung der Mutter zum Tod stand. Daher rief er die Mutter zurück, stellte sie links neben den Vater und stellte die Tochter neben die Mutter.

Bild 4

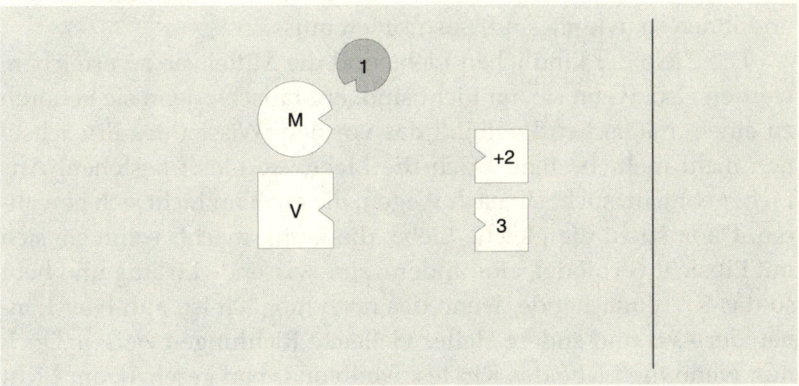

Er sagte der Tochter, sie solle die Mutter mit Liebe anschauen und ihr in die Augen und ins Angesicht sagen: „Mami, ich mache es für dich!“ Als sie es sagte, strahlte sie über das ganze Gesicht, und der Sinn und das Ziel ihrer Krankheit wurde allen Beteiligten klar.

Was also darf hier der Arzt oder ein Seelsorger tun, und vor was muss er sich hüten?

Die wissende Liebe

Die Liebe des Kindes ans Licht zu bringen, das ist oft alles, was ein wissender Helfer tun kann und tun darf. Was immer ein Kind auch um dieser Liebe willen auf sich genommen hat, es weiß sich im Einklang mit seinem Gewissen und fühlt sich erhaben und gut. Doch wenn mit Hilfe eines verständigen Helfers die Liebe des Kindes ans Licht kommen durfte, kommt vielleicht auch ans Licht, dass das Ziel dieser Liebe unerfüllbar bleibt. Denn es ist eine Liebe, die hofft, sie könne durch ihre Opfer die geliebte Person heilen, sie vor Unheil bewahren, ihre Schuld vielleicht sühnen und sie dem Unglück entreißen; und sie hofft, dass sie die geliebte Person, wenn sie schon tot ist, von den Toten wieder zurückholen kann.

Wenn aber mit der kindlichen Liebe auch ihre kindlichen Ziele offenbar werden, wird sich vielleicht das nun erwachsene Kind, wenn auch mit Schmerzen, bewusst, dass es mit seiner Liebe und seinen Opfern der anderen Krankheit und Schicksal und Tod nicht überwindet, sondern dass es sich ihnen machtlos und mutig stellen und ihnen so, wie sie sind, zustimmen muss.

Die Ziele der kindlichen Liebe und die Mittel, sie zu erreichen, werden also, wenn sie am Licht sind, ent-täuscht, denn sie gehören zu einem magischen Weltbild, das vor dem Wissen des Erwachsenen nicht mehr besteht. Doch die Liebe, sie bleibt bestehen. Ans Licht gebracht, sucht sie nach Wegen, die auch im Licht sich bewähren. Dann sucht die gleiche Liebe, die krank macht, wenn sie sich mit Einsicht verbindet, eine andere, eine wissende Lösung und hebt so das Krankmachende, wenn das noch möglich ist, auf. Hier können der Arzt und andere Helfer vielleicht Richtungen weisen. Doch nur, wenn die Liebe des Kindes, weil von ihnen gesehen, am Licht bleiben und, weil von ihnen gewürdigt, sich Neuem und Größerem zuwenden kann.

„Schwindsucht"

Oft erkennen wir als Bedingung für eine lebensgefährliche Krankheit den Entschluss des Kindes gegenüber einer geliebten Person: „Lieber verschwinde ich als du."

Bei der Magersucht heißt der Entschluss: „Lieber verschwinde ich als du, mein lieber Papa."

Bei der multiplen Sklerose hieß er in unserem Beispiel: „Lieber verschwinde ich als du, liebe Mama."

Eine vergleichbare Dynamik gab es früher bei der Tuberkulose, die vielleicht deswegen doppeldeutig Schwindsucht hieß. Und es gibt diese Dynamik auch bei Selbstmord und tödlichem Unfall.

„Auch wenn du gehst, ich bleibe"

Wenn nun im Gespräch mit dem Kranken diese Dynamik ans Licht kommt: Was wäre die helfende und heilende Lösung? Wie bei jeder guten Beschreibung eines Problems ist die Lösung bereits in der Beschreibung enthalten und durch die Beschreibung schon wirksam. Sie beginnt, wenn der krankmachende Satz ans Licht gebracht und vom Patienten mit der ganzen Kraft der Liebe, die ihn bewegt, der geliebten Person ins Angesicht gesagt und zugesagt wird: „Lieber verschwinde ich als du!" Dabei ist es wichtig, den Satz so oft wiederholen zu lassen, bis die geliebte Person als Gegenüber erkannt und trotz aller Liebe als vom eigenen Ich getrennt, wahrgenommen und anerkannt wird. Sonst bleiben die Symbiose und die Identifizierung aufrechterhalten, und die heilende Unterscheidung und Trennung misslingt.

Wo das liebende Sagen des Satzes gelingt, zieht er eine Grenze sowohl um die geliebte Person als auch um das eigene Ich und trennt das eigene Schicksal vom Schicksal der geliebten Person. Und der Satz zwingt, nicht nur die eigene Liebe zu sehen, sondern auch die Liebe der geliebten Person. Und er zwingt zu erkennen, dass, was der Liebende an Stelle der geliebten Person möchte, diese eher belastet, als dass es ihr hilft.

Dann ist es auch Zeit, der geliebten Person noch einen zweiten Satz zu sagen: „Lieber Vater, liebe Mutter, lieber Bruder, liebe Schwester – oder wer immer es ist –, auch wenn du gehst, ich bleibe." Manchmal, vor allem wenn der Satz sich auf den Vater oder die Mutter bezieht, fügt der Patient noch hinzu: „Lieber Vater, liebe Mutter, segne mich, auch wenn du gehst und ich noch bleibe."

Ich bringe dazu ein Beispiel.

Der Vater einer Frau hatte zwei behinderte Brüder. Der eine war taub, der andere psychotisch. Ihn zog es zu seinen Brüdern, um aus Treue zu ihnen ihr Schicksal zu teilen, denn er hielt sein Glück neben ihrem Unglück nicht aus. Doch seine Tochter bemerkte die Gefahr und sprang in die Bresche. Sie stellte sich stellvertretend für ihn neben die Brüder und sagte dem Vater in ihrem Herzen: „Lieber Papa, lieber verschwinde ich zu deinen Brüdern als du" und „Lieber Papa, lieber teile ich ihr Unglück mit ihnen als du". Sie wurde magersüchtig.

Was aber wäre die Lösung für sie? Sie müsste die Brüder des Vaters bitten, wenn auch vielleicht nur innerlich: „Segnet bitte meinen Vater, wenn er bei uns bleibt, und segnet mich, wenn ich bei meinem Vater bleibe."

„Ich folge dir nach"

Hinter dem Verschwindenwollen von Vater und Mutter, das vom Kind mit dem Satz „Lieber ich als du" verhindert werden soll, steht bei den Eltern oft ein anderer Satz. Sie sagen ihn als Kinder ihren Eltern oder Geschwistern, wenn diese früh verstorben sind oder lange krank oder behindert waren. Der Satz heißt: „Ich folge dir nach", oder genauer: „Ich folge dir nach in deine Krankheit" oder: „Ich folge dir nach in den Tod."

In der Familie wirkt also zuerst der Satz „Ich folge dir nach." Auch er ist ein Kindersatz. Doch wenn diese Kinder später selber Eltern sind, verhindern ihre Kinder, dass sie ihn erfüllen, und sagen dann: „Lieber ich als du."

„Ich lebe noch ein bisschen"

Wo der Satz „Ich folge dir nach" als Hintergrund von schwerer Krankheit oder von Unfällen und Selbstmordversuchen ans Licht kommt, wäre auch hier die helfende und heilende Lösung, dass der

Satz vom Kind mit der ganzen Kraft der Liebe, die es bewegt, der geliebten Person ins Angesicht gesagt und zugesagt wird: „Lieber Vater, liebe Mutter, lieber Bruder, liebe Schwester – oder wer immer es ist –, ich folge dir nach." Auch hier ist es wichtig, den Satz so oft wiederholen zu lassen, bis die geliebte Person als Gegenüber gesehen und trotz aller Liebe als vom eigenen Ich getrennt, wahrgenommen und anerkannt wird. Dann erkennt das Kind, dass seine Liebe die Grenze zwischen sich und der geliebten toten Person nicht überwindet und dass es vor dieser Grenze haltmachen muss. Auch hier zwingt der Satz, sowohl die eigene Liebe anzuerkennen als auch die Liebe der geliebten Person und zu begreifen, dass diese ihr Schicksal leichter trägt und erfüllt, wenn niemand sonst, vor allem nicht ein eigenes Kind, ihr darin folgt.

Dann kann das Kind dem geliebten Toten auch einen zweiten Satz sagen, den eigentlichen, der es aus der Verpflichtung zur schlimmen Nachfolge entlässt und erlöst: „Lieber Vater, liebe Mutter, lieber Bruder, liebe Schwester – oder wer immer es ist –, du bist tot, ich lebe noch ein bisschen, dann sterbe ich auch." Oder: „Ich erfülle, was mir geschenkt ist, solange es dauert: Dann sterbe ich auch."

Wenn das Kind sieht, dass einer seiner Eltern jemandem aus seiner Herkunftsfamilie in Krankheit und Tod nachfolgen will, muss es sagen: „Lieber Vater, liebe Mutter, auch wenn du gehst, ich bleibe" oder „Auch wenn du gehst, ich halte dich in Ehren, und du bleibst immer mein Vater, und du bleibst immer meine Mutter" oder, wenn sich einer der Eltern umgebracht hat, „Ich verneige mich vor deiner Entscheidung und vor deinem Schicksal. Du bleibst immer mein Vater, und du bleibst immer meine Mutter; und ich bleibe immer dein Kind."

Der Glaube, der krank macht

Die beiden Sätze „Lieber ich als du" und „Ich folge dir nach" werden mit gutem Gewissen und mit der Gewissheit von Unschuld gesagt und vollbracht. Gleichzeitig entsprechen sie christlicher Botschaft und christlichem Vorbild, zum Beispiel dem Wort Jesu im Johannes-Evangelium: „Eine größere Liebe hat niemand, als wer sein Leben hingibt für seine Freunde", und der Aufforderung an seine Jünger, ihm auf dem Weg des Kreuzes nachzufolgen bis in den Tod.

Die christliche Lehre von der Erlösung durch Leiden und Tod und das Vorbild christlicher Heiliger und Helden bestätigen den Glauben und die Hoffnung des Kindes, es könnte stellvertretend für andere deren Krankheit und Unglück und Tod übernehmen. Oder es könnte, indem es Gott und dem Schicksal Gleiches für Gleiches bezahlt, durch die eigene Krankheit und das eigene Leiden andere von ihrer Krankheit und ihrem Leiden erlösen und sie durch den eigenen Tod ihrem Tode entreißen. Oder es könnte, wenn ihm auf Erden keine Rettung gelingt, den ihm durch den Tod schon entrissenen Lieben auch nach dem Tode nochmals begegnen, indem es, wie sie, das Leben verliert und, wie es glaubt, durch den Tod wiederfindet.

Die Liebe, die heilt

Heilung und Rettung liegen bei solcher Verstrickung jenseits von nur ärztlichem und therapeutischem Tun. Sie verlangen einen religiösen Vollzug, eine Bekehrung auf Größeres hin, das über das magische Denken und Wünschen hinausgeht und es entmachtet. Dieses Größere wäre – im Gegensatz zur trügerischen Verheißung des Himmels – die Erde. Wer die Erde bejaht, bejaht sowohl ihre Fülle als auch Anfang und Ende. Manchmal kann der Arzt oder Helfer einen solchen Vollzug vorbereiten und unterstützen. Der liegt aber nicht in seiner Macht und folgt nicht, wie der Ursache die Wirkung, einer Methode. Wenn er gelingt, verlangt er das Letzte und wird erfahren als Gnade.

Als Beispiel für eine solche Bekehrung auf Größeres hin bringe ich eine Geschichte, die auf S. 301 unter dem Titel „Der größere Glaube“ in einem vergleichbaren Zusammenhang steht.

Glaube und Liebe

Einem Mann träumte in der Nacht, er habe die Stimme Gottes gehört, die ihm sagte: „Steh auf, nimm deinen Sohn, deinen einzigen geliebten, führe ihn auf den Berg, den ich dir zeigen werde, und bringe ihn mir dort zum Schlachtopfer dar!“

Am Morgen stand der Mann auf, schaute seinen Sohn an, seinen einzigen geliebten, schaute seine Frau an, die Mutter des Kindes, schaute seinen Gott an. Er nahm das Kind, führte es auf den Berg, baute einen Altar, band ihm die Hände, zog das Messer und wollte es schlachten. Doch dann hörte er noch eine andere Stimme, und er schlachtete, statt seines Sohnes, ein Schaf.

Wie schaut der Sohn den Vater an?
Wie der Vater den Sohn?
Wie die Frau den Mann?
Wie der Mann die Frau?
Wie schauen sie Gott an?
Und wie schaut Gott – wenn es ihn gibt – sie an?

Noch einem anderen Mann träumte in der Nacht, er habe die Stimme Gottes gehört, die ihm sagte: „Steh auf, nimm deinen Sohn, deinen einzigen geliebten, führe ihn auf den Berg, den ich dir zeigen werde, und bringe ihn mir dort zum Schlachtopfer dar!"

Am Morgen stand der Mann auf, schaute seinen Sohn an, seinen einzigen geliebten, schaute seine Frau an, die Mutter des Kindes, schaute seinen Gott an. Er gab zur Antwort, ihm ins Angesicht: „Ich tue das nicht!"

Wie schaut der Sohn den Vater an?
Wie der Vater den Sohn?
Wie die Frau den Mann?
Wie der Mann die Frau?
Wie schauen sie Gott an?
Und wie schaut Gott – wenn es ihn gibt – sie an?

Krankheit als Sühne

Eine weitere Dynamik, die zu Krankheiten führt und zu Selbstmord, Unfall und Tod, ist der Wunsch nach Sühne für Schuld.

Manchmal wird als Schuld angesehen, was schicksalhaft und unbeeinflussbar war, zum Beispiel eine Fehlgeburt oder die Krankheit oder Behinderung oder der frühe Tod eines Kindes. Dann hilft es, die Toten anzuschauen mit Liebe, sich der Trauer zu stellen und, was vorbei ist, in Frieden zu lassen.

Ist jemandem schicksalhaft etwas zugestoßen, das anderen einen Schaden zugefügt und ihm einen Vorteil oder die Rettung oder das Leben gebracht hat, wird es ebenfalls als Schuld erlebt, zum Beispiel wenn einem Kind bei seiner Geburt die Mutter stirbt.

Es gibt aber auch die wirkliche, persönlich zu verantwortende Schuld, zum Beispiel wenn jemand ein Kind ohne Not weggegeben oder abgetrieben hat oder wenn er einem anderen rücksichtslos etwas Schlimmes abverlangt oder zugefügt hat.

Oft soll dann die schicksalhafte und die persönliche Schuld durch Sühne getilgt werden, indem man für den zugefügten Schaden durch eigenen Schaden bezahlt, die Schuld mit der Sühne „verrechnet" und sie, wie man meint, so wieder ausgleicht.

Auch diese Vollzüge, so unheilvoll sie für alle Betroffenen sind, werden durch religiöse Lehren und Vorbilder gefördert, etwa durch den Glauben an erlösendes Leiden und Sterben und den Glauben an die Reinigung von Sünde und Schuld durch Selbstbestrafung und äußeres Leid.

Der Ausgleich durch Sühne bringt doppeltes Leid

Die Sühne stillt unser Bedürfnis nach Ausgleich. Doch wenn der Ausgleich durch Krankheit und Unfall oder durch Sterben gesucht wird, was wird dann wirklich erreicht? – Dann gibt es statt des einen Geschädigten zwei und statt des einen Toten noch einen zweiten. Schlimmer noch: Für die Opfer der Schuld ist die Sühne ein doppelter Schaden und ein doppeltes Unglück, weil durch ihr Unglück anderes Unglück genährt wird, aus ihrem Schaden noch weiterer Schaden erwächst und ihr Tod auch noch anderen Tod bringt.

Und noch etwas ist zu bedenken. Die Sühne ist billig. Wie beim magischen Denken und Handeln das Heil für den anderen allein aus dem eigenen Unheil kommt, so dass eigenes Leiden für des anderen Rettung genügt, so ist es auch bei der Sühne. Leiden allein und Sterben allein soll genügen, ohne dass die Beziehung ins Auge gefasst wird und ohne dass der andere gesehen und, mit ihm im Blick, der Schmerz über sein Unglück gefühlt wird und ohne dass dann mit seiner Zustimmung und seinem Segen etwas für andere getan werden muss.

Auch bei der Sühne wird also mit Gleichem für Gleiches bezahlt. Auch hier wird das Handeln durch Leiden ersetzt, das Leben durch Sterben und die Schuld durch die Sühne, so dass auch hier Leiden und Sterben allein ohne Handeln und Leistung genügt. Und wie durch die Sätze: „Lieber ich als du" und „Ich folge dir nach", wenn sie vollzogen sind, Unheil und Leiden und Tod nur noch größer werden und mehr, so auch durch die vollzogene Sühne.

Ein Kind, dessen Mutter bei seiner Geburt starb, fühlt sich ihr gegenüber immer in Schuld, weil sie mit ihrem Tod für sein Leben bezahlt hat. Wenn nun das Kind dafür sühnt, indem es sich schlecht gehen lässt, das heißt, wenn es sich weigert, sein Leben auch um den Preis des Todes der Mutter zu nehmen, oder wenn es sich zur Sühne sogar das Leben nimmt, dann ist das Unglück für die Mutter doppelt schlimm. Dann wird das Leben, das sie ihm schenkte, vom Kind nicht genommen, und ihre Liebe und ihre Bereitschaft, ihm alles zu geben, werden vom Kind nicht geachtet. Ihr Tod war dann umsonst, ja mehr noch, er hätte statt Leben und Glück zusätzliches Unglück gebracht, und statt der einen Toten gäbe es zwei.

Wenn wir einem solchen Kind helfen wollen, müssen wir im Auge behalten, dass es sowohl einen Wunsch nach Sühne hat als auch den Wunsch: „Lieber ich als du" und „Ich folge dir nach". Wir können daher mit dem unheilvollen Wunsch nach Sühne nur dann heilend umgehen, wenn uns auch mit den Sätzen „Lieber ich als du" und „Ich folge dir nach" die heilende Lösung gelingt.

Der Ausgleich durch Nehmen und versöhnendes Tun

Was wäre nun für dieses Kind eine Lösung, die ihm und seiner Mutter gemäß ist? Das Kind müsste sagen: „Liebe Mama, wenn du schon einen solch hohen Preis für mein Leben bezahlt hast, dann soll es nicht umsonst gewesen sein; ich mach' was daraus, dir zum Andenken und dir zur Ehre."

Dann aber muss das Kind handeln anstatt zu leiden, leisten statt zu versagen und leben anstatt zu sterben. Dann wäre es ganz anders mit der Mutter verbunden, als wenn es ihr nachfolgt in Unheil und Tod.

Indem das Kind symbiotisch mit der Mutter vergeht, ist es nur dumpf und blind mit ihr verbunden. Wenn es aber, im Andenken an die Mutter und ihren Tod, etwas Leben Förderndes leistet, wenn es sein Leben nimmt und davon auch anderen gibt, dann ist es mit der Mutter ganz anders verbunden: Dann sieht es sich liebend ihr gegenüber. Denn wenn es sein Leben so nimmt und erfüllt, hat es die Mutter vor Augen und trägt sie im Herzen. Dann fließen von der Mutter zum Kind Segen und Kraft, weil es aus Liebe zu ihr aus seinem Leben etwas Besonderes macht.

Im Unterschied zum Ausgleich durch Sühne, der nur ein Ausgleich durch Schlimmes ist, durch Schaden und Tod, wäre dies ein Ausgleich im Guten. Im Unterschied zum Ausgleich durch Sühne, der billig ist und schadet und nimmt, ohne dass er dadurch versöhnt, ist der Ausgleich im Guten teuer. Doch er bringt Segen und bewirkt daher eher, dass sich die Mutter mit ihrem und das Kind mit seinem Schicksal versöhnt. Denn das Gute, das dieses Kind zum Andenken an seine Mutter vollbringt, geschieht ja durch sie. Sie hat durch ihr Kind Anteil daran und lebt und wirkt darin weiter.

Das aber wäre im Unterschied zum magischen Ausgleich ein Ausgleich, wie er der Erde gemäß ist. Er folgt der Einsicht, dass unser Leben einmalig ist und dass es, indem es vergeht, dem kommenden Platz macht und, obwohl schon vergangen, das gegenwärtige nährt.

Die Sühne ist Ersatz für Beziehung

Durch die Sühne vermeiden wir, uns der Beziehung zu stellen, denn durch die Sühne behandeln wir die Schuld wie eine Sache, bei der man für den Schaden mit etwas, das einem selbst etwas kostet, bezahlt. Doch was kann solche Sühne bewirken, wenn ich einem Menschen unrecht getan, ihn ins Unglück gebracht und ihm an Leib und Leben nicht zu ersetzenden Schaden zugefügt habe? Mich durch Sühne entlasten, indem ich mir schade, kann ich doch nur, wenn ich den anderen aus dem Auge verliere. Denn wenn ich ihn im Auge behalte, muss ich erkennen, dass ich durch Sühnen aufheben will, was notwendig bleibt.

Das gilt es auch bei der persönlich zu verantwortenden Schuld zu beachten. Oft sucht eine Mutter für eine Abtreibung oder den sonstigen Verlust eines Kindes mit einer tödlichen Krankheit zu sühnen oder damit, dass sie die Beziehung zum Mann und dem Vater des Kindes aufgibt und auf eine künftige Beziehung verzichtet. Die Sühne für eine persönliche Schuld läuft auch unbewusst ab, entgegen ihrer Leugnung oder Erklärung durch das Bewusstsein.

Manchmal kommt bei Müttern zum Bedürfnis nach Sühne auch noch der Wunsch hinzu, dem toten Kind nachzufolgen, so wie ein Kind seiner toten Mutter nachfolgen will. Doch auch ein durch die Schuld der Mutter ums Leben gekommenes Kind sagt, so dürfen wir ihm vielleicht unterstellen: „Lieber ich als du." Wenn nun seine Mutter zur Sühne krank wird und stirbt, war der Tod des Kindes der Mutter zuliebe umsonst.

Auch bei persönlicher Schuld ist die Lösung, die Sühne zu ersetzen durch versöhnendes Tun. Dies geschieht dadurch, dass ich der Person, der ich unrecht getan oder Schlimmes abverlangt und zugefügt habe, in die Augen schaue, dass zum Beispiel die Mutter ein abgetriebenes oder verleugnetes oder verlassenes Kind anschaut als ihr gegenüber und ihm sagt: „Es tut mir leid" und „Ich gebe dir jetzt einen Platz in meinem Herzen" und „Ich mache es gut, so gut ich noch kann" und „Du sollst Anteil haben am Guten, das ich im Gedenken an dich und mit dir vor Augen vollbringe". Dann wäre die Schuld nicht umsonst, denn das Gute, das die Mutter – oder wer immer es ist – im Gedenken an dieses Kind und mit ihm vor Augen vollbringt, geschieht ja mit dem Kind und durch das Kind. Es nimmt daran teil und bleibt mit der Mutter und ihrem Tun eine Zeitlang verbunden.

Schuld geht auf der Erde vorbei

Noch etwas gilt es bei der Schuld zu beachten. Sie geht vorbei, und sie muss vorbeigehen dürfen. Nur vor dem Himmel gibt es eine ewige Schuld. Auf der Erde ist sie vergänglich und, wie alles auf ihr, nach einiger Zeit auch vorbei.

Krankheit als stellvertretende Sühne

Schuld und Sühne werden in der Familie und Sippe häufig auch übernommen. Auch mit Bezug auf die Schuld und auf die Sühne sagt dann ein Kind oder ein Partner: „Lieber ich als du". Sie übernehmen, wenn andere sich weigern, die Schuld und ihre Folgen.

In einer Gruppe erzählte eine Mutter, sie habe sich geweigert, ihre Mutter im Alter zu sich zu nehmen, und habe sie statt dessen in ein Altersheim gegeben. In der gleichen Woche wurde eine ihrer Töchter magersüchtig, zog schwarze Kleider an und ging zweimal die Woche in ein Altersheim, um alte Leute zu pflegen. Doch niemand, auch nicht die Tochter, hat damals den Zusammenhang durchschaut.

Krankheit als Folge von verweigertem Nehmen der Eltern

Eine weitere Haltung, die zu schweren Krankheiten führt, ist die Weigerung des Kindes, seine Eltern liebend zu nehmen und sie als seine Eltern zu ehren. Solche Kinder erheben sich über die Erde, weil sie sich vor einem Himmel oder sonst einem Höheren für besser und für auserwählt halten. Krebskranke zum Beispiel sterben manchmal lieber, als dass sie sich vor ihrer Mutter oder vor ihrem Vater verneigen.

Ehren der Eltern ist Ehren der Erde

Wer an den Himmel glaubt, der glaubt vielleicht, er könne sich mit Hilfe des Himmels über die Erde und über die Eltern erheben. Ehren der Eltern aber ist Ehren der Erde. Die Eltern ehren heißt, sie nehmen und lieben, so wie sie sind, und die Erde ehren heißt, sie nehmen und lieben, so wie sie ist: mit Leben *und* Tod, Gesundheit *und* Krankheit, mit Anfang *und* Ende. Das aber ist der eigentliche religiöse Vollzug, den man früher Hingabe und Anbetung nannte. Wir erfahren ihn als äußerste Entäußerung, die alles nimmt und alles gibt – mit Liebe.

Ich erzähle dazu noch eine Geschichte. Sie könnte heißen „Zweierlei Glück", doch ich nenne sie hier: „Das Nicht".

Das Nicht

*Ein Mönch, der auf der Suche war,
bat einen Händler auf dem Markt
um eine Gabe.*

*Der Händler hielt noch einen Blick lang inne
und fragte ihn, als er sie gab:
„Wie kann es sein, dass du von mir,
was dir zum Leben fehlt, erbitten,
doch mich und meine Lebensweise,
die es dir gewähren,
für minder achten musst?"*

*Der Mönch gab ihm zur Antwort:
„Verglichen mit dem Letzten, das ich suche,
erscheint das andere
gering."*

*Der Händler aber fragte weiter:
„Wenn es ein Letztes gibt,
wie kann es etwas sein,
das einer suchen oder finden könnte,
als läge es am Ende eines Weges?
Wie könnte einer je
zu ihm sich wegbegeben und so,
als sei es unter anderem und vielem eines,
mehr als die anderen und vielen
seiner habhaft werden?
Und wie könnte umgekehrt
von ihm sich einer wegbegeben
und weniger als andere
von ihm getragen
oder ihm zu Diensten sein?"*

*Der Mönch entgegnete:
„Das Letzte findet,
wer dem Nahen und dem Jetzigen
entsagt."*

*Der Händler aber überlegte weiter:
„Wenn es ein Letztes gibt,
dann ist es jedem nah,*

wenn auch, so wie in jedem Sein ein Nicht
und wie in jedem Jetzt ein Vorher und ein Nachher,
in dem, was uns erscheint
und was verweilt,
verborgen.

Verglichen mit dem Sein,
das wir vorübergehend und begrenzt erfahren,
scheint uns das Nicht unendlich,
wie das Woher und das Wohin,
verglichen mit dem Jetzt.
Doch offenbart das Nicht sich uns
im Sein,
wie das Woher und das Wohin
im Jetzt.

Das Nicht ist wie die Nacht
und wie der Tod
ungewusster Anfang
und schlägt im Sein für uns nur kurz,
so wie ein Blitz,
das Auge auf.

So kommt das Letzte auch uns nur im Nahen
nah,
und es leuchtet
jetzt."

Nun fragte auch der Mönch:
„Wenn, was du sagst, die Wahrheit wäre,
was bliebe noch
für mich und dich?"

Der Händler sprach:
„Uns bliebe noch,
für eine Zeit,
die Erde."

(Siehe dazu auch „Das Sein und das Nicht", S. 57)

Aufstellung: „Ich folge dir nach"

HELLINGER Es ist wohl im Sinne des Themas dieser Tagung, wenn ich an den drei Nachmittagen, die uns für die Veranschaulichung meines Vortrags „Himmel und der Erde" zur Verfügung stehen, vorwiegend mit Teilnehmern arbeite, die eine lebensbedrohende Krankheit haben oder die selbstmordgefährdet sind.

zu Astrid im Rollstuhl Komme hierher zu mir! Du kannst ruhig mit deinem Rollstuhl hierher kommen. Was ist deine Krankheit?

ASTRID Ich bin Diabetikerin. Ich bin infolge des Diabetes dialysepflichtig geworden und hatte inzwischen eine Nierentransplantation.

HELLINGER Ich werde dir jetzt, was ich weiß, zur Verfügung stellen, und wenn du mit deiner guten Seele und mit der guten Seele deiner Mutter und deines Vater mit mir zusammenarbeitest, finden wir vielleicht, was dir hilft. Einverstanden? Gut. – Dann sage mir etwas über deine Familiensituation. Gab es in deiner Familie einschneidende Ereignisse? Ist zum Beispiel jemand früh gestorben, oder hat sich jemand umgebracht?

ASTRID Nach mir kam noch ein drittes Kind, das drei Tage nach der Geburt gestorben ist.

HELLINGER Das ist wichtig. Das ist ein Ereignis, auf das Geschwister sehr stark reagieren. Ist sonst etwas passiert in deiner Familie?

ASTRID Der Ausbruch meines Diabetes stand in zeitlichem Zusammenhang mit dem Tod meines krebskranken Großvaters, der mit uns in der Familie gelebt hat.

HELLINGER Er war der Vater von wem?

ASTRID Von meiner Mutter.

HELLINGER Ist sonst etwas Besonderes in der Familie deiner Mutter passiert? Ist jemand früh gestorben zum Beispiel?

ASTRID Der Bruder meiner Mutter ist im Krieg mit 14 Jahren an Diphtherie gestorben.

HELLINGER War jemand von deinen Eltern oder Großeltern vorher verheiratet oder in fester Bindung?

ASTRID Nein.

HELLINGER Wir stellen jetzt dieses System auf, mit Stellvertretern hier aus der Gruppe. Wähle sie zuerst einmal aus. Wir brauchen also jemand, der deinen Vater darstellt, und jemand für deine Mutter. Das erste Kind?

ASTRID Ist ein Bruder von mir.

HELLINGER Das zweite Kind?

ASTRID Bin ich.

HELLINGER Auch für dich nehmen wir jemand, der dich vertritt. – Das tote Kind war?

ASTRID Ein Mädchen.

HELLINGER Auch dafür nehmen wir jemand, der es vertritt. – An was ist das Kind gestorben?

ASTRID Das ist ungeklärt.

HELLINGER Was heißt ungeklärt?

ASTRID Also meine Mutter erzählte mir, es habe nicht getrunken. Eine andere Todesursache weiß ich nicht.

HELLINGER Ist es verhungert?

ASTRID Das ist die einzige Erklärung, die ich bekommen habe. Ansonsten ist es ein absolut totgeschwiegenes Kind gewesen.

HELLINGER Gibt es einen Vorwurf zwischen den Eltern, weil das Kind gestorben ist?

ASTRID Über das Kind wurde nie gesprochen.

HELLINGER Okay, jetzt stellen wir die Personen auf. Kannst du soviel gehen, dass du sie aufstellen kannst?

ASTRID Ich kann.

HELLINGER Weißt du, wie so eine Familienaufstellung geht?

ASTRID Nein.

HELLINGER Also du nimmst jetzt nacheinander jeden der gewählten Personen mit beiden Händen und stellst ihn an seinen Platz in Beziehung zu den anderen, so wie du sie im Augenblick wahrnimmst. Wenn du siehst, dass es stimmt, hörst du auf. – Mache es ganz nach dem Gefühl, so wie du es im Augenblick spürst. Danach prüfe noch einmal, ob es so stimmt, und dann setze dich hin.

Bild 1

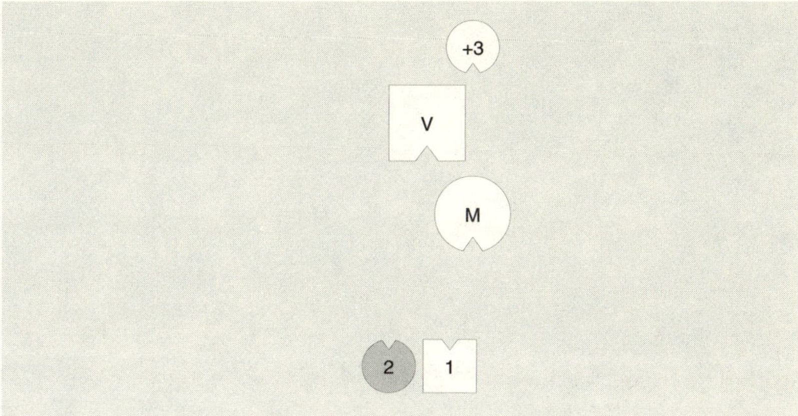

V	Vater
M	Mutter
1	Erstes Kind, Sohn
2	**Zweites Kind, Tochter (= Astrid)**
+3	Drittes Kind, Tochter, starb drei Tage nach der Geburt

HELLINGER Wie geht es dem Vater?
VATER Also ich fühle mich eingekeilt zwischen den Zweien und von hinten bedroht. Es ist unheimlich, was hinten ist. Ich habe den Drang, mich umzuschauen.
HELLINGER Wie geht es der Mutter?
MUTTER Mir ist zuviel unsichtbar dahinten. Also das ist sehr massig hinter mir.
HELLINGER Wie geht es dem Sohn?
ERSTES KIND Ich fühle mich sehr verbunden mit meiner Schwester und sehr weit weg von meinen Eltern.
HELLINGER *zur Stellvertreterin von Astrid* Wie geht es der älteren Tochter?

ZWEITES KIND Ich fühle mich von den Eltern so angeschaut. Es ist gut, im Abstand zu sein.
HELLINGER Wie geht es dem verstorbenen Kind?
DRITTES KIND † Ich kann niemanden erkennen und fühle mich nicht dazugehörig.
HELLINGER Jetzt bringe ich das tote Kind in den Blick.

Bild 2

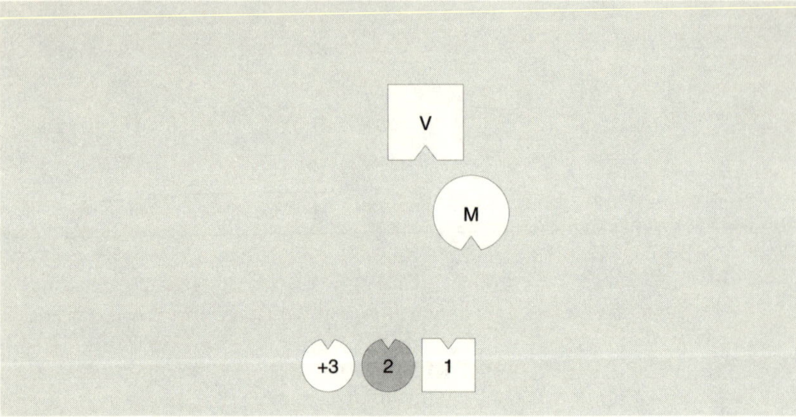

HELLINGER Was ist bei den Eltern verändert?
VATER Ich bin viel freier, obwohl ich hier, zu meiner Frau, noch Enge fühle. Ich kann viel besser durchatmen.
HELLINGER Wie geht es jetzt der Mutter?
MUTTER Ich fühle mich erleichtert.
ZWEITES KIND Mir geht es auch besser.

Die beiden Schwestern lachen sich an.

HELLINGER Was war da zwischen euch Zweien gerade?
ZWEITES KIND Es ist gut, noch so jemand zu haben.
HELLINGER *zur Gruppe* Die Bilder, die ich von dieser Familie habe, sind mehrfach. Das erste Bild ist, dass die Mutter weg will aus der Familie; sie will dem toten Kind nachfolgen. Das zweite Bild ist, dass die ältere Tochter die Mutter daran hindern will, indem sie selber geht. Das dritte Bild ist, dass auch die ältere Tochter der toten Schwester nachfolgen will. Habt ihr das Einverständnis gesehen zwischen den beiden? Die Liebe?

Die beiden Schwestern lachen sich wieder an.

HELLINGER Seht ihr das? Sie können das nicht verheimlichen.

Lachen in der Gruppe

HELLINGER Genau. – Jetzt stelle ich die Mutter neben den Vater.

Bild 3

HELLINGER Wie ist das jetzt?
VATER Mich zieht es nach rechts.
HELLINGER Es kann sein, dass der Vater verschwinden will. Ihn zieht es weg. Stelle dich mal neben die verstorbene Tochter, und schau wie das ist.
VATER Ja, es ist gut.
HELLINGER *zu Astrid* Was ist in der Familie deines Vaters passiert?
ASTRID Ein jüngerer Bruder meines Vaters ist im Krieg an Lungenentzündung gestorben, sehr plötzlich.

HELLINGER *zum Vater* Stelle dich wieder zurück neben die Frau. – Ich stelle jetzt auch deinen verstorbenen jüngeren Bruder auf.

Bild 4

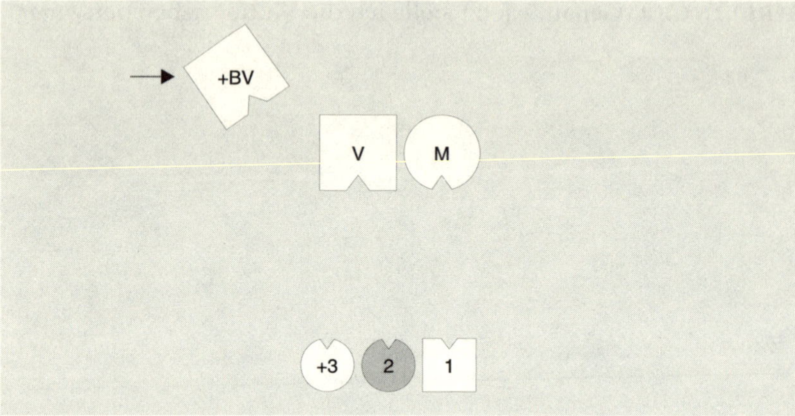

+BV Bruder des Vaters, starb mit 14 Jahren

HELLINGER Was ist verändert?

VATER Das ist gut. Dieser Zug nach rechts ist weg.

Für die anderen Familienmitglieder war nichts verändert.

HELLINGER *zur Gruppe* Der Vater hat wahrscheinlich die Tendenz, dem toten Bruder zu sagen: Ich folge dir nach.

Was ist jetzt bei der Mutter?

MUTTER Ich glaube, es war doch etwas verändert, als der Bruder hereinkam. Vorher war dieses Zu-zweit-Sein nicht ganz stimmig. Das hat sich jetzt verändert. Sein Bruder darf aber nicht zu nahe stehen.

HELLINGER Ja, sonst verliert die Frau den Mann.

zu Astrid Willst du dich jetzt mal selber an deinen Platz stellen? – Wie hat deine tote Schwester geheißen?

ASTRID Maria.

HELLINGER Schaue sie an und sage: „Liebe Maria!"

ASTRID Liebe Maria!

HELLINGER Wiederhole es!

ASTRID Liebe Maria!

Lange Pause

HELLINGER Sage ihr: „Ich folge dir nach."
ASTRID Ich folge dir nach.
HELLINGER „Mit Liebe."
ASTRID Mit Liebe.
HELLINGER Wiederhole das!
ASTRID Ich folge dir nach mit Liebe.
HELLINGER Stimmt der Satz?
ASTRID Ja.
HELLINGER Wie geht es der toten Schwester dabei?
DRITTES KIND † Nicht so gut.
HELLINGER Genau.
DRITTES KIND † Ich brauche sie nicht.
HELLINGER *zur Gruppe* Das ist die Ent-Täuschung jetzt.
zu Astrid Jetzt nehme ich dir die Schwester weg und führe sie dorthin, wo sie hingehört.
zur Stellvertreterin der verstorbenen Schwester Setze dich vor die beiden Eltern auf den Boden, und lehne dich mit dem Rücken an sie an!

Bild 5

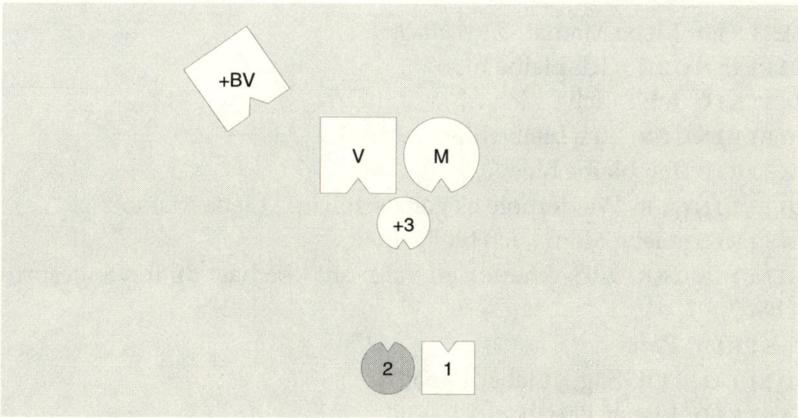

HELLINGER *zu den Eltern* Legt die eine Hand leicht auf ihren Kopf. Beide Eltern!

Wie geht es dem toten Kind dort?

DRITTES KIND † Es geht besser.
HELLINGER Wie geht es den Eltern?

Beide Eltern lächeln sich an und nicken zustimmend.

HELLINGER *zu Astrid* Sag der Schwester: „Liebe Maria!“
ASTRID Liebe Maria!
HELLINGER „Das ist dein Platz.“
ASTRID Das ist dein Platz.
HELLINGER „Und ich bleibe hier.“ – Augen auf!
ASTRID Und ich bleibe hier.

Lange Pause

HELLINGER Tief atmen! Schau die Mutter an und sage ihr – Wie hast du sie angeredet?
ASTRID Mama.
HELLINGER Sage ihr: „Liebe Mama!“
ASTRID Liebe Mama!
HELLINGER „Ich bleibe hier.“
ASTRID Ich bleibe hier. *Sie weint bewegt.*
HELLINGER Ja. Schaue sie an, und sage es mit Liebe: „Liebe Mama!“

Astrid zögert.

ASTRID Liebe Mama! *Sie schluchzt.*
HELLINGER „Ich bleibe hier.“
ASTRID Ich … ich … ich …
HELLINGER „Ich bleibe hier.“
ASTRID Ich bleibe hier.
HELLINGER Wiederhole es ganz schlicht: „Liebe Mama!“
ASTRID Liebe Mama, ich bleibe hier.
HELLINGER Nun schaue den Vater an! Wie hast du ihn angesprochen?
ASTRID Papa.
HELLINGER Sag: „Lieber Papa!“
ASTRID Lieber Papa!
HELLINGER „Ich bleibe hier.“
ASTRID Ich bleibe hier.

HELLINGER Bei ihm geht es leichter. Schaue noch mal zur Mutter hin! – Jetzt nehme ich dich mal mit. Stelle dich neben die Mutter! So, ganz nah!

Bild 6

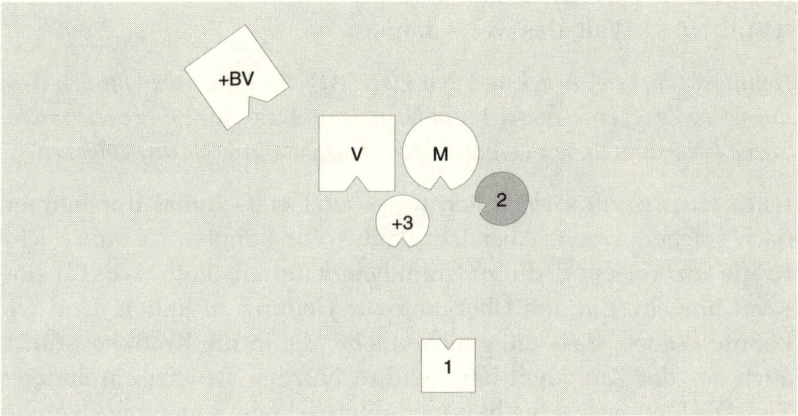

HELLINGER Schaue sie an! Schaue ihr in die Augen und sage: „Liebe Mama!"
ASTRID Liebe Mama!
HELLINGER „Ich bleibe."
ASTRID Ich bleibe. *Sie sagt es fest.*
HELLINGER Genau. Wiederhole es!
ASTRID Liebe Mama, ich bleibe.
HELLINGER *zur Mutter* Lege die Arme um sie! Beide Arme!
zu Astrid Sag: „Liebe Mama, ich bleibe."
ASTRID Liebe Mama, ich bleibe. *Sie sagt es laut.*
HELLINGER Genau. „Liebe Mama, ich bleibe."
ASTRID Liebe Mama, ich bleibe. *Sie schluchzt.*
HELLINGER Atmen! Tief atmen! Ausatmen! Tief ein- und ausatmen! Mund auf! Tief ein- und ausatmen! So, ja. Und wiederhole es ganz ruhig: „Liebe Mama!"
ASTRID Liebe Mama!
HELLINGER „Ich bleibe."
ASTRID Ich bleibe.
HELLINGER *zur Gruppe* Jetzt ist der Ton ganz ruhig. Jetzt erst stimmt es. Jetzt erst ist die volle Kraft da.

HELLINGER *zu Astrid* „Liebe Mama, ich bleibe."
ASTRID Liebe Mama, ich bleibe.
HELLINGER Gut hast du es jetzt gemacht. Wirst du es auch erfüllen? Schau die Mutter an! Schaue ihr in die Augen und sag: „Ja, ich stehe dazu."
ASTRID Ja, ich stehe dazu.
HELLINGER Gut, das war's dann.

Hellinger führt sie zurück an ihren Platz. Als eine Frau neben ihr den Arm um sie legt, sagt er zu dieser Frau: Nein, nein! Das würde ihre Seele stören. Sie ist bei sich in besten Händen. Dein Trösten würde sie nur ablenken.

HELLINGER *zur Gruppe* Ich muss jetzt erst einmal durchatmen nach solcher Arbeit. Aber ich glaube, wir konnten sehen, welche Kräfte am Werk sind, die zu Krankheiten führen, und was es für eine Kraft braucht, um den Übergang zur Heilung zu finden. Und wir konnten sehen, dass die gleiche Liebe, die in die Krankheit führt, auch aus der Krankheit herausführt. Nur hat sie jetzt ein anderes Ziel. Die Liebe selbst bleibt unverändert. – Wenn jemand noch etwas dazu sagen will oder fragen, was ihm nicht deutlich ist: Jetzt ist Gelegenheit dazu.
TEILNEHMER War nicht beim Vater noch irgend etwas offen geblieben? Der wollte ja auch den Tod suchen.
HELLINGER Ein wichtiges Prinzip bei dieser Arbeit heißt: Man macht nicht mehr, als für den Patienten notwendig ist. Für sie war mehr nicht notwendig. Das war ganz klar. Da höre ich dann auch auf. Sonst nimmt das Kraft weg. Auf dem Höhepunkt der Arbeit hört man sofort auf. Also auch kein Durcharbeiten oder Nachfragen: Wie geht es dir jetzt? oder so. Das würde nur Kraft wegnehmen. Spürst du das?
TEILNEHMER Ja.

Vier Monate später kam von dieser Patientin der folgende Brief:

„... seit Wochen und Tagen kämpfen in mir der aufrichtige Wunsch, Ihnen von den Veränderungen in meinem Leben zu berichten, die unsere Begegnung ausgelöst hat, und eine innere Scheu und Hemmschwelle, es in die Tat umzusetzen.

Die offensichtliche und fassbarste „Erfolgstatsache" zeigt sich in dem unmittelbaren Abbruch einer bis dahin seit drei Jahren ununterbrochenen Kette von Nieren- und Harnwegsinfektionen. Dies beinhaltet für mich wesentlich mehr, als es auf den ersten Blick erkenntlich sein mag. Diese Infektionen waren nicht nur im Begriff, den Erfolg meiner Nierentransplantation zu gefährden, sondern hatten mich bereits zur inneren Einwilligung in einen weiteren, durch verschiedene Umstände komplizierten und belastenden operativen Eingriff getrieben; dessen Ausgang zudem sehr fraglich gewesen wäre.

Das „Ich bleibe", das inzwischen längst den anfangs gegenüber meiner Mutter mitschwingenden Trotz verloren hat, wurde mir zu der befreienden Gewissheit, leben zu dürfen.

Die deutlich gewordenen Verstrickungen: „Ich folge dir nach", und „Lieber ich als du", die sich innerhalb unserer Familie mehrfach wie in einem Netz miteinander verweben, haben zumindest in der Beziehung zu meiner kleinen toten Schwester eine deutliche Entwirrung und Entlastung erhalten. Ich habe plötzlich die Freiheit, eine fast lebenslange „Krankheitskarriere" und Eskalation von Symptomen zu beenden. Das beständige indirekte Selbstmordbestreben hat seine Triebfeder und Legitimation verloren …"

Aufstellung: Mutter folgt ihrem behinderten Kind in den Tod

HELLINGER *zu Bruno* Was ist dein Anliegen?

BRUNO Ich fühle mich unfrei, und mir ist nicht klar, wohin ich mich bewegen kann.

Meine Mutter ist vor vier Jahren gestorben, als sie zusammen mit meinem Vater in den Bergen unterwegs war.

HELLINGER War es ein Unfall gewesen? Ein Bergunfall?

BRUNO Sie ist ausgerutscht. Etwas später, und damit hat das Ganze auch zu tun, habe ich von meinem Vater erfahren, was ich eigentlich schon länger hätte wissen müssen, dass er seit langer Zeit eine Außenbeziehung hatte, zu einer Frau, die seinerzeit am gleichen Ort gearbeitet hat.

HELLINGER Er hätte dir das nicht erzählen dürfen. So etwas geht Kinder nichts an. Das gehört im System zur höheren Ebene, zur vorgeordneten Ebene der Eltern. Die auf der nachgeordneten Ebene, also die Kinder, dürfen davon nichts wissen: nichts, was zu den Geheimnissen der Eltern gehört. Daher hüte ich in der Therapie die Geheimnisse der Eltern. Diese Information ist auch nicht wichtig für dich. Ist jemand früher in der Familie gestorben?

BRUNO Meine Schwester ist früher gestorben.

HELLINGER Wie alt war sie?

BRUNO Sie war achtzehn, ich bin zwei Jahre älter. Sie war mongoloid.

HELLINGER Mongoloid? Das ist jetzt eine wichtige Information. Wenn in einer Familie ein Kind behindert ist, dann fühlen sich die Gesunden im Vorteil, und zwar ohne Verdienst. Sie haben nichts dazu tun können, dass sie im Vorteil sind, genauso wenig wie die anderen ohne Schuld im Nachteil sind. Oft schränken sich die Gesunden dann ein, weil sie es im Angesicht eines behinderten Geschwisters nicht wagen, ihr Leben als ihr Leben zu nehmen. Hier wäre also in erster Linie das zu suchen, was dich bewegt.

zur Gruppe Seht ihr, wenn wir einem solchen Zusammenhang nachspüren, ist keiner böse. Es ist Schicksal. Hier wirken Kräfte jenseits von Unschuld und Schuld. Wir suchen daher nicht nach Schuldigen, sondern schauen auf diese Kräfte und suchen im Einklang mit diesen die Lösung.

zu Bruno War sonst noch etwas Wichtiges in der Familie gewesen? Wie viele Geschwister wart ihr?

BRUNO Nur wir zwei.

HELLINGER Nur ihr zwei? Dann ist es natürlich noch intensiver. War jemand von deinen Eltern vorher verheiratet oder in einer festen Beziehung?

BRUNO Nein.

HELLINGER Gab es zwischen den Eltern einen Vorwurf wegen der Behinderung deiner Schwester? Hat irgend jemand dem anderen einen Vorwurf gemacht, dass er vielleicht schuld daran sei?

BRUNO Meine Mutter war relativ alt.

HELLINGER Wie alt war sie?

BRUNO Vierzig.

HELLINGER Vierzig? Gab es einen Vorwurf deswegen vom Vater der Mutter gegenüber oder von der Mutter dem Vater gegenüber? Was ist dein Eindruck?

BRUNO Vom Vater her nicht. Ich glaube aber, dass meine Mutter sich schuldig gefühlt hat und nach einem Grund gesucht hat.

HELLINGER Das genügt. Wir stellen jetzt deine Herkunftsfamilie auf, und zwar nur deinen Vater, deine Mutter, dich und deine Schwester.

Bild 1

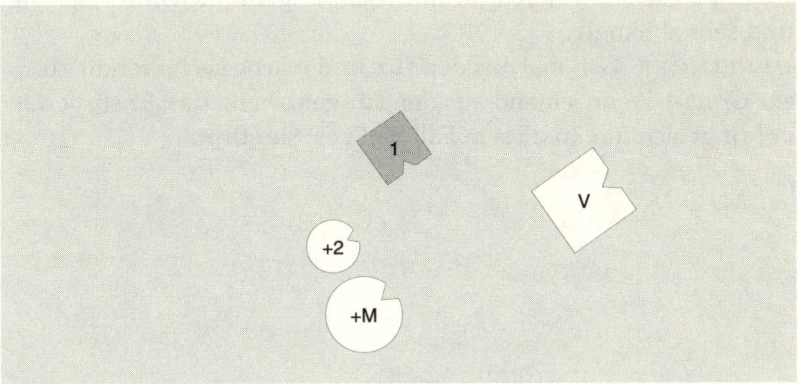

V	Vater
+M	Mutter, tödlich verunglückt
1	**Erstes Kind, Sohn (= Bruno)**
2	Zweites Kind, Tochter, mongoloid mit 18 Jahren gestorben

HELLINGER Wie geht es dem Vater? Wie ist sein Gefühl?
VATER Etwas schwer.
HELLINGER Schwer? Kannst du das ein bisschen verdeutlichen?
VATER Ich stehe abgewendet von der Familie, und das ist ziemlich unangenehm.
HELLINGER Wie geht es der Mutter?
MUTTER † Ich fühle mich sehr beklommen. Ich habe keine Chance, Bezug zu nehmen, weder zum Mann, noch zum Sohn. Ich habe das Gefühl, dass da gar keine Möglichkeiten bestehen.
HELLINGER Ja. Genau.
zum Stellvertreter von Bruno Wie geht es dem Sohn?
ERSTES KIND Ich fühle mich hin- und hergerissen. Meine Schwester nimmt mir meine Mutter weg.
HELLINGER *zur Gruppe* Ich möchte auf etwas aufmerksam machen. Manche, wenn sie so dastehen, lesen von dem Bild ab, was das Gefühl sein müsste. Das, was er über die Schwester gesagt hat, war so ein Ablesen.

HELLINGER *zum Stellvertreter von Bruno* Es ist besser, wenn du dich auf dich sammelst und einfach spürst, was im Augenblick in dir vorgeht, unabhängig vom äußeren Bild.
ERSTES KIND Ich fühle mich hin- und hergerissen.
HELLINGER Wie geht es der Schwester?
ZWEITES KIND † Ich fühle mich sehr ungemütlich und eingeengt und sehr abhängig.
HELLINGER Geh mal aus der Tür, und mache sie hinter dir zu.
zur Gruppe Wenn jemand aus der Tür geht, heißt das: Er stirbt oder er bringt sich um. In diesem Fall heißt es: Sie stirbt.

Bild 2

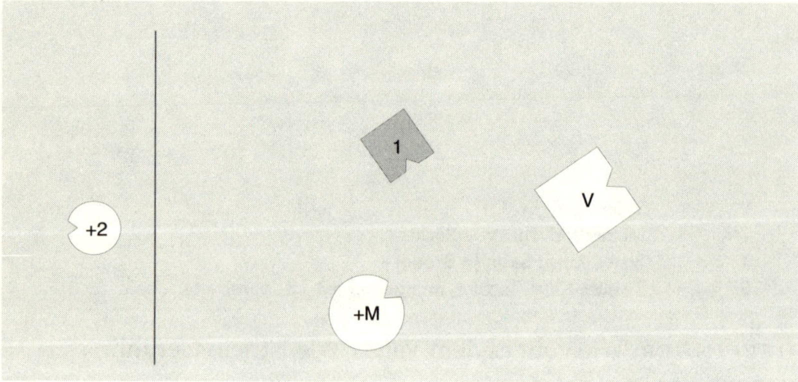

HELLINGER Was ist bei der Mutter verändert? Ist es besser oder schlechter?
MUTTER † Ich fühle mich eher schlechter, sehr alleine.
HELLINGER Was ist beim Vater? Ist es besser oder schlechter?
VATER Schlechter.
HELLINGER Wie ist es beim Bruder? Ist es besser oder schlechter?
ERSTES KIND Es hat beides. Einerseits sehe ich die Mutter besser. Das ist eine Erleichterung …
HELLINGER *zur Gruppe* Das ist etwas, was man ganz schwer ausspricht, dass man sich erleichtert fühlt, wenn einer tot ist. Doch das ist sehr häufig der Fall. Wenn er sagt: „einerseits andererseits", heißt das für mich: Er fühlt sich erleichtert.
ERSTES KIND Ja.

HELLINGER Das ist die Wahrheit. Das ist so, und da ist nichts Schlimmes dran. Man ist deswegen nicht böse.
zur Mutter Jetzt geh du mal aus der Tür! Du bist ja die nächste, die stirbt. Geh aus der Tür, und mache sie hinter dir zu!

Bild 3

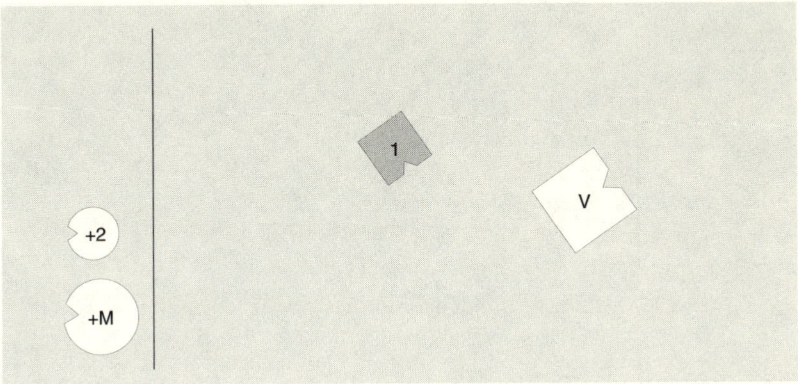

HELLINGER Wie geht es dem Vater jetzt?
VATER Scheußlich.
HELLINGER *zur Gruppe* Was ist euer Eindruck? Stimmt das, was er gesagt hat?

Der Stellvertreter des Vaters lacht.

HELLINGER Aha! Seht ihr es? Ja? Das ist das verbotene Gefühl. Er fühlt sich besser. So ist das. Er hat ja in dieser Familie gar keine Chancen gehabt. Was konnte er in seiner Position anderes machen, als sich eine Freundin zu suchen. Würdet ihr dem einen Vorwurf machen wollen, wenn der so dastehen muss? Das kann man nicht.
zum Sohn Wie geht es dir denn jetzt?
ERSTES KIND Schlecht. Ich fühle mich allein.
HELLINGER Jetzt fühlst du dich allein.
zur Gruppe Das ist natürlich keine gute Lösung, was wir hier sehen. Doch es ist die Lösung, die sich dieses System gesucht hat. Jetzt schauen wir, ob wir eine bessere Lösung finden.

HELLINGER *zur Tochter und zur Mutter vor der Tür* Ihr könnt jetzt wieder hereinkommen. Stellt euch wieder an eueren Platz.

Bild 4

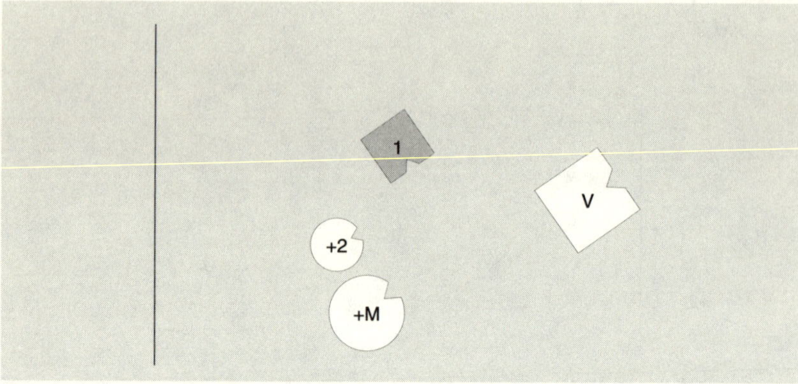

HELLINGER *zur Tochter* Wie ist es dir da draußen gegangen? Besser oder schlechter?

ZWEITES KIND † Ich musste zuerst tief atmen, und nachher ist es mir besser gegangen.

HELLINGER *zur Mutter* Und wie ging es dir da draußen? Besser oder schlechter?

MUTTER † Besser. Also, ich war froh, sie anzutreffen.

Mutter und Tochter lachen dabei.

HELLINGER *zu Bruno* Sie war froh, sie anzutreffen. Siehst du jetzt die Dynamik hinter dem Tod deiner Mutter? Sie ist ihrer Tochter nachgefolgt. Es ist eine ehrenwerte Dynamik, aber keine gute.

Bild 5

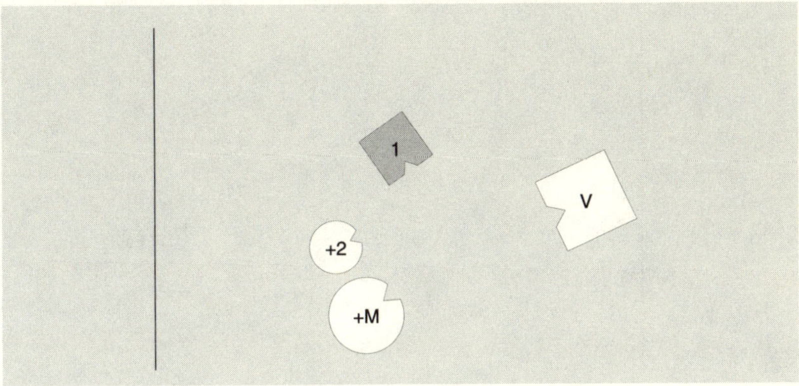

HELLINGER *zum Vater* Wie geht es dir jetzt?
VATER Besser.
HELLINGER *zu Bruno* Deine Eltern haben bei der Geburt dieser Tochter ihre Beziehung aufgegeben. Von wem ging das aus? Wer von ihnen hat sie aufgegeben?
BRUNO Meine Mutter.

HELLINGER Die Mutter hat sie aufgegeben. Daher hätte sie auch den Schlüssel zur Veränderung gehabt. Jetzt schauen wir mal an, was passiert, wenn wir sie neben den Vater stellen, neben den Mann.

Bild 6

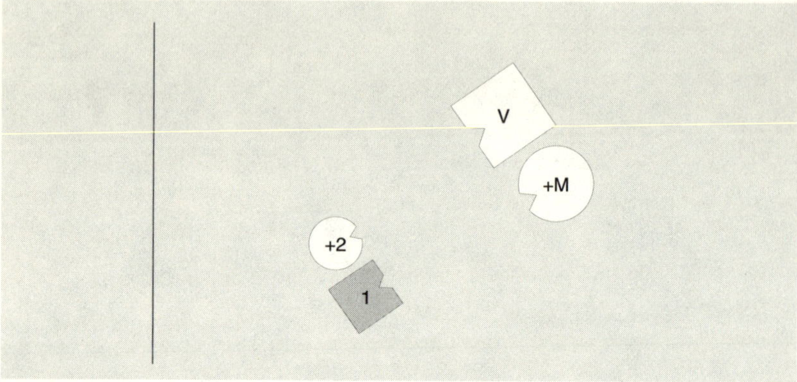

HELLINGER *zum Vater* Wie ist das? Wie geht es dir jetzt?
VATER Eigentlich ganz gut. Ja.
HELLINGER *zur Tochter* Wie geht es dir? Geht es besser oder schlechter?
ZWEITES KIND † Besser. Ich bekomme Lebensfreude und Luft um mich herum.
HELLINGER *zur Gruppe* Merkwürdig. Ausgerechnet dann, wenn die Eltern ein Paar sind und sich nicht mehr so sehr um die Kinder kümmern, geht es den Kindern besser: selbst wenn sie behindert sind.
zum Sohn Wie geht es denn dir?
ERSTES KIND Mir geht es gut.
HELLINGER Und wie geht es der Tochter?
ZWEITES KIND † Auch gut.
HELLINGER Wie geht es der Mutter?
MUTTER † Ich bin sehr erleichtert.
HELLINGER Genau. Das wäre die gute Lösung gewesen. Was aber die Mutter nicht anerkannt hat und was der Vater nicht anerkannt hat, ist, dass sie, als sie das Kind gezeugt haben, es im Bewusstsein des Risikos getan haben. Doch sie haben nicht zur Würde dieses Vollzugs gestanden. Sonst hätten sie auch dazu gestanden, dass es

schlimm für sie war, dass die Tochter behindert war. Hätten sie zusammengehalten, statt ihre Beziehung aufzugeben, wäre die Tochter vielleicht noch am Leben. Es wäre ihr auf jeden Fall besser gegangen.

zu Bruno Wenn du die Eltern so zusammen siehst, kannst auch du dein Leben von ihnen nehmen. Stell dich mal an deinen Platz, damit du spürst, wie das ist.

als Bruno an seinem Platz steht Jetzt schau deine Schwester an. Schau sie an, und sag: „Liebe Schwester! Ich bin dein großer Bruder." Sag es ihr! Wie hat sie geheißen?

BRUNO Maria.

HELLINGER Sag: „Liebe Maria, ich bin dein großer Bruder." Sag es ihr!

BRUNO Liebe Maria, ich bin dein großer Bruder.

ZWEITES KIND † Ich habe dich gern.

HELLINGER *zu Bruno* Und sage ihr: „Ich achte dein Schicksal."

BRUNO Ich achte dein Schicksal.

HELLINGER „Und ich stehe zu dir, was immer dein Schicksal ist."

BRUNO Und ich stehe zu dir, was immer auch dein Schicksal ist.

HELLINGER „Und ich stehe auch zu meinem Schicksal."

BRUNO Und ich stehe zu meinem Schicksal.

HELLINGER Jetzt mache ich noch eine Übung mit dir, eine schwere Übung, aber sie ist heilsam. Geht jetzt beide ein bisschen vor, du und deine Schwester, ein bisschen näher, und verneigt euch vor den Eltern. So wie das Gefühl ist. Mit Liebe! Verneigt euch vor den Eltern und vor dem, was sie auf sich genommen haben für euch! Verneigt euch!

Sie verneigen sich, und Bruno beginnt zu schluchzen.

HELLINGER *zu Bruno* Das ist jetzt das heilende Gefühl. Genau. Sag: „Lieber Papa und liebe Mama" oder wie immer du gesagt hast als Kind. Tief atmen! Wie hast du gesagt als Kind?

BRUNO Lieber Papi.

HELLINGER „Ich gebe dir die Ehre." Sag es so!

BRUNO Ich gebe dir die Ehre.

HELLINGER Und sag: „Liebe Mami", oder wie hast du gesagt als Kind? Mutti?

BRUNO Mutti.

HELLINGER „Liebe Mutti!"

BRUNO Liebe Mutti!
HELLINGER „Ich gebe dir die Ehre."
BRUNO Ich gebe dir die Ehre.
HELLINGER Jetzt richte dich auf, und schau sie an, einfach klar in die Augen: deiner Mutter und deinem Vater.
zu den Eltern Wie geht es euch dabei?

Beide Eltern nicken zustimmend.

HELLINGER Genau. Ihr könnt jetzt zur eigenen Würde stehen.
zu Bruno Du kannst jetzt auch zu deiner Würde stehen. Und du kannst zu deiner Würde als Vater gegenüber deinen eigenen Kindern stehen. – Okay, das war's.

zur Gruppe Ihr seht, das ist eine sehr ehrfürchtige Art der Arbeit, die wir hier machen, mit Respekt für alle Beteiligten. Und immer auf Lösung hin. Nicht unnötigerweise in der Vergangenheit herumkramen, sondern auf eine Lösung hinwirken, die ihm Kraft gibt für sein Leben und die auch in seine jetzige Familie hineinwirkt.
TEILNEHMER Ich bin noch am Nachdenken, wieso du ihn nicht hast ausführlich erzählen lassen, sondern sehr stark strukturiert hast. War das für dich ganz klar, dass du gleich bei seiner Herkunftsfamilie ansetzt?
HELLINGER Nein. Ich habe gesucht, ob es irgend etwas gibt, in das er verstrickt sein könnte. Als er dann die mongoloide Schwester genannt hat, war mir sofort klar, das ist es.

Wenn es in einer Familie ein behindertes Kind gibt, ist das immer bedeutsam. Das hat sich noch verstärkt, als er erwähnt hat, dass die behinderte Schwester früh starb und dass später auch seine Mutter durch einen Unfall ums Leben kam. Das waren für mich die wichtigen Informationen, und damit habe ich gearbeitet. Wenn es etwas anderes gewesen wäre, hätten wir es später herausgefunden. Ich fange mit dem Auffälligen an, und das sind immer Ereignisse. Die Mutter ist gestorben, das ist ein Ereignis. Die Schwester ist gestorben. Auch das ist ein Ereignis. Sie war mongoloid. Das ist ebenfalls ein Ereignis. Mehr braucht man für die Lösung nicht zu wissen.

Wenn man, statt gleich nach der Lösung zu suchen, sich von dem Hilfesuchenden noch alles mögliche erzählen lässt, wird man verwirrt. Wenn ihr diese Ereignisse auf euch wirken lasst, könnt ihr sofort spüren, dass da Kraft drin ist. Man braucht sich nur zu fragen, ist da Kraft drin oder nicht? Als er diese Ereignisse genannt hat, konnte jeder spüren, da ist Kraft drin und Energie. Mit dieser Kraft arbeite ich.

STELLVERTRETERIN DER SCHWESTER Ich bin noch ganz beeindruckt von der Intensität dieser Arbeit.

HELLINGER Du warst natürlich mitbeteiligt und konntest unmittelbar erleben, wie das wirkt. Wie unterschiedlich man sich fühlt in der einen Position und in der anderen. Ich kann nicht erklären, wieso. Bei diesen Aufstellungen haben die einzelnen teil an einem fremden Schicksal und an einem fremden Gefühl, und wir wissen nicht, wieso. Nun stellt euch vor, wenn *wir* das schon können, um wieviel mehr ist ein Kind in seiner Familie an die Gefühle und Schicksale anderer gebunden.

ANDERER TEILNEHMER Ich staune, was du für eine Sicherheit hast, die wichtigen Dinge anzupacken und dich durch die unwichtigen nicht verwirren zu lassen.

HELLINGER Ich kann dir sagen, wie man das lernt.

TEILNEHMER Das würde ich gerne wissen.

HELLINGER Man vergisst, was man bisher gelernt hat. Das ist das erste. Dann schaut man mit Liebe und Achtung auf alle Beteiligten. Also mit Liebe und Achtung für Bruno, für seine Mutter, für seine Schwester. Das waren die Hauptpersonen. Und dann wartet man, ob sich eine Lösung zeigt. Wenn man diese Grundhaltung hat, zeigt sich oft ganz schnell, wo die Lösung liegt. Natürlich kann man auch einige Techniken lernen. Zum Beispiel ist es wichtig, in so einer Situation zu testen, was im System passiert, wenn einer stirbt. Um das zu testen, schickt man die verstorbenen Personen vor die Tür. Der Tod von Mitgliedern war die Lösung, die diese Familie versucht hat. Das ist aber keine gute Lösung. Daher sucht man eine andere, eine bessere Lösung.

Bruno hat uns den Lösungsversuch seiner Familie gezeigt. Er hatte ein inneres Bild von den Beziehungen in seiner Familie. Der Lösungsversuch der Familie war unheilvoll und hat zum Tod von seiner Schwester und zum Tod seiner Mutter geführt. Bruno hat sein inneres Bild nach außen gestellt, und wir konnten es sehen. Als es nun draußen stand, konnte es verändert werden auf eine bessere Lösung hin. Damit diese Lösung für Bruno wirksam wird, braucht sich in seiner Familie überhaupt nichts zu ändern. Sein Vater braucht sich nicht zu ändern, er braucht gar nichts davon zu wissen, was hier abgelaufen ist. Und die Toten bleiben tot. Bruno aber kann jetzt dieses andere, bessere Bild in seine Seele hineinnehmen, liebevoll, und dann wirkt es für ihn zum Guten.

zu Bruno Wenn du jetzt mit dem neuen inneren Bild nach Hause kommst, werden deine Kinder strahlen. So läuft das hier ab, ganz einfach und nahe am Wesentlichen.

TEILNEHMER Auf einer praktischen Ebene habe ich die Frage, ob du, wenn Bruno zu dir privat kommen würde, gleich in der ersten Stunde so arbeiten würdest, und wenn ja, ob du ihm noch weitere Sitzungen anbieten würdest?

HELLINGER Ja, ich würde schon in der ersten Sitzung so arbeiten, aber keine weiteren Sitzungen anbieten. Ihr habt ja gesehen, alles, was für Bruno notwendig war, ist in dieser Sitzung geschehen. Allerdings muss er noch etwas beachten – und das habe ich ihm in der Pause gesagt. Systemdynamisch wäre zu vermuten, dass seine Tochter seine Schwester nachahmt; dass also seine Tochter in das Schicksal seiner Schwester verstrickt ist, weil sie bisher nicht voll gewürdigt war. Wenn er jetzt nach Hause kommt, kann er sehen, was sich in seiner Familie und bei seiner Tochter verändert hat, weil er seine behinderte Schwester voll würdigt. Seiner Tochter geht es schon allein dadurch besser, weil er jetzt mit Liebe zu seiner Schwester steht.

Ein Therapieverlauf gleicht einer ballistischen Kurve. Am Anfang steigt die Energie schnell auf den Höhepunkt zu und fällt dann wieder ab. Und genau da, auf dem Höhepunkt, bricht man ab. Alles, was dann noch geschieht, kostet Kraft. Dann fließt die Energie in mehr Wissen statt in den Vollzug.

TEILNEHMER Du würdest also gleich in der ersten Sitzung so arbeiten?

HELLINGER Ja. Und ich würde mit Bruno nichts Zusätzliches machen. Ich habe natürlich auch Zutrauen in seine Kraft und in die Kraft seiner Eltern, die er jetzt genommen hat. Er ist jetzt in den allerbesten Händen: bei seinem Vater, bei seiner Mutter und bei seiner Schwester. Bessere Hände gibt es nicht. Sobald ich ihn da abgeliefert habe, ziehe ich mich zurück.

Im alten China gab es einen gewissen Laotse, der hat ein kleines Büchlein geschrieben: das *Tao te king*. Und da steht ein Satz drin, der ist wie ein Motto für Helfer. Er sagt: „Also auch der Berufene: Ist das

Werk vollbracht, so verharrt er nicht dabei." Das mache ich als Therapeut auch. Keine Nachbesprechung oder Noch-einmal-Analysieren. Wenn es vorbei ist, ist es vorbei.

STELLVERTRETER DES VATERS Für mich war es ziemlich anstrengend, vor allem am Schluss.

HELLINGER Ich möchte hier auf etwas Wichtiges hinweisen.

Erstens, wenn man sich zur Verfügung stellt für so eine Familienaufstellung, ist es ein Dienst, den man dem leistet, der es aufstellt. So hast du es auch gemacht. Aus Liebe zu ihm hast du das gemacht, auch wenn es anstrengend war.

Das zweite ist, wenn du dort stehst, fühlst du fremde Gefühle. Du darfst das, was du während der Aufstellung fühlst, nicht auf dich selbst beziehen. Das ist sehr wichtig. Du darfst also nicht sagen: „Ach wenn ich das jetzt gefühlt habe, was ist dann bei mir alles los." Sonst wird alles verrückt. Deswegen musst du nach der Aufstellung auch ganz aus diesem System wieder zurück in deines gehen.

Und zum letzten, was war anstrengend? Als er sich vor dir verneigt hat oder so?

STELLVERTRETER DES VATERS Ja, ich glaube schon.

HELLINGER Ich wage eine Deutung, warum das so schwer war. Es ist manchmal schwer, die Ehrerbietung anzunehmen, die einem zusteht. Wärst du zum Beispiel in dieser Rolle auf deinen Sohn zugegangen und hättest ihn, als er sich vor dir verneigt hat, aufgerichtet, dann wäre das ein Kurzschluss gewesen. Das wäre zu früh für ihn gewesen. Du musst ihm gestatten, dass er dich ehrt, und dann erst kann die Liebe zwischen euch wieder fließen.

zu Bruno Aus seinen Gefühlen würde ich ablesen, dass dein Vater Ehrerbietung nur schwer annehmen kann. Ja?

Bruno nickt.

HELLINGER Er hat das gefühlt.

zum Stellvertreter des Vaters Dennoch war es auch eine gute Übung für dich, das auszuhalten. Es ist Demut, so seltsam das klingt, die Ehrerbietung, die dir zusteht, auch zu nehmen und dem Kind zu gestatten, dass es dich ehrt, wie du es als Vater verdienst. Denn Vater ist einer nicht durch persönliches Verdienst, sondern durch einen Vollzug. Es wird einer nicht Vater, weil er gut ist oder weil er schlecht ist, sondern weil er sich einlässt auf diesen Vollzug, mit allem Risiko. Ich behandle und betrachte das mit Ehrerbietung.

TEILNEHMERIN Am Anfang habe ich eigentlich erwartet, dass die Frage nach dem Problem kommt. Also, was ist das Problem? Und mich hat gewundert, dass das gar nicht nötig war.

HELLINGER Ich will dir ein Geheimnis sagen. Die Intuition wirkt nur, wenn ich auf die Lösung schaue. Wer auf das Problem schaut, der bekommt einen ganz engen Blick und ist dann gefangen. Er beobachtet Details, und dabei entgeht ihm das Ganze. Wer auf die Lösung schaut, hat immer das Ganze im Blick, und dann sieht er irgendwo den Ausweg – der blinzelt ihn an –, und sobald er ihn sieht, geht er sofort darauf zu. Alles andere kann er vergessen, denn er braucht nicht mehr. Ja?

ANDERE TEILNEHMERIN Mich hat der Satz sehr beeindruckt, dass durch die Geburt der behinderten Tochter die eheliche Beziehung zwischen den Eltern aufgehört hat, also dass die Frau zur Sühne für ihre vermeintliche Schuld die Beziehung geopfert hat. Ich habe für mich gedacht: Würde ich je auch auf so etwas kommen? Oder ist das eine Hypothese? Doch es ist ja dann aufgrund der Darstellung bestätigt worden.

HELLINGER Man hat es gesehen, und dann braucht man gar nicht zu fragen. Da war doch keine Beziehung mehr zwischen denen, und das hing mit der Geburt dieser Tochter zusammen. Wie immer die Mutter das verarbeitet hat, sie konnte nicht anders. Ihr hat die Hilfe gefehlt, und ihr hat die Würdigung gefehlt, dass sie sich auf ein Risiko eingelassen und es mit allen Folgen anschließend auch getragen hat.

TEILNEHMERIN Das hat mich sehr beeindruckt.

Aufstellung: Lieber sterben als sich tief vor dem Vater verneigen

HELLINGER Wir nützen die Zeit, und ich nehme gleich den Nächsten dran, also jemanden, der wirklich krank ist. Das hilft am meisten, und wir lernen dabei auch am meisten.

HERMANN Ich möchte drankommen, ich habe Knochenmarkkrebs.

HELLINGER Dann nehme ich dich gleich, denn das ist akut. Setze dich hier neben mich. Wie lange hast du das schon?

HERMANN Ein Jahr.

HELLINGER Und was ist gemacht worden inzwischen?

HERMANN Chemotherapie, und dann habe ich auch an verschiedenen psychotherapeutischen Gruppen teilgenommen.

HELLINGER Bist du verheiratet?

HERMANN Ja.

HELLINGER Hast du Kinder?

HERMANN Nein.

HELLINGER Liegt etwas Besonderes vor, dass ihr keine Kinder haben konntet?

HERMANN Wir wollten, aber es ging nicht.

HELLINGER Gibt es etwas Besonderes in deiner Herkunftsfamilie?

HERMANN Das einzige, was mir einfällt, ist, dass mein Vater zu seinen Brüdern ein sehr schlechtes Verhältnis hat. Sie waren zusammen in einer Firma, haben sich getrennt und haben nie mehr Kontakt miteinander aufgenommen.

HELLINGER Was war mit dem Vater des Vaters?

HERMANN Den habe ich nie kennengelernt. Mein Vater erzählt auch nicht viel. Das ist sehr dunkel für mich.

HELLINGER Das ist doch merkwürdig, dass dein Vater da nichts erzählt. Wir stellen jetzt dein Ursprungssystem auf, also deinen Vater, deine Mutter, dich und deine Geschwister. Wie viele Geschwister hast du?

HERMANN Noch eine jüngere Schwester.

HELLINGER War jemand von deinen Eltern vorher verheiratet oder in fester Bindung?

HERMANN Ich weiß von nichts. Ich glaube nicht.

HELLINGER Ist ein Kind gestorben oder tot geboren?
HERMANN Nein, nicht.

Bild 1

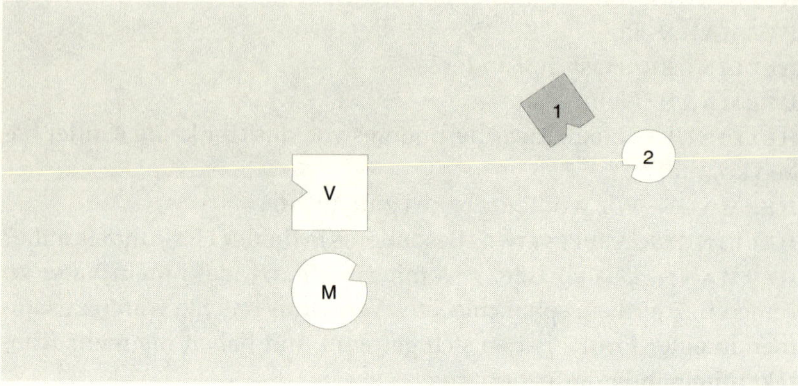

V	Vater
M	Mutter
1	**Erstes Kind, Sohn (= Hermann)**
2	Zweites Kind, Tochter

HELLINGER Wie geht es dem Vater?
VATER Man sagt, dass ich auf der Welt bin.

Lachen in der Gruppe

HELLINGER Wie geht es dir?
VATER Also sehr unverbindlich, sehr … *seufzt*
HELLINGER *zur Gruppe* Der muss gehen. Seht ihr das? Der muss gehen. Die Frage ist: Wem muss er nachfolgen? – Wie geht es der Mutter?
MUTTER Ich bin ganz entzückt, was für reizende Kinder ich habe, nur bin ich da ein bisschen weit weg. Mein Mann kann dableiben, aber er kann auch gehen.
HELLINGER *zur Gruppe* Da ist keine Liebe, merkt ihr das? Überhaupt keine Liebe. Wenn so etwas ist, vermute ich eher, dass die Mutter gehen muss und dass der Mann es für sie tut. Das ist sehr häufig: Eigentlich müsste die Frau gehen, und der Mann macht es für sie. Das nennt man Liebe oder so. Ja? Seht ihr ihren Gesichtsausdruck? Sie ist absolut böse. Sie triumphiert, wenn er geht. Sie kann

das nicht verbergen. – Ihre Stellvertreterin ist natürlich eine gute Frau und hat damit nichts zu tun. Aber sie repräsentiert hier jemanden, der böse ist. In so einer Aufstellung kann sie das nicht steuern, wenn sie sich auf das Geschehen einlässt.
VATER Und wie kommt es, dass ich hier nichts fühle?
HELLINGER Wir drehen euch um, dich hin zur Familie und die Frau weg von der Familie, und schauen dann, wie das ist.

Bild 2

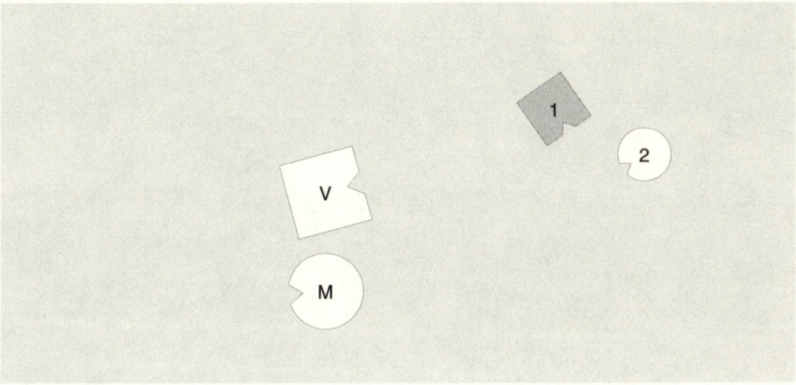

VATER *zur Frau* Drehen wir uns wieder um *(das heißt der Mann weg und die Frau hin zur Familie).*
HELLINGER Bleib ernst, sonst können wir es für ihn nicht richtig machen. – Was ist jetzt bei den Kindern?
ERSTES KIND Protest, wenn er sich wieder umdreht.
HELLINGER Genau. – Wie geht es der Tochter?
ZWEITES KIND Also ich hatte am Anfang das Gefühl, mit meinem Bruder das eigentliche Ehepaar zu sein.
HELLINGER Wie geht es der Frau jetzt? Besser oder schlechter?
MUTTER Ich möchte noch nicht weggeschickt werden. Ich möchte noch mit meinen Kindern zusammen sein und mich umdrehen.
HELLINGER Wo hast du gerade hingeschaut?
MUTTER In die Richtung des Mannes.
HELLINGER Nein, nein! Wer war das vor dir? Wer ist da? Auf was schaust du?
MUTTER Auf mein eigenes Leben, meine eigene Geschichte.
HELLINGER Das ist Blabla.

HELLINGER *zu Hermann* Auf wen schaut die Mutter, wenn sie weg will? Wem folgt sie nach?
HERMANN Ihre Schwester ist vor drei Jahren gestorben, aber …
HELLINGER Nein, das ist zu wenig.
HERMANN Ihre Mutter ist vor ein paar Jahren gestorben.
HELLINGER Nein. Es muss etwas Schwerwiegendes sein.

Hellinger führt die Mutter weiter weg von der Familie.

Bild 3

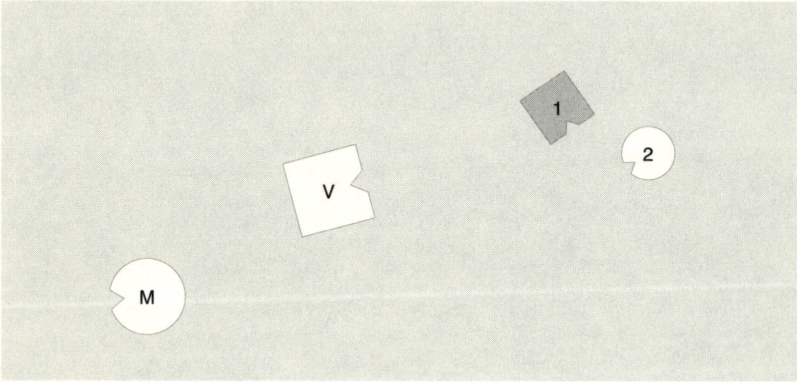

HELLINGER Wie ist es da für dich? Besser oder schlechter?
MUTTER Besser.
HELLINGER Genau. Das ist jetzt die Wahrheit. – Wie geht es dem Mann jetzt?
VATER Als ich mich zur Familie hingedreht habe, habe ich auf einmal viel an Gewicht und Leid gespürt.

HELLINGER Stelle dich mal den Kindern gegenüber, und die Kinder stellen sich dem Vater gegenüber.

Bild 4

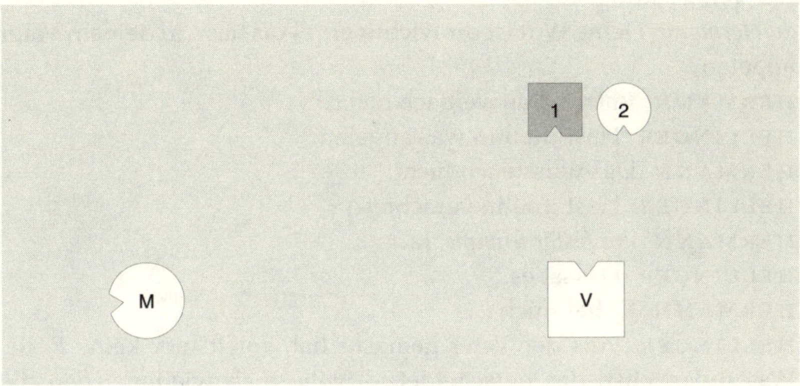

HELLINGER *zu Hermann* Stelle dich jetzt selber in das Bild und auf deinen Platz. – Wie ist das für dich?
HERMANN Ungewohnt. Sehr ungewohnt.
HELLINGER Stelle dich links neben den Vater, und schaue ihn an – mit Liebe. Dreh den Kopf, und schaue ihn an. Wie hast du den Vater angesprochen?
HERMANN Papi.
HELLINGER Sag: „Lieber Papi!"
HERMANN Lieber Papi!
HELLINGER „Bitte bleibe!"
HERMANN Bitte bleibe!
HELLINGER „Und segne mich, wenn ich mit dir bleibe."
HERMANN Segne mich, wenn ich mit dir bleibe.

Lange Pause

HELLINGER Was wäre der richtige Satz?
HERMANN Dass ich wütend bin.
HELLINGER Sag ihm: „Ich mach's für dich."
HERMANN Ich mach's für dich.
HELLINGER Laut.
HERMANN Ich mach's für dich. *Er sagt es wütend.*
HELLINGER Lauter.

HERMANN Ich mach's für dich.

Lange Pause

HELLINGER *zur Gruppe* Er wird sterben. Er geht nicht raus aus der Verstrickung.

zu Hermann Deine Wut ist dir wichtiger. – Was hast du deinem Vater angetan?

HERMANN *trotzig* Das weiß ich nicht.

HELLINGER Hast du ihm was angetan?

HERMANN Das wüsste ich nicht.

HELLINGER Hast du ihn verachtet?

HERMANN *mit fester Stimme* Ja.

HELLINGER Das ist es.

HERMANN Er hat mich …

HELLINGER Was der Vater gemacht hat, spielt hier keine Rolle. Was du machst, das entscheidet. – Stelle dich wieder neben die Schwester.

zur Gruppe Was jetzt fällig ist, wäre, dass er sich hinkniet und sich tief vor seinem Vater verneigt. Das bringt er nicht fertig. Er stirbt lieber, als dass er das macht.

zu Hermann Stimmt das?

HERMANN Nein!

HELLINGER Willst du es machen?

HERMANN Ich will es probieren.

HELLINGER Nicht probieren! Willst du es machen?

HERMANN *mit fester Stimme* Ja.

HELLINGER Gut, dann mache ich das mir dir und helfe dir dazu. – Knie dich hin auf den Boden, verneige dich bis auf die Erde, ganz tief, und strecke die Hände nach vorne, die Handflächen nach oben. So! Tief atmen! Sag: „Lieber Papi!"

HERMANN Lieber Papi!

HELLINGER „Ich gebe dir die Ehre."

HERMANN Ich gebe dir die Ehre.

HELLINGER Wiederhole es, ganz ruhig.

HERMANN Lieber Papi, ich gebe dir die Ehre.

HELLINGER Genau. Das ist der Satz. Tief atmen. „Lieber Papi!"

HERMANN Lieber Papi!

HELLINGER „Ich gebe dir die Ehre."

HERMANN Ich gebe dir die Ehre.

HELLINGER „Ich achte dich als meinen Vater“ …
HERMANN Ich achte dich als meinen Vater …
HELLINGER „… und du darfst mich haben als deinen Sohn.“
HERMANN … und du darfst mich haben als deinen Sohn.
HELLINGER „Ich gebe dir die Ehre.“
HERMANN Ich gebe dir die Ehre.
HELLINGER Bleib noch ein bisschen so, ganz ruhig, und tief ein- und ausatmen. Lass ganz locker! So! Dann, wenn du spürst, dass es richtig ist für dich, steh auf und stell dich wieder an deinen Platz.
nach einer langen Pause Tief atmen, mit offenem Mund. Das ist am besten, so dass es ein- und ausfließt: dass du den Vater hereinnimmst und die Liebe zu ihm hinströmt.
wieder nach einer langen Pause Jetzt geh zurück neben deine Schwester, und schau den Vater an. Neige leicht den Kopf, wie mit Respekt; dann richte dich wieder auf. Wie ist das für den Vater?
VATER Noch schwer zu glauben, dass das ankommt, also …
HELLINGER Was ist schwer zu glauben, dass …? Dass er dich wirklich ehrt?
VATER Ja.
HELLINGER Ja, das kann sein.
zur Gruppe Hier gibt es kein Mogeln. Merkt ihr das? Hier gibt es kein Mogeln. – Meine Hypothese bei Krebs ist, dass viele Krebskranke lieber sterben, als dass sie sich vor den Eltern tief verneigen, entweder vor dem Vater oder vor der Mutter. Lieber sterben! Deswegen richten sich viele von ihnen auch so auf. Die gehen so, erhobenen Hauptes, statt dass sie sich verneigen.
zu Hermann Jetzt schau noch einmal den Vater an, und sag ihm: „Bitte“.
HERMANN Bitte.
HELLINGER „Gib mir noch etwas Zeit.“
HERMANN Gib mir noch etwas Zeit.
HELLINGER „Bitte …“
HERMANN Bitte …
HELLINGER „… gib mir noch etwas Zeit.“
HERMANN … gib mir noch etwas Zeit.
HELLINGER Traue jetzt deiner guten Seele.
zur Gruppe Er kann noch nicht hin zum Vater. Er dürfte ihn auch nicht umarmen. Das wäre alles ein Spiel. Das geht nicht.

HELLINGER *zu Hermann* Okay, ich lasse es so. Auch ich vertraue deiner guten Seele. Darf ich das?
HERMANN Ja. *Er lächelt dabei.*
HELLINGER Ich darf es nicht. Dein Lächeln sagt, dass ich es nicht darf.
HERMANN Doch!
HELLINGER Pass auf! Ich will nicht mit dir streiten, ich will dir helfen. Daher nehme ich jedes Signal ernst. Sonst spiele ich mit dir, und das wäre schlimm. Bei so einer Krankheit wird nicht mehr gespielt. – Okay, das war's dann.
HERMANN Danke.

HELLINGER *zur Gruppe* Ich möchte etwas sagen über das Entsetzliche. Das Entsetzliche trägt. Nur wer mit ihm im Einklang ist und ihm zustimmt, wie es ist, der ist im Einklang mit der Erde. Für den, der mit ihm im Einklang ist, fügt es manchmal etwas zum Guten, viel mehr als es die Liebe vermag. Deswegen ist der Therapeut im Einklang auch mit dem Schlimmen und stimmt ihm zu, was immer es ist. Ich kann zustimmen, wenn er so bleibt und stirbt, ich kann dem zustimmen. Ich bin im Einklang auch mit dem Entsetzlichen. Und weil ich im Einklang mit dem Schlimmen bin, kann ich ihn ernst nehmen, und er kann mich ernst nehmen. Und er kann seine Krankheit ernst nehmen. Erst dann ist er vor die Entscheidung gestellt. Vorher nicht!
TEILNEHMER Wie würde denn so eine Arbeit weitergehen?
HELLINGER Überhaupt nicht. Das war alles!
TEILNEHMER Ich meine vielleicht nächste Woche oder …
HELLINGER Nein. Das war alles. Was zu tun ist, ist ihm klar. Wenn man jetzt noch weitermachen wollte, würde man lächerlich machen, was man gerade getan hat. Das hier war alles.
TEILNEHMERIN Wie sind Sie auf die Idee gekommen, dass nicht der Vater geht, sondern die Mutter? Das war ja zuerst umgekehrt.
HELLINGER Das habe ich abgelesen am Gesicht, und dann habe ich es ausprobiert. Ich habe allerdings auch schon früher die Erfahrung gemacht, dass es so etwas gibt. Hier konnte man sehen, dass es so ist.
ANDERE TEILNEHMERIN Wie erklären Sie sich das Phänomen, dass Menschen in so einer Konstellation etwas fühlen können, was sie selber gar nichts angeht.

HELLINGER Ich erkläre mir gar nichts. Ich sehe, dass es so ist, dass es so abläuft, und dass man nachprüfen kann, dass die Mitwirkenden bei einer Familienaufstellung wirklich wahrnehmen können, was in dieser Familie abläuft, und das genügt mir für meine Arbeit. – Okay, sollen wir noch einen Fall nehmen vor der Pause?
MEHRERE TEILNEHMER Ja.

Aufstellung: Spätfolgen einer Kinderlähmung und einer schweren Schwangerschaft und Geburt

HELLINGER Christa, dich nehme ich jetzt dran. Kommst du mal nach vorne?
zu Max, Christas Mann Setze dich neben sie, damit du auch mitmachen kannst.
zu Christa Was ist deine Krankheit?
CHRISTA Die Energie rutscht weg, von meiner Kinderlähmung wahrscheinlich. Ich kann nicht so laut reden wegen einer Stimmbandlähmung, die ich seit vierzig Jahren habe. Es ist jetzt erst rausgekommen, dass es von der Kinderlähmung herrührt. Der ganze Kehlbereich ist gelähmt und das Zwerchfell. Das wurde damals nicht erkannt.
HELLINGER Seit wann hast du das?
CHRISTA Da war ich vierzehn.
HELLINGER Ist da was in der Familie passiert?
CHRISTA Ich hatte Konfirmation.
HELLINGER Das dürfte keine so schlimmen Auswirkungen haben. Was ist jetzt dein Problem?
CHRISTA Meine Tochter hatte Konfirmation, und da ist die Energie bei mir ganz zusammengebrochen. Ein halbes Jahr davor konnte ich mich schon nicht aufrecht halten, und dann ist die Energie wieder zusammengebrochen, so dass ich mich nicht mehr halten konnte. Es fing mit einer Nierenbeckenentzündung an. Ich komme kaum zu Kräften.
HELLINGER Stelle jetzt dein Gegenwartssystem auf. Später schauen wir dann noch auf wichtige Personen aus deiner Herkunftsfamilie. Wer gehört zu deiner jetzigen Familie?
CHRISTA Mein Mann, ich und meine Tochter.

Christa wählt die Stellvertreter für diese Personen aus.

HELLINGER Was war bei der Geburt der Tochter?
CHRISTA Ich hatte eine ganz schwere Gestose und wäre fast gestorben. Die Ärzte gaben mir fünfzehn Prozent und dem Kind gar nichts. Wichtig ist auch zu sagen: Meine Urgroßmutter ist im Kindbett gestorben.
HELLINGER Das ist bedeutsam. – Ich hatte vor kurzem einen Kurs, in dem war eine Frau mit einer Schwangerschaftspsychose. Ihre Mutter war bei der Geburt gestorben. Später habe ich die Frau mit ihrer Tochter der toten Mutter gegenübergestellt und ihr gesagt, sie solle ihr Kind ihrer toten Mutter vorstellen und sie bitten, dass sie es segnet. Auf einmal gab es eine innige Verbindung über die Generationen hinweg mit Liebe. – So werde ich nachher auch hier arbeiten.

Jetzt stelle erst einmal die Gegenwartsfamilie auf.

Bild 1

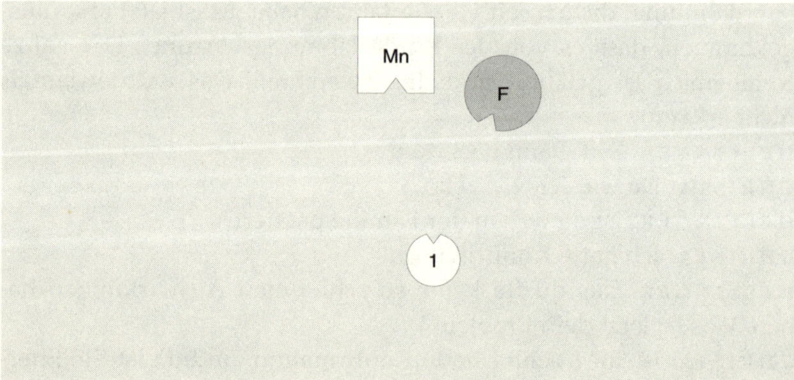

Mn	Mann
F	**Frau (= Christa)**
1	Erstes Kind, Tochter

HELLINGER Wie geht es dem Mann?
MANN Ich fühle eine Verbindung nach vorne zur Tochter, aber ich habe das Bedürfnis, mich zu meiner Frau zu drehen.
HELLINGER Wie geht es der Frau?

FRAU Mir ist sehr kalt, und von Anfang an, als sie mich aufgerufen hat, hatte ich so ein Frösteln, und das ist auch jetzt noch da. Ich habe gedacht, ich spüre eine Besserung, wenn ich in der Nähe meines Mannes stehe, aber es wird nicht besser.
HELLINGER *zu Christa* Hast du solche Kältegefühle?

Christa nickt.

HELLINGER *zur Gruppe* Seht ihr, wie unmittelbar ihre Stellvertreterin das wahrnimmt, ohne dass sie etwas davon weiß? Wie geht es der Tochter?
ERSTES KIND Ich fühle mich hilflos mit diesen Eltern. Ich weiß nicht genau, zu wem ich eigentlich eine Beziehung habe.
HELLINGER *zu Christa* Was war mit dieser Urgroßmutter?
CHRISTA Sie ist beim siebten Kind im Kindbett gestorben. Sie ist die Großmutter mütterlicherseits meines Vaters.
HELLINGER Die stelle ich jetzt auf. Ich bringe sie in den Blick, und dann schauen wir, was verändert ist.

Bild 2

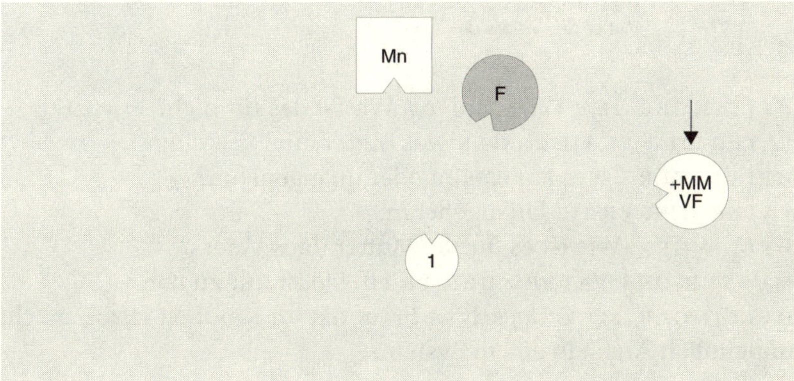

+MMVF Mutter der Mutter des Vaters der Frau, starb im Kindbett

HELLINGER Was ist verändert?
FRAU Ich kriege Unterstützung. Jetzt ist noch jemand da. Vorher habe ich mich sehr alleine gefühlt.
HELLINGER Wie geht es der Tochter jetzt?

ERSTES KIND Mir hilft sie auch. Ich gucke sie an. Die Eltern schauen dauernd weg.
HELLINGER *zu Christa* Jetzt nehme ich noch deinen Vater und seine Mutter und stelle sie dazu.

Bild 3

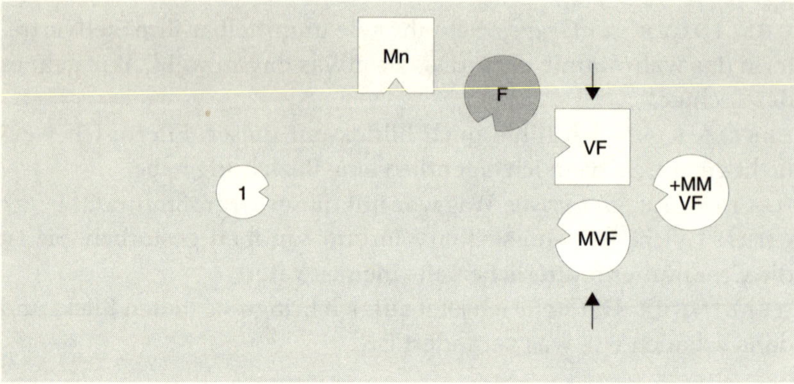

VF Vater der Frau
MVF Mutter des Vaters der Frau

HELLINGER *zum Vater der Frau* Wie ist das für dich?
VATER DER FRAU Es steht was hinter mir.
HELLINGER Ist es angenehm oder unangenehm?
VATER DER FRAU Unangenehm.
HELLINGER Wie ist es für die Mutter ihres Vaters?
MUTTER DES VATERS DER FRAU Sie ist mir zu nah.
HELLINGER *zur Gruppe* Eine Frau, die im Kindbett stirbt, macht unheimlich Angst in einem System.

Hellinger stellt die verstorbene Urgroßmutter links neben die Mutter des Vaters.

Bild 4

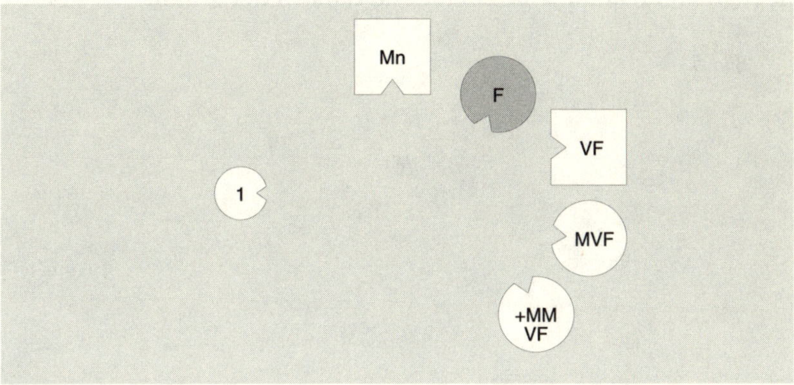

HELLINGER *zum Vater der Frau* Wie ist es, wenn sie in den Blick kommt?

VATER DER FRAU Besser.

MUTTER DES VATERS DER FRAU Für mich auch.

MUTTER DER MUTTER DES VATERS DER FRAU † Für mich ist es gut hier. Als ich hinter ihnen stand, hatte ich auch ein warmes Gefühl.

HELLINGER *zur Gruppe* Frauen, die im Kindbett starben, sind wohlmeinend gegenüber den Kindern und Enkeln, die nach ihnen kommen. Sie sind ihnen wohlgesonnen.

zur Stellvertreterin von Christa Wie geht es dir jetzt?

FRAU Besser. Die ganze linke Seite wird warm. Von links her kommt viel Kraft und Energie.

HELLINGER Jetzt stelle ich mal das System um. Normalerweise, wenn man eine Familienaufstellung macht, kommt zuerst der Mann, danach die Frau, und dann kommen die Kinder, alle im Uhrzeigersinn. Doch wenn bei der Frau etwas so Schwerwiegendes vorliegt wie hier, kommt sie zuerst und danach der Mann.

Bild 5

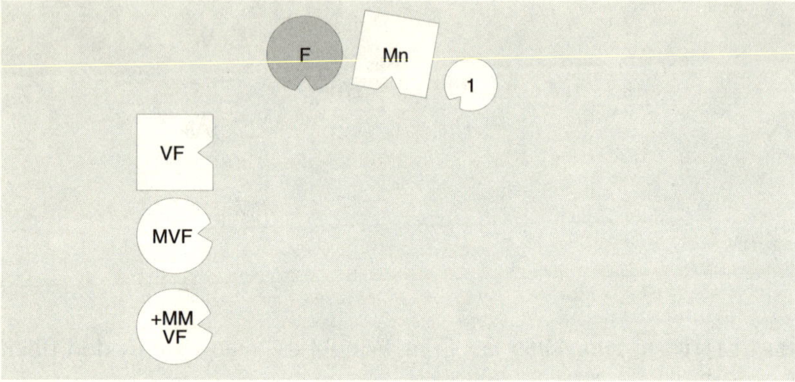

HELLINGER Wie ist es jetzt?
FRAU Es ist Energie da.
HELLINGER Energie?
FRAU Es ist lebendig von beiden Seiten, und zwar mit einem Schlag. Vorhin war ich noch wie in der Mitte abgeteilt. Dann wurde die linke Seite warm, und jetzt wurde die rechte auch warm. Ich kann gut hier stehen.
HELLINGER *zur Gruppe* Habt ihr das mitgekriegt?
zu Christa Energie war dein Stichwort. Stell dich gleich mal da hin.
CHRISTA Seltsam, nach der Geburt meiner Tochter war mein linker Arm gelähmt.
HELLINGER Stell dich mal dahin, und probiere aus, wo der richtige Platz für dich ist. Du kannst auch andere verschieben, wenn jemand etwas näher zu dir muss oder etwas weiter weg.

Christa stellt sich an ihren Platz, tritt näher zu ihrem Mann und winkt dann den Vater mit der Großmutter und der Urgroßmutter näher zu sich.

Bild 6

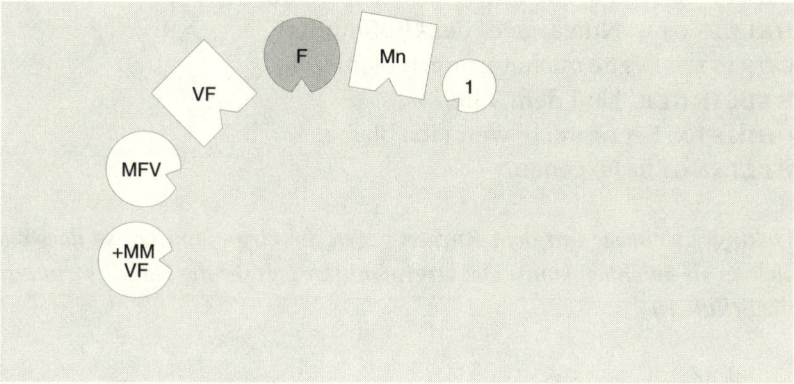

HELLINGER Wie geht es dem Mann jetzt?
MANN Ich fühle mich wohl so.
HELLINGER Gut. Wie geht es der Tochter?
ERSTES KIND Ja, es ist okay da.
HELLINGER *zur Gruppe* Ich habe die Tochter aus dem Bannkreis der Mutter herausgenommen und in den Bannkreis des Vaters gestellt, weil das System der Mutter zu sehr belastet ist.
zu Max, dem Mann von Christa Willst du dich auch mal in das Bild stellen und dein Glück genießen?

Max stellt sich an seinen Platz und nickt zufrieden.

HELLINGER *zu Christa* Sag der Urgroßmuter: „Bitte segne mich, wenn ich bleibe!" Schau sie an!
CHRISTA Bitte segne mich, wenn ich bleibe!
HELLINGER Du darfst ihr das ruhig ein bisschen freundlicher sagen. Sage es ihr mit Kraft: „Bitte …"
CHRISTA *mit fester Stimme* Bitte segne mich, wenn ich bleibe.
HELLINGER Genau.
CHRISTA Bitte segne mich, wenn ich bleibe.
HELLINGER Sag ihr: „Ich bleibe …"
CHRISTA Ich bleibe …
HELLINGER „… bei meinem Mann."

CHRISTA … bei meinem Mann.
HELLINGER „Und bei meinem Kind."
CHRISTA Und bei meinem Kind.
HELLINGER „Und segne mich, wenn ich bleibe."
CHRISTA Und segne mich, wenn ich bleibe.
HELLINGER Nun sage es der Großmutter!
CHRISTA Segne mich, wenn ich bleibe.
HELLINGER Und dem Vater!
CHRISTA Segne mich, wenn ich bleibe.
HELLINGER Ja, genau.

Hellinger stellt sie mit dem Rücken gegen die Urgroßmutter, so dass sie sich an sie anlehnen kann. Die Urgroßmutter legt ihr die Hände sacht auf die Schultern.

Bild 7

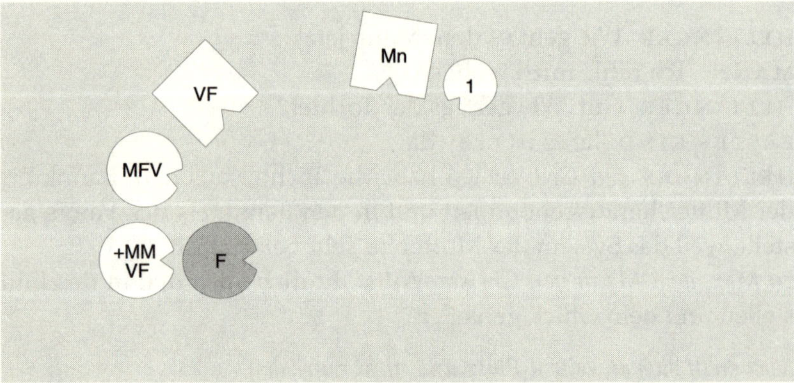

HELLINGER Hole dir Kraft bei der Urgroßmutter!
nach einer Pause Jetzt gehe wieder zurück neben den Mann, schaue die Urgroßmutter noch einmal an, und sage: „Segne mich, wenn ich bleibe."
CHRISTA Segne mich, wenn ich bleibe.
HELLINGER Jetzt war die Kraft da. Gut, das war's.

HELLINGER *zu Daniel* Ich nehme dich jetzt. Wir haben ja in der Pause schon miteinander geredet. Setze dich neben mich. – Ich möchte etwas wissen über deine Familie, sonst nichts. Sind deine Eltern verheiratet?

DANIEL Ja.

HELLINGER Wie viele Kinder?

DANIEL Sie haben drei Söhne.

HELLINGER War jemand von den Eltern vorher verheiratet oder in fester Bindung?

DANIEL Nein.

HELLINGER Ist in den Ursprungsfamilien der Eltern etwas Besonderes passiert?

DANIEL Die Mutter meines Vaters ist an Krebs gestorben.

HELLINGER Wie alt war sie, als sie starb?

DANIEL Sechzig oder Fünfundsechzig.

HELLINGER Das ist dann nicht so bedeutsam. Ist jemand im Kindbett gestorben?

DANIEL Ich meine, es hätte eine Totgeburt gegeben, aber ich weiß nichts davon.

HELLINGER Bei wem?

DANIEL Bei meiner Mutter, aber ich weiß es nicht sicher.

HELLINGER Das wäre ein Geschwister von dir?

DANIEL Richtig.

HELLINGER Ein Junge oder ein Mädchen?

DANIEL Das weiß ich nicht.

HELLINGER Was ist dein Bild?

DANIEL Eher ein Mädchen.

HELLINGER Genau. Du bist das wievielte Kind?

DANIEL Ich bin das letzte, das dritte.

HELLINGER Und die Totgeburt war wann? Nach dir oder vor dir?

DANIEL Vor mir.

HELLINGER Unmittelbar vor dir?

DANIEL Ich meine, ja.

HELLINGER Okay, jetzt stellen wir dieses System auf. Bitte. Das totgeborene Kind lasse noch aus. Das nehmen wir später.

Bild 1

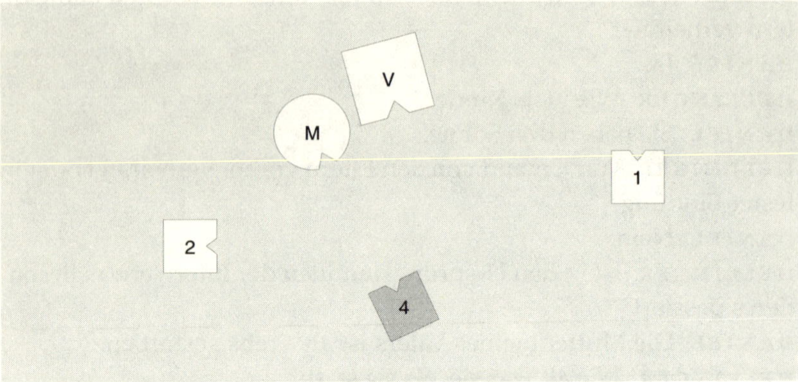

V	Vater
M	Mutter
1	Erstes Kind, Sohn
2	Zweites Kind, Sohn
4	**Viertes Kind, Sohn (= Daniel)**

HELLINGER Wie geht es dem Vater?
VATER Ich habe mich gerade gefragt, was geschehen ist, dass der älteste Sohn so weggeht. Außerdem, meine Frau versperrt mir den Kontakt zu meinem zweiten Sohn. Den würde ich gerne haben, diesen Kontakt.
HELLINGER Wie geht es der Mutter?
MUTTER Ich bin ein bisschen ratlos. Den Mann sehe ich nicht, das erste und das zweite Kind sehe ich auch nicht. Der jüngste Sohn ist der einzige, den ich im Blick haben kann.
HELLINGER Wie geht es dem ältesten Sohn?
ERSTES KIND Ich habe ein starkes, schlechtes Gefühl im Rücken. Ich sehe gerade noch meine Eltern und sonst nichts mehr. Die Eltern sehe ich aber nur aus den Augenwinkeln.
HELLINGER Wie geht es dem zweiten Sohn?
ZWEITES KIND Ich möchte dem älteren Bruder hinterherlaufen.
HELLINGER *zum Stellvertreter von Daniel* Wie geht es dem jüngsten Sohn?

VIERTES KIND Als ich hierher gestellt wurde, war mir das viel zu eng zur Mutter. Ich will lieber zu den beiden Brüdern.
HELLINGER *zu Daniel* Jetzt stelle die totgeborene Schwester dazu. Mache es ganz nach deinem Gefühl.

Bild 2

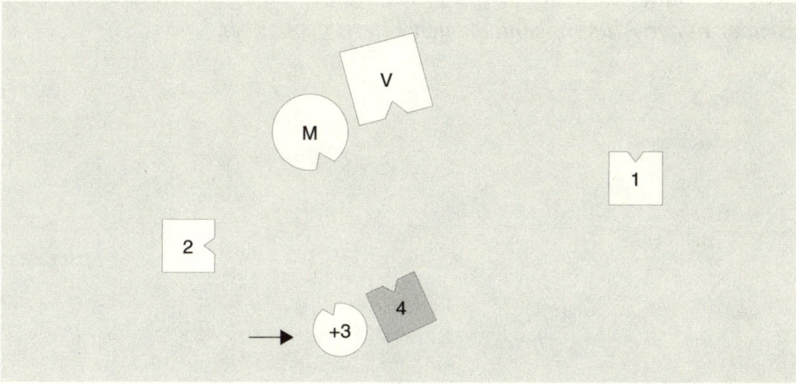

+3 Drittes Kind, Schwester, totgeboren

HELLINGER Was ist beim jüngsten Sohn verändert?
VIERTES KIND Mir macht das total Angst. Das ist mir viel zu nah und unsicher.
HELLINGER Wie geht es der Schwester?
DRITTES KIND † Ich fühle mich ganz fremd hier.
HELLINGER Wie ist das jetzt bei den Eltern?
MUTTER Mir gefällt das Kind hier.
VATER Es ist etwas dazugekommen, aber die Grundsituation hat sich nicht geändert.
HELLINGER *zu Daniel* Kann ich jetzt deine Situation kurz schildern?

Daniel nickt.

HELLINGER *zur Gruppe* Er hat mir in der Pause gesagt, er fühlt sich gespalten, genau in der Mitte, und ist sich nicht klar über seine geschlechtliche Identität, ob Mann oder Frau. Das passiert in einer Familie, wenn ein Junge mit einem Mädchen identifiziert sein muss,

weil es dort keinen Platz bekommen hat. Hier haben wir genau diese Situation. – Das Mädchen muss zu seinen Eltern.
zur Stellvertreterin des totgeborenen Mädchens Setze dich vor die Eltern, und lehne dich an sie an.

Hellinger stellt die Mutter links neben den Vater und fordert die Eltern auf, die eine Hand sachte auf den Kopf des Kindes zu legen. Dann stellt er die Brüder in der Altersreihenfolge den Eltern gegenüber.

Bild 3

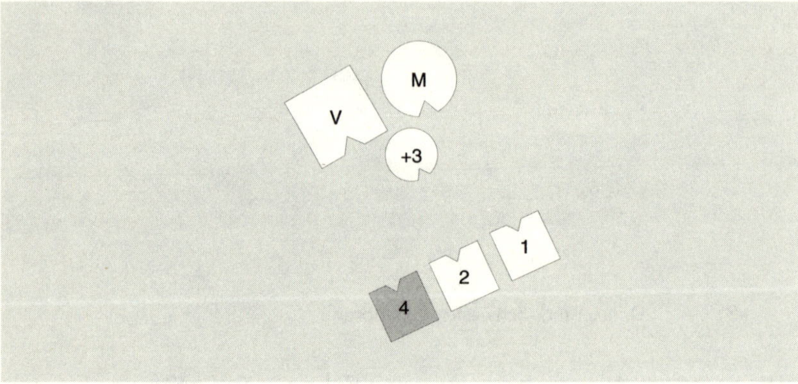

HELLINGER Wie ist das jetzt?
VATER Ich bin der stolze Vater.
MUTTER Mir geht es gut dabei.
HELLINGER Wie geht es dem jüngsten Sohn jetzt?
VIERTES KIND Jetzt fühle ich mich wieder entspannt. Jetzt passt es.

Die Eltern lächeln sich zu.

HELLINGER *zur Gruppe* Jetzt kommt der jüngste Sohn aus der Identifizierung heraus, weil das andere Kind seinen Platz bekommen hat. Er kann jetzt er selber sein und muss nicht eine andere Person, ein Mädchen, vertreten.
zur Schwester Wie geht es dem Kind dort unten?
DRITTES KIND † Ich habe meinen Platz hier.
HELLINGER Genau.
zu Daniel Willst du dich mal an deinen Platz stellen?

Daniel stellt sich an seinen Platz und schaut sich um.

HELLINGER Wie geht es den anderen Brüdern?
ERSTES KIND Super.

Die Brüder nicken sich zu.

HELLINGER Okay, das war's dann.

Gegengeschlechtliche Identifizierung bei gleichgeschlechtlicher Liebe und bei Psychosen

HELLINGER *zur Gruppe* Vor kurzem haben Gunthard Weber und ich einen Kurs gehalten, und zwar hatten wir 25 psychotische Patienten eingeladen, jeden mit seinem Arzt oder Therapeuten und mit seinen Eltern. Wir wollten herausfinden, was es bei Psychosen für eine Familiendynamik gibt. Wir hatten die Hypothese, dass Psychotiker vielleicht mit zwei verschiedenen Personen identifiziert sind, doch diese Annahme wurde durch die Praxis sehr schnell über den Haufen geworfen. Wir haben sehr bald gesehen, dass fast alle psychotischen Patienten gegengeschlechtlich identifiziert waren. Zum Beispiel wurde bei einem Ehepaar, deren Tochter in einer psychiatrischen Klinik war, bei der Aufstellung klar, dass diese Tochter den totgeborenen Zwillingsbruder ihres Vaters vertrat. Daher wurde sie verrückt.

Hätte es in Daniels Familie noch ein anderes Mädchen gegeben, hätte sie die tote Schwester vertreten; dann hätte es nicht ein Bruder tun müssen. Aber es gab nur noch Jungen. Deswegen musste einer von ihnen die tote Schwester vertreten.

Die Frage ist nun, wie man damit umgeht. Ob es noch veränderbar ist, bleibt fraglich. Das ist die Erfahrung. Denn auch bei einer homosexuellen Beziehung entsteht eine Bindung, die später nur schwer auflösbar ist. Wenn sie aufgelöst werden kann, dann ist es etwas ganz Besonderes. Wer durch seine Familiensituation in so etwas hineingedrängt wurde, hat ein besonderes Schicksal, und er muss dazu stehen als seinem Schicksal.

zu Daniel Für dich wäre noch eine Möglichkeit, dass du deiner toten Schwester ein Jahr lang die schönen Dinge der Welt zeigst – mit

Liebe. Das Merkwürdige ist, dass Liebe die Identifizierung aufhebt. Bei der Identifizierung bin ich ja wie die Person, die ich vertrete. Sie ist kein Gegenüber für mich. Deswegen kann ich die Person, mit der ich identifiziert bin, auch nicht lieben. Sobald ich sie liebe, ist sie mir gegenüber oder an meiner Seite. Dann bin ich mit ihr sowohl verbunden als auch von ihr getrennt, und die Identifizierung ist aufgehoben und rückgängig gemacht. – Trau, dass deine Schwester etwas Gutes für dich tut!

zur Gruppe Gibt es noch irgendwelche Fragen dazu?

TEILNEHMERIN Eben wurde gesagt, dass bei Homosexualität das Kind immer gegengeschlechtlich identifiziert ist. Ist das erstens eine generelle Aussage dazu, weil das eine ganz neue Dimension in der Diskussion zur Homosexualität aufwirft, und zweitens, wie ist das bei Transsexualität?

HELLINGER Transsexualität ist immer Homosexualität. Da ist kein Unterschied. Es ist eine extreme Form davon.

Die Homosexualität ist aber nicht immer auf gegengeschlechtlicher Identifizierung gegründet. Es gibt auch Homosexualität, wenn jemand nur einen Ausgestoßenen repräsentieren muss. Das kann beim Mann auch ein Mann sein. Das Homosexuelle wird erlebt wie Außenseitersein. Es kann also sein, dass ein Homosexueller nur einen Außenseiter darstellt, ohne dass er gegengeschlechtlich identifiziert ist. Das gibt es auch. Aber eine solche Homosexualität wird nicht so bedrückend erlebt, wie wenn einer gegengeschlechtlich identifiziert sein muss. Ist die Frage beantwortet?

ANDERE TEILNEHMERIN Die Frage ist nicht erledigt. Würde das den alleinigen Grund für die Homosexualität bedeuten, wie kann man sich erklären, dass andere Gesellschaften ganz anders damit umgehen, also wenn wir mal die alten Griechen nehmen, für die die Homosexualität einfach normal war?

HELLINGER Ich hüte mich, über Dinge zu reden, die ich nicht sehe. Das hier kann ich sehen, und soweit ich es sehe, sage ich es; aber als allgemeine Aussage wäre mir das zu riskant. Ich gebe das einfach mal zu bedenken, dann kann man damit manchem Homosexuellen sein Schicksal erleichtern. Er sieht sich dann in einem anderen Licht. Ob man es ändern kann, ist eine andere Frage.

ANDERE TEILNEHMERIN Wie erklären Sie Bisexualität?

HELLINGER Ist Homosexualität.

Sich für den Vater und gegen den Freund der Mutter entscheiden

DANIEL *am nächsten Tag* Mir ist zu meiner Aufstellung noch eingefallen, dass meine Mutter noch einen Freund hatte, der nach Amerika verschwunden ist.
HELLINGER Die Mutter hatte noch einen Freund?
DANIEL Genau. Ich habe das damals mitbekommen, als er kurz da war und dann weg und verschwunden war. Das war der Mann, den sie sich gerne gewünscht hätte. Dieses Gefühl habe ich heute.
HELLINGER In so einer Situation muss ein Junge diesen Freund für die Mutter repräsentieren, ohne dass er das merkt und ohne dass die Mutter es will. Wer das bei euch ist, weiß ich nicht, ihr seid ja drei. Dieser Junge kommt dann in Konflikt mit seinem Vater und hat es dadurch schwer, Mann zu werden. Er kann seinen Vater nicht nehmen, und der Vater kann ihm sein Väterliches nicht geben, weil er einen Konkurrenten des Vaters vertritt.

Die Lösung ist, dass er der Mutter ins Angesicht sagt: „Der ist mein Vater, nur der. Ich stelle mich neben ihn; mit dem anderen habe ich nichts zu tun." Und dass er dem Vater sagt: „Du bist mein Vater, und ich nehme dich als meinen Vater. Du bist der Richtige für mich, mit dem anderen habe ich nichts zu tun. Ich bin dein Sohn."
DANIEL In der Rolle des Konkurrenten habe ich mich öfters gefühlt.

Das Wissen dient dem Handeln

DANIEL Der gestrige Tag hat mir noch gebracht, dass die Familie des Vaters für mich sehr wichtig ist. Dort ist der Großvater verschollen. Man redet nicht davon, was da passiert ist. Da fehlt irgendwas.
HELLINGER Ich will jetzt nicht darauf eingehen. Wir dürfen nicht zuviel auf einmal machen. Es genügt, wenn du den Großvater hinter deinem Vater siehst und ihn zusammen mit deinem Vater ehrst. Als Grundsatz gilt: Das Wissen dient dem Handeln. Sobald ich genug Wissen habe, um zu handeln, höre ich mit den Nachforschungen auf und handle. Wenn ich mehr wissen will, als ich zum Handeln brauche, geht die Kraft zum Handeln verloren. Dann wird das Wissen zum Ersatz für das Handeln.

Aufstellung: „Lieber ich als du"

HELLINGER *zu Ernst* Setz dich hierher. Was ist bei dir?

ERNST Ich habe mir vor fünf Jahren ein Melanom herausoperieren lassen, habe vor drei Jahren eine Metastase gehabt, und akut habe ich eine Venenentzündung. Gemacht habe ich außer den Operationen …

HELLINGER Das brauche ich nicht zu wissen. – Willst du dein Familiensystem anschauen?

ERNST Ja, ich möchte es anschauen.

HELLINGER Bist du verheiratet?

ERNST Ja.

HELLINGER Hast du Kinder?

ERNST Eins habe ich, und eines ist kurz vor der Geburt.

HELLINGER Du schuldest es deinen Kindern, dass du gesund wirst. Weißt du das?

ERNST Das weiß ich.

HELLINGER Sonst folgen sie dir nach. – Das ist eine gute Motivation, dass wir jetzt etwas Gutes für dich tun?

ERNST Das ist sie.

HELLINGER Gab es irgend etwas Besonderes in deiner Herkunftsfamilie?

ERNST Wir sind vier Kinder. Von meiner Mutterseite her gibt es nichts Besonderes. Das ist eine riesengroße Familie …

HELLINGER War etwas mit deinen Geschwistern? Ist jemand gestorben oder totgeboren?

ERNST Mein Vater hat auch Hautkrebs und meine Schwester und mein älterer Bruder auch.

HELLINGER Hu! Das kommt ja gehäuft vor. – Was ist in der Familie deines Vaters?

ERNST Der Vater von meinem Vater ist gestorben, als mein Vater sieben oder acht Jahre alt war …

HELLINGER An was?

ERNST Es heißt, er ist an einem Granatsplitter gestorben, der sich irgendwann wieder mal in Bewegung gesetzt hat. Dann ist eine Blutvergiftung entstanden, und daran ist er plötzlich gestorben.

HELLINGER Wie viele Geschwister hatte der Vater?

ERNST Eine Halbschwester.

HELLINGER Wo kommt die Halbschwester her?

ERNST Sie kommt aus der ersten Ehe seines Vaters und ist älter als er.
HELLINGER Was ist denn mit seiner ersten Frau gewesen?
ERNST Die hat sich, soviel ich weiß, im Kindbett oder kurz danach aus dem Fenster gestürzt. Warum, weiß ich nicht.
HELLINGER Das ist die wichtige Person. Doch ich fange mit deiner Gegenwartsfamilie an. Die stelle jetzt auf, also dich, deine Frau und das Kind. Wie alt ist das Kind?
ERNST Vier Jahre alt.

Bild 1

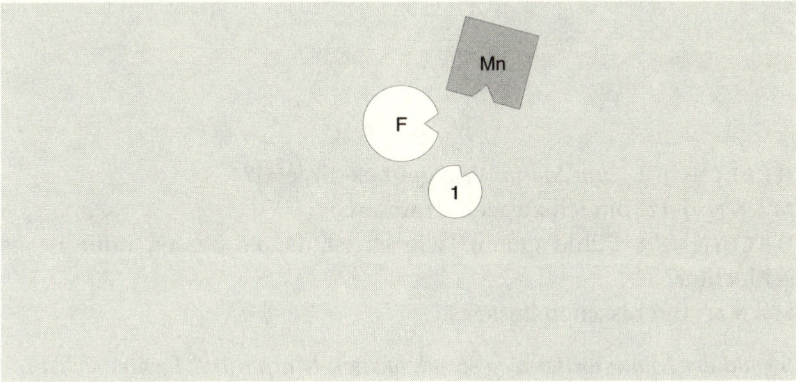

Mn	**Mann (= Ernst)**
F	Frau
1	Erstes Kind, Tochter

HELLINGER Wie geht es dem Mann?
MANN Ich fühle mich so abgedeckt, also unheimlich eng. Das ist einerseits schön, andererseits ist es zuviel.
HELLINGER Wie geht es der Frau?
FRAU Zu eng, und ich schaue nach vorn.
HELLINGER Wie geht es der Tochter?
ERSTES KIND Ich habe die Tendenz, etwas weiter weg von der Mutter zu stehen.

Hellinger stellt den Mann aus der Familie heraus.

Bild 2

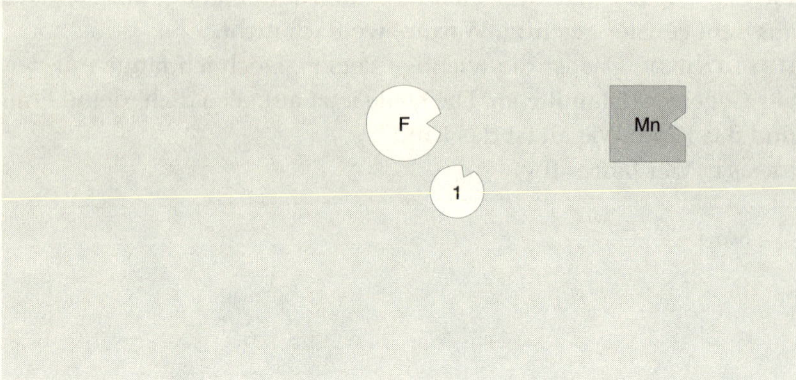

HELLINGER *zum Mann* Wie geht es dir jetzt?
MANN Jetzt bin ich zu weit draußen.
HELLINGER Fühle genau, wie es ist. Ist es besser, oder ist es schlechter?
MANN Ein bisschen besser.

Sobald der Mann weiter weg stand, lachten Mutter und Tochter sich an.

HELLINGER *zur Gruppe* Merkwürdig! Seht ihr das?

Mutter und Tochter lachen sich schallend an.

HELLINGER Seht ihr das? Für die muss der verschwinden. Oh!
zu Ernst Ist das so?

Ernst nickt.

HELLINGER Was sagst du dazu?
ERNST Da kann ich im Moment noch nicht gleich was dazu sagen.
HELLINGER Ja, das ist schwer.
ERNST Hm!
HELLINGER Was ist in der Familie deiner Frau passiert?
ERNST Ihr Vater ist auch an Krebs gestorben.
HELLINGER Wie alt war er, als er starb?
ERNST Das weiß ich nicht so genau. Sechzig, siebzig oder so, aber er hat sich vorher schon von der Ehefrau scheiden lassen.

HELLINGER Wieso hat er sich scheiden lassen?
ERNST Ich glaube, die Frau hat ihn weitergeschickt, so wie ich mitgekriegt habe.
HELLINGER Die Frau hat ihn weitergeschickt?
ERNST Sie hat ihn zu einer Arbeitsstelle in die Schweiz vermittelt.

Lachen in der Gruppe

HELLINGER *zur Gruppe* Ihr habt hier genau die gleiche Situation. Was ihre Mutter mit dem Mann gemacht hat, das macht die Tochter jetzt mit ihrem Mann. Das wird wiederholt, genau das gleiche.
zu Ernst Jetzt stelle den Vater deiner Frau auf.

Bild 3

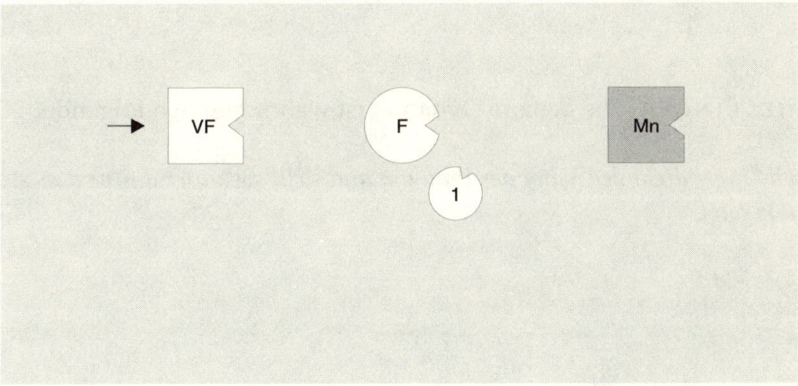

VF Vater der Frau

HELLINGER Was ist bei der Frau verändert?
FRAU Ich spüre den Impuls, zurückzugehen und mich an meinen Vater anzulehnen.

HELLINGER Tu das.

Bild 4

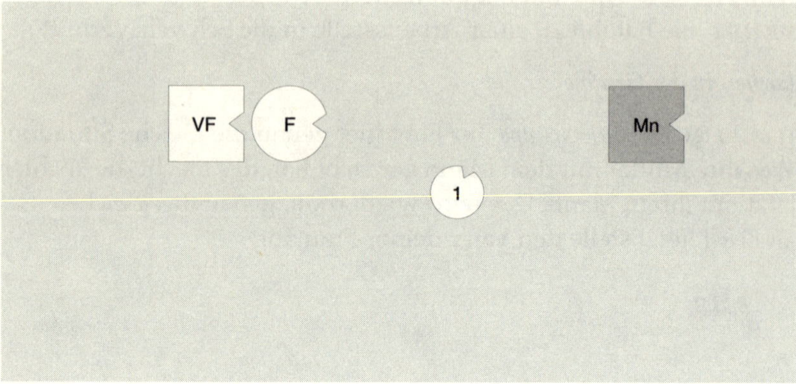

HELLINGER Die genaue Dynamik ist wahrscheinlich folgende:

Hellinger dreht den Vater der Frau um und stellt sie hinter ihn, so dass sie ihm folgt.

Bild 5

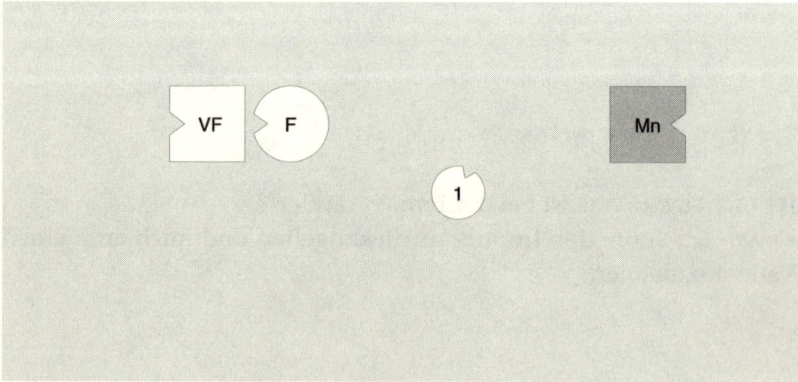

HELLINGER Wie geht es dem Vater der Frau?
VATER DER FRAU Diese Richtung ist viel besser.
HELLINGER Wie geht es der Frau?

FRAU Besser. Ich möchte meinen Vater von hinten umarmen.
HELLINGER *zur Gruppe* Ihre Dynamik ist: „Ich folge dir nach." Und wer geht? – Ihr Mann. Männer sind freundlich, das soll endlich mal gesagt werden! *Lachen und Klatschen in der Gruppe*

Hellinger dreht den Mann um und stellt die Tochter neben ihn.

Bild 6

HELLINGER Was ist jetzt beim Mann?
MANN Es ist schöner. Ich bin nicht mehr so alleine.
HELLINGER Wie geht es der Tochter jetzt?
ERSTES KIND Gut geht es mir.
HELLINGER *zu Ernst* Das ist die geheime Dynamik in dem System. Es ist keine gute Dynamik, wie du siehst. Ich habe dir den Teufel an die Wand gemalt.
ERNST Ich denke, da ist ja auch noch ein dicker Bauch da *(seine Frau ist schwanger).* Der hat damit auch noch was zu tun.
HELLINGER Der ändert nichts. Der hat hier ja auch nichts geändert.
ERNST Aber die Tochter hat was geändert.
HELLINGER Was?
ERNST Dass der Mann nicht mehr so alleine ist.
HELLINGER Das schon. Das Kind muss auch zum Vater. Die Frage hier aber ist, wie ist deine Frau zu retten?
ERNST Indem sie sich von ihrem Vater loslöst.
HELLINGER Nein, nein, das geht nicht!

ERNST Also, dass sie nicht mehr hinterhergehen will.
HELLINGER Wir müssen jetzt ihre Mutter aufstellen, dann sehen wir weiter. Stelle sie auf!
zur Gruppe Wenn man so eine Aufstellung macht, dann zeigt man oft zuerst das Extrem, zu dem das System hin tendiert. Erst dann ist der volle Ernst gegeben. Danach schaut man, ob es noch andere Lösungen gibt. Oft gibt es keine anderen Lösungen, aber für den Klienten ist es wichtig, dass man die anderen wenigstens versucht.

Bild 7

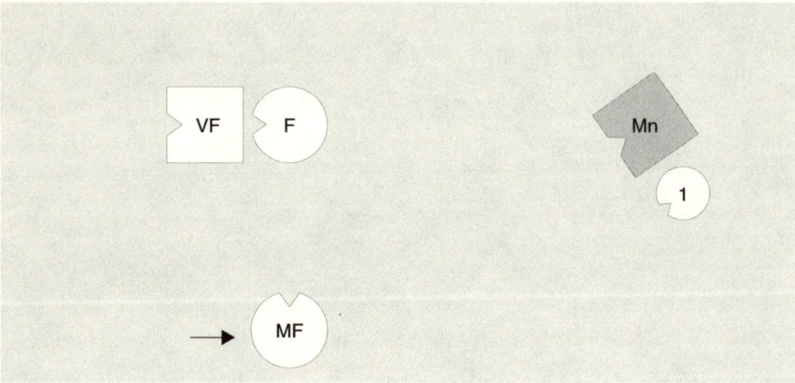

MF Mutter der Frau

HELLINGER Wie geht es der Frau jetzt?
FRAU Besser. Ich möchte zu meiner Mutter hin.

HELLINGER Tu's.

Bild 8

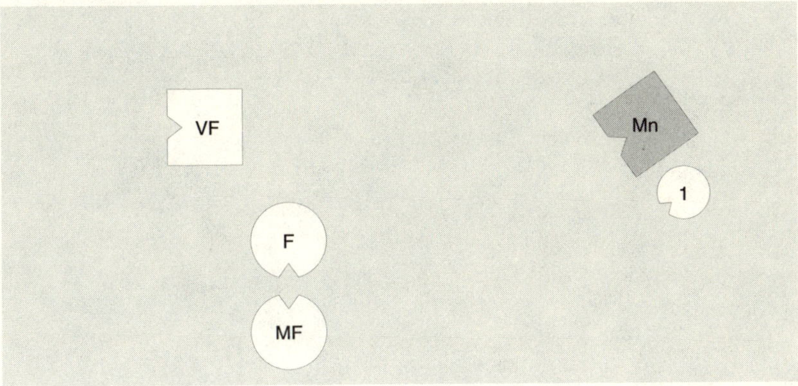

Die Frau schaut die Mutter wütend an.

HELLINGER *zur Gruppe* Wen vertritt die Tochter jetzt mit dieser Wut? – Den weggeschickten Vater. Und wer müsste die Wut abkriegen, die er hat? – Ihre Mutter. Und wer kriegt sie in Wirklichkeit ab?
TEILNEHMER DER GRUPPE Der Mann.
HELLINGER Der Mann. Das nennt man die doppelte Verschiebung.
zum Vater der Frau Wie geht es dir jetzt?
VATER DER FRAU Ich habe meine Frau von links gespürt.

HELLINGER Dreh dich mal um. Deine Tochter stellen wir neben dich, und deine Frau wenden wir weg.

Bild 9

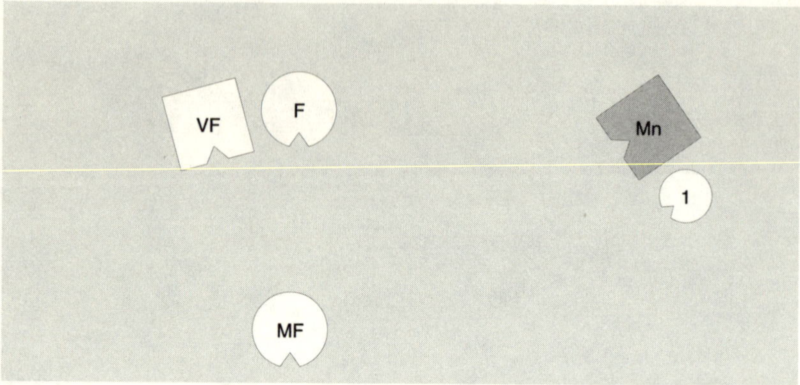

HELLINGER Was ist jetzt?
FRAU Ich werde wütend. Ich will nicht, dass sie sich abwendet und geht.
VATER DER FRAU Mir geht es jetzt viel besser.

Lachen in der Gruppe

HELLINGER Was soll man mit Kindern machen! Sie sind beiden Eltern treu.
HELLINGER Wie geht es der Mutter der Frau?
MUTTER DER FRAU Ich habe zu denen wenig Bezug.

HELLINGER Genau. Geh noch weiter weg.

Bild 10

HELLINGER *zur Gruppe* Wir wissen nicht, was in ihrer Familie ist, wieso sie da hinaustendiert. Wir lassen das aber und suchen die Lösung in dieser Familie.
zur Stellvertreterin der Frau Soll ich die Lösung suchen?
FRAU Ja. *Sie lacht.*

Hellinger stellt nun das Lösungsbild auf.

Bild 11

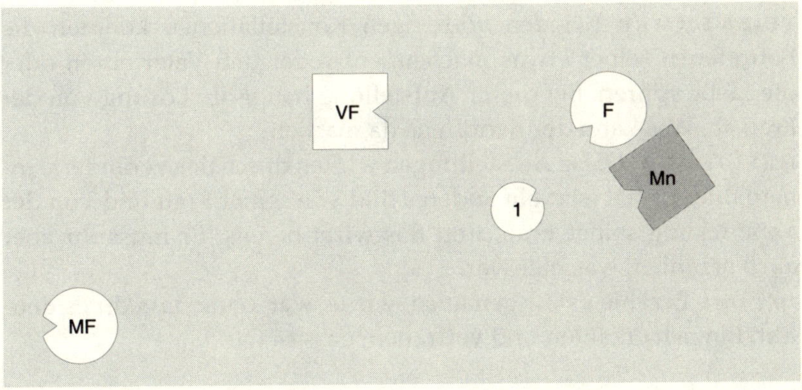

HELLINGER Wie ist das jetzt?
FRAU Besser. Ich merke, ich kann besser durchatmen. Ich hatte spontan das Gefühl, das ist mein Platz. Vorher wusste ich nicht, wo ich eigentlich hingehörte.
MANN Ich fühle, sie steht viel mehr zu mir, also neben mir. Das ist eine gute Enge. Die davor war nicht echt.
ERSTES KIND Ich habe jetzt Eltern.
VATER DER FRAU Wohlwollend. *Er lacht.*
HELLINGER *zu Ernst* Willst du dich jetzt mal selber hinstellen an deinen Platz?

Ernst stellt sich hin, Mann und Frau lachen sich an und schäkern miteinander.

HELLINGER Manchmal gibt es also doch noch eine gute Lösung.
zu Ernst Ich habe das vordergründige Problem zuerst behandelt, deine Gegenwartsfamilie. Ob der Krebs mit der Dynamik deiner Familie zu tun hat, wissen wir nicht. Dazu müssten wir noch deine Herkunftsfamilie aufstellen. Ich darf jetzt nicht zuviel auf einmal machen. Einverstanden?
ERNST Es ist okay.
HELLINGER Gut, das war's dann.

Aufstellungen wirken durch das innere Bild

HELLINGER Gibt es irgendwelche Fragen dazu?
TEILNEHMER Bei den vorherigen Konstellationen konnten die Betroffenen selber etwas machen: entweder den Vater ehren oder die Liebe spüren. Bei dieser Aufstellung hängt die Lösung von der Frau ab. Was kann der Betroffene da machen?
HELLINGER Diese Aufstellungen wirken durch das veränderte innere Bild. Er hat jetzt ein anderes Bild von seiner Frau und von der Verstrickung seiner Frau, und das wirkt bereits. Er muss ihr aber auch erzählen, was hier war.
zu Ernst Erzähle es ihr genau so, wie es war, ohne dass du es deutest. Einfach erzählen und vertrauen, dass es wirkt.

zur Gruppe Das Richtige braucht keine Erklärungen. Wenn er ihr erzählt, was hier war, genügt es. Alles andere macht das Bild, das die

Frau dann in sich trägt. Er muss dann warten. Aber seine Beziehung zur Frau ist schon jetzt verändert, denn wenn er jetzt nach Hause kommt, nimmt die Frau ihn anders wahr, weil er in sich ein anderes Bild von ihr hat. Mehr mache ich da nicht, darf ich nicht machen.

Vom Therapeuten wird also große Zurückhaltung gefordert. Er darf nicht „durcharbeiten", sondern hört auf dem Höhepunkt der Kraft auf und überlässt das System seinen guten Kräften.

Das „Richtige"

TEILNEHMERIN Ich habe noch eine technische Frage. Macht es einen Unterschied, ob *Sie* jemanden suchen, der eine Rolle übernimmt, oder ob der Patient sich selber die Leute aussucht? Und ich habe eine inhaltliche Frage. Sie sagen häufig „richtig" oder „das ist richtig" oder „so ist es richtig". Da ist für mich die Frage: Haben Sie Prinzipien dafür, oder sagen Sie das, weil es sich atmosphärisch richtig anfühlt?

HELLINGER Es spielt keine Rolle, wer in einer Aufstellung wen darstellt, also ob der Patient die Stellvertreter selber aussucht oder ob ich das zwischendrin mache, weil ich abkürzen will. Denn jeder kann jeden darstellen, also jeder Mann kann jeden Mann darstellen und jede Frau kann jede Frau darstellen, vorausgesetzt, dass sie sich darauf einlassen.

„Richtig" heißt für mich, dass vom Anblick her sich jeder auf seinem Platz gut fühlt. Mehr nicht. Und Ordnung heißt für mich: Jeder hat seinen richtigen Platz. Das aber hängt von vielen Faktoren ab und ist daher in vielen Aufstellungen verschieden. Ich hüte mich, da allgemeine Gesetze festzulegen, obwohl ich gewisse Ordnungen sehe, nach denen ich mich erst einmal orientiere; von denen ich aber abweiche, wenn ich sehe, dass es anders ist.

Familienaufstellungen nur mit Symbolen

TEILNEHMER Wenn Sie ohne Gruppe arbeiten, also mit Symbolen, wie kriegen Sie dann die Dynamik des Fühlens hinein, die hier die verschiedenen Partner und Paare und Teilnehmer ausdrücken?

HELLINGER Ich arbeite auf diese Art und Weise nur in Gruppen. Ihr seht ja, dass man das eigentlich nur in Gruppen machen kann und wie intensiv es dann wird. Diese Intensität kann eine Einzeltherapie nur schwer erreichen. Es gibt aber Situationen, in denen ein Therapeut keine Gruppe zur Verfügung hat. Dann kann er es auch mit Symbolen machen.

Sehr bewährt hat sich dabei das Arbeiten mit Schuhen. Die werden statt der Personen hingestellt, und der Klient und der Therapeut sehen über ihnen die Personen. Beide können auch im Raum herumgehen und sich daneben stellen und dabei fühlen, wie es denen geht. Das also wäre ein Hilfsmittel.

Man kann auch rechteckige kleine Teppiche nehmen, auf die sich der Klient stellt. Hier gilt, wie sonst auch: Die Seele richtet sich nach den Umständen und kann daher auch aus solch einer Situation das Beste herausholen.

TEILNEHMER Die „Äußerungen der Schuhe", bringen Sie die ein, oder soll der Klient sie einbringen?

HELLINGER Man muss das mit äußerster Vorsicht machen. Sobald Phantasien hineinkommen und Deutungen, ist man daneben. Aber ein Freund hat erzählt: Wenn er das macht, braucht er sich nur daneben zu stellen und fühlt dann genau, was die dargestellten Personen fühlen. Er kann sich darauf verlassen. Man kann das auch üben. Besser ist es aber, wenn der Klient sich dort hinstellt, um zu fühlen, wie es denen geht. Er steht ihnen näher.

Aufstellung: Der erste Bruder starb nach der Geburt, der zweite hat sich umgebracht

HELLINGER *zu Frieda* Was ist mit dir?

FRIEDA Mein Bruder hat vor einem halben Jahr Selbstmord begangen, und ich fühle mich dadurch existentiell betroffen. Meine Eltern erwarten, dass ich …

HELLINGER Hast du auch schon einen Selbstmordversuch gemacht?

FRIEDA Nein, aber Gedanken daran gehabt.

HELLINGER Dann nehme ich dich jetzt dran. – Wer gehört zu deiner Familie?

FRIEDA Jetzt bin bloß noch ich da und die Eltern.

HELLINGER Wie hat dein Bruder sich umgebracht?
FRIEDA Er hat sich von einer Autobahnbrücke gestürzt.
HELLINGER Wie alt war er?
FRIEDA Siebenundzwanzig.
HELLINGER Die vier stellen wir auf: deinen Vater, deine Mutter, deinen toten Bruder und dich.
FRIEDA Meine Mutter hatte noch ein Kind, das sechs Tage nach der Geburt gestorben ist. Er war mein ältester Bruder.
HELLINGER Hier sehen wir wieder die Dynamik: „Ich folge dir nach." Diesen Bruder brauchen wir natürlich. Der wurde ja völlig vergessen. Wir stellen ihn aber erst später auf.

Bild 1

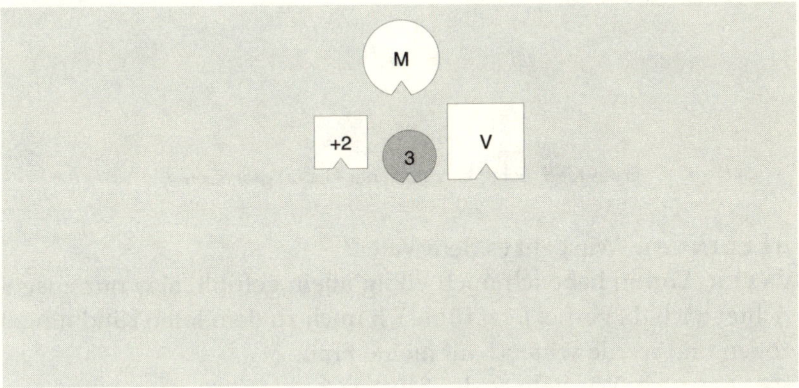

V	Vater
M	Mutter
+2	Zweites Kind, Sohn, hat sich mit 27 Jahren umgebracht
3	**Drittes Kind, Tochter (= Frieda)**

HELLINGER *zur Gruppe* Die ganze Familie ist ausgerichtet auf einen einzigen Punkt. Seht ihr das? Wahrscheinlich schauen sie alle auf das früh verstorbene Kind.
zu Frieda Gibt es einen Vorwurf gegen jemand wegen des Todes von diesem Kind?
FRIEDA Ja. Dieses Kind ist im siebten Monat als Frühgeburt zur Welt gekommen, und meine Mutter wirft ihrem Vater vor, dass er sie so schikaniert habe, dass sie aus seelischen Gründen das Kind zu

früh geboren hat. Das Kind hat nicht getrunken und ist praktisch verhungert.
HELLINGER Jetzt stelle ich auch dieses Kind auf.

Bild 2

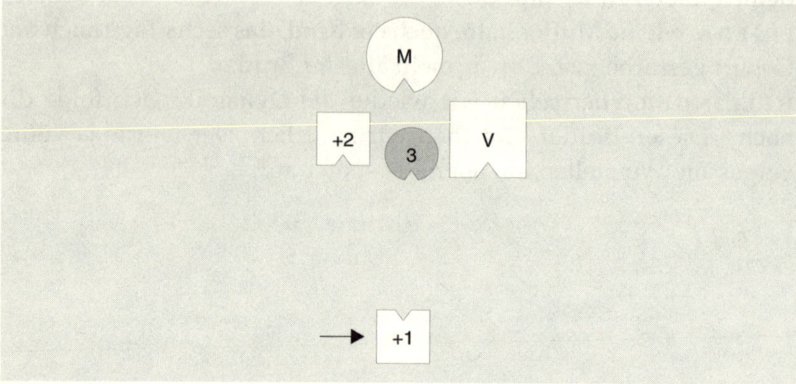

+1 Erstes Kind, Sohn, kurz nach der Geburt gestorben

HELLINGER Wie geht es dem Vater?
VATER Vorhin habe ich mich völlig allein gefühlt, also nur ausgerichtet nach da vorne. Jetzt fühle ich mich zu dem toten Kind hingezogen und werde wütend auf meine Frau.
HELLINGER Wie geht es der Mutter?
MUTTER Mir ging es vorhin total schlecht. Mir war richtig übel, ganz unangenehm. Jetzt habe ich zumindest etwas, wo ich hinschauen kann. Aber es ist nicht so, dass es mir gutgeht.
ZWEITES KIND † Die Mutter hinter mir ist sehr unangenehm für mich. Das war vorhin noch schlimmer, als sie auch noch die Hand auf meine Schulter legte.
DRITTES KIND Ich möchte mehr Abstand zum Vater haben und fühlte mich zu dem Bruder neben mir hingezogen. Seit das andere Kind da steht, hat sich das verändert: Ich habe jetzt mehr Abstand zum Vater.
HELLINGER Wer fühlt sich des Todes schuldig? – Die Mutter.
Und wer ist für sie gestorben? – Der Sohn.
zum früh verstorbenen Kind Wie geht es dir?

ERSTES KIND † Vorhin war mir spontan richtig schlecht. Zunächst kam die Belastung von der Familie, dann hat sich herauskristallisiert, dass sie von der Mutter kommt.

Hellinger führt die Mutter aus der Familie hinaus.

Bild 3

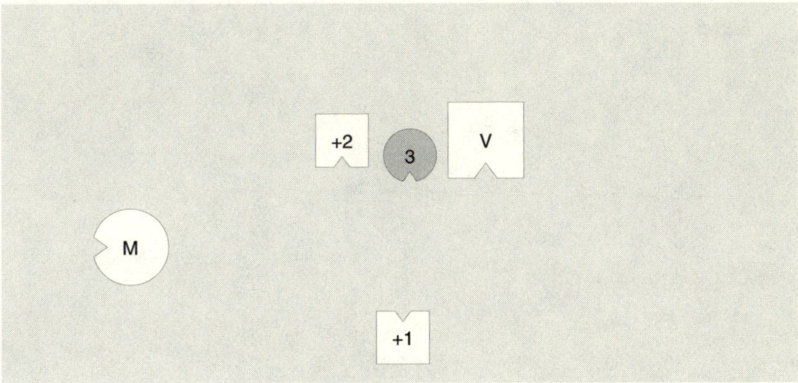

HELLINGER *zur Mutter* Wie geht es dir da?
MUTTER Besser. Die Last an der rechten Seite ist weg.
HELLINGER Die Lösung wäre diese:

Bild 4

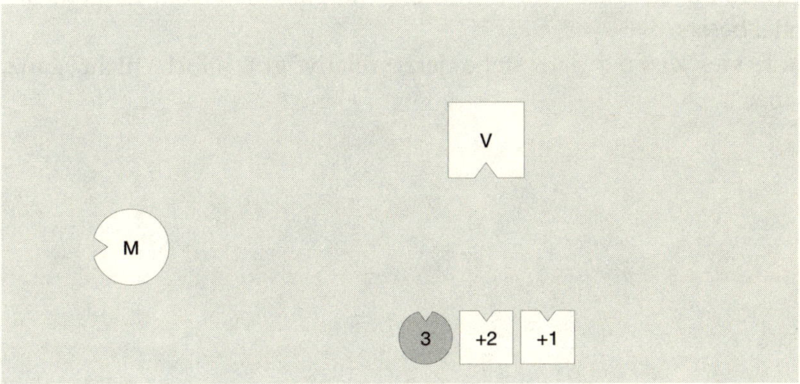

HELLINGER Wie ist das jetzt für den Vater?
VATER Ich fühle mich entlastet.
ERSTES KIND † Ich fühle mich zur Mutter hingezogen.
ZWEITES KIND † Ich fühle mich geborgen.
DRITTES KIND Jetzt stimmt's.

Hellinger stellt das früh verstorbene Kind mit dem Rücken vor die Mutter.

Bild 5

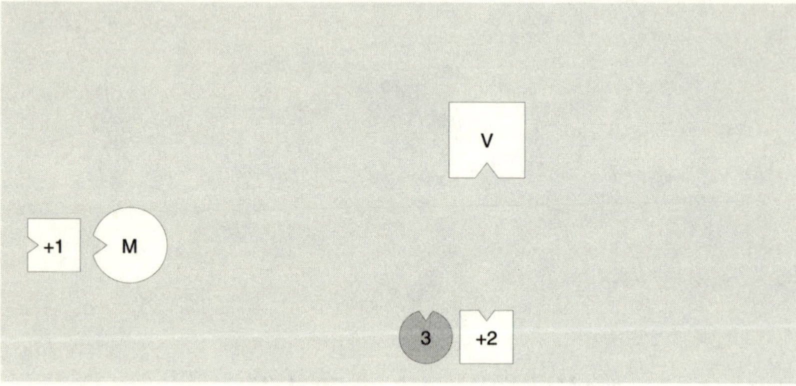

HELLINGER Das ist hier die Dynamik: Die Mutter sagt: „Ich folge dir nach."
zur Mutter Wie geht es dir hier?
MUTTER Ich fühle mich mittlerweile ganz liebevoll. Es geht mir viel besser.
ERSTES KIND † Ich stehe jetzt relativ gut. Noch nicht ganz, aber …

Hellinger stellt die Mutter rechts neben das früh verstorbene Kind.

Bild 6

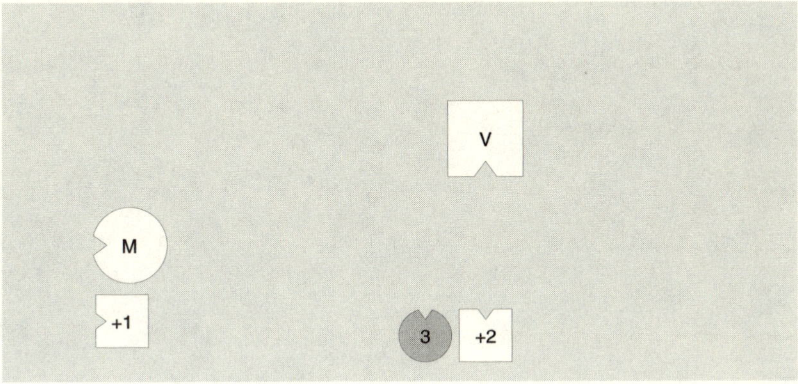

HELLINGER Wie ist das?
ERSTES KIND † Es könnte noch besser sein.
HELLINGER Der richtige Platz für ihn wäre neben dem Vater und bei den Geschwistern. Was ist bei den Geschwistern, wenn er weg ist?
ZWEITES KIND † Ich fühle mich auf meiner rechten Seite leer.
DRITTES KIND Ich fühle mich total verwirrt.
HELLINGER Wenn der nicht bei seinen Geschwistern ist, folgen sie ihm nach. Jetzt zeige ich noch eine andere Lösung.

Hellinger stellt die Mutter links neben den Mann und setzt das früh verstorbene Kind vor die Eltern, so dass es sich mit dem Rücken an sie anlehnt.

Bild 7

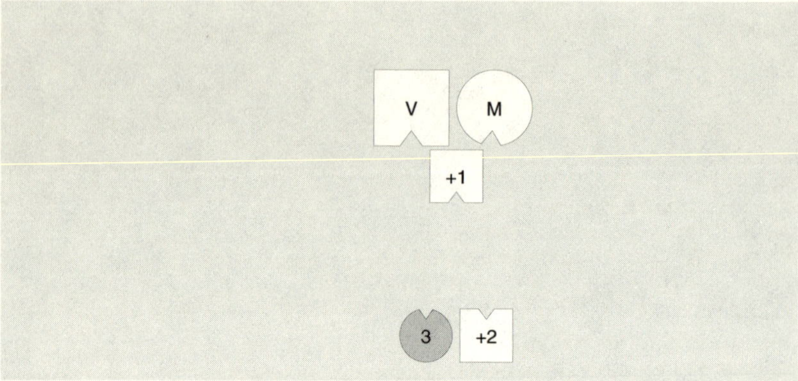

HELLINGER *zu den Eltern* Legt sachte eine Hand auf den Kopf des Kindes.

Die Mutter beginnt zu weinen.

HELLINGER *zur Mutter* Schau das Kind an. – Lehne dich an deinen Mann, und dann sag dem Kind: „Mein liebes Kind."
MUTTER Mein liebes Kind.
HELLINGER Wiederhole es!
MUTTER Mein liebes Kind.
HELLINGER Tief atmen! – Mund auf!
HELLINGER Wie ist es jetzt?
MUTTER Es geht mir besser. Jetzt kann ich die anderen auch sehen.
HELLINGER *zum früh verstorbenen Kind* Wie geht es dir?
ERSTES KIND † Gut.
HELLINGER *zum zweiten Sohn, der sich umgebracht hat* Wie geht es dir?
ZWEITES KIND † Es ist das erste Mal, dass ich meine Mutter sehe.
HELLINGER *zur Gruppe* Wenn so etwas passiert, dass ein Kind stirbt, ist es leichter für die Eltern, wenn sie einen Schuldigen suchen oder sich selbst schuldig fühlen. Dann brauchen sie sich nicht dem Schmerz zu stellen und auch nicht der Fügung des Schicksals. Das war für beide Eltern ein schweres Schicksal. Die Lösung bei solch ei-

nem Schicksal wäre, dass die Eltern zusammenrücken und zusammenstehen und sagen: „Wir tragen es gemeinsam", und dass sie das Kind im Blick und im Herzen haben. Hier hatten sie das Kind aus den Augen verloren und aus dem Herzen verbannt.

zu Frieda Stell dich jetzt mal an deinen Platz!

als sie dort steht Gut so?

FRIEDA Ja.

HELLINGER Okay, das war's.

Selbstmord aus Liebe

HELLINGER *zur Gruppe* Nach meiner Beobachtung folgt der Selbstmord fast immer der Dynamik „Ich folge dir nach" oder „Lieber ich als du". Wenn wir das wissen, können wir ganz anders damit umgehen: viel liebevoller und viel angstfreier. Man sucht die Person, der ein Selbstmordgefährdeter nachfolgen will, und bringt sie mit Liebe wieder ins Spiel. Sobald diese Person wieder im Blick ist und im System den ihr gebührenden Platz hat, hört die Selbstmordgefährdung auf. Das gilt auch, wenn jemand selbstmordgefährdet ist durch den Satz „Lieber ich als du", wenn er also stellvertretend für jemanden anderes einem Toten nachfolgen will.

Es gibt noch andere Verstrickungen, durch die jemand selbstmordgefährdet ist, zum Beispiel das Bedürfnis nach Sühne für Schuld, obwohl auch hier der Satz „Ich folge dir nach" eine bedeutsame Rolle spielt. Meist aber ist jemand selbstmordgefährdet aus Liebe, so wie es hier offenbar wurde.

TEILNEHMER Du hast immer die Lösung über den Klienten erarbeitet, in diesem Fall aber über die Mutter. Jetzt ist aber Frieda die Klientin. Was kann sie denn da tun?

HELLINGER Die Klientin war hier die Mutter – die eigentliche. Ich habe es hier für die Mutter gemacht – und für die ganze Familie.

Schuldige suchen als Abwehr von Schmerz

FRIEDA Ich habe noch eine Frage. Ich fühle mich in gewisser Hinsicht schuldig. Ich habe das Gefühl, ich hätte den Selbstmord meines Bruders verhindern können, und …

HELLINGER Nein, nein. Das ist die gleiche Dynamik, die ich vorher beschrieben habe: Wenn man die Schuld sucht bei sich oder einem anderen, braucht man sich dem Schmerz nicht zu stellen und nicht der Wucht von Schicksal. Das ist die billige Lösung. Das ist leichter, als sich dem Schicksal zu fügen. Du kannst aber deinem toten Bruder sagen, dass du seine Entscheidung achtest – es war ja gar keine freie Entscheidung in dem Sinn, wenn wir das hier so anschauen –, dass du sein Schicksal achtest und seine Verstrickung und dass er keine Sorge haben muss, dass etwas Schlimmes zurückbleibt. Gut so?

Frieda nickt.

HELLINGER Das hat noch gefehlt.

Verweigerte Antwort

TEILNEHMERIN Mir ist es noch unklar, warum der Selbstmord so spät passiert ist. Wenn das Kind nachfolgen will, warum ist es dann nicht schon viel früher passiert?
HELLINGER Was bringt die Frage? Wem hilft sie? Das ist eine Frage, die mehr wissen will, als wir zur Lösung brauchen. Sie nimmt hier nur Kraft weg. Deswegen widerstehe ich der Antwort darauf. Kannst du das verstehen, wenn ich das so sage?

Die Teilnehmerin nickt.

TEILNEHMER Ist dieses Prinzip des Schuldigfühlens etwas besonders Katholisches, Christliches oder vom Kulturkreis Abhängiges? Oder haben das die Aborigines in Australien genauso wie wir hier?
HELLINGER Es interessiert mich nicht.

Lachen in der Gruppe

HELLINGER Was bringt es, wenn ich darauf eine Antwort gebe? Ich sehe, was hier wirkt, und das genügt mir. Was sonst noch ist, spielt für mich keine Rolle. Die Dynamik hier bleibt die gleiche, ob ich auf Ihre Frage nun diese Antwort gebe oder jene!

Zur Vorgehensweise bei Familienaufstellungen

ANDERER TEILNEHMER Wenn ein Patient auffällig wird im psychotherapeutischen Sinn und es kommt dabei heraus, dass sich in seiner Familie die Mutter umgebracht hat, würden Sie dann bei einer Aufstellung grundsätzlich die Geschichte der Mutter mit aufstellen oder würden Sie das draußen lassen?

HELLINGER Man muss die Mutter sicherlich mit aufstellen. Dabei fange ich zunächst immer mit wenigen an. Das haben Sie ja hier gesehen. Wenn ich dann sehe, dass noch jemand dazukommen muss, nehme ich ihn später dazu. Man sieht aus der Dynamik der kleineren Gruppe, ob man sie erweitern muss. Wenn die Mutter sich umgebracht hat, wird sie sicherlich nach außen tendieren. Dann würde ich schauen, zu wem sie gehen will. Dann frage ich, was in ihrer Familie war, und wenn ich die Personen finde, auf die es dann ankommt, stelle ich sie dazu. Aber nie mehr Personen aufstellen, als man zur Lösung braucht. Nicht das gesamte System zum Beispiel, weil das sofort verwirrt.

Wann kommt der Klient ins Spiel?

ANDERER TEILNEHMER Eine technische Frage. Der Klient kommt erst dann ins Spiel, wenn alle am richtigen Platz sind?

HELLINGER In der Regel. Wenn andere ihm vorher das spiegeln, was da wirklich los ist, dann ist er ganz anders betroffen, als wenn er gleich mitbeteiligt ist. Denn er hat vielleicht Widerstände. Die anderen, die da drin sind, haben weniger Widerstände. Deswegen ist der Eindruck sehr viel stärker, wenn er zuerst von anderen kommt. Es gibt aber Fälle, wo ich den Klienten sich überhaupt nicht in das Bild hineinstellen lasse. Wenn ich zum Beispiel merke, dass er zu große Scheu hat oder zu große Scham, dann schütze ich ihn und lasse ihn nur zuschauen.

Wie nahe dürfen Tote bei den Lebenden stehen?

TEILNEHMERIN Du hast den toten Bruder neben der lebenden Schwester stehen lassen. Mein Gefühl war, da müsste ein bisschen Distanz sein, um diese Entscheidung des Bruders zu würdigen. Warum hast du das gemacht?

HELLINGER Er musste direkt neben der Schwester stehen.
zu Frieda Stimmt das?

Sie nickt.

HELLINGER Das war die Antwort. Ihr Nicken war die Antwort. Sonst richten wir uns nach theoretischen Überlegungen und sind weg von der Dynamik. Aus der Dynamik war das ganz klar. Hätte er sich nicht daneben stellen wollen, wäre er von selber weggerückt; er wäre dort nicht stehen geblieben. Ich verlasse mich also ganz auf die augenblickliche Dynamik.

Aufstellung: Heroinsüchtige Tochter – Das Männliche fehlt

HELLINGER *zu Georg* Um was geht es?
GEORG Ich habe eine Tochter, die heroinsüchtig ist.
HELLINGER Dann stellen wir jetzt deine Gegenwartsfamilie auf. Wer gehört dazu?
GEORG Meine Frau, ich, wir haben eine Tochter, und meine Frau hat aus der ersten Ehe noch zwei andere Kinder.
HELLINGER Wieso ist ihre erste Ehe auseinandergegangen?
GEORG Sie waren sehr unterschiedlich und haben sich auseinandergelebt. Eigentlich wollte meine Frau einen anderen heiraten, doch dann hat sie aus irgendwelchen Gründen diesen Mann geheiratet.
HELLINGER Wieso wollte sie den anderen haben?
GEORG Nach dem, was sie mir gesagt hat, fühlte sie sich dem anderen eher verbunden.
HELLINGER Den brauchen wir auch. – Warst du vorher in einer festen Bindung?
GEORG Nein.
HELLINGER Bei wem sind die Kinder aus der ersten Ehe deiner Frau aufgewachsen?

GEORG Bei meiner Frau. Ihr Sohn hat sich aber sehr distanziert; die Tochter hat sich auch etwas von ihr distanziert, aber da besteht noch Kontakt.

Bild 1

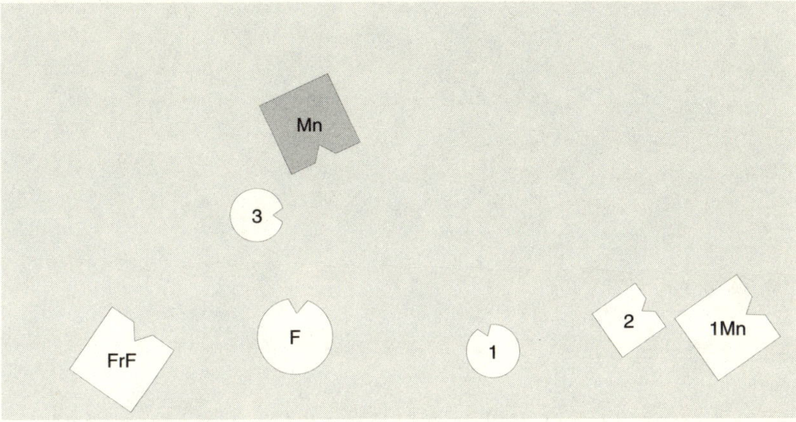

F	Frau
1Mn	Erster Mann, Vater von 1 und 2
1	Erstes Kind, Tochter
2	Zweites Kind, Sohn
Mn	**Mann (= Georg), Vater von 3**
3	Drittes Kind, Tochter, heroinsüchtig
FrF	Freund der Frau

HELLINGER Wie geht es dem Mann?
MANN Ich habe zweierlei Gefühle. Erstens eine Sauwut, weil wir unser Kind triangulieren, und zum zweiten die Ohnmacht, nichts tun zu können. Zum anderen möchte ich dem Freund meiner Frau endlich mal an die Gurgel und tüchtig auf den Tisch hauen und klären, was da eigentlich für eine Schweinerei läuft.
HELLINGER Wie geht es der Frau?
FRAU Es kommt sehr viel Wärme von links, hier von meinem Freund. *Sie lacht.* Das ist erstaunlich. Was mich irritiert, ist, dass ich meine anderen Kinder nicht sehe, sondern nur das eine Kind. Mein Ehemann ist weit weg.
HELLINGER Die Lösung liegt hier auf der Hand. Es gibt nur eine Lösung.

Hellinger dreht den Freund um und stellt die Frau hinter ihn.

Bild 2

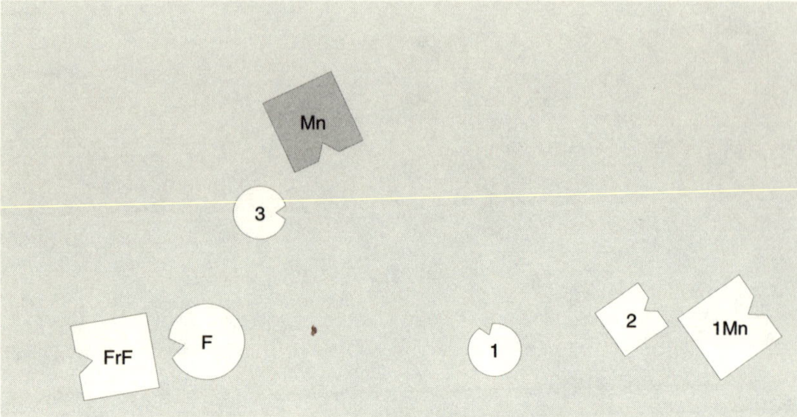

HELLINGER Das ist die Lösung. Wie geht es dem Mann jetzt?
MANN In dem Moment, wo die sich umgedreht haben, ist die Spannung abgefallen. Ich bin jetzt allein und traurig.
HELLINGER Wie geht es der Tochter?
DRITTES KIND Vorher beschissen. Ich fühlte mich allein. Ich hatte das Gefühl, ich kann um mich schlagen und tue noch nicht mal jemandem weh. Jetzt ist es ein bisschen klarer. Ich schaue immer noch ins Leere, aber ich werde ein bisschen ruhiger.

Hellinger stellt sie links neben den Vater, dreht den ersten Mann der Frau um und stellt seine Kinder neben ihn.

Bild 3

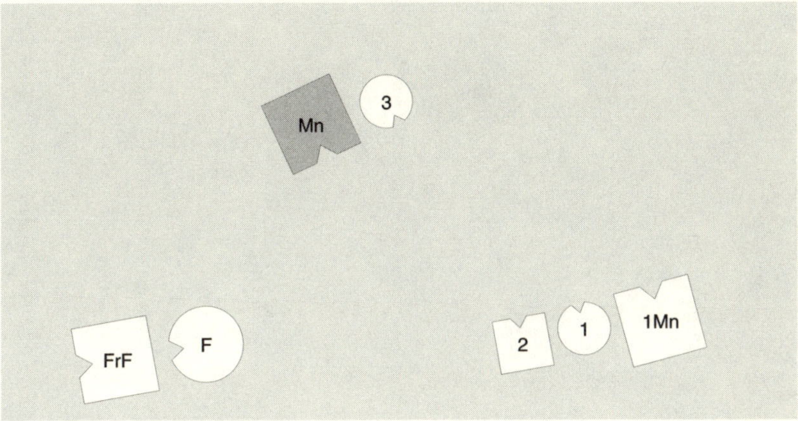

HELLINGER Wie ist es hier neben dem Vater?
DRITTES KIND Besser, klarer. Ich habe das Gefühl, als ob ich hier zur Ruhe kommen kann.
HELLINGER Wie geht es dem Sohn?
ZWEITES KIND Jetzt gut. Vorher war ich so abgeschoben. Das war nicht richtig.
ERSTES KIND Mir geht es jetzt auch besser.
ERSTER MANN Mir auch, es ist viel besser.
HELLINGER Wie geht es der Frau?
FRAU Mir geht es nicht gut. Ich fühle mich bestraft hier. *Sie lacht.*
HELLINGER Mit Recht.

Lachen in der Gruppe

HELLINGER Wie geht es ihrem Freund?
FREUND DER FRAU Mir ging es bei der ersten Aufstellung sehr gut. Dann, als du mich umgedreht hast, habe ich gedacht, jetzt bin ich völlig weg, und habe nicht gemerkt, dass du sie auch umgedreht hast. Als ich das gesehen habe, habe ich plötzlich wieder viel Wärme gespürt und gedacht, sie könnte eigentlich neben mir stehen.

HELLINGER Das können wir ja machen.

Bild 4

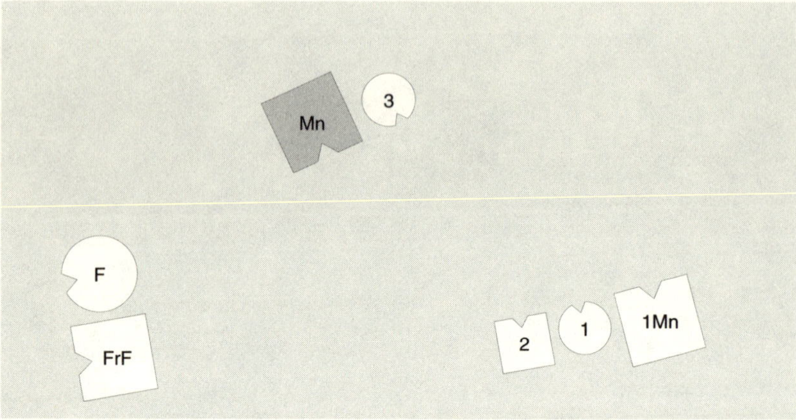

HELLINGER *als die Frau und ihr Freund nicht gerade glücklich schauen* Der Traum der Liebe ist etwas größer als die Wirklichkeit.

Lautes Lachen und Klatschen in der Gruppe.

HELLINGER *zu Georg* Willst du dich jetzt mal selber an deinen Platz stellen?

Georg stellt sich erst rechts neben die Tochter und will sich dann links neben sie stellen.

HELLINGER Nein, nein, bleibe auf deinem Platz.
GEORG Die Frau ist mir zu weit weg. Ich muss sie sehen. Sie muss näher bei mir stehen.

Seine Tochter sagt: „Nee!" und schüttelt den Kopf.

HELLINGER *zur Gruppe* Die Tochter hat keinen, auf den sie sich verlassen kann.

Hellinger stellt sie neben ihre Halbgeschwister.

Bild 5

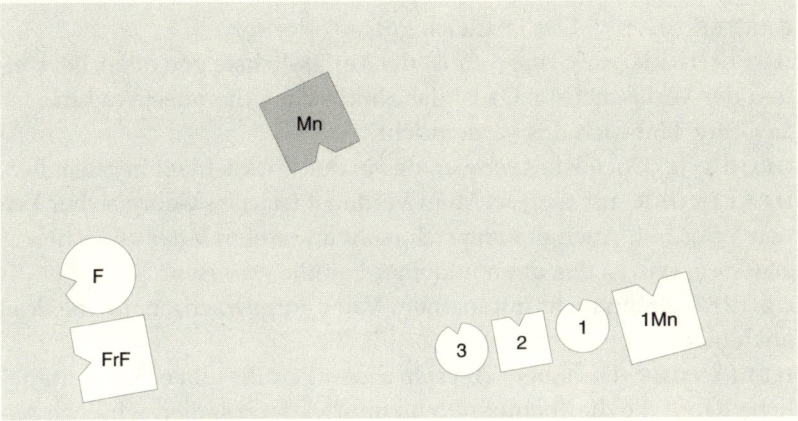

HELLINGER Wie ist das?
DRITTES KIND Ich möchte damit anfangen, als ich noch dort stand. Bevor Georg sich selber an den Platz gestellt hat, hatte ich das Gefühl, mehr Sicherheit zu haben, und ich hatte die Hoffnung, er könnte mir das geben. Als er aber sagte: „Meine Frau muss näher kommen", habe ich gedacht: Nein, das will ich nicht. Hier neben meinen Geschwistern habe ich jetzt das Gefühl: Ich kann mich orientieren, und es ist eine gleiche Ebene da, auch wenn ich nicht weiß, wo ich jetzt Hilfe bekommen kann und ob die vom Vater kommt. Aber hier stehe ich auf einer gleichwertigen richtigen Stufe.
HELLINGER Ich möchte was sagen zur Sucht. Die Sucht entsteht, wenn eine Mutter den Mann verachtet und dem Kind vermittelt, dass vom Vater nichts Gutes kommt, sondern nur von ihr. Dann nimmt das Kind soviel, dass es ihm schadet. Die Sucht ist die Rache des Kindes an der Mutter dafür, dass es vom Vater nicht nehmen darf. Deswegen wird die Sucht geheilt, wenn auch der Vater dem Kind gibt und wenn das Kind vom Vater nimmt – und das im Angesicht der Mutter.

Hier ist das nicht möglich. Habt ihr das gemerkt? Der Mann ist nicht bereit, dem Kind als Vater das zu geben, was es braucht. Das Kind kann hier weder von seiner Mutter das, was es braucht, bekommen und nehmen noch von seinem Vater. Ihm bleiben nur die Geschwister.

zum ersten Mann Wie ist das für dich, wenn sie bei deinen Kindern steht?

ERSTER MANN Das ist gleich gut, so oder so.

HELLINGER *zur Gruppe* Er ist der Verlässlichste von allen, bei weitem der Verlässlichste. Da ist das Kind sicher, da müsste es hin.

zu Georg Habe ich das verdeutlicht?

GEORG Ja. Doch ist es schwer, das in der Wirklichkeit herzustellen.

HELLINGER *zur Gruppe* Mein Verdacht ist, dass Georg selber keinen Vater hat. Auch er kann sich nicht an seinem Vater aufrichten.

zu Georg Wie ist das denn in deiner Familie gewesen?

GEORG Ich bin nicht mit meinem Vater aufgewachsen, meine Frau auch nicht.

HELLINGER Da haben wir es. In dieser Familie gibt es keine männliche Kraft, die die Tochter retten könnte. – Jetzt stellen wir noch seinen Vater auf und sehen, was sich verändert.

Hellinger stellt seinen Vater halbrechts hinter ihn.

HELLINGER Was ist bei der Tochter jetzt?

DRITTES KIND Er wird mir sympathischer. *Sie lacht laut.*

HELLINGER *zur Tochter* Jetzt stelle dich noch mal neben den Vater.

Bild 6

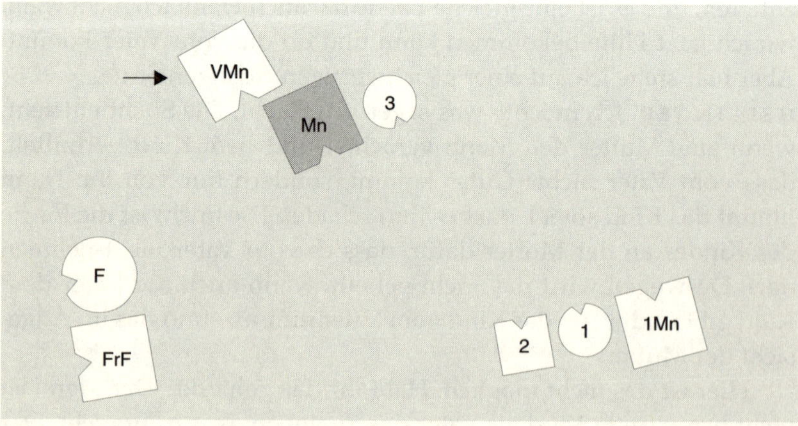

HELLINGER Wie ist das?
DRITTES KIND Es ist besser als vorhin.
GEORG Für mich ist es auch gut.
HELLINGER Könntest du jetzt sorgen für die Tochter und auf die Frau verzichten?
GEORG *zögerlich* Ja, ja.
HELLINGER Okay, das war's dann.

zur Gruppe Noch irgendwelche Fragen dazu?
TEILNEHMERIN Warum hast du die Tochter auf die linke Seite des Vaters gestellt?
HELLINGER Weg von der Mutter.
TEILNEHMER Für mich war es noch nicht ganz stimmig. Ich hätte Georg nicht einfach so gehen lassen. Ich glaube, er braucht vielleicht noch einen Ratschlag.
HELLINGER Ich traue seiner Seele.

Kinder müssen dem Vater folgen wie ihre Mutter dem Mann

ANDERE TEILNEHMERIN Du hast gesagt, dass, wenn der Vater geachtet würde, keine Sucht entstünde oder die Sucht wegginge. Das habe ich sehr auf mich bezogen. Mein Vater war nicht da. Er ist gefallen, als ich vier Jahre alt war. Ich achte ihn sehr und muss ihn wohl schon als kleines Kind sehr gesucht haben. Er und seine Familie aus einfacher Herkunft sind von meiner Mutter nicht geachtet gewesen. Was ist da zu tun?
HELLINGER Man stellt sich zuerst einmal innerlich neben den Vater, schaut die Mutter frech an und sagt ihr: „Er ist mir genauso wichtig wie du, und ich nehme alles von ihm wie von dir." Dann sagt man den Familiennamen – nehmen wir mal an der Vater heißt Schmitt – und sagt der Mutter: „Ich bin eine Schmitt." Das muss man auch in der Realität nachholen und tun, wenn die Mutter noch lebt. Das ist sehr schwer. Es braucht den letzten Mut.

Die Ordnung der Liebe in der Beziehung von Mann und Frau und in der Familie verlangt in der Regel, dass die Frau dem Mann folgt. Das heißt: Sie folgt ihm in seine Familie, in seine Sprache – wenn er zum Beispiel eine andere Sprache spricht –, in seine Kultur, sogar vielleicht in seine Religion; und es heißt: Sie erlaubt den Kindern, dass sie dem Vater folgen in seine Familie, in seine Kultur, in sein Land, in seine Sprache, in seine Religion. Ich kann das nicht begründen. Es hat nichts zu tun mit Patriarchat oder so. Man sieht aber die Wirkung des einen und des anderen am Frieden, der auf einmal herrscht, und an der guten Kraft, die plötzlich in so eine Familie kommt.

Die einzige Ausnahme, die ich kenne, ist die, wenn die Familie des Vaters sehr durch schwere Schicksale belastet ist. Dann müssen die Kinder aus dem Bannkreis des Vaters in den Bannkreis der Mutter und aus dem Bannkreis seiner Familie in den Bannkreis der Familie der Mutter.

In einer Gruppe war einmal eine psychotisch gestörte Patientin mit ihrer Mutter. Als wir dann die Familie aufgestellt haben, sagte die Mutter: „Meine Kinder sind halbe Araber, denn ich habe einen Araber geheiratet, einen Syrer." Der Vater wohnte aber mit der Familie in Deutschland. Ich habe ihr gesagt: „Deine Kinder sind Syrer, bist du dir dessen klar?" Die Mutter hatte sich dem Problem noch nicht offen gestellt; sie wusste zum Beispiel nicht einmal, welcher Religion die Tochter anhing. Dann habe ich die Tochter gefragt. Sie sagte: „Ich bin eine Muslime." Das durfte die Mutter vorher in dieser Familie nicht wissen.

Dann haben wir die beiden Länder aufgestellt, so wie man eine Familie aufstellt. Der Mann, der Syrien darstellte, sagte: „Ich fühle mich so großzügig", und die Mutter sagte: „Genau so ist es." Deutschland bekam in der Aufstellung einen ehrenvollen Platz, aber den Vorrang hatten eindeutig die Kultur und die Sprache und die Religion des Mannes. Als das klar war und die Tochter dazu stehen durfte, war sie völlig glücklich und fühlte sich richtig und am richtigen Platz.

Der Satz, den ich gesagt habe, muss ergänzt werden durch einen zweiten; dann stimmt die Balance. Der Satz heißt: „Der Mann muss dem Weiblichen dienen." Beides gehört zur Ordnung der Liebe, dass die Frau dem Mann folgt und der Mann dem Weiblichen dient.

TEILNEHMER Ich hätte noch eine Frage. Wenn der Syrer in Deutschland lebt, ist er trotzdem der Syrer, der syrische Vater. Der muss dann nicht nach Syrien gehen und die Frau mit ihm?

HELLINGER Ich bin mir nicht sicher.

ANDERER TEILNEHMER Ich habe auch eine Frage. In der Bibel steht doch: Der Mann wird Vater und Mutter verlassen und seiner

Frau anhangen. In Westfalen, wo ich groß geworden bin, da gilt der Satz: Wenn in einer Familie der Sohn heiratet, verlieren die Eltern den Sohn; wenn eine Tochter heiratet, gewinnen die Eltern einen Schwiegersohn dazu. Das würde ja wieder das Gegenteil bedeuten?
HELLINGER Ich sage nur: das arme Schwein.

Lachen in der Gruppe

TEILNEHMERIN Was soll man machen, wenn man in einer Familie aufgewachsen ist, in der der Vater nach Deutschland gekommen ist und hier gelebt hat, als sei es sein Land. Mein Vater ist Tscheche und hat immer hier gelebt. Der hat wirklich seine Familie verlassen und hat seine Mutter nicht mehr gesehen, bevor sie gestorben ist.
HELLINGER Kannst du tschechisch?
TEILNEHMERIN Nein.
HELLINGER Das musst du lernen! – Kinder, die Eltern aus zwei verschiedenen Ländern haben, haben zwei Heimatländer. Das ist sehr wichtig. Dabei hat das des Vaters Vorrang, und das der Mutter wird hoch geachtet.
TEILNEHMERIN Ich spüre, da ist etwas in mir, mit dem ich nicht klarkomme, so als ob ich zweigeteilt bin.
HELLINGER *zur Gruppe* Wir machen jetzt einen Test und führen an ihrem Beispiel vor, was ich über den anderen Fall vorhin erzählt habe.

HELLINGER *zu dieser Teilnehmerin* Stelle jetzt jemand für Tschechien auf, jemand für Deutschland und jemand für dich. Stelle es so auf, wie es jetzt für dich ist.

Bild 1

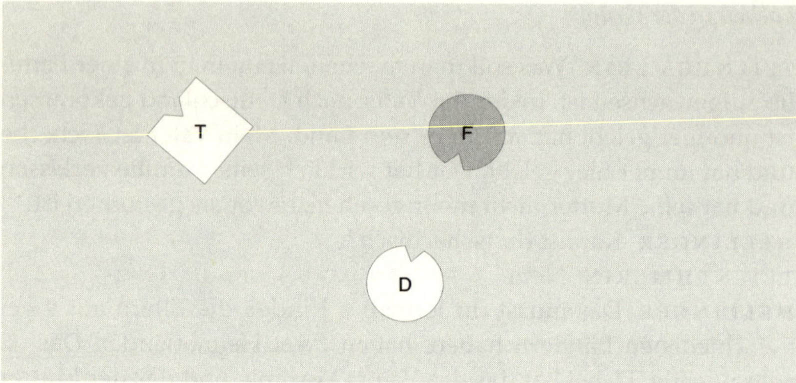

T Tschechien
D Deutschland
F Frau (= Klientin)

HELLINGER Wie geht es Tschechien?
TSCHECHIEN Schlecht, ich bin weg.
HELLINGER Wie geht es Deutschland?
DEUTSCHLAND Ich sehe nur eine Person, die Frau.
HELLINGER Wie geht es der Frau?
FRAU Nicht gut. Mir fehlt Tschechien, und bei Deutschland ist mir gar nicht recht, was ich sehe.
HELLINGER *dreht Tschechien um und fragt dann die Frau* Wo möchtest du hin, wenn du probierst, wo es dir am besten geht?

FRAU Ich will zu Tschechien.

Bild 2

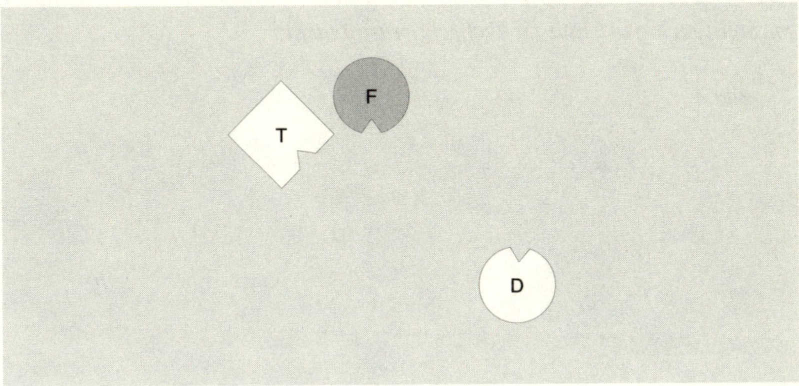

HELLINGER Wie geht es Tschechien jetzt?
TSCHECHIEN Besser. Ich habe aber einen Drang nach Deutschland hin.
HELLINGER Wie geht es Deutschland?
DEUTSCHLAND Ich habe was verloren.

Bild 3

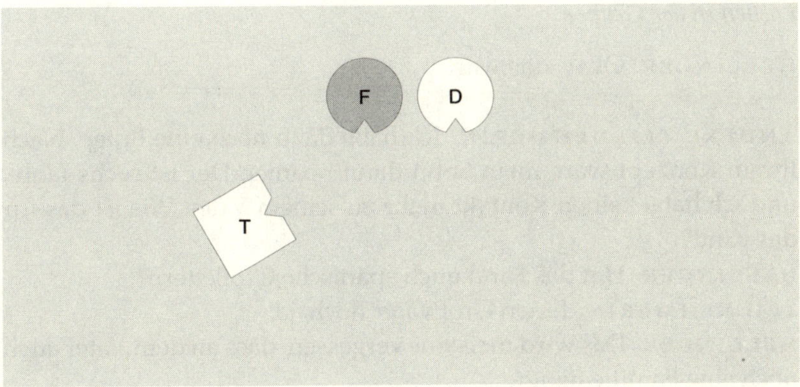

HELLINGER *zur Frau, um die es geht* Willst du dich selber mal hinstellen? Du kannst für dich noch ausprobieren, wie nah du zum einen oder zum anderen willst.

Sie stellt sich ganz nah zu Tschechien und lacht.

Bild 4

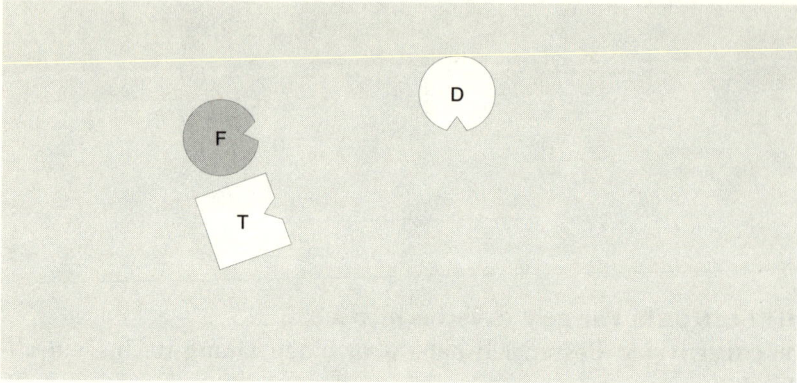

HELLINGER *zur Gruppe* Okay, habe ich nun demonstriert, dass ein Kind, damit es ihm gutgeht, dem Vater folgen muss in sein Land und in seine Familie?

Lachen in der Gruppe

HELLINGER Okay, das war's.

ANDERE TEILNEHMERIN Ich habe dazu noch eine Frage. Nach Ihrem Konzept wäre mein Sohn dann Spanier. Der ist sechs Jahre, und ich habe keinen Kontakt mehr zu seinem Vater. Wie ist das für das Kind?
HELLINGER Hat das Kind auch spanische Großeltern?
TEILNEHMERIN Einen Großvater noch, ja.
HELLINGER Das wird meistens vergessen, dass an dem Vater auch noch eine Familie hängt.
TEILNEHMERIN Er hat auch noch Onkel.

Lachen in der Gruppe

Aufstellung: Kein Mitgefühl mit Männern

HELLINGER *zur Gruppe* Ich habe eine Frau neben mir sitzen, mit der ich jetzt arbeiten will. Sie wird kurz sagen, um was es geht.

HEIDI Ich habe Brustkrebs. Ich bin vor zwei Wochen operiert worden, weiß es auch erst seit zwei Wochen definitiv. Meine Mutter ist vor neun Jahren auch an Brustkrebs gestorben. *Sie lacht.*

HELLINGER Bist du verheiratet?

HEIDI Ich bin verheiratet und habe zwei Kinder. Das älteste, ein Sohn, ist von einem anderen Mann – der kommt wahrscheinlich auch mit rein. *Sie lacht.* Mit diesem Mann war ich aber nicht verheiratet. Mein jetziger Mann hat dieses Kind adoptiert.

HELLINGER Schrecklich.

HEIDI Dann haben wir ein gemeinsames Kind, eine Tochter. Mein Mann hat auch noch ein Kind, aber damit habe ich nichts zu tun. Das ist aus einer früheren Beziehung.

HELLINGER Wieso hast du den ersten Mann nicht geheiratet?

HEIDI Ich wollte nicht. Ich habe gedacht: Jetzt habe ich ein Kind, und das reicht, und: Das ist nicht der richtige Mann für mich.

HELLINGER So? – Und dein jetziger Mann, war der vorher verheiratet oder auch nur in einer Beziehung?

HEIDI Es war eine Beziehung. Er wollte sie heiraten, aber die Frau, die Mutter seines Kindes, wollte nicht.

HELLINGER Ich fange mit dem Gegenwartssystem an. Wir brauchen also deinen früheren Mann, sagen wir mal so, dich und das Kind aus dieser Beziehung; dann deinen jetzigen Mann, seine frühere Frau, sein erstes Kind und noch euer gemeinsames Kind. Hat seine frühere Frau geheiratet?

HEIDI Nein, sie hat das Kind alleine großgezogen.

HELLINGER Hat dein erster Mann später geheiratet?

HEIDI Das weiß ich nicht. Wir haben keinen Kontakt mehr. Es war ja keine Ehe.

HELLINGER Wenn ein Kind da ist, bindet es wie eine Ehe. Dann kann man nicht mehr so wie du damit umgehen. Er war dein erster Mann. Wir werden uns das jetzt mal genauer anschauen. Stell mal auf.

Bild 1

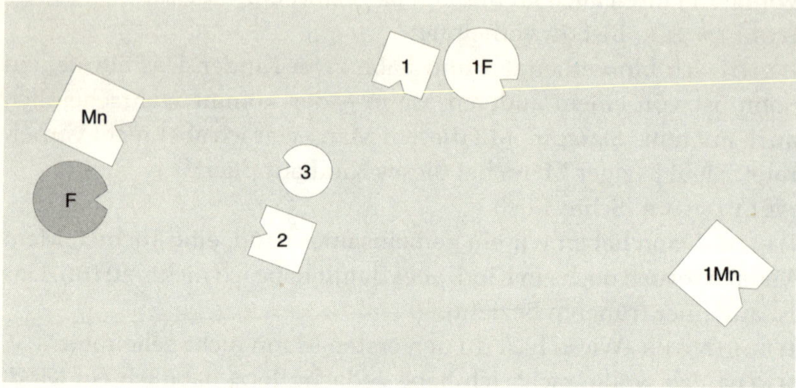

F	**Frau (= Heidi), Mutter von 2 und 3**
1Mn	Erster Mann, Vater von 2
2	Zweites Kind, Sohn, vom jetzigen Mann adoptiert
Mn	Mann, Vater von 1 und 3
3	Drittes Kind, Tochter
1F	Erste Frau, Mutter von 1
1	Erstes Kind, Sohn

HELLINGER Wie geht es dem Mann?
MANN Ich fühle mich wie in einem Miniklub hier. Mit meiner ersten Frau und meinem ersten Kind habe ich nichts zu tun.
HELLINGER Wie geht es der Frau?
FRAU Die Kinder sind mir im Wege, sie trennen mich von meinem ersten Mann. Sie stehen dazwischen.
HELLINGER Wie geht es ihrem Sohn?
ZWEITES KIND Ich will zum Vater hin.
HELLINGER Und wie geht es dir hier? Was ist das Gefühl?
ZWEITES KIND Zu eng.
DRITTES KIND Ich bin der Mutter ganz nahe. Sie ist mir zu nahe, und der Vater ist zu entfernt.

HELLINGER In einer solchen Familie wird der Sohn des ersten Mannes in der neuen Familie seinen Vater vertreten, und er wird die Gefühle seines Vaters hier gegenüber seiner Mutter und seinem Adoptivvater haben. Und die Tochter wird die erste Frau ihres Vaters vertreten und wird ihre Gefühle gegenüber ihm und ihrer Mutter haben. Das ist ein ehernes Gesetz. Immer, wo es einen früheren Mann gibt oder eine frühere Frau, die nicht geachtet sind, werden sie in der folgenden Ehe von Kindern vertreten und dort zur Geltung gebracht. – Wie geht es der ersten Frau?
ERSTE FRAU Ich möchte meinen früheren Partner sehen, und es irritiert, dass der andere Mann mit dem Rücken zu mir steht.
ERSTES KIND Ich fühle mich ohne Beziehung. Ich weiß nicht, wo ich hingehöre.
ERSTER MANN Ich fühle mich abgeschoben, betrogen, isoliert und auch wütend.
HELLINGER Diese Gefühle wird sein Sohn in dieser Familie haben. – Jetzt stellen wir mal eine gewisse Ordnung auf.

Hellinger stellt die Frau links neben den Mann und seine erste Frau rechts von ihm.

Bild 2

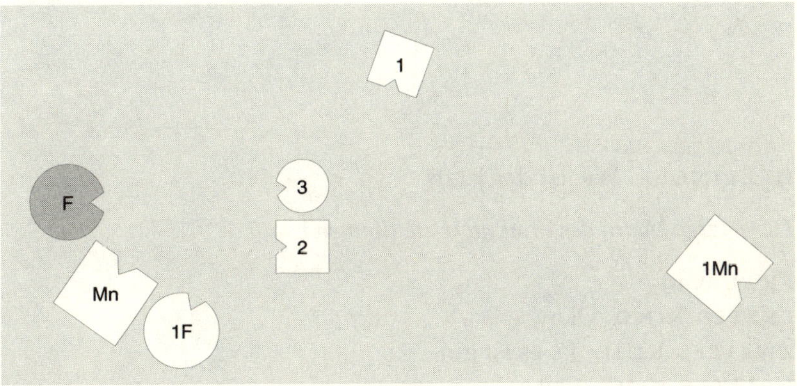

HELLINGER *zum ersten Sohn* Wie geht es dir? Du hast gelacht.
ERSTES KIND Ich habe erwartet, dass ich jetzt zu ihr und meinem Vater hinübergehen kann und dazugestellt werde. Da möchte ich hin. Wenn ich dort hinüber kann, fühle ich mich nicht mehr so allein.

HELLINGER Wie geht es jetzt der zweiten Frau?
FRAU Ich fühle, dass ich jetzt an Boden verliere. Ich fühle mich nicht wohl, nicht gut.
HELLINGER Wie geht es dem Mann?
MANN Sie ist mir zu nahe.
HELLINGER Wer?
MANN Sie.

Er zeigt auf seine jetzige Frau und rückt näher zur ersten.

HELLINGER Zu ihr besteht die erste Bindung.

Hellinger stellt das Lösungsbild auf.

Bild 3

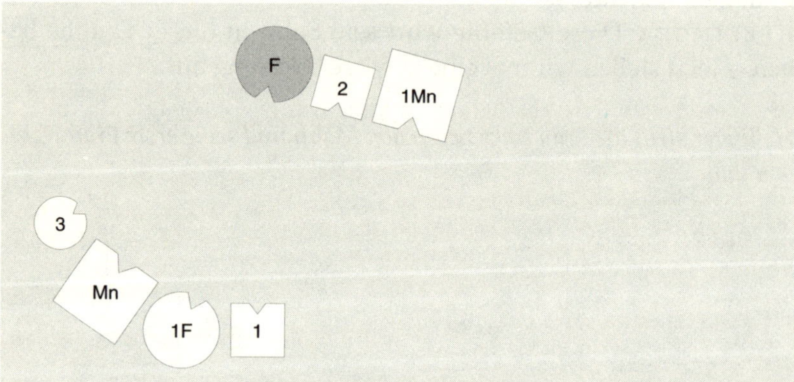

HELLINGER Wie ist das jetzt?

Der jetzige Mann der Frau nickt zustimmend.

FRAU Gut.
ERSTES KIND Okay.
ZWEITES KIND Ja, es ist gut.
DRITTES KIND Gut.
ERSTER MANN Ich bin zufrieden, habe aber das Bedürfnis, dass sie wiedergutmacht, was da war. Sie müsste links neben mich.

Die Frau lacht.

HELLINGER Ich will das nicht weiterverfolgen.

HELLINGER *zu Heidi* Willst du dich mal an deinen Platz stellen?
HEIDI *nach einer Pause* Das ist nicht mein Platz. Wo sind denn meine Tochter und mein Mann?
HELLINGER Probier aus, ob du etwas Besseres findest. Bitte. Du musst dich aber hinstellen und sehen, wie das für dich ist und wie das für die anderen ist. Du kannst es ja nicht nur nach deinem Sinn machen.

Bild 4

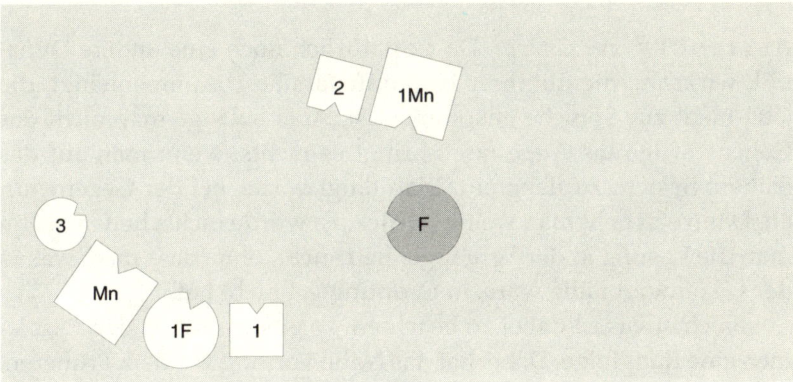

HELLINGER Was sagt ihr zweiter Mann dazu?
MANN Es ist ein bisschen komisch. Sie muss wissen, wo sie hingehört. Hierher nicht.
HELLINGER *zu Heidi* Du hast sie alle verspielt.
zur Gruppe Merkt ihr, wie sie mit denen umgeht, ohne Rücksicht auf sie? Sie denkt gar nicht daran, was der erste Mann fühlt und was der zweite Mann fühlt. Da ist überhaupt kein Mitgefühl mit den Männern sichtbar. Sie meint, sie könnte das nach ihrem Gutdünken machen. Jetzt sitzt sie zwischen den Stühlen: Das ist das Ergebnis.
zu Heidi Krebs ist manchmal Sühne. Brustkrebs ist nach meiner Beobachtung – die sehr begrenzt ist, das muss ich sagen – manchmal Sühne für Unrecht, das einem Mann angetan wurde.
zur Gruppe Ihrem ersten Mann wurde großes Unrecht getan, und dem Sohn, weil ihm der Vater weggenommen wurde. Der Sohn wurde sogar noch adoptiert. Damit wurde ihm der Vater doppelt weggenommen, nicht nur dass er in die andere Familie musste, sondern er musste sogar den Namen seines Vaters aufgeben.

Heidi protestiert.

HELLINGER Was hier legal ist, spielt für mich keine Rolle. Der Sohn muss nach dem Vater genannt werden, damit er sich gut fühlt.
zur Gruppe Hier sieht man das Mutterrecht. Merkt ihr das? Wenn es um die Kinder geht, bestimmen die Frauen allein.
zu Heidi Ich lasse es mal so stehen und bei dir wirken.

Der Vorrang des Nahen

HELLINGER *zur Gruppe* Da ist natürlich noch eine andere Dynamik wirksam, die mit ihrer Herkunftsfamilie zusammenhängt, die jetzt nicht zur Sprache gekommen ist. Aber solange man nicht das Gegenwärtige ins Auge fasst, bringt es nichts, wenn man auf das frühere System zurückgreift. Man fängt vorne, bei der Gegenwart, an. Dann erst geht man weiter zurück. Es würde nichts helfen, wenn man die Lösung in der Vergangenheit sucht, ohne dass man, was in der Gegenwart fällig wäre, in Ordnung gebracht hat.

Noch etwas ist dabei zu beachten. Es gibt zwischen den Problemen eine Rangfolge. Dabei hat das Nahe Vorrang vor dem Früheren, also die Gegenwartsfamilie hat Vorrang vor der Herkunftsfamilie. Wenn also in der Gegenwartsfamilie etwas Bedeutsames gelöst werden muss, dann verliert, was in der Herkunftsfamilie noch ungelöst ist, an Bedeutung und Kraft.

Frühere Partner werden später von Kindern vertreten

TEILNEHMER Würden Sie bitte noch einmal das eherne Gesetz erklären?
HELLINGER Welches eherne Gesetz?
TEILNEHMER Sie haben bei dieser Aufstellung am Beginn ein ehernes Gesetz genannt.
HELLINGER Ich erinnere mich. Also, immer wenn es eine Bindung zu einem früheren Partner gab – das kann man feststellen, ob es eine gab oder nicht, und wenn es Kinder aus einer Beziehung gab, gibt es immer eine feste Bindung – und wenn die Partner später eine neue Beziehung eingehen und gemeinsame Kinder haben, dann werden

die früheren Partner von diesen Kindern vertreten, und das Unrecht, das ihnen geschah, wird von diesen Kindern an den eigenen Eltern gerächt.

Hier würde das heißen, dass die Tochter die frühere Frau ihres Vaters repräsentiert, wenn das Unrecht an ihr nicht anerkannt und in Ordnung gebracht wird, und dass der Sohn den früheren Mann seiner Mutter, also hier seinen Vater, in der neuen Familie, repräsentiert.

Zu dieser Dynamik habe ich bisher noch keine Ausnahme gesehen. Wenn daher bei einer Aufstellung so etwas ans Licht kommt, fange ich damit an, und erst wenn das in Ordnung gebracht ist, gehe ich weiter zum nächsten. Deswegen frage ich vor einer Aufstellung immer nach früheren Bindungen der Eltern.

TEILNEHMERIN Ist das immer auf das Geschlecht bezogen, dass ein Kind einen früheren Partner vertritt, oder kann auch ein Mädchen einen früheren Partner der Mutter vertreten?

HELLINGER Wenn es in einer Ehe nur Mädchen gibt, vertritt auch ein Mädchen einen früheren Mann der Mutter, und wenn es in einer Ehe nur Jungen gibt, vertritt auch ein Junge oft eine frühere Partnerin oder Liebe des Vaters. Der Junge ist dann in Gefahr, dass er homosexuell wird. Ob das bei Frauen umgekehrt auch so ist, weiß ich nicht, aber bei Jungen habe ich das so gesehen.

Außereheliche Kinder während der Ehe

TEILNEHMERIN Wie ist es bei Kindern, die während der Ehe außerehelich geboren werden?

HELLINGER Unterschobene Kinder?

TEILNEHMERIN Ja.

HELLINGER Die gehören immer zum Vater.

TEILNEHMERIN Wenn sich das wiederholt, wie ist es dann? Mein Vater hatte ein außereheliches Kind während seiner Ehe, und mein Mann auch wieder.

HELLINGER Man muss unterscheiden. Wenn ein Mann während einer Ehe mit einer anderen Frau ein Kind hat, dann muss er die Ehe verlassen und zu dieser Frau ziehen. Das neue System hat Vorrang vor dem alten. Wenn er das nicht tut, ist es für alle ganz schlimm. Selbst wenn er in seiner Ehe viele Kinder hat, muss er, wenn er eine neue Beziehung und in dieser Kinder hat, zu dieser Frau und diesen Kindern ziehen. Er bleibt natürlich Vater für die anderen Kinder und für sie verantwortlich, aber die Partnerschaft kann nur mit der neuen Frau sein. Das ist für die Ehefrau eine sehr schwere Belastung, aber alles andere ist in der Regel noch schlimmer.

Wenn eine Frau in der Ehe von einem anderen Mann ein Kind hat, dann muss das Kind immer zu dem anderen Mann, also zu seinem Vater. Natürlich ist auch ihre Ehe dann zu Ende, selbst wenn sie äußerlich weiterbesteht. Ob sie dann zu dem anderen Mann kann, das weiß man vielleicht nicht, aber das Kind muss immer zum Vater. Das ist nirgendwo anders so sicher wie bei seinem Vater – in der Regel.

TEILNEHMER Folgender Fall. Eine Ehe wird gegründet, und es entsteht eine Tochter, die nicht vom Ehemann ist, und das ist totgeschwiegen. Die Tochter ist jetzt 26 Jahre alt. Soll das auf den Tisch oder nicht?

HELLINGER Das muss unbedingt auf den Tisch. Es gehört zu den Grundrechten des Menschen, dass er weiß, wer sein Vater und wer seine Mutter ist. Das Kind muss unbedingt zum Vater. Das ist sein einziger sicherer Platz.

TEILNEHMERIN Woher kommen diese Gesetzmäßigkeiten, dass ein Kind dann immer zum Vater muss? Wie erklären Sie das?

HELLINGER Ich sehe nur, dass alles andere schlimmer ist, und dann nehme ich das geringere Übel, und das entpuppt sich dann oft als Glück. Das ist rein phänomenologisch, nur aus der Beobachtung gewonnen.

Lachen und Klatschen in der Gruppe

Abtreibungen gehen die Kinder nichts an

TEILNEHMER Sollten Geschwister von ihren Eltern etwas über Fehlgeburten und Abtreibungen erfahren?

HELLINGER Nein. Fehlgeburten und Abtreibungen gehören zur Intimbeziehung der Eltern, und die geht Kinder nichts an. Das darf man ihnen nicht sagen, und wenn es den Kindern gesagt wurde, müssen sie es vergessen. Man kann das vergessen, wenn man sich mit Liebe den Eltern zuwendet und ihnen ihre Geheimnisse lässt.

Doch totgeborene Geschwister, die gehören nicht nur den Eltern, die gehören bereits zur Familie, und das müssen und dürfen die Kinder erfahren.

TEILNEHMERIN Wie ist das, wenn Kinder nach Fehlgeburten oder Abtreibungen fragen und keine Antwort bekommen?

HELLINGER Es ist richtig, dass die Eltern das nicht sagen. Das ist eine unzulässige Frage der Kinder, eine Einmischung in das übergeordnete System.

Wenn es keine Lösungen gibt

TEILNEHMERIN Ich habe eine Frage an Sie, die ich schon gestern stellen wollte. Wenn es bei einer Familienaufstellung keine Lösung gibt, wie wir gestern gesehen haben, als Sie gesagt haben: „Hier geht es nicht weiter, hier müssen wir aufhören", was ist dann? Ich habe Sie auch schon mal sagen hören, dass bei einem besonders schweren Schicksal jemandem auch besondere Kräfte erwachsen. Dazu haben Sie gestern in Ihrem Vortrag „Himmel und Erde" nichts gesagt und hier in diesem Seminar auch nichts. Würden Sie bitte dazu noch was sagen.

HELLINGER Wenn keine Lösung gefunden wird oder plötzlich klar wird, dass es keine gibt, ist es für den Therapeuten eine der schwersten Interventionen überhaupt, dass er abbricht und auf die Lösung verzichtet. Dann ist die ganze Kraft des ungelösten Problems beim Klienten, und diese Kraft sucht die Lösung, wenn er sich ihr überlässt. Das kann Jahre dauern, und jedes Eingreifenwollen anderer macht es nur schlimmer. Ich handle nach dem Grundsatz, dass jedem Klienten sein Problem zumutbar ist. Wenn es jemandem zumutbar ist, dann zuerst dem Klienten selbst. Kein anderer kann es tragen und lösen wie er. Ich habe oft erlebt, wenn etwas Schreckliches ans Licht kam und dem Klienten zugemutet wurde, zum Beispiel dass er bald stirbt, war er ganz befreit. Ich sage ihm ja nichts Fremdes. Er weiß es. Nur durfte er es bisher nicht so klar anschauen wie jetzt.

Aufstellung:
Unfall des Sohnes – „Lieber gehe ich als du, mein lieber Vater"

HELLINGER *zu Isabel* Sage uns kurz, worum es geht.
ISABEL Mein Sohn hat vor elf Jahren einen schweren Unfall erlitten und ist jetzt schwerbehindert. Es geht dabei um die Familie meines Mannes, meine ich, denn die Mutter meines Mannes ist bei einem Unfall umgekommen. Die Schwester meines Mannes hat auch einen schweren Unfall erlitten, ihr geht es aber wieder ganz gut.
HELLINGER Wie alt ist der Sohn?
ISABEL 31 Jahre.
HELLINGER Wir stellen jetzt dein Gegenwartssystem auf und nehmen die anderen Personen später dazu. – Wie viele Kinder hast du?
ISABEL Zwei.
HELLINGER War jemand vorher verheiratet oder in fester Bindung, du oder dein Mann?
ISABEL Nein.

HELLINGER Gut, stelle zuerst deinen Mann auf, dich und die Kinder. Dann stelle die Mutter deines Mannes dazu.

Bild 1

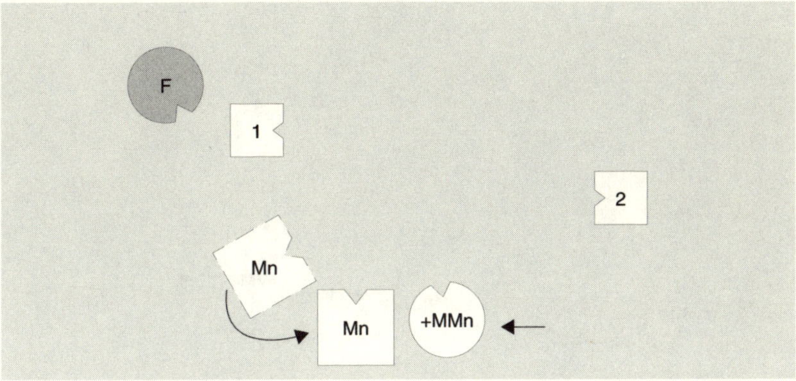

Mn	Mann
F	**Frau (= Isabel)**
1	Erstes Kind, schwerbehindert nach einem Unfall
2	Zweites Kind, Sohn
+MMn	Mutter des Mannes, starb bei einem Unfall

HELLINGER Wie geht es dem Mann, und was ist verändert, seitdem die Mutter da ist?
MANN Ich habe wackelige und zitternde Beine, fühle mich sehr unwohl. Das hat zugenommen, als meine Mutter aufgestellt wurde.
HELLINGER Stelle dich ganz nah neben sie. – Wie ist es jetzt?
MANN Angenehmer. Ich fühle mich stabiler, aber mir fehlt jetzt der Bezug zu meinem Umfeld.
HELLINGER *zu Isabel* Was war in der Familie seiner Mutter?
ISABEL Der Mann seiner Mutter ist im Krieg verlorengegangen.

HELLINGER Den stellen wir auch noch dazu.

Bild 2

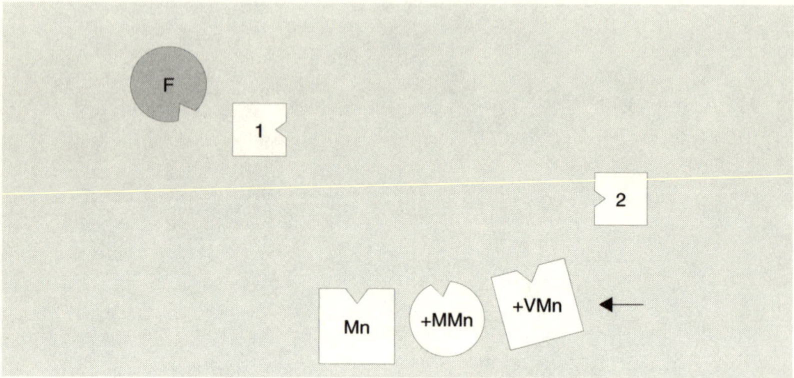

+VMn Vater des Mannes, ist im Krieg verlorengegangen

HELLINGER Wie geht es dem ältesten Sohn?
ERSTES KIND Ich spüre meine Mutter überhaupt nicht, und meine Großmutter ist mir bedrohlich.
HELLINGER Ich nehme dich jetzt aus diesem Kraftfeld hier heraus.

Hellinger stellt das Bild um.

Bild 3

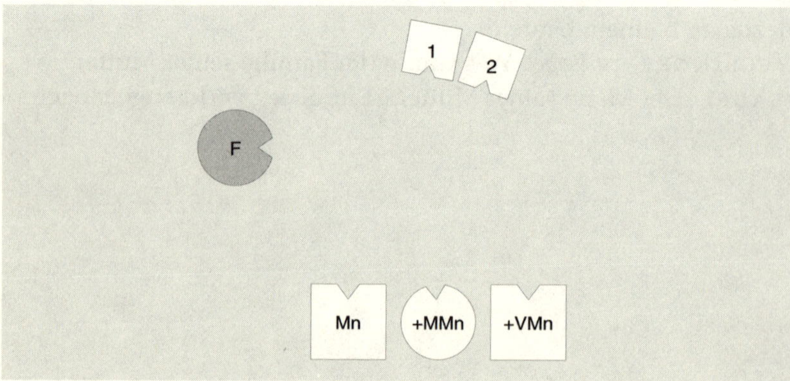

HELLINGER Wie geht es der Frau?
FRAU Jetzt besser. Vorher ging es mir sehr schlecht. Ich hatte das Gefühl, mir wird durch den ältesten Sohn das Herz abgedrückt. Zum Mann habe ich überhaupt keine Beziehung. Als seine Mutter dazukam, wurde es bedrohlich. Jetzt spüre ich, dass etwas da rüber, zu meinen Söhnen hin, fließt. Ich bin jetzt freier. *Sie atmet tief durch.*
HELLINGER Wie geht es den Söhnen?
ERSTES KIND Besser.
ZWEITES KIND Mir geht es auch besser. Ich hatte vorhin das Gefühl, verloren zu sein.
HELLINGER Wie geht es dem Mann jetzt?
MANN Ich bin nicht am richtigen Platz. Mich zieht es zu meiner Frau.

Er stellt sich neben seine Frau und strahlt.

Bild 4

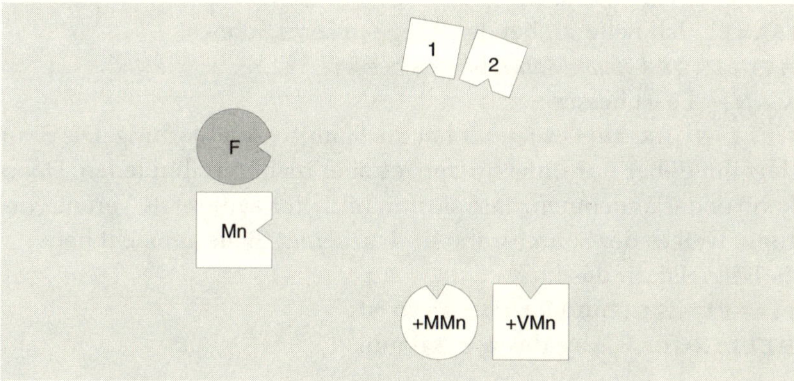

HELLINGER *zu Isabel* Mein Bild ist, dass es den Mann zur Nachfolge zieht von seinem Vater und seiner Mutter, von beiden. Doch statt dass er ihnen nachfolgt, hatte sein Sohn diesen Unfall. Das ist mein Bild. Der Sohn sagt zum Vater: „Lieber gehe ich als du." Sobald aber die Toten in den Blick kommen und anerkannt sind, kann der Mann bleiben, und der Sohn kann bleiben.
ISABEL Sobald er sie anerkennt oder ...?

HELLINGER Sobald er die Toten anerkennt und sie ohne Angst anschaut, offen und klar. Das macht er jetzt, man kann es sehen. Siehst du die Veränderung bei ihm?
ISABEL Ja.
HELLINGER Dann sind eure Kinder frei. Die Kinder müssen aber in den Bannkreis der Mutter kommen, denn die Familie ihres Vaters ist zu belastet. Okay? – Jetzt stelle dich selber mal an deinen Platz.
zu Isabel, als sie neben dem Mann steht Jetzt gib deinem Mann die Zusicherung, dass ihr die Pflege für den Sohn gemeinsam tragt. Sage ihm das!
ISABEL *zu ihrem Mann* Wir tragen gemeinsam die Pflege für unseren Sohn.
HELLINGER Wie geht es dem Mann dabei?
MANN Es fällt mir schwer, das anzunehmen. Ich habe mich vorhin ganz stark hier gefühlt, und es fällt mir schwer, anzunehmen, was sie sagt.
HELLINGER *zu Isabel* Du musst ihm sagen: „Ich helfe dir bei der Pflege."
ISABEL Ich helfe dir bei der Pflege unseres Sohnes.
HELLINGER *zum Mann* Ist das besser?
MANN Es ist besser.
HELLINGER *zur Gruppe* Er hat die Hauptverantwortung. Die Frau darf ihn daher nur unterstützen, es aber nicht mit ihm teilen. Dann kann er das annehmen, dass sie ihm hilft. Er hat die erste Verantwortung, weil es der Sohn für ihn und an seiner Stelle gemacht hat.
zu Isabel Ist dir das klar?
ISABEL Es ist mir klar, dass es so ist.
HELLINGER Okay, das war's dann.

zur Gruppe Irgendwelche Fragen dazu?
STELLVERTRETER DES VERUNGLÜCKTEN SOHNES Wennman sich in so einer Opferrolle befindet, was steht einem dann zu? Was ist richtig für den, der das Opfer ist?
HELLINGER Das haben wir ausgelassen. Daher ist das eine sehr wichtige, ergänzende Frage.

Wenn der Sohn jetzt hier wäre, dann würde ich ihn zum Vater sagen lassen: „Lieber Vater, für dich habe ich es gerne übernommen." Das ist die Wahrheit, und wenn sie am Licht ist, bekommt er Kraft daraus. – Kannst du das nachfühlen?

STELLVERTRETER DES VERUNGLÜCKTEN SOHNES Ja. – Der Sohn braucht sich dann auch keine weiteren Gedanken mehr zu machen, etwa warum der Vater das nicht selber gemacht hat?
HELLINGER Nein, das braucht er nicht mehr. Er trägt jetzt ein Schicksal, das nicht mehr rückgängig zu machen ist. Aber im Rückblick sieht er seine Motivation und ist damit eher versöhnt. Er darf dann auch die Pflege der Eltern sehr guten Gewissens und mit sehr gutem Herzen annehmen, was auch sehr wichtig ist, weil sonst das Kind Angst hat, dass es die Eltern belastet. Aber so weiß es sich in einem sehr guten Zusammenhang von Unschuld und Liebe.
STELLVERTRETER DES VATERS Ich will noch etwas sagen zur Situation am Schluss der Aufstellung. Meinem verunglückten Sohn so gegenüberzustehen, empfand ich als unglaublich kraftvoll und als ganz starke Bindung.
HELLINGER Das war für Isabel noch eine wichtige Rückmeldung.
TEILNEHMERIN Nur eine kurze Frage. Gibt es eine Regel, welches der Kinder solch eine Rolle übernimmt?
HELLINGER Oft übernimmt sie das erste, aber das ist keine feste Regel.
ANDERE TEILNEHMERIN Ich möchte sagen, dass ich dankbar dafür bin, dass ich dabeisein konnte. Dieser Sohn ist mit meinem Sohn in die Schule gegangen. Ich empfand, was hier geschah, sehr stimmig.

Aufstellung: Magersüchtiges Mädchen – „Lieber verschwinde ich als du, mein lieber Vater"

TEILNEHMER Sie haben vorhin einen Fall von Magersucht erwähnt, können Sie uns vielleicht ein bisschen mehr zum Thema Magersucht sagen und woher das kommt?
HELLINGER Wir haben eine Magersüchtige hier im Saal. Wir könnten ja einfach mal ihr System aufstellen und uns die Dynamik betrachten.
zu Julia Willst du?
JULIA Ja.
HELLINGER *zur Gruppe* Sie kommt gerade aus der Klinik, deswegen sieht sie schon etwas besser genährt aus.

HELLINGER *zu Julia* Du brauchst nichts erzählen. Stelle einfach mal dein Ursprungssystem auf. Wer gehört dazu?
JULIA Vater, Mutter, ich und vier Geschwister. Ich würde gerne auch meinen Exfreund mit hereinnehmen, denn ich habe mit der Magersucht erst dann konkret angefangen, als ich ihn kennengelernt habe.
HELLINGER Den brauchen wir nicht, nur die Ursprungsfamilie. – War jemand von deinen Eltern vorher verheiratet oder in fester Bindung?
JULIA In fester Bindung nicht, aber es gab für meinen Vater eine wichtige Frau, zu der er zwar keine Bindung hat, die aber immer im Hintergrund steht.
HELLINGER Die stellen wir mit auf.

Bild 1

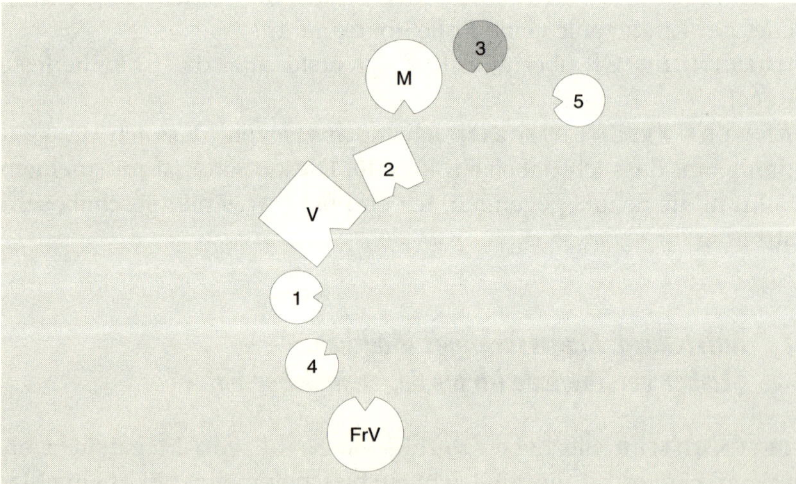

V	Vater
M	Mutter
1	Erstes Kind, Tochter
2	Zweites Kind, Sohn
3	**Drittes Kind, Tochter, magersüchtig (= Julia)**
4	Viertes Kind, Tochter
5	Fünftes Kind, Tochter
FrV	Freundin des Vaters

HELLINGER Wie geht es dem Vater?

VATER *zeigt auf die Frau, die seine Freundin vertritt* Wer ist das?
HELLINGER Die heimliche Freundin.
VATER Seitdem sie da ist, geht es mir gut.

Lachen in der Gruppe

VATER Vorher habe ich mir gedacht: Jetzt wird es Zeit, dass ich mir eine Frau suche.
HELLINGER Wie geht es der Mutter?
MUTTER Beschissen. Ich weiß gar nicht, was ich in diesem System soll.
HELLINGER Wie geht es der Ältesten?
ERSTES KIND Ich fühle mich da beim Vater auf der einen Seite ganz wohl, und auf der anderen Seite hätte ich gerne die Mutter im Rücken.
ZWEITES KIND Ich fühle mich ganz unwohl. Ich stehe zwischen Mutter und Vater. Die Mutter ist im Rücken, und ich fühle mich so vorgeschoben, nicht gut.
DRITTES KIND Ich habe das Gefühl, ich müsste der Mutter helfen.
VIERTES KIND Ich will zur Mutter. Ich bin ärgerlich auf den Bruder, weil er vor der Mutter steht, und ich weiß nicht, was die andere Frau neben mir soll.
HELLINGER Jetzt machen wir ein kleines Experiment.
zur Stellvertreterin von Julia Geh du mal aus der Tür, und mache sie hinter dir zu.

Sie geht aus der Tür und knallt sie hinter sich zu.

Bild 2

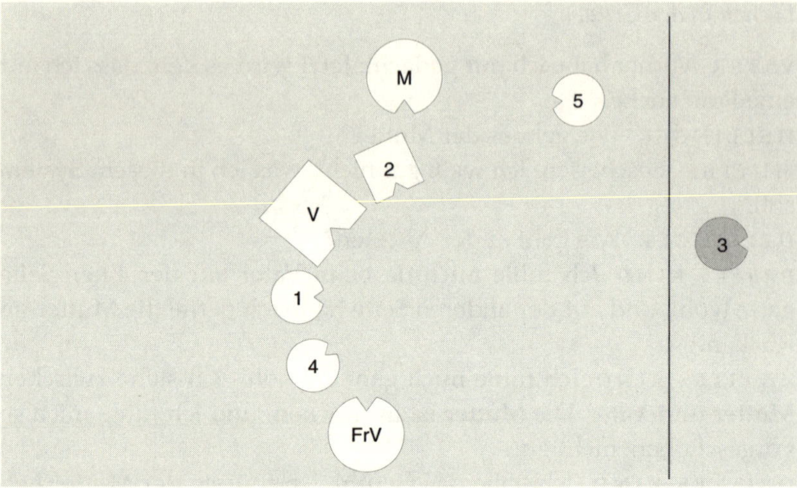

HELLINGER Was ist beim Mann verändert?
VATER Ich halte das nicht aus. Das ist unerträglich.
HELLINGER Was?
VATER Dass sie fehlt. Sie war doch mein Kind!
HELLINGER *zur Gruppe* Die Dynamik der Magersucht ist: „Lieber verschwinde ich als du, mein lieber Vater." Wenn die Tochter geht, kann der Vater bei der Familie bleiben. Das ist hier die Dynamik: Den Vater zieht es zu dieser Frau, und indem die Magersüchtige verschwindet, muss er bleiben. Das ist eine schlimme Lösung, aber das ist der Sinn der Magersucht. Habe ich das verdeutlicht?
MEHRERE TEILNEHMER Ja.
HELLINGER Jetzt suchen wir die bessere Lösung. Ruft sie wieder herein!

Hellinger stellt den Vater und die Freundin abseits und die Mutter den Kindern gegenüber.

Bild 3

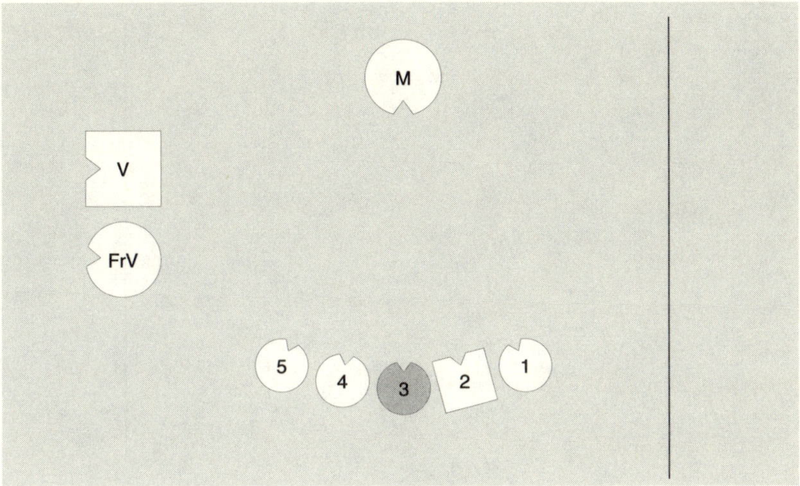

HELLINGER Was ist jetzt bei der Frau?
MUTTER Ich bin erleichtert.
ERSTES KIND Ich fühle mich verwirrt.
ZWEITES KIND Besser
DRITTES KIND Es ist gut, in der Reihe zu sein.
VIERTES KIND Es geht so. Ich weiß noch nicht so recht.
FÜNFTES KIND Verwirrt.
HELLINGER Wie geht es dem Vater?
VATER Ich schwanke so zwischen „Könnte es was werden mit der Freundin; wird es ein Anfang?" oder „Klappt es überhaupt nicht?".
HELLINGER Es ist ein schöner Traum.

Der Vater nickt.

FREUNDIN DES VATERS Mir ging es dort eigentlich sehr gut. Ich hatte sie alle so schön im Blick und hatte das Gefühl, das ist meine Familie. Hier jetzt ist es überhaupt nicht gut.

HELLINGER Jetzt machen wir noch einen anderen Lösungsversuch.

Bild 4

HELLINGER Was ist jetzt?
MUTTER Besser.
VATER Hallo, Kinder!
ERSTES KIND Ich fühle mich liebevoll.
ZWEITES KIND Ich war gerade noch wütend, weil er weg war. Es ist besser.
DRITTES KIND Es ist gut.
VIERTES KIND Es ist okay so.
FÜNFTES KIND Auch gut.
HELLINGER *zur Gruppe* Die Frau hat den Mann nicht voll genommen; sie hat sich nicht ganz bewusst zwischen ihn und die andere Frau gestellt. Auch der Mann hat die Frau nicht voll genommen. Dann gibt es so eine Situation, dass ein Kind verschwinden will anstelle des Vaters, um ihn in der Familie zu halten.
zu Julia Willst du dich mal hinstellen an deinen Platz?
JULIA Ich fühle mich so zentral. Das ist ganz schwer auszuhalten.
HELLINGER Unglück und Sterben ist leichter. Merkst du das?

Sie nickt heftig.

HELLINGER Jetzt schau die Mutter an und sage: „Mama, ich bleibe."
JULIA Mama, ich bleibe. Mama, ich bleibe.
HELLINGER „Auch wenn der Papa geht, ich bleibe."
JULIA Auch wenn der Papa geht, dann bleibe ich.
HELLINGER Sage es ruhig mit deinen Worten!
JULIA Mama, ich bleibe, auch wenn der Papa geht.
HELLINGER Wie fühlt sich das an?
JULIA Also, diese Position ist schwierig zu glauben.
HELLINGER Wie war das jetzt für die Mutter?
MUTTER Gut. Ich wollte vorhin auch rausgehen, als sie rausging.
VATER Ich bin durch die Aussagen freier geworden, auch mit den Schuldgefühlen.
HELLINGER *zu Julia* Stelle dich mal neben die Mutter, ganz nah! und schau sie an und sag: „Mama, ich bleibe."
JULIA *mit fester, klarer Stimme* Mama, ich bleibe.
HELLINGER *zur Gruppe* Hat das nicht gut geklungen?

Lachen in der Gruppe

JULIA Hier fällt es mir leichter.
HELLINGER Genau. Was habe ich dir gesagt, als wir gestern miteinander geredet haben? Wo ist dein Platz?
JULIA Hier neben der Mutter.
HELLINGER *zur Gruppe* Magersüchtige sind sicher neben der Mutter, entgegen so vielen therapeutischen Theorien. Hier haben wir es bewiesen. Hoffentlich! – Gut, das war's.

Essanfälle mit anschließendem Erbrechen (Bulimie)

TEILNEHMER Darf ich etwas dazu fragen? – Heutzutage ist es so, dass die Magersucht und die Bulimie häufig miteinander wechseln. Immer häufiger. Es gibt immer weniger die reine Magersucht und ganz häufig den Wechsel von der Magersucht zur Bulimie.
HELLINGER Die Bulimie hat eine andere Dynamik als die Magersucht. Bei der Bulimie ist die Familiensituation so, dass das Kind nur von der Mutter und nicht vom Vater nehmen darf. Dann nimmt es von der Mutter aus Treue zu ihr, und aus Treue zum Vater spuckt es aus. Auf diese Weise ist es beiden Eltern gegenüber loyal.

Die Therapie für die Bulimie ist sehr einfach. Die Standardanweisung an die bulimische Patientin ist, dass sie, wenn sie den Essanfall bekommt, lustvoll alles einkauft, was sie essen möchte, und alles auf dem Tisch ausbreitet. Dann nimmt sie einen Teelöffel, stellt sich vor, sie sitzt auf Papas Schoß, nimmt den ersten Bissen, schaut den Papa an und sagt ihm: „Bei dir schmeckt's mir, von dir nehme ich es gerne", und isst es mit Lust. Bei jedem weiteren Bissen macht sie es ebenso. Schon die Vorstellung allein genügt in der Regel. Man darf es aber nicht als ein Ritual machen, sondern muss sich in jeden Fall neu einfühlen und die Anweisung entsprechend verändern.

Was den Wechsel von der Magersucht zur Bulimie betrifft, so hängt er damit zusammen, dass die frühere Magersüchtige sich noch nicht voll entschlossen hat, zu bleiben. Sie isst, um zu bleiben, und spuckt aus, um zu gehen. Die Lösung ist, dass sie, wenn sie das Essen wieder von sich geben will, dem Vater sagt: „Papa, ich bleibe."

Im Einklang mit Größerem sein

HELLINGER Ich möchte ich etwas zur Grundhaltung sagen, die ich beim Helfen habe, die auch für andere wichtig ist, wenn sie Lösungen suchen für ein Problem.

Oft rufen mich Leute an, weil sie Eheschwierigkeiten haben, und fragen, ob sie zu mir kommen können, um sie zu lösen. Meistens sage ich: „Nein, ich mache das nicht, sonst überantwortet ihr mir etwas, das bei euch bleiben muss. Wenn ihr gemeinsam mich aufsucht, dann leidet eure Liebe, denn dann übertragt ihr, was nur euch gehört, einer dritten Person. Ich schlage ihnen statt dessen vor, dass mich jeder der beiden getrennt anrufen kann. Dann mache ich jedem vielleicht einen anderen Vorschlag. Was sie dann damit machen, will ich nicht wissen. Ich überlasse sie ganz ihrer eigenen Liebe, Verantwortung und Kraft.

Das gilt auch, wenn jemand Heilung sucht. Wenn das einer anderen Person übertragen und von ihr abhängig gemacht wird, dann nimmt er sich selber die Kraft.

Lösungen, die dauern, sind Fügung und Gnade. Wer sie erfährt, der erlebt, dass er auf einmal im Einklang mit etwas ist, das seine Kraft überragt, und dieses Etwas trägt. Was ich in meiner Arbeit versuche, ist, jemand in den Einklang zu bringen mit dieser Kraft. Ich selbst füge mich dieser Kraft, bin mit ihr im Einklang, und so arbeite ich also mit etwas, das durch mich nur hindurchgeht.

Ich sage das auch denen hier, die gerne noch dran kommen wollen und merken, dass das in dieser Großveranstaltung nicht mehr geht. Sie betrachten es vielleicht als Pech. Aber ob das so ist, wissen wir nicht.

Es gibt da eine chinesische Geschichte, die erzählt, einem Bauern seien zwei wilde Pferde zugelaufen. Da sagten die Leute: „Jetzt hast du aber Glück gehabt." Er aber sagte: „Mal sehen."

Am nächsten Tag hat sein Sohn die Pferde eingeritten, fiel aber herunter und brach sich ein Bein. Jetzt sagten die Leute: „Da hast du aber Pech gehabt." Er aber sagte: „Mal sehen."

Am nächsten Tag kamen Abgesandte des Kaisers, um Rekruten für den Krieg auszuheben.

Man weiß es also nie genau.

Lachen und Klatschen in der Gruppe

HELLINGER Die Zeit für dieses Seminar ist abgelaufen. Doch ich erzähle euch zum Schluss noch eine Geschichte. Es ist eine philosophische Geschichte, in der die Gegenspieler um Wahrheit und um Einsicht ringen wie andere um Lösung oder Heil. Doch kann auch hier, wer zu gewinnen scheint, nicht ohne den, der unterlag, bestehen; denn wie könnte er die Quelle überwinden, solange er noch aus ihr trinkt.

Wir aber brauchen, wenn wir die Geschichte hören, keine Stellung zu beziehen und fühlen uns daher, solange wir nur hören, vom Zwang der Gegensätze wundersam befreit. Erst wenn wir selber uns beziehen oder handeln und deshalb auch entscheiden müssen, haben uns die Gegensätze wieder.

Zweierlei Wissen

Ein Gelehrter fragte einen Weisen,
wie sich das Einzelne zu einem Ganzen fügt
und wie das Wissen um das Viele
sich vom Wissen um die Fülle
unterscheide.

Der Weise sagte:
„Das weit Verstreute wird zu einem Ganzen,
wenn es zu einer Mitte findet
und gesammelt wirkt.
Denn erst durch eine Mitte wird das Viele
wesentlich
und wirklich,
und seine Fülle erscheint uns dann als einfach,
fast wie wenig,
wie ruhige Kraft auf nächstes hin,
die unten bleibt
und nahe dem, was trägt.

Um Fülle zu erfahren
oder mitzuteilen,
muss ich daher nicht alles einzeln
wissen,
sagen,
haben,
tun.

Wer in die Stadt gelangen will,
tritt durch ein einziges Tor.
Wer eine Glocke einmal anschlägt,
bringt mit dem einen Ton noch viele andere zum Klingen.
Und wer den reifen Apfel pflückt,
braucht dessen Ursprung nicht ergründen.
Er hält ihn in der Hand
und isst."

Der Gelehrte wandte ein, dass, wer die Wahrheit wolle,
auch alle Einzelheiten wissen müsse.

Der Weise aber widersprach:
Nur von der alten Wahrheit wisse man sehr viel.
Wahrheit, die weiterführe,
sei gewagt
und neu.
Denn sie verbirgt ihr Ende
wie ein Keim den Baum.
Wer daher noch zu handeln zögert,
weil er mehr wissen will,

als ihm der nächste Schritt erlaubt,
versäumt, was wirkt.
Er nimmt die Münze
für die Ware,
und aus Bäumen
macht er Holz.

Der Gelehrte meinte,
das könne nur ein Teil der Antwort sein
und er bitte ihn
um noch ein bisschen mehr.

Der Weise aber winkte ab,
denn Fülle sei am Anfang wie ein Fass voll Most:
süß und trüb.
Und es braucht Gärung und genügend Zeit,
bis er sich klärt.
Wer dann, statt dass er kostet, trinkt,
kommt leicht ins Schwanken.

Hinweis

Die familiengeschichtlichen Hintergründe von schwerer Krankheit, Unfällen und Selbstmord und der Umgang mit Trauma und schwerem Schicksal wurden von mir ausführlich dokumentiert in den folgenden Videos und Büchern. Sie sind alle erschienen und erhältlich bei:
Carl-Auer-Systeme Verlag, Weberstr. 2, 69120 Heidelberg

Was in Familien krank macht und heilt. *Ein Kurs für Betroffene, 1999*
3 VHS-Cassetten (9 ½ Stunden). ISBN 3-89670-160-6

Was in Familien krank macht und heilt. *Ein Kurs für Betroffene, 2000*
320 Seiten. ISBN 3-89670-123-1
(Buch zum Video)

Wo Schicksal wirkt und Demut heilt. *Familien-Stellen mit Kranken, 1998*
3 VHS-Cassetten (8 ½ Stunden). ISBN 3-89670-060-X

Wo Schicksal wirkt und Demut heilt. *Ein Kurs für Kranke, 1998*
320 Seiten. ISBN 3-89670-029-4
(Buch zum Video)

Bert Hellinger arbeitet mit Krebskranken. *Ein Kurs für Betroffene, ihre Angehörigen und Therapeuten, 1997*
2 VHS-Cassetten (7 ½ Stunden). ISBN 3-89670-007-3

Schicksalsbindungen bei Krebs. *Ein Kurs für Betroffene, ihre Angehörigen und Therapeuten, 1997*
200 Seiten. ISBN 3-89670-008-1
(Buch zum Video)

Familien-Stellen mit Kranken. *Ein Kurs für Kranke, begleitende Psychotherapeuten und Ärzte, 1995*
3 VHS-Cassetten (10 Stunden). ISBN 3-927809-55-1

Familien-Stellen mit Kranken. *Dokumentation eines Kurses für Kranke, begleitende Psychotherapeuten und Ärzte, 1995*
339 Seiten. ISBN 3-89670-018-9
(Buch zum Video)

Wo Ohnmacht Frieden stiftet. *Familien-Stellen mit Opfern von Trauma und Schicksal, 2000*
3 VHS-Cassetten (6 Stunden). ISBN 3-89670-082-0

Wo Ohnmacht Frieden stiftet. *Familien-Stellen mit Opfern von Trauma und Schicksal, 2000*
270 Seiten. ISBN 3-89670-111-8.
(Buch zum Video)

Mitte und Maß. *Kurztherapien, 1999*
280 Seiten. ISBN 3-89670-130-4

Nach-Fragen an einen Freund

von Norbert Linz

Die systemische Dimension von Problemen und Schicksal

NORBERT LINZ Lieber Bert, wie bist du eigentlich zur systemischen Psychotherapie gekommen?

BERT HELLINGER Das ist für mich nur noch schwer nachzuvollziehen, weil es schon sehr lange her ist. Aber wenn ich mich so zurückerinnere, kam mir die entscheidende Einsicht, als ich die *Skriptanalyse* nach Eric Berne praktiziert habe. Er ging davon aus, dass jeder nach einem bestimmten Muster lebt. Dieses Muster kann man herausfinden über literarische Geschichten wie Märchen, Romane, Filme usw., die ihn bewegen. Man fragt ihn nach einer Geschichte, die ihn in der frühen Kindheit bewegt hat – schon vor dem fünften Lebensjahr –, und nach einer zweiten Geschichte, die ihn in der Gegenwart bewegt. Dann vergleicht man diese beiden Geschichten und findet über das, was in beiden Geschichten ähnlich verläuft, heraus, was sein geheimer Lebensplan ist. Eric Berne hatte die Vorstellung, dass dieses Skript zurückgeht auf frühe Botschaften, die Eltern ihren Kindern vermitteln. Doch ich habe auf einmal herausgefunden, dass das nicht stimmt.

LINZ Wie hast du das herausgefunden?

HELLINGER Ich habe gesehen, dass einige der so genannten Skripts – also der Lebenspläne, nach denen einer lebt, ohne dass er es merkt – zurückgehen auf frühe Erlebnisse, unabhängig davon, was ihm die Eltern vermitteln. Wenn jemand zum Beispiel die Geschichte von *Rumpelstilzchen* bringt, sieht man: Das ist eine Geschichte, in der ein Vater seine Tochter weggibt und in der die Mutter fehlt. Dann kann man diesem Hinweis nachgehen und fragen: Ist in deiner Familie ein Kind weggegeben worden, oder bist du selber als Kind weggegeben worden? Dann kommt vielleicht ans Licht, dass er sich fühlt wie ein weggegebenes Kind und sich vorgenommen hat, sich sein Leben lang so zu fühlen und zu verhalten.

LINZ Wie hat sich deine Arbeit mit den Skriptgeschichten weiterentwickelt?

HELLINGER Ich habe nach einiger Zeit herausgefunden, dass viele dieser Geschichten sich gar nicht auf die Person beziehen, die sie erzählt, sondern auf jemand anderen aus seiner Familie. Zum Beispiel war da mal einer sehr bewegt von der Geschichte des *Othello*, und dabei ist mir plötzlich aufgegangen, dass diese Geschichte sich nicht auf ihn beziehen kann, denn das, was der Othello erlebt hat, kann ein Kind noch nicht erleben. Dann habe ich ihn so geradeheraus gefragt: Welcher Mann aus deiner Familie hat aus Eifersucht jemanden umgebracht? Er sagte: mein Großvater. Seine Frau wurde ihm untreu, und dann hat er ihren Liebhaber erschossen. Von da an habe ich ganz klar unterschieden, wenn ich mit Skripts gearbeitet habe, ob sich eine solche Geschichte auf ein persönliches Erleben bezieht oder auf das Erleben einer anderen Person. So stieß ich zum erstenmal auf die systemische Dimension von persönlichen Problemen und Schicksalen.

LINZ Das kam alles aus der Beobachtung?

HELLINGER Nicht nur. Eric Berne hat, wenn er von Skripts redete, schon eine systemische Dimension mit bedacht, aber ihr Ausmaß noch nicht erkannt. Spätere Transaktionsanalytiker haben das wieder zugedeckt. Also, Eric Berne hat mich da schon auf eine Fährte gebracht.

LINZ Gab es weitere Fährten?

HELLINGER Noch etwas hat mich auf die systemische Spur gebracht. Ich habe ja lange Primärtherapie gemacht. Dabei habe ich einmal mit einer Frau gearbeitet, die Gefühle äußerte, die mir nicht nachvollziehbar waren. Sie war mit einem Mann auf eine unmögliche Weise umgegangen, doch sie hatte das überhaupt nicht gespürt. Damals habe ich einiges falsch gemacht, weil ich noch nicht wusste, wie man mit so etwas umgeht. Das hat mir später sehr leid getan.

LINZ Was hast du aus deiner späteren Sicht damals falsch gemacht?

HELLINGER Ich habe ihr diese Gefühle zugeschrieben, als wären es ihre persönlichen, und erst später habe ich gemerkt, dass es so etwas gibt wie übernommene Gefühle. Vorher war ich davon ausgegangen, dass es nur zwei Gruppen von Gefühlen gibt: die primären Gefühle, die eine unmittelbare Reaktion auf Ereignisse sind oder auf eine Verletzung, und die Gefühle, die ein primäres Gefühl ersetzen oder abwehren. Zum Beispiel: Einer wird traurig, wenn er wütend sein müsste, oder böse, wenn er danken müsste.

LINZ Also die sekundären Gefühle.

HELLINGER Ja. Dass es auch übernommene Gefühle gibt, dass also jemand, ohne dass er es weiß, von einer anderen Person deren Gefühle übernimmt und sie auf eine andere Person, die damit gar nichts zu tun hat, überträgt, das ist mir erst aufgegangen, als ich über diesen Fall nachgedacht habe. So stieß ich auch über die Primärtherapie auf die systemische Dimension von Gefühlen und schlimmen Schicksalen.

Ich habe dann noch eine andere Beobachtung gemacht. Ich konnte sehen, dass auch Träume manchmal nichts mit dem Träumer zu tun haben, sondern dass er etwas träumt, was zu anderen aus seiner Familie gehört. Wenn man den Inhalt eines solchen Traumes dem Träumer zuschreibt, kann es zu Missverständnissen kommen, und man kann ihm unrecht tun. Also auch in den Träumen kommt manchmal eine Verstrickung in die Schicksale anderer ans Licht. Auch sie haben manchmal eine systemische Dimension.

Lehrer und Anreger

LINZ Du hast Eric Berne als einen deiner Anreger genannt. Welche Lehrer wären da noch zu nennen, denen du in deiner therapeutischen Entwicklung etwas verdankst?

HELLINGER Das sind viele. Meine ersten Lehrmeister waren südafrikanische Gruppendynamiker, die ihre Ausbildung in den USA erhalten hatten. Die gruppendynamischen Trainings dort wurden vorwiegend von anglikanischen Geistlichen für kirchliche Mitarbeiter organisiert. Sie haben dazu auch Angehörige anderer Konfessionen und verschiedener Rassen eingeladen. Da zu sehen, wie Gegensätze sich auflösen konnten in gegenseitiger Achtung, das war ein sehr tiefes Erleben für mich. Ich konnte das auch sofort praktisch anwenden, da ich damals Rektor einer großen Schule für Schwarzafrikaner in Natal war. Also, die Gruppendynamik war das erste. An Psychotherapie habe ich damals überhaupt noch nicht gedacht.

LINZ Und wie kamst du zur Psychotherapie?

HELLINGER Als ich 1969 nach Deutschland zurückkehrte, habe ich selber gruppendynamische Trainings angeboten, aber bald gemerkt, dass mir das nicht genügt. Daher habe ich in Wien eine psychoanalytische Ausbildung gemacht. Auch das hat mir sehr viel gegeben.

Noch während ich diese Ausbildung machte, kam mir durch meinen Analytiker das Buch The Primal Scream von Arthur Janov in die Hände. Damals war dieses Buch im deutschsprachigen Raum noch nicht bekannt. Die Direktheit, mit der Janov an die zentralen Gefühle heranging, hat mich tief beeindruckt. Ich habe seine Methoden heimlich in meinen gruppendynamischen Kursen ausprobiert und ihre Brisanz sofort erkannt. Daraufhin habe ich mich entschlossen, mich nach der psychoanalytischen Ausbildung bei Janov auch einer Primärtherapie zu unterziehen. Zwei Jahre später bin ich nach Amerika gegangen und habe neun Monate lang bei Janov und bei seinem ersten Ausbildungsleiter Primärtherapie gemacht. Dabei habe ich viel über den Umgang mit Gefühlen gelernt: Starke Gefühlsausbrüche haben mich später nicht mehr erschüttert. Es ist schon so, dass ich durch Gefühle auch bewegt bin …

LINZ … dich aber durch sie nicht einbinden lässt.

HELLINGER Ich kann mich da abgrenzen. Doch sehr bald habe ich gemerkt, dass die Primärtherapie auch ihre Schwächen hat.

LINZ Welche?

HELLINGER Dass einige Klienten und Therapeuten sich nur noch von ihren Gefühlen leiten lassen. Ich habe das bald durchschaut und mich davor geschützt, doch das Wertvolle behalten. Dazu gehört vor allem, dass der einzelne auf sich verwiesen bleibt, er also nicht, um seinen Gefühlen zu entgehen, sich mit anderen befassen und so von sich ablenken kann. Das geschieht zum Beispiel dadurch, dass er für seine Gefühlsäußerungen von anderen keine Rückmeldung bekommt.

LINZ Wie hast du deine Erfahrungen aus der Primärtherapie später genutzt?

HELLINGER Als ich nach Deutschland zurückkam, habe ich eine Zeit lang sehr intensiv mit der Primärtherapie gearbeitet. Im Laufe der Zeit habe ich gemerkt, dass diese großen Gefühle, die da hochkommen, fast alle ein anderes Gefühl überdecken: nämlich eine Urliebe zur Mutter und zum Vater. Dass also Gefühle wie Wut und Zorn oder Trauer und Verzweiflung oft nur der Abwehr des Schmerzes dienen, der durch die Unterbrechung einer frühen Hinbewegung zur Mutter oder zum Vater entsteht.

LINZ Was hat man sich bei „unterbrochener Hinbewegung" konkret vorzustellen?

HELLINGER Wenn das kleine Kind zur Mutter wollte oder zum Vater, aber nicht zu ihnen konnte, zum Beispiel weil es im Krankenhaus lag oder als Frühgeborenes im Brutkasten oder weil Vater oder Mutter früh starben – dann schlägt die Liebe um in Schmerz. Dieser Schmerz ist die andere Seite der Liebe. Er ist im Grunde genau das gleiche. Der Schmerz ist so groß, dass das Kind später nie mehr an ihn heran will. Statt dass es zur Mutter oder zu anderen Menschen hingeht, hält es sich lieber von ihnen fern und fühlt an Stelle der Liebe Wut oder Verzweiflung und Trauer. Wenn man das weiß, kann man diese vordergründigen Gefühle lassen und gleich hingehen zur Liebe. Man führt den Klienten an den Punkt, an dem die Hinbewegung unterbrochen wurde, und nimmt diese dort wieder auf, entweder primärtherapeutisch oder im Rahmen des Familien-Stellens. So kommt die unterbrochene Liebe ans Ziel, und mit ihr kommt ein tiefer Friede. Vieles, was aus früher Verletzung entsteht, also Ängste, Zwänge, Phobien, Empfindlichkeit oder was wir sonst noch als neurotisches Verhalten kennen, hört dann auf.

LINZ Welche Aufgabe hat bei diesem Vorgang der Therapeut?

HELLINGER Ich vertrete für den Klienten Mutter und Vater, und nur weil ich mir dieser Stellvertretung bewusst bin, kann ich die Hinbewegung des Klienten begleiten und leiten. Ich führe ihn zu seiner Mutter oder zu seinem Vater, und wenn er dort angekommen ist, mache ich für sie Platz und verschwinde.

LINZ Was machst du, damit der Klient nach einer solchen bindungsintensiven Arbeit nicht zuviel auf dich überträgt?

HELLINGER Wenn ich seine unterbrochene Hinbewegung ans Ziel gebracht habe, vergisst er mich. Dann habe ich ihn bei seinen Eltern abgeliefert und den besten Händen überlassen, die es für ihn gibt, und ich kann mich getrost zurückziehen. Deswegen ist hier die Gefahr der Übertragung sehr gering.

LINZ Sind noch weitere therapeutische Methoden zu nennen, die für dich bedeutsam wurden – beispielsweise die Familientherapie?

HELLINGER Über viele Jahre, zwischen 1974 und 1988, habe ich die Skriptanalyse und die Primärtherapie miteinander kombiniert. Danach habe ich mich intensiv mit der Familientherapie befasst. Sie war der neue Trend in den 70er Jahren. Also bin ich für vier Wochen in die USA geflogen und habe dort an einem großen Seminar über

Familientherapie bei Ruth McClendon und Les Kadis teilgenommen. Bei ihnen habe ich sehr viel gelernt. Sie haben beeindruckende Familienaufstellungen gemacht und intuitiv wie auch über Ausprobieren gute Lösungen gefunden, aber nachvollziehen konnte ich das nicht. Sie konnten es auch nicht erklären, weil ihnen die Grundmuster selber nicht bewusst waren.

LINZ Um einen Anhaltspunkt zu haben: In welchem Jahr war das?

HELLINGER Das war 1979. Ruth McClendon und Les Kadis kamen später nach Deutschland und hielten zwei Kurse in Mehrfamilien-Therapie, das heißt, sie haben fünf Familien, Eltern und Kinder gleichzeitig fünf Tage lang therapiert. Damals dachte ich, vielleicht mache ich nur noch Familientherapie, das ist das einzig Richtige. Doch dann habe ich auf meine bisherige Arbeit geschaut und mich entschlossen, ich bleibe noch dabei, denn sie hat vielen geholfen. Aber die Familientherapie ließ mich nicht mehr los, und weil ich immer klarer die systemischen Dimensionen von Problemen und Schicksalen erkannte, hat sich meine therapeutische Arbeit in einem Jahr so verändert, dass sie zur Familientherapie wurde, aber auf eine Art, die meine früheren Erfahrungen mit einbezog.

LINZ Du hast ja dann selber Familienaufstellungen gemacht.

HELLINGER Ja. Aber dem ist noch vorausgegangen, dass ich bei Thea Schönfelder zwei Kurse über Familienaufstellungen besuchte. Sie hat das sehr eindrücklich gemacht, und ich habe es schon besser verstanden, aber immer noch nicht ganz.

Dann ist mir auf einmal beim Schreiben eines Vortrags über Schuld und Unschuld in Systemen aufgegangen, dass es so etwas gibt wie eine Ursprungsordnung, dass also das Frühere in einem System Vorrang hat vor dem Späteren.

LINZ Zusammen mit den „übernommenen Gefühlen" und der „unterbrochenen Hinbewegung" ist auch dies wieder ein originärer Ansatz von dir.

HELLINGER Was heißt hier schon originär? Die Einsicht ist mir gekommen, so wie sie anderen auch hätte kommen können. Daher erhebe ich auch keinen Anspruch darauf. Doch damit hatte ich das Grundmuster, mit dem ich Störungen in Familienbeziehungen erkennen und lösen konnte. Jetzt erst konnte ich anfangen, selber Familien aufzustellen. Im Laufe der Zeit erkannte ich noch andere Muster, zum Beispiel die Stellvertretung von Ausgeschlossenen durch später Geborene und die Bedeutung des Ausgleichs in Familien und Sippen.

Familienaufstellungen

LINZ Du hast vorhin darauf hingewiesen, dass schon viele andere vor dir Familien aufgestellt haben. Was ist bei deiner Art der Familienaufstellungen anders?

HELLINGER Ich vertraue fest darauf, dass der Einzelne, wenn er seine Familie aufstellt oder bei einer Aufstellung mitwirkt, in Kontakt steht mit etwas, das über ihn hinausweist. Daher mache ich keine Vorgaben. Manche Therapeuten sagen den Mitwirkenden, welche Haltung sie einnehmen sollen, zum Beispiel sich nach vorne neigen oder in eine bestimmte Richtung schauen. Sie nennen das Familienskulptur. So etwas lasse ich nicht zu. Denn wenn sich jemand gesammelt auf das Geschehen einlässt, macht er all dies, wenn es notwendig ist, ganz von alleine. Das hat dann eine ganz andere Überzeugungskraft, als wenn ich ihm das vorgebe.

Es ist auch so: Wenn einer die Familie so aufstellt, wie er sich das vorher zurechtgelegt hat, stimmt es nie. Das Bild, wie die Familie wirklich ist, kommt erst während der Aufstellung Schritt für Schritt ans Licht. Das überrascht dann den, der es aufstellt, selbst.

LINZ Wie erklärst du es, dass bei Familienaufstellungen die systemische Wirklichkeit tatsächlich ans Licht kommt?

HELLINGER Ich kann es nicht erklären. Aber man kann sehen, dass die Teilnehmer an einer Familienaufstellung, wenn sie in Beziehung zueinander gestellt werden, nicht mehr bei sich sind, sondern sich wie die wirklichen Familienmitglieder verhalten und wie diese fühlen. Sie bekommen sogar deren Körpersymptome.

Vor kurzem war in einem Kurs für Kranke ein Mann, der an Epilepsie litt. Er wollte sein Familiensystem aufstellen, konnte es aber nicht, denn er war geistig nicht mehr ganz präsent. Dann habe ich seine Herkunftsfamilie von seiner Frau aufstellen lassen; sie konnte das. Als dieser Klient zehn Jahre alt war, wurde sein Vater bei einem Sprengunfall blind. Seitdem traute er sich nicht mehr, zu seinem Vater hinzugehen, aus Angst, auch er könnte blind werden. Ich habe dann seinem Stellvertreter in der Aufstellung gesagt, er solle sich vor dem Vater hinknien, sich bis auf den Boden verneigen und ihm sagen: Ich gebe dir die Ehre. Das hat er gemacht. Er hat sich hingekniet, sich bis zum Boden verneigt und war, als er das sagte, sehr bewegt. Plötzlich fing er an zu zucken, als hätte er einen epileptischen Anfall. Er konnte dem nicht widerstehen.

Also, man sieht, dass es ein unmittelbares Wissen und Fühlen gibt, das über das, was uns vermittelt wird, weit hinausgeht.

LINZ Wirkt da eine Art kollektives Unbewusstes?

HELLINGER Ich weiß es nicht. Ich hüte mich auch, einen Namen dafür zu finden. Ich sehe nur, dass es so etwas gibt. Daher kann man bei einer Familienaufstellung auch sofort sehen, ob sich einer darauf einlässt oder nicht. Manche wehren sich dagegen oder sind in Eigenes verstrickt; die nehme ich dann sofort heraus.

Das Schauen

LINZ Du sagst oft: Dies oder jenes „kann man sofort sehen". Was ist dieses Sehen für ein Vorgang bei dir?

HELLINGER Es ist ein Schauen, das über das Phänomen, also über das, was gerade erscheint, hinausgeht.

LINZ Es ist also nicht nur ein Beobachten?

HELLINGER Nein, es ist etwas völlig anderes. Beim Beobachten verengt sich der Blick. Das Schauen ist weit. Es geht auf das Ganze und über das Einzelne und Vordergründige hinaus. Ich sehe dann eine Person zusammen mit ihrer Familie. Daher kann ich, wenn einer seine Familie aufgestellt hat, weil ich über das Bild hinausschaue, sofort sehen, ob einer fehlt oder nicht. Wenn ich das dann in der Gruppe nachprüfe und frage: „Was ist euer Eindruck, fehlt da jemand oder nicht?", dann antworten viele, sie sehen das auch. Also, es ist nicht ein Wissen, das nur ich habe. Es bedarf nur einiger Übung, bis man sich auf diese Wahrnehmung verlässt und so „schaut".

Die Einwände gegen das Schauen

Es gibt aber etwas ganz Wichtiges dabei zu beachten. Wenn einer auf diese Art schaut und er stellt eine Frage, eine innere, oder er macht einen Einwand, dann kann er nicht mehr so sehen. Wenn er sich zum

Beispiel sagt: „Das kann doch nicht sein" oder „Jetzt bin ich vielleicht in der Phantasie", wenn er zu zweifeln beginnt oder wenn er Angst bekommt. Wenn ihm etwa plötzlich bewusst wird, was er wirklich sieht, zum Beispiel dass einer nah am Tod ist, und er bekommt Angst davor, bei dieser Wahrnehmung zu bleiben und sie zu sagen, dann kann er es nicht mehr sehen.

LINZ Wie sieht man so etwas, ob jemand nahe am Tod ist? Woran macht man das fest?

HELLINGER Das wäre jetzt ...

LINZ ... schon ein solcher Einwand?

HELLINGER Das wäre ein Einwand. Doch statt einen Einwand zu machen, prüft man an der Wirkung, ob das Gesehene stimmt. Auch der Klient prüft es an der Wirkung. Wenn ich ihm meine Wahrnehmung mitteile und sage: „Ich sehe, du bist am Ende", dann reagiert er vielleicht unmittelbar und sagt zum Beispiel „ja" und ist selber betroffen. Dann sehe ich, ich habe etwas gesehen, was auch er weiß, es aber sich selbst zuzugeben sich noch nicht getraut hat. Und so kann man auch anderes sehen, zum Beispiel dass eine Beziehung zu Ende ist. Das kann man sehen. Wenn man es den Betroffenen sagt, atmen sie auf, weil es endlich am Licht ist. Also, durch diese Rückmeldungen wird das Schauen sowohl überprüft als auch geschult, und der Mut, dazu zu stehen, nimmt zu.

Die Hypnotherapie nach Milton Erickson

LINZ Gibt es noch weitere Anreger oder Therapeuten, denen du etwas verdankst?

HELLINGER Sehr viel den Schülern von Milton Erickson.

LINZ Kannst du genauer beschreiben, was da speziell von Milton Erickson und seinen Schülern auf dich übergegangen ist?

HELLINGER Das erste ist, dass Erickson den Menschen anerkennt, wie er ist, und dass er die Signale anerkennt, so, wie sie sind, und sich unmittelbar von den Signalen des Klienten vor ihm leiten lässt. Das läuft auf mehreren Ebenen ab, auf einer vordergründigen, zum Beispiel wenn man hört, was einer sagt, und auf einer hintergründigen, wenn man zum Beispiel sieht, was er für minimale Bewegungen macht. Da werden Signale gegeben, die oft ganz anders sind als die in seiner Rede. Der Therapeut sieht und unterscheidet diese Ebenen. Das ist dann das, was Klienten oft verblüfft, so dass manche fragen, wieso siehst du das? Ich habe doch etwas ganz anderes gesagt. Aber ich habe gesehen, wie er reagierte.

LINZ Bei welchen Erickson-Schülern hast du vor allem gelernt?

HELLINGER Jeff Zeig und Stephen Lankton waren die Hauptlehrer, die ich da hatte. Zuvor schon hatte ich zwei Seminare bei Barbara Steen und Beverly Stoy besucht. Sie haben mich in die Methoden von Milton Erickson eingeführt sowie in das Neurolinguistische Programmieren (NLP) und in die Arbeit mit Geschichten. Sie haben zum Beispiel jedem in der Gruppe eine Geschichte erzählt, die auf ihn passte, und rein aus der unmittelbaren Anschauung etwas Wichtiges erfasst und durch die Geschichten rübergegeben. Damals habe ich mir gewünscht, so etwas möchte ich auch können, aber ich konnte es nicht. Doch nach zwei Jahren fiel mir in einer Gruppe zum ersten Mal so eine therapeutische Geschichte ein: Der große und der kleine Orpheus. Daraus wurde später die Geschichte Zweierlei Glück.

Geschichten

LINZ Wann setzt du Geschichten ein? Gibt es da bestimmte Regeln?

HELLINGER Wenn ich mit jemand nicht weiterkomme und ich merke, da ist jetzt eine Blockade, dann fällt mir manchmal eine Geschichte für ihn ein. Viele meiner Geschichten sind auf diese Weise entstanden. Sie haben dann eine überraschende Wirkung.

LINZ Wie wirken sie?

HELLINGER Das erste ist, dass der andere nicht mehr direkt mit mir zu tun hat. Wenn ich ihm direkt etwas sage, zum Beispiel was er machen könnte oder machen muss, dann ist er ein Gesprächspartner und muss sich – selbst wenn das, was ich ihm sage, richtig ist – auch gegen mich abgrenzen. Das schuldet er seiner Würde. Wenn ich ihm aber eine Geschichte erzähle, dann bin nicht mehr ich es, mit dem er zu tun hat, sondern es sind die Personen in der Geschichte. Oft erzähle ich auch nicht ihm die Geschichte, sondern einem anderen, so dass der, um den es geht, gar nicht weiß, dass die Geschichte für ihn bestimmt ist.

LINZ Manchmal, zum Beispiel in einer Einzeltherapie, sprichst du den anderen aber auch direkt an. Macht das einen Unterschied? Musst du da vorsichtiger sein, oder verwendest du dann andere Geschichten?

HELLINGER Es gibt da kleine Tricks. Man kann zum Beispiel sagen: „Ich habe mal einen Mann getroffen, der hat jemandem erzählt ..."

LINZ Du bringst also eine Rahmenhandlung.

HELLINGER Ja, ich gebe der Geschichte einen Rahmen. Es ist dann eine Geschichte, die ein anderer einem anderen erzählt hat, und mein Gegenüber ist von mir abgelenkt. Der Rahmen schafft eine fiktive Gruppe, in der die Geschichte erzählt wird.

LINZ Manchmal scheinen deine Geschichten neben der klärenden auch eine auflockernde Funktion zu haben. Hast du einen gewissen Plan, wann du im Lauf eines Kurses Geschichten einsetzt?

HELLINGER Ich plane das nicht. Manchmal, nach einer schweren Arbeit, sehe ich: Jetzt muss eine gewisse Entspannung hinein, und dann schaue ich, ob ich eine Geschichte habe oder ob mir eine einfällt, und die erzähle ich dann. Das ist wie ein Zurruhekommen und eine Vorbereitung auf das Nächste. Auch Beispiele, mit denen ich dazwischen etwas erläutere, sind solche Geschichten. Auch das sind Ruhepausen. Also, ich achte darauf, dass ein Kurs wie ein Drama abläuft. Da gibt es zuerst eine Aktion, dann eine gewisse Reflexion, oder es muss manchmal, wenn es ganz ernst war, ein Witz hinein oder sonst etwas Lustiges.

LINZ Das sind dann auch Momente des Ausgleichs.

HELLINGER Es sind Momente des Ausgleichs und, seltsamerweise, auch der Vertiefung, weil auch das Gegenelement mit ins Spiel kommt. Also nicht nur ernst und nicht nur lustig und nicht nur Theorie und nicht nur Arbeit, sondern alles zugleich: das volle Leben.

Lebenserfahrungen

LINZ Wenn du auf dein Leben zurückblickst: Welche persönlichen Lebenserfahrungen haben bei der Entwicklung deiner Therapieformen mit eine Rolle gespielt, abgesehen von den Erfahrungen, die du über deine Lehrer gewonnen hast?

HELLINGER Eine sehr wichtige Erfahrung für mich war natürlich mein langjähriger Aufenthalt bei den Zulus in Südafrika. Da habe ich eine ganz andere Art menschlichen Umgangs kennengelernt, zum Beispiel sehr viel Geduld, auch sehr viel gegenseitigen Respekt. Dort ist selbstverständlich, dass man einen anderen nicht blamiert, so dass er sein Gesicht und seine Würde wahren kann. Auch wie die Zulus mit Kindern umgehen und wie Eltern ihre Autorität zur Geltung bringen, ganz selbstverständlich, das hat mich sehr beeindruckt. Und wie Kinder ganz selbstverständlich ihre Eltern achten. Ich habe zum Beispiel nie gehört, dass einer abfällig über seine Eltern gesprochen hätte. Das ist dort undenkbar.
LINZ Du warst damals in einem katholischen Missionsorden tätig. Wie weit hat dieses spezielle Umfeld dich geprägt?
HELLINGER Das war für mich eine Erfahrung von sehr viel Disziplin und von intensiver Arbeit, die mich umfassend forderte. Das wirkt noch jetzt. In Südafrika habe ich lange höhere Schulen geleitet und selbst mehrere Fächer unterrichtet, vor allem Englisch, und über viele Jahre habe ich das gesamte Schulwesen einer Diözese von ca. 150 Schulen verwaltet. Die pädagogischen Erfahrungen dieser Zeit kommen mir auch heute noch in meinen Kursen zugute.
LINZ Als du Anfang der 70er Jahre den Orden verlassen und deinen Beruf verändert hast: Gab es da auch Widerstände?
HELLINGER Als ich wegging, gab es keinen Widerstand, weder auf seiten des Ordens noch bei mir. Es war wie ein Darüberhinauswachsen. Daher habe ich das auch nicht als Bruch erlebt, sondern wie eine Weiterentwicklung.
LINZ Also, dein Weggang war durchaus friedvoll?
HELLINGER Ja. Ich kann mit guten Gefühlen zurückdenken und habe auch noch Kontakte mit meinen dortigen Freunden. Ich kann achten, was ich dort bekommen habe, und ich kann auch achten, was dort geleistet wurde.

Einsichten

LINZ Kannst du einmal zusammenfassen, was das Neue ist, das du in die systemische Psychotherapie einbringst?

Die Liebe

HELLINGER Das Wichtigste war, dass ich gesehen habe, dass hinter allem Verhalten, und mag es uns noch so seltsam erscheinen, Liebe wirkt. Und dass auch hinter den Symptomen, die einer hat, immer Liebe wirkt. Daher ist entscheidend, dass man in der Therapie den Punkt findet, an dem die Liebe sich sammelt. Dann ist man an der Wurzel, und da findet man auch den Weg zur Lösung. Denn auch die Lösung führt immer über die Liebe. Das habe ich zuerst bei der Primärtherapie erfahren und dann auch in der Skriptanalyse und in der Familientherapie. Ich habe gemerkt, dass viel von der Gefühlsarbeit, die man sonst so propagiert, zum Beispiel wenn man sagt: „Lass deine Wut raus", am Wesentlichen völlig vorbeigeht. Ich habe auch gesehen, dass einer, der in Therapien angefeuert wird, seinen Eltern zu sagen, dass er wütend auf sie ist oder sie sogar umbringen will, dass der sich nachher schwer dafür bestraft. Die Seele des Kindes duldet keine Abwertung der Eltern. Erst als ich das gesehen habe, ist mir das Ausmaß dieser Liebe voll bewusst geworden. Daher suche ich immer zuerst nach der Liebe und stelle mich allem, was sie gefährdet, entgegen.

Der Ausgleich

Eine ganz andere wichtige Entdeckung war, dass das Bedürfnis nach Ausgleich von Geben und Nehmen und von Gewinn und Verlust so stark ist, dass es nicht überschätzt werden kann. Es wirkt auf allen Ebenen. Auf einer unbewussten Ebene wirkt es als ein Ausgleichsbedürfnis durch Schlimmes. Also, wenn ich zum Beispiel jemandem etwas angetan habe, tue ich auch mir etwas Schlimmes an. Oder wenn ich etwas Gutes erlebe, bezahle ich dafür mit etwas Schlimmem.

LINZ Wie entsteht diese paradoxe Handlungsweise?

HELLINGER Einfach weil man dem Druck entgehen will. Der Druck nach Ausgleich ist ungeheuer. Plötzlich habe ich erfasst, dass sehr viele Probleme aus diesem triebhaften Bedürfnis nach Ausgleich entstehen und dass dieses zu keiner Lösung führt, es sei denn, man findet auf einer höheren Ebene eine andere Art des Ausgleichs: den Ausgleich durch Gutes und durch Achtung und Liebe.

LINZ Hast du für dein therapeutisches Modell des Ausgleichs auch bestimmte Anregungen von außen bekommen?

HELLINGER Boszormenyi-Nagy hat ein Buch geschrieben über „Unsichtbare Bindungen". Das hat mir eine Richtung gewiesen. Ich habe aber das Buch bald zur Seite gelegt und selber geschaut, wie das Bedürfnis nach Ausgleich in Familien wirkt. Auch habe ich bemerkt, dass Boszormenyi-Nagy nur den triebhaften Ausgleich beschrieb, der schlimme Wirkungen hat, und dass der Ausgleich, der zu Lösungen führt, auf einer anderen, einer höheren Ebene liegt.

Das gleiche Recht auf Zugehörigkeit

LINZ Gibt es noch so eine Grundeinsicht, und worauf richtet sich vor allem dein therapeutisches Bemühen?

HELLINGER Ich schwinge ein in eine Bewegung, die Getrenntes wieder verbindet. Aber so, dass erst gefunden wird, was trennt und was verbindet. Das Wichtigste, das ich gefunden habe über das, was trennt und was verbindet, war, dass in Familien und Sippen jedes Mitglied – ob noch am Leben oder schon tot – das gleiche Recht auf Zugehörigkeit hat. Das heißt, die Seele zeigt durch die Weise, wie sie auf die Aberkennung oder Zuerkennung dieses Rechts reagiert, dass es sich hier um ein Grundgesetz handelt, das in der Tiefe der Seele von allen anerkannt wird. Wenn also ein Mitglied der Familie und Sippe ausgeschlossen, verdrängt oder vergessen wird, dann reagiert die Familie und Sippe, als sei ein schweres Unrecht geschehen, das gesühnt werden muss. Dies geschieht zum Beispiel, wenn jemand aus moralischen Gründen der Zugehörigkeit zur Familie für unwürdig erklärt wird oder wenn jemand den Platz eines Familienmitglieds einnimmt, als könne er dieses verdrängen, oder wenn man von einem aus der Familie und Sippe nichts mehr wissen will, weil sein Schicksal Angst macht, oder auch wenn er nur vergessen wird, zum Beispiel ein Kind, das schon bei der Geburt starb. Die Seele duldet nicht, dass einer als größer angesehen wird oder kleiner oder als besser oder schlechter. Nur Mörder dürfen und müssen ausgeschlossen werden.

Das Unrecht des Ausschlusses wird in der Familie und Sippe gesühnt, indem ein anderes Mitglied, oft ohne dass es das selbst merkt, den Ausgeschlossenen oder Vergessenen gegenüber den Verbliebenen oder den Dazugekommenen vertritt. Das ist der wichtigste Grund für eine Verstrickung und für die Probleme, die sich daraus sowohl für den Verstrickten als auch für seine Familie und Sippe ergeben. Das Grundrecht auf Zugehörigkeit ist also nicht eine Forderung, die von außen erhoben wird, sondern wir verhalten uns in der Tiefe unserer Seele so, als sei es uns vorgegeben, was immer wir oberflächlich auch meinen oder rechtfertigend tun.

In den Familien herrscht also das Gesetz der Ebenbürtigkeit aller. Jeder ist, wenn man so will, auf seine Weise in den Dienst genommen, und keiner ist entbehrlich oder darf vergessen werden. Die folgenreichsten Probleme, denen ich als Therapeut begegne, entstehen durch die Verletzung der Ebenbürtigkeit. Als Therapeut bringe ich die Ausgeschlossenen wieder in den Blick und ins Spiel, und wenn sie wieder anerkannt und aufgenommen sind, herrscht Friede, und die Verstrickten sind wieder frei. In dieser gegenseitigen Anerkennung der Ebenbürtigkeit finden sich mit Liebe wieder, die zuvor vielleicht getrennt waren: Mann und Frau, Kinder und Eltern, Gesunde und Kranke, die Gekommenen und die Gegangenen, Lebende und Tote. Ich stehe als Therapeut zutiefst im Dienst der Versöhnung.

Was in Familien krank macht und heilt

LINZ Du arbeitest seit einiger Zeit auch mit Schwerkranken. Hat sich dein systemischer Ansatz auch in diesem Bereich bewährt?

HELLINGER Ja, vor allem dort, wo es um Probleme oder Beschwerden durch Verstrickungen geht.

LINZ Und welche Symptome werden durch die systemische Psychotherapie am besten gelindert?

HELLINGER Man kann sehen, dass bestimmte schwere Krankheiten wie zum Beispiel Krebs systemisch mitbedingt sind. Der systemische Zusammenhang zeigt sich in der Dynamik „Ich folge dir nach“. Jemand will also einem Kranken oder Verstorbenen aus seiner Sippe in die Krankheit und den Tod nachfolgen. Oder ein Kind, wenn es sieht, dass jemand in seiner Familie jemandem auf diese Weise nachfolgen will, sagt: „Lieber ich als du“. Dazu kommt noch der Wunsch nach Sühne und nach Ausgleich für Schlimmes durch Schlimmes. Wenn man diese Grunddynamiken kennt, kann man sie entmachten und sehr viel Leid lindern.

Andere Symptome hängen mit der unterbrochenen Hinbewegung zusammen. Herzschmerzen oder Kopfschmerzen zum Beispiel sind oft angestaute Liebe, und Rückenschmerzen entstehen häufig durch die Weigerung, sich tief vor der Mutter oder dem Vater zu verneigen.

Wichtige Vorgehensweisen

LINZ Welches sind deine wichtigsten therapeutischen Vorgehensweisen bei den Familienaufstellungen? Wie würdest du sie schwerpunktartig beschreiben?

Die Führung übernehmen

HELLINGER Ich überlasse bei den Familienaufstellungen nichts dem Klienten allein, ich lasse ihn zum Beispiel nicht alleine den Platz suchen, auf dem es ihm gutgeht. Nur bei Kleinigkeiten mache ich das. Wenn einer eine Familie aufstellt, kommt mir aus meiner Wahrnehmung und aus meiner Erfahrung ein Bild der Ordnung, wie sie gestört ist und wie sie zur Geltung gebracht werden muss. Dem folge ich, wenn ich die Lösungen suche. Also, ich stelle selber die Zwischenbilder und das Lösungsbild auf, allerdings unter Mitarbeit des Klienten. Dann überprüfe ich das Bild an der Wirkung, die es hat, ob sie das Bild bestätigt oder ob noch weitere Schritte notwendig sind.

LINZ Also, du lässt dein inneres Bild auch überprüfen?

HELLINGER Ich lasse es immer überprüfen, auf jeden Fall. Es braucht also einer das nicht zu glauben, was ich sage oder tue. Aber ich überlasse ihm nicht die Initiative. Alleine würde er die Lösung nicht finden. Wenn er das könnte, bräuchte er nicht zu mir zu kommen. Wenn das Lösungsbild gefunden ist, lasse ich den Klienten in das Bild hineingehen und die Position übernehmen, die sein Vertreter gehalten hat. Und so überprüft er an sich selbst, ob die Lösung für ihn richtig ist.

An die Grenze gehen

LINZ Häufig weist du Klienten aus dem Lösungsbild heraus auf Konsequenzen hin, die sehr hart klingen.

HELLINGER Ich konfrontiere jemanden mit den äußersten Konsequenzen dessen, was in seiner Familie passiert, zum Beispiel dass ein Kind sterben wird, wenn er die Familie verlässt. Und ich konfrontiere ihn mit den Schritten, die notwendig sind für die Lösung, zum Beispiel dass er sich vor seinem Vater tief verneigen und ihm die Ehre geben muss. Oder vielleicht, dass er aus der Familie hinausgehen muss; auch das ist manchmal die Konsequenz.

LINZ Was heißt das konkret?

HELLINGER Dass er seine Ansprüche aufgibt. Eine Mutter zum Beispiel, die ihr Kind weggegeben hat, hat keinen Anspruch mehr auf das Kind. Dann muss sie gehen und das Kind dem Vater lassen.

Das sind schwerwiegende therapeutische Eingriffe, und es braucht sehr viel Mut, die Verantwortung dafür zu übernehmen. Erst wenn jemand voll mit den Folgen seines Verhaltens und den Bedingungen der Lösung konfrontiert wird, wird die Entscheidung unausweichlich und möglich.

Übrigens fällt mir hier noch ein Lehrer ein: Dieses „bis an die Grenzen gehen“ hat Frank Farrely in seiner „provocative therapy“ eindrücklich vorgeführt. Er hat mir einen Weg gezeigt, und ich denke gerne an ihn.

Bei der Wirklichkeit bleiben, auch wenn sie schockiert

LINZ Aber in deinen Therapiegruppen sind einige Teilnehmer immer wieder schockiert von der direkten Art, wie du sie konfrontierst?

HELLINGER Ich konfrontiere einen Teilnehmer nur mit einer Wirklichkeit, die sichtbar ist.

LINZ Die du siehst!

HELLINGER Und die er natürlich selber weiß. Das ist nur für jene schockierend, die nicht sehen wollen, was ist.

Da war zum Beispiel in einem Kurs eine Frau mit einer lebensbedrohenden Krankheit, die nicht heilbar ist. Sie hatte also nicht mehr lange zu leben. Sie wollte ihre Familie aufstellen, doch ich habe gesagt: Ich stelle nur zwei Personen auf, dich und den Tod; wähle jemanden aus für dich, und wähle jemanden aus für den Tod. Das wirkt für Außenstehende schockierend. Für diese Frau war es aber nicht so, weil sie ja wusste, dass sie stirbt. Sie wählte eine kleinere Frau, die sie darstellen sollte, und eine größere Frau für den Tod. Sie stellte die beiden Frauen einander gegenüber, ganz nahe, mit Kontakt von Brust zu Brust. Die kleinere Frau, die sie vertrat, schaute hoch zum Tod und sagte: Ich habe ein warmes Gefühl, und ich spüre den warmen Hauch des Todes an meinem Gesicht. Auch der Tod hatte ein warmes Gefühl zu dieser Frau. Dann habe ich der Frau, die die Klientin vertrat, gesagt, sie solle dem Tod sagen: Ich gebe dir die Ehre. Das hat sie gemacht, und der Tod und die Frau nahmen sich ganz sachte bei der Hand, mit beiden Händen, und standen innig einander zugewandt da.

Das ist Wirklichkeit, die ans Licht kommt und die, weil sie ans Licht gekommen ist, wirkt. Wenn aber einer davon ausgeht, der Tod sei etwas Schlimmes, dann hat er Angst, diese Wirklichkeit ans Licht zu bringen. Wenn ich so etwas ans Licht bringe, ist es immer so, dass eine Wirklichkeit sich darstellt, wie sie ist, mit allem Ernst. Das bleibt auch unwidersprochen, und zwar unwidersprochen vom Klienten. Anderen vielleicht macht diese Wirklichkeit Angst, und die wollen dann Einwände machen und sagen, die Krankheit sei nicht so schlimm und es müsse noch etwas anderes geben, als sich dem Ende zu stellen. Das lasse ich nicht zu, und das erscheint dann als hart.

LINZ Wenn du es zulassen würdest, was hätte das für Folgen?

HELLINGER Dann würde Wirklichkeit auf die Ebene von Meinung verschoben und von Beliebigkeit, und das geht nicht. Das ist es, was das Direkte und die Dichte meiner Arbeit ausmacht, dass ich solche Verniedlichungen nicht dulde.

LINZ Wie würde sich solche Verharmlosung auf den Klienten auswirken?

HELLINGER Es schwächt ihn. Die Wirklichkeit dagegen, auch wenn sie schlimm erscheint, macht stark und frei, wenn sie gesehen und anerkannt wird. Ich habe zum Beispiel mal einer Frau, nachdem sie ihre Familie aufgestellt hatte, gesagt, dass ihre Ehe nicht zu retten sei, dass die Kinder zum Mann müssten und dass sie alleine bleiben muss. Andere wollten Einwände machen und ihr bequemere Lösungen vorschlagen, aber ich habe es nicht zugelassen. Ich habe ihr das ja nicht gesagt, weil ich mir das ausgedacht hatte; vielmehr war es ihr und mir aus der Aufstellung klar geworden. Einer der Teilnehmer hat mir später erzählt, er habe in der Nacht darauf drei Stunden lang mit mir gehadert, weil er meinte, ich sei zu hart mit ihr gewesen. Doch am nächsten Morgen kam diese Frau in die Gruppe und strahlte. Da wurde dem Teilnehmer klar, dass seine Sorge um die

Klientin und seine innerliche Auseinandersetzung mit mir umsonst waren.

LINZ Wie siehst du dich selbst bei einer so verantwortungsvollen Aktion?

HELLINGER Ich betrachte mich in erster Linie als einen, der Wirklichkeiten ans Licht bringt, und es sind die Wirklichkeiten, die helfen und heilen, nicht ich. Sie stellen vor die Entscheidung, nicht ich. Wie immer dann die Entscheidung auch ausfällt, sie hat mit mir nichts zu tun.

LINZ Was geht in dem Klienten vor, wenn er so der Wirklichkeit ins Auge sieht?

HELLINGER Er hat keine Illusionen mehr. Damit bekommt sein Sehen und Handeln einen anderen Ernst und eine andere Kraft. Selbst wenn er gegen seine Einsicht handelt, weiß er jetzt, was er macht, und ist nicht mehr getrieben. Das ist der Unterschied.

Absehen vom erzählten Problem

LINZ Warum lässt du deine Klienten oft nur so kurz von ihren Problemen erzählen? Das wirkt für viele irritierend.

HELLINGER Das Problem, das einer erzählt, ist so, wie er es erzählt, nicht wirklich sein Problem. Denn hätte er es richtig erfasst …

LINZ … wäre es nicht mehr da.

HELLINGER Genau. Daher gehe ich davon aus, dass fast alles, was einer über seine Situation sagt, ihr nicht wirklich entspricht. Wenn ich mir das anhören würde, würde ich ihm nur die Gelegenheit geben, sein Problem ein weiteres Mal durch seine Beschreibung zu rechtfertigen und zu verstärken. Ich erlaube ihm daher nicht, dass er mir sein Problem so erzählt, wie er das möchte, sondern ich sage ihm, er solle mir nur Ereignisse berichten, zum Beispiel: War jemand von den Eltern vorher verheiratet, wie viele Geschwister hat er, ist eines seiner Geschwister gestorben oder ist sonst etwas Einschneidendes in seiner Kindheit und in seiner Familie passiert?

LINZ Also, du lässt dir nur Fakten erzählen.

HELLINGER Nur die Fakten, ohne jede Deutung. Aus den Fakten weiß ich dann, was in seiner Seele vorgeht und was die Wurzel ist für seine Schwierigkeiten oder seine Verstrickung. Dann habe ich die Informationen, die ich brauche.

Achten auf die Energie

LINZ Manche könnten aber auch einen ganzen Faktenwust bringen. Wann reicht die Information für dich, damit du ein klares Bild gewinnst? Mit welchen Fakten kommst du aus?

HELLINGER Ereignisse und Fakten sind energiegeladen. Wenn jemand von einem Ereignis berichtet, kann man sofort erspüren, ob da Energie drin ist oder nicht, ob es eine Fernwirkung hat oder nicht. Wenn einer berichtet, dass ein Geschwister von ihm als kleines Kind gestorben ist, hat das immer große Kraft. Oder wenn eine Mutter im Kindbett gestorben ist, wirkt das mit ungeheurer Kraft über viele Generationen hinweg. So etwas muss aufgegriffen und anerkannt werden. Denn es handelt sich dabei um Ereignisse, die Angst machen und daher unter den Teppich gekehrt werden. Doch gerade durch diese Verheimlichung gewinnen sie Macht. Wenn das Ereignis genannt wird, spüre ich sofort, ob da Brisanz drin ist oder nicht. Wenn einer eine bestimmte Person nennt, weiß ich oft sofort: Mit der ist er verstrickt, das ist jemand, der von jemandem vertreten und nachgeahmt werden muss.

LINZ Woher nimmst du deine Sicherheit? Wie kommst du dazu?

HELLINGER Ich spüre es an der Energie, an der Kraft, die davon ausgeht. Doch dann teste ich meine Wahrnehmung durch die Aufstellung. Oft kommen noch andere Fakten hinzu. Aber wenn eine bedeutsame Person genannt ist, fange ich sofort an zu arbeiten. Alle weiteren Informationen gewinne ich dann durch die Aufstellung.

Arbeiten mit dem Minimum

LINZ Gibt es noch weitere therapeutische Vorgehensweisen, die für dich bezeichnend sind?

HELLINGER Bei den Familienaufstellungen hat sich bewährt, dass ich mit dem Minimum arbeite. Dass ich also nur das mache, was unbedingt nötig ist, und auf Vollständigkeit verzichte. Sonst fließt die Energie in Neugierde und Wissen und geht somit dem Handeln verloren. Ich breche sofort ab, wenn die Lösung sichtbar wird. Auf dem Höhepunkt der Betroffenheit breche ich ab, denn dann ist die höchste Energie da. Durch den Abbruch versperre ich der Energie den Abfluss in Diskussionen. So bleibt sie für das Handeln gesammelt. Aus dem gleichen Grund dulde ich auch keine ausführlichen Nachbesprechungen.

LINZ Was würde eine solche Nachbesprechung bewirken?
HELLINGER Sie würde die Betroffenheit abschwächen und anderen Teilnehmern die Gelegenheit geben, die Energie auf sich und auf ihre Probleme zu lenken.
LINZ Das heißt, du arbeitest dann sofort mit einem anderen Teilnehmer oder du wechselst das Thema?
HELLINGER Ja. Ich gehe sofort weiter zum nächsten.

Der Abbruch

LINZ Was machst du, wenn du bei einer Aufstellung keine Lösungen findest?
HELLINGER Wenn ich keine Lösung finde, breche ich sofort ab und erlaube auch hier keine Diskussion darüber. Dann wirkt der Abbruch. Das ist ein schwerer Eingriff. Oft findet dann der Teilnehmer nach ein oder zwei Tagen, was ihm für die Lösung noch fehlte. Ohne den Abbruch und die Kraft, die er mobilisierte, wäre ihm das vielleicht nicht möglich gewesen.
LINZ Also, auch der Abbruch einer Aufstellung hat eine therapeutische Wirkung?
HELLINGER Auch er dient dem Klienten. Das gleiche gilt für das Zugeben von Misserfolg. Manchmal sage ich zum Beispiel: „Ich kann da jetzt nichts machen", und lasse es so stehen. Obwohl ich sehe, dass die Situation für den Teilnehmer schlimm ist, mache ich mir keine Sorgen. Denn wenn ich es so stehen lasse, fällt vielleicht einem anderen in der Gruppe etwas dazu ein, und er bringt das weiterführende Stichwort. Ich bemühe mich daher nicht, immer alles im Griff zu haben, sondern ich schwimme mit dem Strom. Mit mir im gleichen Strom schwimmen auch die anderen, und zwischen allen gibt es einen Austausch, der dem guten Ende dient.

Sich der Neugierde entziehen

LINZ Das ist ein schönes Bild. – Ich habe öfters erlebt, dass du dich dem Zugriff von Fragen durch eine doppeldeutige Antwort oder flapsige Bemerkung entziehst. Warum eigentlich?
HELLINGER Wenn jemand eine ernste Frage stellt, die ihm wichtig ist, beantworte ich sie immer. Das gebietet mir der Respekt. Wenn er mir aber eine Frage stellt, mit der er mich nur auf die Probe stellen

will, dann entziehe ich mich ihr durch Doppeldeutigkeit oder einen Witz, aber auch durch Konfrontation.

LINZ Oft ist dabei auch Neugier mit im Spiel.

HELLINGER Die Neugier ist eine Missachtung der anderen Person, und so, wie ich selbst keine neugierigen Fragen stelle, erlaube ich auch keine neugierigen Fragen an mich.

Keine Erfolgskontrollen

LINZ Manchmal erweckst du den Eindruck, dass du über die Wirkung deiner Arbeit keine Rückmeldung brauchst und sie auch nicht haben willst. Warum?

HELLINGER Ich brauche schon Rückmeldungen. Die Hauptrückmeldung bekomme ich während der Arbeit selbst, wenn ich die unmittelbare Betroffenheit sehe. Ich schränke aber die Arbeit nie auf ein Symptom ein, sodass ich dann nachforschen muss, ob es verschwunden ist oder nicht. Mein Ziel ist es nicht, ein Symptom zu beseitigen, sondern jemanden in seiner Familie wieder heimisch werden zu lassen, so dass er mit allen guten Kräften dort in Verbindung kommt. Das gibt ihm sehr viel neue Energie und ist immer ein Erfolg. Wie weit sich das nun auch auf die Symptome auswirkt, ist eine andere Sache. Dafür sind in erster Linie die Ärzte und die Psychiater zuständig. Daher schicke ich Klienten mit schweren Symptomen immer auch zum Arzt oder Psychiater, wenn ich sehe, dass es hier das Gegebene ist.

LINZ Hat es einen therapeutischen Sinn, nicht nach dem Erfolg zu fragen?

HELLINGER Das ist eine wichtige Frage, und sie liegt mir auch am Herzen. Also, ich freue mich, wenn ich nach einiger Zeit so auf Umwegen eine Rückmeldung bekomme, dass es jemandem gut geht. Aber ich würde ihn nicht danach fragen, und zwar deswegen, weil ich mich nicht zwischen ihn und seine Seele stelle und nicht zwischen ihn und sein Schicksal und nicht zwischen ihn und „die große Seele“ – ich nenne es mal so –, die ihn leitet. Wenn ich mit ihm arbeite, dann fühle ich mich im Einklang mit seinem Schicksal und im Einklang mit seiner Seele und mit der „großen Seele“. Daher kann ich mich, wenn ich meine Arbeit getan habe, zurückziehen, ohne weiter nachzuforschen. Wenn ich aber neugierig werde und nachforschen will, traue ich diesen Kräften nicht mehr, und das wirkt sich schlimm aus, sowohl für mich als auch für den Klienten, weil sie mich und ihn dann verlassen.

LINZ Wenn also ein Klient dir voller Freude mitteilt, dass die Therapie erfolgreich war, ist das für dich in Ordnung, oder macht es dich befangen?

HELLINGER Ich grenze mich davon ab als einer Versuchung zur Macht.

LINZ Kann es auch eine Versuchung sein, dadurch Regeln zu erkennen und sich dann mehr auf die Regeln zu verlassen als auf den Augenblick und was er zeigt?

HELLINGER Das ist das gleiche. Auch das wäre eine Versuchung zur Macht. Sobald ich mich von einer solchen euphorischen Rückmeldung leiten lasse, verliere ich den Boden unter den Füßen und meine Klarheit. Und ich verliere Kraft. Ich bin dann nicht mehr frei. Wenn ich möglichst wenig weiß, bin ich am meisten bei mir und gesammelt. Deswegen will ich vom Klienten auch nicht wissen, was er schon vorher alles zur Lösung seiner Probleme gemacht hat. So bin ich völlig unbefangen.

Der Augenblick zählt

LINZ Oft kommt von denen, die sich mit deiner Psychotherapie auseinandersetzen, die Frage: „Woher weiß der Hellinger dies alles?“ oder „Wie kam er zu dieser Sicht der Dinge?“.

HELLINGER Ich habe von vielen Leuten gelernt.

LINZ Darüber haben wir gesprochen.

HELLINGER Das meiste sehe ich im Augenblick. Also, wenn ich gefordert bin und mich stellen muss, dann setze ich mich der Situation und den Personen, die in Frage kommen, ganz aus, vor allem den Ausgeklammerten. Wenn ich sie alle im Blick habe, ihnen zugewandt bin mit Achtung und Liebe, kommt mir auf einmal die Lösung, und die sage ich dann. Nach einiger Zeit erkenne ich dann auch bestimmte Muster.

LINZ Dann wird daraus auch Erfahrung.

HELLINGER Ja, aus der Erfahrung heraus erkenne ich wiederkehrende Muster, wie zum Beispiel dass frühere Partner der Eltern in der Familie immer von einem ihrer Kinder vertreten werden.

LINZ Wenn sie ein zweites Mal geheiratet haben …

HELLINGER … oder wenn es eine frühere Verlobte oder sonst einen wichtigen Partner gab: Auch der wird später von Kindern vertreten. Das habe ich als ein Muster erkannt. Auch ganz ausgefallene Muster, von denen ich gar nicht mehr weiß, wie mir die Einsicht kam: zum Beispiel dass jemand, wenn er das Märchen von Hans im Glück liebt, in seiner Sippe jemanden hat, der ein Vermögen verlor; meist ist es ein Großvater. Ich sehe das plötzlich und kann mich dann darauf verlassen.

LINZ Hast du noch weitere Muster gefunden?

HELLINGER Manchmal kommen mir Einsichten, die ich am Anfang eher nicht wahrhaben möchte, zum Beispiel der Satz „Die Frau muss dem Mann folgen" und der andere Satz, der diesen ergänzt: „Der Mann muss dem Weiblichen dienen." Als die mir kamen, habe ich mich zuerst gegen die Einsicht gewehrt, aber ich komme dann nicht mehr gegen sie an. Wenn mir das gekommen ist, sehe ich, so ist es, und dann sage ich es auch und warte auf die Wirkung. Aber ich mische mich nicht ein in das, was einer damit macht. Ich vertrete eine solche Einsicht nicht als eine These von mir, die ich verteidigen müsste. Es ist ja etwas, was mir nur zukam und das ich als solches weitergebe. Ob das dann anerkannt wird oder nicht, spielt für mich keine Rolle.

LINZ Da komme ich gleich zu dem, was ich auch oft als Frage höre: „Woher nimmt denn der Hellinger diese Sicherheit, seine Aussagen wie apodiktische Wahrheiten vorzutragen?"

HELLINGER Ich trage die „Wahrheiten" immer vor als das, was ich im Augenblick sehe und was jeder andere auch sehen kann, wenn er auf den Augenblick achtet. Für mich ist die Wahrheit etwas, was mir der Augenblick zeigt und durch das er die Richtung weist für den nächstfälligen Schritt. Wenn ich etwas so gesehen habe, sage ich das auch mit voller Sicherheit und überprüfe es dann an der Wirkung. Wenn nun das gleiche in einer anderen Situation passiert, berufe ich mich nicht auf die frühere Einsicht – es ist eben keine bleibende Wahrheit, die ich verkünde –, sondern ich schaue immer wieder neu, was mir der Augenblick zeigt. Vielleicht zeigt er es mir diesmal etwas anders, und dann sage ich es so, wie ich es in diesem Augenblick sehe. Obwohl es sich dann von dem Früheren unterscheidet oder ihm sogar entgegengesetzt ist, sage ich es mit genau der gleichen Sicherheit, weil mir der Augenblick nichts anderes erlaubt.

LINZ Du machst dir also keinen Regelkanon?

HELLINGER Überhaupt nicht. Wenn mir daher einer sagt, du hast doch vorgestern das und das gesagt, fühle ich mich verkannt, weil er mir unterstellt, ich würde nicht auf den Augenblick schauen. Ich schaue immer wieder neu hin, denn die Wahrheit des einen Augenblicks wird von der Wahrheit des anderen Augenblicks abgelöst. Deswegen gilt für mich das, was ich sage, nur für den Augenblick. Diese Ausrichtung an der Wahrheit des Augenblicks meine ich übrigens, wenn ich meine Vorgehensweise „phänomenologische Psychotherapie" nenne.

LINZ Aber das widerspricht doch dem, was du vorhin über die Muster gesagt hast?

HELLINGER Genau *lacht*. Ich stelle mich dem Widerspruch, wenn er auftritt, und wäge dann das eine gegen das andere ab.

LINZ War diese Sichtweise mit ein Grund, dass du so lange nichts Schriftliches von dir gegeben hast?

HELLINGER Ich wollte schon länger auch schriftlich etwas vermitteln. Aber vieles von dem, was ich gesehen habe, war noch unvollständig, zum Beispiel meine Einsichten über das Gewissen. Nach einiger Zeit habe ich gemerkt, dass es genügt, nur gewisse Aspekte zu sehen und mitzuteilen. Sie wirken auch so. Deswegen ist die Art, wie dieses Buch „Ordnungen der Liebe" angelegt ist, meinem Vorgehen und meiner Art der Wahrnehmung viel angemessener, als wenn ich etwas Vollständiges angestrebt hätte.

LINZ Gibt es noch etwas, was für diese besondere Art der Wahrnehmung in der Psychotherapie wesentlich ist?

HELLINGER Carlos Castaneda bringt in seinem ersten Buch „Die Lehren des Don Juan" eine kleine Abhandlung über die Feinde des Wissens. Als ersten Feind des Wissens nennt er die Furcht. Erst wer die Furcht überwunden hat, kann klar sehen, was ist.

LINZ Und wie überwindet man sie am besten?

HELLINGER Indem man der Welt zustimmt, wie sie ist, mit allem, wie es ist. Das ist der große Schritt. Wer dem Tod zustimmen kann, wer der Krankheit zustimmen kann, wer den Schicksalen zustimmen kann bei sich und bei anderen und wer dem Ende zustimmen und dem Vergänglichen zustimmen kann, der hat die Furcht überwunden und gewinnt Klarheit.

LINZ Ich danke dir für unser Gespräch.

HELLINGER Ich danke dir auch. Es war ein intensiver Austausch. Du hast mich angeregt, vieles klarer zu fassen und dir auch zu sagen.

Stichwortverzeichnis

Veröffentlichungen zur Systemischen Arbeit »nach Bert Hellinger« von Bert Hellinger und anderen

Weitere ausführliche Informationen über Bert Hellinger und seine Arbeit, Adressen von Aufstellern, Informationen über Aus- und Weiterbildung etc. finden Sie im Internet unter: www.hellinger.com

Ordnungen der Liebe

Die Veröffentlichungen unter dieser Überschrift führen in das Familien-Stellen ein, fassen Hellingers Einsichten zusammen und wenden sich an ein breiteres Publikum.

Zweierlei Glück. Die systemische Psychotherapie Bert Hellingers
Herausgegeben von Gunthard Weber 1993

14. *überarb. Auflage* 2000. 338 *Seiten. ISBN* 3-89670-005-7. *Carl-Auer-Systeme Verlag*

In lebendigem Wechsel von Vorträgen, Fallbeispielen und Geschichten führt Gunthard Weber umfassend in die Denk- und Vorgehensweisen Bert Hellingers ein. Das übersichtlich gegliederte Buch beschäftigt sich ausführlich mit den verschiedenen Aspekten von Beziehungen, mit den »Bedingungen für das Gelingen«, dem »Gewissen als Gleichgewichtssinn in Beziehungen«, den Beziehungen zwischen Eltern und Kindern« sowie den Paarbeziehungen, den systemischen Verstrikkungen und ihren Lösungen und abschließend mit der Praxis systembezogener Psychotherapie.

Ordnungen der Liebe. Ein Kursbuch 1994

7. *korrigierte Auflage* 2001. 516 *Seiten. ISBN* 3-89670-000-6, *Carl-Auer-Systeme Verlag*

Dies ist ein Kursbuch in mehrfachem Sinn. Erstens werden ausgewählte therapeutische Kurse wortgetreu wiedergegeben. So kann der Leser am Ringen um Lösungen teilnehmen, als wäre er selbst mit dabei. Zweitens werden Hellingers therapeutische Vorgehensweisen ausführlich dargestellt und erläutert, vor allem seine besondere Art, Familien zu stellen. Drittens nimmt Hellinger den Leser auf den Erkenntnisweg mit, der zum Erfassen der hier beschriebenen Ordnungen führt. Abschließend erläutert Hellinger in einem längeren Interview seine Einsichten und Vorgehensweisen.

Die Quelle braucht nicht nach dem Weg zu fragen. Ein Nach-Lesebuch 2001

1. *Auflage* 2001. 388 *Seiten. ISBN* 3-89670-183-5, *Carl-Auer-Systeme Verlag*

Die in diesem Buch gesammelten Aussagen wurden ursprünglich in Kursen über das Familien-Stellen als Einleitungen gesprochen oder als Zwischenerklärungen oder als Zusammenfassungen zu dem, was vorangegangen war, oder auch als Antworten auf Fragen und einige als Interviews. Alle diese Aussagen haben ein Umfeld. Der Kontext färbt auf sie ab und macht sie lebendig. Sie behandeln ein Thema nicht vollständig, sondern bringen es auf den Punkt, der es dem Leser ermöglicht, entsprechend zu handeln. In diesem Buch wurden sie übersichtlich nach Themen geordnet.

Anerkennen, was ist. Gespräche über Verstrickung und Lösung
Zusammen mit Gabriele ten Hövel 1996

10. *Auflage* 2000. 198 *Seiten. ISBN* 3-466-30400-8. *Kösel Verlag*

In dichten Gesprächen mit der Journalistin Gabriele ten Hövel gibt Hellinger Einblick in die Hintergründe seines Denkens und Tuns. Und er zeigt, wie über die Anerkennung der Wirklichkeit auch in schwierigen Fragen die Verständigung gefunden und ein Ausgleich erreicht werden kann. Ein Glossar macht den Inhalt über zahlreiche Stichworte zugänglich.

Die Mitte fühlt sich leicht an. Vorträge und Geschichten 1996

7. *erweiterte Auflage* 2000. 248 *Seiten. ISBN* 3-466-30460-1. *Kösel Verlag*

Hellingers grundlegende Vorträge und Geschichten sind hier gesammelt vorgestellt. Sie kreisen um die gleiche Mitte, eine verborgene Ordnung, nach der Beziehungen gelingen oder scheitern.

Die Mitte fühlt sich leicht an. Vorträge und Geschichten

(Begleitende Ausgabe auf Video/Audio-CD)

Die unter obenstehendem Titel zusammengefassten Vorträge und Geschichten sind auch auf CD und Video erhältlich, ebenso wie die folgenden Videos, CDs und Audiokassetten.

Bezugsadresse:
Carl-Auer-Systeme Verlag, Weberstr. 2, 69120 Heidelberg
Fax: 06221/64 38 22, Email: info@carl-auer.de

CD-Paket 1 (2 CDs) bzw. Video 1

Schuld und Unschuld in Beziehungen (Vortrag)
Geschichten, die zu denken geben

141 *Minuten*
ISBN 3-931574-48-2 *(CD)*
ISBN 3-931574-54-7 *(Video)*

CD-Paket 2 (2 CDs) bzw. Video 2

Die Grenzen des Gewissens (Vortrag)
Geschichten, die wenden

135 *Minuten*
ISBN 3-931574-49-0 *(CD)*
ISBN 3-931574-55-5 *(Video)*

CD-Paket 3 (3 CDs) bzw. Video 3

Ordnungen der Liebe (Vortrag)
Geschichten vom Glück

206 *Minuten*
ISBN 3-931574-50-4 *(CD)*
ISBN 3-931574-56-3 *(Video)*

CD-Paket 4 (2 CDs) bzw. Video 4

Leib und Seele, Leben und Tod (Vortrag)
Psychotherapie und Religion (Vortrag)

120 *Minuten*
ISBN 3-89670-066-9 *(CD)*
ISBN 3-89670-067-7 *(Video)*

Finden, was wirkt. Therapeutische Briefe 1993

erweit. Neuauflage. 10. *Auflage* 2000. 191 *Seiten. ISBN* 3-466-30389-3. *Kösel Verlag*

Diese Briefe geben knapp und verdichtet – meist unter 20 Zeilen! – Antwort auf Fragen von Menschen in Not und zeigen, oft überraschend und einfach, die heilende Lösung. Sie lesen sich wie kleine Geschichten, denn jeder Brief erzählt verschlüsselt ein Schicksal. Es geht um die Themen: »Mann und Frau«, »Eltern und Kinder«, »Leib und Seele«, den »tragenden Grund« und »Abschied und Ende«.

Religion, Psychotherapie, Seelsorge 2000

2. *Auflage* 2001. 232 *Seiten. ISBN* 3-466-3526-8. *Kösel Verlag*

Dass eine Familie durch eine gemeinsame Seele verbunden, aber auch gesteuert wird, hat Bert Hellinger schon in vielen Publikationen dokumentiert. Seine Methode des Familien-Stellens hat gezeigt, dass wir in größere Zusammenhänge eingebunden sind, die unser Leben unabhängig von unseren Ängsten und Wünschen beeinflussen. Die tiefgreifenden Auswirkungen des Holocaust in den nachfolgenden Generationen sind nur ein Beleg dafür.
Diese Erfahrungen gehen weit über unsere traditionellen Gottesbilder und religiösen Haltungen hinaus. Auch die bisherige Seelsorge wird solchen Erkenntnissen nicht mehr gerecht. Bert Hellinger nähert sich diesen religiösen Fragen deshalb auf eine neue Weise.

Der andere Glaube. Bert Hellinger in Sevilla 2000

Deutsch mit spanischer Übersetzung. 1 *VHS Kassette,* 40 *min.*

Die Aufstellung zeigt die Beziehung zwischen einem Vater und seinen Söhnen, von denen einer bei einem Unfall ums Leben kam und der andere selbstmordgefährdet ist. Der Vater, ein ehemaliger Priester, meint offensichtlich unbewusst, dass er seine Kinder Gott opfern muss, wie Abraham einst den Isaak. In Anlehnung an diese Geschichte stellt Bert Hellinger die Frage nach dem größeren Glauben.

Eine sehr eindrucksvolle, tief gehende Aufstellung mit ausführlichen Erläuterungen zu dem im Hintergrund wirkenden Bedürfnis nach Ausgleich und seinen verheerenden Folgen, wenn es auf Gott übertragen wird.

(im Direktversand erhältlich bei: Movements of the Soul, siehe S. 538)

Verdichtetes. Sinnsprüche – Kleine Geschichten – Sätze der Kraft 1995

5. *Auflage* 2000. 109 *Seiten. ISBN* 3-89670-001-4. *Carl-Auer-Systeme Verlag*

Die hier gesammelten Sprüche und kleinen Geschichten sind während der therapeutischen Arbeit entstanden. Sie sind nach Themen geordnet: »Wahrnehmen, was ist«, »Die größere Kraft«, »Gut und Böse«, »Mann und Frau«, »Helfen und Heilen«, »Leben und Tod«. Ihr ursprünglicher Anlass scheint manchmal noch durch, doch reichen sie weit darüber hinaus. Gewohntes Denken wird erschüttert, verborgene Ordnungen kommen ans Licht.

In den Sätzen der Kraft verdichtet sich heilendes Sagen und Tun. Sie bringen eine Lösung in Gang, wenn jemand in ein fremdes Schicksal verstrickt ist oder in persönliche Schuld, und machen für Kommendes frei.

Einsicht durch Verzicht. Der phänomenologische Erkenntnisweg in der Psychotherapie am Beispiel des Familien-Stellens (Vortrag)

Audio-Cassette 1999. 57 *min. ISBN* 3-89670-164-9. *Carl-Auer-Systeme Verlag*

Auf dem phänomenologischen Erkenntnisweg setzt man sich der Vielfalt von Erscheinungen aus, ohne zwischen ihnen zu wählen oder zu werten. Die Aufmerksamkeit ist dabei zugleich gerichtet und ungerichtet, gesammelt und leer. Auf diese Weise gewinnt der Therapeut beim Familien-Stellen die Einsichten über das bisher Verborgene und findet die Wege, die aus Verstrickungen lösen. Worauf er dabei zu achten hat, zeigt dieser Vortrag.

Vom Himmel, der krank macht, und der Erde, die heilt (Vortrag)
Leiden ist leichter als lösen (Vortrag)

2 *Audio-Cassetten.* 1995/1993. *Je* 60 *min. ISBN* 3-89670-047-2.
Carl-Auer-Systeme Verlag

»Vom Himmel, der krank macht, und der Erde, die heilt« beschreibt die grundlegenden Dynamiken, die in Familien zu schweren Krankheiten führen, oder zu Unfällen und Selbstmord, und zeigt, was solche Schicksale manchmal noch wendet (ähnlich dem Vortrag »Ordnung und Krankheit«). Auch im Buch »Ordnungen der Liebe«.

»Leiden ist leichter als lösen« ist ein Radiointerview mit Gabriele ten Hövel. Der Text findet sich auch im Buch »Anerkennen, was ist«.

Re-Viewing Assumptions. Eine Debatte mit Anne Ancelin Schützenberger, Bert Hellinger und Rupert Sheldrake über Phänomene, die unsere Weltsicht in Frage stellen

1 *VHS-Cassette.* 70 *min.* 2000. *ISBN* 3-89670-161-4. *Carl-Auer-Systeme Verlag*
Dieses Video dokumentiert den Aufbruch in neue, vielversprechende Felder des therapeutischen, philosophischen und spirituellen Dialogs.

Kurztherapien

Mitte und Maß. Kurztherapien 1999

2. *Auflage* 2001. 288 *Seiten. ISBN* 3-89670-196-7. *Carl-Auer-Systeme Verlag*
Den in diesem Buch erstmals dokumentierten 63 Kurztherapien ist gemeinsam, dass sich die Lösungen unmittelbar aus dem Geschehen ergeben und daher jedesmal anders und einmalig sind. Dazwischen gibt Hellinger weiterführende Hinweise, zum Beispiel über die Trauer, die Toten, die Hintergründe von schwerer Krankheit oder von Selbstmord, und er beschreibt den Erkenntnisweg, der zur Vielfalt der hier dokumentierten Lösungen führt.
Man kann diese Kurztherapien lesen wie Kurzgeschichten, manchmal aufwühlend, manchmal erheiternd, manchmal voller Dramatik und dann wieder besinnlich und still.

Paartherapie

Wie Liebe gelingt. Die Paartherapie Bert Hellingers
Herausgegeben von Johannes Neuhauser 1999

2. *Auflage* 2000. 360 *Seiten. ISBN* 3-89670-105-3. *Carl-Auer-Systeme Verlag*
Dieses Buch dokumentiert Bert Hellingers zwanzigjährige Erfahrung in der Arbeit mit Paaren. Die vielen Beispiele aus Hellingers Gruppen- bzw. Rundenarbeit und seinen Paar- bzw. Familienaufstellungen sind lebensnah und lösungsorientiert.
Im Zentrum der ausführlichen Erläuterungen und der Gespräche mit Hellinger steht der Lebenszyklus in Paarbeziehungen: das erste Verliebtsein, die Bindung, gemeinsame Elternschaft oder Kinderlosigkeit, schmerzhafte Paarkrisen, das Scheitern der Beziehung und die klare Trennung, das gemeinsame Altwerden und der Tod. Der Herausgeber Johannes Neuhauser hat für dieses Buch seit 1995 Hunderte von Paartherapien Hellingers aufgezeichnet und ausgewertet.

Wie Liebe gelingt. Die Paartherapie Bert Hellingers

5 VHS-Cassetten. 1999. 12 ½ *Stunden. ISBN* 3-89670-087-1. *Carl-Auer-Systeme Verlag*

Dieses Video dokumentiert Bert Hellingers Rundenarbeit und das Familien-Stellen mit 15 Paaren in einer Kleingruppe. Es zeigt zum ersten Mal, wie Bert Hellinger vor und nach dem Familien-Stellen mit den Paaren arbeitet, zum ersten Mal kann man ihm sozusagen über die Schulter schauen und die vielschichtigen Interventionen beobachten.

Wir gehen nach vorne. Ein Kurs für Paare in Krisen 2000

1. *Auflage* 2000. 285 *Seiten. ISBN* 3-89670-103-7. *Carl-Auer-Systeme Verlag*

Wenn Partner in ihrer Beziehung leiden, obwohl sie einander lieben, dann bleiben ihre Appelle an den gegenseitigen guten Willen und ihre Anstrengungen oft vergebens. Denn Krisen in Paarbeziehungen haben oft mit Verstrickungen in der Herkunftsfamilie zu tun. Dieses Buch zeigt, wie man die eigentlichen Hintergründe ans Licht bringt und wie überraschend leicht die Lösungen fallen, wenn sie bewusst sind.

Wir gehen nach vorne. Ein Kurs für Paare in Krisen

Video Edition. 3 *Videos. ca.* 9 1/2 *Stunden. ISBN* 3-89670-175-4. *Carl-Auer-Systeme Verlag*

(Das Video zum gleichnamigen Buch.)

Eltern und Lehrer

Wenn Ihr wüsstet, wie ich euch liebe

Von Jirina Prekop und Bert Hellinger 1998

2. *Auflage* 1998. 276 *Seiten. ISBN* 3-466-30470-9. *Kösel Verlag*

Wie schwierigen Kindern durch Familien-Stellen und Festhalten geholfen werden kann. Manche Kinder fordern ihre Umwelt in besonderem Maße heraus. Jirina Prekop und Bert Hellinger erkannten, dass die Gründe oftmals im verborgenen liegen und Ergebnis einer gestörten Ordnung des familiären Systems sind. Anhand von neun Fallgeschichten zeigen sie, wie Betroffene ihre Familien aufgestellt haben, um mögliche systemische Verstrickungen aufzudecken. Man nimmt daran teil, wie ihnen die Festhaltetherapie ermöglichte, das Erlebte emotional nachzuvollziehen. Eindrucksvoll erfährt der Leser, wie beide Methoden helfen, die Liebe zwischen Eltern und Kindern zu erneuern.

Kindliche Not und Kindliche Liebe. Familien-Stellen und systemische Lösungen in Schule und Familie
Von Sylvia Gomez Pedra (Hrsg.) unter Mitwirkung von Bert Hellinger 2000

1.*Auflage* 2000. 224 *Seiten. ISBN* 3-89670-149-5. *Carl-Auer-Systeme Verlag*

Gestörtes und auffälliges Verhalten von Kindern bringt Eltern und andere erwachsene Begleiter oft an den Rand ihrer Kräfte, löst Aggressionen und Unverständnis aus und endet nicht selten in einem Ausschluss des schwierigen Kindes aus dem normalen Umfeld. Dieses Buch bietet hier konkrete Hilfe an. Die Autoren bringen ihre vielfältigen Erfahrungen als Therapeuten, Lehrer und Eltern ein, um zusammen mit den Betroffenen hinter Verhaltensstörungen und Krankheiten bei Kindern zu schauen. Werden einmal jene Beweggründe erkannt, die Kinder tatsächlich in auffälliges Verhalten treiben, so lassen sich auch die Kraftquellen in der Familie erschließen, aus denen ihnen Ruhe und Sicherheit zukommt.
(Das Video dazu ist erhältlich bei: Movements of the Soul, siehe S. 538)

Adoption und Behinderte

Haltet mich, dass ich am Leben bleibe. Lösungen für Adoptierte 1998

240 *Seiten. ISBN* 3-89670-92-8. *Carl-Auer-Systeme Verlag*

Der hier dokumentierte Kurs für erwachsene Adoptierte zeigt, wie die Bindung des Kindes an seine leiblichen Eltern weiterwirkt. Es zeigt aber auch, wie diese Bindung auf eine Weise gelöst werden kann, die es dem Adoptivkind ermöglicht, sich seinen neuen Eltern zuzuwenden und von ihnen den Halt und die Liebe zu nehmen, die sie ihm schenken.

Haltet mich, daß ich am Leben bleibe. Lösungen für Adoptierte

2 *VHS-Cassetten.* 1997. 7 *Stunden. ISBN* 3-89679-061-8. *Carl-Auer-Systeme Verlag*

(Das Video zum gleichnamigen Buch.)

In der Seele an die Liebe rühren. Familien-Stellen mit Eltern und Pflegeeltern von behinderten Kindern 1998

120 *Seiten. ISBN* 3-89670-093-6. *Carl-Auer-Systeme Verlag*

Eltern, die ein behindertes Kind haben, und Pflegeeltern, die ein solches Kind aufnehmen, werden vom Schicksal dieser Kinder auf eine besondere Weise in Dienst genommen. Wie ihre Liebe an diesem Schicksal und dieser Aufgabe wächst, wird uns in diesem Buch bewegend vor Augen geführt.

In der Seele an die Liebe rühren. Familien-Stellen mit Eltern und Pflegeeltern behinderter Kindern

1 *VHS-Cassette.* 1998. 2 ½ *Stunden. ISBN* 3-89670-064-2. *Carl-Auer-Systeme Verlag*

(Das Video zum gleichnamigen Buch.)

Was in Familien krank macht und heilt

Was in Familien krank macht und heilt. Ein Kurs für Betroffene 2000

2. *Auflage* 2000. 288 *Seiten. ISBN* 3-89670-123-1. *Carl-Auer-Systeme Verlag*

Dieses Buch führt die bereits veröffentlichten Dokumentationen über das Familien-Stellen mit Kranken in wesentlichen Punkten weiter. Es vermittelt vertiefte Einsichten in die familiengeschichtlichen Hintergründe von schwerer Krankheit und Selbstmordgefährdung und dokumentiert das Familien-Stellen in neuen Zusammen-hängen, wie Sucht, religiöser Verstrickung, Trauma und tragischen Schicksalsschlägen.

Was in Familien krank macht und heilt. Ein Kurs für Betroffene

3 *VHS-Cassetten.* 1999. 9 ½ *Stunden. ISBN* 3-89670-160-6. *Carl-Auer-Systeme Verlag*

(Das Video zum gleichnamigen Buch.)

Wo Schicksal wirkt und Demut heilt. Ein Kurs für Kranke 1998

2., *korr. Auflage* 2001. 322 *Seiten. ISBN* 3-89670-195-9. *Carl-Auer-Systeme Verlag*

Dieses Buch dokumentiert das Familien-Stellen mit Kranken und die familiengeschichtlichen Hintergründe von schwerer Krankheit, von Unfällen und Selbstmord. Bert Hellinger erklärt ausführlich die einzelnen Schritte und vermittelt dadurch auch eine umfassende Einführung in das Familien-Stellen. Darüber hinaus enthält dieses Buch zahlreiche Beispiele von Kurztherapien.

Wo Schicksal wirkt und Demut heilt. Familien-Stellen mit Kranken

3 *VHS-Cassetten.* 1998. 9 ½ *Stunden. ISBN* 3-89670-060-X. *Carl-Auer-Systeme Verlag*

(Das Video zum gleichnamigen Buch.)

Schicksalsbindungen bei Krebs. Ein Kurs für Betroffene, ihre Angehörigen und Therapeuten 1997

3. *Auflage* 2001. 202 *Seiten. ISBN* 3-89670-008-1. *Carl-Auer-Systeme Verlag*

Dieses Buch dokumentiert am Beispiel von Krebs, wie Schicksalsbindungen in der Familie schwere Krankheiten mitbedingen und aufrechterhalten. Und es zeigt, wie die Liebe, die krank macht, sich löst in Liebe, die heilt.

Bert Hellinger arbeitet mit Krebskranken. Ein Kurs für Betroffene, ihre Angehörigen und Therapeuten

2 *VHS-Cassetten.* 7 ½ *Stunden. ISBN* 3-89670-007-3

(Das Video zum Buch: »Schickalsbindungen bei Krebs«.)

Die größere Kraft. Bewegungen der Seele bei Krebs
Herausgegeben von Michaela Kaden 2001

1. *Auflage* 2001. 194 *Seiten. ISBN* 3-89670-181-9. *Carl-Auer-Systeme Verlag*

Dieses Buch dokumentiert einen Kurs für Krebskranke in Salzburg. Es führt die Einsichten über die familiengeschichtlichen Hintergründe bei Krebs weiter. Es achtet noch genauer auf die Bewegungen der Seele, die auf der einen Seite die Krankheit aufrechterhalten und auf der anderen Seite die Hinwendung zum Leben ermöglichen.

Familien-Stellen mit Kranken. Dokumentation eines Kurses für Kranke, begleitende Psychotherapeuten und Ärzte 1995

3. *erweiterte u. überarbeitete Auflage* 1998. 339 *Seiten. ISBN* 3-89670-018-9. *Carl-Auer-Systeme Verlag*

Ein praxisnaher Einführungskurs in das Familien-Stellen mit Kranken und in die familiengeschichtlichen Hintergründe von chronischer und lebensbedrohender Krankheit. Im Anhang finden sich Rückmeldungen und Ergänzungen ein Jahr nach dem Kurs.

Familien-Stellen mit Kranken. Ein Kurs für Kranke, begleitende Psychotherapeuten und Ärzte

3 *VHS-Cassetten.* 1995. 10 *Stunden. ISBN* 3-927809-55-1. *Carl-Auer-Systeme Verlag*

(Das Video zum gleichnamigen Buch.)

Liebe am Abgrund. Ein Kurs für Psychosepatienten
Herausgegeben von Michaela Kaden 2001

erscheint Frühjahr 2001. *ca.* 280 *Seiten. ISBN* 3-89670-205-X.
Carl-Auer-Systeme Verlag

Dieses Buch dokumentiert einen Kurs für Psychosepatienten in Wiesloch 2000

Liebe am Abgrund. Ein Kurs für Psychosepatienten

3 *VHS-Cassetten. ca.* 10 *Stunden. ISBN* 3-809670-178-9. *Carl-Auer-Systeme Verlag*
erscheint Frühjahr 2001

(Das Video zum gleichnamigen Buch.)

Familienstellen mit Psychosekranken. Ein Kurs mit Bert Hellinger
Herausgegeben von Robert Langlotz 1998

232 *Seiten. ISBN* 3-89670-101-0. *Carl-Auer-Systeme Verlag*

Dieses Buch dokumentiert Bert Hellingers therapeutische Arbeit – vor allem das Familien-Stellen – in einem Kurs mit 25 Psychosekranken. Robert Langlotz hat viele Patienten nachbefragt und die Ergebnisse kommentiert in diesen Band aufgenommen. Er fasst die Verstrickungen, Verwirrungen und Loyalitätskonflikte zusammen, die durch die Aufstellungen der Psychosekranken sichtbar werden. Dieser erste Erfahrungsbericht lässt neue Sichtweisen, psychotisches

Verhalten zu verstehen, aufleuchten und macht Mut, das Familien-Stellen als diagnostisches und therapeutisches Instrument in der stationären und ambulanten Psychotherapie anzuwenden.

Leiden ist leichter als lösen. Ein Praxiskurs mit Bert Hellinger. Familienaufstellungen mit Suchtkranken
Herausgegeben von Heribert Döring-Meijer 2000

229 *Seiten. ISBN* 3-87387-444-X. *Jungfermann Verlag*

Dieses Buch dokumentiert das Familien-Stellen mit Suchtkranken. Es zeigt, dass die Sucht in vielfältiger Weise mit Verstrickungen in die Geschichte und Schicksale der Herkunftsfamilie zusammenhängt. Abgesehen von jenen Fällen, in denen die Sucht auch als Sühne für persönliche Schuld gesehen werden muss, ist es meistens das Kind in den Süchtigen, das mit der Sucht etwas Gutes für andere erreichen will. Diese Einsicht ermöglicht es den Helfern, die Süchtigen zu achten und vor allem für das Kind in ihnen die Lösung zu suchen.

Ordnung und Krankheit. Vortrag und therapeutisches Werkstattgespräch 1994 (Video)

130 *min. ISBN* 931574-74-1. *Carl-Auer-Systeme Verlag*

Der Vortrag »Ordnung und Krankheit« beschreibt, was in Familien zu schweren Krankheiten, Unfällen und Selbstmord führt und was solche Schicksale wendet. Im therapeutischen Werkstattgespräch erläutert Hellinger anhand von dreißig Fragen seine Psychotherapie und erzählt aus der Praxis seiner Arbeit. Die Fragen stellt Johannes Neuhauser.

Trauma

Wo Ohnmacht Frieden stiftet. Familien-Stellen mit Opfern von Trauma, Schicksal und Schuld 2000

270 *Seiten. ISBN* 3-89670-111-8. *Carl-Auer-Systeme Verlag*

In diesem Buch wird an vielen Beispielen beschrieben, wie Opfern von Trauma, Schicksal und Schuld geholfen werden kann, sich ihrem Schicksal zu stellen und aus der Zustimmung zu ihren Grenzen ihre Würde zu wahren und Frieden zu finden. Dabei werden auch Vorgehensweisen dokumentiert, die über die bisherigen Methoden des Familien-Stellens hinausführen.

Wo Ohnmacht Frieden stiftet. Familien-Stellen mit Opfern von Trauma und Schicksal

3 *VHS-Cassetten.* 2000. 6 ½ *Stunden. ISBN* 3-89670-082-0. *Carl-Auer-Systeme Verlag*
(Das Video zum gleichnamigen Buch)

Holocaust

Der Abschied. Nachkommen von Tätern und Opfern stellen ihre Familie 1998

2. erweiterte Auflage 2001. 370 *Seiten. ISBN* 3-89670-092-8. *Carl-Auer-Systeme Verlag*

Wie Schuld und Schicksal von Tätern und Opfern des Nationalsozialismus auf deren Nachkommen wirken, dem ist Hellinger seit Jahren in seinen Kursen für Kranke begegnet. Mit den Kranken musste er sich den Tätern und Opfern in ihren Familien stellen und versuchen, im Einklang mit ihnen das Leid für ihre Nachkommen zu mildern und vielleicht zu beenden. Dieses Buch dokumentiert diese Versuche. Dabei kommen sowohl die Überlebenden und die Nachkommen zu Wort als auch die Schuldigen und die Toten. Wenn sie geachtet sind, ziehen sie sich still zurück, und die Lebenden ziehen frei über die Grenze, die sie von den Toten noch trennt.

Das Überleben überleben. Nachkommen von Überlebenden des Holocaust stellen ihre Familie

VHS-Cassette (2 ¼ Stunden) 1998. *ISBN* 3-89670-074-X *Carl-Auer-Systeme Verlag*

(Video zum Buch »Der Abschied«.)

Die Toten. Was Opfer und Täter versöhnt

1 *VHS-Cassette.* 1999. 60 *min. ISBN* 3-89670-163-0. *Carl-Auer-Systeme Verlag*

Dieses Video dokumentiert die wohl bewegendste Aufstellung Bert Hellingers mit einem Überlebenden des Holocaust. Sie bringt auf erschütternde Weise ans Licht, dass die Opfer und ihre Mörder ihr Sterben erst vollenden, wenn sie beide einander als Tote begegnen. Und wenn sich beide im Zustand, der alle Unterschiede aufhebt, einem gemeinsamen übermächtigen Schicksal ausgeliefert erfahren, das jenseits aller menschlicher Unschuld und Schuld über sie verfügt und sie jetzt im Tod geläutert in Liebe eint und versöhnt.

(Video zum Buch »Der Abschied«.)

Movements of the Soul. Family Constellations in Israel 2001

ca. 280 *Seiten, erscheint im Frühjahr* 2001 *im Carl-Auer-Systeme Verlag und bei Zeig, Tucker & Theissen, Inc.*

Dieses Buch dokumentiert einen Kurs in Tel Aviv vom Frühjahr 2000. Nur in Englisch erhältlich.

Organisationen

Organisationsberatung und Organisationsaufstellungen. Werkstattgespräch über die Beratung von (Familien-)Unternehmen, Institutionen und Organisationen. 26 Fragen an Bert Hellinger
Interview: Johannes Neuhauser.

1 VHS-Cassette. 1998. 35 min. ISBN 3-89670-077-4. Carl-Auer-Systeme Verlag

In diesem Zusammenhang sei auch hingewiesen auf das Video:

Bert Hellinger demonstrates his work with constellations in organisations. Workshop in Santiago de Chile , September 3, 1999

3 VHS-Cassettes. 2000. Length 6 hours. English with spanish translations
Availabe through »Movements of the Soul – Video Productions«, see page 538 .

Rilke

Rainer Maria Rilke: Duineser Elegien
Eingeführt und gelesen von Bert Hellinger

Doppel-CD. 2000. 135 min. ISBN 3-89670-169-X. Carl-Auer-Systeme Verlag
Rilkes Duineser Elegien und seine Sonette an Orpheus haben Bert Hellinger lange begleitet. Hellinger führt die Hörer in diese Dichtungen ein und liest Rilkes Werke einfühlsam und gesammelt, so dass ihr Sinn sich der Seele erschließt.
Die Duineser Elegien sind Klagelieder, und zwar von jener seltsamen Art, die den Verlust, den sie beklagen, am Ende als Fortschritt und Vollendung erscheinen lassen. In den Duineser Elegien stellt sich Rilke den letzten Wirklichkeiten: dem Tod, der Verwandlung und dem Sinn – und fügt sich ihnen; doch so, dass er dennoch das uns verbleibende Hiesige feiert und preist.

Rainer Maria Rilke: Sonette an Orpheus
Eingeführt und gelesen von Bert Hellinger

Doppel-CD. 2000. 90 min. ISBN 3-89670-168-1. Carl-Auer-Systeme Verlag
Die Sonette an Orpheus atmen die gelöste Klarheit der Vollendung. Was Rilke in den Duineser Elegien erst nach langem inneren Ringen gelang, wird hier ohne Bedauern bejaht und gefeiert: das Ganze des Daseins, wie es sich wandelt im Entstehen wie im Vergehen und Lebende wie Tote gleichermaßen umfasst. Als Sinnbild für dieses Ganze dient Rilke die Figur Orpheus. In ihm verdichten sich beide Bereiche zu Musik und Gesang.

Der späte Rilke. Der Weg zu den Elegien und Sonetten

Von Dieter Bassermann. Mit einem Vorwort von Bert Hellinger 2000

268 Seiten. ISBN 3-89670-134-7. Carl-Auer-Systeme Verlag

Die großartigen Visionen in Rilkes Duineser Elegien und den Sonetten an Orpheus haben sich in der intensiven Begegnung mit menschlichen Schicksalen als wegweisend und hilfreich erwiesen. Vielen gewagten Schritten, die Hellinger beim Familien-Stellen geht, liegen Einsichten zugrunde, die sich ihm aus diesem Buch eröffneten. Sie lösten am Ende in den Beteiligten Erfahrungen aus, die weit über den unmittelbaren Anlass und die naheliegende Lösung hinauswiesen. Andererseits hat das Familien-Stellen viele der gewagten Aussagen Rilkes als gültige Erfahrungen und Einsichten bestätigt.

Stiller Freund der vielen Fernen. Bert Hellinger liest eine Auswahl aus den Sonetten an Orpheus

1 VHS Kassette, Dauer 60 min.

Erhältlich bei Movements of the Soul – Video Productions, siehe S. 538

Zeitschrift

Praxis der Systemaufstellung. Beiträge zu Lösungen in Familien und Organisationen

Diese Zeitschrift erscheint zweimal im Jahr (Juni und Dezember), der Jahresbezugspreis beträgt für Deutschland DM 36.50, für Österreich und die Schweiz DM 38.50, für alle übrigen Länder DM 48.50

Abonnement, Versand und Information:

Internationale Arbeitsgemeinschaft Systemische Lösungen nach Bert Hellinger e.V., c/o Akademie im Park, Heidelbergerstr. 1 a, D 69168 Wiesloch, Germany

Anschrift der Redaktion:

RAG, c/o W. De Philipp, Ainmiller Str.37, 80801 München.
Tel: (089) 347820, Fax: (089) 347868
E-mail: wdphilipp@okay.net

Books and other Media in English

In English these books are available:

Love's Hidden Symmetry. What Makes Love Work in Relationships
Bert Hellinger / Gunthard Weber / Hunter Beaumont 1998

352 *pages. ISBN* 1-891944-00-2
Carl-Auer-Systeme Verlag and Zeig, Tucker & Theissen, Inc.

Bert Hellinger, Gunthard Weber and Hunter Beaumont have collaborated to present a beautiful collage of poetry, healing stories, transcripts of psychotherapeutic work and moving explanations of the hidden dynamics and symmetry love follows in intimate relationships. Original and provocative enough to change how you think about familiar themes.

Touching Love. Bert Hellinger at Work with Family Systems. Documentation of a Three-Day-Course for Psychotherapists and their Clients 1997

186 *pages. ISBN* 3-89670-022-7. *Carl-Auer-Systeme Verlag*

Bert Hellinger demonstrates the Hidden Symmetry of Love operating unseen in the lives of persons suffering with serious illness and difficult life circumstances. This book is a full documentation of a workshop for professionals held near London in February, 1996.

Touching Love (Volume 2). A Teaching Seminar with Bert Hellinger and Hunter Baumont 1999

256 *pages. ISBN* 3-89670-122-3
Carl-Auer-Systeme Verlag and Zeig, Tucker & Theissen, Inc.

This book contains the written documentation of a three-day-course for psychotherapists and their clients. It offers mental health professionals and interested non-professional readers a look in slow-motion at Bert Hellinger and Hunter Beaumont at work.

Acknowledging What Is. Conversations with Bert Hellinger 1999

162 *pages. ISBN* 1-891944-32-0
Zeig, Tucker & Theissen, Inc.

Deepen your understanding of Hellinger's transformative ideas on the »Natural Orders of Love« with his latest work – a moving dialog between the tough-minded journalist and the »Caretaker of the Soul«.

Supporting Love
Edited by Johannes Neuhauser
The english edition of »Wie Liebe gelingt« (coming soon)

Movements of the Soul. Family Constellations in Israel 2001

280 pages

Carl Auer System Verlag and Zeig, Tucker & Theissen, Inc.

This book documents a seminar by Bert Hellinger in Tel Aviv.

The following videos documenting Bert Hellinger's work are available in English as single editions:

Holding Love. A Teaching Seminar on Love's Hidden Symmetry

3 Volumes. Length 7 hours.

in PAL (European) format: Carl-Auer-Systeme Verlag ISBN 3-89670-173-8
in NTSC (American) format: Zeig, Tucker & Theissen, Inc., ISBN 1-891944-75-4
(1935 East Aurelius Avenue. Phoenix, AZ 85020-5543, Fax ++1 602 944-8118)
The professional Reference Series documents Bert Hellingers resolution-oriented approach to working with intimate relationship systems. The series is intended primarily for practitioners who wish to learn this approach. Holding Love was recorded in San Francisco (1999). The participants are mental health professionals and their clients, and the work covers a wide range of issues.

Healing Love. A Teaching Seminar on Love's Hidden Symmetry

3 Volumes. Length 7 hours.

in PAL format from Carl-Auer-Systeme Verlag,
in NTSC format from Zeig, Tucker & Theissen, Inc.

Healing Love was recorded in Washington (1999). Like Holding Love it is intended primarily for practioners who wish to learn this approachThe participants are mental health professionals and their clients, and the work covers a wide range of issues

The following six English-language videos documenting Bert Hellinger's work are available in the series Love's Hidden Symmetry (Volume 1 to 6):

in PAL from Carl-Auer-Systeme Verlag
in NTSC from Zeig, Tucker & Theissen, Inc.

Adoption (Volume 1)

1 *VHS-Cassette.* 90 *minutes. ISBN* 3-89670-072-3

Hellinger demonstrates how »love's hidden symmetry« can guide families in distress. In this case, workshop participants who are dealing with problems related to adoption discover ways to support hopeful alternatives in their lives.

Honoring the Dead and Facing Death (Volume 2)

1 VHS-Cassette. 80 minutes. ISBN 3-89670-154-1

Three different family constellations are presented to reveal the depth and power of this approach as family members struggle to deal with the difficult issues of death and dying.

Blind Love – Enlightened Love (Volume 3)

1 VHS-Cassette. 75 minutes. ISBN 3-89670-155-X

This presentation shows how children's blind love for their parents perpetuates family dysfunction. In three family constellations Hellinger demonstrates how this love can be transformed into the enlightened love that supports well-being.

Grieving for Children (Volume 4)

1 VHS-Cassette. 70 minutes. ISBN 3-89670-156-8

In this powerful video, four different family systems move toward resolution in the wake of the loss of a child.

Trans-Generational Systemic Effects (Volume 5)

1 VHS-Cassette. 70 minutes. ISBN 3-89670-157-6

Hellinger guides participants toward restoration of the flow of love that nurtures growth when entanglements across generations have disrupted it.

Hidden Family Dynamics (Volume 6)

1 VHS-Cassette. 70 minutes. ISBN 3-89670-158-4

Four family constellations show the harmful identifications that children sometimes have with parents and grandparents. Hellinger works with participants to acknowledge hidden dynamics and to discover healthy ways to recover compassion and love.

Books and other Media in more Languages

Les liens qui libèrent. La thérapie familiale systémique selon Bert Hellinger
Gunthard Weber (ed.) 1999

Edition Jacques Grancher, Paris

The french edition of »Zweierlei Glück«.

Riconoscere ciò che è

Urra Apogeo, Milano.

The italian edition of »Anerkennen, was ist«.
Urra Apogeo, V. le Paputiano 36, I-20123 Milano

Felicidad Dual. Bert Hellinger y su psicoterapia sistémica
Gunthard Weber (ed.) 1999
Empresa Editorial Herder, S.A.
The spanish edition of »Zweierlei Glück«.

Recononocer lo que es
Empresa Editorial Herder, S.A.
The spanish edition of »Anerkennen, was ist«.

A Simetria Oculta do Amor. Por que o amor faz os relationamentos darem certo
Bert Hellinger / Gunthard Weber / Hunter Beaumont 1999
Editoria Cultrix Sao Paolo
The portuguese edition of »Love's Hidden Symmetry«

Love's Hidden Symmetry in greek language
In greek language a translation of »Love's Hidden Symmetry« is available from:
Dimitris Stavropoulos, Georgoula 14, GR-11524 Athen
Tel: 0030-1-6925424, Fax: 0030-1-6998536, Email: dstav@tee.gr

Movements of the Soul – Video Productions

Diese Video-Edition wird herausgegeben von Harald Hohnen, Thomas Münzer und Gunthard Weber.

Die Movements of the Soul – Video Productions hat sich zum Ziel gesetzt, die stetig wachsenden internationalen Aktivitäten Bert Hellingers zu dokumentieren und, in Form von Videos, einem breiteren Publikum zugänglich zu machen. Die bisherigen Seminarreisen außerhalb des deutschsprachigen Raumes führten Bert Hellinger in die USA, nach Kanada, Mexiko, Chile, Brasilien, Argentinien, Spanien, Italien, Polen, Tschechien, Griechenland, Frankreich, Holland, Großbritannien und Israel, wo seine Arbeit als innovativer Beitrag im therapeutischen Feld gesehen und gewürdigt wird.
Harald Hohnen, ein Berliner Psychotherapeut, hat die meisten dieser Reisen und Kurse auf Digital-Videokamera aufgezeichnet. Zu Beginn erfolgten diese Aufnahmen nur im Rahmen der persönlichen Dokumentation für Bert Hellinger. Es zeigte sich jedoch schnell, dass neue interessante und tiefgreifende Bewegungen in den Aufstellungen sichtbar wurden, die einen wesentlichen Impuls für die weitere Entwicklung des »Familien-Stellens« gaben. Auf der Grundlage der »Ordnungen der Liebe« und den Einsichten zur Dynamik des Familiengewissen gewannen die »Bewegungen der Seele« zunehmend mehr Raum und führten zu Lösungen, die in ihrem versöhnenden Charakter weit über die Schicksalsgemeinschaft Familie hinausführten.

Mit Unterstützung von Bert Hellinger und gemeinsam mit Thomas Münzer und Gunthard Weber veröffentlicht Harald Hohnen nun einige dieser Aufnahmen und stellt sie damit nicht nur den Teilnehmern der Kurse von Bert Hellinger in den jeweiligen Seminarorten zur Verfügung, sondern auch den deutschen und internationalen Interessenten.
Die Videoproduktion »Movements of the Soul« versteht sich damit als Ergänzung zu den von Johannes Neuhauser hervorragend gestalteten Videos, erschienen im Carl Auer-Systeme Verlag, die die Grundlagen der Arbeit Bert Hellingers darstellen.
Naturgemäß sind die hier zugänglich gemachten Aufnahmen eher als »Werkstatt-Videos« zu bezeichnen, da die Erstellung sich den jeweils örtlich gegebenen Bedingungen anpassen musste. Sie sind dadurch nicht immer von ausgezeichneter Qualität, haben jedoch gerade dadurch ihren eigenen Charakter.

Edition »Die besondere Aufstellung« (=BA)

BA 001 »Der andere Glaube / La otra fe«
Bert Hellinger

Deutsch/Spanisch – Sevilla, März 2000, ca. 40 min, PAL/NTSC

Die Aufstellung zeigt die Beziehung zwischen einem Vater und seinen Söhnen, von denen einer bei einem Unfall ums Leben kam und der andere selbstmordgefährdet ist. Der Vater, ein ehemaliger Priester, meint offensichtlich unbewusst, dass er seine Kinder Gott opfern muss, wie Abraham einst den Isaak. In Anlehnung an die Geschichte »Die Liebe« stellt Bert Hellinger dem Vater die Frage nach dem größeren Glauben.
Eine sehr eindrucksvolle, tiefgehende Aufstellung mit ausführlichen Erläuterungen zu dem im Hintergrund wirkenden Bedürfnis nach Ausgleich und seine verheerenden Folgen, wenn es auf Gott übertragen wird. Dieses Video kann als ideale Ergänzung zu dem Buch von Bert Hellinger »Religion, Psychotherapie, Seelsorge« (Kösel-Verlag) betrachtet werden.

BA 002 »Perpetrators and Victims in Chile / Perpetradores y Victimas en Chile«
Bert Hellinger

Englisch/Spanisch – Santiago de Chile, September 1999, ca. 90 min, PAL/NTSC

In fast jedem Kurs erzählt Bert Hellinger von diesen beiden bewegenden Aufstellungen in Chile. Die Tochter eines kommunistischen Gewerkschaftsführers, der seit dem Putsch 1973 verschwunden ist, stellt 6 Opfer und 6 Täter auf. Die Bewegungen der Seele zeigen die Dynamik zwischen Tätern und Opfern und wie sie ihren Frieden finden können. Alle Stellvertreter geben nach der Aufstellung eine ausführliche Rückmeldung, die in Englisch dem Videoband beigefügt ist. Im Anschluss stellt eine Frau, die ihren Bruder während des Putsches verloren hat, diesen auf, den sie als »guten Menschen« nicht loslassen will. Die Aufstellung zeigt eine andere Bewegung, den Frieden des Bruders bei seinen toten Kameraden.

BA 003 »Die Mütter und ihre verschwundenen Kinder in Buenos Aires / Las madres y sus hijos desaparecidos en Buenos Aires«

Bert Hellinger

Deutsch/Spanisch – Buenos Aires, September 1999, ca. 45 min, PAL/NTSC

Bei seinem Besuch in Argentinien war Bert Hellinger mit dem Schicksal der »Mütter der Verschwundenen« des »Plaza del Mayo« konfrontiert. In dieser Aufstellung lässt er drei Mütter und ihre verschwundenen Kinder ihren eigenen Bewegungen folgen. Es zeigt sich das Bedürfnis der Geborgenheit der Kinder bei den Eltern und das größere Bedürfnis nach der Ruhe bei den Toten.

BA 004 »Der Krieg«

Bert Hellinger

Deutsch – Berlin, Juni 2000, ca. 55 min, PAL

In der Aufstellung zum 2. Weltkrieg stehen sich deutsche und russische Soldaten und ihre Offiziere gegenüber. Eine intensive Begegnung beginnt, in der, ohne Worte, die Stellvertreter ausschließlich dem inneren Impuls des Feldes folgen. Die entstehende Bewegung verläuft über verschiedene Stadien und zeigt den Hass, die Verblendung, den Tod, den Schmerz, die Trauer, und endet dann würde- und kraftvoll mit dem Blick der Überlebenden auf das Schlachtfeld und die Opfer auf beiden Seiten.

BA 005 »Die unterbrochene Hinbewegung / Il movimento interrotto verso la persona amata«

Bert Hellinger

Deutsch/Italienisch – Verona, Mai 2000, ca. 75 min, PAL

Selten hat Bert Hellinger in den letzten Jahren während eines Kurses die therapeutische Arbeit mit der unterbrochenen Hinbewegung so ausführlich wie hier demonstriert. In einem Kurs in Italien wird aus einer Aufstellung heraus das »Nehmen der Eltern« problematisiert. Hellingers Erfahrung führt gleich anfangs zur Frage nach Schwierigkeiten bei der Geburt der Klientin. Er setzt die Arbeit mit der Technik der »Vollendung der Hinbewegung« fort. Oft wird dieser Prozess als zweite Geburt erlebt. Nach dieser eindrucksvollen Demonstration können wir am »Gebet am Morgen des Lebens« zu Mutter und Vater teilhaben. Die Arbeit wird weitergeführt, indem Bert Hellinger den NLP-»Ankerausgleich« anwendet und hiermit die Arbeit mit der Klientin abrundet. Mit Fragen und Antworten zu dieser Arbeit werden Bert Hellingers Aussagen zur unterbrochenen Hinbewegung erweitert. (Ergänzung zu K 002)

BA 006 »Die Anhaftung der Toten / L´attaccamento dei morti«

Bert Hellinger

Deutsch/Italienisch – Verona, Mai 2000, ca. 45 min, PAL

Die Aufstellung zeigt eine neue Dynamik in den Bewegungen zwischen Lebenden und Toten. Bert Hellinger beschreibt sie als »Anhaftungsbewegung« der Toten an die Lebenden, die unter bestimmten Umständen an den Nachkommen haften und versuchen sie zu sich in den Tod zu ziehen. Damit zeigt sich ein neues Phänomen, das im Unterschied zur »Nachfolge« der Lebenden zu den Toten Fragen zu einem neuen Aspekt dieser Bewegungen aufwirft. (Ergänzung zu K 002)

Edition »Der Vortrag« (=V)

V 001 »Was Eltern und Kinder und Männer und Frauen verbindet und trennt / Lo que une y separa a padres e hijos, a hombres y mujeres«
Bert Hellinger

Deutsch/Spanisch – Sevilla, März 2000, ca. 60 min, PAL/NTSC

Bert Hellinger referiert sehr eindrucksvoll über das Gewissen, den Ausgleich und über die Ordnungen der Liebe, die hinter der Verbindung von Mann und Frau stehen und die zwischen Eltern und Kindern wirken. Beeindruckend sind die vielen Beispiele aus der Praxis seiner Aufstellungsarbeit. Der Vortrag ist »state of the art«.

V 002 »Das Gewissen und die Seele / L´anima e la coscienza«
Bert Hellinger

Deutsch/Italienisch – Verona, Mai 2000, ca. 45 min, PAL

Bert Hellinger berichtet in äußerst dichter Form über die Bewegungen der Seele, die über die Grenzen des Gewissens hinausgehen. Hier gibt er eine zusammenfassende Darstellung seiner bisherigen neuen Erkenntnisse. (Ergänzung zu K 002)

V 003 »Stiller Freund der vielen Fernen«

1 *VHS Kassette, Dauer 60 min.*

Bert Hellinger liest eine Auswahl aus den Sonetten an Orpheus.

Edition »Das Gespräch« (=G)

G 001 »Family Systems, Morphogenetic Fields and the Soul«
Rupert Sheldrake, Bert Hellinger und Hunter Beaumont

Englisch – London, April 2000, ca. 75 min, PAL/NTSC

Nach »Reviewing Assumptions« im April 1999 im Rahmen der 2. Arbeitstagung in Wiesloch von Harald Hohnen aufgenommen und vom Carl-Auer-Systeme Verlag veröffentlicht, treffen sich am Rande eines Kurses in London Rupert Sheldrake, Bert Hellinger und Hunter Beaumont zu einem weiteren Gespräch. Es geht um neue evolutionäre Schritte im Zusammenhang zwischen Familiensystem, morphogenetischen Feldern und der Seele. Ein Austausch der ganz besonderen Art.

G 002 »Die Bewegungen der Seele«

Bert Hellinger im Interview mit Harald Hohnen

Deutsch – Washington D.C., Juni 2000, ca. 55 min, PAL

Bert Hellinger fasst in diesem Interview seine gegenwärtigen Einsichten zur Wirkung des Gewissens in unserem Handeln und als Hintergrund von Verstrickungen zusammen. In der ihm eigenen konzentrierten und dichten Weise spricht er über die Besonderheiten des fühlbaren persönlichen Gewissens und des unbewussten kollektiven Gewissens und trägt so zu einem tieferen Verständnis und einer Entmythologisierung dieser archaischen Triebkräfte bei. Wenn es dem Therapeuten gelingt, die Gewissensbewegungen in ihren Wirkungen auf kollektiver und persönlicher Ebene klar von den Bewegungen der Seele zu trennen, ist es ihm möglich, mit dem Klienten über die Forderungen des Gewissens hinaus in die Bewegungen der Seele hinein zu wachsen.
Im Gespräch mit Harald Hohnen berichtet Bert Hellinger von seinen Beobachtungen der Kraft, der Haltung und Bewegung, die helfen, diese Unterscheidung zu treffen.

Edition »Der Kurs« (=K)

K 001 »Trusting the soul«

Bert Hellinger und Hunter Beaumont

Englisch – London, April 2000, Selections Vol.1, ca. 95 min, PAL/NTSC

Bert Hellinger demonstriert in Zusammenarbeit mit Hunter Beaumont die heilende Wirkung der gesammelten Bewegungen der Seele. Dieser Kurs dokumentiert auf eindrucksvolle Weise die Veränderungen der phänomenologisch-systemischen Arbeit Bert Hellingers nach seinem ersten Israel-Besuch Ende März 2000. Das Video zeigt eine Auswahl der Arbeiten.

K 002 »Liebe die krank macht, Liebe die heilt / L´ amore che fa ammalare, l´ amore che guarisce«

Bert Hellinger

Deutsch/Italienisch – Verona, Mai 2000, PAL

Dokumentiert wird Bert Hellingers erster Kurs in Italien. Die getroffene Auswahl eignet sich besonders als Einführung in das Familien-Stellen, gibt jedoch auch einen Überblick über die gegenwärtige Schaffensphase von Bert Hellinger und seinem derzeitigen Erkenntnisstand des phänomenologisch-systemischen Hintergrundes des Familienstellens. Diese Entwicklung führt ihn über die »Ordnungen der Liebe« hin zu den »Bewegungen der Seele«.

Teil 1, ca. 80 min

In diesem Teil geht es intensiv um die familiären Hintergründe einer Drogensucht. Bert Hellinger referiert dabei über das Familien-Stellen allgemein und das persönliche bewusste Gewissen.

Teil 2, ca. 130 min
Teil 2 zeigt Bert Hellingers Arbeit mit der problematischen Beziehung von Nachkommen zu ihren idealisierten Vorfahren, die Loslösung von den Eltern und den Toten. Darüber hinaus berichtet er über seine Erfahrungen zur Familiendynamik bei Selbstmord.

Teil 3, ca. 55 min
Bert Hellinger spricht in Teil 3 über die »Nacht des Geistes« . Er schlägt in seinen Aussagen einen weiten Bogen von den christlichen Mystikern am Beispiel von Johannes vom Kreuz bis zu den Taoisten und Lao Tses »Wirken ohne zu handeln«. Die wesentlichen Einsichten zur Haltung des Therapeuten werden in der Arbeit mit einer Frau, deren Mutter bei der Geburt des Bruders gestorben ist, demonstriert.

Teil 4, ca. 80 min
Teil 4 nimmt Bezug auf die Wirkungen von Abtreibungen und zeigt eine Aufstellung einer Mutter mit einem behinderten Kind. Bert Hellingers allgemeine Kommentare runden die Dokumentation des Kurses in Verona ab.

Bestelladresse und -bedingungen für die »Edition«

Alle Videos (VHS) sind in PAL verfügbar und zusätzlich in NTSC (amerikanische Norm), wenn angegeben. Der Preis eines Videobandes beträgt DM 60,– zuzüglich MWSt (DM 9,60) plus Porto und Versand (DM 5,40) = DM 75,–, bze. Euro 40,–.
Die Videos sind nur schriftlich mit Beilegung eines Euro-Verrechnungsschecks über DM 75,– oder EURO 40,– (mit Kontonummer und Unterschrift) unter folgender Adresse zu bestellen:
MOVEMENTS OF THE SOUL – VIDEO PRODUCTIONS
c/o Harald Hohnen, Uhlandstr. 161, D-10719 Berlin-Wilmersdorf, Germany

Veröffentlichungen anderer Autoren

Carl-Auer-Systeme Verlag

Derselbe Wind lässt viele Drachen steigen. Systemische Lösungen im Einklang
Herausgegeben von Gunthard Weber (in V.)

ca. 400 *Seiten. ISBN* 3-89670-124-x

Dieser Band enthält alle wichtigen Beiträge der 2. Arbeitstagung Systemische Lösungen nach Bert Hellinger im April 1999 in Wiesloch. Er dokumentiert einerseits das Tagungsmotto »Derselbe Wind lässt viele Drachen steigen«, zeigt aber auch, wie sich die Aufstellungsarbeit auf wesentliche Themen menschlicher Schicksale und menschlicher Existenz verdichtet.

Praxis der Organisationsaufstellungen
Herausgegeben von Gunthard Weber (in V.)

Dies ist das erste Buch, das sich mit der Übertragung der Aufstellungsarbeit Bert Hellingers auf unterschiedlichste Aspekte von Organisationen befasst. Es ist faszinierend zu erfahren, wie in Organisationsaufstellungen – ähnlich wie beim Familien-Stellen – mit Hilfe der Stellvertreter zentrale Dynamiken der aufgestellten Organisationen ans Licht treten und anschließend durch die Entwicklung von Lösungsaufstellungen wichtige und oft langanhaltende Veränderungsanstöße gegeben werden können.

Systemdynamische Organisationsberatung. Handlungsanleitung für Unternehmensberater und Trainer
Von Klaus Grochowiak und Joachim Castella 2001

259 *Seiten. ISBN* 3-89670-180-0

Dieses Buch stellt eine völlig neue Form der Organisations- und Unternehmensberatung vor. Die Autoren übertragen die systemisch-phänomenologische Methode Bert Hellingers aus dem Kontext der Familientherapie auf Bereiche der Unternehmens- und Organisationsberatung. Die systemdynamische Organisationsberatung wird dabei erstmals in Theorie und Praxis vorgeführt.

Ach wie gut, dass ich es weiß. Märchen und andere Geschichten in der systemisch-phänomenologischen Therapie
Von Jakob Robert Schneider und Brigitte Gross 2000

1. *Auflage* 2000. 140 *Seiten. ISBN* 3-89670-137-1

Die Autoren stellen zunächst die Grundlagen der phänomenologisch-systemischen Psychotherapie dar, wie sie von Bert Hellinger praktiziert wird, und fassen die Prozesse zusammen, die sich aus den Bindungen und Verstrickungen in Familien ergeben. Im zweiten und dritten Teil des Buches beschreiben sie die

Vorgehensweise der Geschichten-Arbeit und illustrieren an Fallbeispielen die systemische Bedeutung einiger Märchen sowie die Wirksamkeit ihrer Aufdeckung.

Trotz und Treue. Zweierlei Wirklichkeit in der Familie
Von Eva Madelung 1998

1. *Auflage* 1998. 169 *Seiten. ISBN* 3-89670-106-1

Trotz als »Auflehung um den Preis der Selbstzerstörung« ist ein spezifisch menschliches Verhalten, das sich nicht auf die ersten Lebensjahre beschränkt. Anhand von literarischen Beispielen und kurzen Fallbeschreibungen aus dem Alltag stellt Eva Madelung die destruktiven Seiten des Verhaltens, aber auch die kreativen Möglichkeiten einer neuen Lebensgestaltung dar.

Goldmann Verlag

Ohne Wurzeln keine Flügel. Die systemische Therapie von Bert Hellinger
Von Bertold Ulsamer 1999

4. *Auflage* 2000. 254 *Seiten. ISBN* 3-442-14166-4

Dieses aktuelle und anschauliche Einführungsbuch von einem erfahrenen Therapeuten fasst die wesentlichen Aspekte des Familien-Stellens und der durch sie ans Licht gebrachten Ordnungen zusammen und vertieft sie durch eigene Erfahrungen, zum Beispiel in Gefängnissen und in anderen Kulturen.

Das Handwerk des Familienstellens. Eine Einführung in die Praxis der systemischen Hellinger -Therapie
Von Bertold Ulsamer 2001

1. *Auflage* 2001. 255 *Seiten. ISBN* 3-442-14197-4

Ein praktisches Lehrbuch über das Familien-Stellen nach Bert Hellinger. Ausgehend von eigenen Erfahrungen und unterlegt mit zahlreichen Fallbeispielen, macht Bertold Ulsamer den Leser mit dem therapeutischen Handwerk vertraut. Entstanden ist ein praktisches Lehrbuch für Therapeuten und alle, die tiefer in die Arbeit des Familien-Stellens eindringen wollen.

Herder Verlag

Spielregeln des Familienlebens. Anregungen nach dem Ansatz von Bert Hellinger
Von Gabriele und Bertold Ulsamer 2000

1. *Auflage* 2000. 155 *Seiten. ISBN* 3-451-04809-4

Die Leitsätze des Begründers der »Familienaufstellung« konkret angewandt im Blick auf die positive Gestaltung des aktuellen Familienlebens. Ein Erziehungs- und Familienratgeber für Eltern, der die tradierten Handlungsmuster hinterfragt und konsequent den »Ordnungen der Liebe« Raum gibt.

Junfermann Verlag

Leiden ist leichter als lösen. Ein Praxiskurs mit Bert Hellinger. Familienaufstellungen
Herausgegeben von Heribert Döring-Meijer 2000

1. *Aufage.* 2000. 232 *Seiten. ISBN* 3-87387-444-x

NLP und das Familien-Stellen
Von Katharina Stresius und Klaus Grochowiak

erscheint im Frühjahr 2001

Die entdeckte Wirklichkeit. Die systemisch-phänomenologische Arbeit nach Bert Hellinger
Herausgegeben von Heribert Döring-Meijer 2000

1. *Auflage* 2000. 325 *Seiten. ISBN* 3-87387-446-6

Das Buch zeigt verschiedene Impulse, die von der systemisch-phänomenologischen Aufstellungsarbeit nach Bert Hellinger ausgegangen sind und in andere, auch nichttherapeutische Bereiche ausgestrahlt haben.

Kösel Verlag

Der Mann, der tausend Jahre alt werden wollte. Märchen über Leben und Tod aus der Sicht der Systemischen Psychotherapie Bert Hellingers
Von Thomas Schäfer 1999

160 *Seiten. ISBN* 3-466-30500-4

Thomas Schäfer zeigt in diesem Buch die verblüffende Parallele zwischen Märchen und der Systemischen Psychotherapie Bert Hellingers. Es stärkt die Lebenskraft, wenn man die Toten achtet und sich liebevoll an sie erinnert.

Knaur-Verlag

Was die Seele krank macht und was sie heilt. Die psychotherapeutische Arbeit Bert Hellingers

Von Thomas Schäfer 1998

2. *Auflage* 1999. 240 *Seiten. ISBN* 3-426-76167-x

Dieses Buch wendet sich an eine breitere Öffentlichkeit. Es fasst zusammen, was Hellinger lehrt, und erläutert an vielen Beispielen seine wichtigsten Vorgehensweisen.

Profil Verlag

Systemische Familienaufstellung

Von Ursula Franke 1996

3. *Auflage* 1998. 183 *Seiten. ISBN* 3-89019-413-3

Dieses Buch handelt von der Theorie und Praxis der Familienaufstellungen. Es gibt einen fundierten Überblick, welche Therapieformen den geschichtlichen Hintergrund für diese Methode bilden, und würdigt hierbei insbesondere die Arbeit von Bert Hellinger.

Heilt Demut – wo Schicksal wirkt? Eine Studie zu Effekten des Familien-Stellens nach Bert Hellinger.

Von Gert Höppner 2001

373 *Seiten. ISBN* 3-89019-508-3

Dieses Buch stellt die bisher nur unzureichend beantwortete Frage nach der Wirkung des Familien-Stellens aus der Perspektive der empirischen Psychotherapieforschung. Die Zahlen sprechen für sich – und für Bert Hellingers Ansatz. Nach Einschätzung von Experten ist diese Studie ein bedeutender Platz in der Kontroverse um das Familien-Stellen sicher.